JN393233

상윳따 니까야

주제별로 모은 경[相應部]

제1권

계송을 포함한 가르침

상윳따 니까야

Saṁyutta Nikāya

주제별로 모은 경

1

게송을 포함한 가르침

초기불전연구원

∴

그분
부처님
공양 올려 마땅한 분
바르게 깨달으신 분께 귀의합니다.

Namo tassa Bhagavato Arahato Sammāsambuddhassa

목차

역자 서문 29

제1권 해제 87

제1주제 천신 상윳따(S1) 135

제1장 갈대 품 137

폭류 경(S1:1) 137

벗어남 경(S1:2) 142

휩쓸려감 경(S1:3) 144

사라져버림 경(S1:4) 145

얼마나 끊음 경(S1:5) 146

깨어 있음 경(S1:6) 148

통찰하지 못함 경(S1:7) 149

크게 혼미함 경(S1:8) 150
자만에 빠진 자 경(S1:9) 151
숲 경(S1:10) 152

제2장 난다나 품 154
난다나 경(S1:11) 154
기뻐함 경(S1:12) 156
아들에 비견하지 못함 경(S1:13) 157
끄샤뜨리야 경(S1:14) 158
스치는 소리 경(S1:15) 159
졸림과 나른함 경(S1:16) 159
행하기 어려움 경(S1:17) 160
양심 경(S1:18) 161
토굴 경(S1:19) 162
사밋디 경(S1:20) 164

제3장 칼 품 174
칼 경(S1:21) 174
닿음 경(S1:22) 175

엉킴 경(S1:23) 176
마음의 고삐 경(S1:24) 178
아라한 경(S1:25) 179
광채 경(S1:26) 181
흐름 경(S1:27) 182
큰 재산 경(S1:28) 183
네 바퀴 경(S1:29) 184
사슴 장딴지 경(S1:30) 185

제4장 사뚤라빠 무리 품 187
참된 자들과 함께 경(S1:31) 187
인색 경(S1:32) 190
좋음 경(S1:33) 193
있는 것이 아님 경(S1:34) 198
허점을 찾는 자 경(S1:35) 201
믿음 경(S1:36) 205
회합 경(S1:37) 207
돌조각 경(S1:38) 210
빳준나의 딸 경1(S1:39) 215

빳준나의 딸 경2(S1:40) 218

제5장 불 품 220

불 경(S1:41) 220

무엇을 베풂 경(S1:42) 221

음식 경(S1:43) 222

하나의 뿌리 경(S1:44) 223

휘지 않음 경(S1:45) 223

요정 경(S1:46) 224

숲 가꾸기 경(S1:47) 226

제따 숲 경(S1:48) 227

인색 경(S1:49) 229

가띠까라 경(S1:50) 232

제6장 늙음 품 237

늙음 경(S1:51) 237

늙지 않음 경(S1:52) 237

친구 경(S1:53) 238

의지처 경(S1:54) 239

태어남 경1(S1:55) 239
태어남 경2(S1:56) 240
태어남 경3(S1:57) 240
잘못 된 길 경(S1:58) 241
한 짝 경(S1:59) 242
시인 경(S1:60) 243

제7장 짓누름 품 245
이름 경(S1:61) 245
마음 경(S1:62) 245
갈애 경(S1:63) 246
묶음 경(S1:64) 247
속박 경(S1:65) 247
핍박 경(S1:66) 248
올가미에 걸림 경(S1:67) 249
닫힘 경(S1:68) 250
소망 경(S1:69) 250
세상 경(S1:70) 251

제8장 끊음 품 252
끊음 경(S1:71) 252
마차 경(S1:72) 253
재화 경(S1:73) 254
비[雨] 경(S1:74) 254
두려움 경(S1:75) 256
늙지 않음 경(S1:76) 257
지배력 경(S1:77) 259
원함 경(S1:78) 260
여행 준비물 경(S1:79) 261
광채 경(S1:80) 261
다투지 않음[無諍] 경(S1:81) 263

제2주제 신의 아들 상윳따(S2) 265

제1장 첫 번째 품 267
깟사빠 경1(S2:1) 267
깟사빠 경2(S2:2) 269

마가 경(S2:3) 271
마가다 경(S2:4) 272
다말리 경(S2:5) 272
까마다 경(S2:6) 274
빤짤라짠다 경(S2:7) 276
따야나 경(S2:8) 277
짠디마 경(S2:9) 281
수리야 경(S2:10) 282

제2장 급고독 품 285
짠디마사 경(S2:11) 285
웬후 경(S2:12) 286
디가랏티 경(S2:13) 287
난다나 경(S2:14) 288
짠다나 경(S2:15) 289
와수닷따 경(S2:16) 290
수브라흐마 경(S2:17) 291
까꾸다 경(S2:18) 293
웃따라 경(S2:19) 295

급고독 경(S2:20) 295

제3장 여러 외도 품 299

시와 경(S2:21) 299

케마 경(S2:22) 301

세리 경(S2:23) 302

가띠까라 경(S2:24) 306

잔뚜 경(S2:25) 309

로히땃사 경(S2:26) 311

난다 경(S2:27) 315

난디위살라 경(S2:28) 316

수시마 경(S2:29) 317

여러 외도 경(S2:30) 322

제3주제 꼬살라 상윳따(S3) 329

제1장 첫 번째 품 331

젊은이 경(S3:1) 331

인간 경(S3:2) 336
늙음/죽음 경(S3:3) 337
사랑하는 자 경(S3:4) 338
자기 보호 경(S3:5) 341
적음 경(S3:6) 342
재판정 경(S3:7) 343
말리까 경(S3:8) 345
제사 경(S3:9) 346
결박 경(S3:10) 349

제2장 두 번째 품 352
헝클어진 머리를 한 일곱 고행자 경(S3:11) 352
다섯 왕 경(S3:12) 356
양동이 분량의 음식 경(S3:13) 360
전쟁 경1(S3:14) 362
전쟁 경2(S3:15) 363
딸 경(S3:16) 366
불방일 경1(S3:17) 367
불방일 경2(S3:18) 368

무자식 경1(S3:19) 372
무자식 경2(S3:20) 375

제3장 세 번째 품 379
인간 경(S3:21) 379
할머니 경(S3:22) 385
세상 경(S3:23) 386
궁술 경(S3:24) 387
산의 비유 경(S3:25) 392

제4주제 마라 상윳따(S4) 397

제1장 첫 번째 품 399
고행 경(S4:1) 399
코끼리 경(S4:2) 403
아름다움 경(S4:3) 404
마라의 올가미 경1(S4:4) 405
마라의 올가미 경2(S4:5) 407

배 경(S4:6) 409
잠 경(S4:7) 410
기쁨 경(S4:8) 412
수명 경1(S4:9) 413
수명 경2(S4:10) 414

제2장 두 번째 품 416
바위 경(S4:11) 416
사자 경(S4:12) 417
돌조각 경(S4:13) 418
어울리는 일 경(S4:14) 420
정신적인 것 경(S4:15) 421
발우 경(S4:16) 422
여섯 감각접촉의 장소 경(S4:17) 424
탁발음식 경(S4:18) 426
농부 경(S4:19) 428
통치 경(S4:20) 432

제3장 세 번째 품 435

많음 경(S4:21) 435
사밋디 경(S4:22) 437
고디까 경(S4:23) 440
칠 년 동안 경(S4:24) 446
마라의 딸들 경(S4:25) 450

제5주제 비구니 상윳따(S5) 459
알라위까 경(S5:1) 461
소마 경(S5:2) 463
고따미 경(S5:3) 465
위자야 경(S5:4) 467
웁빨라완나 경(S5:5) 470
짤라 경(S5:6) 472
우빠짤라 경(S5:7) 474
시수빠짤라 경(S5:8) 475
셀라 경(S5:9) 477
와지라 경(S5:10) 479

제6주제 범천 상윳따(S6) 483

제1장 첫 번째 품 485

권청(勸請) 경(S6:1) 485

존중 경(S6:2) 493

브라흐마데와 경(S6:3) 496

바까 범천 경(S6:4) 501

어떤 범천 경(S6:5) 505

범천의 세상 경(S6:6) 510

꼬깔리까 경1(S6:7) 512

띳사까 경(S6:8) 513

뚜두 범천 경(S6:9) 514

꼬깔리까 경2(S6:10) 517

제2장 두 번째 품 523

사낭꾸마라 경(S6:11) 523

데와닷따 경(S6:12) 524

안다까윈다 경(S6:13) 525

아루나와띠 경(S6:14) 527

반열반 경(S6:15) 532

제7주제 바라문 상윳따(S7) 539

제1장 아라한 품 541

다난자니 경(S7:1) 541

욕설 경(S7:2) 544

아수라 왕 같은 자 경(S7:3) 548

시큼한 죽 장수 경(S7:4) 550

해코지 않음 경(S7:5) 551

엉킨 머리 경(S7:6) 552

청정 경(S7:7) 554

불에 헌공하는 자 경(S7:8) 555

순다리까 경(S7:9) 559

많은 딸 경(S7:10) 566

제2장 청신사 품 571

까시 바라드와자 경(S7:11) 571

우다야 경(S7:12) 575
데와히따 경(S7:13) 578
부자 경(S7:14) 580
마낫탓다 경(S7:15) 583
빳짜니까 경(S7:16) 586
나와깜미까 경(S7:17) 587
땔나무 모으기 경(S7:18) 589
어머니 봉양 경(S7:19) 591
걸식자 경(S7:20) 592
상가라와 경(S7:21) 594
코마둣사 경(S7:22) 596

제8주제 왕기사 장로 상윳따(S8) 599
출가 경(S8:1) 601
따분함 경(S8:2) 604
온후함 경(S8:3) 608
아난다 경(S8:4) 610
금언 경(S8:5) 612

사리뿟따 경(S8:6) 615
자자(自恣) 경(S8:7) 617
천 명이 넘음 경(S8:8) 621
꼰단냐 경(S8:9) 626
목갈라나 경(S8:10) 629
각가라 경(S8:11) 630
왕기사 경(S8:12) 632

제9주제 숲 상윳따(S9) 635
한거 경(S9:1) 637
일깨움 경(S9:2) 638
깟사빠곳따 경(S9:3) 640
많음 경(S9:4) 642
아난다 경(S9:5) 643
아누룻다 경(S9:6) 644
나가닷따 경(S9:7) 646
집안 안주인 경(S9:8) 647
왓지 출신 경(S9:9) 649

암송 경(S9:10) 650
지혜롭지 못함 경(S9:11) 652
대낮 경(S9:12) 653
감각기능이 제어되지 않음 경(S9:13) 654
향기 도둑 경(S9:14) 655

제10주제 약카 상윳따(S10) 659
인다까 경(S10:1) 661
삭까나마까 경(S10:2) 664
수찔로마 경(S10:3) 665
마니밧다 경(S10:4) 669
사누 경(S10:5) 671
삐양까라 경(S10:6) 675
뿌납바수 경(S10:7) 676
수닷따 경(S10:8) 679
숙까 경1(S10:9) 683
숙까 경2(S10:10) 684
찌라 경(S10:11) 685

알라와까 경(S10:12) 686

제11주제 삭까 상윳따(S11) 695

제1장 첫 번째 품 697

수위라 경(S11:1) 697

수시마 경(S11:2) 701

깃발 경(S11:3) 701

웨빠찟띠 경(S11:4) 706

금언의 승리 경(S11:5) 710

새의 보금자리 경(S11:6) 714

해치지 않음 경(S11:7) 715

아수라 왕 웨로짜나 경(S11:8) 716

숲의 선인 경(S11:9) 718

바다의 선인 경(S11:10) 721

제2장 두 번째 품 724

서계의 조목 경(S11:11) 724

삭까의 이름 경(S11:12) 726
마할리 경(S11:13) 728
가난한 자 경(S11:14) 730
아름다운 곳 경(S11:15) 732
공양하는 자 경(S11:16) 733
부처님을 찬양함 경(S11:17) 734
삭까의 예배 경1(S11:18) 736
삭까의 예배 경2(S11:19) 738
삭까의 예배 경3(S11:20) 740

제3장 세 번째 품 744
끊음 경(S11:21) 744
못생김 경(S11:22) 745
요술 경(S11:23) 747
잘못 경(S11:24) 748
분노하지 않음 경(S11:25) 750

약어

A.	Aṅguttara Nikāya(앙굿따라 니까야, 증지부)
AA.	Aṅguttara Nikāya Aṭṭhakathā = Manorathapūraṇī(증지부 주석서)
AAṬ.	Aṅguttara Nikāya Aṭṭhakathā Ṭīkā(증지부 복주서)
ApA.	Apadāna Aṭṭhakathā(아빠다나(譬喩經) 주석서)
Be	Burmese-scrip ed. of S.(미얀마 육차결집본)
BG.	Bhagavadgīta(바가왓 기따)
BHD	Buddhist Hybrid Sanskrit Dictionary
BHS	Buddhist Hybrid Sanskrit
BL	Buddhist Legends(Burlingame)
BPS	Buddhist Publication Society
BvA.	Buddhavaṁsa Aṭṭhakathā
CBETA	CBETA Chinese Electronic Tripitaka Collection: CD-ROM
CMA	A Comprehensive Manual of Abhidhamma(아비담맛타 상가하)
CPD	Critical Pāli Dictionary
C.Rh.D	C.A.F. Rhys Davids
D.	Dīgha Nikāya(디가 니까야, 장부)
DA.	Dīgha Nikāya Aṭṭhakathā = Sumaṅgalavilāsinī(장부 주석서)
DAṬ.	Dīgha Nikāya Aṭṭhakathā Ṭīkā(장부 복주서)

Dhp. Dhammapada(법구경)

DhpA. Dhammapada Aṭṭhakathā(법구경 주석서)

Dhs. Dhammasaṅgaṇi(담마상가니, 法集論)

DhsA. Dhammasaṅgaṇi Aṭṭhakathā = Aṭṭhasālinī(법집론 주석서)

DPL A Dictionary of the Pali Language(Childers)

DPPN. G. P. Malalasekera's *Dictionary of Pali Proper Names*

Dv. Dīpavaṁsa(島史), edited by Oldenberg

DVR A Dictionary of the Vedic Rituals, Sen, C. Delhi, 1978.

Ee Roman-script ed. of S. (PTS본. 제1권의 Ee1: 1884년, Ee2: 1998년.)

EV1 Elders' Verses I(장로게 영역, Norman)

EV2 Elders' Verses II(장로니게 영역, Norman)

GD Group of Discourse(숫따니빠따 영역, Norman)

It. Itivuttaka(如是語)

ItA. Itivuttaka Aṭṭhakathā(여시어 경 주석서)

Jā. Jātaka(本生譚)

JāA. Jātaka Aṭṭhakathā(본생담 주석서)

KhpA. Khuddakapātha Aṭṭhakathā(쿳다까빠타 주석서)

KS Kindred Sayings(상윳따 니까야 영역, Rhys Davids, Woodward)

Kv. Kathāvatthu(까타왓투, 論事)

KvA. Kathāvatthu Aṭṭhakathā(까타왓투 주석서)

LBD Long Discouurse of the Buddha(디가 니까야 영역, Walshe)

M. Majjhima Nikāya(맛지마 니까야, 중부)

MA.	Majjhima Nikāya Aṭṭhakathā(맛지마 니까야 주석서)
Mil.	Milindapañha(밀린다왕문경)
MLBD	Middle Length Discouurse of the Buddha(중부 영역, Ñāṇamoli)
Mvu.	Mahāvastu(북전 大事, Edited by Senart)
Mhv.	Mahāvaṁsa(大史), edited by Geiger
MW	Monier-Williams' Sanskrit-English Dictionary
Nd1.	Mahā Niddesa(大義釋)
Nd1A.	Mahā Niddesa Aṭṭhakathā (대의석 주석서)
Nd2.	Cūla Niddesa(소의석)
Netti.	Nettippakaraṇa(指道論)
NMD	Ven. Ñāṇamoli's *Pali-English Glossary of Buddhist Terms*
Pe.	Peṭakopadesa(藏釋論)
PED	*Pāli-English Dictionary* (PTS)
Pm.	Paramatthamañjūsā = Visuddhimagga Mahāṭīkā(청정도론 복주서)
Ps.	Paṭisambhidāmagga(무애해도)
Ptn.	Paṭṭhāna(發趣論)
PTS	Pāli Text Society
Pug.	Puggalapaññatti(人施設論)
PugA.	Puggalapaññatti Aṭṭhakathā (인시설론 주석서)
Pv.	Petavatthu (아귀사)
Rv.	Ṛgveda(리그베다)
S.	Saṁyutta Nikāya(상윳따 니까야, 상응부)
SA.	Saṁyutta Nikāya Aṭṭhakathā = Sāratthappakāsinī(상응부 주석서)
SAṬ.	Saṁyutta Nikāya Aṭṭhakathā Ṭīkā(상응부 복주서)
Se	Sinhala-scrip ed. of S.(스리랑카본)
Sk.	Sanskrit

Sn.	Suttanipāta(숫따니빠따, 경집)
SnA.	Suttanipāta Aṭṭhakathā(숫따니빠따 주석서)
SS	Ee에 언급된 S.의 싱할리어 필사본
Thag.	Theragāthā(테라가타, 장로게)
ThagA.	Theragāthā Aṭṭhakathā(장로게 주석서)
Thig.	Therīgāthā(테리가타, 장로니게)
ThigA.	Therīgāthā Aṭṭhakathā(장로니게 주석서)
Ud.	Udāna(감흥어)
UdA.	Udāna Aṭṭhakathā(감흥어 주석서)
Uv	Udānavarga(북전 출요경, 出曜經)
VĀT	Vanarata, Āananda Thera
Vbh.	Vibhaṅga(위방가, 分別論)
VbhA.	Vibhaṅga Aṭṭhakathā = Sammohavinodanī(분별론 주석서)
Vin.	Vinaya Piṭaka(율장)
VinA.	Vinaya Piṭaka Aṭṭhakathā = Samantapāsādikā(율장 주석서)
Vis.	Visuddhimagga(청정도론)
v.l.	variant reading(이문, 異文)
VRI	Vipassanā Research Institute
VṬ	Abhidhammaṭṭha Vibhavinī Ṭīkā(위바위니 띠까)
Vv.	Vimānavatthu(천궁사)
VvA.	Vimānavatthu Aṭṭhakathā(천궁사 주석서)
Yam.	Yamaka(쌍론)
YamA.	Yamaka Aṭṭhakathā = Pañcappakaraṇa(야마까 주석서)
Ybhūś	Yogācārabhūmi Śarīrārthagāthā(범본 유가사지론)

보디 스님 *The Connected Discourses of the Buddha*(상윳따 니까야 영역본)

냐나몰리 *The Middle Length Discourses of the Buddha*(맛지마 니까야 영역본)

아비담마 길라잡이 대림스님/각묵스님 옮김, 초기불전연구원, 7쇄 2009년.

우드워드 *The Book of the Kindred Sayings*(상윳따 니까야 영역본)

육차결집본 Vipassana Research Institute(인도) 간행 육차결집 본

청정도론 대림 스님 옮김, 초기불전연구원, 2004, 3쇄 2009.

일러두기

(1) 삼장(Tipitaka)과 주석서(Aṭṭhakathā)들은 별다른 언급이 없는 한 모두 PTS본(Ee)임.
「디가 니까야 복주서」(DAṬ)를 제외한 모든 복주서(Ṭīkā)들은
미얀마 육차결집본(Be, 인도 Vipassana Research Institute 간행)이고,
「디가 니까야 복주서」(DAṬ)는 PTS본이며,「청정도론」은 HOS본임.
S12:15는「상윳따 니까야」제12 상윳따(S12)의 15번째 경을 뜻하고
S.ii.234는 PTS본(Ee)「상윳따 니까야」제2권 234쪽을 뜻함.
S12:15/ii.17은「상윳따 니까야」제12 상윳따(S12)의 15번째 경으로
「상윳따 니까야」제2권 17쪽에 나타남을 뜻함.

(2) 본문에 나타나는 문단번호는 PTS(Ee)본의 문단번호를 존중하여 역자가 임의로 붙인 것임.

(3) 「청정도론 복주서」(Pm)의 숫자는 미얀마 6차결집본(VRI)의 문단번호임.

(4) [ ] 안의 숫자는 제1권은 Ee1, 나머지는 모두 Ee의 페이지 번호임.

(5) { } 안의 숫자는 제1권은 Ee2, 나머지는 모두 Ee의 게송번호임.

(6) 빠알리어는 정체로 표기하였고 영어는 이탤릭체로 표기하였음.

역자 서문

1. 들어가는 말

초기불교의 궁극적인 메시지를 하나로만 말해보라면 그것은 열반(涅槃, nibbāna)이라고 해야 할 것이다. 그리고 열반은 "모든 형성된 것들[行]이 가라앉음, 모든 재생의 근거를 놓아버림, 갈애의 멸진, 탐욕의 빛바램[離慾], 소멸, 열반이다."(본서 제3권 「찬나 경」(S22:90) §5 등)로 표현되고 있고, "탐욕의 소멸, 성냄의 소멸, 어리석음의 소멸"(「열반 경」(S38:1) 등) 이라고도 설해지고 있으며, 이것은 다시 무위(無爲)라고도 정의된다. (「무위 상윳따」(S43)) 그리고 "염오, 이욕, 소멸, 고요함, 최상의 지혜, 바른 깨달음, 열반"(본서 제5권 「염오 경」(S46:20) §3 등)이라는 문맥에서도 많이 나타난다. 무엇보다도 본서의 도처에서 염오-이욕-소멸이나 염오-이욕-해탈-구경해탈지의 문맥에서 나타나는 소멸의 동의어요 해탈-해탈지견과 유사한 의미이기도 하다.[1] 더구나 이 소멸이야말로 불교의 진리인 네 가지 성스러운 진리[四聖諦] 가운데 세 번째인 저 괴로움의 소멸의 성스러운 진리[苦滅聖諦]이다.[2]

---

1) '해탈(vimuti, vimokkha)'에 대한 종합적인 설명은 본서 제6권 「병 경」(S55:54) §13의 마지막 주해를 참조할 것.
'구경해탈지(究竟解脫知, vimuttamiti ñāṇa)'와 해탈지견(解脫知見, vimutti-ñāṇa-dassana)의 차이에 대한 설명은 본서 제4권 해제 §3-(4)의 주해를 참조할 것.

2) 소멸[滅, nirodha]과 열반에 대한 여러 논의는 본서 제3권 「할릿디까니 경」 2(S22:4) §4의 주해를 참조할 것.

그러므로 열반은 궁극적 행복이요 그 궁극적 행복은 바로 모든 괴로움이 소멸된 성스러운 경지인 것이다.

열반의 실현이야말로 초기경의 여러 곳에서 강조하고 있는 부처님의 간곡하신 말씀이다. 그래서 본 『상윳따 니까야』와 다른 니까야들의 여러 곳에서 열반의 실현(nibbānassa sacchikiriyā)은 강조되고 있으며(본서 제4권 「열반 경」(S38:1) §4 등), 네 가지 마음챙기는 공부[四念處]는 이러한 열반을 실현하기 위한 것이라고 표현되기도 한다.(본서 제5권 「암바빨리 경」(S47:1) §3 등) 『숫따니빠따』는 "열반을 실현하는 것(nibbāna-sacchikiriyā)이야말로 으뜸가는 행복"(Sn.267 {267})이라 하여 열반의 실현을 궁극적 행복(parama-sukha)으로 부르고 있다.

2. 어떻게 열반을 실현할 것인가

그러면 열반은 어떻게 해서 실현되는가? 만일 그 방법이 없이도 열반이 문득 실현된다고 한다면 그것은 사행심의 논리, 저 로또 복권의 논리이다.

열반은 당연히 수행을 통해서 실현된다. 수행을 초기불전에서는 바와나(bhāvanā)라는 술어로 총칭하고 있는데 초기불전의 도처에 나타나는 바와나(수행)는 팔정도를 근간으로 하는 '37가지 깨달음의 편에 있는 법들(37보리분법, 조도품)'로 정리된다.

그렇다면 무조건 37보리분법만 닦으면 열반을 실현하게 되는가? 그렇지는 않다고 해야 한다. 37보리분법을 닦기 위해서는 나와 세상과 괴로움의 발생구조와 소멸구조[緣起]와 진리에 대한 바른 이해가 반드시 선행되어야 한다.

사실 이러한 이해는 37보리분법의 근간이 되는 팔정도의 첫 번째인 정견의 내용이기도 하고, 칠각지의 택법각지이며, 오근·오력의 혜근·

혜력(통찰지의 기능과 힘)이기도 하다. 나와 세상과 진리에 대한 바른 이해가 없는 도는 더 이상 도가 아니며 그런 수행은 더 이상 수행이 아니어서, 산에 가서 물고기를 찾는 형국이 되고 말거나 단지 용만 쓰고 있는 것에 지나지 않을 것이다. 그러므로 이런 이해가 없이 37보리분을 실천한다는 자체가 어불성설이요 말에 지나지 않는다. 그리고 나와 세상과 괴로움의 발생구조와 소멸구조[緣起], 진리에 대한 바르고도 완전한 이해가 바로 깨달음의 내용이기도 하다.

나와 세상과 괴로움의 발생구조와 소멸구조와 진리에 대한 바른 이해를 가르치고 있는 부처님 말씀을 우리는 부처님의 교학 혹은 교법이라 부르며 이런 체계를 법(dhamma)이라 부른다.

부처님께서는 '나는 누구인가.'라는 가장 중요한 질문에 대해서는 '오온(五蘊, panca-kkhandha)'이라 말씀하셨다. 나라는 존재는 물질(몸뚱이, 色), 느낌[受], 인식[想], 심리현상들[行], 알음알이[識]의 다섯 가지 무더기[蘊]의 적집일 뿐이라는 것이다.[3] 세상이란 무엇인가에 대해서는 12처(혹은 6내처와 6외처)로 말씀하셨다.[4] 나와 세상은 그냥 존재하지 않는다. 그리고 그것은 조물주니 절대자니 신이니 하는 어떤 힘센 존재가 만들어낸 것은 더군다나 아니다. 나와 세상은 조건발생이요 여러 조건[緣, paccaya]들이 얽히고설키어서 많은 종류의 괴로움을 일으킨다. 이러한 괴로움의 발생구조와 소멸구조를 구명(究明)하여 그 괴로움을 없애야 저 해탈・열반은 실현된다.

---

3) 여기에 대해서는 본서 제3권 해제 §3을 참조할 것.

4) 눈・귀・코・혀・몸・마노를 6내처(六內處, 여섯 가지 안의 감각장소들, ajjhattikā āyatanā)라 하고 여기에 대응되는 형색・소리・냄새・맛・감촉・법을 6외처(六外處, 여섯 가지 밖의 감각장소들, bhāhirā āyatanā)라 한다. 부처님께서는 세상이란 이처럼 안과 밖이 만나는 것 — 즉 눈이 형색과, 귀가 소리와, 코가 냄새와, 혀가 맛과, 몸이 감촉과 마노가 법과 조우하고 부딪히는 것을 떠나서는 존재할 수 없다는 것을 12처의 가르침을 통해서 강조하고 계신다. 여기에 대해서는 본서 제4권 해제 §3을 참조할 것.

그래서 세존께서는 나와 세상에서 진행되는 괴로움의 발생구조와 소멸구조를 철저하게 밝히시는데 이것이 바로 연기의 가르침이다.5) 이러한 나와 세상과 여기에 존재하는 괴로움의 발생구조와 소멸구조에 대한 연기적 관찰은 궁극적으로 진리[諦, sacca]라는 이름으로 체계화 되는데 그것을 네 가지 성스러운 진리, 저 사성제라 부른다.6)

이처럼 교학적인 이해를 바탕으로 한 37보리분법의 수행이 있어야 해탈・열반은 실현되는 것이다.

3. 불교의 인간관・세계관・연기관・진리관

한편 부처님은 붓다(Buddha)의 역어이며 붓다는 깨달은 분이라는 뜻이다. 그러므로 깨달음(bodhi)을 실현한 분의 가르침이 곧 불교(Buddha-sāsana, 부처님의 교법)이며 이러한 불교의 궁극적 메시지는 당연히 깨달음이라고 표현된다.

그러면 깨달음이란 무엇인가? 초기불전에는 크게 두 가지로 나타난다. 하나는 사성제를 깨달은 것으로 다른 하나는 연기의 가르침을 통해서 무명 등의 연기의 구성요소가 빛바래어 소멸한 것으로 나타난다.7)

---

5) 연기(緣起, paṭiccasamuppāda)에 대해서는 본서 제2권 해제 §3을 참조할 것.

6) 사성제(四聖諦, cattaro ariya-sacca) 즉 네 가지 성스러운 진리는 괴로움의 진리[苦聖諦], 괴로움의 일어남(원인)의 진리[集聖諦], 괴로움의 소멸의 진리[滅聖諦], 괴로움의 소멸로 인도하는 도닦음의 진리[道聖諦]이다. 여기에 대해서는 본서 제6권 해제 §8을 참조할 것.

7) 본서 제2권 「사꺄무니 고따마 경」(S12:10)에는 세존께서는 12연기의 순관과 역관을 통해서 눈[眼], 지혜[智], 통찰지[慧], 명지[明], 광명[光]이 생긴 것으로 표현되어 있다. 부처님의 성도과정과 성도후의 일화를 담고 있는 『맛지마 니까야』 「성구경」(M26)에 해당하는 주석서(MA.ii.182)에도 "밤의 삼경」(三更)에는 연기에 대한 지혜(paṭiccasamuppāde ñāṇa)가 생겨서 윤회로부터 벗어나서 새벽 여명이 틀 때(aruṇodaye) 부처가 되셨다." 라고 나타나고 있다.

여기서 사성제의 세 번째 진리(멸성제)는 바로 열반을 뜻하고 이 열반의 실현이 사성제의 핵심이기 때문에, 사성제를 깨닫는 것은 열반을 실현하는 것과 같은 내용이 된다. 그리고 무명 등이 빛바래어 소멸함의 소멸은 여러 주석서에서 열반의 동의어로 나타나기도 하고, 아라한과의 실현으로 설명하기도 한다. 물론 아라한과의 실현이야말로 탐·진·치가 완전히 해소된 열반의 실현이기도 하다. 그러므로 초기불교의 궁극적인 메시지를 '열반의 실현'이라고 표현하는 것은 아주 적절하다.

이처럼 오온, 12처(6내외처), 연기, 사성제의 가르침은 불교의 인간관·세계관·연기관·진리관이고 이것은 해탈·열반을 실현하기 위해서 반드시 가져야 하는 기본적인 이해다. 이것을 교학이라 부른다.

이처럼 불교는 인간과 세계와 연기와 진리에 대한 교학체계를 토대로 37보리분법을 실천해서 무상·고·무아를 꿰뚫어 해탈·열반을 실현하는 체계이다. 상좌부 불교에서는 여기서 말하는 이러한 교학체계를 빠리얏띠(pariyatti, 배움)라 부르고, 37보리분법 등의 실천수행을 빠띠빳띠(paṭipatti, 도닦음)라 하고, 꿰뚫음을 빠띠웨다(paṭivedha, 통찰)라 칭하는데 이 셋을 불교의 근본주제라고 정리하고 있다.[8)]

그리고 『율장』의 『대품』에 의하면 세존께서는 초경·이경·삼경에 모두 12연기의 순관과 역관(anulomapaṭiloma)을 하신 것으로 나타난다. 그런데 초경·이경·삼경에 세존이 읊으신 게송에는 각각 "원인을 갖춘 법을 꿰뚫어 알았다(pajānāti sahetudhammaṁ)", "조건들의 멸진을 체득했다(kha-yaṁ paccayānaṁ avedi)", "마치 태양이 허공에서 빛나는 것과 같다(sūriyova obhāsayamantalikkhaṁ)"라고 표현되어 있다.

그러나 『맛지마 니까야』「두려움과 공포 경」(M4) §31 이하와, 「두 가지로 생각함 경」(M19) §24와, 세존의 성도과정을 담고 있는 「긴 삿짜까 경」(M36) §42 이하와, 『앙굿따라 니까야』「웨란자 경」(A8:11) §14 이하에는 사성제의 철견을 통해서 '번뇌를 소멸하는 지혜[漏盡通, āsavānaṁ khayañāṇa]'를 완성해서 깨달으신 것으로 나타나고 있다.

물론 12연기의 순관(유전문)은 생과 노사로 대표되는 괴로움의 발생구조를 설명하는 것이므로 사성제의 고성제와 집성제에 배대되고, 역관(환멸문)은 괴로움의 소멸구조를 밝히는 것이기 때문에 사성제의 멸성제와 도성제에 배대된다. 그러므로 이 둘은 결국은 같은 내용이 된다.

그리고 이러한 교학과 수행은 다시 최종적으로 네 가지 성스러운 진리로 귀결이 된다. 나와 세상에 대한 이해는 고성제의 내용이고, 나와 세상이 전개되고 그래서 괴로움을 일으키는 원인을 구명한 것이 집성제이며, 이것은 갈애를 근본으로 한다. 갈애를 근본으로 하는 모든 번뇌 혹은 속박, 족쇄, 폭류, 장애, 해로운 심리현상[不善法] 등이 해소되고 제거되고 소멸된 경지를 열반이라 하며, 이것은 세 번째 진리인 멸성제이다. 열반을 실현하기 위해서는 수행을 해야 하는데 이것을 도닦음이라 하며, 이것이 바로 팔정도를 근본으로 하는 도성제이다. 이처럼 불교의 교학과 수행체계는 네 가지 성스러운 진리로 번역되는 사성제로 귀결이 된다.

4. 초기불교의 교학과 수행: 온・처・계・근・제・연과 37보리분법

이처럼 초기불교의 교학과 수행은 온・처・연・제 혹은 온・처・계・근・제・연과 37보리분법으로 정리된다. 그래서 상좌부 불교의 근간이 되며 주석서 문헌들의 중심에 놓여 있는 『청정도론』 XIV.32에서 붓다고사 스님은 "여기서 무더기[蘊, khandha], 감각장소[處, āyatana], 요소[界, dhātu], 기능[根, indriya], 진리[諦, sacca], 연기[緣起, paṭiccasamuppāda] 등으로 구분되는 법들이 이 통찰지의 토양(paññā-bhūmi)이다."(Vis. XIV.32)라고 정의하여 불교교학의 근간을 온・처・계・근・제・연의 여섯으로 설명하고 있다. 한국불교에서 조석으로 독송되는 『반야심경』에도 기본교학은 온・처・계・제・연의 다섯으로 언급되고 있기도 하다. 그리고 초기불교의 수행은 초기불전의 도처에 나타나는 37보리분법으로 정리된다.

이처럼 초기불교의 교학은 온・처・계・근・제・연 줄여서 온・처・

8) 여기에 대해서는 『아비담마 길라잡이』 제9장 첫 번째 [해설]을 참조할 것.

제·연으로 정리가 되고, 초기불교의 수행은 37보리분법으로 집약이 된다.

5. 『상윳따 니까야』와 온·처·계·근·제·연·37보리분법

『상윳따 니까야』는 부처님의 가르침 가운데서 그 주제가 분명한 것을 주제별로 함께 모아서(saṁyutta) 결집한 경전군이다. 본 니까야는 56가지의 주제를 선정하여 상윳따라는 이름으로 부르고 있으며, 이러한 주제에 해당되는 경들을 각각의 상윳따들에 담고 있다.

아래 §10에서 정리하고 있듯이 이러한 56가지 주제는 다시 크게 ① 교학과 수행의 주제 중심 ② 인물 중심 ③ 특정한 존재 중심 ④ 특정 부류의 인간 중심의 네 가지로 분류할 수 있다. 물론 이 가운데 ① 교학과 수행의 주제가 본 니까야의 핵심이며, 이것은 26가지 주제로 분류되어 나타난다. 그런데 ② 특정 인물을 주제로 삼은 상윳따 가운데 9개 상윳따는 모두 교학과 수행의 주제로 이루어져 있다. 그러므로 이들도 ① 교학과 수행의 주제 중심의 상윳따로 분류할 수 있다. 이렇게 되면 주제 중심의 상윳따는 모두 35개로 늘어난다. 이것은 전체 상윳따 주제의 70%에 가까운 것이다.

만일 이것을 경들의 숫자로 본다면, 『상윳따 니까야』의 전체 2904개의 경들 가운데 S1~S11과 S16, 21, 23, 29~32, 37, 41~42의 21개 상윳따에 포함된 614개의 경들을 제외한 2290개의 경들이 교학과 수행의 주제 중심으로 된 상윳따에 포함된다. 이렇게 되면 전체의 80%에 가까운 경들이 교학과 수행의 주제를 담고 있는 것이 된다.

그런데 교학과 수행의 주제 중심으로 분류할 수 있는 35개의 상윳따를 제외한 21개 다른 상윳따들에 포함된 대부분의 경들도 사실은 온·처·계·근·제·연과 37보리분법 중의 하나에 관계된 가르침을 담고 있는 것이 대부분이기 때문에, 본 『상윳따 니까야』의 경들의 핵심 주제는 모두 온·처·계·근·제·연의 여섯 가지 교학적 가르침과 37보리분법으로 정리되는 수행에 대한 가르침으로 귀결된다고 결론지을 수 있다.

그러면 온·처·계·근·제·연·37보리분법과 『상윳따 니까야』와의 관계를 다시 한 번 정리해보자. 『청정도론』에서 온·처·계·근·제·연으로 정리한 초기불교의 교학 가운데 온(무더기)은 본서 「무더기 상윳따」(S22)와 S23, S24, S33의 주제이다. 처(감각장소)는 「육처 상윳따」(S35)의 주제요, 계(요소)는 「육처 상윳따」(S35)와 「요소 상윳따」(S14)의 주제이다. 근(기능)은 「기능 상윳따」(S48)의 주제요, 제(진리)는 「진리 상윳따」(S56)의 주제이며, 연(조건발생)은 「인연 상윳따」(S12)의 주제이다.

그리고 「인연 상윳따」(S12)와 「무더기 상윳따」(S22)와 「육처 상윳따」(S35)와 「진리 상윳따」(S56)는 각각 빠알리어 원본 『상윳따 니까야』 제2권, 제3권, 제4권, 제5권의 핵심 주제이다. 이 가운데 특히 제2권과 제3권과 제4권은 책의 이름을 각각 『니다나 와가』(Nidāna Vagga, 인연 품), 『칸다 와가』(Khandha Vagga, 무더기 품), 『아야따나 와가』(Āyata-na Vagga, 감각장소 품)라고 붙였는데 더 풀어서 말하면 각각 '인연의 가르침을 위주로 한 책', '오온의 가르침을 위주로 한 책', '여섯 감각장소의 가르침을 위주로 한 책'이 된다. 이처럼 이 셋은 각 권의 핵심 가르침으로 자리 잡고 있으며, 그 내용도 이들 세 권의 절반이나 절반 이상의 분량을 차지하고 있다. 그리고 37보리분법으로 정리한 초기불교의 수행은 모두 빠알리 원본 『상윳따 니까야』 제5권의 전반부인 S45부터 S51까지에서 기본 주제로 나타나고 있다.

이처럼 『상윳따 니까야』는 초기불교의 핵심 교학체계와 핵심 수행체계를 기본 주제로 하여 결집되었다.

6. 결집을 통한 법의 전승

세존께서는 깨달음을 성취하신 직후에도 '깨달은 법을 의지해서 머무르리라.'라고 하셨고,[9] 45년간 제자들에게 설법하실 때에도 법을 강조하셨으며,[10] 사바세계에서 자취를 감추시는 반열반의 마지막 자리에서 남기신 첫 번째 유훈도 '법과 율이 그대들의 스승이 될 것'이라는 말씀이었음을 우리는 잘 알고 있다.[11] 세존께서는 이렇게 말씀하셨다.

"아난다여, 아마 그대들에게 '스승의 가르침은 이제 끝나버렸다. 이제 스승은 계시지 않는다.'라는 이런 생각이 들지도 모른다. 아난다여, 그러나 그렇게 생각해선 안된다. 아난다여, 내가 가고 난 후에는 내가 그대들에게 가르치고 천명한 법과 율이 그대들의 스승이 될 것이다."(『디가 니까야』「대반열반경」(D16) §6.1)

부처님께서는 이처럼 "법과 율이 그대들의 스승이 될 것이다."라는 마지막 유훈을 남기셨다. 그래서 부처님의 직계제자들은 부처님의 입멸이라는 가슴이 무너지는 슬픔을 뒤로 하고 부처님의 존체(尊體, sarīra, 舍利)요 부처님의 진정한 몸[法身]이며 부처님의 화현(avatāra)인 세존의

---

9) "아무도 존중할 사람이 없고 의지할 사람이 없이 머문다는 것은 괴로움이다. 참으로 나는 어떤 사문이나 바라문을 존경하고 존중하고 의지하여 머물러야 하는가? … 참으로 나는 내가 바르게 깨달은 바로 이 법을 존경하고 존중하고 의지하여 머물리라."(A4:21)
주석서에 의하면 세존께서는 깨달음을 성취하신 뒤 다섯 번째 7일에 이러한 성찰을 하셨다고 한다.(AA.iii.24) 이때는 깨달음을 성취하신 뒤 아직 아무에게도 자신의 깨달음을 드러내지 않으셨을 때이다.

10) "자신을 섬으로 삼고[自燈明] 자신을 귀의처로 삼아[自歸依] 머물고, 남을 귀의처로 삼아 머물지 말라. 법을 섬으로 삼고[法燈明] 법을 귀의처로 삼아[法歸依] 머물고, 다른 것을 귀의처로 삼아 머물지 말라."(본서 제5권「욱까쩰라 경」(S47:14) 등)는 가르침으로 이어지고 있으며, 본서「왁깔리 경」(S22:87) §8에서는 "왁깔리여, 법을 보는 자는 나를 보고 나를 보는 자는 법을 본다."고 말씀하셨다.

11) 아난다 존자도 세존께서 반열반하신지 얼마 뒤에 고빠까 목갈라나 바라문과 나눈 대화에서, 비구들은 법을 의지처로 한다(dhamma-paṭisaraṇa)고 바라문에게 분명하게 밝히고 있다.(M109/iii.9)

가르침을 결집하는 일에 몰입하였다. 그들은 장장 일곱 달 동안[12] 합송에 몰두하여 세존이 남기신 법과 율을 결집하였던 것이다.

그들은 일단 법의 바구니(Dhamma-Pitaka = Sutta-Pitaka, 經藏)와 율의 바구니(Vinaya-Pitaka, 律藏)라는 두 개의 바구니를 먼저 설정하였다. 그 가운데서 율의 바구니부터 먼저 채우기로 결의하였는데, 합송에 참석한 아라한들은 "마하깟사빠 존자시여, 율은 부처님 교법의 생명(āyu)입니다. 율이 확립될 때 교법도 확립됩니다. 그러므로 율을 첫 번째로 합송해야 합니다."(DA.i.11)라고 결정하였기 때문이다. 그런 다음 법의 바구니를 채우기 시작하였는데, 법의 바구니는 다시 다섯 개의 니까야(Nikāya)로 나누어서 합송하였다.

일차합송에 참여한 아라한들이 부처님 가르침을 정리한 기준은 길이와 주제와 숫자의 세 가지였다. 그들은 부처님 가르침을 연대기적으로 정리하는 데는 큰 관심을 보이지 않았다. 그래서 그들은 부처님의 가르침이나 직계제자들의 설법들 가운데서 그 길이가 긴 경들 34개를 모아서 『디가 니까야』(長部)에 담았고, 중간 길이로 설하신 가르침들 152개를 합송해서 『맛지마 니까야』(中部)에 담았다. 그다음에는 설법의 주제별로 56개의 주제를 설정한 뒤 그 주제에 해당하는 경들을 함께 모아서(saṁyutta) 『상윳따 니까야』(相應部)를 완성하였다. 그리고 경들에 나타나는 가르침의 숫자[法數]에 주목하여 모두 하나부터 열하나까지의 법수를 가진 모음을 분류한 뒤 숫자별로 모아서 『앙굿따라 니까야』(增支部)로 합송(合誦, saṅgīti)하였다.

이런 방법으로 『디가 니까야』 등 네 가지 니까야를 완성한 뒤에 그 외에 남은 부처님 말씀이나 여러 스님들의 설법이나 일화나 게송 등은 『쿳다까 니까야』(小部)에 채워 넣었다.

---

12) 여기에 대해서는 『디가 니까야』 제3권의 부록인 『디가니까야 주석서』 서문 §69를 참조할 것.

이렇게 합송하여 공인된 『디가 니까야』(장부)에는 모두 34개의 경들이 포함되어 있고 그 분량은 64바나와라[13]이며, 아난다 존자의 제자들에게 부촉해서 그분들이 계승해 가도록 하였다. 『맛지마 니까야』(중부)에는 모두 152개의 경들이 포함되어 있고 분량은 80바나와라이며, 사리뿟따 존자의 제자들이 계승하도록 결의하였다. 『상윳따 니까야』(상응부)에는 모두 7762개의 경들이 포함되어 있고 분량은 100바나와라이며, 마하깟사빠 존자의 제자들에게 부촉하여 전승하도록 하였다. 『앙굿따라 니까야』(증지부)에는 모두 9557개의 경들이 포함되어 있고 120바나와라 분량이며, 아누룻다 존자의 제자들에게 부촉해서 전승하도록 하였다 한다.[14]

7. 『상윳따 니까야』란 무엇인가

주석서에 의하면 『상윳따 니까야』는 4부 니까야 가운데 세 번째에 결집한 것이다. 대부분의 학자들이 동의하듯이 부처님 가르침을 결집한

---

13) '바나와라(bhāṇavārā)'란 '쉬지 않고 계속해서 외울 수 있는 만큼의 분량'을 말한다. 바나와라는 문자 그대로 '암송(bhānā)의 전환점(vāra)'이라는 말인데, 경전을 외워 내려가다가 한 바나와라가 끝나면 쉬었다가 다시 외우는 것이 반복되고, 그다음 바나와라가 끝나면 또 다시 쉬었다가 시작한다. 한 바나와라는 8음절로 된 사구게(四句偈)로 250게송의 분량이라 한다. 그래서 총 4×8×250=8,000음절이 된다.
그러므로 『디가 니까야』는 모두 64×250=16000송이 되며 『맛지마 니까야』는 2만 송, 『상윳따 니까야』는 2만 5천 송, 『앙굿따라 니까야』는 모두 3만 송의 분량이며 4부 니까야 전체는 모두 9만 1천 송으로 구성되어 있다. 한편 삼장은 모두 2,547개에 해당되는 바나와라를 가진다고 한다.(『청정도론』 3권 427쪽 주해에서 재인용)

14) 여기에 대해서는 『디가 니까야』 제3권의 부록인 『디가니까야 주석서』 서문 §39를, 『쿳다까 니까야』(소부)에 대해서는 §40을 참조할 것. 이 부분은 초기불전연구원에서 역출한 대림 스님의 『앙굿따라 니까야』 역자서문 15~16쪽을 옮긴 것임.

첫 번째 기준은 가르침의 길이이다. 그래서 가장 길이가 긴 것 34개를 모아서 『디가 니까야』(길게 설하신 니까야)로 이름을 붙였으며, 그 다음으로 긴 경들 152개를 모아서 『맛지마 니까야』(중간 길이로 설하신 니까야)라고 명명하였다. 그리고 남은 경들을 어떤 기준을 통해서 다시 두 부류로 나누었다. 그 첫 번째 기준은 그 가르침의 주제이고 두 번째 기준은 그 가르침에 포함된 주제의 숫자이다. 첫 번째 기준으로 모은 것을 『상윳따 니까야』(주제별로 묶은 니까야)라 하며 두 번째 기준으로 모은 것을 『앙굿따라 니까야』(숫자별로 모은 니끼야)라 한다.

문자적으로 상윳따(Saṁyutta)는 saṁ(함께)+√yuj(*to tie, to bound*)에서 파생된 과거분사로 '함께 모아진 것, 함께 묶여진 것'이라는 뜻이다. 즉 오온이나 사성제나 육처와 같은 중요한 주제를 담고 있는 가르침들을 모두 모아서 묶은 것이라는 뜻이다. 그래서 역자는 이것을 '주제별로 묶은 것'이라고 의역하고 있다. 그러므로 예를 들면 「진리 상윳따」(S56)는 진리 즉 사성제라는 주제를 담고 있는 경들을 모두 함께 묶은 것이라는 뜻이다.

초기불전연구원에서는 이것을 『상윳따 니까야』로 음역하여 옮겼으며 '주제별로 모은 경'이라는 부제를 달았다. 일본에서는 『상윳따 니까야』를 '상응부(相應部)'로 옮겼다.

『상윳따 니까야』에는 모두 56개의 주제별로 묶은 가르침 즉 상윳따들이 포함되어 있다. 전통적으로 이러한 56개의 상윳따는 다섯 권으로 편집되어 전승되어 오는데 게송을 포함하고 있는 경들을 주제별로 묶은 11개의 상윳따(S1~S11)는 제1권에 포함되어 있고, 연기의 가르침을 중심으로 한 10개의 상윳따(S12~S21)는 제2권에, 오온의 가르침을 중심으로 한 13개의 상윳따(S22~S34)는 제3권에, 육처의 가르침을 중심으로 한 10개의 상윳따(S35~S44)는 제4권에, 끝으로 37보리분법과 사성제 등의 가르침을 중심으로 한 12개의 상윳따(S45~S56)는 제5권에 포함되어 있다.

초기불전연구원에서는 이 가운데 분량이 많은 제4권과 제5권을 세 권으로 나누어서 제4권에는 8개의 상윳따(S35~S42)를 포함시켰고, 제5권에도 8개의 상윳따(S43~S50)를, 제6권에는 나머지 6개의 상윳따(S51~S56)를 담아서 모두 여섯 권으로 출간하였다.

한편 이러한 주제별로 경들을 모아서 엮는 방식은 이미 『디가 니까야』의 제1권인 『계온품』(계의 무더기[戒蘊]를 중심에 둔 품)에도 채용되어 나타난다. 『계온품』에 포함되어 나타나는 13개의 경들은 모두 공통적으로 계의 무더기라는 주제를 포함하고 있어서 『디가 니까야』 제1권의 이름을 『계온품』으로 지은 것이다. 그 외에도 『앙굿따라 니까야』 등에도 같은 주제를 담고 있는 경들은 같은 품으로 묶어서 편집하였는데 경을 주제별로 분류해서 결집하는 것은 자연스러운 방법이기 때문이다. 이것은 불교교단뿐만 아니라 이미 인도의 여러 종교계 혹은 사상계에서도 일반적으로 통용되던 교설의 분류방법이기도 하다.

부처님 말년에 이를수록 부처님의 가르침은 다 기억하기 힘들 정도로 방대해졌다. 이러한 많은 가르침을 어떻게 모아서 노래하고 기억하여 후대로 전승해 줄 것인가는 직계제자들에게는 중요한 문제가 아닐 수 없었을 것이다. 그러면 어떻게 방대한 부처님 가르침을 체계적으로 모아서 전승시킬 것인가? 그것은 기존의 인도 종교계의 전통에서 찾을 수 밖에 없었을 것이다.

우리가 잘 알고 있듯이 불교가 생기기 이전에 이미 인도의 여러 바라문 가문들은 각 가문이 속하는 문파에 따라서 『베다 본집』(本集, Saṁhitā)과 『제의서』(祭儀書, Brāhmaṇa)와 『삼림서』(森林書, Āraṇyaka)와 『비의서』(秘義書, Upaniṣad)를 모아서 노래의 형태로 전승해 오는 전통이 튼튼하게 뿌리내리고 있었다.

예를 들면 전체 10장(만달라, Maṇḍala)으로 구성되어 있는 『리그베다』의 2장부터 7장까지는 『리그베다』 파에 속하는 바라문 가문들에서 전승되어 오던 찬미가(sūkta)를 각각 가문별로 모은 것이다. 예를 들면 『디가 니까야』 제1권 「암밧타 경」(D3 §2.8)에서 언급되고 있는 유명한 바라문 가문들 가운데 하나인 웻사미따(*Sk.*Viśvāmitra)는 『리그베다』 3장을 전승해 온 가문의 이름이며, 와마데와(*Sk.*Vāmadeva)는 4장을, 바라드와자(Bharadvāja)는 6장을, 와셋타(*Sk.*Vasiṣṭha)는 7장을 전승해 온 가문의 이름이다. 그리고 8장은 깐와와 앙기라스 두 가문의 전승을 모은 것이며, 9장은 제사에서 아주 중요한 소마(Soma) 즙에 관계된 찬미가들을 모은 것이다. 1장과 10장은 일종의 잡장(雜藏)인데 가문과 관계없는 시대적으로 늦은 찬미가들을 모아서 구성한 만달라이다.

그리고 『리그베다』의 각 장은 모두 다시 주제별로 모아져 있는데, 먼저 바라문들의 신인 아그니(Agni, 불의 신)에 관계된 찬미가를 모으고, 다음은 인드라, 그다음은 다른 여러 신들의 순서로 모았다. 이처럼 이미 불교가 생기기 이전부터 바라문들은 주제를 중심으로 체계적으로 그들의 찬미가를 모아서 노래로 전승하고 있었다.

인도 종교계의 사정이 이러하였기 때문에 불교교단도 부처님 말씀을 체계적으로 정리하기 위해서 자연스럽게 이러한 방법론을 그대로 받아들였으며, 특히 사리뿟따 존자와 마하깟사빠 존자와 같은 바라문 가문 출신들에게는 자연스런 추세였을 것이다.

아무튼 긴 길이의 경들을 『디가 니까야』로 모으고 중간 길이의 경들을 『맛지마 니까야』로 모은 뒤에, 남은 경들은 주제를 중심으로 한 『상윳따 니까야』와 숫자를 중심으로 한 『앙굿따라 니까야』로 분류하여 결집하였다.

그런데 중요 주제 즉 불교의 중요한 법수들은 모두 숫자별로도 분류할 수 있다. 그러므로 이러한 가르침들은 『상윳따 니까야』에도 포함될 수 있고 『앙굿따라 니까야』에도 포함될 수 있다.

예를 들면 사성제는 『상윳따 니까야』의 진리라는 주제 즉 「진리 상윳따」(S56)에도 포함될 수 있고 『앙굿따라 니까야』의 「넷의 모음」(A4)에도 포함될 수 있다. 오온은 『상윳따 니까야』「무더기 상윳따」(S22)와 『앙굿따라 니까야』「다섯의 모음」(A5)에, 육처는 「육처 상윳따」(S35)와 「여섯의 모음」(A6)에, 칠각지는 「깨달음의 구성요소 상윳따」(S46)와 「일곱의 모음」(A7)에, 팔정도는 「도 상윳따」(S45)와 「여덟의 모음」(A9)에도 포함될 수 있다.

그러면 이들은 어떤 기준으로 『상윳따 니까야』와 『앙굿따라 니까야』로 다르게 분류되었을까? 위에서 살펴보았듯이 온·처·계·근·제·연과 37보리분법과 같은 중요한 주제들은 모두 주제별로 묶은 가르침 즉 『상윳따 니까야』에 포함되었다. 그래서 합송에 참여한 직계제자들은 먼저 26개의 법수를 중심으로 한 중요 주제들을 선정하고 여기에 관계된 가르침들을 각각의 상윳따에 포함시켰다. 그리고 사리뿟따 존자나 목갈라나 존자 등 중요한 인물 15명을 선정하여 이들과 관계된 경들을 각각의 인물을 제목으로 하는 상윳따에 모으고, 천신이나 약카 등의 존재들 가운데 8가지를 선정하여 역시 이들과 관계된 경들을 각각의 제목으로 하고 있는 상윳따에 모으고, 그 밖에 비구니 등 특정 부류의 인간들과 숲(S9), 비유(S20) 등을 주제로 하는 7개의 상윳따를 결집하였다. 이렇게 모두 56개의 주제를 선정하고 각 주제에 해당하는 경들을 『상윳따 니까야』로 먼저 결집하였다.

그런 뒤에 이러한 56개의 주제와 관련 없는 가르침을 담고 있는 경들은 그 경들이 담고 있는 가르침의 숫자에 따라서 『앙굿따라 니까야』에 포함시켰다. 그래서 예를 들면, 사성제에 관한 경들은 거의 모두 『상윳따 니까야』의 「진리 상윳따」(S56)에 포함되어 있고 『앙굿따라 니까야』의 「넷의 모음」에는 거의 나타나지 않는다. 사념처, 사정근, 사여의족, 오온, 육처, 연기 등의 가르침도 마찬가지여서 각각 『상윳따 니까야』의 「마음챙김의 확립 상윳따」(S47), 「바른 노력 상윳따」(S49), 「성취수단 상윳따」(S51), 「무더기 상윳따」(S22), 「육처 상윳따」(S35), 「인연 상윳따」(S12)에 포함되었으며, 『앙굿따라 니까야』의 「넷의 모음」(A4)이나 「다섯의 모음」(A5)이나 「여섯의 모음」(A6) 등에는 나타나지 않는다.

그러나 『상윳따 니까야』에는 탐·진·치에 관한 상윳따를 만들지 않았기 때문에 탐·진·치에 관계된 가르침은 『앙굿따라 니까야』의 「셋의 모음」(A3)에 포함되어 결집되었다.

그런데 본서 제4권 「여인 상윳따」(S37)에 포함된 34개의 경들은 여인의 특질을 '믿음, 계의 증장, 통찰지, 보시, 배움'(S37:34)과 같은 주로 다섯 가지 법수를 중심으로 모은 것이다. 그러므로 이 경들은 교학이나 인물의 중요 주제로 보기보다는 숫자별로 모으는 것이 더 나을 듯이 보인다. 그러나 이들은 『앙굿따라 니까야』의 「다섯의 모음」(A5) 등에 포함시키지 않고 『상윳따 니까야』에 「여인 상윳따」(S37)라는 주제를 설정하여 여기에 포함시키고 있다.

한편 구차제멸(九次第滅)의 가르침도 『상윳따 니까야』에서 특정한 주제로 선정하지 않았기 때문에 이러한 가르침들은 대부분 『앙굿따라 니까야』의 「아홉의 모음」(A9)에 포함되어 나타난다. 역자의 생각으로는 4禪-4처-상수멸의 구차제멸(九次第滅)의 가르침은 여인보다는 중요한 주제인 듯한데 이것은 『상윳따 니까야』에 가칭 '차제멸 상윳따'라는 주제를 설정하지 않고 『앙굿따라 니까야』의 「아홉의 모음」(A9)에 포함시키고 있다. 물론 본서 제3권 「사리뿟따 상윳따」(S28)와 제4권 「목갈라나 상윳따」(S40)에 구차제멸의 가르침이 나타나기는 한다.

그 외 법(法, dhamma)과 율(律, vinaya)을 『율장』과 『경장』과 『논장』의 『삼장』(三藏, Tipiṭaka)으로 조직한 상세한 내용은 역자가 번역하고 초기불전연구원에서 출판한 『디가 니까야』 제3권의 부록으로 번역해서 소개하고 있는 『디가 니까야 주석서』 서문의 §§30~48에 잘 나타나 있으니 참조하기 바란다. 이 부분은 상좌부 전통에서 본 빠알리 삼장의 조직체계를 분명히 밝히고 있기 때문에 역자의 보충 설명은 더 이상 필요하지 않을 것이다. 그리고 『디가 니까야』 제1권 역자 서문에서도 법과 율의 결집에 대해서 설명하였는데 그곳을 참조하기 바란다.

8. 『상윳따 니까야』의 구성

『상윳따 니까야』는 1차결집을 주도했고, 부처님의 직계 제자들 가운데서 가장 연장자였으며, 120세까지 살았고(AA.iii.243~244), 평생을 부처님께서 주신 누더기 한 벌을 입고 지내는 두타행을 실천했으며(S16:5 §3이하; S16:11 §§13~14), 80세가 된 아난다 존자를 젊은이라 불렀던(S16:11 §5) 마하깟사빠(대가섭) 존자의 제자들이 후대로 전승한 부처님의 말씀이다. 마하깟사빠 존자가 가진 이러한 권위를 일차합송에 참석한 500명의 아라한들이 모두 인정했기 때문에 그는 니까야들 가운데서도 주제별로 교법(sāsana)을 체계적으로 정리한 『상윳따 니까야』를 전승할 책임을 맡게 되었을 것이라는 추론이 자연스럽게 가능하다.

『상윳따 니까야』는 주제별로 분류한 56개의 상윳따들로 구성되어 있다. 그 주제를 나열해보면 다음과 같다.

제1주제(S1) 천신 상윳따(Devatā-saṁyutta)
제2주제(S2) 신의 아들 상윳따(Devaputta-saṁyutta)
제3주제(S3) 꼬살라 상윳따(Kosala-saṁyutta)
제4주제(S4) 마라 상윳따(Māra-saṁyutta)
제5주제(S5) 비구니 상윳따(Bhikkhunī-saṁyutta)
제6주제(S6) 범천 상윳따(Brahma-saṁyutta)
제7주제(S7) 바라문 상윳따(Brāhmaṇa-saṁyutta)

제8주제(S8) 왕기사 장로 상윳따(Vaṅgīsathera-saṁyutta)
제9주제(S9) 숲 상윳따(Vana-saṁyutta)
제10주제(S10) 약카 상윳따(Yakkha-saṁyutta)
제11주제(S11) 삭까 상윳따(Sakka-saṁyutta)
제12주제(S12) 인연 상윳따(Nidāna-saṁyutta)
제13주제(S13) 관통 상윳따(Abhisamaya-saṁyutta)
제14주제(S14) 요소 상윳따(Dhātu-saṁyutta)
제15주제(S15) 시작을 알지 못함 상윳따(Anamatagga-saṁyutta)
제16주제(S16) 깟사빠 상윳따(Kassapa-saṁyutta)
제17주제(S17) 이득과 존경 상윳따(Lābhasakkāra-saṁyutta)
제18주제(S18) 라훌라 상윳따(Rāhula-saṁyutta)
제19주제(S19) 락카나 상윳따(Lakkhaṇa-saṁyutta)
제20주제(S20) 비유 상윳따(Opamma-saṁyutta)
제21주제(S21) 비구 상윳따(Bhikkhu-saṁyutta)
제22주제(S22) 무더기[蘊] 상윳따(Khanda-saṁyutta)
제23주제(S23) 라다 상윳따(Rādha-saṁyutta)
제24주제(S24) 견해 상윳따(Diṭṭhi-saṁyutta)
제25주제(S25) 들어감 상윳따(Okkanti-saṁyutta)
제26주제(S26) 일어남 상윳따(Uppāda-saṁyutta)
제27주제(S27) 오염원 상윳따(Kilesa-saṁyutta)
제28주제(S28) 사리뿟따 상윳따(Sāriputta-saṁyutta)
제29주제(S29) 용 상윳따(Nāga-saṁyutta)
제30주제(S30) 금시조 상윳따(Supaṇṇa-saṁyutta)
제31주제(S31) 간답바 무리 상윳따(Gandhabbakāya-saṁyutta)
제32주제(S32) 구름의 신 상윳따(Valāhaka-saṁyutta)
제33주제(S33) 왓차곳따 상윳따(Vacchagotta-saṁyutta)
제34주제(S34) 선(禪) 상윳따(Jhāna-saṁyutta)

제35주제(S35) 육처 상윳따(Saḷāyatana-saṁyutta)
제36주제(S36) 느낌 상윳따(Vedanā-saṁyutta)
제37주제(S37) 여인 상윳따(Mātugāma-saṁyutta)
제38주제(S38) 잠부카다까 상윳따(Jambukhādaka-saṁyutta)
제39주제(S39) 사만다까 상윳따(Sāmaṇḍaka-saṁyutta)
제40주제(S40) 목갈라나 상윳따(Moggalāna-saṁyutta)
제41주제(S41) 찟따 상윳따(Citta-saṁyutta)
제42주제(S42) 우두머리 상윳따(Gāmaṇi-saṁyutta)
제43주제(S43) 무위 상윳따(Asaṅkhata-saṁyutta)
제44주제(S44) 설명하지 않음[無記] 상윳따(Avyākata-saṁyutta)
제45주제(S45) 도 상윳따(Magga-saṁyutta)
제46주제(S46) 깨달음의 구성요소 상윳따(Bojjhaṅga-saṁyutta)
제47주제(S47) 마음챙김의 확립 상윳따(Satipaṭṭhāna-saṁyutta)
제48주제(S48) 기능[根] 상윳따(Indriya-saṁyutta)
제49주제(S49) 바른 노력 상윳따(Sammappadhāna-saṁyutta)
제50주제(S50) 힘 상윳따(Bala-saṁyutta)
제51주제(S51) 성취수단[如意足] 상윳따(Iddhipāda-saṁyutta)
제52주제(S52) 아누룻다 상윳따(Anuruddha-saṁyutta)
제53주제(S53) 선(禪) 상윳따(Jhāna-saṁyutta)
제54주제(S54) 들숨날숨 상윳따(Ānāpāna-saṁyutta)
제55주제(S55) 예류 상윳따(Sotāpatti-saṁyutta)
제56주제(S56) 진리[諦] 상윳따(Sacca-saṁyutta)

한편 이들 56개 상윳따들은 Ee, Be, Se 등의 모든 판본과 필사본에서 모두 다섯 권으로 편찬되어서 전승되고 있다. 이 가운데 S1부터 S11까지는 제1권에 포함되어 있는데 이들 11개의 상윳따는 모두 게송을 포함하고 있기 때문에 제1권을 게송을 포함한 가르침(Sagāthā-vagga)이라 부른다. Ee1에 의하면 제1권은 240쪽으로 되어 있다.

S12부터 S21까지 10개의 상윳따는 제2권에 포함되어 있다. 이 가운데 첫 번째인 「인연 상윳따」(S12)가 거의 절반에 가까운 분량이면서 연기(緣起)의 가르침은 가장 중요한 가르침이기에 제2권은 전통적으로 인연을 [위주로 한] 가르침(Nidāna-vagga)이라 부르며 역자는 '연기를 위주로 한 가르침'으로 옮겼다. Ee에 의하면 제2권은 285쪽으로 편집되어 있다.

제3권에는 S22부터 S34까지 13개의 상윳따가 포함되어 있는데 이 가운데 첫 번째인 「무더기 상윳따」(S22)가 절반이 넘는 분량이면서 가장 중요한 가르침이기 때문에 제3권은 무더기를 [위주로 한] 가르침(Khan-dha-vagga)이라 부르고 있는데 역자는 '오온을 위주로 한 가르침'으로 옮겼다. Ee에 의하면 제3권은 279쪽으로 편성되어 있다.

제4권에는 S35부터 S44까지 10개의 상윳따가 포함되어 있는데 이 가운데 첫 번째인 「육처 상윳따」(S35)가 거의 삼분의 이에 가까운 분량을 차지하고 있고 가장 중요한 가르침이어서 제4권은 육처를 [위주로 한] 가르침(Saḷāyatana-vagga)이라 불린다. 역자는 '육처를 위주로 한 가르침'으로 옮겼다. Ee의 제4권은 403쪽으로 편집되어 있다.

그리고 마지막으로 제5권은 S45부터 S56까지 12개의 상윳따로 구성되어 있는데 37보리분법을 위시한 불교 수행을 총망라하고 있으며(S45~54) 불교의 진리인 사성제를 담고 있는 「진리 상윳따」(S56)가 포함되어 있기 때문에 전통적으로 제5권은 큰 가르침을 담은 가르침(Mahā-vagga)이라 불리고 있다. Ee의 제5권은 478쪽으로 편집되어 있다.

그런데 제4권과 제5권, 특히 제5권은 그 분량이 제1권의 두 배에 해당하는 분량이라서 초기불전연구원에서는 빠알리 원본의 제4권과 제5권을 세 권으로 나누어서 번역·출판하고 있다. 즉 1/2/3권은 빠알리 원본과 같이 출간하였으며, 본원에서 출간한 제4권은 S35부터 S42까지의 8개 상윳따를 담고 있고, 제5권은 S43부터 S50까지의 8개 상윳따를 담고 있으며, 마지막 제6권은 S51부터 S56까지의 6개 상윳따를 포함하고 있다.

56개로 분류된 각 상윳따들은 많은 경들을 포함하고 있는데 『디가 니까야 주석서』(DA)에 의하면 『상윳따 니까야』는 모두 7762개의 경들을 포함하고 있다.[15] 이것은 9557개의 경들을 포함하고 있다고 설명하고 있는 『앙굿따라 니까야』 다음으로 많은 것이다. 이렇게 주제별로 상윳따로 분류된 경들은 그 숫자가 100개가 넘을 경우에 다시 50개씩의 경들로 묶어서 분류하고 있는데 이것을 '50개 경들의 묶음(Paṇṇāsaka)'이라 부르고 있다. 빤나사까(Paṇṇāsaka)는 문자 그대로 '50개로 된 것'이라는 의미이다.

이처럼 한 묶음에 포함된 50개의 경들은 다시 5개의 '품(Vagga)'으로 분류가 되는데, 하나의 품은 기본적으로 10개씩의 경들을 포함하고 있다. 이렇게 조직하여 전체 7762개의 경들을 일목요연하게 정리한 것이 『상윳따 니까야』이다.

이러한 분류법은 『맛지마 니까야』와 『앙굿따라 니까야』에도 적용되는 공통적인 방법이다. 『맛지마 니까야』는 152개의 경들을 모두 50개씩 세 개의 묶음으로 분류한 뒤에 이 셋을 각각 제1권과 제2권과 제3권(52개의 경)에 담고 있다. 이러한 '50개 경들의 묶음'은 다시 각각 다섯 개의 품으로 분류가 되며, 각 품은 10개씩의 경을 포함하고 있다.

『앙굿따라 니까야』에 포함된 9557개의 경들은 모두 각 경에 포함된 주제의 숫자가 몇 개인가에 따라서 모두 11개 모음(A1~A11)으로 분류하였으며, 각각의 모음들 가운데 많은 경을 포함한 모음은 다시 50개씩의 묶음과 품으로 분류하여 편집하였다.

한편 『디가 니까야』에 포함된 경들은 34개뿐이라서 50개의 묶음은 존재하지 않으며, 품별로 3개의 품으로 나누어서 각각을 『계온품』(D

15) "어떤 것이 『상윳따 니까야』인가? 「천신 상윳따」(S1) 등으로 설해진 「폭류 경」(S1:1) 등 7762개의 경들이다."(DA.i.25)

1~D13의 13개 경들), 『대품』(D14~D23의 10개 경들), 『빠띠까 품』(D24~D34의 11개 경들)이라 부르고 있으며, 이 셋을 각각 제1권과 제2권과 제3권에 담고 있다. 이처럼 모든 니까야에서 많은 경들을 배열하는 데는 이러한 공통된 원칙을 적용하고 있다.

그러면 같은 주제별 묶음인 특정 상윳따 안에서 경들의 순서를 정하는 정해진 원칙이 있는가? 원칙을 찾으려고 노력한 흔적은 많지만 모든 묶음들과 품들이 반드시 정해진 원칙에 의해서 결집된 것은 아닌 듯하다.

9. 『상윳따 니까야』의 경은 모두 몇 개인가?

『디가 니까야 주석서』 등에 의하면 『상윳따 니까야』에는 모두 7762개의 경이 포함되어 있는 것으로 확정되어 있다.(DA.i.25) 여기에 대해서는 다음 쪽의 도표를 참조하기 바란다.

그러나 Ee에는 2889개의 경들로 편집되어 나타나며 Be에는 2908개, Se에는 모두 7656개의 경으로 편집되어 있다. 역자는 본서에서 모두 2904개의 경들로 편집해서 옮겼다. 다음 쪽의 도표는 이들을 나타낸 것이다.

여기서 분명히 해야 할 것은, 각 판본마다 이렇게 경의 숫자가 다르게 나타나지만 내용상에는 다른 것이 전혀 없다는 점이다. 같은 내용을 두고 어떻게 편집했는가 하는데 따라서 이렇게 경들의 숫자가 다르게 된 것이다. Se와 Ee와 Be와 같은 이러한 판본들뿐만 아니라 이 외의 스리랑카나 태국 등의 여러 공식 판본과 필사본까지도 단어의 철자법이 다른 부분이 적지 않게 있고 혹 문장이 생략된 부분이 나타나기도 하지만, 내용이 전혀 다른 경이 새로 첨가된다거나 특정한 경이 생략된다거나 하는 경우는 없다는 것이 학자들의 공통된 의견이다.

차례	상윳따	Ee	Be	Se	본서	품 수
S1	천신	81	81	81	81	8
S2	신의 아들	30	30	30	30	3
S3	꼬살라	25	25	25	25	3
S4	마라	25	25	25	25	3
S5	비구니	10	10	10	10	1
S6	범천	15	15	15	15	2
S7	바라문	22	22	22	22	2
S8	왕기사 장로	12	12	12	12	1
S9	숲	14	14	14	14	1
S10	약카	12	12	12	12	1
S11	삭까	25	25	271	25	3
소계	11개 상응	271	271	271	271	28
S12	인연	93	93	213*	93	9
S13	관통	11	11	11[16]	11	1
S14	요소[界]	39	39	39	39	4
S15	시작 없음	20	20	20	20	2
S16	깟사빠	13	13	13	13	1
S17	이득·존경	43	43	43	43	4
S18	라훌라	22	22	22	22	2
S19	락카나	21	21	21	21	2
S20	비유	12	12	12	12	1
S21	비구	12	12	12	12	1
소계	10개 상응	286	286	406	286	27
S22	무더기[蘊]	158*	159	159	159	15
S23	라다	46	46	46	46	4
S24	견해	114*	96	96	96	4
S25	들어감	10	10	10	10	1
S26	일어남	10	10	10	10	1
S27	오염원	10	10	10	10	1
S28	사리뿟따	10	10	10	10	1
S29	용	50	50	50	50	1
S30	금시조	46	46	46	46	1
S31	간답바	112	112	112	112	1

S32	구름의 신	57	57	57	57	1
S33	왓차곳따	55	55	55	55	1
S34	선(禪)	55	55	55	55	1
소계	13개 상응	733	716	716	716	33
S35	육처	207*	248	248	248	19
S36	느낌	29*	31	31[17]	31	3
S37	여인	34	34	36*	34	3
S38	잠부카다까	16	16	16	16	1
S39	사만다까	16	16	16	16	1
S40	목갈라나	11	11	57*	11	1
S41	찟따	10	10	10	10	1
S42	우두머리	13	13	13	13	1
S43	무위	44	44	1848	44	2
S44	무기(無記)	11	11	11	11	1
소계	10개 상응	391	434	2286	434	33
S45	도(道)	180	181*	546*	180	16
S46	각지(覺支)	187*	185*	632*	184	18
S47	염처(念處)	103*	104	506*	104	10
S48	기능[根]	185*	180*	526*	178	17
S49	바른 노력	54	54	456*	54	5
S50	힘[力]	110*	108	456*	108	10
S51	성취수단	86	86	488*	86	8
S52	아누룻다	24	24	24	24	2
S53	선(禪)	54	54	114*	54	5
S54	들숨날숨	20	20	20	20	2
S55	예류	74	74	74	74	7
S56	진리[諦]	131	131	135*	131	11
소계	12개 상응	1208	1201	3977	1197	111
합계	56개 상응	2889	2908	7656	2904	232

---

16) 특이하게도 Se에는 본서 「인연 상윳따」(S12)와 「관통 상윳따」(S13)가 「관통 상윳따」라는 제목으로 합쳐져서 나타난다. 본서의 「인연 상윳따」(S12)는 이 상윳따의 제1품부터 제9품까지에 해당되고 본서의 「관통 상윳따」(S13)는 이 상윳따의 제10품으로 편집되어 나타나고 있다. 그러나 Ee (PTS)와 Be(VRI)에는 모두 독립된 상윳따로 나타나며 이것이 세계 학계

그러면 Se는 왜 다른 판본들보다 거의 세 배에 달하는 경들의 숫자로 편집하였을까? 이것이 승가의 전통적인 태도이기 때문이다. 거듭 밝히지만 주석서에서는 전통적으로 『상윳따 니까야』에는 모두 7762개의 경들이 들어 있다고 간주한다. 주석서 문헌들은 붓다고사를 위시한 스님들이 모두 스리랑카에서 편찬한 문헌들이다. 그러다 보니 Se는 스리랑카에서 편찬된 이러한 주석서들의 전통을 그대로 계승하고 있기 때문에 이렇게 경의 개수를 매기고 있는 것으로 이해해야 할 것이다.

10. 『상윳따 니까야』의 주제

먼저 『상윳따 니까야』에 포함되어 있는 56개의 상윳따는 ① 교학과 수행의 주제 중심이냐 ② 인물 중심이냐 ③ 특정한 존재 중심이냐 ④ 특정 부류의 인간 중심이냐는 네 가지 기준으로 분류할 수 있다. 이 기준으로 분류해서 도표로 나타내보면 다음 쪽의 도표와 같다.

한편 특정 인물을 주제로 삼은 상윳따 가운데 「라훌라 상윳따」(S18)에 포함된 모든 경들은 육처와 여러 가지 요소와 오온(처·계·온)에 관한 가르침을 담고 있으며, 「락카나 상윳따」(S19)는 신통을, 「라다 상윳따」(S23)는 오온을, 「사리뿟따 상윳따」(S28)는 9禪을, 「왓차곳따 상윳따」(S33)는 오온을, 「잠부카다까 상윳따」(S38)는 멸(열반)과 도를, 「사만다까 상윳따」(S39)도 멸(열반)과 도를, 「목갈라나 상윳따」(S40)는 9禪을, 「아누룻다 상윳따」(S52)는 마음챙김을 담고 있다. 그러므로 이들

의 정설이고 본서도 이를 따랐다.

17) 특이하게도 Se에는 「느낌 상윳따」(S36)의 첫 번째 품이 앞의 「육처 상윳따」(S35)의 제20품으로 편집되어 나타난다. 그러나 역자는 Ee와 Be를 따라서 이것을 「느낌 상윳따」에 포함된 것으로 계산하였다.

9개 상윳따도 교학과 수행의 주제 중심의 상윳따로 분류할 수 있다. 그러면 주제 중심의 상윳따는 모두 35개로 늘어난다.

분류 기준	상윳따	합계	비율
교학과 수행의 주제	연기(S12), 관통(S13), 요소(S14), 시작없음(S15), 이득·존경(S17), 온(S22), 견해(S24), 들어감(S25), 일어남(S26), 오염원(S27), 禪(S34), 육처(S35), 느낌(S36), 무위(S43), 무기(S44), 도(S45), 각지(S46), 염처(S47), 기능(S48), 바른 노력(S49), 힘(S50), 성취수단(S51), 禪(S53), 들숨날숨(S54), 예류(S55), 진리(S56)	26개	46%
특정 인물	꼬살라(S3), 마라(S4), 왕기사(S8), 삭까(S11), 깟사빠(S16), 라훌라(S18), 락카나(S19), 라다(S23), 사리뿟따(S28), 왓차곳따(S33), 잠부카다까(S38), 사만다까(S39), 목갈라나(S40), 찟따(S41), 아누룻다(S52)	15개	27%
특정 존재	천신(S1), 신의 아들(S2), 범천(S6), 약카(S10), 용(S29), 금시조(S30), 간답바(S31), 구름의 신(S32)	8개	14%
특정 부류	비구니(S5), 바라문(S7), 비구(S21), 여인(S37), 우두머리(S42)	5개	9%
기타	숲(S9), 비유(S20)	2개	4%

이렇게 『상윳따 니까야』에 나타나는 35개의 주제에 관한 상윳따를 다시 교학과 수행과 증득이라는 세 가지로 분류해 보면, 아래의 도표와 같다. 여기서 교학에 관한 것으로는 오온 등의 여덟 가지 주제가 설해지고 있고, 수행에 관한 것은 37보리분법의 일곱 가지 주제에다 삼매(禪)를 포함한 여덟 가지 주제가 나타나고 있으며, 증득에 관한 것으로는 사성제와 열반과 신통과 예류의 네 가지 주제가 나타나고 있다. 이렇게 하여 모두 20가지 주제로 재분류해 볼 수 있다.

그런데 이러한 8가지 교학, 8가지 수행, 4가지 증득으로 분류되는 20가지 주제는 다음과 같이 간단명료하게 압축된다.

	주제	상윳따 번호
교학	오온	22 23 24 33
	처·계	35 14
	처·계·온	18 25 26 27
	연기	12
	느낌	36
	윤회	15
	이득·존경	17
	10사 무기	44
수행	도	45 38 39 43
	마음챙김	47 52 54
	삼매(禪)	28 34 40 53
	4여의족	51
	4정근	49
	5근·5력	48 50
	7각지	47
증득	4성제	56 13
	멸과 도	38 39 43
	신통	21
	예류	55

① 온·처·계·연 등으로 해체한다. 해체하면 무상·고·무아가 보인다. 그러면 이욕-소멸 혹은 염오-이욕-소멸 혹은 염오-이욕-해탈-구경해탈지가 드러난다.(8가지 교학)

② 염오-이욕-해탈-구경해탈지를 체득하는 수행방법으로는 37보리분법이 강조되고 있으며, 특히 팔정도와 마음챙김이 강조되고 있다.(8가지 수행)

③ 이렇게 해서 사성제를 통달하고 깨달음과 해탈·열반을 증득하고 실현한다.(4가지 증득)

11. 『상윳따 니까야』의 특징

(1) 주제별로 모았다

『상윳따 니까야』의 가장 큰 특징은 부처님 가르침을 주제별로 모았다는 것이다. 그러다보니 본 니까야에는 불교의 기본 법수와 교학체계가 총망라되고 있다.

이미 언급하였듯이 상좌부 불교의 근간이 되며 주석서 문헌들의 중심에 놓여 있는 『청정도론』 XIV.32에서 저자 붓다고사 스님은 "여기서 무더기[蘊, khandha], 감각장소[處, āyatana], 요소[界, dhātu], 기능[根, indri-ya], 진리[諦, sacca], 연기[緣起, paṭiccasamuppāda] 등으로 구분되는 법들이 이 통찰지의 토양(paññā-bhūmi)이다."(Vis.XIV.32)라고 정의하여 불교교학의 근간을 온·처·계·근·제·연의 여섯으로 설명하고 있다. 그리고 붓다고사스님은 『디가 니까야 주석서』(DA)와 『맛지마 니까야 주석서』(MA)와 『상윳따 니까야 주석서』(SA)와 『앙굿따라 니까야 주석서』(AA)와 『율장 주석서』(VinA) 서문들에서 공히 다음과 같이 밝히고 있다.

> "모든 초월지들과 통찰지[慧]의 정의를 내리는 것과
> 무더기[蘊]·요소[界]·감각장소[處]·기능[根]과

네 가지 성스러운 진리[諦]와 여러 조건[緣=緣起]의 가르침과
극히 청정하고 능숙한 방법과 경전을 벗어나지 않은 도(道)와
위빳사나 수행 — 이 모든 것은
내가 지은 『청정도론』에서 아주 청정하게 [설명되었다.]"[18]

여기서 초월지는 abhiññā를 옮긴 것인데 이것은 여섯 가지 신통의 지혜(육신통)를 말한다. 이 가운데 처음의 다섯 가지 신통은 반드시 제4禪이 토대가 되어야 하며[19] 이것은 사마타 혹은 삼매수행으로 정리가 된다. 본서에서 삼매수행은 두 개의 「선(禪) 상윳따」(S34, S52) 등으로 나타나고 있다. 그리고 신통의 지혜는 본서 제6권 「이전 경」(S51:11) §8 이하 등에 나타나고 있다. 우리에게 반야(般若, paññā, 慧)로 알려진 통찰지는 오근·오력의 통찰지의 기능과 힘[慧根·慧力]으로 정의 되어, 본서 제5권 「기능[根] 상윳따」(S48)의 모든 곳을 위시한 본서 여러 곳에 나타난다. 통찰지의 정의는 본서 제5권 「분석 경」 1(S48:9) §8을 참조할 것. 그리고 무더기(온)는 S22에, 감각장소(처)는 S35에, 요소(계)는 S14에, 기능(근)은 S48에 정리되어 나타나고 있으며, 사성제(제)는 S56에, 연기의 가르침(연)은 S12에, 도는 S45부터 S51까지에서 37보리분법으로 나타나고 있다. 그리고 위빳사나 수행은 염오[20]라는 술어로 여러 상윳따에서 아주 강조되어 나타나고 있다.

붓다고사 스님은 이처럼 불교의 교학을 온·처·계·근·제·연으로, 불교의 수행을 도(팔정도)를 근본으로 하는 37보리분법과 사마타와 위빳

---

18) DA.i.2~3; MA.i.2; SA.i.2; AA.i.2; VinA.i.2.

19) 그래서 제4선을 신통지(초월지)를 위한 '기초가 되는 禪(pādaka-jjhāna)'이라 한다. 여기에 대해서는 『청정도론』 XII.57 이하를 참조할 것.

20) "'염오(nibbidā)'란 염오의 지혜(nibbidā-ñāṇa)를 말하는데 이것으로 강한 위빳사나(balava-vipassanā)를 드러내고 있다."(SA.ii.53, 본서 제2권 「의지처 경」(S12:23) §4의 173번 주해 참조.)

사나로 정리하고 있는데, 방금 살펴보았듯이 이러한 가르침들은 모두 『상윳따 니까야』의 중요한 주제로 등장하고 있다. 이처럼 『상윳따 니까야』에는 불교의 기본 법수와 교학체계가 총망라되고 있다.

이미 살펴보았듯이 불교교학의 기본 법수인 온·처·연은 각각 『상윳따 니까야』 제3권과 제4권과 제2권의 이름으로 채택되어서 각각 『칸다 왁가』(Khandha Vagga, 무더기 품, 오온의 가르침을 위주로 한 책), 『아야따나 왁가』(Āyatana Vagga, 감각장소 품, 여섯 감각장소의 가르침을 위주로 한 책), 『니다나 왁가』(Nidāna Vagga, 인연 품, 인연의 가르침을 위주로 한 책)로 불리고 있다. 그리고 불교 수행의 기본법수인 37보리분법과 불교의 진리인 사성제 등을 담고 있는 제5권은 『마하왁가』(Mahā-vagga, 대품, 큰 가르침을 담은 책)로 불리고 있다. 이처럼 『상윳따 니까야』는 불교의 중요한 주제를 주제별로 총망라하고 있는 책이다.

특히 『논장』의 『위방가』(分別論, Vbh)에서 최종적으로 정리되어 나타나는 22근의 가르침은 다른 니까야들에서는 22가지가 다 나타나지 않지만 본서 「기능 상윳따」(S48)에 모두 다 나타나고 있다.

(2) 간단명료하면서도 불교의 핵심을 드러낸다

대부분의 불교학자들이 동의하듯이 부처님의 가르침을 4부 니까야로 나눈 주요 기준은 경의 길이이다. 그래서 첫 번째 니까야는 길게(dīgha) 설하신 경들을 모은 것이라고 해서 『디가 니까야』라 불렀고, 두 번째 니까야는 중간 길이(majjhima)의 말씀들을 모은 것이라고 해서 『맛지마 니까야』라는 명칭을 붙였다. 이렇게 먼저 상대적으로 긴 가르침들을 뽑아서 처음 두 개의 니까야에 모았기 때문에 나머지 경들을 담고 있는 『상윳따 니까야』와 『앙굿따라 니까야』는 상대적으로 길이가 짧다.

그러면 단순히 경의 길이만이 4부 니까야로 나눈 기준이 되었을까?

Joy Manné는 그렇지 않다고 한다.[21] 그녀에 의하면 『디가 니까야』는 특히 새로운 종교인 불교의 대외적인 포교에 역점을 두어 당시 여러 계층의 사람들을 불교로 받아들이기 위한 가르침을 위주로 한 것이라고 한다. 이것은 특히 『디가 니까야』 제1권 『계온품』에 포함된 경들을 들 수 있다. 제1권의 13개 경들 가운데서 청법자는 바라문이 여섯 군데에, 외도 유행승들이 세 군데에, 통치자(왕과 태수)가 두 군데에, 장자가 한 군데에 나타나고 있다. 세존께서는 이들에게 불교를 계·정·혜 혹은 계·정·혜·해탈·해탈지견으로 불교의 대의를 천명하고 계신다. 제1권 『계온품』에서 비구들이 청법자(聽法者)가 된 곳은 오직 한 군데뿐이다.

그렇다면 『상윳따 니까야』와 『앙굿따라 니까야』를, 특히 『상윳따 니까야』를 결집한 이유는 무엇이었을까? 상대적으로 긴 경들을 『디가 니까야』와 『맛지마 니까야』로 모으고 남은 경들을 단순히 주제나 주제의 숫자라는 기준만을 세워서 그냥 모아서 담아놓은 것일까?

먼저 몇 가지 사실을 살펴보자.

첫째, 이 두 니까야 특히 『상윳따 니까야』에는 경을 설하게 된 배경 이야기가 거의 대부분 생략되어서, 나타나지 않거나 최소화 되어 나타난다는 점이다. 『디가 니까야』와 『맛지마 니까야』에는 경을 설하게 된 배경 이야기가 대부분 아주 자세하게 나타나고 있다. 그러나 『상윳따 니까야』에는 이러한 경을 설하게 된 배경이 단 한 줄로, 아니 sāvatthi-nidānaṁ(사왓티에서의 인연)이나 sāvatthiyaṁ viharati(사왓티에 머무셨다)라는 단 한 줄에도 미치지 못하는 표현으로 끝나버린다.

둘째, 대부분의 경들은 제자들이나 청법자들의 질문이 없이 세존께서 바로 특정 주제에 대한 설법을 시작하신다.

셋째, 때로 『상윳따 니까야』의 어떤 경들은 뛰어난 직계 제자들 간

21) "Categories of Sutta in Pāli Nikāyas." 특히 71~84쪽을 참조할 것.

의 단도직입적인 대화로 진행이 된다.

넷째, 많은 경들은 몇 개의 짧은 문장들로 구성되어 있으며 단 하나의 핵심 단어만 바뀌어서 여러 경들이 반복되어 나타나는 곳도 많다.[22)]

다섯째, 『상윳따 니까야』에는 게송을 포함한 가르침을 모은 제1권의 몇몇 상윳따를 제외하면 비불교인들이나 불교적 이해가 없는 사람들이나 존재들을 대상으로 한 가르침은 거의 나타나지 않는다고 할 수 있다.

여섯째, 그리고 재가자들에게 설한 가르침도 많지 않다. 재가자들을 위한 보시와 지계와 천상에 태어나는 것[施·戒·生天]을 강조한 가르침은 상대적으로 『앙굿따라 니까야』에 풍부하게 나타난다.

일곱째, 나아가서 『상윳따 니까야』는 출가한 지 얼마 되지 않은 신참들을 위한 가르침도 아니라고 해야 한다. 대신에 이미 법에 대한 확신이 굳건하고 교학과 수행에 이미 깊이 들어간 구참 출가자를 위한 가르침이며 「찟따 상윳따」(S41)에서 보듯이 찟따 장자와 같은 교학과 수행에 관한한 재가자들 가운데서 으뜸이라 불리는 그런 뛰어난 재가자들과 관계된 경들을 모은 것이다.

이런 점들을 통해서 보자면 『상윳따 니까야』는 해탈·열반의 실현에 대한 부처님의 단도직입적이고, 불교에만 존재하는 유일하고 독특한 통찰과 직관을 담고 있는, 간단명료하고 분명하며, 그러나 음미할수록 심오해지고 어려워지는 그러한 가르침을 위주로 담고 있다는 결론에 도달할 수 있다.

이러한 가르침은 승가에서 두 부류의 사람들에게 도움이 되었다고 할 수 있다. 첫 번째 부류는 법에 관한한 최고의 권위자들인 비구나 비구니들이다. 이들은 통찰지의 가장 깊은 특질까지 모두 꿰뚫어 본 분들이다. 특히 『상윳따 니까야』 제2/3/4/5/6권의 핵심을 이루고 있는 연기의 가

22) 예를 들면 「육처 상윳따」(S35) 제17장 「60가지의 반복 품」에 포함된 60개의 경들이다.

르침(제2권)과 오온의 가르침(제3권)과 육처의 가르침(제4권)과 37보리분법의 가르침(제5권)과 사성제의 가르침(제6권)은 법의 가장 심오한 의미를 탐구하여 이것을 동료들에게 설명해 주는 것을 기뻐하는, 이러한 뛰어난 제자들을 대상으로 한 가르침이라고 해야 할 것이다. 본서 제1권 「비구니 상윳따」(S5)에 나타나는 게송들은 그 당시 비구니 스님들의 심오한 통찰지를 보여주는 좋은 보기가 된다.

두 번째 부류는 기본단계의 수행을 이미 성취한 비구나 비구니들이다. 본서의 많은 가르침들은 이들이 부처님의 더 깊은 말씀을 듣고 해탈·열반을 실현할 수 있도록 하기 위해서 설해진 것이다. 특히 「무더기 상윳따」(S22)와 「육처 상윳따」(S35)와 「도 상윳따」(S45) 등의 37보리분법의 가르침과 「진리 상윳따」(S46) 등에 나타나는 짧은 가르침들은 이들에게 교학과 수행의 지침서가 된 가르침을 모은 것이라고 해도 과언이 아닐 것이다. 『상윳따 니까야』는 이처럼 이들에게 교학과 수행의 지침이 되는 간단명료한 가르침들을 위주로 해서 모은 것이다. 특히 본 상윳따의 400군데가 넘는 경에서 반복해서 나타나는 오온과 12처 등의 무상·고·무아를 통찰하여 염오-이욕-소멸 혹은 염오-이욕-해탈-구경해탈지를 성취한다는 가장 기본적이면서도 중요한 가르침과, 그 방법론으로 설해지는 37보리분법의 가르침은 아마 이들에게 교학을 공부하고 수행을 실천하는 중요한 지침이 되었을 것이다.

(3) 깨달음의 실현 방법을 정확하게 밝힌다

『상윳따 니까야』의 중요한 특징 중의 하나는 궁극적인 행복인 깨달음과 해탈·열반을 실현하는 방법을 정확하게 밝히고 있다는 점이다. 물론 불교는 깨달음의 종교이기 때문에 부처님 가르침은 모두 깨달음의 증득 혹은 궁극적 행복의 실현으로 귀결된다고 할 수 있다. 그런데 특히 『상윳따 니까야』는 부처님의 가르침을 주제별로 모으고 있기 때문에 어떻게 해서 깨달음을 실현하는가에 대한 분명하고도 명쾌한 가르침들을 중요한 주제를 담고 있는 상윳따들에서 지속적으로 말씀하고 계신다.

이제 『상윳따 니까야』에 나타나는 깨달음을 실현하는 방법을 몇 가지로 분류해서 살펴보자.

① 무상・고・무아의 통찰과 염오-이욕-해탈-구경해탈지를 통해서

『상윳따 니까야』 뿐만 아니라 초기불전에 나타나는 깨달음을 실현하는 방법 가운데서 가장 많이 나타나는 것은 무상・고・무아의 통찰을 통한 염오-이욕-해탈-구경해탈지 혹은 염오-이욕-소멸의 정형구이다.

「무더기 상윳따」(S22)에 나타나는 77개의 경들은 모두 무상이나 고나 무아를 설하고 있는 경이다. 이렇게 본다면 이 상윳따에 포함된 159개의 경들 가운데 거의 절반에 해당하는 경들이 오온의 무상・고・무아를 설하고 있다.

「육처 상윳따」(S35) 가운데서 안과 밖의 감각장소의 무상・고・무아 셋 다가 나타나는 경은 43개이며, 무상만이 나타나는 것은 40개, 괴로움만이 나타나는 것은 35개, 무아만이 나타나는 것은 31개이다. 이렇게 하여 248개 경 가운데 절반이 넘는 149개 정도의 경이 안의 감각장소나 밖의 감각장소의 무상이나 괴로움이나 무아를 천명하고 있다.

그리고 「라훌라 상윳따」(S18)의 22개 경들 가운데서 20개 경들도 온・처・계의 무상・고・무아를 설하고 있다. 「견해 상윳따」(S24)의 96개 경들과 「들어감 상윳따」(S25)의 10개의 경들과 그 외 다른 상윳따에 포함된 적지 않은 경들에서도 무상・고・무아는 강조되어 나타나고 있다. 이렇게 본다면 『상윳따 니까야』에는 적어도 400개 이상의 경들이 무상・고・무아를 강조하고 있으며 이런 가르침은 자연스럽게 염오-이욕-소멸이나 염오-이욕-해탈-구경해탈지로 연결된다. 주석서들은 한결같이 염오를 강한 위빳사나로, 이욕은 도(예류도부터 아라한도까지)로, 해탈은 과(예류과부터 아라한과까지)로, 구경해탈지는 반조의 지혜로 설명하고 있다.

그리고 본서 제2권의 「시작을 알지 못함 상윳따」(S15)에 포함된 20개의 경들 전부도 무상·고·무아의 정형구는 나타나지 않지만 "비구들이여, 그러므로 형성된 것들[諸行]은 모두 염오해야 마땅하며 그것에 대한 탐욕이 빛바래도록 해야 마땅하며 해탈해야 마땅하다."라고 강조하고 계신다. 그러므로 여기에 포함시킬 수 있다.

이것을 다시 풀어서 살펴보면 다음과 같다.

첫째, 부처님께서는 나라는 존재나 세상이라는 존재 등의 존재일반을 법(dhamma)이라는 기준으로 해체해서 설하신다. 그것은 본 니까야의 도처에 나타나며, 『청정도론』에서 정리하고 있는 오온, 12처, 18계, 12연기 등이다.

둘째, 이렇게 존재일반을 법들로 해체해서 보면 드디어 무상이 보이고 괴로움이 보이고 무아가 보인다. 이것이 두 번째 단계이다.

셋째는 이렇게 무상이나 고나 무아를 봄으로 해서 존재일반에 염오하게 되고, 존재일반에 대한 탐욕이 빛바래게 되고, 그래서 해탈하게 되고, 해탈하게 되면 태어남은 다했다는 해탈의 지혜가 생긴다. 혹은 염오하고 탐욕이 빛바래면 소멸로 정의되는 열반을 실현하게 된다.

이것이 초기경의 도처 특히 본 『상윳따 니까야』에서 중점적으로 설해지고 있는 해탈·열반을 실현하는 세 가지 교학적인 단계이다.

이하 여기에 대한 자세한 설명은 본서 제4권의 해제 §(6) 어떻게 해탈·열반을 실현할 것인가와 제3권 「무더기 상윳따」(S22)의 해제와 제4권 「육처 상윳따」(S35)의 해제를 참조하기 바란다.

그리고 또 중요한 것은 본서 제2권 「인연 상윳따」(S12)의 「설법자[法師] 경」(S12:16) §4 이하에서 "비구여, 만일 늙음·죽음을 염오하고 빛바래고 소멸하기 위해서 법을 설하면 그를 '법을 설하는 비구'라 부르기에 적당하다."라고 하여 이 염오-이욕-소멸을 12연기의 구성요소들 각각에 적용시키고 있다는 점이다. 그리고 이 염오-이욕-소멸은 「되어 있는 것 경」(S12:31) §5 이하와 「갈대 다발 경」(S12:67) §8 이하에도 비슷한 문맥에서 나타나고 있다. S12:61~62 §3도 참조할 것.

그리고 염오는 다음의 정형구에서도 중요하게 나타나고 있다.

"비구들이여, 만일 형색에 달콤함이 없다면 중생들은 형색에 집착하지 않을 것이다. 비구들이여, 형색에는 달콤함이 있다. 그래서 중생들은 형색에 집착한다. 비구들이여, 만일 형색에 위험이 없다면 중생들은 형색에 염오하지 않을 것이다. 비구들이여, 형색에는 위험이 있다. 그래서 중생들은 형색에 염오한다. 비구들이여, 만일 형색에서 벗어남이 없다면 중생들은 형색으로부터 벗어나지 못할 것이다. 비구들이여, 형색에는 벗어남이 있다. 그래서 중생들은 형색에서 벗어난다."(「육처 상윳따」(S35) 「이것이 없다면 경」1(S35:17) §3 등)

경들에서는 염오-이욕-소멸로 나타나기도 하고, 염오-이욕-해탈-구경해탈지로 나타나기도 한다. 그런데 여기서 해탈은 과의 실현을 뜻한다고 주석서는 설명하고 있다.(SA.ii.268) 그러므로 해탈과 소멸은 과의 증득이라는 같은 현상을 나타내는 술어이다. 그리고 「인연 상윳따」에서는 12연기 각지의 남김없이 빛바래어 소멸함으로 이욕과 소멸이 나타나고 있다.(아래 ②를 참조할 것)

② 연기의 이욕-소멸을 통해서

연기의 가르침은 본서 제2권 「인연 상윳따」(S12)의 주제이다. 본 상윳따에 포함된 93개의 경들은 모두 2지 연기부터 12지 연기까지의 다양한 연기의 가르침을 담고 있다. 여기에 대해서는 본서 제2권 「인연 상윳따」(S12)의 해제를 참조하기 바란다.

「인연 상윳따」(S12)의 「도닦음 경」(S12:3)은 이렇게 설하고 있다.

"비구들이여, 그러면 어떤 것이 바른 도닦음인가?

무명이 남김없이 빛바래어 소멸하기 때문에 의도적 행위들[行]이 소멸하고, 의도적 행위들이 소멸하기 때문에 알음알이가 소멸하고, … 이와 같이 전체 괴로움의 무더기[苦蘊]가 소멸한다.

비구들이여, 이를 일러 바른 도닦음이라 한다."(「도닦음 경」(S12:3) §4)

그리고 '남김없이 빛바래어 소멸하기 때문에'는 본 상윳따의 대부분의 경에서 괴로움의 소멸구조의 가르침으로 반복되어 나타나고 있다. 여기서 '남김없이 빛바래어 소멸하기 때문에'로 옮긴 것은 asesa-virāga-nirodhā를 직역한 것이다. 여기서 '빛바래어'으로 옮긴 virāga는 염오-이욕-소멸의 정형구에 나타나는 이욕(탐욕의 빛바램)과 같은 단어이다. 문맥에 따라 여기서는 '탐욕의'를 빼고 그냥 '빛바래어'로 옮긴 것일 뿐이다. 소멸로 옮긴 nirodha는 당연히 염오-이욕-소멸의 소멸과 같은 단어이다. 이처럼 「무더기 상윳따」(S22)와 「육처 상윳따」(S35) 등의 400여 군데에서 깨달음의 실현방법으로 강조되어 나타났던 염오-이욕-소멸 혹은 염오-이욕-해탈-구경해탈지의 정형구는 연기의 가르침에서도 염오가 빠졌지만 이욕-소멸의 정형구로 꼭 같이 나타나고 있다.

이미 위에서 보았듯이 「인연 상윳따」(S12)의 「설법자[法師] 경」(S12:16) §4 이하에서는 "비구여, 만일 늙음·죽음을 염오하고 빛바래고 소멸하기 위해서 법을 설하면 그를 '법을 설하는 비구'라 부르기에 적당하다."라고 이 염오-이욕-소멸을 12연기의 구성요소들 각각에 적용시키고 있기도 하다.

이처럼 본서 「인연 상윳따」(S12)의 여러 주해들에서 밝히고 있듯이 온·처·계의 염오-이욕-소멸을 통해서도 아라한과를 증득하고 12연기 각지의 남김없이 빛바래어 소멸함(이욕-소멸)을 통해서도 아라한과를 증득하게 된다. 그리고 이 소멸(nirodha)은 바로 사성제의 세 번째 진리인 소멸의 진리(멸성제, nirodha-sacca) 즉 열반을 뜻한다.(「분석 경」(S12:2) §16의 주해 참조) 그러므로 온·처·계의 가르침과 사성제와 12연기와 팔정도(팔정도의 바른 견해는 사성제에 대한 지혜이므로)는 모두 궁극적으로는 소멸(nirodha = 열반)로 귀결된다고 할 수 있다.[23)]

『청정도론』 XIV.32와 4부 니까야 주석서들의 서문에서 붓다고사 스님이 강조하고 있듯이 온·처·계·근·제·연·37보리분법으로 대표되는 초기불교의 인간관·존재관·세계관·진리관·수행관은 서로 밀접한 관계가 있으며 이러한 기본 가르침을 정확하게 이해하지 못하면 불교적인 인생관과 실천관을 가진 불자라 부를 수 없을 것이다.

③ 사성제의 통찰을 통해서

본서의 대미를 장식하고 있는 「진리 상윳따」(S56)는 사성제의 가르침을 모아서 강조하고 있는 곳이다. 삼매를 닦고 홀로 앉는 수행을 하는 이유는 사성제를 꿰뚫기 위해서이며(S56:1~2), 출가자가 되는 이유도 사성제를 있는 그대로 관통하기 위해서라고 경들은 밝히고 있다.(S56:3~4) 그뿐만 아니라 사색을 할 때도 말을 할 때도 항상 사성제를 사색하고 사성제에 대해서 말해야 한다고 강조하신다.(S56:5~6) 이처럼 「진리 상윳따」의 모든 경들은 사성제의 중요성을 역설하고 있다.

그리고 사성제를 완전하게 깨달았기 때문에 여래·아라한·정등각자라 부르며(S56:23) 아라한이라 부르며(S56:24) 사성제를 알고 보기 때문에 번뇌가 멸진한다(S56:25)고 강조하고 있기도 하다.

이처럼 깨달음은 사성제를 꿰뚫고 관통하고 알고 보아서 실현되는 것이라고 「진리 상윳따」의 경들은 강조하고 있다.

한편 다른 니까야에서는 육신통 가운데 맨 마지막이며 깨달음을 실현하는 정형구로 번뇌를 소멸하는 지혜[漏盡通]의 정형구가 많이 나타나고 있다. 이 누진통의 정형구의 내용은 사성제의 통찰이다. 경문을 인용하면 다음과 같다.

---

23) 염오, 이욕, 해탈, 소멸에 대한 주석서적인 정의는 본서 제2권 「기반 경」(S12:23) §4의 주해들과 「설법자[法師] 경」(S12:16) §5의 주해를 참조할 것.

"그런 나는 마음이 삼매에 들고, 청정하고, 깨끗하고, 흠이 없고, 오염원이 사라지고, 유연하고, 활발발하고, 안정되고, 흔들림이 없는 상태에 이르렀을 때 모든 번뇌를 소멸하는 지혜[漏盡通]로 마음을 향하게 하고 기울였다.

나는 '이것이 괴로움이다.'라고 있는 그대로 꿰뚫어 안다. '이것이 괴로움의 일어남이다.'라고 있는 그대로 꿰뚫어 안다. '이것이 괴로움의 소멸이다.'라고 있는 그대로 꿰뚫어 안다. '이것이 괴로움의 소멸로 인도하는 도닦음이다.'라고 있는 그대로 꿰뚫어 안다.

'이것이 번뇌다.'라고 있는 그대로 꿰뚫어 안다. '이것이 번뇌의 일어남이다.'라고 있는 그대로 꿰뚫어 안다. '이것이 번뇌의 소멸이다.'라고 있는 그대로 꿰뚫어 안다. '이것이 번뇌의 소멸로 인도하는 도닦음이다.' 라고 있는 그대로 꿰뚫어 안다. 이와 같이 알고 이와 같이 보는 나는 감각적 욕망의 번뇌[慾漏]로부터 마음이 해탈한다. 존재의 번뇌[有漏]로부터 마음이 해탈한다. 무명의 번뇌[無明漏]로부터 마음이 해탈한다. 해탈했을 때 해탈했다는 지혜가 있다. '태어남은 다했다. 청정범행은 성취되었다. 할 일을 다 해 마쳤다. 다시는 어떤 존재로도 돌아오지 않을 것이다.'라고 꿰뚫어 안다."24)

이처럼 누진통의 정형구는 사성제의 통찰을 통한 해탈-구경해탈지로 구성되어 있다. 이것은 오온·12처에 대한 염오-이욕-소멸이나 염오-이욕-해탈-구경해탈지의 정형구와, 12연기에 대한 이욕-소멸의 정형구와 궤를 같이 하고 있다. 결국은 소멸 혹은 해탈-구경해탈지로 귀결이 되기 때문이다.

---

24) 『디가 니까야』 「사문과경」(D2) §97; 『앙굿따라 니까야』 「웨란자 경」(A8:11) §14 등.
한편 본 『상윳따 니까야』에는 이 정형구가 나타나지 않는다. 대신에 『상윳따 니까야』에서는 모두 아래 ⑥에서 언급하고 있는 심해탈과 혜해탈을 통한 누진통의 정형구가 육신통의 누진통의 정형구로 나타나고 있다.

이처럼 본서에서 초기불교의 기본 교학으로 강조되고 있으며 본서 제2/3/4/6권의 핵심 가르침인 온·처·연·제 즉 무더기(오온, 제3권), 감각장소(12처, 제4권), 연기(제2권), 사성제(제6권)의 가르침은 모두 깨달음을 실현하는 기본 토대로 강조되고 있다.

④ 팔정도의 실현을 통해서

본서 제6권 「초전법륜경」(S56:11)에서 세존께서는 중도를 완전하게 깨달았다고 천명하고 계신다. 경을 인용한다.

"비구들이여, 출가자가 가까이하지 않아야 할 두 가지 극단이 있다. 무엇이 둘인가?

그것은 저열하고 촌스럽고 범속하고 성스럽지 못하고 이익을 주지 못하는 감각적 욕망들에 대한 쾌락의 탐닉에 몰두하는 것과, 괴롭고 성스럽지 못하고 이익을 주지 못하는 자기 학대에 몰두하는 것이다.

비구들이여, 이러한 두 가지 극단을 의지하지 않고 여래는 중도를 완전하게 깨달았나니 [이 중도는] 안목을 만들고 지혜를 만들며, 고요함과 최상의 지혜와 바른 깨달음과 열반으로 인도한다.

비구들이여, 그러면 어떤 것이 여래가 완전하게 깨달았으며, 안목을 만들고 지혜를 만들며, 고요함과 최상의 지혜와 바른 깨달음과 열반으로 인도하는 중도인가?

그것은 바로 여덟 가지 구성요소로 된 성스러운 도[八支聖道]이니, 바른 견해, 바른 사유, 바른 말, 바른 행위, 바른 생계, 바른 정진, 바른 마음챙김, 바른 삼매이다.

비구들이여, 이것이 바로 여래가 완전하게 깨달았으며, 안목을 만들고 지혜를 만들며, 고요함과 최상의 지혜와 바른 깨달음과 열반으로 인도하는 중도이다."(「초전법륜 경」(S56:11) §§3~4)

이처럼 본서에서는 불교의 인간관인 오온과 세계관인 12처의 무상·

고·무아를 통한 염오-이욕-해탈-구경해탈지를 설하고 있고, 연기관인 12연기의 이욕-소멸도 역설하고 있으며, 진리관인 사성제를 관통할 것도 간곡하게 말씀하고 계시며, 대표적인 수행·실천관이요 중도인 팔정도에 대해서도 말씀하고 계신다.

⑤ 37보리분법을 닦아서

교학의 토대가 되는 온·처·연·제의 가르침이 깨달음과 해탈·열반을 실현하기 위한 가르침이듯이, 37보리분법으로 정리되어 본서 제5권에 나타나는 수행의 가르침은 말할 필요도 없이 깨달음을 실현하기 위한 가르침이다. 위에서 팔정도는 깨달음의 내용이면서 깨달음으로 인도하는 수행임을 이미 살펴보았다.

이제 본서 「도 상윳따」(S45)부터 시작해서 「성취수단 상윳따」(S51)까지의 일곱 가지 주제와 「들숨날숨 상윳따」(S54)로 정리되고 있는 37보리분법의 구성요소들을 하나씩 간단하게 살펴보자.

팔정도

「도 상윳따」(S45)의 도처에서 팔정도는 "불사(不死)에 이르는 길"(S45:7)이요, "무명을 찌르고 명지를 일으키고 열반을 실현하는" 도요(S45:9), "괴로움의 멸진으로 인도하는 성스러운 도"(S45:33) 등으로 일컬어지고 있다. 그리고 세존께서는 팔정도를 "닦고 많이 [공부]지으면 열반으로 가게 되고 열반을 목적지로 하게 되고 열반을 귀결점으로 삼게 되고"(S45:10), "이 언덕에서부터 저 언덕에 도달하게 된다."(S45:34)는 등으로 강조하고 계신다.

칠각지

「깨달음의 구성요소 상윳따」(S46)에서 일곱 가지 깨달음의 구성요소를 닦으면 "이 언덕에서부터 저 언덕에 도달하고"(S46:17), "염오, 탐욕의 빛바램, 소멸, 고요함, 최상의 지혜, 바른 깨달음, 열반으로 인도하고"(S46:20), "깨달음으로 인도한다."(S46:5, 21)고 강조하고 있다. 그리고 "갈애의 멸진으로 인도하는 도와 도닦음"(S47:26)이요, "갈애의 소멸로 인도하는 도와 도닦음(S46:27)"이라는 등으로 칠각지의 중요성은 본 상윳따의 도처에서 설해지고 있다.

오근·오력

다섯 가지 기능을 닦음으로 해서 얻어지는 경지를 「기능 상윳따」(S48)는 이렇게 설명하고 있다.

"다섯 가지 기능의 달콤함과 위험함과 벗어남을 있는 그대로 분명히 안 뒤 취착 없이 해탈할 때, 이를 일러 성스러운 제자는 아라한이고 번뇌가 다했고 삶을 완성했으며 할 바를 다했고 짐을 내려놓았으며 참된 이상을 실현했고 삶의 족쇄를 부수었으며 바른 구경의 지혜로 해탈했다고 한다."(S48:4~5)

"다섯 가지 기능을 완전하게 하고 완성하기 때문에 아라한이 된다. 이보다 더 약하면 불환자가 되고, 이보다 더 약하면 일래자가 되고, 이보다 더 약하면 예류자가 되고, 이보다 더 약하면 법을 따르는 자가 되고, 이보다 더 약하면 믿음을 따르는 자가 된다."(S48:12)

그 외 「기능 상윳따」의 여러 경들은 오근을 닦아서 깨달음을 성취하는 것을 강조하고 있다.

사념처

세존께서는 네 가지 마음챙김의 확립을 자신의 고향동네라고 말씀하신다.

"자신의 고향동네인 행동의 영역에서 다녀라. 자신의 고향동네인 행동의 영역에서 다니는 자에게 마라는 내려앉을 곳을 얻지 못할 것이고 마라는 대상을 얻지 못할 것이다. 그러면 어떤 것이 자신의 고향동네인

행동의 영역인가? 바로 이 네 가지 마음챙김의 확립이다."(S47:6)

그리고 "이 도는 유일한 길이니, 중생들의 청정을 위하고, 근심과 탄식을 다 건너기 위한 것이며, 육체적 고통과 정신적 고통을 사라지게 하고, 옳은 방법을 터득하고, 열반을 실현하기 위한 것이다. 그것은 바로 네 가지 마음챙김의 확립이다."(S47:1)라고 사념처야말로 열반을 실현하기 위한 것이라고 강조하신다.

그리고 "들숨날숨에 대한 마음챙김을 닦고 많이 [공부]지으면 두 가지 결실 가운데 하나의 결실이 예상되나니, 지금·여기(금생)에서 구경의 지혜를 얻거나, 취착의 자취가 남아 있으면 다시는 돌아오지 않는 경지[不還果]가 예상된다."(S54:4)라고 「들숨날숨 상윳따」(S54)에서는 들숨날숨에 마음챙기는 공부를 중시하고 계신다.

사여의족

네 가지 성취수단도 해탈·열반에 이르는 길로 「성취수단 상윳따」(S51)에서 다음과 같이 설하신다.

"네 가지 성취수단[四如意足, iddhi-pāda]을 닦고 많이 [공부]지으면 이 언덕에서부터 저 언덕에 도달하게 된다."(S51:1)

"네 가지 성취수단을 게을리 하는 사람자들은 누구든지 바르게 괴로움의 끝냄으로 인도하는 성스러운 도를 게을리 하는 것이다. 네 가지 성취수단을 열심히 행하는 자들은 누구든지 괴로움의 끝냄으로 인도하는 성스러운 도를 열심히 행하는 것이다."(S51:2)

"네 가지 성취수단을 닦고 많이 [공부]지으면 그것은 염오로 인도하고, 탐욕의 빛바램으로 인도하고, 소멸로 인도하고, 고요함으로 인도하고, 최상의 지혜로 인도하고, 바른 깨달음으로 인도하고, 열반으로 인도한다."(S51:4)

⑥ 심해탈 · 혜해탈 · 양면해탈을 통해서

그 외 다른 정형구들 몇 가지를 들 수 있는데 먼저 심해탈 · 혜해탈 · 양면해탈을 들 수 있다. 먼저 심해탈과 혜해탈을 통해서 번뇌가 다한 경지 즉 깨달음을 실현하는 다음의 정형구는 본서의 여러 곳에서 나타난다. 특히 『상윳따 니까야』에서는 앞의 ③에서 인용한 누진통의 정형구 대신에 심해탈과 혜해탈을 통한 이 누진통의 정형구가 육신통 중의 누진통의 정형구로 나타난다.

"나는 원하는 만큼 모든 번뇌가 다하여 아무 번뇌가 없는 마음의 해탈[心解脫]과 통찰지를 통한 해탈[慧解脫]을 바로 지금 · 여기에서 스스로 최상의 지혜로 실현하고 구족하여 머문다."(S16:9 등)[25]

그리고 이와 관련해서 양면해탈(ubhato-bhāga-vimutti)도 언급해야 하는데, 요약하면 양면으로 해탈한 자(ubhato-bhāga-vimutta)는 무색계 삼매(공무변처부터 비상비비상처까지)와 더불어 아라한과를 증득한 자를 뜻하고, 통찰지로 해탈한 자(paññā-vimutta)는 무색계 삼매 없이 아라한과를 증득한 자를 말한다. 양면해탈과 혜해탈(통찰지를 통한 해탈)에 대해서 더 관심이 있는 분은 『디가 니까야』 제2권 「대인연경」(D15) §36의 주해를 참조하기 바란다.

⑦ 계 · 정 · 혜 · 해탈 · 해탈지견의 완성을 통해서

먼저 경들을 인용한다.

"내가 아직 완성하지 못한 계의 무더기[戒蘊]가 있다면 … 삼매의 무더기[定蘊]가 있다면 … 통찰지의 무더기[慧蘊]가 있다면 … 해탈의 무더기[解脫蘊]가 있다면 … 해탈지견의 무더기[解脫知見蘊]가 있다면 그것을 완성하기 위해서 다른 사문이나 바라문을 존경하고 존중하고 의지하여 머물러야 할 것이다. 그러나 나는 신과 마라와 범천을 포함한 세상에서,

---

25) 심해탈과 혜해탈에 대해서는 본서 제2권 「선(禪)과 최상의 지혜 경」(S16:9) §17의 주해를 참조할 것.

사문·바라문과 신과 사람을 포함한 무리 가운데에서, 나보다도 더 계를 … 해탈지견을 잘 구족하여 내가 존경하고 존중하고 의지하여 머물러야 할 다른 어떤 사문이나 바라문도 보지 못한다."(S6:2)[26)]

"그는 무학의 계의 무더기를 가졌고, 무학의 삼매의 무더기를 가졌고, 무학의 통찰지의 무더기를 가졌고, 무학의 해탈의 무더기를 가졌고, 무학의 해탈지견의 무더기를 가졌습니다. 그는 이러한 다섯 가지 특징을 가졌습니다. 이러한 다섯 가지 특징을 버렸고 다섯 가지 특징을 갖춘 자에게 보시한 것은 큰 결실이 있습니다."(S3:24)

"비구들이여, 이러한 다섯 가지 특징을 버렸고 이러한 다섯 가지 특징을 구족한 비구는 이 법과 율에서 독존(獨尊)이요, 삶을 완성한 최고의 인간이라 불린다."(A10:12 등)

"비구들이여, 성스러운 계(戒)를 깨닫지 못하고 꿰뚫지 못하였기 때문에 나와 그대들은 이처럼 긴 세월을 [이곳에서 저곳으로] 치달리고 윤회하였다. 비구들이여, 성스러운 삼매[定]를 깨닫지 못하고 꿰뚫지 못하였기 때문에 나와 그대들은 이처럼 긴 세월을 [이곳에서 저곳으로] 치달리고 윤회하였다. 비구들이여, 성스러운 통찰지[慧]를 깨닫지 못하고 꿰뚫지 못하였기 때문에 나와 그대들은 이처럼 긴 세월을 [이곳에서 저곳으로] 치달리고 윤회하였다. 비구들이여, 성스러운 해탈(解脫)을 깨닫지 못하고 꿰뚫지 못하였기 때문에 나와 그대들은 이처럼 긴 세월을 [이곳에서 저곳으로] 치달리고 윤회하였다.

비구들이여, 이제 성스러운 계를 깨닫고 꿰뚫었다. 성스러운 삼매를 깨닫고 꿰뚫었다. 성스러운 통찰지를 깨닫고 꿰뚫었다. 성스러운 해탈을 깨닫고 꿰뚫었다. 그러므로 존재에 대한 갈애는 잘라졌고, 존재에 [묶어 두는] 사슬은 부수어졌으며, 다시 태어남은 이제 더 이상 존재하지 않는

---

26) 이 다섯 가지는 아라한만이 가지는 다섯 가지 법의 무더기[五法蘊, dhamma-kkhandha]라 부른다. 본서 「존중 경」(S6:2) §§3~7과 §7의 주해를 참조할 것.

다.”(『앙굿따라 니까야』「깨달음 경」(A4:1))

위의 여러 경우들을 통해서 살펴보았듯이 깨달음 혹은 해탈·열반은 오온과 12처 등의 무상·고·무아의 통찰을 통한 염오-이욕-소멸 혹은 염오-이욕-소멸-해탈-구경해탈지로 완성되기도 하고, 12연기의 이욕-소멸을 통해서도 성취되며, 사성제의 관통으로 실현되기도 하고, 팔정도를 포함한 37보리분법을 실천해서 이루어지기도 하며, 혜해탈과 양면해탈을 통해서도 성취된다. 그리고 이러한 깨달음의 실현은 『디가 니까야』 제1권에서는 계·정·혜의 실천을 통한 누진통의 성취(즉 사성제의 체득)로 귀결되고, 이것은 위에서 인용한 경들에서 보듯이 다시 계·정·혜를 통한 해탈·해탈지견의 완성으로 연결이 되는 것이다. 그러므로 깨달은 자는 최종적으로 이 다섯 가지 법의 무더기들[五法蘊]을 완성하는 것이다.

이상에서 살펴보았듯이 염오-이욕-소멸, 계-정-혜-해탈(혜해탈과 양면해탈 포함)-해탈지견은 서로 밀접하게 연결되어 있으며, 해탈·열반의 실현이나 깨달음의 체득과 불가분의 관계에 놓여 있다.

12. 『상윳따 니까야』의 번역 원칙 몇 가지

초기불전연구원에서 출간하는 본 『상윳따 니까야』 전6권을 번역하면서 고수한 원칙 몇 가지를 밝히고자 한다. 이 가운데 가장 중요하면서도 가장 먼저 밝히고자 하는 점은 반복되는 구문과 정형구들은 생략하여 옮겼다는 것이다. 왜? 이것이 전통적인 방법이기 때문이다.

니까야를 위시한 빠알리 삼장은 전부 독송으로 구전된 것이다. 그것이 서력기원전 1세기 경에 스리랑카의 알루 위하라(Alu Vihāra)에서 문자로 정착이 되었다. 독송으로 구전한 것을 전통적으로는 합송(saṅgīti)

이라 한다.

여기서 합송(saṅgīti)은 saṁ(함께)+√gai(to sing)에서 파생된 명사로 '함께 노래한 것, 함께 외운 것'이라는 뜻이다. 우리가 보통 일차결집이니 이차결집이니 하면서 결집(結集)이라고 옮긴 단어가 바로 saṅgīti이다. 이러한 결집은 문헌을 모은 것이 아니라 제자들이 들어서 알고 있던 것을 함께 노래해서 가사와 운율을 확정한 다음 서로 공유한 일종의 합창대회였다고 할 수 있다.

역자가 합송을 노래니 합창대회니 하는 표현을 사용하는 데는 그만한 이유가 있다. 노래는 일단 한 번 가사와 운율이 정해져서 대중화가 되고 나면, 누군가가 틀리게 부를 때 바로 그것이 잘못된 노래라는 것을 즉시에 알게 된다. 역자는 지금도 학창시절에 즐겨 부르던 어니언스의 "편지"를 누가 부르면, 틀렸는지 옳게 불렀는지 가사와 음정과 박자를 정확히 알 수 있다. 그러므로 합송대회에서 내용과 음정과 박자가 정해져서 합송된 경들은 독송하는 집단이 면면부절로 이어지는 한 정확하게 전승이 되는 것이다. 지금도 인도의 베다들은 바라문 학도들에 의해서 합송되어 전승되고 있다.

그런데 이렇게 노래하여 결집된 경들은 그 도입부분들과 전개부분들이 같을 수밖에 없고, 초기불전의 도처에서 반복되어 나타나는 교학과 수행에 관한 가르침은 같은 정형구로 정착이 될 수밖에 없었을 것이다. 그런데 이처럼 반복되어 나타나는 부분이나 정형구들을 모두 다 외게 되면 그 분량이 엄청날 수밖에 없다. 그래서 이미 일차결집 때부터 혹은 결집을 마친 뒤에 각 문파별로 경을 독송할 때부터, 반복되는 부분을 생략하는 원칙들이 만들어졌을 것이다. 특히 서력기원전 1세기 때 스리랑카의 알루 위하라에서 삼장이 문자로 정착이 되면서는 이러한 부분을 생략하는 원칙들이 분명히 정해졌을 것이다. 그렇게 해서 현존하는 모든 필사본들은 거의 같은 형태로 생략이 되어서 나타나고 있다. 이제 그 원칙 가운데 중요한 몇 가지를 살펴보자.

(1) 경전 도입부의 문단을 생략하였다

먼저 생략되지 않은 경전 두 개의 서문부분을 예를 들어보자. 본서 제5권 「무명 경」(S45:1)은 이렇게 시작한다.

1. 이와 같이 나는 들었다. 한때 세존께서는 사왓티에서 제따 숲의 아나타삔디까 원림(급고독원)에 머무셨다.
2. 거기서 세존께서는 "비구들이여."라고 비구들을 부르셨다. "세존이시여."라고 비구들은 세존께 응답했다. 세존께서는 이렇게 말씀하셨다.
3. "비구들이여, 무명이 선구자가 되어 …"

그리고 본서 제1권 「젊은이 경」(S3:1)은 이렇게 시작한다.

1. 이와 같이 나는 들었다. 한때 세존께서는 사왓티에서 제따 숲의 아나타삔디까 원림(급고독원)에 머무셨다.
2. 그때 빠세나디 꼬살라 왕이 세존께 다가갔다. 가서는 세존과 함께 환담을 나누었다. 유쾌하고 기억할 만한 이야기로 서로 담소를 하고서 한 곁에 앉았다. 한 곁에 앉은 빠세나디 꼬살라 왕은 세존께 이렇게 여쭈었다. …

그러나 본 『상윳따 니까야』 전6권에 포함된 대부분의 경들은 이 가운데 §1과 §2는 생략되었고 §3부터 시작하고 있다. 이처럼 2904개나 되는 많은 경들을 담고 있는 본서에 나타나는 경들은 대부분의 문단번호가 §1부터 시작되는 것이 아니라 §3부터 시작하고 있다. 그것은 §1과 §2에 해당되는 부분이 모든 경들에서 계속적으로 반복되어 나타나기 때문에 빠알리 원본에도 생략되어 나타나고, 역자도 이를 생략하고 옮겼기 때문이다.

거듭 말하지만 이것은 역자가 임의로 생략한 것이 결코 아니다. Ee, Be, Se에서 모두 생략되어 나타나고 있다. 이것을 다 살려 독송하거나 편집하거나 번역한다면 기력도 소진되고, 전체 뜻을 파악하는데 오히려 장애가 될 수 있고, 많은 종이가 낭비될 수 있기 때문에 전통적인 모든 판본은 이렇게 생략하여 편집하고 있고, 영역본을 비롯한 모든 번역서에서도 생략하고 있다. 그리고 초기불전연구원에서 먼저 출간한 『디가 니까야』와 『앙굿따라 니까야』에서도 모두 전통적인 이러한 편집 방법에 따라서 이 부분을 생략하고 옮겼다.

그래서 대부분의 경들은 세존께서 법을 설하시는 부분인 문단번호가 §3부터 시작하는 것이다. 물론 이러한 문단번호는 전통적인 판본들에는 나타나지 않고 오직 Ee 즉 PTS본에만 나타나고 있다.

생략하여 편집하는 방법은 다음 두 가지로 정리할 수 있다.

첫째, "1. 이와 같이 나는 들었다. 한때 세존께서는 사왓티에서 제따 숲의 아나타삔디까 원림(급고독원)에 머무셨다."는 거의 예외 없이 생략하여 편집하고 있다. 그러므로 이러한 정형구가 나타나지 않는 경들은 모두 사왓티, 제따 숲의 급고독원에서 세존께서 설하신 경이라고 알아야 한다. 그러나 새로운 상윳따의 첫 번째 경에서는 모두 살려서 옮겼고, 새로운 품(vagga)의 첫 번째 경에서는 "<사왓티의 아나타삔디까 원림(급고독원)에서>"로 표기하였다. 물론 설한 분이 세존이 아니고 설한 곳이 사왓티, 제따 숲의 급고독원이 아닌 경우에는 각 경에서 반드시 이를 밝히고 있다.

둘째, 청법자들이 세존을 뵙고 인사드리고 하는 형식의 정형구나, 세존께서 경을 설하시기 전에 행하시는 일상적인 생활에 관계된 정형구 즉 위 보기의 §2에 해당하는 문단도 대부분 생략하여 편집하였다.

(2) 반복되는 정형구들도 생략하였다

니까야를 위시한 빠알리 삼장은 전부 독송으로 구전된 것이다. 이렇게 구전되면서 초기불전의 도처에서 반복되어 나타나는 교학과 수행에 관한 가르침들은 모두 같은 정형구로 정착이 되어 나타난다. 그런데 이처럼 반복되어 나타나는 부분이나 정형구들을 모두 다 외게 되면 그 분량이 엄청날 수밖에 없다. 특히 『상윳따 니까야』에는 간단한 교학적 주제를 담은 짧은 경들이 아주 많이 포함되어 있다. 그리고 경들의 개수도 아주 많다.

그러므로 만일 이러한 많은 경들에 반복되어 나타나는 정형구들을 생략하지 않고 모두 살려서 편집한다면 이러한 정형구들 때문에 정작 경의 내용을 전달하고 파악하는 것이 아주 어려워질 수밖에 없다. 이런 현상을 타개하기 위해서 전통적인 모든 판본들뿐만 아니라 PTS에서 알파벳으로 편집 출간한 Ee까지도 이처럼 축약하여 편집할 수밖에 없었을 것이다.

초기불전연구원에서는 경을 번역하면서 이러한 정형구를 모두 복원해서 번역할까 고민하였다. 그러나 Ee, Be, Se와 태국본과 여러 나라에 남아있는 필사본들 등 전통적인 모든 판본에서 예외 없이 생략해서 편집한 이런 입장과 이런 태도를 존중하는 것이 후학의 태도라고 결론지었다. 그래서 전통적인 판본에서 생략한 정형구는 대부분 생략하여 옮기기로 하였다.

이렇게 생략된 정형구는 전통적으로 뻬얄라(peyyala)라는 전문술어로 표현하는데 줄어서 'pe'로 표기하고 있다. 이것은 초기불전 즉 빠알리 삼장 전체에서 두드러지게 나타나는 경전의 편집 방법이다. 초기불전연구원에서는 이 뻬얄라를 모두 '…'라는 생략부호로 표기하고 있다.

(3) 경의 제목을 먼저 밝혔다

전통적으로 빠알리 문헌에서는 품의 명칭과 경의 이름은 그 품이나 그 경의 맨 마지막에 "X 품이 끝났다."라거나 "Y 경이 끝났다."는 방법으로 언급되고 있다. 특히 Ee의 『상윳따 니까야』와 『앙굿따라 니까야』는 전부 이렇게 편집되어 있다. 이것은 어떤 글의 제목을 맨 처음에 드러내는 현대식 방법과는 완전히 반대이다. 그러나 우리는 이미 현대식 방법에 많이 익숙해 있기 때문에 초기불전연구원의 모든 번역서는 현대식 방법에 따라 품이나 경의 이름을 모두 먼저 밝히고 이를 번역해내고 있다. 그리고 현존하는 Be와 Se도 모두 이런 방법을 채용하여 경의 이름을 먼저 밝힌 뒤에 경전 내용을 기술하고 있다.

그런데 Ee, Be, Se에 의하면 하나의 품이 끝나면 반드시 권말 목록(uddāna)이 나타나는데 여기서는 그 품에 포함된 경들의 이름을 나열하고 있다. 이것을 토대로 역자는 각 경의 맨 처음에 경의 이름을 넣었다.

그리고 같은 경을 두고도 Ee와 Be와 Se의 경의 제목이 다른 경우가 많다. 이런 경우에도 Be와 Se의 경의 제목은 대부분 일치한다. 이처럼 같은 경을 두고 Be와 Se의 경의 제목은 같고 Ee가 다를 경우에는 Be와 Se를 따랐으며 셋이 다 다를 경우에는 보디 스님의 제안을 따른 경우가 많다. 그 외에는 역자의 판단에 따라서 Ee와 Be와 Se를 참조하여 정하였다.

(4) 경의 제목에는 '경'이라는 표기를 넣었다

그리고 권말 목록(uddāna)은 모두 게송으로 되어 있기 때문에 '경(sutta)'이라는 단어가 나타나지 않는다. 그러다 보니 PTS의 영역본을 위시한 대부분의 서양 번역에는 제목에 대부분 경(sutta)이라는 단어가 나타나지 않는다. 보디 스님도 그의 영역본에서 경의 제목에 경(sutta)이라는 단어를 넣지 않고 있다.

그러나 권말 목록은 게송의 형식으로 경의 이름만을 나열하고 있기 때문에 경(sutta)이라는 표기를 하지 않았을 뿐 이러한 가르침은 엄연히 경전이다. 주석서들에도 별다른 예외가 없는 한 경(sutta)이라는 단어를 명기하고 있으며 DPPN에도 반드시 경으로 표기하고 있다. 더군다나 Be와 Se에는 모두 한 경이 시작되는 처음에 'Susima-sutta' 등으로 경의 제목을 먼저 밝히고 있다.

그래서 초기불전연구원에서는 경의 이름을 그냥 '수시마' 혹은 '수시마(S12:70)' 등으로 표기 하지 않고 모두 「수시마 경」(S12:70) 등으로 '경'이라는 단어를 넣어서 표기하고 있음을 밝힌다. 부처님 말씀으로 공인되었다는 의미의 경이라는 단어를 넣어야 하는 것이 부처님 제자 된 도리라 생각하기 때문이고, 경은 부처님 말씀이요 부처님 말씀은 단순한 성인의 전기나 역사서가 아니기 때문이며, 부처님의 말씀으로 공인된 경은 도를 추구하고 해탈·열반을 실현하고자 하는 수행자들의 목숨과도 같은 것이기 때문이며, 모든 인류의 영원한 지남이 되는 금구성언이기 때문이다.

(5) 경 번호를 표기하였다

각 경의 제목 뒤에는 ( )속에 경의 번호를 표기하였다. 역자가 경의 번호를 매긴 원칙은 다음과 같다.

『상윳따 니까야』의 모든 경들은 S로 시작한다. S는 Saṁyutta Nikāya(상윳따 니까야)를 뜻한다. S에 바로 붙어서 나타나는 숫자는 56개 상윳따를 뜻한다. 그러므로 S1은 첫 번째 상윳따인 「천신 상윳따」를 뜻하고, S35는 「육처 상윳따」를 뜻하고, S56은 맨 마지막 상윳따인 「진리 상윳따」를 뜻한다. 그리고 그 뒤의 콜론(:) 다음에 나타나는 숫자는 그 상윳따에 나타나는 특정 경의 경번호이다. 그러므로 S12:15는 열두 번째 주제인 「인연 상윳따」(S12)의 15번째 경이라는 뜻이다.

(6) 문단번호를 표기하였다

먼저 밝혀야 하는 것은 각각의 경에 나타나고 있는 문단번호는 Ee에만 나타나고 있다는 점이다. Be와 Se에는 나타나지 않는다. 그러므로 문단번호가 나타나지 않는 것이 전통적인 방법이다. 그러나 현대적인 입장에서 보자면 문단번호가 있는 것이 경전을 이해하는데 도움이 되고 특히 특정 경을 인용하는데 아주 편리하다. 그래서 초기불전연구원에서는 모든 경전의 번역에 문단번호를 매기고 있다.

앞서 발간한 『디가 니까야』와 『앙굿따라 니까야』의 문단번호는 모두 Ee를 따랐다. 그러나 본 『상윳따 니까야』의 번역에서는 Ee를 참조하였지만 Ee대로 따르지는 않았다. 하나의 경에 나타나는 Ee의 문단번호가 너무 많아서 오히려 산란하기도 하고, 문단번호를 매기는 정확한 기준도 없어 보이기 때문이다. 무엇보다도 문장을 잘못 끊어서 전혀 엉뚱한 문단번호를 매긴 곳도 몇 군데 나타나기 때문이다.(이런 곳은 해당 주해에서 모두 밝히고 있음)

그래서 본서에 나타나는 문단번호는 Ee를 참조하여 역자가 전적으로 새로 매긴 것이다. 그렇지 않으면 구지 문단번호를 매길 필요성을 찾지 못했기 때문이다. 대신에 본 번역의 저본이 되는 Ee와의 비교를 돕기 위해서 [ ]안에 Ee의 페이지 번호를 모두 표기하고 있다.

13. 번역에 임한 태도

이미 초기불전연구원에서 역출한 다른 책들의 서문 등에서 밝혔지만 초기불전연구원은 경을 옮김에 있어서 몇 가지 원칙을 중시하고 있다. 『디가 니까야』 서문과 『앙굿따라 니까야』 서문에서 밝힌 것을 다시 간추리면 다음과 같다.

첫째, 주석서를 중시하였다.

경은 단순한 전기가 아니라 부처님의 말씀이다. 이것은 해탈·열반을 실현하는 체계를 고스란히 담고 있는 정전(正典)이다. 경에 대한 이해는 단순한 언어학적 소양만으로는 결코 성취되지 않는다. 경은 부처님의 직계제자들이 이해하고 받아들였던 그분들의 안목을 빌지 않고서는 결코 심도 깊게 이해될 수 없다. 그러면 어떻게 부처님 말씀을 이해해야 할 것인가? 경에 나타나는 특정한 술어와 특정한 구문과 특정한 배경과 특정한 문맥은 어떻게 이해해야 할 것인가?

이 문제를 철저하게 고민한 것이 바로 주석서 문헌(Aṭṭhakathā)이다. 그러므로 주석서는 삼장(Tipiṭaka)에 대한 가장 오래된 권위이다.

둘째, 『청정도론』을 중시하였다.

이미 『청정도론』 해제에서 밝혔듯이 『청정도론』은 그 성격상 4부 니까야 전체에 대한 주석서이다. 그러므로 4부 니까야 전체에 나타나는 중요한 술어와 개념은 거의 대부분 『청정도론』에 설명되어 있다. 그리고 이러한 중요한 술어들은 『청정도론』에서 설명되었기 때문에 각 니까야의 주석서들에서는 더 이상 설명하지 않고 "『청정도론』에서 상세하게 설명하였다."라고만 할 뿐이다. 그런 만큼 『청정도론』 없는 주석서는 생각할 수 없으며, 『청정도론』을 이해하지 못하고서는 초기불전의 체계를 제대로 이해할 수 없다. 이것은 초기불전의 번역을 평생의 원력으로 삼고 살아가는 역자가 번역을 하면 할수록, 초기불전을 깊이 음미하면 할수록 절감하는 문제이다. 전통적인 견해의 뒷받침이 없는 자기식의 경전이해야말로 얼마나 무모한 짓인지 역자는 통감하고 있다.

혹자는 주석서나 『청정도론』을 단순히 붓다고사(Buddhagosa)라는 뛰어난 주석가의 견해 정도로 치부하려 한다. 그러나 『청정도론』 서문에서 정리하였듯이 주석서나 『청정도론』은 결코 붓다고사라는 한 개인의 개인적인 견해가 아니라 부처님 직계제자들로부터 비롯된 상좌부에서 전승되어 온 정통견해를 총정리한 것이다. 붓다고사 스님은 각 주석서의 서시와 후기 등에서 이러한 사실을 누차 강조하고 있다.

셋째, 『아비담마 길라잡이』를 중시하였다.

『청정도론』은 다시 『아비담맛타 상가하』(『아비담마 길라잡이』)가 없이는 그 핵심이 되는 술어와 가르침을 파악하기가 결코 쉽지 않다. 이런 이유로 초기불전연구원에서는 먼저 『아비담마 길라잡이』를 상·하로 출간하였고 이를 토대로 『청정도론』을 세 권으로 출간한 것이다. 이미 많은 분들이 『아비담마 길라잡이』를 읽고 호평을 해 주셨듯이 『아비담마 길라잡이』는 교학에 대한 정확한 이해가 결여된 한국 땅에서 부처님 가르침의 정확한 길라잡이가 되리라 확신한다.

그러므로 본서에 나타나는 교학적인 이해는 모두 『청정도론』과 『아비담마 길라잡이』를 토대로 하였으며, 본서의 주해에서 나름대로 상세하게 『청정도론』과 『아비담마 길라잡이』의 해당 부분을 인용하거나 출처를 밝혀서 이를 참고하도록 하였다.

넷째, 술어를 한글화하였다

이미 『청정도론』 해제와 『아비담마 길라잡이』 서문 및 『디가 니까야』와 『앙굿따라 니까야』 역자서문 등에서도 밝혔듯이 초기불전연구원에서는 모든 술어들을 가급적이면 한글로 풀어 적는다는 원칙을 세웠다. 그 원칙은 본 『상윳따 니까야』의 번역에서도 철저하게 유지되고 있다.

물론 이렇게 하다보면 한문 용어에 익숙한 분들은 당황스럽고 짜증나기 마련일 것이다. 그래서 한문 불교 용어에 익숙한 분들을 위해서 많은 곳에서 눈의 알음알이[眼識], 무더기[蘊], 기능[根] 등으로 한문을 병기했다. 그리고 무리하게 한글식 표기만을 고집하지는 않았다. 오히려 지금 한국불교와 절집에서 통용되는 한자말들은 그대로 사용하려 노력하였다.

중요한 술어를 한글화한 원칙에 대해서는 『청정도론』 해제 §16 '『청정도론』에 나타나는 주요단어들의 한글번역에 대하여'를 참조하고 번역에 대한 일반원칙에 대한 더 자세한 설명은 『디가 니까야』 역자 서문 §6 '번역에 임하는 몇 가지 태도'를 참조하기 바란다.

14. 맺는 말

역자가 꼭 밝히고 싶은 것이 있다. 그것은 본서 번역에 있어서 보디 스님이 10여 년간 노력하여 번역 출간한 『상윳따 니까야』 영역본인 *The Connected Discourses of Buddha*(Vol. 1&2)를 많이 참조하였다는 것이다. 특히 보디 스님이 심혈을 기울여 달아 놓은 주옥같은 주해들은 역자의 번역과 주해작업에 큰 도움이 되었다. 역자는 인도에서 유학하면서 스리랑카로 가서 두 번 스님을 친견한 적이 있다. 그때마다 자상하게 질문에 대답해 주시고 공부와 번역을 격려해 주시던 스님의 모습이 훤하다.

이 『상윳따 니까야』 영역 이외에 보디 스님의 역작을 꼽으라면 *A Comprehensive Manual of Abhidhamma*(CMA)를 들어야 한다. 이 책은 상좌부 아비담마의 부동의 준거인 『아비담맛타 상가하』(Abhidhammattha-saṅgaha)를 자세한 설명과 함께 영어로 옮긴 책이다. 이 책은 세계 아비담마 학계의 거장인 미얀마의 우 실라난다 스님(U. Sīlanada Saya-daw)과 우 레와따 담마 스님(U Revatadhamma Sayadaw)의 도움으로 보디 스님이 책임 교열과 편집을 담당한 것이다.

물론 이 이전에도 이미 『아비담맛타 상가하』는 PTS에서 1910년에 미얀마 학자 쉐 잔 아웅(Shwe Zan Aung)이 자세한 주를 달아서 번역·출판한 것이 있고, 1956년에는 당시 유명한 학승이었던 나라다 스님(Narada Mahāthera)이 *A Manual of Abhidhamma*로 영역하여 BPS에서 출판하였다. 그러나 CMA가 1993년에 BPS에서 출간되자말자 CMA는 세계 아비담마 학계의 기본서적으로 자리를 잡았다. 대림스님과 역자가 공동으로 번역하여 <초기불전연구원>에서 제일 먼저 출간한 『아비담마 길라잡이』도 『아비담맛타 상가하』를 옮긴 것인데 바로 이 CMA와 『청정도론』에 전적으로 의지해서 번역·출간한 것이다.

그러므로 역자는 『아비담마 길라잡이』에 이어서 이번 『상윳따 니까야』 번역에서도 보디 스님의 큰 은혜를 입은 셈이다. 지면을 빌어서 보디 스님께 절을 올리면서 깊은 감사의 말씀을 드린다.

니까야 번역만으로 보자면 본서는 2006년에 전체 세 권으로 번역·출간한 『디가 니까야』에 이은 역자의 두 번째 작품이다. 그만큼 기쁘고 환희심이 크다. 그러나 환희심이 큰 만큼 걱정도 훨씬 더 많아졌다. 잘못 번역한 곳이 있지 않을까 염려가 더욱 커졌기 때문이다. 하지만 보디 스님이 심혈을 기울여 번역한 영역본이 큰 위안과 안심이 되었다.

이번 번역에서 가장 까다롭고 힘든 작업은 제1권이었다. 쏟아지는 게송을 운치있게 옮겨낸다는 것은 역자에게는 너무 큰 부담이었고 어쩌면 불가능에 가까운 일이었는지도 모른다. 역자는 문학적인 자질이 없는 사람이라서 오직 게송을 잘못 이해하여 오역하지 않았기만을 바랄 뿐이었다. 역자는 가급적이면 주석서의 전통적 이해를 그대로 따르려고 노력하였다. 그러므로 본서 제1권 번역은 역자에게는 큰 부담이었다. 그런데 이 부분은 <초기불전연구원> 원장이신 대림 스님이 다시 한 번 주석서와 대조해가면서 교열과 감수를 하여 여러 부분을 수정하고 다듬었기 때문에 오역에 대한 두려움은 많이 감소되었고 역자에게는 큰 힘이 되었다. 지면을 빌어서 대림 스님께도 심심한 감사의 말씀을 전한다.

역자는 대림스님이 번역하여 <초기불전연구원>에서 세 권으로 출간한 『청정도론』의 발간사에서 빠알리 삼장을 제대로 역출해내기 위해서는 언어학적 소양, 경에 대한 안목, 수행의 뒷받침이라는 세 가지 기본 장비들이 있어야 한다고 밝힌 적이 있다. 경전 번역을 계속하면서 '나에게는 과연 이러한 기본 장비들이 충실히 갖추어져 있는가?'를 줄곧 되물어보았다. 빠알리어를 익히면서 삼장을 공부한 지 벌써 20년이 지났다. 그런데 과연 역자는 삼장에 대한 이해와 빠알리어에 대한 이해가 다듬어지고 깊어지고 정교해지고 정치하게 되었는가? 오히려 지엽적인 지식만 는 게 아닌지 참으로 두렵다.

이제 『상윳따 니까야』 한글 번역본을 전6권으로 세상에 내어 놓게 되었다. 나름대로 몇 번을 윤문도 하고 수정도 하고 중요한 문장과 술어 등에 대해서는 대림 스님과 일운 스님과 덕일 스님과 혜진 스님과 토론도하고 하면서 애를 썼지만, 역자가 오역을 하고 탈역을 한 부분이 없지 않을 것이라 두렵다. 교정의 최종 점검을 해 주신 <초기불전연구원> 원장 대림 스님과 힘든 교정 작업을 법에 대한 환희심으로 극복하면서 꼼꼼하게 교정을 봐주신 일운 스님, 일창 스님, 덕일 스님, 혜진 스님, 그리고 『디가 니까야』와 『앙굿따라 니까야』에 이어 본서까지 크나큰 신심으로 교정을 해 주신 김성경 거사님께 깊은 감사의 말씀을 드린다.

그래도 잘못된 부분이 있다면 그것은 모두 역자가 우치한 이유 때문이다. 읽는 도중 잘못된 부분을 발견한 독자제위께서는 반드시 지적해 주시어 다른 니까야의 출간에는 모두 반영될 수 있도록 도와주시기를 바라면서 역자 서문을 마무리한다.

이 책을 읽는 모든 분들이 금생에 해탈·열반의 튼튼한 토대를 만드시기를 기원합니다.

Ciraṁ tiṭṭhatu lokasmiṁ sammāsambuddhasāsanaṁ.
이 세상에 부처님 교법이 오래 오래 머물기를!

상윳따 니까야 제1권 해제

1. 들어가는 말

『상윳따 니까야』는 부처님이 남기신 가르침을 주제별로 모아서(saṁyutta) 결집한 것이다. 『상윳따 니까야』는 이러한 주제를 모두 56개 상윳따로 분류하여 결집하고 있다.[27]

이들 56개 상윳따 가운데 「숲 상윳따」(S9)와 「비유 상윳따」(S20) 등 2개의 기타 상윳따를 제외하면, 「인연 상윳따」(S12)를 비롯한 26개 상윳따는 교학적인 주제를 중심으로 모은 것이고, 「꼬살라 상윳따」(S3) 등의 15개 상윳따는 특정한 인물과 관계된 가르침을 모은 것이며, 「천신 상윳따」(S1) 등 8개는 특정한 존재(비인간)에게 설하셨거나 혹은 이러한 특정한 존재와 관계된 가르침을 모은 것이고, 「비구니 상윳따」(S5) 등 5개의 상윳따는 특정한 부류의 인간에게 설하셨거나 이들과 관계된 가르침을 모은 것이다.

한편 특정한 인물과 관계된 상윳따들 가운데 「라훌라 상윳따」(S18) 등의 9개 상윳따는 모두 오온 등의 특정한 주제를 각 상윳따에서 하나씩 다루고 있다. 그러므로 이들 9개 상윳따도 교학적인 주제 중심의 상윳따에 포함시킬 수 있다. 그러면 교학적인 주제 중심의 상윳따는 모두 35개로 늘어난다.

주석서에 의하면 『상윳따 니까야』는 일차결집에서 결집(합송)되어서

---

27) 56개 주제는 본서 역자서문 §8을 참조할 것.

마하깟사빠(대가섭) 존자의 제자들에게 부촉되어 그들이 함께 외워서 전승하여 왔다고 한다.(DA.i.15)

『상윳따 니까야』 제1권은 이렇게 모아진 부처님의 말씀 가운데서 게송을 포함한 가르침들을 담고 있는 책이다. 그래서 『상윳따 니까야』 제1권의 제목은 사가타 왁가(Sagātha-vagga)인데, '게송과 함께한 품'으로 직역할 수 있다.[28] 게송을 포함하고 있는 경들을 모아서 이를 다시 특정한 인물과 특정한 존재를 중심으로 천신, 신의 아들, 꼬살라 왕 등의 11개의 주제(Saṁyutta)로 분류하여 제1권에는 모두 11개의 상윳따를 담고 있다. 이처럼 제1권의 분류기준은 게송이며 Ee2에 의하면 본서에는 모두 945개의 게송이 포함되어 있다. 이 가운데 30여개 정도의 게송은 본서에 나타나는 다른 게송들과 완전히 같거나 일부분이 같은 게송들이 중복되어 나타나고 있다.

---

28) 『디가 니까야 주석서』는 『상윳따 니까야』 제1권 전체에 해당하는 본 게송을 포함한 가르침(Sagātha-vagga)을 응송(應頌)의 보기로 들고 있다.
"② 게송과 함께하는 경이 바로 응송(應頌, geyya)이라고 알아야 한다. 특히 『상윳따 니까야』 (제1권) 「게송과 한께 한 책」 (Sagātha-vagga, S1~S11) 전체가 여기에 해당된다."(DA §67/i.24~25)
본 가르침에 포함된 「천신 상윳따」 (S1)부터 「삭까 상윳따」 (S11)까지의 모든 가르침에는 산문과 운문이 함께 섞여 있다. 그래서 이 품은 모두 응송에 해당된다고 설명하고 있는 것이다.
전통적으로 부처님의 가르침은 구성요소(aṅga)에 의해서 아홉 가지로 즉 구분교(九分教)로 분류되었다. 그것은 ① 경(經, sutta) ② 응송(應頌, geyya) ③ 상세한 설명(記別, 授記, veyyākaraṇa) ④ 게송(偈頌, gāthā) ⑤ 감흥어(感興語, udāna) ⑥ 여시어(如是語, itivuttaka) ⑦ 본생담(本生譚, jātaka) ⑧ 미증유법(未曾有法, abbhūtadhamma) ⑨ 문답(方等, vedalla)의 아홉 가지이다. 여기에 대한 설명은 『디가 니까야』 제3권의 부록으로 번역한 『디가 니까야 주석서』 (DA §67)와 『앙굿따라 니까야』 「적게 배움 경」 (A4:6) §1과 주해를 참조할 것.

2. 제1권의 구성

『상윳따 니까야』 제1권에는 모두 11개의 상윳따가 포함되어 있는데 여기에 포함된 상윳따들과 각 상윳따에 포함된 경들의 개수는 다음과 같다.

	명칭	경전 수	품 수	게송 수
S1	천신	81	8	254
S2	신의 아들	30	3	119
S3	꼬살라	25	3	72
S4	마라	25	3	73
S5	비구니	10	1	37
S6	범천	15	2	57
S7	바라문	22	2	94
S8	왕기사장로	12	1	51
S9	숲	14	1	45
S10	약카	12	1	56
S11	약카	12	1	56
합계	11개 주제	271	28	945

표에서 보듯이 이 가운데 「숲 상윳따」(S9)를 제외한 10개의 상윳따는 인물 중심으로 되어 있다. 이 가운데 네 개의 상윳따는 꼬살라 왕(S3)과 비구니(S5)와 바라문(S7)과 왕기사 존자(S8)라는 인간에 관계된 주제를 모은 것이고, 여섯 개의 상윳따는 천신(S1), 신의 아들(S2), 마라(S4), 범천(S6), 약카(S10), 삭까(인드라, S11)와 같은 비인간들을 중심으로 한 경들을 모은 것이다. 그리고 「숲 상윳따」(S9)에 포함된 14개의 경들도 모두 숲 혹은 밀림에 사는 천신들이 읊은 것이기 때문에 본서에 포함된 11개의 상윳따는 모두 특정한 인물과 특정한 존재를 중심으로 한 것이다.

이렇게 하여 제1권은 모두 11개의 상윳따로 구성되어 있는데, 교학적인 주제를 중심한 상윳따는 나타나지 않고 있다. 그러나 본서에 포함된 경들의 내용에는 불교의 주요한 교학체계가 거의 대부분 포함되어 있음은 당연하다.

먼저 본서에 포함된 11개의 상윳따를 개략적으로 살펴보면 다음과 같다.

제1주제 「천신 상윳따」(Devatā-saṁyutta, S1)에는 81개의 경들이 포함되어 있는데 모두 8개의 품으로 나누어져 있으며, 천신들이 게송으로 세존과 문답을 나눈 경들로 구성되어 있다. 산문은 아주 제한적으로만 나타나고 대부분이 게송으로만 구성되어 있다. 본서에서 가장 많은 254개의 게송을 포함하고 있다.

제2주제 「신의 아들 상윳따」(Devaputta-saṁyutta, S2)에 포함되어 있는 30개의 경들은 신의 아들(deva-putta)로 직역되는, 상대적으로 젊은 천신들이 세존께 와서 게송으로 문답을 나누는 것을 내용으로 하는 것들이다. 본 상윳따에는 천신 상윳따보다 상대적으로 산문이 더 많이 나타나고 있다.

제3주제 「꼬살라 상윳따」(Kosala-saṁyutta, S3)에는 모두 25개의 경들이 세 개의 품으로 나누어져 나타나는데, 모두 빠세나디 꼬살라 왕과 세존과의 문답을 담고 있는 경들이다. 산문이 주를 이루는 경들이지만 이 경들은 모두 게송을 포함하고 있기 때문에 제1권 게송을 포함한 가르침을 담은 책(Sagātha-vagga)에 포함된 것이다.

제4주제 「마라 상윳따」(Māra-saṁyutta, S4)는 마라와 관련된 경들 25개가 역시 세 개의 품에 포함되어 나타난다. 수행자들을 방해하는 마라에 관한 일화를 담고 있는 경들이다.

제5주제 「비구니 상윳따」(Bhikkhunī-saṁyutta, S5)에는 10개의 경들이 하나의 품에 포함되어 있는데, 이 경들은 모두 각각 경에 나타나는 비구니 스님들과 마라 사이에 얽힌 일화를 담고 있다. 이런 의미에서 본 상윳따는 앞의 마라 상윳따에 포함시켜도 된다.

제6주제 「범천 상윳따」(Brahma-saṁyutta, S6)에는 15개의 경들이 두 개의 품으로 나누어져 있는데, 모두 사함빠띠 범천이나 바까 범천이나 사낭꾸마라 범천 등의 유력한 범천과 관련된 경들을 모은 것이다.

제7주제 「바라문 상윳따」(Brāhmaṇa-saṁyutta, S7)에는 모두 22개의 경들이 두 개의 품에 포함되어 있는데, 모두 부처님 당시의 바라문들로서 부처님과의 대화를 담고 있는 경이다. 이 가운데 첫 번째 품에 포함된 10개의 경에 나타나는 바라문들은 모두 출가하여 아라한이 되었으며 두 번째 품에 나타나는 10명의 바라문들은 모두 재가 신도가 되었다.

제8주제 「왕기사 장로 상윳따」(Vaṅgīsathera-saṁyutta, S8)에는 모두 12개의 경들이 하나의 품에 포함되어 있다. 왕기사 장로는 부처님 제자들 가운데서 영감과 시작(詩作) 능력이 뛰어난 분이었다. 그가 지은 멋진 게송들이 본 상윳따의 12개 경들에 담겨있다.

제9주제 「숲 상윳따」(Vana-saṁyutta, S9)에는 모두 14개의 경들이 하나의 품에 담겨있다. 여기에 포함된 경들은 모두 밀림에 사는 천신들(vanasaṇḍe adhivatthā devatā)이 읊은 게송을 담고 있다.

제10주제 「약카 상윳따」(Yakkha-saṁyutta, S10)에는 모두 12개의 경들이 하나의 품에 포함되어 있다. 각 경들은 각각 다른 약카와 부처님 사이에 있었던 대화와 일화를 담고 있다.

제11주제「삭까 상윳따」(Sakka-saṁyutta, S11)에는 모두 25개의 경들이 세 개의 품에 담겨있다. 이 경들은 모두 신들의 왕이라 불리는 삭까(인드라)와 관련된 일화를 담고 있다.

부처님 가르침을 크게 교학과 수행으로 나누어 본다면 제2/3/4권에서는 교학에 관한 경들 그 중에서도 연기, 오온, 육처를 중심으로 하고 요소[界]나 기타 다른 가르침을 포함하여 편집하였으며, 마지막 권에서는 수행체계인 37보리분법(조도품)을 설한 뒤에 최종으로 불교의 진리인 사성제를 배당하여 편집하였다.29) 그리고 위에서 개관해보았듯이 인천(人天)에 관계된 존재들 특히 천신(S1), 신의 아들(S2), 마라(S4), 범천(S6), 약카(S10), 삭까(인드라, S11)와 같은 비인간을 중심한 경들을 제1권에 배대하고 있다.

이제 각각의 상윳따에 대해서 조금 자세하게 살펴보자.

3.「천신 상윳따」(S1)

첫 번째 상윳따인「천신 상윳따」(Devatā-saṁyutta, S1)에는 모두 81개의 경들이 포함되어 있는데, 천신들이 세존과 게송으로 문답을 나눈 경들로 구성되어 있다. 이 경들은 모두 8개의 품으로 나누어져 있으며, 마지막인 제8장「자름 품」(Chetvā-vagga)에만 11개의 경들이 포함되어 있고, 나머지 품들은 모두 10개의 경들로 구성되어 있다. 여덟 개의 품은, 제1장「갈대 품」, 제2장「난다나 품」, 제3장「칼 품」, 제4장「사뚤라빠 무리 품」, 제5장「불 품」, 제6장「늙음 품」, 제7장「짓누름 품」, 제8장「자름 품」이다.

---

29) 초기불전연구원에서는 이 마지막권의 분량이 많기 때문에 제5권과 제6권으로 나누어서 출간하고 있다.

여기서 '천신'은 devatā를 옮긴 것이다. 이 단어는 신(神) 혹은 천신(天神)을 뜻하는 deva에다 추상명사형 어미 '-tā'를 붙여서 만들어진 것인데, 모든 신들을 지칭하는 여성형 명사이다. 단지 여성형 추상명사를 붙였기 때문에 단어가 여성형이 된 것이지 여자 천신을 지칭하는 것은 결코 아니다. 그리고 이 단어는 일반적으로 '신'이나 '천신'을 뜻하는 deva와 동의어로 취급한다. 그러므로 특별히 남성 신임을 분명히 할 때는 본서 제2주제 「신의 아들 상윳따」(Devaputta-saṁyutta, S2)에서처럼 deva-putta(신의 아들)로 표현하고, 여성 신임을 드러낼 때는 deva-dhuhitā(신의 딸)라 칭한다.

한편 『맛지마 니까야 주석서』는 "신들은 세 종류가 있다. 인습적인 신들(sammuti-devā), 태생적인 신들(upapatti-devā), 청정한 신들(visuddhi-devā)이다. 인습적인 신들이란 왕들과 왕비들과 왕자들을 말한다.30) 태생적인 신들이란 사대왕천의 신들을 포함하여 그보다 높은 신들이다. 청정한 신들이란 번뇌 다한 아라한들이다."(MA.i.33)라고 설명하고 있다.

이 가운데 태생적인 신들을 일반적으로 신들이라 한다. 즉 6가지 욕계 천상과 16가지 색계 천상과 4가지 무색계 천상에 거주하는 신들을 일반적으로 신이라 부른다. 예외적으로 밀림에 사는 천신들(vanasaṇḍe adhivatthā devatā)도 천신(devatā)이라 불리고 있으며(본서 「한거 경」(S9:1) §2 등) 향기로운 나무의 뿌리 등에 거주하는 신들도 천신(deva)이라 불리고 있다.(본서 「간단한 설명 경」(S31:1) §3 등)

본서에서 deva와 devatā는 '천신(天神)'으로 통일해서 옮기고 있다. 본 상윳따의 이름은 「천신(devatā) 상윳따」(S1)이고 다음의 두 번째 상윳따는 「신의 아들(devaputta) 상윳따」(S2)이다. 천신과 신의 아들의 차이에 대해서는 아래 「신의 아들 상윳따」(S2) 해제를 참조하기 바란다.

---

30) 초기경들을 비롯한 인도 제문헌에서 왕을 호칭할 때는 deva로 부르고 있다. 본서 제2권 「양동이 분량의 음식 경」(S3:13) §5 등을 참조할 것.

본 상윳따에는 여러 천신들이 세존께 와서 아주 다양한 주제로 문답을 나눈다. 그 다양한 주제가 대부분 각각의 경들의 제목으로 채택되었다.

「신의 아들 상윳따」(S2)에 포함된 30개의 경들에 나타나는 신들은 모두 그들의 이름이 언급되고 있다. 그러나 본 상윳따에는 81개의 경들 가운데 「가띠까라 경」(S1:50)을 제외하고는 신들은 이름이 언급되지 않고 있다. 본서 「빳준나의 딸 경」1/2(S1:39~40)는 빳준나라는 이름을 가진 신이 주제가 아니라 빳준나라는 이름을 가진 신의 딸들이 주제이다. 그러나 이 신의 딸들은 이름을 알지 못하기 때문에 신들의 이름이 언급되지 않는 것으로 간주해야 한다. 본서 「제따 숲 경」(S1:48)은 급고독 장자가 죽어서 천신이 되어 와서 읊은 것이지만 경문에는 그의 이름이 나타나지 않고 있으며, 제4장 「사뚤라빠 무리 품」에 나타나는 사뚤라빠 무리의 천신들은 집단의 이름이지 개별적인 신의 이름은 아니다. 이처럼 본 상윳따에 포함된 경들에 나타나는 신들은 그 이름을 알 수 없기 때문에 천신(devatā)이라는 일반적인 술어를 상윳따의 이름으로 삼은 본 상윳따에 나타나고, 신의 이름을 알 수 있는 경우는 모두 두 번째인 「신의 아들 상윳따」(S2)에 포함하여 결집하였다.

본 상윳따에 포함된 대부분의 경들은 천신들과 세존의 대화로 구성되어 있지만 몇몇 곳에서는 세존의 게송은 나타나지 않고 천신의 게송만 나타나기도 한다. 그것은 「빳준나의 딸 경」1/2(S1:39~40), 「불 경」(S1:41), 「하나의 뿌리 경」(S1:44), 「휘지 않음 경」(S1:45), 「제따 숲 경」(S1:48)이다. 세존의 설법형태로 나타나는 「난다나 경」(S1:11)과 「회합 경」(S1:37)에도 세존의 게송은 나타나지 않는다. 이처럼 8개 경을 제외한 나머지 73개의 경은 모두 천신들과 세존이 서로 게송으로 문답을 주고받는 형식으로 구성되어 있다.

그 문답의 내용은 다양하다. 그 가운데 몇 가지를 적어 보면 다음과 같다.

첫째, 먼저 언급해야 할 것이 「엉킴 경」(S1:23)이다. 본경에는 "안의 엉킴이 있고, 밖의 엉킴도 있습니다. 사람들은 엉킴으로 뒤얽혀 있습니다. 고따마시여, 당신께 그것을 여쭈오니 누가 이 엉킴을 풀 수 있습니까?"라는 천신의 게송과, 여기에 대한 세존의 답송인 "통찰지를 갖춘 사람은 계에 굳건히 머물러서 마음과 통찰지를 닦는다. 근면하고 슬기로운 비구는 이 엉킴을 푼다."는 이 두 게송은 『청정도론』을 여는 게송으로 『청정도론』(Vis.i.1)에 나타나는 유명한 게송이다.

『청정도론』의 방대한 내용은 계·정·혜 삼학을 표방하고 있는 본 게송을 설명하는 형식으로 전개되고 있다. 『청정도론』에 나타나는 본 게송에 대한 간략한 설명을 인용한다.

"① 계와 ② 마음이라는 제목 아래 표현된 삼매[定]와 ③~⑤ 세 가지의 통찰지[慧]와 ⑥ 근면함이라는 이런 여섯 가지 법을 갖춘 비구는 마치 사람이 땅 위에 굳게 서서 날카롭게 날을 세운 칼을 잡고 큰 대나무 덤불을 자르는 것처럼, 계의 땅 위에 굳게 서서 삼매의 돌 위에서 날카롭게 날을 세운 위빳사나 통찰지의 칼을 정진의 힘으로 노력한 깨어 있는 통찰지의 손으로 잡아 자기의 상속에서 자란 갈애의 그물을 모두 풀고 자르고 부수어버릴 것이다. 그는 도(예류도부터 아라한도까지)의 순간에 엉킴을 푼다고 한다. 그는 과(예류과부터 아라한과까지)의 순간에 엉킴을 푼 자가 되어 신을 포함한 세상에서 최상의 공양을 받을만한 자가 된다." (『청정도론』 i.7)

둘째, 행복에 관한 다양한 논의가 나타난다.

「휩쓸려감 경」(S1:3 §2)과 「사라져버림 경」(S1:4 §2)에서 천신은 "죽음에 엄존하는 이러한 두려움을 직시하면서 행복을 가져올 공덕을 지어야 한다."고 말하고 있으며, 「난다나 경」(S1:11 §4)에서는 "난다나 정원을 보지 못한 자들은 행복이라고는 전혀 모르는 자들"이라고 하자 다른 천신이 §5에서 "형성된 것들의 가라앉음이 행복"이라는 세존의 게송을 들려준다.

「좋음 경」(S1:33 §4)에도 행복은 나타나며, 특히 「믿음 경」(S1:36 §4)에는 "방일하지 않는 자는 참선을 하여 궁극적인 행복을 얻기 때문이로다."는 표현이 나타난다. 당연히 여기서 '궁극적 행복(parama sukha)'이란 아라한과의 행복(arahatta-sukha)이라고 주석서는 설명하고 있다.(SA.i.67)

「불 경」(S1:41 §2)에는 "보시한 것은 행복한 결실을 가져온다."고 나타나고, 「자름 경」(S1:71 §3)에는 "분노를 끊은 뒤 행복하게 잠들고 분노를 자른 뒤 슬퍼하지 않노라."라고 나타나며, 「재화 경」(S1:73 §3)에는 "믿음이 여기서 인간의 으뜸가는 재화이며 법을 잘 닦아야 행복을 가져오느니라. 진리가 참으로 가장 뛰어난 맛이며 통찰지를 [구족하고] 살아야 으뜸가는 삶이라 부르느니라."라고 말씀하고 계신다.

셋째, 열반과 저 언덕과 불사(不死)에 대한 논의가 풍부하게 나타난다.

「벗어남 경」(S1:2)에서는 "중생의 해탈(nimokkha)과 벗어남(pamokkha)과 떨쳐버림(viveka)"에 대해서 문답을 나누는데, 이 셋을 주석서는 열반의 동의어라고 설명하고 있다. 세존께서는 여기에 대해서 "나는 존재[有]에 대한 즐김을 멸절해버렸고 인식과 알음알이를 부수었고 느낌들을 소멸하고 가라앉혔다."고 하시면서 그래서 이 셋을 안다고 대답하신다. 「휩쓸려감 경」(S1:3)에는 "평화를 찾는 자"라는 표현으로 열반을 실현하려는 자를 표현하고 있다.

「자만에 빠진 자 경」(S1:9)에서는 "자만을 제거하고 삼매에 잘 든 자는 고결한 마음을 가졌고 모든 곳에서 해탈하였도다. 그는 홀로 숲속에 거주하면서 방일하지 않아 죽음의 영역에서 저 언덕으로 건너가도다."라고 나타난다.

「좋음 경」(S1:33)에서는 "보시보다 법의 구절[法句]이 더 뛰어나도다. 이전에도 그 이전에도 참된 사람들이 있어 그들은 통찰지 갖춰 오직 열반을 증득했도다."라고 말씀하신다.

「있는 것이 아님 경」(S1:34)에서 사뚤라빠 무리에 속하는 천신이 "인간에게 욕망이란 항상한 것 아니거늘 원하는 것에 묶여 그들 방일하구나. 그 사람들 죽음의 영역에서 벗어나 돌아오지 않는 경지[31]로 나아가지 못하도다."라고 읊는다. 그리고 「무엇을 베풂 경」(S1:42)에서 세존께서는 "법을 가르치는 자는 불사(不死)를 베푸는 자"라고 말씀하신다.

「돌조각 경」(S1:38)에서는 바라문들이 베다를 배우고 고행을 하더라도 갈애에 계박되고 서계와 계율에 묶여 있다면 저 언덕으로 가지 못한다고 강조하신 뒤에, "자만을 제거하고 바르게 잘 삼매에 드는 자는 고결한 마음으로 모든 곳에서 해탈하였도다. 그는 홀로 숲에 거주하면서 방일하지 않아 죽음의 영역에서 저 언덕으로 건너가도다."라고 읊으신다.

「요정 경」(S1:46)에서 세존께서는 "양심있어 그것(마차)의 버팀목이고 마음챙김 그것의 장비가 되며 바른 견해가 앞서 가는 법이 되나니 그런 법을 일러 나는 마부라 하네. 이 마차에 탄 사람은 여자·남자할 것 없이 이 마차에 올라타고 열반으로 가느니라."라고 강조하신다.

그리고 「한 짝 경」(S1:59)에서는 "믿음이 사람의 친구이고 통찰지가 그를 가르치도다. 열반을 기뻐할 때 사람은 모든 괴로움에서 해탈하노라."라고 읊으시며, 「묶음 경」(S1:64)에서는 "즐김이 세상을 묶으며 일

31) Ee1&2에는 절대분사인 anāgantvā로 나타나지만 다른 여러 본에는 anāgantā로 나타나는데 이 단어는 『앙굿따라 니까야』 「족쇄 경」(A2:4:5) 등에서 불환자(anāgāmi)를 설명하는 단어로 나타난다. 역자는 후자 즉 anā-gatā로 읽어서 '다시 돌아오지 않는 경지'로 옮겼다.
"이 말은 삼계윤회라 불리는 죽음의 영역(maccu-dheyya)으로부터 다시는 돌아오지 않는 경지라 불리는(apunāgamana-saṅkhāta) 열반으로 가지 못한다는 뜻이다. 왜냐하면 중생들은 열반으로부터 다시는 돌아오지 않기 때문이다. 감각적 욕망들에 묶이고 방일한 사람들은 그런 [열반에] 도달하지 못한다."(SA.i.62)

으킨 생각이 그것의 걸음걸이니라. 갈애를 버려야 열반이라 불리게 되느니라."라고 말씀하신다.

넷째, 통찰지에 대한 논의도 많이 나타난다.

위에서 자세히 살펴봤듯이 「통찰지는 엉킴 경」(S1:23)의 중요한 주제이다. 그 외에도 S1:13 §3; S1:23 §3; S1:31 §3; S1:33 §9; S1:45 §2; S1:48 §2; S1:51~52 §3; S1:59 §3; S1:73 §3; S1:75 §3; S1:80 §3 등 여러 곳에서 통찰지는 강조되고 있다.

다섯째, 공덕과 보시가 찬양되어 나타난다.

S1:3 §2; S1:4 §2; S1:32 §2, §8; S1:33 §§2~9; S1:41 §2; S1:43 §3; S1:47 §2; S1:51~53 §3등에서 공덕과 보시가 거론되고 있다.

특히 「인색 경」(S1:32)에서 세존께서는 [열 가지 유익한 업의 길[十善業道]이라는] 법을 실천하는 참된 사람이 베푸는 보시를 칭송하시면서, "어떤 자들은 바르지 못하게 살면서 보시를 하나니 자르고 죽이고 고통을 준 것으로 [보시하도다.] 그 보시는 눈물과 폭력으로 얼룩진 것이로다. 그러므로 참된 사람 베푼 것에 비하면 가치가 없도다. 천의 보시물로 보시하는 이런 자의 백 천 배의 보시도 참된 자의 한 조각에도 미치지 못하도다."라고 길게 읊고 계신다. 그리고 「좋음 경」(S1:33)에서도 세존께서는 사뚤라빠 무리의 천신들과 보시에 대해서 자세히 문답을 주고받으신다.

「늙음 경」 등(S1:51~52)에서는 "공덕은 도둑들이 훔쳐가지 못한다."고 하시고, 「친구 경」(S1:53)에서는 "자신이 지은 공덕이 미래의 친구"라고 강조하고 계신다.

여섯째, 이 외에도 S1:9 §§2~3; S1:37 §4; S1:38 §§9~10에서는 삼매가 논의 되고 있으며, S1:9 §2; S1:25 §§4~5; S1:38 §10 등에서는

자만이 거론되고 있고, S1:23 §3; S1:34~36; S1:50 §2, §8; S1:71 §3; S1:77 §3 등에서는 성냄과 분노가 나타나고 있다. 그리고 S1:23 §3; S1:28 §3; S1:44 §2; S1:74 §4에서는 무명과 어리석음이 나타나는데, 「비[雨] 경」(S1:74)에서는 "명지가 솟아오르는 것 가운데 으뜸이고 무명이 떨어지는 것 가운데 최상이로다. 승가가 걸어 다니는 것 가운데 으뜸이고 깨달은 분(붓다)이 말하는 자 가운데 최상이로다."라고 읊고 계신다.

S1:11 §3; S1:20 §§4~5; S1:21 §2; S1:23 §3; S1:28 §2; S1:29~30 §§2~3; S1:34 §2; S1:36 §2; S1:40 §2; S1:45 §2; S1:50 §2; S1:76 §3 등에는 감각적 욕망이나 탐욕 등이 거론되고 있는데, 「늙지 않음 경」(S1:76)에서는 "애욕이 잘못 된 길이라 불리며 탐욕이 [유익한] 법들의 방해물이네. … 여인이 청정범행의 더러움이니 남성들은 여기에 걸려 있도다."라고 읊고 계신다.

한편 본 상윳따의 제4장은 「사뚤라빠 무리 품」인데, 본품에 포함된 10개의 경들 가운데 「회합 경」(S1:37) 등의 넷을 제외한 여섯 개의 경들은 이들과 세존의 문답을 담고 있다.

사뚤라빠 무리의 천신들(Satullapakāyikā devatā)은 문자 그대로 '선한 사람들(sata)을 칭송하는(ullapa) 무리(kāyika)의 천신들'이다. 주석서에 의하면 이들은 선한 사람들의 법을 받들어 행함(samādāna, 복주서는 귀의하고 오계를 지키는 등의 실천이라고 설명하고 있음)을 통해서 그분들의 법을 칭송한 뒤 천신으로 태어났기 때문에 붙여진 이름이라고 한다.(SA.i.54)

사뚤라빠 무리의 천신들에 얽힌 이야기를 주석서는 다음과 같이 적고 있다. 요약하면 다음과 같다. 한때 700명의 해양무역을 하던 상인들이 배로 바다를 건너다가 무시무시한 폭풍을 만났다. 배가 전복되자 상인들은 모두 그들이 믿는 신들에게 광적으로 기도를 올렸지만 한 상인은 요가수행자(yogi)처럼 가부좌를 한 채 태연히 앉아있었다. 감명을 받은 상인들이 그 이유를 묻자 그는 삼귀의와 오계를 지키기 때문에 두려워할 필요가 없다고 대답했다. 그래서 그들도 모두 그 상인을 스승으로 하여 삼귀의와 오계를 받아서 편안한 마음으로 임종을 하였다. 그 결과 그들은 삼귀의와 오계를 준 상인을 우두머리로 하여 하나의 무리가 되어서 즉시에 삼십삼천에 재생을 하였다. 그래서 그들은 그 우두머리를 칭송하기 위해서 세존께 다가와서 이런 게송을 읊었다고 한다.(SA.i.54~55)

이처럼 본 상윳따에는 존재들 가운데 으뜸이라 할 수 있는 천상의 신들이 와서 행복과 해탈과 불사(不死)와 통찰지와 공덕과 보시 등과 같은 고결한 주제를 가지고 세존과 함께 게송으로 대화를 나누고 있는 귀중한 가르침들이 포함되어 있다.

4. 「신의 아들 상윳따」(S2)

두 번째 주제인 「신의 아들 상윳따」(Devaputta-saṁyutta, S2)에는 모두 30개의 경들이 제1장 「첫 번째 품」, 제2장 「급고독 품」, 제3장 「여러 외도 품」의 세 품에 각각 열 개씩 포함되어 나타나고 있다.

여기서 '신의 아들'은 deva-putta를 직역한 것이다. 그러나 신들은 천상에 화현하여 태어나기 때문에 신의 아들이란 표현은 조금 어색하기는 하다. 그래서 보디 스님은 '*young deva*(젊은 신)'라고 옮기고 있다. 역자는 deva-putta를 '신의 아들'로 직역하였다. 주석서는 다음과 같이 deva-putta를 설명하고 있다.

"'신의 아들(deva-putta)'이라 했다. 신들의 무릎에 태어난 사람들을 신의 아들들이라 한다. 여성은 신의 딸들(deva-dhītaro)이라 부른다. 이름이 분명하지 않으면 '어떤 천신(aññatarā devatā)'이라 부른다. 그러나 이름이 분명하면 '아무개 이름을 가진 신의 아들'이라 부른다. 그래서 앞

(S1)에서는 어떤 천신이라고 했고 여기서는 신의 아들이라 부른다." (SA.i.103)

그러나 복주서는 이것도 일반적으로(yebhuyya-vasena) 말한 것이지 이름을 아는 천신도 어떤 천신이라고 명명할 때도 있다고 설명을 덧붙이고 있다.(SAṬ.i.125)

아무튼 본 상윳따와 앞의 「천신 상윳따」(S1)를 비교해보면 이름을 아는 천신은 신의 아들이라 부르고 이름을 알지 못하는 천신은 그냥 천신이라 부른다는 주석서의 설명은 정확하다. 왜냐하면 본 상윳따에 나타나는 30개의 경들에는 분명히 신의 이름이 나타나고 있고 앞의 「천신 상윳따」에 실린 81개의 경에는 신의 이름이 나타나는 것은 「가띠까라 경」(S1:50) 하나뿐이기 때문이다.

그러므로 특정 신이 특별히 남성 신임을 분명히 할 때는 본 상윳따에서처럼 deva-putta(신의 아들)로 표현하고, 여성 신임을 드러낼 때는 deva-dhuhitā(신의 딸)라 칭한다. 그러므로 천신과 신의 아들은 동의어이지 신의 아들이라 해서 어리거나 위력이 약한 천신을 지칭하는 것은 아니다. 이렇게 본다면 deva-putta는 '남성 신'으로 옮길 수 있고 deva-dhīta는 '여성 신'으로 옮길 수 있다. 그러나 특별한 언급이 없는 한 베다와 초기불전에 나타나는 신들은 남성 신이 대부분이기 때문에 '남성 신'으로 의역하는 것도 어색해서 여러 가지로 궁리하다가 deva(신)-putta(아들)를 '신의 아들'로 직역을 한 것이다.

본 상윳따는 그 이름이 분명한 남성 신들이 세존께 와서 게송으로 문답을 나누는 것을 내용으로 하는 경들로 구성되어 있고 앞의 「천신 상윳따」(S1)에는 여성 신들도 포함한 일반적인 신들에 관계된 경들이 포함되어 나타난다고 결론지을 수 있다.

그러면 본 상윳따의 특징 몇 가지를 적어보자.

첫째, 본 상윳따에는 「천신 상윳따」(S1)보다 상대적으로 산문이 더 많이 나타나고 있다. 「천신 상윳따」에는 일반적으로 본서에서 생략하고 있는 "이와 같이 나는 들었다. 한때 세존께서는 …"으로 시작하는 경의 서문부분을 빼면 대부분의 경들이 게송만으로 되어 있다. 그러나 본 상윳따에 포함된 경들에는 산문부분이 천신 상윳따보다는 풍부하게 나타난다.

둘째, 본 상윳따의 적지 않은 게송이 다른 경들 특히 앞의 「천신 상윳따」(S1)의 게송들과 중복되고 있는데, 그것은 다음과 같다. 「와수닷따 경」(S2:16)(본경에 나타나는 두 게송은 「칼 경」(S1:21) {51~52}과 같다. 「웃따라 경」(S2:19)의 두 게송은 「휩쓸려감 경」(S1:3) {3~4}와 같다. 「급고독 경」(S2:20)의 네 게송은 「제따 숲 경」(S1:48) {156~159}와 같다. 「시와 경」(S2:21)의 일곱 게송들은 「참된 자들과 함께 경」(S1:31) {78~84}와 같다. 「세리 경」(S2:23)의 세 게송은 「음식 경」(S1:43) {144~146}과 같다. 「가띠까라 경」(S2:24)의 13개 게송은 모두 「가띠까라 경」(S1:50) {170~182}와 같다. 「난다 경」(S2:27)의 두 게송은 「사라져버림 경」(S1:4) {5~6}과 같다. 그리고 「로히땃사 경」(S2:26)은 게송을 포함하여 『앙굿따라 니까야』 제2권 「로히땃사 경」 1(A4:45)과 같은 내용이다.

셋째, 특히 본 상윳따에는 비구들의 수행에 관해서 신들과 세존이 나누는 문답이 많이 나타난다. 이런 경으로서는 「까마다 경」(S2:6), 「빤짤라짠다 경」(S2:7), 「따야나 경」(S2:8), 「짠디마사 경」(S2:11), 「웬후 경」(S2:12), 「깟사빠 경」 2(S2:2), 「디가랏티 경」(S2:13), 「난다나 경」(S2:14), 「짠다나 경」(S2:15), 「와수닷따 경」(S2:16), 「수브라흐마 경」(S2:17), 「잔뚜 경」(S2:25) 등을 들 수 있다.

넷째, 그 외에 특이한 경으로는 달이 의인화된 「짠디마 경」(S2:9)과 태양이 의인화된 「수리야 경」(S2:10)이 있으며, 인도 신화의 유력한 두 신인 위슈누(Viṣṇu)와 시와(Śiva)에 관한 경들 즉「웬후 경」(S2:12)과 「시와 경」(S2:21)을 들 수 있다. 그리고 세존의 게송이나 말씀이 나타나지 않는 경으로는「깟사빠 경」2(S2:2)과「디가랏티 경」(S2:13)을 들 수 있다.

5.「꼬살라 상윳따」(S3)

세 번째 주제인「꼬살라 상윳따」(Kosala-saṁyutta, S3)에는 모두 25개의 경들이 각각「첫 번째 품」,「두 번째 품」,「세 번째 품」으로 명명되는 세 품으로 나누어져서 각각에 10개, 10개, 5개의 경들이 배당되어 전승되고 있다. 일반적으로 경들의 묶음이 10개 이하가 되면 하나의 독립된 품으로 만들지 않는 것이『상윳따 니까야』뿐만 아니라『앙굿따라 니까야』의 특징이라 할 수 있다. 그러나 본서에 포함된 S3, S4, S11에는 각각 25개 경들이 포함되어 있는데, 제1품과 제2품에 각각 10개씩의 경들을 배당하고 나머지 다섯 개의 경들을 제3품에 배당하여 하나의 독립된 품으로 구성하고 있다. 본서「범천 상윳따」(S6)에도 15개의 경들이 포함되어 나타나는데, 같은 방법으로 두 개의 품으로 구성되어 있다.

본 상윳따에 포함된 경들은 모두 빠세나디 꼬살라 왕과 세존과의 문답을 담고 있는 경들이다. 그래서 제목을「꼬살라 상윳따」로 정한 것이다. 본품에 포함된 경들은 대부분이 산문으로 되어 있지만 경의 말미에 모두 게송이 포함되어 있기 때문에 여기 본서 제1권「게송을 포함한 가르침」(Sagātha-vagga)에 포함된 것이다.

빠세나디 꼬살라 왕(rājā Pasenadi Kosala)은 부처님의 가장 중요한 재가신도 중의 한 사람이었다. 그는 마하꼬살라(Mahākosala)의 아들이었다. 그는 그 당시 인도 최고의 상업도시요 교육도시로 알려진 딱까실라(Takkasilā)로 유학하여 릿차위의 마할리(Mahāli)와 말라의 반둘라(Bandhula) 왕자 등과 함께 공부하였으며 여러 학문과 기술에 능통하였다고 한다. 그가 공부를 마치고 돌아오자 마하꼬살라 왕은 그에게 왕위를 물려주었다고 한다.(DhpA.i.338) 본 상윳따(S3)의 여러 경들이 보여주듯이 그는 선정(善政)에 힘썼으며 뇌물과 부패를 청산하려고 애를 썼다고 한다. 그리고 일찍부터 부처님과 교분을 맺었으며 죽을 때까지 변함없는 부처님의 신도였다.

그의 아내는 말리까(Mallikā) 왕비였는데, 부처님께 크나큰 믿음을 가진 사람이었으며 그래서 말리까 왕비가 기증한 정사도 있었다. 그의 여동생 꼬살라데위(Kosaladevī)는 마가다의 빔비사라 왕과 결혼하였다. 한편 그의 딸 와지라(Vajirā)도 아버지 빔비사라 왕을 시해하고 왕이 된 아자따삿뚜 왕과 결혼시키는 등 마가다와 정략적인 관계를 유지하였다.

그는 부처님과 같은 해, 같은 날에 태어났다고 하며(DPPN), 그래서 부처님과는 흉금을 터놓고 이야기하는 사이였다고 한다. 그가 얼마나 부처님을 존경하고 흠모하였는지는 『맛지마 니까야』 「법탑(法塔)경」(Dhammacetiya Sutta, M89) 등 여러 곳에 나타나고 있다.

여러 문헌(DhpA.i.339; J.i.133; iv.144 등)에 의하면 그는 부처님과 인척관계를 맺고 싶어 하였으며 그래서 사꺄족의 딸과 결혼하고자 하였다. 자부심이 강한 사꺄 족은 마하나마(Mahānāma)와 하녀 사이에서 난 딸인 와사바캇띠야(Vāsabhakhattiyā)를 보냈으며, 이들 사이에서 난 아들이 바로 위두다바(Vidūdabha) 왕자이다. 위두다바 왕자가 커서 까삘라왓투를 방문하였다가 이 이야기를 듣고 격분하였고, 그래서 후에 위두다바는 사꺄를 정복하여 남녀노소를 가리지 않고 무참한 살육을 하였다고 한다.

이 위두다바는 나중에 빠세나디 왕의 총사령관이었던 디가까라야나

(Dīghakārāyana)의 도움으로 모반을 일으켜 왕이 되었으며, 빠세나디 왕은 마가다로 가서 아자따삿뚜의 도움을 청하려 하였지만 그가 라자가하에 도착하자 이미 성문은 닫혀 있었다. 노후한 몸에 피로가 엄습한 그는 성밖의 객사에서 그날 밤에 죽었다고 하며 아자따삿뚜가 그의 시신을 잘 수습하였다고 한다. 이에 아자따삿뚜는 위두다바를 공격하려 하였으나 대신들의 조언으로 그만두었다고 한다.(M.ii.118; MA.ii.753; DhpA.i.353; J.iv.150)

빠세나디 왕에게는 브라흐마닷따(Brahamadatta)라는 아들이 있었는데 부처님 문하에 출가하여 아라한이 되었다고 하며(ThagA.i.460) 그의 여동생 수마나(Sumanā) 공주도 출가하여 아라한이 되었다.[32] 물론 제따 숲을 기증한 제따(Jetā) 왕자도 그의 아들이었다.

부처님께서 후반부의 24여 년 간을 사왓티에 머무실 정도로 꼬살라와 부처님과는 인연이 많은 곳이며 「꼬살라 상윳따」라는 본 상윳따가 전승되어 올 정도로 그는 불교와는 가장 인연이 많았던 왕이었음에 틀림없다. 그의 아내 말리까 왕비(Mallikā Devī)에 대해서는 『앙굿따라 니까야』 제2권 「말리까 경」(A4:197 §1)의 주해를 참조할 것.

본 상윳따에서 가장 잘 알려진 경을 들라면 「말리까 경」(S3:8)을 들 수 있다.

빠세나디 왕과 말리까 왕비가 궁궐의 누각으로 올라가서 둘은 이런 대화를 나누었다.

"말리까여, 그대 자신보다 더 사랑스런 자가 있습니까?"

"대왕이시여, 제게는 제 자신보다 더 사랑스런 자가 없습니다. 대왕이시여, 그런데 임금님께는 자기 자신보다 더 사랑스런 자가 있습니까?"

"말리까여, 나에게도 나 자신보다 더 사랑스런 자는 없습니다."

---

32) 『앙굿따라 니까야』 「수마나 경」(A5:31) §1의 주해를 참조할 것.

왕과 왕비의 이 대화는 인도의 가장 잘 알려진 우빠니샤드인 『브르하다란냐까 우빠니샤드』(Bṛhadāraṇyaka Upaniṣad ii.4.5; iv.5.6)에 나타나는 바라문 수행자인 얏냐왈까(Yajñavalkya)와 그의 아내 마이뜨레이(Maitre-yī)와의 대화와 비교된다. 얏나왈까의 대화가 자아의 실재를 드러내기 위한 것이라면 왕과 왕비의 대화는 아래 부처님의 게송에서 보듯이 자비로 연결된다. 왕이 세존께 다가가서 이 사실을 말씀드리자 세존께서는 이렇게 게송을 읊으셨기 때문이다.

"마음으로 사방을 찾아보건만
자신보다 사랑스러운 자 볼 수가 없네.
이처럼 누구에게나 자신이 사랑스러운 법
그러므로 자기를 사랑하는 자, 남을 해치지 마세."{392}

이 잘 알려진 게송은 『쿳다까 니까야』의 『자설경』(Ud.47)과 『청정도론』 IX.10에도 나타나고 있다. 자신이 가장 사랑스럽기 때문에 이기적이 되는 것이 아니라 자신이 가장 사랑스러운 사람은 절대로 남을 해쳐서는 안된다는 세존의 이 말씀은 진정한 자비가 무엇인지를 생각하게 해준다.

꼬살라 왕과 관계된 경들 가운데서 또 다른 잘 알려진 경은 본 상윳따의 「양동이 분량의 음식 경」(S3:13)이다. 왕은 매끼마다 양동이 분량의 음식을 먹었다고 한다. 세존께서는 빠세나디 꼬살라 왕이 음식을 잔뜩 먹고 숨을 헐떡거리는 것을 아시고 그 사실에 대해서 이 게송을 읊으셨다.

"사람이 항상 마음챙기면서
음식을 대하여 적당량을 알면
괴로운 느낌은 줄어들고
목숨 보존하며 천천히 늙어가리." {403}

그 후 왕은 수닷사나라는 바라문 학도를 시켜 그가 식사를 할 때마다 이 게송을 읊게 하여 식사량을 줄여 많아야 한 접시정도의 밥만을 먹고 살았다고 한다.[33]

그리고 「헝클어진 머리를 한 일곱 고행자 경」(S3:11)은 그 당시 왕들이 수행자들 특히 고행자들을 존경했음을 알 수 있으며 「전쟁 경」 1/2(S3:14~15)는 당시 최강대국이었던 꼬살라와 마가다의 관계를 알 수 있는 경이다.

「할머니 경」(S3:22)에서는 왕이 120세에 임종을 한 할머니를 애도하자 세존께서는 다음 게송으로 가르침을 주셨다.

"모든 중생 반드시 죽게 될 것이니
목숨이란 죽음으로 끝나기 때문이라.
업에 따라 중생들은 제각각 갈 것이니
공덕과 사악함의 결실대로 가리라.
악업 지은 중생들은 지옥으로 갈 것이고
공덕 지은 중생들은 선처로 가리로다. {431}

그러므로 유익함[善]을 지어야 하나니
이것이 존재들의 미래의 자신이라
살아있는 모든 생명 모든 존재에게는
공덕이 저 세상에서의 기반이로다." {432}

「궁술 경」(S3:24)에서 왕이 "어디에 보시를 해야 하는지", 그리고 "어디에 한 보시가 큰 결실을 가져오는지"를 여쭙자 세존께서는 [자신

33) 여담을 적자면, 본경을 번역하면서 이 가르침에 크게 부끄러움을 느낀 역자도 많은 반성을 하였다. 그래서 6개월 정도 일종식을 하였고, 지금도 오후불식을 계속하고 있다. 역자도 체중이 많이 줄어 아주 건강하게 역경사업에 매진하고 있다.

의] 마음이 청정한 믿음을 가지는 곳에 보시하지만 계를 구족한 자에게 한 보시는 큰 결실을 가져온다고 대답하신다. 그런 뒤에 다섯 가지 장애[五蓋, nīvaraṇa]를 버렸고, 다섯 가지 법의 무더기[法蘊, dhammakkhanda] 즉 계·정·혜·해탈·해탈지견을 구족한 무학(아라한)에게 하는 보시가 큰 결실이 있다고 결론을 내리신다.

6. 「마라 상윳따」(S4)

네 번째 주제인 「마라 상윳따」(Māra-saṁyutta, S4)에는 마라와 관련된 경들 25개가 포함되어 있다. 앞의 「꼬살라 상윳따」(S3)처럼 본 상윳따도 「첫 번째 품」, 「두 번째 품」, 「세 번째 품」으로 명명되는 세 품으로 나누어져서 각각에 10개, 10개, 5개의 경들이 포함되어 전승되고 있다.

마라(Māra)는 초기경의 아주 다양한 문맥에서 아주 많이 나타난다. 전통적으로 빠알리 주석서는 이런 다양한 마라의 언급을 다섯 가지로 정리한다. 그것은 ① 오염원(kilesa)으로서의 마라(ItvA.197; ThagA.ii.70 등) ② 무더기(蘊, khandha)로서의 마라(S.iii.195 등) ③ 업형성력(abhi-saṅkhāra)으로서의 마라 ④ 신(devaputta)으로서의 마라 ⑤ 죽음(maccu)으로서의 마라이다.(ThagA.ii.46; Vism.VII.59 등)

『청정도론』에서는 부처님은 이러한 다섯 가지 마라를 부순 분(bhaggavā)이기에 세존(bhagavā)이라 한다고 설명하고 있다.(VII.59) 그러므로 열반이나 출세간이 아닌 모든 경지는 마라의 영역에 속한다고 할 수 있다. 특히 신으로서의 마라는 자재천(Vasavatti)의 경지에 있는 다마리까 천신(Dāmarika-devaputta)이라고도 불리는데, 마라는 욕계의 최고 천상인 타화자재천(Paranimmitavasavatti)에 거주하면서 수행자들이 욕계를 벗어나 색계나 무색계나 출세간의 경지로 향상하는 것을 방해하는 자이기 때문이다.(SnA.i.44; MA.i.28) 그리고 그는 신들의 왕인 인드라(삭까)처럼 군대를 가지고 있으며 이를 마군(魔軍, Mārasena)이라고 한다. 이처럼 그는 유력한 신이다. 그러나 수행자들을 방해하고 해코지하려는 그의 심성 때문에 그는 천신이나 신의 아들 등으로 불리지 않고 마라로만 언급되고 있다.

주석서들에서는 Māra의 어원을 한결같이 √mṛ(*to kill, to die*)로 본다. 물론 산스끄리뜨 문헌들에서도 죽음을 뜻하는 √mṛ(*to die*)로도 보기도 하지만 역자는 기억을 뜻하는 √smṛ(*to remember*)로 보는 입장이다. 왜냐하면 Māra의 산스끄리뜨는 인도 최고의 희곡인 『샤꾼딸라』 등에서 스마라(Smāra)로 나타나기 때문이다. 스마라는 바로 기억을 뜻하는 √smṛ에서 파생된 명사이다.

힌두 신화에서 마라는 사랑의 신을 뜻하는 까마데와(Kāmadeva)이며 이 신의 많은 별명 가운데 하나가 스마라이다. 까마데와는 로마 신화의 사랑의 신인 큐피드(*Cupid*)에 해당한다. 사랑의 신 까마데와도 큐피드처럼 사랑의 화살을 가지고 다니면서 화살을 쏜다. 이 화살에 맞으면 사랑의 열병에 걸린다. 산스끄리뜨 문학 작품에 의하면 마라는 수련화(Aravinda), 아쇼까 꽃(Aśoka), 망고 꽃(Cūta), 재스민(Navamālikā), 청련화(Nīlotpala)의 다섯 가지 꽃 화살을 가지고 있다고 하며, 이러한 까마데와의 꽃 화살에 맞게 되면 사랑에 빠지게 된다고 한다. 불교주석서들에서도 이러한 다섯 가지 마라의 꽃 화살은 언급되고 있다. 이처럼 마라는 유혹자이다. 이성을 서로 꼬드기게 한다. 이런 의미에서 마라는 *Tempter*(유혹자, 사탄)이다. 그래서 마라를 *Tempter*라고 옮기는 서양 학자도 있다.

그리고 이 √smṛ에서 파생된 것이 빠알리의 sati 즉 마음챙김이다. 마음챙김과 마라는 이렇게 대비가 된다. 이처럼 마라의 어원을 √smṛ(*to remember*)로 이해하면 마음챙김의 중요성을 새삼 절감케 하는 아주 의미심장한 해석이 된다.

본 상윳따의 25개 경들 가운데 「많음 경」(S4:21)과 「사밋디 경」(S4:22)과 「고디까 경」(S4:23)은 각각 마라가 많은 비구들과 사밋디 존자와 고디까 존자에게 두려움을 생기게 하는 내용을 담고 있고 「고행 경」(S4:1) 등 나머지 22개의 경들은 세존을 대상으로 하고 있다.

한편 마라는 본 상윳따의 「고행 경」(S4:1), 「마라의 올가미 경」 1/2(S4:4~5), 「잠 경」(S4:7), 「기쁨 경」(S4:8), 「수명 경」 1/2(S4:9~10), 「사자 경」(S4:12), 「돌조각 경」(S4:13), 「어울리는 일 경」(S4:14), 「정신적인 것 경」(S4:15), 「탁발음식 경」(S4:18), 「통치 경」(S4:20), 「고디까 경」(S4:23), 「칠 년 동안 경」(S4:24)에서는 말로 하는 대화나 특히 게송으로 세존을 성가시게 하고 방해하는 것으로 나타난다. 그리고 「코끼리 경」(S4:2)에서는 무서운 코끼리로, 「아름다움 경」(S4:3)에서는 여러 모양의 색깔로, 「뱀 경」(S4:6)에서는 뱀으로, 「바위 경」(S4:11)에서는 바위를 부수는 것으로, 「발우 경」(S4:16)에서는 사나운 황소로, 「여섯 감각접촉의 장소 경」(S4:17)과 「사밋디 경」(S4:22)에서는 굉음을 내는 것으로, 「농부 경」(S4:19)에서는 농부의 모습으로, 「많음 경」(S4:21)에서는 바라문의 모습으로 나타나며, 「마라의 딸들 경」(S4:25)에서는 마라의 세 딸들이 여인의 모습으로 나타나 세존과 대화를 나눈다.

마라와는 관계없지만 본 상윳따의 「고디까 경」(S4:23)은 주목할 만하다. 왜냐하면 일시적인 해탈(sāmāyika vimutti)이 나타나고 있기 때문이다.

주석서에 의하면 '일시적인 해탈'이란 증득하는 순간에만 반대되는 법들로부터 해탈하고 그리고 대상에 확고하게 되는 세간적인 증득(lokiya-samāpatti)을 말한다. 한편 『앙굿따라 니까야 주석서』에 의하면 "'일시적인 해탈을 얻은 자(samaya-vimutta)'란 오직 본삼매에 들어 있는 순간에만 억압된 오염원들로부터 해탈하기 때문에 일시적인 해탈이라 불리는 세간적인 해탈(lokiya-vimutta)을 통해 마음이 해탈한 자를 뜻한다."(AA.iii.292)

즉 예류자부터 아라한까지의 성자의 경지는 아직 실현하지 못했지만 삼매에 든 순간에는 다섯 가지 장애로 대표되는 오염원들로부터 벗어났기 때문에 일시적인 해탈을 얻은 자라고 한다는 뜻이다.

본경에 의하면 고디까 존자는 무려 일곱 번이나 일시적인 마음의 해탈에 도달했지만 성자의 경지는 증득하지 못했다. 그래서 그는 칼을 들어 자결을 하였다. 세존께서는 "고디까는 알음알이가 [그 어디에도] 머물지 않고 완전한 열반에 들었다."라고 그가 반열반하였음을 선언하고 계신다.

한편 다음의 「비구니 상윳따」(S5)에 포함된 10개의 경들도 모두 마라와 관계된 것이다. 이런 의미에서 「비구니 상윳따」는 「마라 상윳따」의 연장이라고 할 수 있다.

7. 「비구니 상윳따」(S5)

다섯 번째 주제인 「비구니 상윳따」(Bhikkhunī-saṁyutta, S5)에는 10개의 경들이 하나의 품에 포함되어 나타난다. 이 경들은 모두 각각 경에 나타나는 비구니 스님들과 마라 사이에 얽힌 일화를 담고 있다. 이런 의미에서 본 상윳따는 앞의 「마라 상윳따」(S4)의 연장이라 할 수 있다.

이들 10개의 경들에서 마라는 비구니 스님들에게 "두려움과 공포가 생기고 털이 곤두서게 하여 한거를 내팽개치게 하려는" 내용을 담은 게송이나 문답으로 비구니 스님들을 겁주고 그들의 한거를 방해하고 있다.

물론 이 비구니 스님들은 다들 부처님의 직계제자들이요 아라한들이기 때문에 당당할 수밖에 없겠지만, 마라와의 대화에서 조금도 두려워하지 않고 당당한 대장부의 모습을 보이고 있다.

10개의 경들은 모두 깊은 불교적 사유와 성찰과 통찰을 담고 있어서 모두 다 음미해볼 충분한 가치가 있지만 역자는 여기서 「셀라 경」(S5:9)을 소개하고 싶다.

본경에서 마라는

"누가 이 꼭두각시를 만들었는가?
꼭두각시를 만든 자는 어디에 있는가?
꼭두각시는 어디에서 생겼는가?
꼭두각시는 어디에서 소멸하는가?"{548}

라고 다그친다.

주석서는 "'꼭두각시(bimba)'란 자기 존재(atta-bhāva)를 두고 한 말이다."(SA.i.193)라고 설명하고 있고 복주서는 다시, "여기서는 자기 존재라고 인식되는 이 꼭두각시는 범천(brahma), 위슈누(visaṇu), 뿌루샤[原人], 빠자빠띠(조물주) 등 가운데서 누가 만들었는가, 누가 드러내었는가, 누가 창조하였는가 등을 묻는 것이다."(SAṬ.i.199)라고 부연하고 있다.

그러자 셀라 비구니는 다음과 같이 당당하게 말한다.

"이 꼭두각시는 자신이 만든 것도 아니요
이 불쌍한 것은 남이 만든 것도 아니로다.
원인을 조건으로 해서 생겼으며
원인이 부서지면 소멸하도다.{549}

마치 씨앗이 들판에 뿌려져서
잘 자라기 위해서는
땅의 영영분과 수분의 둘이
있어야 하는 것과 같도다.{550}

그와 같이 무더기들[蘊]과

요소들[界]과 여섯 감각장소들[處]은
원인을 조건으로 하여 생겨났지만
원인이 부서지면 소멸하도다."{551}

부처님 당시의 학자들의 주장은 괴로움은 자신이 만드는 것(atta-kata, 自作)이라는 설과 남이 만드는 것(para-kata, 他作)이라는 설로 나뉘어져 있었다. 전자는 상견(常見, sassata-diṭṭhi)의 입장이고 후자는 단견(斷見, uccheda-diṭṭhi)의 입장이다. 전자는 영원한 자아가 있어서 이 자아가 한 생에서 다음 생으로 자신이 지은 업의 과보에 따라 윤회전생(*transmigration*)한다는 견해이다. 후자는 죽음으로 모든 것이 끝나버려서 아무 것도 남지 않으므로 자신이 겪는 괴로움과 즐거움은 모두 외부의 조건에서 기인한 것이라고 주장한다. 이런 논쟁은 본서 제2권 「나체수행자 깟사빠 경」(S12:17) 등(S12:17; 18; 24; 25)에 나타나고 있으므로 참조할 것. 여기에 대해서 셀라 비구니는 존재란 조건발생이라는 불교의 입장을 명쾌하게 드러내고 있다.

한편 『앙굿따라 니까야』 「존재 경」(A3:76) §1 등에서 세존께서는 하나의 존재가 있기 위해서는 업(kamma)이 있어야 한다고 하시면서 "아난다여, 이처럼 업은 들판이고 알음알이는 씨앗이고 갈애는 수분이다. 중생들은 무명의 장애로 덮이고 갈애의 족쇄에 계박되어 알음알이를 확립한다."고 말씀하시는데, 본 게송과 같은 말씀이다. 이렇게 해서 온·처·계가 생기고 머물고 사라지고 하면서 흘러가는 것이 중생이라는 존재의 현주소이다.

여기에 대해서 주석서는 이렇게 설명한다.

"선업과 불선업이 자라는 장소(ṭhāna)라는 뜻에서 업은 '들판(khetta)'이다. [업과] 함께 생긴 업을 형성하는 알음알이는 자란다는 뜻에서 '씨앗(bīja)'이다. [씨앗을] 돌보고 자라게 하기 때문에 '갈애'는 물과 같다." (AA.ii.335)

한편 「와지라 경」(S5:10)에서 와지라 비구니는

> "누가 중생을 창조하였는가?
> 중생을 창조한 자는 어디에 있는가?
> 중생은 어디에서 생겼는가?
> 중생은 어디에서 소멸하는가?"{552}

라고 다그치는 마라에게 이렇게 대답한다.

> "왜 그대는 '중생'이라고 상상하는가?
> 마라여, 그대는 견해에 빠졌는가?
> 단지 형성된 것들[行]의 더미일 뿐
> 여기서 중생이라고 할 만한 것을 찾을 수 없도다. {553}
>
> 마치 부품들을 조립한 것이 있을 때
> '마차'라는 명칭이 있는 것처럼
> 무더기들[蘊]이 있을 때 '중생'이라는
> 인습적 표현이 있을 뿐이로다. {554}
>
> 단지 괴로움이 생겨나고
> 단지 괴로움이 머물고 없어질 뿐이니
> 괴로움 외에 어떤 것도 생겨나지 않고
> 괴로움 외에 어떤 것도 소멸하지 않도다." {555}

여기서 '괴로움(dukkha)'이란 오온의 괴로움이라고 주석서는 설명한다. 이것은 {553} 게송의 '단지 형성된 것들[行]의 더미(suddha-saṅkhāra-puñja)'와 같은 것이다. 본서 제2권 「깟짜나곳따 경」(S12:15 §5)에서도 자아는 존재하지 않으며 '단지 괴로움이 일어날 뿐이고, 단지 괴로움이 소멸할 뿐이다.'라고 나타나고 있다. 불교에서 나를 오온으로 해체해서 보는 것은 이처럼 오온개고(五蘊皆苦)와 오온무아를 극명하게 드러내기 위한 것이다.

나라는 존재를 온·처·계·연 등으로 해체해서 보지 못하면, 염오-이욕-소멸을 통해서 깨달음을 실현할 수 없다는 점을 다시 한 번 강조하고 싶다. 『디가 니까야』「대념처경」(D22) 등의 초기불전에 나타나는 수행 방법의 핵심도 나라는 존재를 몸·느낌·마음·심리현상들(신·수·심·법)로 해체해서 그 중의 하나에 집중(삼매)하거나 그 중의 하나의 무상·고·무아를 해체해서 보는 것(위빳사나)이다. 해체해서 보지 못하면 그는 불교적 수행을 하는 자가 아니라고 해야 한다. 뭉쳐두면 속고 해체하면 깨닫는다.

본 게송에 나타나는 마차의 비유는 『밀린다빤하』(Mil.27~28)에 인용되어 자세하게 설명되고 있다. 『청정도론』 XVIII.25~28도 본경의 두 게송을 인용하면서 정신·물질을 떠나 중생이라는 것이 따로 없음을 설명하고 있다. 이처럼 와지라 비구니의 명쾌한 해석은 후대 불교에 많은 영향을 주었다고 할 수 있다.

8. 「범천 상윳따」(S6)

여섯 번째 주제인 「범천 상윳따」(Brahma-saṁyutta, S6)에는 15개의 경들이 두 개의 품에 포함되어 있는데, 모두 사함빠띠 범천이나 바까 범천이나 사낭꾸마라 범천 등 범천과 관련된 경들을 모은 것이다. 본 상윳따에도 15개의 경들이 포함되어 있지만 「첫 번째 품」과 「두 번째 품」으로 명명되는 두 품으로 나누어서 각각에 10개와 5개의 경들을 담고 있다.

초기불전에서 신으로 언급이 되는 범천(Brahma, 브라흐마)이 구체적으로 어떤 존재를 뜻하는지는 정확하지가 않다. 주석서들도 여기에 대해서는 별다른 언급이 없다. DPPN은 범천을 범천의 세상(brahma-loka)에 사는 자들로 정리하고 있다. 주석서에서는 색계 초선천부터 삼선천까지의 9가지 천상과 4선천의 무상유정천과 광과천과 다섯 가지 정거천과 네 가지 무색계 천상 - 이 20가지 천상을 모두 범천의 세상(brahma-loka)으로 부르고 있다.(VibhA. 521, 등) 마라는 욕계의 가장 높은 천상인 타화자재천에 거주하는 신인데 반해, 범천은 이러한 마라의 영향을 받지 않는 색계 이상의 천상에 거주하는 신인 것이다.

두 번째로는 색계 초선천의 신들을 범천이라고 볼 수도 있다. 색계 초선천을 범신천(梵身天, Brahmakāyikā)이라 부르고 이 범신천은 다시 범중천(Brahmapārisajjā)과 범보천(Brahmapurohitā)과 대범천(Mahābrahmā)으로 구분이 되는데, 이 천상의 키워드가 바로 범천(Brahma)이기 때문이다.(범신천에 대해서는 『아비담마 길라잡이』 제5장 §6의 해설을 참조할 것.) 그러나 초선천을 범천이라 부르지 않고 범신천이라 부르고 있기 때문에, 범천과 범신천이 정확히 일치한다고는 볼 수 없다. 그래서 DPPN도 주석서의 견해를 따라서 색계 이상의 천상, 즉 범천의 세상(brahma-loka)에 머무는 신들을 통틀어서 범천으로 정리하고 있는 것이다.

한편 니까야의 D1 §2.5, D2 §61, D11 §80, D20 §20, M49 §5, A10:29 §2 등에서도 대범천은 유력한 범천이란 뜻으로 나타나고 있다. 그리고 D14 §3.2 이하에서도 위빳시 세존께 법을 설하기를 간청하는 범천도 대범천이라 부르고 있다. 그리고 중요한 것은 『디가 니까야』 D19, D20 등과 본 상윳따에 해당하는 주석서인 SA.i.199와 DA.ii.177과 DAṬ.ii.351 등의 복주서에서는 본 상윳따에 나타나는 범천들이 대범천(Mahābrahmā)으로 불리기도 한다. 이 가운데서 사함빠띠 범천이 대범천으로 많이 등장한다.

이처럼 대범천(Mahābrahmā)은 초선천의 세 번째 천상을 뜻하기도 하고 본 상윳따에 나타나는 사낭꾸마라(Sanaṅkumāra), 사함빠띠(Sahampatī), 뚜두(Tudu), 가띠까라(Ghaṭikāra), 바까(Baka) 등의 유력한 범천을 뜻하기도 한다.

한편 범천으로 옮긴 brahma는 초기경에서 보통명사로도 쓰이고 있으며 특히 합성어로도 많이 나타나고 있다. 이 경우에는 예외 없이 모두 '신성함, 거룩함, 높음, 위대함' 등의 뜻으로 쓰인다. 그래서 주석서는 "최상이라는 뜻에서(seṭṭhatthena) 브라흐마(brahma)라 부른다."(DA.iii.865 등)라고 설명하고 있다. 예를 들면 청정범행으로 옮기는 브라흐마짜리야(brahma-cāriya)와 거룩한 마음가짐으로 옮기는 브라흐마위하라(brahma-vihāra), 최상의 존재로 옮기는 브라흐마부따(bhrahma-bhūta), 최고의 처벌로 옮기는 브라흐마단다(brahma-daṇḍa) 등이 있다. 이런 의미에서 색계와 무색계 천상을 일컫는 범천의 세상(brahma-loka)은 '거룩한 천상 세계'로도 옮길 수 있을 것이다.

본 상윳따에서 가장 많이 등장하는 범천은 사함빠띠 범천(brahmā Sahampati)이다. 그는 본 「범천 상윳따」 S6:1~3, 10, 12~13, 15에 나타나고 있으며, 본서 S11:17; S22:80; S47:18, 43에도 등장하고 있다. 사함빠띠 범천은 본서 「권청(勸請) 경」(S6:1)에서 보듯이 이 세상에 불교가 시작되는데 극적인 역할을 하고 있다. 이 경에서 보듯이 법의 바퀴를 굴릴 것을 간청하는 자도 사함빠띠 범천이고, 세존이 입멸하시자 맨 처음 게송을 읊은 자도 그다.(본서 「반열반 경」(S6:15) {608})

그가 어떻게 막강한 신이 되었는가는 본서 「사함빠띠 범천 경」(S48:57 §5)에 나타난다. 이 경에서 그는 스스로 말하기를 "옛날에 저는 깟사빠 정등각자 아래서 청정범행을 닦았습니다. 거기서 그들은 저를 '사하까 비구, 사하까 비구'라 불렀습니다. 세존이시여, 그런 저는 이러한 다섯 가지 기능을 닦고 많이 [공부]지어서 감각적 욕망에 대한 욕탐을 빛바래게 하고 몸이 무너져 죽은 뒤에 선처인 범천의 세상에 태어났습니다. 거기서 그들은 저를 '사함빠띠 범천, 사함빠띠 범천'이라 부릅니다."라고 설명하고 있다. 이런 인연 때문인지 그는 불교의 태동(S6:1 참조)에도 중요한 역할을 하고 부처님의 입멸(S6:15 참조)에도 등장하는 신으로 초기불전에 나타나고 있다.

그리고 「사낭꾸마라 경」(S6:11)에 나타나는 사낭꾸마라 범천도 세존을 존중하는 범천으로 나타난다. 사낭꾸마라(Sanaṅkumāra)는 문자적으로 '항상(sanaṁ) 동자(kumāra, 소년)인 자'라는 뜻이다. 주석서에 의하면 그는 전생에 머리를 다섯 가닥으로 땋아 다니던 소년이었을 때(pañca-cūḷaka-kumāra-kāle, 혹은 pañca-sikha-kumāra-kakāle) 禪을 닦아서 그 선의 힘으로 범천의 세상(brahma-loka)에 태어나게 되었다고 한다. 그래서 범천이 되어서도 동자의 모습을 하기를 좋아하기 때문에 항상 동자 즉 사낭꾸마라란 이름을 가지게 되었다고 주석서는 설명하고 있다.(SA.i.219; MA.ii.584; DA.ii.647.)

사낭꾸마라의 산스끄리뜨인 사낫꾸마라(Sanatkumāra)는 이미 고층 우빠니샤드인 『찬도갸 우빠니샤드』(Chāṇḍogya Upaniṣad, 7.26:2)에서 언급이 되고 있으며, 인도의 대서사시인 『마하바라따』(Mahābhārata, iii.185)에서도 여기서 나타나는 게송과 비슷한 게송을 읊은 것으로 나타난다. 그리고 『디가 니까야』 제2권의 「대회경」(D20 §20)과 특히 「자나와사바 경」(D18 §18)과 「마하고윈다 경」(D19 §1)에도 그가 등장하는데, 빤짜시카 동자의 모습으로 등장하고 있다. 『디가 니까야』 제1권 「암밧타 경」(D3 §1.28)에는 그가 읊은 이 게송이 인용되기도 한다. 그는 신들 가운데 부처님께 귀의한 신으로 신들의 왕인 삭까(인드라)와 함께 자주 언급이 된다.

반면 「바까 경」(S6:4)에 나타나는 바까 범천은 불변하는 자아(ātman)를 상정하는 인도 사상을 대변하는 상징적인 천신이라 할 수 있다. 그는

"이것은 항상하고, 이것은 견고하고, 이것은 영원하고, 이것은 유일하며, 이것은 불멸의 법이다. 이것은 참으로 태어나지 않고 늙지 않고 죽지 않으며, 떨어지지 않고 생겨나지 않는다. 이것을 넘어선 다른 더 수승한 벗어남(nissaraṇa)이란 없다."라고 주장한다. 본경의 다음에 나타나는 어떤 「범천 경」(S6:5)에도 바까 범천과 비슷한 주장을 하는 범천이 등장하며, 「범천의 세상 경」(S6:6)에도 나타난다.

여기에 대해서 불교의 사상가들은 미혹하기 때문이라고 주장한다. 주석서는 바까 범천이 이런 견해를 가지게 된 배경을 이렇게 설명하고 있다.

옛날에 그가 인간이었을 때 그는 禪을 닦아서 죽어서 제4선천인 광과천(Vehapphala)에 태어났으며 수명은 5백 겁이었다. 거기서 죽어서는 제3선천인 변정천(Subhakiṇha)에 태어났으며 수명은 64겁이었다. 다시 거기서 죽어서 제2선천인 광음천(Ābhassara)에 태어났는데, 수명은 8겁이었다. 다시 거기서 죽어서 초선천인 [범천]에 태어났는데, 수명은 1겁이었다. 그는 처음에는 자신의 이전의 업과 그 과보로 태어난 천상에 대해서 기억을 하였지만 세월이 흐르면서 그는 그것을 잊어버리고 이처럼 상견에 빠지게 되었다고 한다.(SA.i.208) 즉 그는 범천인 자신의 수명이 영원하고 유일한 것으로 생각하지만 그것은 아주 단편적인 것만을 보고 주장하는 잘못된 견해라는 것이다.

범천들이 가지는 비슷한 주장이 「범망경」(D1 §2.5) 등에도 "나는 범천이요 대범천이고 지배자요 지배되지 않는 자요 전지자요 전능자요 최고자요 조물주요 창조자요 최승자요 서품을 주는 자요 자재자요 존재하는 것과 존재할 것의 아버지이다. 나야말로 이 중생들의 창조자이다."로 나타나고 있다. 거기서도 세존께서는 그들이 이렇게 주장하는 것은 "바로 그 전생의 삶은 기억하지만 그 이상은 기억하지 못하는 그러한 마음의 삼매"를 얻었을 뿐이기 때문이라고 하시며, "그곳에 먼저 태어나서 혼자됨에 싫증이 나고 초조하던 신"이 스스로 만들어낸 착각일 뿐이라고 하신다.

본 상윳따의 「범천의 세상 경」(S6:6)과 「꼬깔리까 경」1(S6:7)과 「띳사까 경」(S6:8)과 「뚜두 범천 경」(S6:9)에는 벽지 범천이라는 조금은 생소한 술어가 나타난다. S6:6~8에는 수브라흐마 벽지 범천과 숫다와사 벽지 범천이 나타나고 있으며, S6:9에는 뚜두 벽지 범천이 나타나고 있다. 뚜두 벽지 범천은 고깔리까 비구의 은사였으며 불환과를 얻었는데, 죽어서 범천의 세상에 태어난 것이고 수브라흐마와 숫다와사도 세존을 존경하는 벽지 범천이다.

'벽지 범천'은 pacceka-brahmā를 옮긴 것이다. 복주서는 "벽지 범천이란 혼자 사는(eka-cāri) 범천인데 회중과 함께하는(parisa-cāri) 범천이 아니라는 뜻이다."라고 설명하고 있다. 그리고 덧붙이기를 "여기서 벽지(pacceka)라는 말은 삶의 방식(āvutti)을 통해서 알아야 한다. 벽지라는 말은 혼자(ekeka)라는 말이다."라고 설명하고 있다.(SAṬ.i.213)

깨달았지만 대중에게 법을 설하지 않는 분을 벽지불(pacceka-buddha)라고 하듯이 범천의 세상에 태어났지만 회중과 함께하지 않는 범천을 벽지 범천(pacceka-brahmā)이라 부르고 있다.

9. 「바라문 상윳따」(S7)

일곱 번째 주제인 「바라문 상윳따」(Brāhmaṇa-saṁyutta, S7)에는 모두 22개의 경들이 나타나는데, 제1장 「아라한 품」과 제2장 「청신사 품」의 두 품에 각각 10개와 12개의 경들이 포함되어 있다.

바라문(婆羅門)은 산스끄리뜨와 빠알리어 brāhmaṇa를 중국에서 음역한 것이다. 이 단어는 범천(梵天)으로 옮기는 brahma(n)에서 파생된 말이며 어근은 √bṛh(*to shine, to be bright* 혹은 *to make strong*)이다.

『디가 니까야』「세기경」(世紀經, D27 §22)에서 세존께서는 "사악한 해로운 법들을 없앤다(bāheti)라고 해서 '바라문, 바라문'이라는 단어가 첫 번째로 생겨났다."라고 말씀하고 계신다. 즉 바라문(brāhmaṇa)의 어원을 bāheti에서 찾고 계신다. bāheti는 bahi(밖으로)라는 단어에서 파생된 동사이다. 그래서 '[불선법들을] 밖으로 한다, 밖으로 보낸다, 밖으로 끌어낸다'는 의미이다.

주지하듯이 바라문은 우리가 카스트제도라 부르는 인도의 와르나(Varṇa) 제도 가운데서 가장 높은 계층이며 인도에서 가장 신성시하는 문헌인 4베다와 여기에 관계된 다양한 문헌과 학문을 전승하고 복잡다단한 제사를 발전시키고 이를 관장한 지식인 계층이고 성직자 계층이었다. 이들에 의해서 전승된 종교가 바로 바라문교이다.

이들이 발전시킨 인도의 베다 문헌은 고대로부터 삼히따(Saṁhitā, 本集), 브라흐마나(Brāhmaṇa, 祭儀書), 아란냐까(Āraṇyaka, 森林書), 우빠니샤드(Upaṇiśad, 秘義書)의 단계를 거치면서 발전해 왔다. 삼히따(베다본집)에는 우리가 잘 아는 『리그베다』, 『야주르베다』, 『사마베다』, 『아타르와베다』의 4베다가 있다. 이 베다본집을 토대로 하여 수많은 학파와 문도와 가문들로 구성된 것이 인도 바라문들이다. 그래서 각 학파나 문도에서는 각각 그들 고유의 제의서와 삼림서와 비의서를 가지고 있으며 그 학파는 수천 개가 넘었다고 한다. 그리고 이들은 제사에서 각각 네 가지 역할을 분장해서 관리하면서 인도 전통 바라문교를 유지해 왔다.

초기불전에서는 이 가운데 『아타르와베다』를 제외한 앞의 세 베다만을 삼베다(tevijjā)라 하여 인정하고 있다. 초기불전에서 『아타르와베다』는 베다로 인정되지 않는다. 사실 『아타르와베다』는 그 내용이 흑마술(黑魔術, *black magic*)에 관한 것이 많기 때문에 신성한 베다로 인정하기 어렵다. 그리고 『야주르베다』와 『사마베다』의 거의 모든 만뜨라는 『리그베다』에 나타난다. 『리그베다』 가운데서 제사의식을 관장하는 야주스(yajus) 바라문이 의식을 거행하면서 읊는 만뜨라를 모은 것이 『야주르베다』 이며, 『리그베다』 가운데서 제사에서 창(唱)을 하는 사만(sāman) 바라문들의 창에 관계된 만뜨라를 모은 것이 『사마베다』 이다.

그리고 초기불전에서도 이미 바라문은 사성계급가운데 최상의 계급으로 정착이 되어서 나타난다. 그래서 누가 진정한 바라문인가를 두고 『맛지마 니까야』 「와셋타 경」(M98) 등에서처럼 "모계와 부계의 둘 다로부터 순수혈통을 이어왔고 일곱 선대 동안 태생에 관한 한 의심할 여지가 없고 나무랄 데가 없어야만 바라문이다."라는 주장과, "계행을 가지고 서계를 구족하여야만 바라문이다."는 논쟁이 생겨나게 되었다.

물론 부처님께서는 후자를 강력하게 말씀하신다. 그래서 「왓세타 경」(M98 §11)에서 세존께서는 "나는 모태나 혈통으로서 바라문이라 부르지 않는다. … 남아있지 않고 취착하지 않는 자, 그를 나는 바라문이라 부른다. 모든 족쇄를 자르고서 떨지 않으며 기운 것을 풀어버린 자, 그를 나는 바라문이라 부른다."라는 등의 28가지로 불교식으로 바라문을 정의하고 계신다.

그리고 『법구경』 「바라문 품」(Dhp.390~423)에서도 부처님께서는 진정한 바라문을 여러 가지로 정의하고 계시는데, 탐・진・치가 다 하고 번뇌가 다한 성자야말로 진정한 바라문이라고 강조하신다.

본 상윳따의 내용을 요약해보면 다음과 같다.

제1품에 나타나는 열 명의 바라문들은 세존의 설법을 듣고 출가하여 모두 아라한이 되었기 때문에 이 품을 「아라한 품」이라고 명명하였고, 제2품에 나타나는 열두 명의 바라문들은 세존의 설법을 듣고 모두 재가 신도가 되었기 때문에 「청신사품」이라 부르고 있다.

이 가운데 「다난자니 경」(S7:1)에 나타나는 다난자니의 남편이었던 바라드와자 족성을 가진 바라문은 「욕설 경」(S7:2)의 욕쟁이 바라드와자 바라문과 「아수라 왕 같은 자 경」(S7:3)의 아수라 왕 같은 바라드와자 바라문과 「시큼한 죽 장수 경」(S7:4)의 시큼한 죽 장수 바라드와자 바라문의 맏형이었다. 그는 아내가 세존께 지극한 신심을 가진 것에 분노하여 부처님께 따지러 갔다가 부처님의 말씀을 듣고 출가하여 아라한이 되었다. 그가 출가하자 그의 세 동생들도 분개하여 세존께 따지러 갔다가 모두 세존의 말씀을 듣고 출가하여 아라한이 되었다.

그리고 「해코지 않음 경」(S7:5)부터 「까시 바라드와자 경」(S7:11)까지의 7개 경과 「나와깜미까 경」(S7:17)과 「땔나무 모으기 경」(S7:18)에 나타나는 바라문들도 모두 바라드와자 족성을 가진 바라문들이다. 이렇게 하여 모두 13개 경들이 바라드와자 족성을 가진 바라문의 일화를 담고 있다. 바라드와자(Bharadvāja)는 부처님 당시에 인도에서 유력했던 바라문 족성이다.

『디가 니까야』 제1권 「암밧타 경」(D3 §2.8)과 『앙굿따라 니까야』 「도나 경」(A5:192 §2) 등에는 당시에 유력했던 바라문 족성으로 "앗타까, 와마까, 와마데와, 웻사미따, 야마딱기, 앙기라사, 바라드와자, 와셋타, 깟사빠, 바구"를 들고 있다. 이 가운데 웻사미따(Sk. Viśvāmitra)는 『리그베다』 3장을 전승해 온 가문의 이름이며, 와마데와(Sk. Vāmadeva)는 4장을, 바라드와자(Bharadvāja)는 6장을, 와셋타(Sk. Vasiṣṭha)는 7장을 전승해 온 가문의 이름이기도 하다.

한편 「많은 딸 경」(S7:10)에 나타나는 많은 딸을 가진 바라문이 해학적으로 읊는 게송들이 아주 인상적이다. 그는 게송을 통해서 잃어버린 지 엿새째인 열네 마리의 황소가 없고, 한 잎이나 두 잎이 달려 있는 참깨 밭이 없고, 텅 빈 헛간 안에 명랑하게 춤춰 대는 쥐들이 없고, 해충들이 바글거리는 일곱 달이나 된 담요가 없고, 한 아들이나 두 아들을 가진 과부된 딸년들이 없고, 잠자리에서 발로 깨우는 누렇게 뜬 곰보 마누라가 없고, 새벽같이 찾아오는 빚쟁이들이 없어서 그래서 이 사문은 행복하구나라고 해학적으로 읊고 있다. 그는 출가해서 아라한이 되었다.

「까시 바라드와자 경」(S7:11)은 『숫따니빠따』에도 「까시 바라드와자 경」(Sn1:4)으로 나타나고 있으며 우리에게 잘 알려진 경이기도 하다. 본 상윳따뿐만 아니라 니까야의 도처에는 많은 바라문들이 세존을 뵙고 설법을 듣고 출가하기도 하고 재가 신도가 되기도 한다. 바라문은 인도의 지식계층이었기 때문에 누구보다도 세존의 심오한 가르침을 잘 이해하였을 것이다. 사리뿟따와 목갈라나와 마하깟사빠 존자 등 초기불교에서 유력한 부처님 제자들 가운데도 바라문 출신들이 아주 많았다.

10. 「왕기사 장로 상윳따」(S8)

여덟 번째 주제인 「왕기사 장로 상윳따」(Vaṅgīsathera-saṁyutta, S8)에는 모두 12개의 경들이 하나의 품에 포함되어 있다.

왕기사 존자(āyasmā Vaṅgīsa)는 바라문 가문에 태어나서 베다에 능통한 자였다. 본 상윳따에서 보듯이 그는 영감과 시작(詩作)에 능통했다. 그래서 『앙굿따라 니까야』 「하나의 모음」(S1:14:3-4)에서 세존께서는 그를 "영감을 가진 자(paṭibhānavanta)들 가운데 으뜸"이라고 하셨다.

『법구경 주석서』(DhpA.iv.226~228)에 의하면 왕기사 존자는 방랑하는 바라문이었는데, 그는 가는 곳마다 죽은 사람의 해골(matānaṁ sīsa)을 손가락으로 두드려서 그가 임종하여 어디에 태어났는가를 말해 주는 것으로 생계를 연명하였다고 한다. 그가 부처님을 만났을 때 부처님께서는 아라한의 해골을 포함한 여러 해골들을 그에게 주시고 알아맞혀보라고 하셨다. 그는 다른 해골을 통해서는 그들이 재생한 곳을 잘 알아맞혔지만 아라한의 해골을 두드려보고는 아무것도 알 수 없어서 당황하였다. 그는 아라한이 재생하는 곳을 알기 위해서 출가하였다. 그는 세존께 그 기술을 전수해달라고 하였고 세존께서는 32가지 형태의 명상주제[34]를 말씀해 주셨다. 그는 그것을 순으로 역으로 마음에 잡도리하여 위빳사나를 증장시켜 순차적으로 아라한과를 증득하였다.(SA.i.285~286)

한편 왕기사 존자(āyasmā Vaṅgīsa)가 지은 게송은 『장로게』(Thag) {1209~1279}에 모아져서 전승되어 온다. 본 상윳따의 {707}~{757} 게송은 『장로게』 {1209~1262}와 동일하다.

본 상윳따에 나타나는 12개의 경들 가운데 S8:1, 2, 3, 12의 네 개의 경에 나타나는 게송은 자기 스스로를 경책하거나 자신에 대한 것이며, S8:5, 7, 8, 11은 세존을 칭송하는 게송이 포함되어 있으며, S8:4는 아난다 존자를, S8:6은 사리뿟따 존자를, S8:9는 꼰단냐 존자를, S8:10은 목갈라나 존자를 칭송하는 왕기사 존자의 게송이 담겨있다.

그리고 역자가 주목하고 싶은 경은 「천 명이 넘음 경」(S8:8)이다. 여기서 존자는 부처님을 "부분들로 해체해서 [설하시는] 분"{742}이라고 칭송하고 있다.

주석서는 "'부분들로 해체해서(bhāgaso pavibhajjaṁ)'란 마음챙김의 확립 등의 부분으로 법을 해체하는 것이라는 말이다. 혹은 철저하게 해체하는 것으로도 읽을 수 있는데, 여러 가지 구성요소들과 부분들로 해체하고(vibhajitvā) 해체해서라는 뜻이다."라고 설명하고 있다.

부분들로 해체한다는 것은 빠알리 삼장과 주석서와 복주서 전통을 고

34) '32가지 형태의 명상주제'는 dvattiṁsākāra-kammaṭṭhāna이다. 이것은 몸의 32가지 부위에 대한 혐오를 말하는 듯하다. 여기에 대해서는 본서 제6권 「분석 경」(S51:20) §7과 『디가 니까야』 「대념처경」(D22) §5를 참조할 것.

스란히 간직하고 있는 상좌부 불교를 위밧자와딘(Vibhajjavādin) 즉 해체를 설하는 [상좌부], 혹은 분별[상좌부]라 부르는 『율장 주석서』(VinA.i.61 = KvA.7)와 『청정도론』(XVII.25) 등의 입장과 그대로 일치하는 표현이다. 그래서 일본에서는 남방불교 혹은 상좌부불교를 '분별 상좌부'라 부르기도 한다.

물론 이러한 분석과 해체의 궁극적 지향점은 개념(paññatti)의 해체이다. 개념적 존재를 해체할 때 온·처·계·근·제·연 등으로 설해지는 법(dhamma)의 무상·고·무아가 극명하게 드러나며, 이러한 무상이나 고나 무아를 통찰함으로 해서 염오하고 탐욕이 빛바래고 그래서 해탈·열반·깨달음을 실현한다는 것이 초기불전의 도처에서 강조되고 있다. 특히 본서 제3권 「무더기 상윳따」(S22)와 제4권 「육처 상윳따」(S35)의 많은 경들은 이것을 강조하고 있다. 여기에 대해서는 본서 제3권 「무상 경」(S22:12 §3)의 주해 등을 참조하기 바란다. 상좌부 불교가 스스로를 해체를 설하는 상좌부로 부른 데는 부처님 가르침의 핵심을 해체(vibhajja)라고 파악한 장로들의 혜안이 고스란히 들어 있는 것이다.

11. 「숲 상윳따」(S9)

아홉 번째 주제인 「숲 상윳따」(Vana-saṁyutta, S9)에는 모두 14개의 경들이 하나의 품에 담겨있다. 여기에 포함된 경들은 모두 밀림에 사는 천신들(vanasaṇḍe adhivatthā devatā)이 읊은 게송을 담고 있다. 그러므로 본 상윳따는 본서 「천신 상윳따」(S1)의 하나의 품으로 간주해도 될 것이다.

이 14개의 경들 가운데 「한거 경」(S9:1)을 비롯한 9개의 경들은 그곳에 사는 "비구들을 연민하고 그들의 이익을 원하는, 밀림에 사는 신이 그 비구들에게 절박감을 일으키기 위해서" 그들에게 다가가서 읊은 게송을 포함하고 있다.

그리고 「많음 경」(S9:4)은 비구들이 석 달 동안의 안거를 마치고 유행을 떠나자 그 밀림에 거주하던 천신들이 비구들을 보지 못하게 되어 서운해서 읊은 게송을 포함하고 있다. 「아누룻다 경」(S9:6)은 아누룻다의 전생의 아내였던 잘리니라는 삼십삼천의 천신이 읊은 게송을 담고 있으며, 「암송 경」(S9:10)은 경을 암송하던 비구가 암송을 하지 않아서 그 비구로부터 더 이상 법을 듣지 못하게 되자 읊은 게송을 담고 있고, 「대낮 경」(S9:12)은 밀림에 사는 신과 비구가 밀림을 묘사하는 게송으로 되어 있는데, 본서 「스치는 소리 경」(S1:15) {28~29}와 같다.

한편 본 상윳따에는 아난다 존자(S9:5)와 아누룻다 존자(S9:6)와 깟사빠곳따 존자(S9:3)와 나가닷따 존자(S9:7)에게 신들이 게송으로 경책을 하거나 대화를 하는 것이 나타나고 있다.

12. 「약카 상윳따」(S10)

『상윳따 니까야』의 열 번째 주제인 「약카 상윳따」(Yakkha-saṁyutta)에는 모두 12개의 경들이 하나의 품에 포함되어 나타나고 있다. 각 경에는 각각 다른 약카와 부처님 사이에 있었던 대화와 일화를 담고 있다.

본서에는 약카라는 단어가 자주 나타난다. '약카(yakkha, Sk. yakṣa)'는 중국에서 야차(夜叉)로 한역되었다. 이 단어는 √yakṣ(*to move quickly*)에서 파생된 명사인데 문자적으로는 '재빨리 움직이는 존재'를 뜻한다. 그러나 주석서에서는 √yaj(*to sacrifice*)에서 파생된 명사로 간주하여 "그에게 제사 지낸다. 그에게 제사음식을 가져간다고 해서 약카라 한다."(VvA.224) 혹은 "예배를 받을만한 자라고 해서 약카라 한다."(VvA.333)고 풀이하고 있다.

『디가 니까야』 제2권 「빠야시 경」(D23 §23)에서 보듯이 약카는 일반적으로 비인간(amanussa)으로 묘사되고 있다. 주석서에 의하면 그들은 아귀(peta)들보다 높은 존재로 묘사되고 있으며 선한 아귀들을 약카로 부르는 경우도 있다.(PvA.45; 55) 그들은 많은 계통이 있는데, 후대 문헌으로 올수록 우리말의 정령, 귀신, 요정, 유령, 도깨비 등 나쁜 비인간인 존재들을 모두 일컫는 말로 정착이 되고 있다. 이런 의미에서 힌두 문헌의 삐사짜(Piśāca, 도깨비, 유령, 악귀, 본서 「요정 경」(S1:46) §2와 「삐양까라 경」(S10:6) §3에도 pisāca로 나타남)와 거의 같은 존재를 나타낸다 할 수 있다.

일반적으로 약카는 힘이 아주 센 비인간을 뜻한다. 그래서 『디가 니까야』 제1권 「암밧타 경」(D3)에는 금강수 약카(Vajirapāṇī)가 금강저(벼락)를 손에 들고 부처님 곁에 있는 것으로 묘사되기도 한다. 그래서 신들의 왕인 삭까(Sakka, Indra)도 약카로 표현되기도 하며(M37/i.252; J.iv.4), 본서 「삭까 상윳따」(S11)의 「삭까의 예배 경」 2(S11:19)에서 삭까의 마부(수행원) 마딸리는 부처님을 약카로 지칭하고 있으며 『맛지마 니까야』 「우빨리 경」(M56/i.386 §29)의 부처님을 찬탄하는 게송에서 우빨리 장자도 부처님을 약카로 부르고 있다. 자이나교에서도 약카는 신성한 존재로 숭배되고 있는데, 이러한 영향이 아닌가 한다.

육도윤회의 입장에서 보면 약카는 사대왕천의 북쪽에 거주하며 꾸웨라가 그들의 왕이라고 한다.(『디가 니까야』 제3권 「아따나띠야 경」(D32) §7 참조) 『마하바라따』(Mahābhārata) 등의 힌두 문헌에도 약카(Sk. Yakṣa)는 꾸웨라의 부하들로 묘사되고 있다.

본 상윳따에 나타나는 12개의 경들 가운데 ① 인다까 ② 삭까 ③ 수찌로마 ④ 마니밧다 ⑫ 알라와까 경은 약카의 이름을 경의 제목으로 한 것이며 모두 세존과 이들 약카 사이의 대화를 담고 있다. ⑥ 삐양까라 ⑦ 뿌납비수는 이들의 어머니 약카의 게송을 담고 있는 경이다.

⑤ 사누 경은 사누라는 사미가 환속하였다가 약카에 씌인 일화를 담

고 있다. ⑧ 「수닷따 경」과 ⑨~⑩ 「숙까 경」 1/2와 ⑪ 「찌라 경」은 각각 수닷따 장자(급고독 장자)와 숙까 비구니와 찌라 비구니와 이들을 보호하는 약카에 관한 이야기를 담고 있다.

한편 「인다까 경」(S10:1)에 나타나는 태아의 5단계를 언급하는 세존이 읊으신 다음 게송도 주목할 만하다.

> "맨 처음 [모태에서] 깔랄라가 있고
> 깔랄라로부터는 압부다가 있네.
> 압부다에서 뻬시가 생기고
> 뻬시가 성장하여 가나가 되네.
> 가나에서 다시 돌출부 생겨
> 머리털, 몸털, 발톱 생겨나도다. {803}

13. 「삭까 상윳따」(S11)

열한 번째 주제인 「삭까 상윳따」(Sakka-saṁyutta, S11)에는 신들의 왕인 삭까(인드라)와 관련된 경들 25개가 포함되어 있다. 앞의 「꼬살라 상윳따」(S3)와 「마라 상윳따」(S4)처럼 본 상윳따도 「첫 번째 품」, 「두 번째 품」(서계의 조목 품), 「세 번째 품」으로 명명되는 세 품으로 나누어져서 각각에 10개, 10개, 5개의 경들이 배당되어 전승되고 있다.

삭까(Sakka, Sk. Śakra)는 중국에서 제석(帝釋) 혹은 석제(釋提)로 음역되었고 천주(天主)로 번역되기도 한 신이며, 인도의 베다에서부터 등장하는 인도의 유력한 신인 인드라(Indra)를 말한다. 본 상윳따의 「삭까의 이름 경」(S11:12)에는 그의 이름 7가지를 열거하는데, 그 가운데 세 번째에서 그는 인간으로 있을 때 철저하게 보시를 베풀었다(sakkaccam dānam adāsi)고 해서 삭까(Sakka)라 한다고 설명하고 있다. 그러나 Sak-ka의 산스끄리뜨 Śakra는 √śak(*to be able*)에서 파생된 단어로 베다에서부터 '힘센, 막강한'이라는 형용사로도 쓰였고 인도의 대서사시 『마하바라따』에서부터 인드라의 이름으로 정착이 된 것으로 보인다. 초기 불전들에서는 또 하나의 Sakka라는 표기가 나타나는데, 석가족을 뜻한다. 그러나 이 단어는 산스끄리뜨 샤꺄(Śākya)의 빠알리 표기이지 인드라를 뜻하는 산스끄리뜨 Śakra가 Sakka로 표기된 본 단어와는 전혀 다른 것이다.

베다에서 이미 인드라는 끄샤뜨리야의 신으로 자리매김이 되었다. 베다의 후기 시대부터 인도의 모든 신들에게도 사성(四姓)계급이 부여되는데, 아그니(Agini, 불의 신)는 바라문 계급의 신이고 인드라는 끄샤뜨리야의 신이고 하는 식으로 베다 문헌에 나타난다. 베다 문헌들에서 신들은 자주 '인드라를 상수로 하는 신들(Indraśreṣṭāḥ devāḥ)'로 표현되어 나타난다. 이를 받아들여서 본 상윳따의 25개의 모든 경들에서는 "신들의 왕 삭까(Sakko devānam indo)"로 나타나고 있으며 다른 상윳따에도 자주 나타난다. 그리고 이 표현은 『디가 니까야』「께왓다 경」(D11 §70) 등과 『맛지마 니까야』「짧은 갈애의 소멸 경」(M37/i.252) 등과 『앙굿따라 니까야』「사대천왕 경」2(A3:37) 등의 초기경의 여러 곳에 나타나고 있다.

삭까는 구체적으로는 삼십삼천의 신들의 왕이며 그래서 삼십삼천은 제석천이라고도 부른다. 본서 「삭까의 예배 경」1/2(S11:18) 등에 의하면 인드라는 삼십삼천의 웨자얀따(Vejayanta) 궁전에 거주한다. 초기경들 가운데 인드라가 부처님께 와서 설법을 듣고 가는 것을 묘사한 경이 몇몇 있으며, 목갈라나 존자가 이 궁전을 손가락으로 진동시켜 신들에게 무상의 법칙을 일깨웠다는 경도 나타난다.(M37 §11) 『디가 니까야』 제2권 「제석문경」(D21)은 이런 신들의 왕 삭까가 세존과의 문답을 통해서 예류자가 되는 것을 기술하고 있다. 불교에서는 초기불교에서부터 불교를 보호하는 신[護法善神]으로 받아들여졌다.

이제 본 상윳따에 포함된 경들을 개관해보자.

「첫 번째 품」에 포함된 10개의 경들(S11:1~10)은 삼십삼천의 신들과 아수라들 간의 지속적인 전쟁과 반목을 묘사하고 있다. 특히 처음 여섯 개 경들(S11:1~6)은 신들과 아수라들간의 전쟁이 있었음을 말하고 있다. 그리고 본서 제4권 「육처 상윳따」(S35)의 「보릿단 경」(S35:248) §5 이하와 「세상에 대한 사색 경」(S56:41) §5에서도 신들과 아수라들의 전쟁을 말하고 있다. 이런 묘사를 통해서 볼 때 신들은 광명과 평화와 화합의 힘을 대표하고 아수라들은 폭력과 분쟁과 불화의 힘을 나타낸다 할 수 있다. 여기에 대해서는 「보릿단 경」(S35:248 §7)을 참조할 것.

주석서에 의하면 신들은 다섯 무리의 전선(戰線)에 의해서 방어된다고 한다. 그 다섯은 나가(nāga, 용)들과 수빤나(supaṇṇa, 가루다)들과 꿈반다(kumbhaṇḍa)들과 약카(yakkha)들과 사대천왕(cattu-mahārāja)들이다. 아수라들이 이 다섯 전선을 돌파하면 사대천왕들은 신들의 왕인 삭까(인드라)에게 이 사실을 보고한다고 한다. 그러면 삭까가 직접 마차를 타고 전선으로 가거나 그의 아들들 가운데 한 명에게 임무를 맡긴다고 한다.(SA.i.338~340) 「수위라 경」(S11:1)에서 삭까는 그의 아들 수위라(Su-vīra)를 보내려고 하고 있다.

「두 번째 품」(서계의 조목 품)의 처음 네 경은 신들의 왕 삭까가 어떻게 해서 신들의 왕이 되었는지를 세존께서 그의 전생 이야기를 통해서 설명하고 계신다. 「아름다운 곳 경」(S11:15) 「공양하는 자 경」(S11:16) 「부처님을 찬양함 경」(S11:17) 등의 세 경은 삭까가 세존께 가서 질문을 드리고 찬탄하는 경이며, 「세 번째 품」의 「자름 경」(S11:21)도 삭까가 세존과 문답을 나누는 경이다. 「삭까의 예배 경」 1/2/3(S11:18~20)

은 삭까가 선인들과 부처님과 승가를 예배하고 존중하는 것이 묘사되어 나타난다. S11:22~25의 네 경은 세존께서 삭까에 대해서 말씀을 하시는 경이다.

한편 이처럼 신(deva)들과 적대적인 관계를 지속하며 전쟁을 일으키는 아수라(asura)는 이미 『리그베다』에서부터 나타나고 있다. 그 후 많은 인도의 고대 신화에 등장하고 있으며 본 상윳따의 여러 경들에서 보듯이 초기불전에도 자주 나타나고 있다.

어원으로 볼 때 아수라는 서아시아에서 유력했던 조로아스터교의 성전인 『아베스타』(Avesta)에 나타나는 신이나 주(主)의 개념인 아후루(ahuroo)를 뜻한다고 학자들은 말하고 있다. 불교에서도 육도윤회의 입장에서 아수라는 지옥, 축생, 아귀의 삼악도에는 속하지 않는 것으로 나타나고 있으며, 인간보다도 수승한 존재로 설정하기도 한다. 물론 『디가 니까야』 제3권 「빠띠까 경」(D24 §1.7)에 나타나는 저열한 아수라들도 있는데, 이들은 본 상윳따에서처럼 신들과 경쟁하고 대적하는 아수라는 아니다. 후대로 갈수록 아수라는 저열하고 나쁜 존재로 받아들여져서 아비담마에서는 최종적으로 아수라를 악도에 포함시켜서 4악도로 설명하고 있다.35)

본 상윳따의 「웨빠찟띠 경」(S11:4)과 「금언의 승리 경」(S11:5)과 「해치지 않음 경」(S11:7) 「숲의 선인 경」(S11:9) 「요술 경」(S11:23)에서는 삭까와 대적하는 아수라의 왕으로 웨빠찟띠가 등장한다. 주석서와 『자따까』에 의하면 삭까는 이 웨빠찟띠의 딸인 수자와 결혼하였다고 한다. 그래서 삭까는 '수자의 남편(수잠빠띠)'이라고도 불린다고 「삭까의 이름 경」(S11:12 §3)은 적고 있다. 그리고 「웨로짜나 경」(S11:8)에서는 아수라 왕 웨로짜나가, 「바다의 선인 경」(S11:10)에서는 아수라 왕 삼

35) 『아비담마 길라잡이』 5장 §4의 해설 4와 §11의 해설 3을 참조할 것.

바라가 나타나고 있다.

아수라 왕 삼바라(Sambara asurinda)는 아수라 왕 웨빠찟띠와 동일인이라고 주석서는 설명한다.(SA.i.347. S11:10 §7의 주해 참조) 그러나 C.Rh.D는 본서 「요술 경」(S11:23)을 예로 들면서 다른 인물이라고 지적하고 있다. 「요술 경」(S11:23) {943}에서 웨빠찟띠(Vepacitti)는 자신과 삼바라(Sambara)를 다른 아수라로 구분하고 있기 때문이다. 복주서도 삼바라는 웨빠찟띠 이전에 아수라들의 왕을 지낸 자라고 적고 있다.

14. 맺는 말

『상윳따 니까야』 제1권에는 게송을 포함하고 있는 경들 271개가 크게 11개의 주제로 분류되어서 각각의 상윳따에 담겨있다. 이렇게 하여 본서에는 모두 945개나 되는 많은 게송들이 나타나고 있다.

게송으로 된 가르침들은 운율로 압축되고 축약되어 있기 때문에 이를 다시 한글 운율로 살려서 번역해내기가 여간 어려운 것이 아니다. 특히 문학적인 재능이 신통치 않은 역자에게는 큰 고충이었고 괴로움이기도 하였다. 역자는 게송들이 가지는 시적인 맛을 살리기보다는 게송이 전하고자 하는 메시지를 정확하게 읽어서 이를 살려내는데 초점을 맞추었다고 변명한다. 그러다 보니 게송의 번역이 딱딱하고 건조하기가 이를데 없다. 게다가 게송에 대한 전통적인 이해와 해석을 중시하다보니 필요 이상의 긴 주해를 단 게 아닌지 걱정스럽기도 하다. 그러나 게송의 뜻을 정확하고 깊게 전달하고자 하는 역자의 심정을 독자 여러분들이 혜량하여 주시기를 부탁드린다.

특히 제1권 게송의 번역은 초기불전연구원장인 대림 스님의 노고가 컸다. 역자의 번역을 일일이 주석서와 복주서와 대조해가면서 철저한 교정과 교열을 해 주셨기 때문이다. 대림 스님의 노고가 아니었다면 역자는 제1권을 내놓을 자신이 없었다. 심한 감기와 몸살을 겪으면서 열과 성으로 교열을 해 주신 대림 스님께 다시 한 번 감사드린다.

본서 제1권은 나머지 다섯 권과는 달리 초기불교의 교학이나 수행에 관계된 주제를 중심으로 모은 것이 아니다. 그렇기 때문에 교학이나 수행의 입장에서 게송들을 분명히 이해하는 데는 다소 어려움이 있다고 여겨진다. 제1권이 어렵게 느껴지는 독자들은 나머지 다섯 권을 먼저 읽고 제1권은 맨 마지막에 보는 방법을 권하고 싶다.

『디가 니까야 주석서』는 "모든 부처님 가르침은 해탈의 맛으로는 하나이다."(DA.i.16)라고 하였다. 그러므로 비록 제1권이 교학과 수행의 주제별로 모은 것은 아니지만, 본서에 포함된 모든 경들도 단 하나의 예외 없이 우리에게 금생의 행복과 내생의 행복과 해탈·열반이라는 궁극적인 행복을 듬뿍 안겨주시려는 우리 세존 부처님의 자애와 연민의 말씀으로 가득하다.

본서를 읽는 모든 분들이 본서를 통해서 금생에 해탈·열반의 튼튼한 발판을 만드시기를 기원하면서 제1권의 해제를 마무리한다.

제1주제

천신 상윳따(S1)

그분 부처님 · 아라한 · 정등각자께 귀의합니다.

상윳따 니까야

제1권 게송을 포함한 가르침

Sagātha-vagga

제1주제(S1)

천신 상윳따

Devatā-saṁyutta

제1장 갈대 품

Naḷa-vagga

폭류 경(S1:1)

Ogha-sutta

1. 이와 같이 나는 들었다. 한때 세존께서는 사왓티에서 제따 숲의 아나타삔디까 원림(급고독원)에 머무셨다.

2. 그때 어떤 천신[36]이 밤이 아주 깊었을 때 아주 멋진 모습을

36) 여기서 '천신'은 devatā를 옮긴 것이다. 이 단어는 신(神) 혹은 천신(天神)을 뜻하는 deva에다 추상명사 어미 '-tā'를 붙여서 만든 여성명사로 신 혹은 천신을 뜻한다. 단지 여성형 추상명사 어미가 붙었기 때문에 여성명사가 된 것이지 여성 천신을 지칭하는 것은 결코 아니다. 그리고 이 단어는 일반적으로 '신'이나 '천신'을 뜻하는 deva와 동의어로 취급한다. 그래서 『숫따니빠따 주석서』는 이렇게 설명한다.
"여기서 deva(천신)가 바로 devatā인데 이것은 여성(신)이나 남성(신)에

하고 온 제따 숲을 환하게 밝히면서 세존께 다가왔다. 다가와서는 세

모두다 보편적으로 적용된다(devo eva devatā, itthi-purisa-sādhāraṇam etaṁ)."(SnA.ii.5)

그래서 『천궁사 주석서』도 "여기서 devatā는 신의 아들(deva-putta)도 범천(Brahmā)도 신의 딸(deva-dhītā)도 다 지칭하는 것이다."(VvA.21)라고 적고 있다.

그리고 본경에 해당하는 주석서도 "여기서 devatā는 천신들(devā, 남성 신들)과 신의 딸들(deva-dhīta, 여성 신들)에게 보편적으로 적용되는 명사(sādhāraṇa-vacana)이다. 그러나 여기서는 남성 신(deva)을 뜻한다. 그리고 이 천신은 색계(rūpa-avacara) 천신들 가운데 어떤 신이다."(SA.i.14)라고 설명하고 있다.

이처럼 devatā는 남성 신이든 여성 신이든 모든 천신들을 다 지칭하는 단어로 쓰인다. 그러므로 특별히 남성 신임을 분명하게 할 때는 본서 「신의 아들 상윳따」(S2)에서처럼 deva-putta(신의 아들)로 표현하고, 여성 신임을 드러낼 때는 deva-dhuhitā(신의 딸)라 칭하기도 한다.

그리고 본 상윳따와 다음의 「신의 아들 상윳따」(S2)를 비교해보면 이름을 아는 천신은 분명히 신의 아들(deva-putta)이라 부르고 있고, 이름을 알지 못하는 천신은 본 상윳따에서처럼 그냥 천신(devatā)이라 부르고 있는 것이 분명하다. 여기에 대해서는 본서 「깟사빠 경」 1(S2:1) §2의 주해를 참조할 것.

한편 빠알리어를 포함한 범어 일반에서 신 혹은 천신을 뜻하는 단어는 deva인데 √div(*to play*)에서 파생된 단어로 여긴다. 그래서 주석서에서는 "유희한다고 해서 천신들이라 한다. [눈・귀・코・혀・몸을 통한] 다섯 가닥의 감각적 욕망으로 유희한다, 혹은 자신의 영광으로 빛난다는 뜻이다(dibbantīti devā pañcahi kāmaguṇehi kīḷanti, attano vā siriyā jotantīti attho)."(SnA.ii.8)라고 해석하거나, "신들은 유희한다, 빛난다는 뜻이다."(MA.i.33)로 해석을 한다.

한편 『맛지마 니까야 주석서』는 "신들은 세 종류가 있다. 인습적인 신들(sammuti-devā), 태생적인 신들(upapatti-devā), 청정한 신들(visuddhi-devā)이다. 인습적인 신들이란 왕들과 왕비들과 왕자들을 말한다.(초기불전들을 비롯한 인도 제 문헌에서 왕을 호칭할 때는 deva로 부르고 있다) 태생적인 신들이란 사대왕천의 신들을 포함하여 그보다 높은 신들이다. 청정한 신들이란 번뇌 다한 아라한들이다."(MA.i.33)라고 설명하고 있다.

이 가운데서 태생적인 신들을 일반적으로 신들이라 한다. 즉 여섯 가지 욕계 천상과 16가지 색계 천상과 4가지 무색계 천상에 거주하는 존재들을 신이라 부른다. 욕계 천상, 색계 천상, 무색계 천상에 대해서는 『아비담마 길라잡이』 5장 §§5~8과 해설을 참조할 것.

본서에서 deva와 devatā는 '천신(天神)'으로 통일해서 옮기고 있다.

존께 절을 올린 뒤 한 곁에 섰다. 한 곁에 선 그 천신은 세존께 이와 같이 여쭈었다.

3. "세존이시여,37) 당신은 어떻게 하여 폭류38)를 건너셨습니까?"

"도반이여, 나는 멈추지 않고39) [모으려고] 아등바등하지 않았

---

37) '세존이시여'로 옮긴 원어는 mārisa(마리사)이다. 이것은 빠라끄리뜨(Prakrit, 인도방언, 산스끄리뜨를 제외한 모든 인도문헌이나 언어)를 포함한 범어 문헌 전체에서 신들이 남을 부를 때 사용하는 호격 존칭어로 나타난다. 대부분은 신들끼리 부를 때 사용하는 것으로 나타나지만 신들이 인간을 부를 때(특히 초기불전에서는 신들이 부처님이나 부처님의 제자들을 부를 때)에도 이 단어를 사용하고 있다.
주석서는 이렇게 설명한다. "마리사(mārisa)는 좋은 말이다. 신들이 서로서로에게 쓰는 말이다. '괴로움이 없는 자(niddukkha = dukkha-virahita, 괴로움을 여읜 자 - DAṬ.ii.311)'라는 뜻이다."(DA.iii.698)
주석서의 이 설명을 참조해서 '행복한 분이시여' 등으로 옮기려고 시도해봤지만 너무 산만한 느낌이 들어서 부처님께 해당할 경우는 '세존이시여'로, 그 외의 경우에는 '존자여' 등으로 통일해서 옮겼음을 밝힌다.

38) 본서 제4권 「폭류 경」(S38:11)이나 제5권 「폭류 경」(S45:171)이나 『디가 니까야』 「합송경」(D33) §1.11 (31) 등에 의하면 네 가지 폭류가 있다. 그것은 감각적 욕망의 폭류, 존재의 폭류, 견해의 폭류, 무명의 폭류이다. 주석서는 이렇게 설명하고 있다.
"윤회(vaṭṭa)에서 중생들을 삼켜버린다, 가라앉게 한다고 해서 폭류라 한다. [네 가지 폭류가 있다.] 다섯 가닥의 감각적 욕망으로 구성된 욕망이 감각적 욕망의 폭류(kāma-ogha)이다. 색계와 무색계에 대한 욕탐이 존재의 폭류(bhav-ogha)이다. 禪을 갈망(jhāna-nikanti)하는 상견(常見)과 함께하는 욕망과 62가지 견해가 견해의 폭류(diṭṭh-ogha)이다. [그리고 네 번째로 무명의 폭류(avijj-ogha)가 있다.]"(DA.iii.1023)
여기서 보듯이 감각적 욕망의 폭류는 눈·귀·코·혀·몸을 통한 다섯 가닥의 감각적 욕망에 대한 집착을, 존재의 폭류는 색계나 무색계나 禪에 대한 집착을 뜻하고, 견해의 폭류는 62가지 견해를 의미하며, 무명의 폭류는 사성제를 모르는 것(본서 제2권 「분석 경」(S12:2) §15 참조)을 말한다. 이 넷은 번뇌(āsava)라 부르기도 하고 속박(yoga)이라 부르기도 한다. 『아비담마 길라잡이』 7장 §§3~4의 해설을 참조할 것.

39) "'멈추지 않고(appatiṭṭha)'란 오염원 등(kilesādi) 때문에 멈추어 서지 않

기[40] 때문에 폭류를 건넜노라."[41]

4. "세존이시여, 그러면 당신은 어떻게 멈추지 않고 [모으려고] 아등바등하지 않아서 폭류를 건넜습니까?"

"도반이여, 내가 멈출 때 나는 가라앉아 버렸다. 도반이여, 내가 [모으려고] 아등바등할 때 나는 휩쓸려나가 버렸다. 도반이여, 이처럼 나는 멈추지 않고 [모으려고] 아등바등하지 않았기 때문에 폭류를 건넜노라."[42]

는다(asantiṭṭha), 가라앉지 않는다(asaṁsīda)는 뜻이다."(SAṬ.i.41)

40) "'아등바등하지 않고(anāyūha)'란 애쓰지 않는다(avāyamanta)는 뜻이다." (SA.i.19)
"'아등바등하지 않고'란 업형성(abhisaṅkhāra) 등 때문에 아등바등하지 않고 중도(majjhima-paṭipadā)에 뛰어 오른 뒤 아등바등하지 않는다는 뜻이다. 그래서 [주석서에서는] '애쓰지 않고'라고 설명하고 있는데 잘못된 정진(micchā-vāyāma)을 통해서 애쓰지 않는다는 것을 말한다."(SAṬ.i.41)
한편 이 단어의 동사 āyūhati에서 파생된 명사 āyūhana는 '쌓음, 적집, 모음'을 뜻하는데 의도적 행위(saṅkhāra)나 업(kamma)의 역할을 나타내는 말로 『청정도론』 등에 많이 나타난다.(Vis.XVII.51 등 참조)

41) 주석서에 의하면 세존께서는 이 천신이 자만으로 뻣뻣하였기(māna-tthaddha) 때문에 그의 자만심을 꺾기 위해서 이런 조금은 모호한 말씀을 하셨다고 설명하고 있다. 스스로가 지혜롭다고 자만심에 가득 찬 신이 이 말씀의 뜻을 알지 못하여 당황하고 기가 꺾여 다시 세존께 질문을 드리자 세존께서는 그 뜻을 아래에서 드러내셨다고 한다.(SA.i.18~19)

42) 부처님의 이 간략한 말씀은 실천적인 측면과 이론적인 측면에서 불교의 중도(majjhima-paṭipadā)적인 입장을 잘 드러내고 있다. 주석서는 일곱 개의 쌍(dukka)으로 이 뜻을 다음과 같이 설명하고 있다.
"① 오염원(kilesa)을 통해서 멈추고 가라앉고, 업형성(abhisaṅkhāra)을 통해서 모으려고 아등바등한다. ② 갈애(taṇhā)와 견해(diṭṭhi = 邪見)를 통해서 멈추고 가라앉고, 나머지 오염원들과 업형성들을 통해서 모으려고 아등바등한다. ③ 갈애를 통해서 멈추고 가라앉고, 견해(邪見)를 통해서 모으려고 아등바등한다. ④ 상견(常見, sassata-diṭṭhi)을 통해서 멈추고 가라앉고, 단견(斷見, uccheda-diṭṭhi)을 통해서 모으려고 아등바등한다. 거머쥐는 천착(olīyana-abhinivesā)이 존재에 대한 견해(bhava-diṭṭhi)이고,

5. "참으로 오랜만에 완전한 평화 얻은[43]
[진정한] 바라문[44]을 저는 친견했나이다.
그분은 멈추지 않고 아등바등하지 않아
세상에 대한 애착[45]을 모두 건넜습니다."[46] {1}

6. 그 천신은 이렇게 말하였고 스승께서는 그의 말에 동의하셨다. 그러자 그 천신은 '스승께서는 나의 [말에] 동의하셨구나.'라고 안 뒤 세존께 절을 올리고 오른쪽으로 [세 번] 돌아 [경의를 표한] 뒤에 거기서 사라졌다.

치달리는 천착(atidhāvana-abhinivesā)이 비존재에 대한 견해(vibhava-diṭṭhi)이기 때문이다. ⑤ 게으름(līna)을 통해서 멈추고 가라앉고, 들뜸(uddhacca)을 통해서 모으려고 아등바등한다. ⑥ 쾌락의 탐닉에 몰두함(kāma-sukhallika-anuyoga)을 통해서 멈추고 가라앉고, 자기 학대에 몰두함(atta-kilamatha-anuyoga)을 통해서 모으려고 아등바등한다. ⑦ 모든 해로운(akusala) 업형성을 통해서 멈추고 가라앉고, 모든 세간적인 유익한(lokiya-kusala) 업형성을 통해서 모으려고 아등바등한다."(SA.i.19~20) 세존께서는 이러한 일곱 가지를 통해서 멈추지 않고 [모으려고] 아등바등하지 않으셨기 때문에 폭류를 건넜다고 말씀하시는 것이다.

43) "'완전한 평화를 얻음(parinibbuta)'은 오염원의 적멸(kilesa-nibbāna)을 통해서 완전히 평화롭게 되었다는 뜻이다."(SA.i.20)

44) 『법구경』(Dhp) {388}, {396~423} 등에서도 부처님은 바라문(brāhmaṇa)으로 불려진다. 그리고 『맛지마 니까야』 「왓세타 경」(M98) §11에서 세존께서는 불교식으로 바라문을 정의하고 계신다. 주석서는 "사악함을 몰아내어(bāhita-pāpa) 번뇌가 다한(khīṇāsava) 바라문"(SA.i.20)이라고 설명하고 있다.

45) "'세상(loka)'이란 중생의 세상(satta-loka)을 말한다. '애착(visattikā)'이란 형색 등의 여러 대상에 달라붙고(āsatta) 애착하는 것 등인데 갈애(taṇhā)를 뜻한다."(SA.i.20)

46) 주석서에 의하면 이 천신은 부처님의 말씀을 듣고 예류과(sotāpatti-phala)를 얻고 기뻐서 이 게송을 읊었다고 한다.(SA.i.20)

벗어남 경(S1:2)

Nimokkha-sutta

2. [2] 그때 어떤 천신이 밤이 아주 깊었을 때 아주 멋진 모습을 하고 온 제따 숲을 환하게 밝히면서 세존께 다가왔다. 다가와서는 세존께 절을 올린 뒤 한 곁에 섰다. 한 곁에 선 그 천신은 세존께 이와 같이 여쭈었다.

3. "세존이시여, 당신은 중생들의 벗어남과 풀려남과 떨쳐버림에 대해 아십니까?"47)

"도반이여, 나는 중생들의 벗어남과 풀려남과 떨쳐버림에 대해 안다."

"세존이시여, 그러면 어떻게 해서 당신은 중생들의 벗어남과 풀려남과 떨쳐버림에 대해 아십니까?"

4. "즐김에 뿌리박은 존재[有] 멸진해버렸고48)

---

47) "'벗어남(nimokkha)'은 도(magga)를 뜻한다. 도를 통해 중생들은 오염원의 속박(kilesa-bandhana)에서 풀려나기 때문에 도를 '벗어남'이라 하고, 과를 얻는 순간(phala-kkhaṇa)에 그들은 오염원의 속박에서 풀려나기 때문에 과(phala)를 '풀려남(pamokkha)'이라 하고, 열반을 얻은 뒤 중생들은 모든 괴로움을 떨쳐버리기 때문에 열반을 '떨쳐버림(viveka)'이라 한다. 혹은 이 셋은 모두 열반의 이름이다. 열반을 얻은 뒤 중생들은 모든 괴로움에서 벗어나고 풀려나고 떨쳐버리기 때문이다."(SA.i.20~21)

48) '즐김에 뿌리박은 존재[有]를 멸진해버렸음'은 nandī-bhava-parikkhaya를 옮긴 것이다. 주석서는 이 합성어를 다음의 두 가지로 풀이하고 있다. "① 즐김에 뿌리박은(nandī-mūlaka) 업으로서의 존재[業有, kamma-bhava]를 없앴다는 뜻이다. 그리고 ② 즐김(nandī)을 없애고 존재(bhava)를 없앴다는 뜻이기도 하다."(SA.i.21)
한편 『숫따니빠따 주석서』(SnA.ii.469)와 『법구경 주석서』(DhpA.iv.192)에서는 이 합성어를 "nandībhavaparikkhīṇanti tīsu bhavesu parikkhīṇa-taṇhaṁ" 즉, "세 가지 존재에서 갈애를 부숨"이라고 설명한다. 여기서 세 가지 존재란 욕계의 존재와 색계의 존재와 무색계의 존재이다.(본서 제2권

인식과 알음알이 나는 모두 부수었고
느낌들을 소멸하고 가라앉혀버렸노라.[49]

「분석 경」(S12:2) §6 참조)

49) "여기서 첫 번째 설명 방법에 의하면 '즐김에 뿌리박은 존재'라는 문구는 세 가지 업형성력(kamma-abhisaṅkhāra, 본 주해 아랫부분의 설명 참조)으로 표현되는 심리현상들의 무더기[行蘊]를 포함하고, 인식과 알음알이라는 문구는 심리현상들의 무더기와 관련된 인식의 무더기[想蘊]와 알음알이의 무더기[識蘊]의 두 무더기를 포함한다. 그리고 이 세 가지 무더기와 관련된 느낌[受]은 이 세 가지 무더기가 포함됨으로써 이미 포함되었다. 그러므로 여기서는 업에서 생기지 않은(anupādiṇṇa) 네 가지 정신의 무더기(arūpa-kkhandha, 수·상·행·식)가 일어나지 않는 것으로서 유여열반(saupādi-sesa nibbāna)을 설하신 것이다.
'느낌들을 소멸하고 가라앉혔다(vedanānaṁ nirodhā upasamā).'는 것은 업에서 생긴 느낌(upādiṇṇaka-vedanā)들을 소멸하고 가라앉혔다는 말이다. 여기서 느낌을 언급함으로 해서 이 느낌과 관련된 세 가지 무더기들(즉 상온, 행온, 식온)도 포함되었다. 그리고 이 네 무더기들의 토대와 대상이 되는(vatth-ārammaṇa) 물질의 무더기[色蘊]도 포함되었다. 이와 같이 업에서 생긴(upādiṇṇaka) 다섯 가지 무더기들(오온)이 일어나지 않는 것으로서 무여열반(anupādisesa nibbāna)을 설하신 것이다.

두 번째 설명 방법에 의하면 '즐김'이라는 단어는 심리현상들의 무더기(행온)를 포함하고, '존재[有]'라는 단어는 재생으로서의 존재[生有, upapatti-bhava]라 불리는 물질의 무더기(색온)를 포함한다. '인식과 알음알이와 느낌'이라는 단어는 인식의 무더기와 알음알이의 무더기와 느낌의 무더기를 포함한다. 같은 성질이기 때문이다. 이처럼 다섯 가지 무더기들(오온)이 일어나지 않는 것으로 열반(nibbāna)을 설하신 것이라고 알아야 한다."(SA.i.21)

여기서 '세 가지 업형성력'이란 공덕이 되는 행위(puñña-abhisaṅkhāra), 공덕이 되지 않는 행위(apuñña-abhisaṅkhāra), 흔들림 없는 행위(āneñja-abhisaṅkhāra)의 세 가지와 몸의 행위(kāya-saṅkhāra), 말의 행위(vāci-saṅkhāra), 마음의 행위(citta-saṅkhāra)의 세 가지 행위를 말한다. 여기에 대해서는 『청정도론』 XVII.44와 60~61을 참조할 것.
한편 욕계와 색계와 무색계의 존재[有, bhava]에는 각각 두 가지가 있다. 업으로서의 존재[業有, kamma-bhava]와 재생으로서의 존재[生有, upapatti-bhava]이다. 감각적 욕망에 대한 취착을 조건으로 존재를 생기게 하는 업을 행하면 그것은 업으로서의 존재[業有]이다. 그것으로부터 생긴 무더기[蘊]들이 재생으로서의 존재[生有]이다.(본서 제2권 「분석 경」(S12:2) §6

도반이여, 그러므로 나는 이제 아노니,
중생들의 해탈과 벗어남과 떨쳐버림을." {2}

휩쓸려감 경(S1:3)

Upanīya-sutta

2. … 한 곁에 선 그 천신은 세존의 면전에서 이 게송을 읊었다.

"삶은 휩쓸려가고[50] 생명은 덧없고
늙음에 휩쓸린 자에게 보호란 없으니
죽음의 두려움을 직시하면서
행복을 가져올 공덕[51] 지어야 합니다."[52] {3}

3. [세존]
"삶은 휩쓸려가고 생명은 덧없고
늙음에 휩쓸린 자에게 보호란 없으니

의 주해와 『아비담마 길라잡이』 제7장 §3의 해설 참조)

50) "'삶은 휩쓸려간다(upanīyati).'는 것은 부서지고, 소멸한다는 뜻이다. 혹은 다가가는 것으로 점점 죽음으로 다가간다는 뜻이다. 마치 목자가 소떼를 몰고 가듯이 늙음에 의해 죽음의 곁으로 인도된다는 뜻이다."(SA.i.22)

51) "'행복을 가져올 공덕(sukhāvaha puñña)'이란 禪의 맛(jhān-assāda)과 禪에 대한 열망(jhāna-nikanti)과 禪의 행복(jhāna-sukha)을 가져올 공덕을 말한다."(SA.i.23)
주석서에 의하면 이 천신은 긴 수명을 가진 범천의 세상(brahma-loka)에 태어난 자라고 한다. 그는 짧은 수명을 가진 중생들에 대한 연민을 가졌기 때문에 그들이 색계선과 무색계선을 닦는 공덕(puñña)을 지어서 긴 수명을 가진 색계 천상이나 무색계 천상에 태어날 것을 바라면서 이 게송을 읊었다고 한다. 그러나 세존께서는 그의 게송이 벗어남으로 인도하는 것이 아닌, 윤회에 묶여 있는 것일 뿐이라는 것을 아시고, 윤회를 벗어난(vivaṭṭa) 평화인 저 열반을 드러내기 위해서 두 번째 게송을 읊으셨다고 한다.(SA.i.23)

52) 이 게송은 『앙굿따라 니까야』 제1권 「두 바라문 경」 1(A3:51)에도 나타나고 있다.

죽음의 두려움을 직시하면서
평화를 찾는 자, 세속적 미끼[53] 버려야 하리." {4} [3]

사라져버림 경(S1:4)

Accenti-sutta

2. 한 곁에 선 그 천신은 세존의 면전에서 이 게송을 읊었다.

"시간은 사라지고 밤은 또한 흘러가서
젊음의 매력 서서히 [우리를] 버립니다.[54]
죽음의 두려움을 직시하면서
행복을 가져올 공덕 지어야 합니다." {5}

3. [세존]

"시간은 사라지고 밤은 또한 흘러가서
젊음의 매력 서서히 [우리를] 버리도다.
죽음의 두려움을 직시하면서
평화를 찾는 자, 세속적 미끼 버려야 하리." {6}

---

53) "여기서 '세속적인 미끼(lokāmisa)'란 방편(비유적인 의미, pariyāya)과 비방편(문자적인 의미, nippariyāya)의 두 가지를 통해서 알아야 한다. 비유적인 의미에 따르면 삼계에 윤회하는 것(tebhūmaka-vaṭṭa)이 세속적인 미끼이고, 문자적인 의미에 따르면 네 가지 필수품(paccaya, 의복, 거처, 음식, 약품)이다. 여기서는 비유적인 의미로 세속적인 미끼를 설하셨다. 물론 문자적인 의미에 따라 이해하는 것도 가능하다.
'평화를 찾는 자(santi-pekkha)'란 열반이라 일컬어지는 지극한 평화(accanta-santi)를 찾고 원하고 추구하는 자를 말한다."(SA.i.23)

54) "'서서히 버린다(anupubbaṁ jahanti).'는 것은 초년의 사람은 중년에 이른 사람을 버려버리고, 초년과 중년의 사람은 말년에 이른 사람을 버리게 되고, 죽는 순간에는 이 세 단계의 사람들 모두가 우리를 버린다는 말이다."(SA.i.24)

얼마나 끊음 경(S1:5)

Katichinda-sutta

2. 한 곁에 선 그 천신은 세존의 면전에서 이 게송을 읊었다.

"얼마나 끊고, 얼마나 버리고
얼마나 다시 더 닦아야 합니까?
얼마나 많은 속박을 벗어나야만
그를 일러 폭류 건넌 비구라 합니까?" {7}

3. [세존]
"다섯 가지를 끊고, 다섯 가지 제거하고
다섯 가지 다시 더 닦아야 하노라.
다섯 가지 속박을 모두 다 벗어나야
그를 일러 폭류 건넌 비구라 하노라."[55] {8}

---

55) "다섯 가지 낮은 단계의 족쇄[下分結, orambhāgiya-saṁyojana = 유신견(有身見), 의심, 계율과 의례의식에 대한 취착, 감각적 욕망, 적의]를 끊어야 한다. 다섯 가지 높은 단계의 족쇄[上分結, uddhambhāgiya-saṁyoja-na = 색계에 대한 탐욕, 무색계에 대한 탐욕, 자만, 들뜸, 무명]를 제거해야 한다. 여기서 끊음(chindana)과 제거함(jahana)은 같은 뜻이다.
이러한 족쇄들을 끊고 제거하기 위해 특별함(visesa)을 더 닦아야 하나니 그것은 바로 다섯 가지 기능[五根, pañca-indriya, 믿음의 기능, 정진의 기능, 마음챙김의 기능, 삼매의 기능, 통찰지의 기능]이다.
'다섯 가지 속박(pañca saṅga)'이란 탐욕의 속박, 성냄의 속박, 어리석음의 속박, 자만의 속박, 견해의 속박이다. 이러한 다섯 가지 속박을 벗어나야 한다.(이 다섯 가지 속박은 니까야에는 나타나지 않고 『논장』의 『위방가』(분별론, Vbh. 377)에 언급되고 있다.
'폭류를 건넘(oghatiṇṇa)'이란 네 가지 폭류(감각적 욕망의 폭류, 존재의 폭류, 견해의 폭류, 무명의 폭류)를 건넌다는 말이다."(SA.i.24)
한편 초기불교에서는 깨달음을 실현한 예류자, 일래자, 불환자, 아라한의 성자(ariya)들을 10가지 족쇄(saṁyojana)를 얼마나 많이 풀었는가와 연결지어서 설명한다. 먼저 열 가지 족쇄를 간략히 살펴보면 다음과 같다.
① 유신견(有身見, sakkāya-diṭṭhi): 자아가 있다는 견해. 중생을 중생이

게끔 기만하고 오도하는 가장 근본적인 삿된 견해로, 고정불변하는 자아 혹은 실체가 있다고 국집하는 견해이다. 경에서는 오온의 각각에 대해 네 가지로 자아 등이 있다고 여기는 것이라고 설명한다.(본서 제3권 「나꿀라삐따 경」(S22:1) §§10~14 및 주해와 『아비담마 길라잡이』 7장 §7의 해설 참조)

② 계율과 의례의식(혹은 서계, 誓戒)에 대한 집착(계금취, 戒禁取, sīla-bbata-parāmāsa): 형식적 계율과 의례의식을 지킴으로써 해탈할 수 있다고 집착하는 것.(본서 제2권 「분석 경」(S12:2) §7의 주해와 『아비담마 길라잡이』 7장 §6의 해설 참조)

③ 의심[疑, vicikicchā]: 불·법·승, 계율, 연기법 등을 회의하여 의심하는 것.(본서 제5권 「방법 경」(S46:52) §7의 주해와 『아비담마 길라잡이』 2장 §4의 해설 참조)

④ 감각적 욕망(kāma-rāga): 감각적 쾌락에 대한 탐욕.(본서 제5권 「분석 경」 2(S48:10) §5의 주해 참조)

⑤ 악의(byāpāda): 반감, 증오, 분개, 적대감 등을 뜻하며 성내는 마음[嗔心]과 동의어이다.(본서 제5권 「자양분 경」(S46:51) §5와 『아비담마 길라잡이』 7장 §6의 해설 참조)

⑥ 색계에 대한 탐욕(rūpa-rāga): 색계 禪(초선부터 제4선까지)으로 실현되는 경지인 색계존재(rūpa-bhava)에 대한 욕망.

⑦ 무색계에 대한 탐욕(arūpa-rāga): 무색계 禪(공무변처부터 비상비비상처까지)으로 실현되는 경지인 무색계존재(arūpa-bhava)에 대한 욕망.

⑧ 자만[慢, māna]: 내가 남보다 뛰어나다, 동등하다, 못하다 하는 마음.(본서 「사밋디 경」(S1:20) §10과 주해 참조, 『아비담마 길라잡이』 2장 §4 해설 참조)

⑨ 들뜸(도거, 掉擧, uddhacca): 들뜨고 불안한 마음.(본서 제5권 「방법 경」(S46:52) §7의 주해 = 『청정도론』 XIV.165와 『아비담마 길라잡이』 2장 §4 해설 참조)

⑩ 무명(無明, avijjā): 사성제를 모르는 것.(본서 제2권 「분석 경」(S12:2) §15 참조)

이 가운데서 유신견, 계율과 의례의식에 대한 취착, 의심, 감각적 욕망, 악의의 다섯은 아래의 [욕계에서] 생긴 무더기 등을 결박하기 때문에 낮은 단계의 족쇄[下分結]라 부른다.(『청정도론』 XXII.48, 본서 제5권 「낮은 단계의 족쇄 경」(S45:179) 등 참조)

그리고 색계에 대한 탐욕, 무색계에 대한 탐욕, 자만, 들뜸, 무명의 다섯은 위의 [색계와 무색계]에서 생긴 무더기 등을 결박하기 때문에 높은 단계의 족쇄[上分結]라 부른다.(『청정도론』 XXII.48, 본서 제5권 「높은 단계의 족쇄 경」(S45:180) 등 참조)

예류자(sotāpatti)는 유신견, 계율과 의례의식에 대한 취착, 의심의 세 가지 족쇄가 완전히 풀린 성자이고, 일래자(sakadāgami)는 이 세 가지가 완전히

깨어 있음 경(S1:6)

Jāgara-sutta

2. 한 곁에 선 그 천신은 세존의 면전에서 이 게송을 읊었다.

"[남들이] 깨어 있을 때 얼마나 많은 자들이 잠들어 있고
[남들이] 잠잘 때 얼마나 많은 자들이 깨어 있습니까?
어떤 것에 의해 사람이 먼지를 뒤집어쓰고 있고
어떤 것에 의해 사람이 청정하게 됩니까?" {9}

3. [세존]
"[남들이] 깨어 있을 때 다섯이 잠들어 있고
[남들이] 잠잘 때 다섯이 깨어 있도다.[56]

다 풀렸을 뿐만 아니라 감각적 욕망과 적의의 두 가지 족쇄가 아주 엷어진 성자이다. 불환자(anāgami)는 다섯 가지 낮은 단계의 족쇄가 완전히 다 풀린 성자이고, 아라한(arahan)은 열 가지 모든 족쇄를 다 풀어버린 사람이다.

아비담마 문헌의 여러 곳에서는 열 가지 족쇄 가운데 처음의 셋을 보아서[見, dassana] 버려야할 법들(dassanena pahātabbā dhammā)이라고 정리하고 있으며(Dhs.182 {1002)), 나머지는 닦아서[修, bhāvanā]) 버려야 할 법들(bhāvanāya pahātabbā dhammā)이라고 설명하고 있다.(Dhs.183 {1007}) 이러한 봄[見]과 닦음[修]은 다시 견도(見道, dassana-magga)와 수도(修道, bhāvanā-magga)라는 술어로 주석서 문헌들의 도처에 나타나고 있으며(MA.i.75 등) 견 혹은 견도에 의해서 예류자가 되고 수 혹은 수도의 성취정도에 따라서 차례대로 일래자, 불환자, 아라한이 된다고 설명하고 있다.(Ps.ii.82 이하; Pm.299 등)
한편 이러한 견도(darśana-mārga)와 수도(bhāvanā-mārga)는 후대의 여러 불교에서도 중요한 주제로 다루어지는데, 특히 북방 아비달마를 대표하는 『구사론』에서도 같은 방법으로 자세히 논의 되고 있으며, 『성유식론』과 『유가사지론』 등의 유식 문헌에서도 역시 자세히 논의 되고 있다.

56) "믿음 등의 다섯 가지 기능[五根, 믿음・정진・마음챙김・삼매・통찰지(信・精進・念・定・慧)]이 '깨어 있을 때(jāgarata)' 다섯 가지 장애(오개, 五蓋, pañca nīvaraṇa, 감각적 욕망에 대한 욕구, 악의, 해태・혼침, 들뜸・후회, 의심)가 '잠든다(sutta).'는 뜻이다."(SA.i.25)

다섯에 의해 사람이 먼지를 뒤집어쓰고 있고
다섯에 의해 사람이 청정하게 되도다."57) {10}

통찰하지 못함 경(S1:7)

Appaṭividitā-sutta

2. 한 곁에 [4] 선 그 천신은 세존의 면전에서 이 게송을 읊었다.

"[사성제의] 법을 통찰하지 못한 자들은
외도의 교설로 인도되기 마련이라58)

---

57) "'다섯에 의해서 …'라고 했다. 다섯 가지 장애에 의해 사람이 오염원의 '먼지'(kilesa-raja)를 뒤집어쓰고 취하고 거기에 물들어 있다는 말이다. 다섯 가지 장애 가운데 앞의 감각적 욕망에 대한 욕구 등의 장애는 뒤의 장애들에게 조건(paccaya)이 되기 때문에 [이들 각각에 대응이 되는 믿음과 정진 등의] 다섯 가지 기능에 의해 사람이 '청정하게 된다(parisujjhati).'고 알아야 한다. 다섯 가지 기능(오근)은 세간적인 것과 출세간적인 것을 모두 말씀하셨다."(SA.i.25)
복주서는 다음과 같이 덧붙인다. '이들 다섯 가지 기능에 의해 사람이 청정하게 된다.'는 것은 도에 포함된 믿음 등 다섯 가지 기능에 의해 사람이 모든 오염원에서 청정해지고, 오직 통찰지의 기능[慧根]이 구경의 지혜를 가지려는 기능[未知當知根]과 구경의 지혜의 기능[已知根]과 구경의 지혜를 구족한 자의 기능[具知根]을 따른다.(SAṬ.i.61)
'구경의 지혜를 가지려는 기능[未知當知根]' 등의 세 가지 기능에 대해서는 본서 제5권 「구경의 지혜의 기능 경」(S48:23) §3의 주해를 참조할 것.

58) "'법(dhamma)'이란 사성제의 법이다. '통찰하지 못함(appaṭividita)'이란 지혜(ñāṇa)로 꿰뚫지 못했다(appaṭividdha)는 말이다. '외도의 교설(para-vāda)'이란 62가지 견해의 가르침이다. 이것은 우리와는 다른 외도(titthiya)들의 주장이기 때문에 외도의 교설이라 한다. '인도되기 마련이다(nīyare).'라고 표현한 것은 어떤 자들은 자발적으로 외도의 교설을 따라가고, 어떤 자들은 외도들에게 이끌려간다는 말이다. 이 중에서 스스로 상견(常見) 등을 취하는 것을 '따라간다(gacchanti)'고 하고, 남의 말을 듣고 그런 견해들을 취하는 것을 '이끌려간다(nīyanti)'고 한다."(SA.i.25)
우리 주위에도 불교라는 이름으로 외도 짓을 하는 사람들을 아주 많이 본다. 그들은 자아니 여래장이니 일심이니 하면서 어떤 완전한 경지를 설정하고 그것과 하나가 되는 것이 불교인 양 착각하고 있다. 그러나 진리는 사성제요,

그들은 잠들어 있어서 깨어나지 못했지만
그들 이제 깨어날 시간 되었습니다."[59] {11}

3. [세존]
"[사성제의] 법을 잘 통찰한 자들은
외도의 교설로 인도되지 않도다.
완전하게 깨달은 자들[60] 바른 구경의 지혜 구족하여
평탄치 못한 곳에서도 올곧게 가도다."[61] {12}

크게 혼미함 경(S1:8)

Susammuṭṭhā-sutta

2. 한 곁에 선 그 천신은 세존의 면전에서 이 게송을 읊었다.

깨달음은 사성제나 온·처·계의 무상·고·무아나 연기를 깨닫는 것이요, 그 방법은 37보리분법이라고 세존께서는 초기불전에서 강조하고 계신다.

59) "'그들이 깨어날 시간이 되었다(kālo tesaṁ pabujjhituṁ).'는 것은 세상에 부처님이 출현하셨고 법을 설하시고 승가가 잘 도를 닦고 도닦음(paṭipadā)은 훌륭하다(bhaddikā), 그러나 이 많은 사람들은 윤회에 잠들어서(vaṭṭe-sutta) 깨어날 줄 모른다고 천신은 말하고 있다."(SA.i.25)

60) "'완전하게 깨달은 자들(sambuddhā)'이란 바른 원인과 이유로써 깨달은 분들이다. 네 가지 깨달은 분(부처)이 있다. 일체지불(一切知佛, sabbaññu-buddha), 연각불(緣覺佛, pacceka-buddha), 사제불(四諦佛, catusacca-buddha), 문불(聞佛, suta-buddha)이다.
① 30가지 바라밀(pārami)을 완성하여 정등각을 얻은 분이 일체지 부처이다. ② 두 아승지 겁과 십만 겁을 바라밀을 완성하여 자기 스스로(sāmaṁ) 연각의 깨달음의 지혜를 꿰뚫은 자를 연각불이라 한다. ③ 번뇌 다한 아라한이 사제불(사성제를 통찰한 부처)이다. ④ 많이 배운(bahussuta) 비구가 문불(배운 부처)이다. 이 가운데서 처음의 세 분이 여기에 해당된다."(SA.i.25)

61) "'평탄치 못한 곳에서도 올곧게 간다(caranti visame samaṁ).'는 것은 평탄치 못한 세상살이(loka-sannivāsa)에서, 혹은 평탄치 못한 중생의 무리들(satta-nikāya) 가운데서, 혹은 평탄치 못한 오염원 가운데서(kilesa-jāta) 올곧게 간다는 말이다."(SA.i.26)

"[사성제의] 법에 크게 미혹한 자들은
외도의 교설로 인도되기 마련입니다.
그들은 잠들어 있어서 깨어나지 못했지만
그들 이제 깨어날 시간 되었습니다." {13}

3. [세존]

"[사성제의] 법에 미혹하지 않는 자들은
외도의 교설로 인도되지 않도다.
완전하게 깨달은 자들 바른 구경의 지혜 구족하여
평탄치 못한 곳에서도 올곧게 가도다." {14}

자만에 빠진 자 경(S1:9)

Mānakāma-sutta

2. 한 곁에 선 그 천신은 세존의 면전에서 이 게송을 읊었다.

"자만에 빠진 자는 길들임[62]이 없고
삼매 들지 못한 자는 성자의 삶 없으니
홀로 숲에 거주하나 방일하여 지내면
죽음의 영역에서 저 언덕으로
결코 그는 건너지 못하옵니다."[63] {15}

---

62) 자만을 좋아하기도 하고 자만을 즐기기도 하는 이런 자에게는 삼매에 도움되는 법(samādhi-pakkhika-dhamma)이 없다는 말이다.
주석서에 의하면 '길들임(dama)'에는 5가지가 있다. 첫째는 감각기능의 단속(indriya-saṁvara)이요, 둘째는 통찰지(paññā)요, 셋째는 포살을 행하는 것(uposatha-kamma)이요, 넷째는 감내하고 인욕하는 것(adhivāsana-khanti)이요, 다섯째는 삼매에 도움이 되는 법(samādhi-pakkhika-dhamma)이다. 본경에서는 다섯 번째를 말한다고 주석서는 설명하고 있다.(SA.i.26)

63) "'성자의 삶(mona)'이란 네 가지 도의 지혜(catu-magga-ñāṇa, 예류도부

3. [세존]

"자만을 제거하고 바르게 잘 삼매에 드는 자는
고결한 마음으로 모든 곳에서 해탈하였도다.
그는 홀로 숲에 거주하면서 방일하지 않아
죽음의 영역에서 저 언덕으로 건너가도다."64) {16}

숲 경(S1:10)

Arañña-sutta

2. 한 곁에 [5] 선 그 천신은 세존의 면전에서 게송으로 여쭈었다.

터 아라한도의 지혜)를 말한다. '죽음의 영역(maccudheyya)'이란 삼계윤회(tebhūmaka-vaṭṭa)를 말하는데 여기에는 죽음이 굳게 자리 잡고 있기 때문이다. '저 언덕(pāra)'이란 이 [죽음의 영역을 건넌] 저 언덕인데 바로 열반을 뜻한다. '건너간다(tareyya).'는 것은 꿰뚫는다(paṭivijjheyya), 혹은 얻는다(pāpuṇeyya)는 말이다."(SA.i.26~27)

64) "'자만을 제거하고(mānaṁ pahāya)'란 아라한 도에 의해서 아홉 가지 [자만을] 제거한다는 뜻이다.(9가지 자만에 대해서는 본서 「사밋디 경」(S1:20) §11의 주해 참조)
'바르게 잘 삼매에 드는 자(susamāhitatta)'란 근접삼매와 본삼매(upacāra-appanā-samādhi)로 잘 삼매에 들었다는 말이다.
'고결한 마음을 가졌다(sucetasa).'는 것은 지혜와 함께한 아름다운 마음을 가졌다(sundara-citta)는 뜻이다.
'모든 곳에서 해탈하였다(sabbadhi vippamutta).'는 것은 모든 무더기(온)와 감각장소(처) 등에서 해탈했다는 말이다.
'건너간다(tareyya).'는 것은 삼계윤회를 잘 건너서 열반을 꿰뚫어서 건넌다는 말로 꿰뚫음을 통한 건넘(paṭivedha-taraṇa)을 말한다.
이 게송은 [계·정·혜의] 세 가지 배움[三學, tisso sikkhā]을 설하고 있다. 자만이란 계를 파한 것이기 때문에 '자만을 제거했다'는 것으로는 높은 계(adhisīla)의 배움[增上戒學]을 설하는 것이고, '잘 삼매에 들었다'는 것으로는 높은 마음(adhicitta)의 배움[增上心學]을 설하고 있으며, '고결한 마음으로'라는 것은 지혜를 나타내기 때문에 높은 통찰지(adhipaññā)의 배움[增上慧學]을 설하는 것이다."(SA.i.27)

"저들은 숲속에 거주하고 평화롭고 청정범행을 닦고
하루에 한 끼만 먹는데도 왜 안색이 맑습니까?"[65] {17}

3. [세존]
"지나간 것에 슬퍼하지 않고
오지 않은 것을 동경하지 않으며
현재에 [얻은 것으로만] 삶을 영위하나니[66]
그들의 안색은 그래서 맑도다. {18}

아직 오지 않은 것을 동경하는 자
이미 지나간 것 두고 슬퍼하는 자
어리석은 그들은 시들어 가나니
푸른 갈대 잘려서 시들어 가듯." {19}

제1장 갈대 품이 끝났다.

첫 번째 품에 포함된 경들의 목록은 다음과 같다.

① 폭류 ② 벗어남 ③ 휩쓸려감 ④ 사라져버림 ⑤ 얼마나 끊음
⑥ 깨어 있음 ⑦ 통찰하지 못함 ⑧ 크게 혼미함
⑨ 자만에 빠진 자, 열 번째로 ⑩ 숲 — 이러한 열 가지이다.

---

65) 주석서에 의하면 이 게송은 숲에 사는 땅의 신[地神, bhumma-devatā]이 세존을 뵈러 가서 읊은 것이라고 한다. 그는 숲에 사는 비구들이 열악한 환경 속에서 엄격한 삶을 사는데도 안색과 피부가 맑은 것을 보고 세존께 가서 본 게송으로 그 이유를 여쭙고 있다.(SA.i.28)
안색(mukhavaṇṇa)과 피부색(chavivaṇṇa)이 맑은 것은 그들이 선정수행을 깊이 닦고 있음을 말해 주는 것이다. 여기에 대해서는 본서 제2권「통 경」(S21:3/ii.275) §3이하와 제3권「떨쳐버렸음 경」(S28:1/iii.235) §3이하와『율장』(Vin.i.40, 41)을 참조할 것.

66) "'현재에 삶을 영위한다(paccuppannena yāpenti).'란 무엇이든지 그 순간에(taṅkhaṇe) 얻은 것(laddha)으로 삶을 영위한다는 말이다."(SA.i.28)

제2장 난다나 품

Nandana-vagga

난다나 경(S1:11)

Nandana-sutta

2. 거기서 세존께서는 "비구들이여."라고 비구들을 부르셨다. "세존이시여."라고 비구들은 세존께 응답했다. 세존께서는 이렇게 말씀하셨다.

3. "비구들이여, 옛날에 어떤 삼십삼천의 천신이 난다나 정원에서 압사라의 무리에 둘러싸여[67] 천상의 다섯 가닥의 감각적 욕망을 갖추고 완비하여 즐기고 있었다. 그는 바로 그 시간에 이 게송을 읊었다."

---

67) 주석서에 의하면 삼십삼천은 마가(Magha)라는 청년을 상수(上首)로 한 33명의 청년들이 그들의 공덕의 과보로 여기에 태어났기 때문에 붙여진 이름이라고 한다. 마가는 거기서 삼십삼천의 신들의 왕인 삭까(Sakka, Indra, 삭까에 대해서는 본서 「수위라 경」(S11:1) §3의 주해 참조)가 되었다고 한다. 그러나 인도의 베다전통에서는 이렇게 설명하지 않는다.
이곳에는 난다나(Nandana) 정원(vana)이 있다고 한다. 난다나(nandana)는 기쁨, 즐거움 등을 뜻하는데 이곳을 찾는 모든 신들에게 기쁨을 주기 때문에 붙인 이름이라고 한다.(SA.i.29)
'압사라'는 accharā를 옮긴 것인데 이것의 산스끄리뜨인 apsarā(apsaras)를 음역한 것이다. 주석서는 "압사라는 신의 딸(deva-dhīta)을 말한다. 이들은 무리지어(samūha) 다니기 때문에 압사라의 무리(gaṇa)라 한다."(SA.i.29~30)라고 설명하고 있다. 그래서 중국에서는 천녀(天女)로 옮겼다. 베다전통에서도 압사라는 많이 등장하는데 서양 신화의 요정(님프, *nymph*)과 유사한 존재라 여겨진다. 산스끄리뜨 apsaras는 'āp(물)에서 유래한(sarati) 존재'라는 뜻이며 그래서 *water nymph*(PED)라고 설명하기도 한다.

4. "명성이 자자한 삼십삼천에 있는
남성 신들[68] 거처인 난다나 정원을
보지 못한 자들은 불쌍한 자들이니
행복이 무엇인지 그들은 모르도다." {20}

5. "비구들이여, [6] 이렇게 말하자 어떤 천신이 그 천신에게 게송으로 이렇게 응답하였다.[69]

어리석은 그대여, 아라한들 이런 말씀
그대는 꿰뚫어 알지도 못하는가?
'형성된 것들[諸行]은 참으로 무상하여
일어났다가는 사라지는 법이라네.
일어났다가는 다시 소멸하나니
이들의 가라앉음 진정한 행복일세.'"[70] {21}

---

68) '남성 신'은 nara-deva를 직역한 것이다. 그리고 여기서 삼십삼천으로 옮긴 단어는 ti-dasa(문자적으로는 세 개의 10, 즉 30을 뜻함)인데 이것은 불교와 힌두 문헌에서 삼십삼천을 뜻하는 시어(詩語)로 많이 나타난다.

69) 주석서에 의하면, 이 게송은 전에 세존의 여제자(ariya-sāvikā)였던 천신이 '이 어리석은 천신은 이 영광이 영원하고 변하지 않는 것이라고 생각하는구나. 이것도 없어지고 사라지고 소멸하는 것을 모르는구나.'라고 하면서 그의 어리석음을 없애기 위해서 읊은 것이라고 한다.(SA.i.30)

70) "'형성된 것들[諸行]은 참으로 무상하다(aniccā vata saṅkhārā).'는 것은 삼계에 속하는(tebhūmaka) 모든 형성된 것들은 존재한 뒤에는 없어진다는 뜻에서(hutvā abhāvatthena) 무상한 것이다. '일어났다가는 사라지기 마련인 법이다(uppāda-vaya-dhammino).'와 '일어났다가는 다시 소멸한다(uppajjitvā nirujjhanti).'는 이 두 구절은 같은 뜻을 나타내는 문장이다. '그들의 가라앉음 진정한 행복이다(tesaṁ vūpasamo sukho).'라는 것은 이 형성된 것들의 가라앉음이라 불리는 열반(nibbāna)이 행복이라는 말이다. 이것은 아라한과를 말한 것이다."(SA.i.31)

기뻐함 경(S1:12)

Nandati-sutta

2. 한 곁에 선 그 천신은 세존의 면전에서 이 게송을 읊었다.

"아들을 가진 자는 아들 때문에 기뻐하고
소치는 목자는 소떼 때문에 기뻐하네.
재생의 근거(소유물)71)는 인간의 기쁨이니
재생의 근거 없는 자 기뻐할 것도 없습니다."72) {22}

---

71) '재생의 근거(소유물)'로 옮긴 원어는 upadhi이다. 이 단어는 upa+√dhā (*to put*)에서 파생된 명사로 문자적으로는 '그 위에 무엇이 놓여진'을 의미하며 그래서 삶에 필요한 토대나 소지품이나 설비 등을 뜻한다. 이것은 외적인 입장과 내적인 입장에서 살펴볼 수 있다. 외적인 입장에서(*objectively*) 보자면 얻어진 것들을 뜻하는데 자신의 재산이나 소유물을 뜻한다. 내적인 입장에서(*subjectively*) 보자면 갈애가 생겨서 소유하려는 행위를 말한다. 이것은 다시 태어남(재생)의 근거가 된다. 이런 의미에서 우빠디(upadhi)는 우빠다나(취착, upādāna)와 유사하다. 물론 이 두 단어의 어원은 다르다. 이 두 입장을 고려해서 역자는 재생의 근거(소유물)로 옮겼다. 초기불전연구원에서는 재생의 근거로 정착시키고 있다.

네 가지 재생의 근거가 있는데 그것은 감각적 욕망이라는 재생의 근거(kāma-upadhi), 무더기[蘊]라는 재생의 근거(khandha-upadhi), 오염원이라는 재생의 근거(kilesa-upadhi), 업형성력이라는 재생의 근거(abhi-saṅkhāra-upadhi)이다. 이 중에서 여기서 뜻하는 것은 감각적 욕망이라는 재생의 근거이다.
감각적 욕망은 "다섯 가닥의 감각적 욕망을 조건하여 즐거움과 기쁨이 생기는데, 이것이 감각적 욕망의 달콤함이다."(M13)라고 설한 이 즐거움의 근거와 토대가 되기 때문에 재생의 근거(upadhi)라고 한다. 무더기도 무더기에 뿌리를 둔 괴로움의 근거가 되기 때문에, 오염원도 지옥의 괴로움의 근거가 되기 때문에, 업형성력도 존재의 괴로움의 근거가 되기 때문에 재생의 근거라고 한다.(SA.i.31; AAṬ.ii.3 등)

72) "다섯 가닥의 감각적 욕망은 삼계의 궁궐과 아름다운 침상과 옷과 장신구와 무희와 수행원 등을 갖추어 희열과 기쁨을 일으켜 사람을 기쁘게 한다. 그러므로 아들과 소떼처럼 이들 감각적 욕망도 사람을 기쁘게 하는 것이다. 그러므로 여기서 천신이 '재생의 근거가 없는 자는 기뻐할 것이 없습니다.'라고 말씀드리는 것은 '세존이시여, 감각적 욕망이 없는 자는 가난하여 옷과 음식

3. [세존]

"아들을 가진 자는 아들 때문에 슬퍼하고
소치는 목자는 소떼 때문에 슬퍼하네.
재생의 근거(소유물)는 인간의 슬픔이니
재생의 근거 없는 자[73] 슬퍼할 것도 없도다." {23}

아들에 비견하지 못함 경(S1:13)

Natthiputtasama-sutta

2. 한 곁에 선 그 천신은 세존의 면전에서 이 게송을 읊었다.

"아들 향한 애정만한 것 없고
소떼만한 재산이란 없으며
태양만한 광명 또한 없나니
바다는 흐르는 물 가운데 최상입니다." {24}

3. [세존]

"자신 향한 애정만한 것 없고
곡식만한 재산이란 없으며
통찰지와 같은 광명 없나니
비야말로 흐르는 물 가운데 최상이로다."[74] {25}

도 구하지 못하여 기뻐할 것이라곤 없습니다. 이와 같이 아귀나 다름없고 지옥 중생이나 다름없는 사람이 무엇을 기뻐하겠습니까?'라고 하는 것이다." (SA.i.31~32)

73) "부처님이 말씀하신 '재생의 근거가 없는 자(nirupadhi)'는 천신이 말한 그것과는 뜻이 다르다. 부처님께서 말씀하신 뜻은 번뇌 다한 위대한 분(mahā-khīṇāsava)을 말한다."(SA.i.32)
물론 번뇌 다한 자는 아라한을 뜻하며 네 가지 재생의 근거가 없는 자는 슬퍼할 것이 없는 분이다.

끄샤뜨리야 경(S1:14)

Khattiya-sutta

2. 한 곁에 선 그 천신은 세존의 면전에서 이 게송을 읊었다.

"끄샤뜨리야는 두발 가진 자들 가운데 으뜸이고
황소는 네발 가진 것들 가운데 으뜸이며
어린 신부는 아내들 가운데 으뜸이고
장남은 아들들 가운데 으뜸입니다." {26}

3. [세존]
"정등각자가 두발 가진 자들 가운데 으뜸이고
잘 길든 것75)이 네발 가진 자들 가운데 으뜸이며
말 잘 듣는 자가 아내들 가운데 으뜸이고

---

74) "사람들은 부모를 버리고 자식을 먹여 살리지 않더라도 자신은 돌본다. 그러므로 '자신을 향한 애정만한 것이 없다.' 기근이 생기면 사람들은 금이나 은이나 가축을 팔아서라도 곡식을 마련하려고 곡식을 가진 자에게 다가간다. 그러므로 '곡식만한 재산이 없다.' 태양 등은 특정 지역만을 비추고 그것도 지금의 어둠만 몰아낸다. 그러나 통찰지는 하나의 광명으로 수만의 세계(loka-dhātu)를 밝힐 수 있고 삼세의 모든 암흑을 몰아낸다. 그러므로 '통찰지와 같은 광명이 없다.' 만일 비가 오지 않으면 큰 바다도 말라버리고, 비가 많이 내리면 광음천(Ābhassara)까지도 물바다가 된다. 그러므로 '비는 흐르는 물 가운데서 최상이다.'"(SA.i.33)

75) "'잘 길든 것(ājānīya)'이란 코끼리나 말 등에서 자기의 임무(kāraṇa)를 잘 아는 것이다. 이렇게 잘 길들여진 것이 네 발 가진 자들 가운데 으뜸이다. 마치 꾸따깐나(Kūṭakaṇṇa) 왕의 굴라완나(Guḷavaṇṇa) 말처럼.
왕은 동문으로 나와 쩨띠야 산에 갈 생각으로 깔람바 강가에 이르렀다고 한다. 그때 그의 말이 강둑에 서서 물을 건너려고 하지 않았다. 왕은 조련사를 불러 '그대는 말을 잘 길들였거늘 어찌하여 이 말이 물을 건너려 하지 않는가?'라고 물었다. 조련사는 '왕이시여, 이 말은 잘 길들여졌습니다. 그러나 만약 물을 건너면 꼬리가 젖을 것이고, 그러면 왕의 옷에 물이 튈 것을 마음속으로 두려워하여 건너지 않습니다. 꼬리를 들어주십시오.'라고 말씀드렸다. 왕이 그렇게 하자 말은 속히 강을 건너 저쪽에 이르렀다고 한다."(SA.i.34)

충실한 자가 아들들 가운데 으뜸이로다." {27}

스치는 소리 경(S1:15)

Saṇamāna-sutta[76)]

2. 한 곁에 [7] 선 그 천신은 세존의 면전에서 이 게송을 읊었다.

"정오에 이르자,
새들마저 조용히 쉬고 있는데
광활한 숲 스치는 소리가 있어
저에게는 두려움이 생겨납니다." {28}

3. [세존]
"정오에 이르자,
새들마저 조용히 쉬고 있는데
광활한 숲 스치는 소리가 있어
나에게는 즐거움이 생겨나도다." {29}

졸림과 나른함 경(S1:16)

Niddātandī-sutta

2. 한 곁에 선 그 천신은 세존의 면전에서 이 게송을 읊었다.

"졸림, 나른함, 무기력함, 따분함, 식곤증[77)] —

---

76) Ee1의 경제목은 sakamāno(OR santikāya)이고 Be, Se는 saṇamāna이다. 후자는 본문에 나타나고 있기 때문에 이를 경제목으로 택했다.

77) '졸림(niddā)', '나른함(tandī)', '무기력함(vijambhikā)', '식곤증(bhatta-sammada)'은 본서 제5권 「몸 경」(S46:2) §6과 「자양분 경」(S46:51) §6에도 나타나고 있다. 이들에 대한 설명은 『위방가』(Vbh.352)에 나타난다.

이런 것들 때문에 이 세상 중생들에게
성스러운 도는 전혀 빛이 나지 않습니다."[78] {30}

3. [세존]
"졸림, 나른함, 무기력함, 따분함, 식곤증 —
이런 것들 정진으로 몰아낸 뒤에
성스러운 도는 실로 청정하게 되도다."[79] {31}

행하기 어려움 경(S1:17)

Dukkara-sutta

2. 한 곁에 선 그 천신은 세존의 면전에서 이 게송을 읊었다.

"어리석은 자에게 출가생활이란 것은
행하기 어렵고 견디기 어렵나니
거기에는 실로 많은 장애가 있어서[80]
어리석은 그런 자는 쓰러지고 맙니다. {32}

만일 그가 마음을 단속하지 못한다면
얼마나 많은 날을 출가생활 하오리까?

---

78) "여기서 '성스러운 도(ariya-magga)'란 출세간적인 도(lokuttara-magga)를 말한다."(SA.i.36)

79) "'정진으로 몰아낸다.'는 것은 도와 함께 생긴 정진으로 이런 오염원의 무더기들을 몰아낸다는 것이다. '성스러운 도(ariya-magga)'는 세간적인 도와 출세간적인 도(lokiya-lokuttara-magga) 둘 다를 말한다. 이처럼 오로지 도로써 오염원(upakkilesa)들을 없앤 뒤 도가 청정해진다고 말씀하셨다."(SA.i.36)

80) "'거기에는 많은 장애가 있다(bahūhi tattha sambādhā).'는 것은 출가생활(sāmañña)이라 불리는 성스러운 도에는 많은 장애가 있다는 말이다. 즉 도를 얻기 위해 실천 수행할 때(magga-adhigamāya paṭipanna) 예비단계(pubba-bhāga)에서 많은 장애가 있음을 드러낸 것이다."(SA.i.36)

[나쁜] 사유[81] 지배 받아 이리저리 헤매면서
매 걸음 걸음마다 쓰러질 것입니다."[82] {33}

3. [세존]
"거북이가 자신의 등딱지에 사지를 집어넣듯이
비구는 마음에 일어난 사유를 안으로 거두어들여[83]
다른 것에 의지하지 않고 남을 해코지 않으며
완전한 평화를 얻어 아무도 비난해서는 안되리."[84] {34}

양심 경(S1:18)
Hirī-sutta

2. 한 곁에 선 그 천신은 세존의 면전에서 이 게송을 읊었다.

"이 세상에는 양심으로 [악을] 금하는 사람이 있습니까?

---

81) "'[나쁜] 사유(saṅkappa)'란 감각적 욕망(kāma)의 사유, 악의(vyāpāda)의 사유, 해코지(vihiṁsā)의 사유이다."(SA.i.36)
이 세 가지 사유는 팔정도의 두 번째인 바른 사유와 반대되는 것이다.

82) "'매 걸음 걸음마다(pade pade)'란 매 대상마다(ārammaṇe ārammaṇe)라는 뜻이다. 여기서는 대상이 걸음으로 표현되었다. 어떤 대상이든지 거기서 오염원(kilesa)이 생기면 어리석은 자는 그곳에서 쓰러진다는 말이다. 이 구절은 [가고 멈추는 등의] 자세(iriyā-patha)로도 설명할 수 있다. 가고 멈추는 등의 동작에서 오염원이 생기면 거기서 쓰러진다는 말이다."(SA.i.36)

83) "마치 거북이(kumma)가 그의 목과 사지를 '자신의 등딱지(kapāla)'에 모두 집어넣어 자칼(siṅgāla)에게 기회를 주지 않아 그로 하여금 정복할 수 없게 하듯이, 이 비구도 '마음에 일어난 사유(mano-vitakka)'를 자신이라는 대상의 등딱지 안에 모두 거두어들여 마라에게 기회를 주지 않아 그로 하여금 정복할 수 없게 한다."(SA.i.36~37)

84) "'다른 것에 의지하지 않고(anissita)'란 갈애와 사견(taṇhā-diṭṭhi)에 의지하지 않는다는 뜻이다. '완전한 평화를 얻은(parinibbuta)'이란 오염원의 적멸(kilesa-nibbāna)을 통해서 완전히 평화롭게 되었다는 뜻이다."(SA.i.37)

마치 좋은 말이 채찍의 그림자만 보고도 달리듯
비난으로부터 물러서는 그런 사람이 있습니까?"85) {35}

3. [세존]
"양심으로 [모든 악을] 금하면서 행하고
항상 마음챙겨 괴로움의 끝에 도달하여
평탄치 못한 길을 올곧게 걸어가는
그런 사람 이 세상에 참으로 드물도다."86) {36}

토굴 경(S1:19)

Kuṭikā-sutta

3. [천신] [8]
"당신께는 토굴도 없고
당신께는 보금자리도 없고
당신께는 계보의 끈도 없고
당신께는 속박도 없습니까?"87) {37}

---

85) "'양심으로 [악을] 금한다(hirī-nisedha).'는 것은 양심이 살아 있어 해로운 법들[不善法, akusalā dhammā]을 금한다는 뜻이다. 천신은 세존께 이 세상에 이와 같은 사람이 있는지를 여쭙고 있다. 마치 좋은 말이 채찍의 그림자만 보고도 그 뜻을 꿰뚫어 알아 그 채찍이 자신에게 떨어지지 않게 하듯이, 열 가지의 비난거리(즉 열 가지 해로운 법들, 十不善法)가 자신에게 떨어지지 않게 하는 그런 번뇌 다한 비구가 있는지를 여쭙는 것이다."(SA.i.37) 본 게송은 『법구경』(Dhp) {143}과 같다.

86) "양심으로 해로움을 금하면서 행하고 항상 마음챙김을 완전하게 구족하여 윤회의 괴로움이 끝난 열반을 얻은 그런 번뇌 다한 자들이란 이 세상에 실로 드물다는 뜻이다."(SA.i.37)

87) "이 천신은, 중생이 열 달을 어머니의 자궁에서 머문다는 뜻에서 어머니를 '토굴(kuṭikā)'에 비유하고 있다. 마치 새들이 낮에는 먹이를 찾아다니지만 밤에는 보금자리를 의지하여 쉬듯이 남자들도 여기저기 가서 일을 하고 밤

4. [세존]

"분명히 내게는 토굴도 없고
분명히 내게는 보금자리도 없고
분명히 내게는 계보의 끈도 없고
분명히 내게는 속박도 없노라."[88] {38}

5. [천신]

"무엇을 일러 토굴이라 했고
무엇을 일러 보금자리라 했고
무엇을 일러 계보의 끈이라 했고
무엇을 일러 당신께 속박이라 했으리까?"[89] {39}

6. [세존]

"어머니를 일러 토굴이라 했고
아내를 일러 보금자리라 했고
아들을 일러 계보의 끈이라 했고
갈애를 일러 내게 속박이라 했노라." {40}

에는 아내 곁으로 돌아가기 때문에 거처나 마찬가지인 아내를 '보금자리(kulāvakā)'에 비유했다. 계보가 계승된다는 뜻에서 아들을 '계보의 끈(san-tānakā)'에 비유하고 있으며, 갈애를 '속박(bandhanā)'에 비유하고 있다. 이것을 모아서 세존께 질문한 것이다."(SA.i.37~38)

88) "'없다'고 하신 것은 버리고 출가했기 때문이다. 혹은 부처님은 이 윤회에서 다시 어머니의 자궁에 머물거나 아내를 부양하거나 아들을 낳는 일이 없을 것이기 때문에 그렇게 말씀하신 것이다."(SA.i.38)

89) 천신은 세존께서 즉시에 없다고 분명하게 대답을 하시자 과연 세존께서 자신이 말한 의미를 알고 없다고 하셨는가를 알아보기 위해서 이렇게 다시 여쭈었다고 한다.(SA.i.38)

7. [천신]

"당신께 토굴이 없다니 멋지십니다.
당신께 보금자리가 없다니 멋지십니다.
당신께 계보의 끈이 없다니 멋지십니다.
당신께 속박이 없다니 멋지십니다."90) {41}

사밋디 경(S1:20)

Samiddhi-sutta

1. 이와 같이 나는 들었다. 한때 세존께서는 라자가하에서 따뽀다(온천) 원림에 머무셨다.91)

2. 그때 사밋디 존자92)는 밤이 지나고 새벽이 되었을 때 일어나 온천으로 목욕을 하러 갔다. 온천에서 목욕을 하고 나와서 옷 한 벌 만을 입고 몸을 말리고 있었다.

그때 어떤 천신이 밤이 아주 깊었을 때 아주 멋진 모습을 하고 온

---

90) 세존께서 즉시에 대답을 하시자 천신은 이 게송으로 환희하고 기뻐하면서 세존께 절을 올린 뒤 화환 등으로 공경하였고, 그런 뒤에 천신은 자신의 거처로 돌아갔다고 한다.(SA.i.38)

91) 따뽀다 원림(Tapodā ārāma)은 우리에게 온천정사로 알려진 곳으로, 라자가하의 웨바라(Vebhāra) 산 아래에 있는 따뽀다 호수 부근에 있었던 승원이다. 여기서 따뽀다(tapodā)는 tapo+uda(Sk. tapas+udan, 문자적으로 뜨거운 물)에서 파생된 단어로 온천을 뜻한다. 지금도 라자가하(왕사성)에는 온천이 남아있어서 많은 순례객들이 찾는데, 이곳을 말하는 것인지는 분명하지 않다.

92) 사밋디 존자(āyasmā Samiddhi)는 라자가하의 장자의 집안에서 태어났다. 그가 태어나면서 가문이 번창하게 되어서 사밋디(문자적으로 '번영'을 뜻함)라 불리게 되었다고 한다. 『앙굿따라 니까야』 「사밋디 경」(A9:14)에 해당하는 주석서에 의하면 그는 사리뿟따 존자의 제자(saddhi-vihārika)였다고 한다.(AA.iv.175)

온천을 환하게 밝히면서 사밋디 존자에게 다가갔다. 다가가서는 허공에 서서 게송으로 말했다.

3. [천신]

"비구여, 누리지도 못하고 그대 걸식하고 있으니
누린 뒤에 걸식할 줄 그대 모르는구려.
비구여, 누린 뒤에 그대 걸식 행하시오.
세월이 그대를 지나치게 하지 마오."93) {42} [9]

[사밋디 존자]

"세월이라 하는 것을 나는 아예 모르나니94)
세월이란 감춰져서 보이지 않는다오.
그래서 누리지 않고 나는 걸식한다오.
세월이 나를 지나치지 않게 한다오."95) {43}

---

93) "'누리지도 못하고(abhutvā)'란 다섯 가닥의 감각적 욕망(pañca kāma-guṇa)을 즐겨보지도 못한 채 출가했다는 뜻이다."(SA.i.41)
여기서 누리지도 못하고로 옮긴 원어 abhutvā의 동사 bhuñjati는 먹는다는 뜻이다. 그러므로 문자적으로는 먼저 먹은 뒤에 걸식을 하라(bhikkhasi)는 말이지만 속뜻은 주석서의 설명대로 먼저 세속의 감각적 욕망을 흠뻑 즐긴 뒤에 출가하라고 꼬드기는 것이다.
"'세월(kāla)'이란 다섯 가닥의 감각적 욕망을 즐길 수 있는 젊은 청년시절(dahara-yobbana-kāla)을 말한다. 늙어서 지팡이를 짚고 다니고 머리가 하얗게 세어버리면 감각적 욕망을 즐기지 못하기 때문이다."(*Ibid*)

94) "여기서 '세월(kāla)'이란 죽을 시간(maraṇa-kāla)을 두고 한 말이다."(SA.i.41)

95) "'세월이 나를 지나치지 않게 한다(mā maṁ kālo upaccagā).'는 것은 사문의 법도를 행할 시기(samaṇa-dhamma-karaṇa-kāla)를 두고 한 말이다."(SA.i.41)
계속해서 주석서는 사문의 법도는 초년에 행해야 한다고 설명하면서, 노년에는 법을 배우거나 두타행 등의 엄격한 삶을 살거나 숲에 머물거나 삼매를 닦아서 禪의 경지를 증득하는 것 등을 실천하기가 힘들다고 열거하고 있다.(*Ibid*)

4. 그러자 그 천신은 땅 위에 내려와 사밋디 존자에게 이렇게 말했다.

"비구여, 그대는 젊고 청춘이고 활기차며 머리칼이 검고 축복 받은 젊음을 구족한 초년의 나이에 감각적 욕망을 즐겨보지도 못한 채 동진(童眞)으로 출가하였습니다. 비구여, 인간에게 풍족한 감각적 욕망을 누리시오. 목전에 분명한 것을 제쳐두고 시간이 걸리는 것을 추구하지 마시오."

"도반이여, 나는 절대로 목전에 분명한 것을 제쳐두고 시간이 걸리는 것을 추구하지 않습니다. 도반이여, 나야말로 시간이 걸리는 것을 제쳐두고 목전에 분명한 것을 추구합니다. 왜냐하면 세존께서는 감각적 욕망이란 시간이 걸리는 것이고 괴로움과 절망이 가득하며 거기에는 많은 위험이 따른다고 하셨기 때문입니다. 그러나 이 법은 세존에 의해서 잘 설해졌고, 스스로 보아 알 수 있고, 시간이 걸리지 않고, 와서 보라는 것이고, 향상으로 인도하고, 지자들이 각자 알아야 하는 것이기 때문입니다."[96]

5. "비구여, 그러면 어째서 세존께서는 감각적 욕망이란 시간이 걸리는 것이고 괴로움과 절망이 가득하며 거기에는 많은 위험이 따른다고 하셨습니까? 그리고 어째서 이 법은 세존에 의해서 잘 설해졌고, 스스로 보아 알 수 있고, 시간이 걸리지 않고, 와서 보라는 것이고, 향상으로 인도하고, 지자들이 각자 알아야 하는 것입니까?"

"도반이여, 나는 출가한 지 얼마 되지 않았고 근래에 이 법과 율에 들어온 신참입니다. 그래서 나는 자세하게 설명할 수가 없습니다. 지

---

96) 이 구절은 법에 대한 정형구로 정착이 되어 여러 경들에 나타나고 있다. 이 정형구에 대한 자세한 설명은 『청정도론』 VII.68 이하를 참조할 것.

금 그분 세존·아라한·정등각자께서는 라자가하에서 따뽀다(온천) 원림에 머물고 계십니다. 그분 세존께 다가가서 이 뜻을 질문 드리십시오. 그래서 세존께서 그대에게 설명해 주시는 대로 마음에 지니십시오."

6. "비구여, 우리가 그분 세존께 다가가는 것은 쉽지 않습니다. 그분은 큰 위력을 가진 다른 천신들에게 에워싸여 계십니다.97) 비구여, 그러므로 만일 그대가 그분 세존께 다가가서 이 뜻을 질문해 주시면 우리도 역시 법을 듣기 위해서 가겠습니다."

"그렇게 하겠습니다. 도반이여."라고 사밋디 존자는 그 천신에게 대답한 뒤에 세존께 다가갔다. 가서는 세존께 절을 올린 뒤 한 곁에 앉았다. [10] 한 곁에 앉아서 사밋디 존자는 세존께 이렇게 말씀드렸다.

7. "세존이시여, 저는 밤이 지나고 새벽이 되어갈 때 일어나 온천으로 목욕을 하러 갔습니다. 온천에서 목욕을 하고 나와 옷 한 벌만을 입고 몸을 말리고 있었습니다.

그때 그 밤이 지날 즈음 어떤 천신이 아주 멋진 모습을 하고 온 온천을 환하게 밝히면서 저에게 다가왔습니다. 다가와서는 허공에 서서 게송으로 이렇게 말하였습니다.

[천신]
'비구여, 누리지도 못하고 그대 걸식하고 있으니
누린 뒤에 걸식할 줄 그대 모르는구려.

---

97) "'큰 위력을 가진 다른 천신들(mahesakkhā devatā)'이라는 것은 각각의 신들의 왕은 10억이나 100억의 측근(parivāra)을 거느리고 있다. 그들은 자신들의 가장 큰 자리(ṭhāna)에 서서 여래를 뵙는다. 그러므로 나와 같은 위력이 적은 여성으로 태어난 천신은 세존을 뵐 기회를 가질 수 없다는 말이다."(SA.i.44)

비구여, 누린 뒤에 그대 걸식 행하시오.
세월이 그대를 지나치게 하지 마오." {44}

[사밋디 존자]
'세월이라 하는 것을 나는 아예 모르나니
세월이란 감춰져서 보이지 않는다오.
그래서 누리지 않고 나는 걸식한다오.
세월이 나를 지나치지 않게 한다오.' {45}

… … [11]

8. "이렇게 말하자 그 천신은 저에게 이렇게 말하였습니다. '비구여, 우리가 그분 세존께 다가가는 것은 쉽지 않습니다. 그분은 큰 위력을 가진 다른 천신들에게 에워싸여 계십니다. 비구여, 그러므로 만일 그대가 그분 세존께 다가가서 이 뜻을 질문해 주시면 우리도 역시 법을 듣기 위해서 가겠습니다.'라고.

세존이시여, 만일 그 천신의 말이 사실이라면 그는 이 근처에 있을 것입니다."

이렇게 말씀드리자 그 천신은 사밋디 존자에게 이렇게 말했다.

"비구여, 질문을 하십시오. 비구여, 질문을 하십시오. 나는 이미 도착하였습니다."

9. 그러자 세존께서는 그 천신에게 게송으로 말씀하셨다.

"표현할 수 있는 것(오온)을 인식하는 중생들은98)

---

98) "'표현할 수 있는 것을 인식하는 자(akkheyya-saññī)'에서 '신, 인간, 재가자, 출가자, 중생, 개인, 띳사, 풋사' 등으로 일컬어지는 모든 명칭(akkhāna)들이나 모든 말(kathā)들의 대상인 오온을 두고 '표현할 수 있는 것'이라고

표현할 수 있는 것에 머물러있나니[99)]
표현할 수 있는 것을 철저하게 알지 못하면[100)]
죽음의 굴레에 매이게 되도다.[101)] {46}

그러나 표현할 수 있는 것을 철저하게 알면[102)]

했다. '중생, 사람, 개인, 여자, 남자'라는 이런 인식들을 중생들이 갖고 있기 때문에 '인식하는 자(saññī)'라 했다. 그래서 표현할 수 있는 것들을 인식하는 자라 한다.
그러므로 표현할 수 있는 것을 인식하는 자란 오온에 대해 중생(satta)이나 개인(puggala) 등으로 인식하는 자를 뜻한다."(SA.i.44)

99) '표현할 수 있는 것에 머물러있다(akkheyyasmiṁ patiṭṭhitā).'는 것은 중생은 오온에 여덟 가지 모습으로 머물러 있다는 말이다. 즉 애욕에 물든 자(ratta)는 애욕을 통해서 머물러있고, 분노하는 자(duṭṭha)는 성냄을 통해서, 어리석은 자(mūḷha)는 어리석음을 통해서, 전도된 자(parāmaṭṭha)는 견해를 통해서, 고질적인 자(thāmagata)는 잠재성향을 통해서, 속박된 자(vinibaddha)는 자만을 통해서, 확고하지 못한 자(aniṭṭhaṅgata)는 의심을 통해서, 흔들리는 자(vikkhepagata)는 들뜸을 통해 머물러있다는 뜻이다.

100) '표현할 수 있는 것을 철저하게 알지 못한다(akkheyyaṁ apariññāya)'는 것은 오온에 대해 세 가지 통달지(pariññā)로 철저하게 알지 못하는 것을 말한다.(SA.i.44)
세 가지 통달지는 다음 {47}의 주해를 참조할 것.

101) "이렇게 철저하게 알지 못하는 자는 죽음의 지배하에 놓이게 된다. 이 게송으로 감각적 욕망은 시간이 걸리는 것임(kālikā kāmā)을 드러내신 것이다." (SA.i.44)
시간이 걸리는 것(kālika)과 시간이 걸리지 않는 것(akālika)에 대해서는 본경 §4를 참조할 것.

존재하는 모든 것에 대한 명칭이나 말에 속게 되면 죽음의 굴레에 매이게 된다고 본 게송에서 부처님께서는 강조하신다. 명칭이나 말에 속지 않고 이런 것들은 단지 오온일 뿐임에 사무쳐서 존재하는 모든 것을 오온으로 해체해서 보는 것이 수행의 핵심이다. 이렇게 볼 때 오온 각각의 무상이나 고나 무아가 드러나게 되고, 이처럼 오온의 무상이나 고나 무아에 사무칠 때 염오-이욕-소멸 혹은 염오-이욕-해탈-구경해탈지가 드러나서 깨달음을 실현하고 해탈·열반을 실현하게 된다고 본서 제3권 「무더기 상윳따」(S22)의 많은 경들은 강조하고 있다. 여기에 대해서는 본서 제3권 「무상 경」(S22:12) §3의 주해를 참조할 것.

표현하는 자를 [더 이상 개념적 존재로] 여기지 않나니
[번뇌 다한] 그에게는 그런 것이 존재하지 않기 때문에
그를 표현할 그 어떤 것도 그에게는 존재하지 않도다."103) {47}

10. "세존이시여, 저는 세존께서 간략하게 말씀하신 뜻을 자세하게 알지 못하겠습니다. 그러니 세존께서 제게 상세하게 설해 주시면 감사하겠습니다. 그러면 저는 세존께서 간략하게 말씀하신 뜻을 자세하게 이해할 것입니다."

11. [세존] [12]
"동등하다거나 뛰어나다거나 못하다고 여기는 자
그 때문에 사람들과 논쟁하게 되노라.

---

102) "'철저하게 알면(pariññāya)'이라고 했다. 세 가지 통달지가 있다. 그것은 ① 안 것의 통달지(ñāta-pariññā, 知遍知) ② 조사의 통달지(tīraṇa-pariññā, 審察遍知) ③ 버림의 통달지(pahāna-pariññā, 斷遍知)이다. 이러한 세 가지 통달지로 철저하게 안다는 뜻이다.
무엇이 안 것의 통달지인가? 오온에 대해 철저하게 아는 것이다. 무엇이 조사의 통달지인가? 이렇게 안 뒤에 오온에 대해 무상하고 괴로움이고 병이라는 등의 42가지 방법으로 조사하는 것을 말한다. 무엇이 버림의 통달지인가? 이렇게 조사한 뒤에 으뜸가는 도(agga-magga)에 의해 욕탐(chandarāga)을 제거하는 것을 말한다."(SA.i.44~45)
세 가지 통달지에 대한 더 상세한 설명은 『청정도론』 XX.3~4와 18~19를 참조할 것.

103) "'표현하는 자를 [더 이상 개념적 존재로] 여기지 않는다(akkhātāraṁ na maññati).'는 것은, 이렇게 세 가지 통달지로 오온을 철저하게 알게 된 번뇌 다한 비구는 표현하는 자를 두고 인간(puggala)이라고 여기지 않는다, 보지 않는다(na passati)는 뜻이다. 즉 표현하는 자를 두고 띳사라거나 풋사라는 등의 이름이나 족성으로 드러내지 않는다는 말이다.
왜냐하면 번뇌 다한(khīṇāsava) '그에게는 그런 것이 존재하지 않기 때문이다(tañhi tassa na hoti).' 그러므로 '그를 표현할 그 어떤 것도 그에게는 존재하지 않는다(yena naṁ vajjā na tassa atthi).' 즉 그를 두고 애욕에 물들었다거나 성냄에 휩싸였다거나 어리석음에 빠졌다는 등으로 말 할 수 있는 그런 근거가 번뇌 다한 자에게는 없다는 말이다."(SA.i.45)

이 세 가지 자만심에 흔들리지 않는 자
동등하다거나 뛰어나다는 것 존재하지 않도다."104) {48}

"약카105)여, 만일 그대가 이해했다면 말을 해보라."

12. "세존이시여, 저는 세존께서 간략하게 말씀해 주신 이 뜻도 자세하게 알지 못하겠습니다. 그러니 세존께서 제게 상세하게 설해 주시면 감사하겠습니다. 그러면 저는 세존께서 간략하게 말씀하신 뜻을 자세하게 알 것입니다."

13. [세존]
"헤아림을 버리고 자만심도 버린 그는106)

---

104) '뛰어나다(visesi, seyya)', '동등하다(sama, sādisa)', '못하다(nihīna, hīna)'라는 이 세 가지는 세 가지 자만(māna)이라 불리고 본 게송에서처럼 '자만심(vidhā)'이라고도 불린다. 세 가지 자만심은 본서 제3권「소나 경」1(S22:49) §3과 제5권「자만심 경」(S45:162) §3과「자만심 경」(S46:41) §3에도 나타나며, 이것은『위방가』(Vbh.389~390)에서 9가지로 확장되어 설명되고 있다.『위방가』의 9가지는 뛰어남(seyya)과 동등함(sādisa)과 못함(hīna)의 셋을 다시 뛰어남의 뛰어남 등(seyyassa seyya, seyyassa sadisa, seyyassa hīna, sadisassa seyya, sadisassa sadisa, sadisassa hīna, hīnassa seyya, hīnassa sadisa, hīnassa hīna)의 아홉으로 확장시킨 것이다.

105) "여기서 '약카여(yakkha)'라고 하신 것은 천신을 부르면서(ālapanta) 말씀하신 것이다."(SA.i.45)
'약카(yakkha)'에 대해서는 본서「인다까 경」(S10:1) §2의 주해를 참조할 것.

106) 주석서에 의하면 '헤아림(saṅkhā)'에는 세 가지 의미가 있다. 첫째는 통찰지(paññā)를 뜻하고 둘째는 산수 계산(gaṇana)을 뜻하고 셋째는 개념(paññatti)을 뜻한다고 한다. 본 게송에서는 개념의 뜻으로 쓰였다고 주석서는 설명하고 있다.(SA.i.46) 역자는 헤아림으로 옮기고 있다.
"'헤아림을 버렸다(pahāsi saṅkhaṁ).'는 것은 아라한은 탐욕, 성냄, 어리석음이라는 개념을 제거하고 버렸다는 뜻이다."(*Ibid*)
여기서 헤아림(saṅkhā)은 '사량 분별하는 인식이라는 헤아림(papañca-saññā-saṅkhā)'과 밀접한 관계가 있다. 여기에 대해서는『디가 니까야』

여기 [이 세상에서] 정신·물질에 대한 갈애를 자르고
매듭 끊고 근심이 없어 바라는 것 없으니
신들이나 인간들이 여기서나 저 너머서나[107)]
천상서나 그 모든 거처[108)]에서
그를 찾아보지만 발견하지 못하도다." {49}

"약카여, 만일 그대가 이해했다면 말을 해보라."

14. "세존이시여, 저는 세존께서 간략하게 말씀해 주신 이 뜻을 이제 이와 같이 자세하게 알겠습니다."

「제석문경」(D21) §§2.2.~2.3을 참조할 것.(사량 분별(papañca)에 대해서는 본서 제4권 「팍구나 경」(S35:83) §3의 주해를 참조할 것.) 그리고 이것은 아라한이 완전한 열반에 들면 더 이상 오온으로 그를 표현할 수 없는 것을 뜻하기도 한다. 여기에 대해서는 본서 제5권 「케마 경」(S44:1) §8과 제3권 「아누라다 경」(S22:86) §§11~15를 참조할 것.
본 게송에 대한 여러 판본 고찰에 대해서는 보디 스님(Bhikkhu Bodhi) 356쪽 38번 주해를 참조할 것.

107) "'여기서나 저 너머에서나(idha vā huraṁ vā)'라는 것은 이 세상(idha-loka)에서나 저세상(para-loka)에서나라는 뜻이다."(SA.i.46)

108) "여기서 '모든 거처(sabba-nivesana)'란 세 가지 존재[三界], 네 가지 생류[四生], 다섯 가지 태어날 곳[五度], 일곱 가지 알음알이의 거주처[七識住處], 아홉 가지 중생의 거처를 말한다."(SA.i.47)
세 가지 존재[三界, tayo bhavā]는 욕계의 존재, 색계의 존재, 무색계의 존재이고, 네 가지 생류[四生, catasso yoniyo]는 알에서 태어난 것[卵生], 태에서 태어난 것[胎生], 습기에서 태어난 것[濕生], 화현으로 태어난 것[化生]이며, 다섯 가지 태어날 곳[五度, pañca gatiyo]은 지옥, 축생, 아귀, 인간, 천상을 말한다.
일곱 가지 알음알이의 거주처(satta viññāṇa-ṭṭhitiyo)에 대해서는 『앙굿따라 니까야』 제4권 「거주처 경」(A7:41)을, 아홉 가지 중생의 거처(nava sattāvāsā)는 『앙굿따라 니까야』 제5권 「중생 경」(A9:24)을 참조할 것.

[천신]

"말로든 마음으로든 몸으로든 간에
이 세상 어디서도 악 행하지 말지라.
감각적 욕망 끊고 마음챙기고 알아차려
고통주고 이익 주지 못하는 것이라면
그것 결코 받들어 행하지 말지라."109) {50}

제2장 난다나 품이 끝났다.

두 번째 품에 포함된 경들의 목록은 다음과 같다.

① 난다나 ② 기뻐함 ③ 아들에 비견하지 못함
④ 끄샤뜨리야 ⑤ 스치는 소리
⑥ 졸림과 나른함 ⑦ 행하기 어려움 ⑧ 양심
⑨ 토굴, 열 번째로 ⑩ 사밋디 — 이러한 열 가지이다.

---

109) 주석서는 이 게송을 10선업도와 팔정도와 중도와 연관 지어서 설명하고 있다. 즉 말과 마음과 몸으로 악을 행하지 않음은 각각 말로 네 가지, 마음으로 세 가지, 몸으로 세 가지인 십선업도를 말씀하신 것이고 감각적 욕망을 버림과 마음챙김과 알아차림도 여기에 관계된 것으로 설명하고 있다.
팔정도로 설명하는 방법은 이러하다. 말과 몸으로 악을 행하지 않음은 팔정도의 바른 말과 바른 행위와 바른 생계에 배대되고 마음챙김은 바른 정진과 바른 마음챙김과 바른 삼매에 배대되고 알아차림은 바른 견해와 바른 사유에 배대된다.
그리고 본 게송에 나타나는 감각적 욕망을 버리는 것과 괴로움과 해로움과 관련된 것을 행하지 않는 것은 각각 감각적 욕망을 즐기는 것과 자신을 학대하는 것을 버리는 것이니, 이것은 두 가지 극단(anta-dvaya)을 피하는 것(vajjana)이어서 양 극단을 따르지 않는 중도(中道, majjhima-paṭipadā)를 드러낸 것이라고 주석서는 설명하고 있다.
한편 주석서는 이 천신은 예류과(sotāpatti-phala)를 얻어서 그가 증득한 것을 팔정도로 설명하기 위해서 이 게송을 읊었다고도 설명하고 있다.(SA.i.47)

제3장 칼 품

Satti-vagga

칼 경(S1:21)

Satti-sutta

2. 한 곁에 [13] 선 그 천신은 세존의 면전에서 이 게송을 읊었다.

"칼이 내려 꽂혀오는 것처럼, 머리에 불붙은 것처럼
감각적 욕망을 버리기 위해
비구는 마음챙겨 유행해야 합니다." {51}

3. [세존]
"칼이 내려 꽂혀오는 것처럼, 머리에 불붙은 것처럼
[불변하는] 자신이 존재한다는 견해[有身見] 버리기 위해
비구는 마음챙겨 유행해야 하노라."110) {52}

---

110) 첫 번째 게송으로 천신은 감각적 욕망을 버릴 것을 주장했고, 세존께서는 두 번째 게송에서 유신견을 버릴 것을 말씀하고 계신다. 그런데 한 가지 살펴볼 점은 성자의 경지에서 보자면 감각적 욕망을 버리는 것은 세 번째 단계의 성자인 불환도에 의해 성취되고, 유신견을 버리는 것은 첫 번째 단계의 성자인 예류도에 의해 성취된다는데 있다. 이렇게 되면 천신의 주장이 더 높은 경지를 얻는 것이 되어버린다. 이것을 어떻게 이해해야 할까? 여기에 대해서 주석서는 다음과 같은 멋진 설명을 하고 있다.
"세존께서는 생각하셨다. '이 천신은 비유는 아주 강하게 들지만 그 뜻은 아주 제한적이다. 그가 계속적으로 말하고 있지만 그는 감각적 욕망을 단지 [삼매에 들어] 억압함을 통해서 버리는 것(vikkhambhana-pahāna)을 말하고 있을 뿐이다. 그런데 감각적 욕망이 불환도에 의해 완전히 뿌리 뽑히지 않는 한(na samugghāṭiyati) 거기에 묶여 있는 것(anubaddha)이 된다.' 라고 하시면서 천신이 들었던 비유를 가지고 첫 번째 도인 예류도(paṭhama-magga) 대한 가르침으로 인도하시기 위해서 두 번째 게송을 읊으신 것이다."(SA.i.48)

닿음 경(S1:22)

Phusati-sutta

2. [천신]

"[업을] 짓지 않은 자에게 [과보는] 닿지 않고
[업을] 지은 자에게 [과보는] 닿습니다.
청정한 자 망가뜨리는 자들이 있으니
그런 [업을] 지은 자에게 [과보는] 닿습니다."111) {53}

3. [세존]

"누구든지 청정하고 흠이 없으며
순수한 그런 사람 망가뜨리면
그 죄악은 어리석은 그에게 되돌아가나니
바람을 거슬러 던진 먼지더미와 같이."112) {54}

삼매 혹은 초선 이상의 경지에 들면 감각적 욕망은 제일 먼저 극복이 된다. 그러나 삼매에서 나오면 감각적 욕망은 다시 일어난다. 삼매에 의해 억압되었을 뿐이지 뿌리가 완전히 뽑힌 것은 아니기 때문이다. 이처럼 이 천신은 단지 삼매에 들어 감각적 욕망을 억압하는 것만을 말했을 뿐 실제로 뿌리 뽑지는 못했다는 것이다. 그래서 오히려 세존께서는 감각적 욕망을 완전히 제거하는 불환자보다 더 낮은 단계이면서 성자의 첫 번째 단계인 예류자가 되는 가르침, 즉 유신견의 제거를 통해 그 천신을 교화하셨다는 것이다.
오직 삼매에 들어 있는 순간에만 억압된 오염원들로부터 벗어난 이런 경지를 '일시적인 해탈(sāmāyika vimutti)'이라고 한다. 일시적인 해탈에 대해서는 본서 「고디까 경」(S4:23) §2와 이에 대한 주해와, 『앙굿따라 니까야』 제3권 「일시적 해탈 경」 1(A5:149) §1의 주해를 참조할 것.
판본에 대한 고찰은 보디 스님 357쪽 40번 주해를 참조할 것.

111) [ ] 안은 주석서를 참조해서 넣은 것이다. 앞의 '닿음(phusanta)'은 업(kamma)을 짓는 것을 말하고 뒤의 닿음은 그 과보(vipāka)를 받는 것을 말한다.(SA.i.48~49)

112) 이 게송은 사리뿟따 존자와 목갈라나 존자를 근거 없이 심하게 비방하다가 죽어 지옥에 떨어진 꼬깔리까 비구에 관계된 게송으로, 『숫따니빠따』(Sn.

엉킴 경(S1:23)

Jaṭā-sutta

2. [천신]

"안의 엉킴이 있고, 밖의 엉킴도 있습니다.
사람들은 엉킴으로 뒤얽혀 있습니다.
고따마시여, 당신께 그것을 여쭈오니
누가 이 엉킴을 풀 수 있습니까?"113) {55}

3. [세존]

"통찰지를 갖춘 사람은 계에 굳건히 머물러서
마음과 통찰지를 닦는다.
근면하고 슬기로운 비구는 이 엉킴을 푼다.114) {56}

---

127) {662}로도 나타난다. 꼬깔리까 비구에 대한 자세한 일화는 본서 「꼬깔리까 경」 2(S6:10 = 『앙굿따라 니까야』 「꼬깔리까 경」(A10:89)에 나타나고 있으므로 참조할 것. 이 경에는 본 게송이 나타나지 않는다.

113) 본 게송은 『청정도론』 제1장에서 『청정도론』의 시작 게송으로 인용된 잘 알려진 게송이다. 본 게송에 대한 『청정도론』의 설명을 인용한다.
"엉킴(jaṭā)은 갈애의 그물과 동의어이다. 그것은 형색[色, rūpa] 등의 대상들에서 아래위로 계속해서 일어나기 때문에 서로 꼬여 있다는 뜻에서 엉킴이라 한다. 마치 대나무 덤불 등에서 가지들이 그물처럼 얽혀 있는 것을 엉킴이라 부르듯이 그것은 자신의 네 가지 필수품과 다른 사람의 필수품에 대해, 자기 자신과 다른 사람에 대해, 안의 감각장소[處]와 밖의 감각장소에 대해 일어나기 때문에 안의 엉킴과 밖의 엉킴이라 한다. 이와 같이 일어나기 때문에 사람들은 엉킴으로 뒤얽혀 있다.
마치 대나무 덤불 등이 대나무 가지들로 뒤얽혀 있듯이 중생의 무리라 불리는 모든 유정들이 이 갈애의 그물에 뒤얽혀 있다. 그것에 의해 한데 얽혀 있고, 서로 꼬여 있다는 뜻이다. 이와 같이 뒤얽혀 있기 때문에 '고따마시여, 당신께 그것을 여쭙니다.'라고 그것을 여쭙고 있다. '이와 같이 삼계를 얽어두는 엉킴을 누가 풀 수 있습니까? 즉, 누가 이것을 풀 능력이 있습니까?'라고 그 [천신]은 질문하고 있다."(『청정도론』 I.1)

114) 본 게송도 『청정도론』의 모두(冒頭)에 앞의 천신의 질문과 함께 나타나고 있다. 『청정도론』의 방대한 내용은 계·정·혜 삼학을 표방하고 있는 본 게

탐욕과 성냄과 무명이 빛바래고
번뇌 다한 아라한들이 이러한 엉킴을 푼다. {57}

정신·물질 남김없이 소멸하는 곳
부딪힘[의 인식도 남김없이 소멸하고]
물질의 인식까지 남김없이 소멸하는
여기서 그 엉킴은 잘려지도다."115) {58}

송을 설명하는 형식으로 전개되고 있다. 『청정도론』에 나타나는 본 게송에 대한 간략한 설명을 인용한다.
"여기서 이것이 [게송의] 간략한 설명이다. 계에 굳건히 머물러서: 계에 머물러서. 계를 철저히 봉행하는 자를 여기서 계에 머무는 자라 부른다. 그러므로 계를 철저히 수지하여 계에 굳건히 머문다는 것이 여기서의 뜻이다. 사람: 중생이다. 통찰지를 갖춘: 세 가지 원인을 가진 재생연결을 통해 업에서 생긴 지혜를 가진. 마음과 통찰지를 닦는다: 삼매와 위빳사나를 닦는다. 여기서 마음이라는 제목 아래 삼매를 서술했고, 통찰지라는 이름으로 위빳사나를 서술했다.
근면한 자: 정진하는 자. 왜냐하면 정진은 오염원들을 말려버리고(ātāpana) 태워버린다(paritāpana)는 뜻에서 열(ātāpa)이라 부른다. 그것을 가진 자가 근면한 자(ātāpī)다. 슬기로운 자: 슬기로움을 일러 통찰지라 한다. 그것을 갖춘 자라는 뜻이다. 이 단어는 깨어 있는 통찰지를 나타낸다. 질문에 대답하는 이 [게송]에서는 이처럼 세 번의 통찰지가 언급되고 있다. 그 가운데서 첫 번째는 태어나면서부터 가진 통찰지(jāti-paññā)이고, 두 번째는 위빳사나의 통찰지(vipassanā-paññā)이고, 세 번째는 모든 일을 주도하는 깨어 있는 통찰지(pārihārika-paññā)이다.
윤회에서(saṁsāre) 두려움을(bhayaṁ) 보기(ikkhati) 때문에 비구(bhikkhu)라 한다. 그가 이 엉킴을 푼다. ① 계와 ② 마음이라는 제목 아래 표현된 삼매(定)와 ③-⑤ 세 가지의 통찰지(慧)와 ⑥ 근면함이라는 이런 여섯 가지 법을 갖춘 비구는 마치 사람이 땅 위에 굳게 서서 날카롭게 날을 세운 칼을 잡고 큰 대나무 덤불을 자르는 것처럼 할 것이다. 즉 그는 계의 땅 위에 굳게 서서, 삼매의 돌 위에 [갈아] 날카롭게 날을 세운 위빳사나 통찰지의 칼을, 정진의 힘으로 노력하였기 때문에 깨어 있는 통찰지의 손으로 잡아, 자기의 상속에서 자란 갈애의 그물을 모두 풀고 자르고 부수어버릴 것이다. 그는 도의 순간에 엉킴을 푼다고 한다. 그는 과의 순간에 엉킴을 푼 자가 되어 신을 포함한 세상에서 최상의 공양을 받을만한 자가 된다."(『청정도론』 I.7)

마음의 고삐 경(S1:24)

Manonivāraṇā-sutta

2. [천신] [14]

"어떠한 마음[意]116)이건 고삐를 죄면

거기서 괴로움은 오지 않다네.

모든 곳에서 마음의 고삐를 죄면

모든 괴로움에서 해탈합니다." {59}

3. [세존]

"마음[意]이 이미 잘 제어되어 있다면

모든 곳에서 마음 고삐 죌 필요는 없으리.

그에게서 사악함이 생겨나올 때

그런 때에 마음 고삐 죄어야 하리."117) {60}

---

115) "'정신(nāma)'이란 네 가지 정신의 무더기(수·상·행·식)이다. '부딪힘의 인식과 물질에 대한 인식(paṭighaṁ rūpasaññā ca)'에서 '부딪힘의 인식'이라는 문구는 욕계(kāma-bhava)를 말했고, '물질에 대한 인식'이라는 문구는 색계(rūpa-bhava)를 말했다. 이 둘을 취함으로써 무색계(arūpa-bhava)도 포함되었다. '여기서 그 엉킴은 잘려진다(etthesā chijjate jaṭā).'는 것은 여기 삼계윤회가 끝나는 이곳(pariyādiyana-ṭṭhāna)에서 이 엉킴은 잘려진다는 말이다. 열반에 도달한 뒤 잘려진다, 소멸된다는 뜻을 보이신 것이다." (SA.i.50)

116) 여기서 '마음[意]'은 mano를 옮긴 것이다. 본서 전체에서 mano는 마노[意]로 옮기고 있지만 여기서처럼 문맥상 마음[意]으로 옮긴 곳도 있다. 마음[心]과 마노[意]의 차이에 대해서는 본서 제3권 해제 §3-(2)-⑤를 참조할 것.

117) 주석서에 의하면 이 천신은 유익한(kusala) 마음이건 해로운(akusala) 마음이건, 세간적인(lokiya) 마음이건, 출세간적인(lokuttara) 마음이건, 모든 경우에 다 고삐를 죄어서(nivāretabba) 마음이 일어나지 않게 해야 한다(uppādetabba)고 생각하고 있었다고 한다. 복주서는 여기에 대해서 이 천신은 어떤 마음이든 일어나면 그것은 다 괴로움을 가져오기 때문에 무의식 상태(acittaka-bhāva)가 더 낫다고 생각하고 있었다고 설명을 첨가하고 있다.(SA.i.50)

아라한 경(S1:25)

Arahanta-sutta

2. [천신]

"번뇌가 다하여서 아라한 되고
마지막 몸을 받아 가진 비구가
'나는 말을 한다.'거나 '그들이 내게 말한다.'고
이렇게 말할 수가 있사오리까?"118) {61}

3. [세존]

"번뇌가 다하여서 아라한 되고
마지막 몸을 가진 비구라 할지라도
'나는 말을 한다.'거나 '그들이 내게 말한다.'고
그렇게 말을 할 수 있는 것이라.
세상에서 통용되는 언어 두루 잘 알아서
능숙한 그 사람이 일상적인 어법으로
세상의 일상적인 말을 하는 것이라."119) {62}

여기에 대해 세존께서는 '이 천신은 벗어남으로 인도하지 않는 말(aniyyānika-kathā)을 하고 있다. 마음은 고삐를 죄어야 할 마음도 있고, 닦아야 할(bhāvetabba) 마음도 있다.'라고 생각하시면서 이 두 번째 게송을 말씀하신 것이다.(*Ibid*) 마음의 고삐를 죄는 것에 대해서는 본서 제4권 「류트 비유 경」(S35:246) §3을 참조할 것.

118) 주석서에 의하면 이 천신은 숲에 사는 신이다. 그는 숲에 머무는 비구들이 '나는 먹는다, 나는 앉는다, 내 발우, 내 가사' 등의 표현을 하는 것을 듣고 생각하기를, '나는 이 비구들이 번뇌 다한 아라한들이라고 생각하고 있었다. 그런데 어떻게 번뇌 다한 자들이 자아를 상정하는 것을 의지한 이야기(att-upaladdhi-nissita-kathā)를 할 수 있는가? 참으로 그럴 수는 없지 않은가?'라고 하면서 세존께 가서 이 게송을 읊었다고 한다.(SA.i.51)

119) "'능숙한 자(kusala)'란 오온 등에 능숙한 자이다.
'세상에서 통용되는 언어(loke samañña)'란 세상에서 통용되는 표현(loka-

4. [천신]

"번뇌가 다하여서 아라한 되고
마지막 몸을 받아 가진 비구가
'나는 말을 한다.'거나 '그들이 내게 말한다.'고
자만 가져 말할 수가 있사오리까?"120) {63}

5. [세존]

"자만 버린 자에게 매듭이란 없으니
그에게서 자만과 매듭121) 모두 흩어졌기 때문이라.

---

nirutti), 세상에서 통용되는 일상적인 어법(loka-vohāra)이다. '다만 일상적 어법으로 일상적인 말을 한다(vohāramattena so vohareyya).'는 것은 자아를 상정하는 것을 의지한 이야기는 버리지만 일상적인 어법을 깨는 것(vohāra-bheda)을 범하지 않고 단지 '나, 내 것' 등으로 표현한다. 만일 '오온이 먹는다, 오온이 앉는다, 오온의 발우, 오온의 가사' 등으로 말하면 일상적인 어법을 깨어버린 것이 되어서 누구도 알아듣지 못한다. 그러므로 이렇게 말하지 않고 일상적인 어법으로 일상적인 말을 하는 것이다."(SA.i.51)

『디가 니까야』 「뽓타빠다 경」(D9)에서도 세존께서는 "찟따여, 이런 것들은 세상의 일반적인 표현이며 세상의 언어이며 세상의 인습적 표현이며 세상의 개념이다. 여래는 이런 것을 통해서 집착하지 않고 표현할 뿐이다." (D9 §53)라고 말씀하고 계신다. 중요한 것은 번뇌가 다했는가, 유신견으로 대표되는 자아관념을 척파하였는가에 있지 그 표현법에 있는 것은 아닐 것이다.

120) 주석서는, 아라한들이 그렇게 말하는 것은 [자아가 있다는] 견해를 가졌기 때문은 아니라 하더라도 그들은 [내가 있다는] 자만(māna)을 가졌기 때문이 아닌가 하고 천신은 세존께 질문을 드리고, 세존께서는 번뇌 다한 아라한에게는 아홉 가지 자만이 없다고 대답하고 계신다고 설명하고 있다.(SA.i.51)

121) "'자만과 매듭'으로 옮긴 원어는 māna-gantha라는 복합어이다. 주석서는 이것을 'mānā ca ganthā ca assa'라고 병렬복합어[相違釋, dvandva]로 풀이하고 있어서(SA.i.51~52) 이렇게 옮겼다. 문장으로 봐서는 자만의 매듭(mānassa ganthā)이라고 옮겨도 좋을 듯하지만 교학적으로 자만의 매듭이란 것은 존재하지 않기 때문에 주석서는 이렇게 풀이한 것이다. 자만은 열 가지 족쇄중의 하나이다. 일반적으로 매듭은 네 가지인데 그것은 간탐의

그 현자는 모든 망상 이미 넘어섰지만[122)]
'나는 말을 한다.'거나 [15] '그들이 내게 말한다.'고
그렇게 말을 할 수 있는 것이라.
세상에서 통용되는 언어 두루 잘 알아서
능숙한 그 사람이 일상적인 어법으로
세상의 일상적인 말을 하는 것이라." {64}

광채 경(S1:26)

Pajjota-sutta

2. [천신]
"세상에는 얼마나 많은 광채가 있어
그것으로 세상은 빛이 납니까?
저희가 이것을 어떻게 알아야 할지
저희는 존자께 여쭈러 왔습니다." {65}

3. [세존]
"세상에는 네 가지 광채가 있나니

몸의 매듭, 악의의 몸의 매듭, 계율과 의례의식에 대한 취착의 몸의 매듭, 이것만이 진리라는 독단적인 신조의 몸의 매듭이다.(본서 제5권 「매듭 경」(S45:174) 참조)
한편 『쿳다까 니까야』의 『여시어경』(It.4)에도 māna-gantha가 나타나는데 여기서는 소유복합어[有財釋, bahuvrīhi]로 나타난다. 즉 자만의 매듭을 가진 사람들(pajā)을 나타내고, 『여시어경 주석서』는 "자만에 의해서 묶여진 사람들, 혹은 자만의 족쇄에 채워진 사람들(mānena ganthitā māna-saṁyojanena saṁyuttā)"(ItA.55)로 풀이하고 있다.

122) "'망상을 넘어섰다(vītivatto maññataṁ).'는 것은 갈애, 견해[邪見], 자만(taṇhā-diṭṭhi-māna)의 망상(maññana)을 넘어섰다, 건넜다(atikkanta)는 뜻이다."(SA.i.52)
판본 고찰에 대해서는 보디 스님 360쪽 51번 주해를 참조할 것. 역자가 택한 maññataṁ은 Be를 따랐다.

다섯 번째 광채란 존재하지 않노라.[123)]
낮에는 저 태양이 빛나고 있고
밤에는 저 달 역시 비추고 있네. {66}

불이 있어 밤낮없이 빛을 발하나
완전하게 깨달은 그 자야말로
빛나는 것 가운데 으뜸이로니
이 광명은 위없는 밝은 것이라."[124)] {67}

흐름 경(S1:27)

Sarā-sutta

2. [천신]
"흐름은 어디에서 자취 감추고[125)]
회전은 어디에서 멈추어 서며
정신과 물질 또한 어느 곳에서
그것은 남김없이 소멸합니까?" {68}

3. [세존]
"물과 땅, 불과 바람, 굳게 확립 못하는 곳

---

123) 『앙굿따라 니까야』「광채 경」(A4:145)에서도 달의 광채, 태양의 광채, 불의 광채, 통찰지의 광채의 넷을 들고 있다.

124) "'이 광명(esā ābhā)'이란 부처님의 광명(Buddh-ābhā)을 말한다. 왜냐하면 지혜(ñāṇa)의 광명이건, 희열(pīti)의 광명이건, 청정한 믿음(pasāda)의 광명이건, 설법(dhamma-kathā)의 광명이건, 이 모든 광명은 부처님들이 출현(pātubhāva)하심으로서 생겼기 때문이다."(SA.i.52)

125) "여기서 '흐름(sarā)'이란 윤회의 흐름(saṁsāra-sarā)이다. 이 윤회의 흐름은 어디에 이르러, 즉 어떤 원인으로 사라지고 그 자취를 감추는지를 묻고 있다."(SA.i.52)

거기에서 흐름은 자취 감추고
거기에서 회전은 멈추어 서며
거기에서 정신 · 물질 남김없이 소멸하네."[126] {69}

큰 재산 경(S1:28)
Mahaddana-sutta

2. [천신]
"큰 재산 가졌고 큰 재물 가졌으며
왕국 가진 끄샤뜨리야들 조차도
서로가 서로의 [재화를] 탐하나니
감각적 욕망에 물릴 줄을 모릅니다. {71}[127]

---

126) "'거기에서'란 열반(nibāna)을 말한다."(SA.i.52)
본경의 질문과 부처님의 대답은 『디가 니까야』 「께왓다 경」(D11) §85에 나타나는 다음 질문과 대답과 유사하다.

[질문] '어디서 물과 땅과 불과 바람은 굳건히 서지 못하며,
어디서 길고 짧고 미세하고 크고 아름답고 더러운 것과,
어디서 정신과 물질은 남김없이 소멸합니까?'

[대답] '[열반이라는] 특별한 경지는 볼 수 없고 무한하며
모든 곳으로부터 [도달하게 되는] 성소의 계단을 가졌다.
여기서 물과 땅과 불과 바람은 굳건히 서지 못하며
여기서 길고 짧고 미세하고 크고 아름답고 더러운 것과,
여기서 정신과 물질은 남김없이 소멸한다.
알음알이가 소멸하면 남김없이 소멸한다.'

자세한 것은 「께왓다 경」(D11) §67 이하와 그곳의 주해들을 참조할 것.

127) Ee2는 본 게송 앞에 {70}을 새로 첨가하고 있다. 그러나 이것은 북부 태국에서 발견된 두 개의 Lanna 필사본에만 나타나고 있을 뿐 다른 어떤 『상윳따 니까야』 필사본에도 나타나지 않는다고 한다. 그리고 본경의 문맥과도 어울리지 않으며 더군다나 주석서도 복주서도 아무 언급이 없다. 보디 스님도 옮기지 않고 있으며 역자도 생략하였다. 여기에 대한 논의는 보디 스님 361쪽 53번 주해를 참조할 것.

존재의 흐름 속에 휩쓸려 가는[128]
게걸스런 이런 자[129] 가운데에서
누가 있어 욕탐을 버렸습니까?
게걸스럽지 않은 자[130] 누구입니까?" {72}

3. [세존]
"집과 함께 사랑스런 아들도 버리고
가축도 버린 뒤에 집 없이 출가하여
탐욕·성냄 버리고 무명까지 빛이 바랜
번뇌 다한 아라한들 여기에 있으니
그들이 세상에서 게걸스럽지 않도다." {73}

네 바퀴 경(S1:29)

Catucakka-sutta

2. [천신] [16]
"네 개의 바퀴와 아홉 개의 문을 가져
탐욕으로 채워졌고 꽁꽁 묶여 있으며
진흙에서 생겨나왔습니다, 대웅이시여.
여기서 어떻게 벗어날 수 있나이까?"[131] {74}

---

128) "즉 윤회의 흐름(vaṭṭa-sota)을 좇아가는 자를 말한다."(SA.i.52)

129) '게걸스런 자'는 ussukka-jāta를 옮긴 것이다. ussuka는 여기서처럼 부정적인 의미로도 나타나고 본서 제4권 「이시닷따 경」 1(S41:2) §12에서처럼 '성심을 다해(ussukkaṁ)'라는 긍정적인 의미로도 쓰인다.
본 게송에 대한 여러 가지 판본 고찰은 보디 스님 361쪽 53번 주해를 참조할 것.

130) "'게걸스럽지 않은 자(anussukā)'란 자유인(avāvaṭā)을 말한다."(SA.i.52)

131) "'네 개의 바퀴(catu-cakka)'란 네 가지 자세(catu-iriyāpatha, 걷고 서고

3. [세존]

"채찍과 가죽 끈132)을 자르고
소망과 탐욕을 끊어 버리며
갈애를 뿌리째 뽑아버리면
여기서 벗어날 수 있노라." {75}

사슴 장딴지 경(S1:30)133)

Enijaṅgha-sutta

2. [천신]

"사슴 장딴지를 가졌고134) 날씬하고 용감하며

앉고 눕는 것 = 행·주·좌·와)를 말한다. '아홉 개의 문(nava-dvāra)'은 눈, 귀, 코, 입, 항문, 성기를 뜻한다."(SA.i.53)
"'진흙에서 생겨나온 것(paṅka-jāta)'이란 이 몸은 어머니의 자궁(mātu-kucchi)이라 불리는 더러운 진흙탕에서 생겼기 때문이고, 머리털 등의 더러운 진흙탕이 생겨나기 때문이다.(SAṬ.i.86)

132) "'채찍(naddhi)'이란 증오(upanāha)이니 처음에는 분노(kodha)가 되었다가 나중에는 증오가 된다. 이처럼 강한 분노(balava-kodha)를 뜻한다. '가죽 끈(varatta)'이란 "채찍과 가죽 끈과 밧줄을 차례대로 자르고"(Dhp.57; Sn.120)라는 게송에서 갈애(taṇhā)를 뜻한다. 밧줄(sandāna)은 견해를 말한다. 그러나 본 게송에서는 나머지 오염원(kilesa)들을 가죽 끈이라고 알아야 한다.
'소망과 탐욕(icchā lobha)'에서 소망은 처음에 생긴 힘이 약한 것(dub-balā)이고 나중에 전개되는 강한 것(balavā)이 탐욕이다. 혹은 얻지 못한 것을 원하는 것(aladdha-patthanā)이 소망이고 얻은 대상(paṭiladdha-vatthu)을 [움켜쥐는 것이] 탐욕이다.
'갈애를 뿌리째(samūlaṁ taṇhaṁ)'라고 한 것은 무명을 뿌리로 하는(avijjā-mūla) 갈애를 뜻한다. '뽑아버린다(abbuyha).'는 것은 아라한 도(agga-magga)로써 뽑아버리는 것을 말한다."(SA.i.53)

133) 본경의 두 게송은 『숫따니빠따』(Sn.30) {165~166}으로도 나타난다.

134) '사슴 장딴지를 가짐(eṇi-jaṅgha)'은 서른두 가지 대인상[三十二相, dva-ttiṁsa-mahāpurisa-lakkhaṇāni] 가운데 11번째 상이다. 32상에 대해서

음식을 적게 먹고 탐욕이 없고
사자나 코끼리처럼 혼자 다니고
감각적 욕망에는 관심이 없으신 분
그 분을 친견하여 저희들은 여쭙니다.
어떻게 해서 괴로움에서 해탈합니까?" {76}

3. [세존]
"세상에는 다섯 가닥 감각적 욕망이 있고
마음[意]이 여섯 번째라 알려졌나니
여기에 대한[135] 욕구[136]를 빛바래버리면
이렇게 해서 괴로움에서 해탈하노라." {77}

제3장 칼 품이 끝났다.

세 번째 품에 포함된 경들의 목록은 다음과 같다.

① 칼 ② 닿음 ③ 엉킴 ④ 마음의 고삐 ⑤ 아라한
⑥ 광채 ⑦ 흐름 ⑧ 큰 재산 ⑨ 네 바퀴 ⑩ 사슴 장딴지이다.

는 『디가 니까야』 「삼십이상경」(D30)을 참조할 것.

135) "'여기에 대한(ettha)'이란 이 정신·물질[名色, nāma-rūpa]에 대한이라는 말이다. 즉 다섯 가닥의 감각적 욕망(pañca-kāma-guṇa)을 통해서 물질(색, rūpa)을 설하셨고 마음[意, mano]으로 정신(명, nāma = 수·상·행·식의 4온)을 설하신 것이다. 그러므로 이 둘을 합하여 [욕구, chanda]의 토대(bhumma)는 바로 오온이라고 적용시켜야 한다."(SA.i.54)

136) '욕구'는 chanda를 옮긴 것이다. 역자는 chanda를 문맥에 따라 크게 두 가지로 옮기고 있다. 네 가지 성취수단[四如意足, iddhi-pāda]과 네 가지 바른 노력[四正勤, sammap-padhāna]에서는 열의로 그 외는 대부분 욕구로 옮긴다.(네 가지 성취수단에 대해서는 본서 제6권 「이 언덕 경」(S51:1)과 §3의 주해를, 네 가지 바른 노력에 대해서는 제5권 「동쪽으로 흐름 경」(S49:1) §3과 주해를 참조할 것.) chanda의 번역에 대해서는 본서 제5권 「분석 경」 2(S48:10) §5의 주해를 참조할 것.

제4장 사뚤라빠 무리 품

Satullapakāyika-vagga

참된 자들과 함께 경(S1:31)

Sabbhi-sutta

2. 그때 많은 사뚤라빠 무리의 천신들137)이 밤이 아주 깊었을 때 아주 멋진 모습을 하고 제따 숲을 환하게 밝히면서 세존께 다가갔다. 다가가서는 세존께 절을 올린 뒤 한 곁에 섰다. [17] 한 곁에 선 어떤 천신은 세존의 면전에서 이 게송을 읊었다.

"참된 자들과 교제해야 하고
참된 자들과 어울려야 합니다.
참된 자들의 정법을 원만하게 알면

---

137) '사뚤라빠 무리의 천신들(Satullapakāyikā devatā)'은 문자 그대로 선한 사람들(sata)을 칭송하는(ullapa) 무리(kāyika)의 천신들이다. 주석서에 의하면 이들은 선한 사람들의(stataṁ) 법(dhamma)을 받들어 행하여(samā-dāna, 복주서는 귀의하고 오계를 지키는 등의 실천이라고 설명하고 있음) 그분들의 법을 칭송한 뒤(uppapetvā) 천신으로 태어났기 때문에 붙여진 이름이라고 한다.(SA.i.54) 사뚤라빠 무리의 천신들에 얽힌 이야기를 주석서는 다음과 같이 적고 있다. 요약하면 다음과 같다.
한때 700명의 해양 무역을 하던 상인들(samudda-vāṇijā)이 배(nāvā)로 바다를 건너다가 무시무시한 폭풍을 만났다. 배가 전복되자 상인들은 모두 그들이 믿는 신들에게 광적으로 기도를 올렸지만 한 상인은 요가 수행자(yogi)처럼 가부좌를 한 채 태연히 앉아있었다. 감명을 받은 상인들이 그 이유를 묻자 그는 삼귀의와 오계를 지키기 때문에 두려워할 필요가 없다고 대답했다. 그래서 그들도 모두 그 상인을 스승(ācariya)으로 하여 삼귀의와 오계를 받아서 편안한 마음으로 임종을 하였다. 그 결과 그들은 삼귀의와 오계를 준 상인을 우두머리로 하여 하나의 무리가 되어 즉시에 삼십삼천에 재생하였다. 그래서 그들은 그 우두머리를 칭송하기 위해 세존께 다가와 이런 게송을 읊었다고 한다.(SA.i.54~55)

향상하고 나빠지지 않게 됩니다."[138] {78}

3. 그러자 다른 천신이 세존의 면전에서 이 게송을 읊었다.

"참된 자들과 교제해야 하고
참된 자들과 어울려야 합니다.
참된 자들의 정법을 원만하게 알면
통찰지를 얻나니 다른 사람에게서는 얻지 못합니다."[139] {79}

4. 그러자 다른 천신이 세존의 면전에서 이 게송을 읊었다.

"참된 자들과 교제해야 하고
참된 자들과 어울려야 합니다.
참된 자들의 정법을 원만하게 알면
슬퍼하는 자들 가운데서 슬퍼하지 않습니다." {80}

5. 그러자 다른 천신이 세존의 면전에서 이 게송을 읊었다.

"참된 자들과 교제해야 하고
참된 자들과 어울려야 합니다.
참된 자들의 정법을 원만하게 알면
친척들 가운데서 빛이 납니다." {81}

---

138) "'참된 자들(sataṁ)'이란 부처님 등과 같은 선한 사람(sappurisa)들이다. '정법(正法, saddhamma)'이란 오계, 십계, 네 가지 마음챙김의 확립 등으로 구분되는 바른 법이다. 여기서는 오계를 말한다."(SA.i.55)

139) "'다른 사람에게서는 얻지 못한다(na aññato).'는 것은 모래(vālika) 등에서 참기름(tela) 등을 얻을 수 없는 것처럼 다른 미혹하고 어리석은 자를 통해서는 통찰지를 얻지 못한다는 말이다. 그러나 참깨(tila) 등에서 참기름 등을 얻듯이 선한 사람들의 법을 알아 지자(paṇḍita)를 섬기고 예배하면서 얻어진다는 뜻이다."(SA.i.55)

6. 그러자 다른 천신이 세존의 면전에서 이 게송을 읊었다.

"참된 자들과 교제해야 하고
참된 자들과 어울려야 합니다.
참된 자들의 정법을 원만하게 알면
중생들은 선처에 태어납니다." {82}

7. 그러자 다른 천신이 세존의 면전에서 이 게송을 읊었다.

"참된 자들과 교제해야 하고
참된 자들과 어울려야 합니다.
참된 자들의 정법을 원만하게 알면
중생들은 안락하게 지냅니다." {83}

8. 그때 어떤 천신이 세존께 이렇게 여쭈었다.
"세존이시여, 누구의 말이 잘 말한 것입니까?"

9. "그대들 모두 방편적으로 좋은 말을 하였다. 그러나 나의 말도 들어보라."

"참된 자들과 [18] 교제해야 하고
참된 자들과 어울려야 하리.
참된 자들의 정법을 원만하게 알면
모든 괴로움에서 해탈하리라." {84}

10. 세존께서는 이렇게 말씀하셨다. 그 천신들은 마음이 흡족해져서 세존께 절을 올리고 오른쪽으로 [세 번] 돌아 [경의를 표한] 뒤에 물러갔다.140)

인색 경(S1:32)

Macchari-sutta

2. 그때 많은 사뚤라빠 무리의 천신들이 밤이 아주 깊었을 때 아주 멋진 모습을 하고 제따 숲을 환하게 밝히면서 세존께 다가갔다. 다가가서는 세존께 절을 올린 뒤 한 곁에 섰다. 한 곁에 선 어떤 천신은 세존의 면전에서 이 게송을 읊었다.

"인색하고 방일하여 보시를 베풀지 않습니다.141)
공덕을 바라고 아는 자는 보시를 해야 합니다."142) {85}

3. 그러자 다른 천신이 세존의 면전에서 이 게송들을 읊었다.

"인색한 자 두려워서 베풀지 않으니

---

140) 본 문단(§10)은 Ee1&2에는 나타나지 않는다. Be와 Se에는 나타나고 있어서 옮겼다.

141) "자신의 번영을 숨기려는(atta-sampatti-nigūhana) 특징을 가진 '인색함(macchera)'과 마음챙김이 없는(sati-vippavāsa) 특징을 가진 '방일함(pamāda)' 때문에 명예를 가져다주고, 영광을 가져다주고, 번영을 가져다주고, 행복을 가져다주는 '보시(dāna)'를 하지 않는다는 뜻이다."(SA.i.58)

142) "'공덕을 바라는(puññaṁ ākaṅkhamāna)'이란 것은 이전의 의도(pubba-cetana) 등으로 분류되는 공덕을 바라는 것을 말하고, '앎(vijānatā)'은 보시에는 반드시 결실이 있다고 아는 것을 말한다."(SA.i.58)
여기서 '공덕(puñña)'이란 위의 「휩쓸려감 경」(S1:3) {3}d의 주해에서 보듯이 禪(jhāna)을 뜻한다. 그곳의 주석서에 의하면 이러한 공덕은 세 가지 의도(cetanā)로 분류되는데 그것은 이전의 의도(pubba-cetanā), 나중의 의도(apara-cetanā), 해방의 의도(muñca-cetanā)이다.(SA.i.23) 그곳의 복주서는 이 셋을 다음과 같이 설명한다.
"이 가운데서 '이전의 의도'란 근접삼매(upacāra-jjhāna)의 의도를 말하고, '나중의 의도'란 자유자재가 된 상태(vasībhāv-āpādana)와 나중에 禪에 들어서(samāpajjana) 생겨난 [삼매의] 증득[等至, samāpatti]이라는 의도를 말하고, '해방의 의도'란 오염원들을 억압한 뒤 일어난 첫 번째 본삼매(paṭham-appanā)의 의도를 말한다."(SAṬ.i.65)

그 두려움은 베풀지 않은 자의 것입니다.
인색한 자가 두려워하는 배고픔과 목마름은
어리석은 그를 이 세상과 저 세상에서 성가시게 합니다. {86}

그러므로 인색함을 길들이고
더러움을 극복하여 베풀어야 합니다.
공덕은 저 세상에 [가서도]
생명가진 자들의 지주가 됩니다." {87}

4. 그러자 다른 천신이 세존의 면전에서 이 게송을 읊었다.

"먼 길을 같이 떠난 동료들이 하는 것처럼
적은 것이라도 나누어 가지는 자들은
죽은 자들 가운데서도 죽지 않나니143)
이것은 오래된 법칙입니다. {88}

적게 가져도 어떤 자들은 나누어 가지고
많이 가져도 어떤 자들은 베풀려하지 않습니다.
적게 가져도 베푸는 보시는
그 가치가 천 배는 됩니다." {89}

5. 그러자 [19] 다른 천신이 세존의 면전에서 이 게송들을 읊었다.

"베풀기 어려운 것을 [참된 자는] 베풀고
행하기 어려운 것을 [참된 자는] 행하나니

---

143) "여기서 '죽은 자들 가운데(matesu)'라는 것은 베풀지 않는 습성(adāna-sīlatā)이라는 죽음(maraṇa)에 의해서 죽은 자들 가운데라는 뜻이다. 베풀지 않는 습성을 가진 자들의 재물(bhogā)은 죽은 자들의 재물과 같다. 그러므로 보시하는 습성을 가진 자(dāna-sīla)들은 이러한 죽은 자들 가운데서도 죽지 않은 것과 같다는 말이다."(SA.i.58)

참되지 않은 자들은 따라하지 못합니다.
참된 자들의 법은 실로 따르기가 어렵습니다. {90}

그러므로 참된 자들과 참되지 않은 자들의
태어날 그곳은 서로 각각 다릅니다.
참되지 않은 자들은 지옥에 태어나고
참된 자들은 바르게 천상을 향합니다." {91}

6. 그때 어떤 천신이 세존께 이렇게 여쭈었다.
"세존이시여, 누구의 말이 잘 말한 것입니까?"

7. "그대들 모두 방편적으로 좋은 말을 하였다. 그러나 나의 말도 들어보라."

[세존]
"이삭을 주워서 연명을 하더라도 항상 법을 실천하고144)
아내를 부양하며 가진 것이 적더라도 보시를 실천하면
천의 보시물로 베푸는 보시자의 백 천 배의 보시도
이 사람 [보시의] 오직 한 조각에도 미치지 못하도다."145) {92}

---

144) "여기서 '법을 실천하고(dhammaṁ care)'라는 것은 열 가지 유익한 업의 길[十善業道, dasa-kusala-kamma-patha]의 법을 실천하는 것이다."(SA.i.59)

145) "'백 천 배(sataṁ sahassāna)'라는 것은 천의 천 배에 다시 백을 곱한 것이다. '천의 보시물로 보시하는 자(sahassa-yāgi)'란 것은 천명의 비구(bhikkhu-sahassa)에게 보시하거나 천 냥의 돈(kahāpaṇa-sahassa)으로 구입한(nibbattita) 보시물(yāga)로 보시를 하는 자를 말한다. 백 천 배라는 것은 이러한 보시로 10꼬띠(koṭi)의 비구들이나 10꼬띠의 돈으로 음식을 공양하는 것이다. 이러한 보시는 앞의 가난한 사람의 보시의 한 조각(kāla)에도 미치지 못한다고 말한다.
'한 조각(kāla)'이라는 것은 16분의 1도 되고 백 분의 1도 되고 천 분의 1도 된다. 여기서는 백분의 1을 말한다. 이렇게 계산하면 이 보시는 가난한 사람

8. 그러자 다른 천신이 세존께 게송으로 여쭈었다.

"왜 이들의 충만하고 광대한 보시146)가
참된 사람 보시보다 가치 없는 것입니까?
천의 보시물 베푸는 자의 백 천 배의 보시도
참된 자의 한 조각에 왜 미치지 못합니까?" {93}

9. 그러자 세존께서 그 천신에게 게송으로 말씀하셨다.

"어떤 자들은 바르지 못하게 살면서 보시를 행하니
자르고 죽이고 고통 주는 것으로 [보시를 하도다.]
그 보시는 눈물과 폭력으로 얼룩진 그러한 것이니
그러므로 참된 사람 베푼 것에 비하면 가치가 없도다.
천의 보시물 베푸는 이런 자의 백 천 배의 보시도
참된 자의 한 조각에 미치지 못하도다." {94}

좋음 경(S1:33)
Sādhu-sutta

2. 그때 [20] 많은 사뚤라빠 무리의 천신들이 밤이 아주 깊었을 때 아주 멋진 모습을 하고 제따 숲을 환하게 밝히면서 세존께 다가갔다. 다가가서는 세존께 절을 올린 뒤 한 곁에 섰다. 한 곁에 선 어떤 천신은 세존의 면전에서 이 감흥어를 읊었다.

의 보시의 10000꼬띠 분의 1에도 미치지 못한다는 말이다."(SA.i.59) 꼬띠(koṭi)는 중국에서 구지(俱胝)로 음역을 했는데 1꼬띠는 천만을 뜻한다.

146) '보시'로 옮긴 원어는 yañña(제사)인데 문맥에 따라 보시의 뜻으로도 쓰인다. 인도에서 전통적으로 신들에게 행하는 제사는 보시의 개념으로도 쓰인다. 제사 자체가 신들에게 공물을 보시하는 것이며 제사에 동참하는 사제나 여러 사람들에게도 보시를 하기 때문이다.

"세존이시여, 보시란 참으로 좋은 것입니다.

인색하고 방일하여 보시하지 않습니다.
공덕 바라는 지자는 보시해야 합니다."{95}

3. 그러자 다른 천신이 세존의 면전에서 이 감흥어를 읊었다.

세존이시여, 보시란 참으로 좋은 것입니다.
아울러, 적은 것일지라도 보시하는 것은 좋은 것입니다.

적게 가져도 어떤 자들 나누어 가지고
많이 가져도 어떤 자들 베풀려하지 않습니다.
적게 가졌지만 베푸는 보시
그 가치는 천 배는 되는 법입니다." {96}

4. 그러자 다른 천신이 세존의 면전에서 이 감흥어를 읊었다.

"세존이시여, 보시란 참으로 좋은 것입니다.
적은 것일지라도 보시하는 것은 좋은 것입니다.
아울러, 믿음으로 하는 보시도 좋은 것입니다.147)

보시와 전쟁은 같다고 사람들은 말합니다.
적은 수의 참된 사람 많은 것을 정복하기 때문이니
만일 적은 것일지라도 믿음으로 보시하면
이 때문에 저세상에서 행복하게 됩니다." {97}

---

147) "'믿음으로 하는 보시(saddhāya dānaṁ)'란 업(kamma)과 업의 결실(kamma-phala)을 믿고 베푸는 보시를 말한다. … 마치 전쟁에서 몇 안되는 영웅들(vīra-purisā)이 수많은 겁쟁이들을 정복하듯이 믿음 등을 갖춘 자는 적은 것을 보시하더라도 뿌리 깊은 인색함(bahu-macchera)을 쳐부수고 많은 보시의 과보(dāna-vipāka)를 성취하게 된다."(SA.i.60~61)

5. 그러자 다른 천신이 세존의 면전에서 이 감흥어를 읊었다.

"세존이시여, 보시란 참으로 좋은 것입니다.
적은 것일지라도 보시하는 것은 좋은 것입니다. [21]
믿음으로 하는 보시는 좋은 것입니다.
아울러,
법답게 얻은 것을 [법을 얻은] 사람에게
올리는 보시도 좋은 것입니다.148)

법답게 얻은 것을 보시로 베푸는 자
열정과 노력으로 얻은 것을 베푸는 자
죽음의 신149) 영역인 웨따라니 강150)을 건너

---

148) "'법답게 얻은(dhamma-laddha)'이란 법답게 바르게 얻은 재물(bhoga)을 말한다. 여기서 사람(puggala)이란 법을 얻고 법을 증득한 성스러운 사람(성자, ariya-puggala)을 뜻한다. 이처럼 법답게 얻은 재물의 보시를 법을 얻은 성자에게 베푸는 것도 좋은 것이라는 뜻이다."(SA.i.61)
이런 주석서의 설명을 살려서 역자는 '[법을 얻은 분에게]'를 첨가하여 옮겼다.

149) '죽음의 신'은 야마(Yama)를 옮긴 것이다. 야마(Yama)는 중국에서 염라(閻羅)로 음역한 염라왕(Yama-rāja) 혹은 우리에게 익숙한 염라대왕을 뜻하는 죽음의 신이다. 본서 「인색 경」(S1:49) §3의 주해를 참조할 것.
한편 이 염라대왕의 야마(Yama)와 야마천의 Yāma는 다르다. 주석서는 야마천을 "천상의 행복을 얻어서 두루 갖추고 있기 때문에(yātā payātā sampattā) 야마라 한다."(VbhA.519; PsA.441)라고 설명하고 있으며 경들에서는 삼십삼천 바로 위의 천상으로 나타난다. 그러나 Yāma를 Yama의 곡용형으로 이해해서 저열한 곳으로 이해한 곳도 있기는 하다.(KhpA.166)

150) '웨따라니(Vetaraṇī)'는 대지옥(Mahāniraya)에 있는 강의 이름인데 이 강은 독한 가성(苛性)의 물(khāra-udaka)로 되어 있다고 한다. 지옥의 중생들이 이것을 좋은 물인 줄 착각하여 목욕하거나 마시려고 들어가면 강둑에 설치된 날카로운 칼이나 무기에 난도질을 당한다고 한다.(SnA.ii.482)
주석서에 의하면 여기서 웨따라니 강을 언급한 것은 단지 비유를 들기 위한 것(desanā-sīsa-matta)이며 이렇게 법답게 보시하는 자는 이미 31개의 대지옥을 모두 다 건넜다고 설명하고 있다.(SA.i.61)

그 사람은 천상으로 올라가게 됩니다." {98}

6. 그러자 다른 천신이 세존의 면전에서 이 감흥어를 읊었다.

"세존이시여, 보시란 참으로 좋은 것입니다.
적은 것일지라도 보시하는 것은 좋은 것입니다.
믿음으로 하는 보시는 좋은 것입니다.
법답게 얻은 것을 [법을 얻은] 사람에게
올리는 보시는 좋은 것입니다.
아울러, 차별보시151)도 좋은 것입니다.

차별보시를 선서께서는 칭송하셨습니다.
생명 있는 세상에서 보시 받아 마땅한 분들
그분들께 올리는 보시 큰 결실이 있으니
비옥한 들판에 뿌린 씨앗과도 같습니다." {99}

7. 그러자 다른 천신이 세존의 면전에서 이 감흥어를 읊었다.

"세존이시여, 보시란 참으로 좋은 것입니다.

---

151) "'차별보시(viceyya dānaṁ)'에는 두 가지 차별(vicinana)이 있다. 하나는 보시물의 차별(dakkhiṇā-vicinana)이고 다른 하나는 보시물을 받는 자의 차별(dakkhiṇeyya-vicinana)이다. 저급한(lāmaka) 공양물(paccaya)은 제쳐두고 뛰어난 것(paṇīta)들만 차별하여 모아서 하는 보시가 보시물의 차별이다. 계행을 구족하지 못한 자나 95종류의 외도(pāsaṇḍa-bheda)들에게 베푸는 것을 제쳐두고 계행 등의 덕을 구족한 불교교단(sāsana)에 출가한 자(pabbajita)들에게 하는 보시가 보시물을 받는 자의 차별이다. 이처럼 두 가지 차별보시가 있다."(SA.i.61~62)
한국 절집에는 '평등공양 차별보시'라는 말이 널리 통용된다. 음식 등을 위주로 한 대중공양은 평등하게 하고 스님들에게 개별적으로 올리는 보시에는 차이가 나도 된다는 말이다. 주석서의 이런 설명을 보면 지금 우리 절집에서 통용되는 '차별보시'는 초기불전과 주석서적인 근거가 있다고 하겠다. 그래서 역자도 차별보시로 옮겼다.

적은 것일지라도 보시하는 것은 좋은 것입니다.
믿음으로 하는 보시는 좋은 것입니다.
법답게 얻은 것을 [법을 얻은] 사람에게
올리는 보시는 좋은 것입니다.
차별보시는 좋은 것입니다.
아울러,
산목숨들에 대해 [폭력을] 제어하는 것도 좋은 것입니다.

산목숨들에 대해 해를 입히지 않고
남의 비난 두려워하여 사악함을 짓지 않네.
두려워함이 칭송되지 만용은 아니오니
참된 자는 비난을 두려워하여
사악함은 결코 짓지 않는 법입니다." {100}

8. 그때 어떤 천신이 세존께 이렇게 여쭈었다. [22]
"세존이시여, 누구의 말이 잘 말한 것입니까?"

9. "그대들 모두 방편적으로 좋은 말을 하였다. 그러나 나의 말도 들어보라.

참으로[152] 보시는 많은 방법으로 칭송되나
보시보다 법의 구절[法句]이 더 뛰어나도다.[153]

---

152) 역자는 Ee1, Be, Se의 saddhā hi(믿음으로 [행한])를 택하지 않고 보디 스님의 제안대로 Ee2와 SS에 나타나는 addhā hi(참으로)를 택해서 이렇게 옮겼다.

153) "보시보다는 열반이라 불리는(nibbāna-saṅkhāta) 법의 구절[法句, dhamma-pada]이 더 뛰어나다."(SA.i.62)
보디 스님은 여기서 dhamma-pada를 '법의 구절'로 해석하는 것보다는 '법의 실천' 혹은 '법을 닦음'(dhamma-paṭipadā)으로 해석하는 것이 더 좋다

이전에도 그 이전에도 참된 사람들이 있어
그들은 통찰지 갖춰 오직 열반을 증득했도다." {101}

있는 것이 아님 경(S1:34)

Nasanti-sutta

2. 그때 많은 사뚤라빠 무리의 천신들이 밤이 아주 깊었을 때 아주 멋진 모습을 하고 제따 숲을 환하게 밝히면서 세존께 다가갔다. 다가가서는 세존께 절을 올린 뒤 한 곁에 섰다. 한 곁에 선 어떤 천신은 세존의 면전에서 이 게송을 읊었다.

"인간에게 욕망이란 항상한 것 아니거늘
원하는 것에 묶여 그들 방일하구나.[154]
그 사람들 죽음의 영역에서 벗어나
돌아오지 않는 경지[155]로 나아가지 못하도다." {102}

는 것을 사례를 들면서 예시하고 있다. 즉 본 게송에 나타나는 dhamma-pada라는 단어는 dhamma-paṭipadā(법을 닦음)에서 운율을 맞추기 위해서 paṭi가 생략된 형태로 보는 것이 좋다는 뜻이다. 문맥상으로도 보시보다는 법을 실천하는 것이 더 뛰어나다는 것이 타당해 보인다.(보디 스님 365쪽 69번 주해 참조) 역자는 원문을 존중하여 '법의 구절'로 직역을 하였다.

154) "'원하는 것들(kamanīyāni)'이란 좋아하는 형색 등 원하는 대상을 말한다. 사람들은 그런 대상에 묶이고(baddha) 방일(pamatta)한다."(SA.i.62)

155) Ee1&2에는 절대분사인 anāgantvā로 나타나지만 다른 여러 본에는 anāgantā로 나타나는데 이 단어는 『앙굿따라 니까야』「족쇄 경」(A2:4:5) 등에서 불환자(anāgāmi)를 설명하는 단어로 나타난다. 역자는 후자 즉 anā-gatā로 읽어서 '다시 돌아오지 않는 경지'로 옮겼다.
"이 말은 삼계윤회라 불리는 죽음의 영역(maccu-dheyya)으로부터 다시는 돌아오지 않는 경지라 불리는(apunāgamana-saṅkhāta) 열반으로 가지 못한다는 뜻이다. 왜냐하면 중생들은 열반으로부터 다시는 돌아오지 않기 때문이다. 감각적 욕망들에 묶이고 방일한 사람들은 그런 [열반에] 도달하지 못한다."(SA.i.62)

3. [다른 신][156]

"욕구 때문에 재난이 생기고 욕구 때문에 괴로움이 생깁니다. 욕구를 길들이면 재난이 길들여지고 재난이 길들여지면 괴로움이 길들여집니다."[157]

4. [세존][158]

"세상에 있는 아름다운 것들이 감각적 욕망이 아니라
의도에서 생긴 애욕이 바로 감각적 욕망일 뿐이네.[159]
아름다운 것들은 세상에 그대로 머물러 있을 뿐
지자는 여기에 대한 욕구를 길들이노라. {103} [23]

분노를 버리고 자만을 내던져야 하고
모든 족쇄 남김없이 건너야 하노라.
정신·물질 집착 않아 아무것도 소유하지 않은 자[160]

---

156) 원문에 따르면 위의 게송 마지막에 ti 가 있으므로 §3은 다른 신의 말로 보는 것이 더 좋으며, 아울러 게송으로 보지 않는 것이 타당하다.(보디 스님 366쪽 71번 주해 참조) 역자는 보디 스님의 이러한 견해를 수용해서 옮겼다.

157) "'욕구(chanda)'란 갈애를 두고 한 말이다. '재난(agha)'이란 오온의 괴로움이다. 즉 갈애라는 욕구 때문에 오온의 괴로움이 생긴다. '욕구를 길들이면 재난이 길들여진다(chanda-vinayā agha-vinayo).'는 것은 갈애를 길들이면 오온이 길들여진다는 말이다. '재난이 길들여지면 괴로움이 길들여진다(agha-vinayā dukkha-vinayo).'는 것은 오온이 길들여지면 윤회의 괴로움(vaṭṭa-dukkha)이 제거된다는 뜻이다."(SA.i.62~63)

158) 원문에 따르면 위의 문장 마지막에도 ti가 나타나므로 다른 사람의 게송으로 보는 것이 타당하다. 내용상으로도 세존의 말씀으로 간주하는 것이 좋다. 보디 스님도 이렇게 옮기고 있다.

159) "'아름다운 것들(citrāni)'이란 아름다운 대상들을 말한다. 의도의 애욕(saṅ-kappa-rāga)이란 '의도에서 생긴 애욕(saṅkappita-rāga)'이다. 이처럼 여기서는 대상으로서의 감각적 욕망(vatthu-kāma)이 아닌 오염원으로서의 감각적 욕망(kilesa-kāma)을 '감각적 욕망'이라 부르고 있다."(SA.i.63)

괴로움은 그를 결코 덮치지 못하노라. {104}

헤아림을 버리고 자만심도 버린 그는
여기 [이 세상에서] 정신·물질에 대한 갈애 자르고
매듭 끊고 근심이 없어 바라는 것 없으니
신들이나 인간들이 여기서나 저 너머서나
천상서나 그 모든 거처에서나
그를 찾아보지만 발견하지 못하도다."161) {105}

5. 모가라자 존자162)가 여쭈었다.163)

"신들이나 인간들이 여기서나 저 너머에서나
여여하게 해탈한 분 보지 못한다 하면

---

160) "'아무것도 소유하지 않은 자(akiñcana)'란 탐욕·성냄·어리석음이라는 그 무엇이 없는 자(rāga-kiñcanādi-virahita)이다."(SA.i.63) 이것은 아라한의 동의어이다. 본서 제4권 「고닷따 경」(S41:7) §12와 주해를 참조할 것.

161) 본 게송은 본서 「사밋디 경」(S1:20) {49}와 동일하다. 그곳의 주해들을 참조할 것.

162) 모가라자(Mogharāja) 존자는 『숫따니빠따』 제5장 「도피안 품」에 나타나는 연로한 바와리(Bāvarī) 바라문의 16명의 제자 가운데 한 사람으로 바라문 출신이었다. 그는 그가 「도피안 품」(Sn5:16/216~217)에서 세존께 드린 질문에 대한 세존의 답변을 듣고 아라한이 되었다고 한다. 그래서 모가라자 존자는 검증(vīmṁsā)만으로 아라한이 된 사람의 본보기로 언급되기도 한다.(SA.iii.256)
그 후 그는 대상이나 염색공이나 옷 만드는 사람들이 버린 거친 천을 거칠게 자르고 거칠게 꿰매고 거칠게 물들여 분소의를 만들어 입었다고 한다. 그래서 『앙굿따라 니까야』 「하나의 모음」(A1:14:4-16)에서 세존께서는 그를 남루한 옷을 입는 자(lūkha-cīvara-dhara)들 가운데서 으뜸이라고 칭찬하고 계신다.

163) 주석서에 의하면 모가라자 존자는 바로 앞의 게송이 그 앞의 게송들과 문맥이 잘 어울리지 않아서(na yathānusandhiṁ gato) 그것을 앞의 게송들과 합치시키기 위해서 이렇게 질문을 드렸다고 한다.(SA.i.63~64)

그들이 예배하는 최상의 인간이요
인간들의 이익을 위하시는 그분을
그들은 어떻게 칭송할 수 있나이까?"164) {106}

6. 세존께서는 "모가라자여."라고 말씀하셨다.

"비구여,165) 그들은 그들이 예배하는
여여하게 해탈한 분 칭송할 수 있느니라.
[사성제] 법 완전하게 알아 의심을 제거한 뒤166)
비구여, 그들 역시 얽힘 건넌 자 되노라." {107}

허점을 찾는 자 경(S1:35)
Ujjhānasaññi-sutta

2. 그때 허점을 찾는 많은 천신167)들이 밤이 아주 깊었을 때 아

---

164) "'그들이 예배하는 최상의 인간이요 인간들의 이익을 위하시는 그분(nar-uttama atthacara narāna)'이라고 하였다. 모든 번뇌 다한 분(khīṇāsava = 아라한)들은 최상의 인간이요 인간들의 이익을 위하는 자들이다. 그러나 여기서 모가라자 장로는 오직 십력(十力)을 갖춘 분(dasa-bala = 부처님)을 두고 이렇게 말한 것이다."
마지막 구절은 평서문으로도 옮길 수 있지만 주석서에서 의문문으로 풀이하고 있다. 보디 스님도 이를 따라서 옮겼고 역자도 이를 따랐다.

165) Be, Se에는 bhikkhū로 나타나는데 주격 복수이다. 보디 스님도 주격 복수로 옮겼다. 그런데 주석서에서 "비구란 모가라자 장로를 말한다(bhikkhūti mogharājattheraṁ ālapati)."(SA.i.64)라고 설명하고 있고, Ee1&2에는 bhikkhu(단수 호격)으로 나타나며, 문맥상으로도 이렇게 보는 것이 타당하여 역자는 단수 호격으로 옮겼다.

166) "'법을 완전하게 알아(aññāya dhammaṁ)'라는 것은 사성제의 법(catu-sacca-dhamma)을 완전하게 안다는 말이다."(SA.i.64)
세존께서는 중생들이 믿음으로 여래를 칭송하는 것도 좋은 일이지만 더 중요한 것은 [사성제의] 법을 이해하고 꿰뚫어서 도와 과를 증득하여 모든 의심을 건너 스스로 해탈한 존재가 되는 것이 더 중요함을 밝히고 계신다.

주 멋진 모습을 하고 제따 숲을 환하게 밝히면서 세존께 다가갔다. 다가가서는 허공에 섰다. [24] 허공에 선 어떤 천신은 세존의 면전에서 이 게송을 읊었다.

"자신의 원 모습은 아주 다른데
실제로 드러냄이 전혀 다른 것이라면
사기꾼168)이 속임수로 돈을 버는 것처럼
그것은 도둑질로 수용하는 것입니다." {108}

3. [다른 천신]
"행하는 대로 말을 해야만 하고
행하지 않는 것은 말해서는 안되리.
말하는 대로 실천하지 않는 자를

---

167) "'허점을 찾는 천신(ujjhānasaññikā devatā)'이라 불리는 천상 세계(deva-loka)가 따로 있는 것은 아니다. 그러나 이 천신들이 여래께서 네 가지 필수품을 수용하는 것(catu-paccaya-paribhoga)을 두고 허점을 찾으러 왔기 때문에 법을 결집한 장로(dhamma-saṅgāhaka-tthera)들이 허점을 찾는 천신이라고 명명한 것이다."(SA.i.64)
이 천신들은 사문 고따마는 비구들에게는 분소의를 입고 탁발음식을 먹고 나무아래 머물고 썩은 오줌으로 만든 약을 사용하는 것으로 만족하는 것을 칭송하지만 자기 스스로는 호사스럽게 산다고 비난을 하고, 매일 법을 설하지만 그의 말과 행동은 서로 어긋난다고 비난하였다고 주석서는 적고 있다.(*Ibid*) 그들이 세존 앞에 나타나지 않고 허공에 서서 말을 하는 것 자체가 세존을 존경하지 않는 태도이기도 하다.

168) 주석서는 '사기꾼(kitavā)'을 새 사냥꾼(sākuṇika)이라고 정의하고 있다. 주석서는 이렇게 설명한다.
"새 사냥꾼은 나뭇가지나 잎사귀 뒤에 자신을 숨기고 있다가 새가 나타나면 잡는다. 이렇게 해서 그는 아내를 부양(dāra-bharaṇa)한다. 사냥꾼이 이와 같이 하여 새고기를 즐기듯이 사기꾼(kuhaka)도 분소의(paṁsukūla)로 자신을 감추고 교묘한 말(kathā-chekatā)로 대중들을 속인다. 이처럼 그가 사용하는 네 가지 필수품들은 모두 도둑질로 얻어서 사용하는 것이 된다."(SA.i.64~65)

지자들은 분명하게 알아본다네." {109}

4. [세존]

"단지 말한 것이나 일방적으로 들은 것만으로
이 굳건한 도닦음으로 나아갈 수 없노라.
현명한 자들은 올곧게 참선하여
마라의 속박에서 해탈하여 머물도다. {110}

현자들은 이 세상의 형태를 잘 알기에
그것 두고 더 이상 논하지 않노라.
구경의 지혜로 알아 완전한 평화 얻은 뒤에
세상에 대한 집착을 모두 다 건넜도다."169) {111}

5. 그러자 그 천신들은 땅으로 내려와 세존의 발에 머리 조아려 절을 올린 뒤 세존께 이렇게 말씀드렸다.

"세존이시여, 저희는 잘못을 범하였습니다. 세존이시여, 저희는 참으로 어리석고 미혹하고 신중하지 못해서 잘못을 범하였습니다. 세존이시여, 세존께서는 이러한 저희가 미래에 [다시 이와 같은 잘못을 범하지 않고] 저희들을 단속할 수 있도록 저희의 잘못에 대한 참회를 섭수하여 주소서."

6. 그러자 세존께서는 미소를 지으셨다.170) 그러자 그 신들은

---

169) "현자들(dhīrā)은 세상의 형태(loka-pariyāya), 즉 형성된 세상(saṅkhāra-loka)의 일어나고 멸함(udaya-bbaya)을 잘 알고 사성제를 잘 알아 오염원을 가라앉혀 세상에 대한 집착을 다 건넜기 때문에 그대 천신들이 말한 것처럼 그렇게 말하지 않는다는 뜻이다."(SA.i.65)
즉 비록 현자들에게 공덕(guṇa)이 있지만 드러내지 않는다. 그래서 그대들이 말한 것처럼 그렇게 현자들은 말하지 않고 없는 것처럼 말한다는 뜻이라고 복주서는 덧붙여 설명하고 있다.(SAṬ.i.108)

더욱 큰 허점을 찾아서 허공으로 올라갔다.

7. 어떤 천신이 세존의 면전에서 이 게송을 읊었다.

"잘못을 드러내는 자들을 두고
받아들여 섭수치 않는 그 자는
안으로 분노 품어 성냄 휩싸여
그는 분명 증오에 묶여 있다네." {112}

8. [세존]
"여기 이 경우에는 잘못이란 없었고
죄과(罪過)를 범한 것이 본래부터 없었으니
증오 역시 이미 만일 가라앉아 버렸다면
이 경우에 그는 결코 비난받지 않도다."171) {113}

9. [천신]
"누가 잘못이 없고
누가 허물이 없으며

---

170) "'미소를 지으셨다(sitaṁ pātvākāsi).'라고 했다. 왜 미소를 지으셨는가? 그 천신들이 [세존께] 어울리는 방법으로 그들의 잘못을 인정하지 않았기 때문이다. 그들은 신들을 포함한 이 세상에서 으뜸가는 인간인 여래를 세속의 요직에 있는 사람(lokiya-mahājana)과 같은 경지쯤으로 여겼기 때문이다. 그래서 세존께서는 '다시 더 이야기를 계속하여 부처의 위력(buddha-bala)을 드러낸 뒤에 그들의 잘못을 인정하게 하리라.'라고 생각하시면서 미소를 지으신 것이다."(SA.i.66)

171) '이 경우에 그는 잘못이 없도다.'는 보디 스님이 채용한 Se의 'tenīdha kusalo siya'를 따라서 옮긴 것이다. Ee1&2와 Be에는 kenīdha kusalo siya로 의문문으로 나타나는데 주석서를 참조해도 의미가 통하게 옮기기가 힘들다.
'비난받지 않도다.'로 옮긴 원어는 kusala(유익함)인데 복주서는 이것의 동의어로 anavajja(비난받지 않음)를 들고 있어서(SAṬ.i.96) 이렇게 옮겼다. 주석서도 본 게송을 정확하게 이해하는 데는 별다른 도움을 주지 못하고 있다.

누가 미혹에 떨어지지 않으며
누가 항상 마음챙기는 현자입니까?" {114} [25]

10. [세존]
"여래요 깨달은 자요 모든 존재를 연민하는 자
그에게는 잘못도 없고 허물 또한 없노라.
실로 그는 미혹에 떨어지지 않으며
그가 바로 항상 마음챙기는 현자이니라. {115}

잘못을 드러내는 자들을 두고
받아들여 섭수치 않는 그 자는
안으로 분노 품어 성냄에 싸여
그는 분명 증오에 묶여 있도다.
나는 그런 증오를 즐기는 자 아니니
그러므로 그대들의 잘못을 섭수하노라." {116}

믿음 경(S1:36)
Saddhā-sutta

2. 그때 많은 사뚤라빠 무리의 천신들이 밤이 아주 깊었을 때 아주 멋진 모습을 하고 제따 숲을 환하게 밝히면서 세존께 다가갔다. 다가가서는 세존께 절을 올린 뒤 한 곁에 섰다. 한 곁에 선 어떤 천신은 세존의 면전에서 이 게송을 읊었다.

"믿음은 인간의 진정한 친구이니
믿음이 없다면 존속할 수 없습니다.
명성과 명예는 이것 때문에 생기고
이것 때문에 몸 버린 뒤 천상에 가게 됩니다." {117}

3. 그러자 어떤 천신이 세존의 면전에서 이 게송을 읊었다.[172)]

"분노를 버리고 자만을 내던져야 하고
모든 족쇄 끊고서 건너야 합니다.
정신과 물질에 집착하지 않기에
아무 것도 소유하지 않은 그 사람
매듭은 그런 분을 덮치지 못합니다."[173)] {118}

4. [세존][174)]
"어리석고 우둔한 사람들은 방일에 몰두하지만
현자는 불방일을 최상의 재산으로 보호하노라. {119}

방일에 몰두하지 말고
감각적 욕망과 내통하지 말지니
방일하지 않고 참선하는[175)] 자

---

172) 이 산문은 Ee1&2에는 없지만 Be, Se에는 나타나고 있다. 그래서 다음의 게송을 다른 천신이 읊은 것으로 간주하여 옮겼다. 보디 스님도 이렇게 보고 있다.

173) 본서 「있는 것이 아님 경」(S1:34) {104}에서는 세존이 읊으신 것으로 나타나고 있다. 거기서는 제4연의 '매듭(saṅgā)' 대신에 괴로움(dukkhā)이 나타난 것만 다르다.

174) 내용상으로나 문맥상으로 다음 게송들은 세존의 말씀으로 간주해야 할듯하다. 미얀마어 번역본도 세존의 말씀으로 번역하였다고 한다. 그러나 보디 스님은 이 두 게송을 다른 천신이 읊은 것으로 표기하고 있다.
한편 이 게송은 『맛지마 니까야』 「앙굴리말라 경」(M86) §18과 『장로게』(Thag) {883}에는 앙굴리말라 존자가 읊은 것으로 나타나고, 『법구경』(Dhp) {26~27}에는 세존께서 읊으신 것으로 나타나고 있다.

175) "'참선한다(jhāyanto)'라는 것에는 ① 특상을 통한 참선(lakkhaṇ-ūpanijjhāna)과 ② 대상을 통한 참선(ārammaṇ-ūpanijjhāna)이 있다.
① 여기서 특상을 통한 참선은 위빳사나와 도와 과(vipassanā-magga-phalāni)를 말한다. 위빳사나는 [무상·고·무아의] 세 가지 특상(tīṇi lak-

궁극적인 행복[176]을 얻기 때문이로다." {120} [26]

회합 경(S1:37)[177]

Samaya-sutta

1. 이와 같이 나는 들었다. 한때 세존께서는 모두가 아라한인 오백 명의 고귀한 비구 승가[178]와 함께 까삘라왓투에 있는 큰 숲[大林]에서 삭까들[179]의 사이에 머무셨다. 열군데 세계[180]의 신들도 세

---

khaṇāni)에 대해 참선을 하는 것이기 때문에 특상을 통한 참선이라 한다. 또는 위빳사나를 통해 얻은 자신의 역할(āgata-kicca)을 성취하기 때문에 특상을 통한 참선이라 한다. 과는 이러한 특상을 가진 멸성제(nirodha-sacca)에 대해 참선을 하는 것이기 때문에 특상을 통한 참선이라 한다.
② 그런데 여덟 가지 [삼매의] 증득[八等至, aṭṭha samāpattiyo, 초선부터 비상비비상처까지]은 까시나를 대상으로 하여(kasiṇ-ārammaṇa) 참선을 하는 것이기 때문에 대상을 통한 참선이라고 알아야 한다."(SA.i.67)

176) "여기서 '궁극적인 행복(parama sukha)'이란 아라한과의 행복(arahatta-sukha)을 말한다."(SA.i.67)

177) 본경은 『디가 니까야』 제2권 「대회경」(D20)의 §§1~3과 내용이 꼭 같다. 「대회경」(D20)은 「회합 경」(Samaya-sutta)이라 이름하는 본경이 확장된 것이기에 예로부터 「대회경」(大會經, Mahāsamaya-sutta) 즉 '큰 회합 경'이라 불린 것이다.

178) 이 오백 명의 아라한 비구들은 모두가 사까족과 꼴리야족 출신들이다. 이들에 관한 주석서의 설명을 요약하면 다음과 같다.
세존과 같은 종족인 사꺄(Sakya)들과 세존의 외족들인 꼴리야(Koliya)들 사이에 로히니(Rohiṇi) 강물을 두고 전쟁이 발발할 뻔한 긴박한 상황을 세존께서 중재를 하여 막게 되었다. 그들의 분쟁이 끝나자 사꺄족과 꼴리야족에서 각각 250명의 청년들이 세존의 문하로 출가하였다. 이들 오백 명의 비구들은 정진하여 모두 젯타물라 달(Jeṭṭha-mūla, 우리의 음력 5월) 보름의 같은 날에 함께 아라한이 되었다고 한다. 그날 밤에 그들 오백 비구들이 모였는데 바로 본경에 등장하는 이 분들이라고 한다.(SA.i.67 이하)

179) 까삘라왓투와 삭까들에 대해서는 본서 제3권 「걸식 경」(S22:80) §1의 주해를 참조할 것.

180) "여기서 '열군데 세계(dasa-loka-dhātuyo)'란 일만의 우주(cakkavāḷa,

존과 비구 승가를 친견하기 위해 대부분[181] 다 모였다.

2. 그때 정거천[182]에 몸을 받은 네 명의 신들에게 이런 생각이 들었다. '그분 세존께서는 모두가 아라한인 오백 명의 고귀한 비구 승가와 함께 까삘라왓투에 있는 큰 숲에서 사꺄족들의 사이에 머무신다. 열군데 세계의 신들도 세존과 비구 승가를 친견하기 위해 대부분 다 모였다. 그러니 우리도 세존께 가야겠다. 가서는 세존의 면전에서 각각 게송을 읊어야겠다.'

그러자 그 신들은 마치 힘센 자가 오므렸던 팔을 펴고 편 팔을 오므리듯이 그와 같이 정거천에서 사라져서 세존 앞에 나타났다. 그리하여 그 신들은 세존께 절을 올린 뒤 한 곁에 섰다. 한 곁에 선 어떤 신이 세존의 면전에서 이 게송을 읊었다.

3. "이 숲에는 큰 회합이 개최되어 있으니
신들의 무리가 많이 모여들었고
법다운 이 회합에 우리도 왔으니
패하지 않는 승가를 친견하기 위함이라." {121}

輪圍山)를 뜻한다."(SA.i.74.)

181) "'대부분(yebhuyyena)'이라고 한 것은 지혜가 느린(mandā) 무상유정천의 신들(asaññī)과 무색계 신들(arūpāvacara-devatā)은 제외되었기 때문이다."(SA.i.73.)

182) 정거천(淨居天)은 Suddhāvāsa를 옮긴 것인데 이것은 suddha(청정함)+vāsa(거주)로 된 합성어이다. 이를 중국에서는 정거(淨居)로 직역하였다. 이 정거천은 번뇌 다한 불환자들만이 태어나는 곳이라고 한다(Suddhā-vāsā nāma suddhānaṁ anāgāmikhīṇāsavānaṁ āvāsā – SA.i.75). 정거천은 다섯 가지 하늘로 구성되는데 불환과를 얻은 자들은 여기에 태어나서 다시는 이보다 더 낮은 세상에 태어나지 않고 여기서 열반에 든다고 한다.(본서 제6권 「디가유 경」(S55:3) §12 등의 불환자의 정형구 참조) 자세한 것은 『아비담마 길라잡이』 제5장 §6의 해설을 참조할 것.

4. 그러자 다른 신이 세존의 면전에서 이런 게송을 읊었다.

"여기 이곳에서 삼매에 든 비구들은
자신의 마음을 올곧게 가지도다.
마부가 고삐를 쥐고서 그리하듯
지자들은 감각기능 보호하여 있도다." {122} [27]

5. 그러자 또 다른 신이 세존의 면전에서 이 게송을 읊었다.

"[비구]들은 대못을 부수고 장벽을 부수고
석주를 뿌리 뽑고 동요하지 않도다.[183)]
눈을 갖춘[184)] 분에 의해 잘 훈련된 젊은 나가[185)]

---

183) '대못', '장벽', '석주'는 각각 khila, paligha, indakhīla의 역어이다. 주석서는 이 셋에다 모두 탐욕과 성냄과 어리석음(rāga-dosa-moha)을 적용시켜 탐욕과 성냄과 어리석음의 대못과 장벽과 석주라고 설명하고 있다.(SA.i.76) 여기서 '대못'으로 옮긴 khila는 일반적으로 황무지나 삭막함을 뜻한다. 본서 「온후함 경」(S8:3) {720}에서는 삭막함으로 옮겼다.
"이들 갈애의 동요(taṇhā-ejā)에 의해 동요하지 않는(anejā) 비구들은 석주를 뿌리 뽑은 뒤 사방에 막힘없이 유행한다는 말이다."(SA.i.77)

184) "다섯 가지 눈[五眼]을 가졌다는 뜻으로 그것은 불안(buddha-cakkhu), 법안(dhamma-), 천안(dibba-), 보안(samanta-), 육안(pakati-)이다."(SAṬ.i.113)
다섯 가지 눈에 대해서는 본서 제4권 「무상 경」(S35:1) §3의 주해와 본서 「권청 경」(S6:1) §6의 주해를 참조할 것.

185) 초기불전에서 '나가(nāga)'는 힘센 존재로 나타나고 있는데 사대왕천의 하나인 용들을 뜻하기도 하고, 코브라 뱀을 뜻하기도 하며, 주로 힘센 코끼리를 뜻한다. 아래에 인용한 주석서의 설명을 보면 여기서 나가는 예류자 이상의 성자를 뜻한다. 그래서 미안마어 번역본에는 '젊은 나가'를 '젊은 아라한'으로 옮기고 있다고 한다. 주석서는 나가를 이렇게 설명한다.
"욕망 등에 따라가지 않는다(chandādīhi na gacchanti)고 해서 나가(nāga)이다. 각각의 도(magga)에 의해 제거된 오염원들은 다시 나타나지 않는다(kilese na āgacchanti)고 해서 나가이다. 여러 가지 죄악을 범하지 않는다(āguṁ na karonti)고 해서 나가이다. 이것은 간략한 설명이다. 자세

청정하고 때가 없이 유행하시는구나." {123}

6. 그러자 또 다른 신이 세존의 면전에서 이런 게송을 읊었다.

"누구든지 부처님께 귀의한 자들은
악처로는 가지 않는 수승한 존재이니
인간의 몸 버린 뒤에 신의 무리 성취하리."186) {124}

돌조각 경(S1:38)

Sakalika-sutta

1. 이와 같이 나는 들었다. 한때 세존께서는 라자가하에서 맛다꿋치의 녹야원에 머무셨다.187)

2. 그 무렵 세존께서는 돌조각에 부딪혀 발에 상처를 입으셨다.188) 그래서 세존께서는 심한 고통을 느끼셨는데 그 육체적인 느

한 것은 『쿳다까 니까야』의 『닛데사』(義釋, Nd1.201~202)에서 설명한 대로 알아야 한다."(SA.i.77)

186) "'부처님께 귀의한 자들(ye keci buddhaṁ saraṇaṁ gatāse)'이란 이견이 없이 전적인 귀의를 한(nibbematika-saraṇa-gamana) 사람들을 말한다." (SA.i.77)
"확고한 귀의를 하였기 때문에(pariniṭṭhita-saraṇa-gamanattā) 출세간적인 귀의를 한 자들(lokuttara-saraṇa-gamana, 즉 예류자 이상의 성자들을 말함)을 말한다. 그들은 필연적 결과로(niyama) 악도(apāya)에는 가지 않고 신들의 몸(deva-kāya)을 받기 때문이다. 세간적인 귀의(lokiya saraṇa-gamana)를 통해 부처님께 귀의한 자들도 악도에는 가지 않고 다른 조건이 성숙하면 인간의 몸을 버리고 신들의 몸을 받게 된다는 뜻이기도 하다."(SAṬ.i.100)

187) 라자가하(Rājagaha)에 대해서는 본서 제3권 「소나 경」 1(S22:49) §1의 주해를, 여러 녹야원에 대해서는 제3권 「무아의 특징 경」(S22:59) §1의 주해를 참조할 것.

188) 데와닷따(Devadatta)가 세존을 해하려고 독수리봉 산에서 굴러 내린 바위

낌은 고통스럽고 격심하고 쓰라리고 신랄하고 참혹하고 마음에 들지 않는 것이었다. 그러나 세존께서는 마음챙기고 알아차리시면서[正念正知] 흔들림 없이 그것을 감내하셨다.

그러자 세존께서는 가사를 네 겹으로 접어 [자리를] 만들게 하신 뒤 발로써 발을 포개고 마음챙기고 알아차리시면서 오른쪽 옆구리로 사자처럼 누우셨다.

3. 그때 칠백 명의 사뚤라빠 무리의 천신들이 밤이 아주 깊었을 때 아주 멋진 모습을 하고 맛다꿋치를 환하게 밝히면서 세존께 다가갔다. 다가가서는 세존께 절을 올린 뒤 한 곁에 섰다. 한 곁에 선 어떤 천신은 세존의 면전에서 이 감흥어를 읊었다. [28]

"존자들이여, 참으로 사문 고따마는 힘센 코끼리(나가)이십니다.189) 그분에게 생겨난 그 육체적인 느낌은 고통스럽고 격심하고 쓰라리고 신랄하고 참혹하고 마음에 들지 않는 것입니다만 그분은 힘센 코끼리(나가)와 같은 태도190)로 마음챙기고 알아차리시면서[正念正知] 흔들림 없이 그것을 감내하십니다."

의 파편에 발이 상하신 것을 두고 한 말이다. 바위는 깨어졌지만 그 파편이 발에 피를 나게 하였다. 데와닷따의 비행에 대한 자세한 일화는 『율장』(Vin.ii.184~203)에 나타나고 있다. 이 사건은 아래 「돌조각 경」(S4:13)의 배경이 되기도 한다. 데와닷따에 대해서는 본서 제2권 「분열 경」(S17:31) §3의 주해를 참조할 것.

189) "힘이 세다(balavanta)는 뜻에서 '나가(nāga)'라 한다. '나가와 같은 태도(nāga-vatā)'란 나가와 같은 상태(nāga-bhāva)를 말한다."(SA.i.80)

190) '힘센 코끼리(나가)와 같은 태도'는 nāga-vatā를 옮긴 것이다. 보디 스님은 이 단어를 nāgavant의 도구격으로 보지 않고 여기서 vata를 산스끄리뜨 vrata(삶의 태도, 서계, 작용)로 이해하고 있다.(K.R. Norman의 견해라고 밝히고 있음) 역자도 이를 따랐다.

4. 그러자 다른 천신이 세존의 면전에서 이 감흥어를 읊었다.

"존자들이여, 참으로 사문 고따마는 사자이십니다.[191] 그분에게 생겨난 그 육체적인 느낌은 고통스럽고 격심하고 쓰라리고 신랄하고 참혹하고 마음에 들지 않는 것입니다만 그분은 사자와 같은 태도로 마음챙기고 알아차리시면서 흔들림 없이 그것을 감내하십니다."

5. 그러자 또 다른 천신이 세존의 면전에서 이 감흥어를 읊었다.

"존자들이여, 참으로 사문 고따마는 혈통 좋은 말이십니다.[192] 그분에게 생겨난 그 육체적인 느낌은 고통스럽고 격심하고 쓰라리고 신랄하고 참혹하고 마음에 들지 않는 것입니다만 그분은 혈통 좋은 말과 같은 태도로 마음챙기고 알아차리시면서 흔들림 없이 그것을 감내하십니다."

6. 그러자 또 다른 천신이 세존의 면전에서 이 감흥어를 읊었다.

"존자들이여, 참으로 사문 고따마는 황소이십니다.[193] 그분에게 생겨난 그 육체적인 느낌은 고통스럽고 격심하고 쓰라리고 신랄하고 참혹하고 마음에 들지 않는 것입니다만 그분은 황소와 같은 태도로 마음챙기고 알아차리시면서 흔들림 없이 그것을 감내하십니다."

7. 그러자 또 다른 천신이 세존의 면전에서 이 감흥어를 읊었다.

"존자들이여, 참으로 사문 고따마는 힘센 소이십니다.[194] 그분에게

---

191) "두려움이 없기(asantāsana) 때문에 '사자(sīha)'라 한다."(SA.i.80)

192) "배운 것을 잘 행하기(byattaparicaya) 때문에 혹은 바른 방법과 바르지 못한 방법을 잘 알기(kāraṇa-akāraṇa-jānana) 때문에 '혈통 좋은 말(ājānīya)'이라 한다."(SA.i.80)

193) "대적할 자가 없기(appaṭisama) 때문에 '황소(nisabha)'라 한다."(SA.i.80)

194) "짐을 잘 감당하기(dhuravāha) 때문에 '힘센 소(dhorayha)'라 한다."(SA.

생겨난 그 육체적인 느낌은 고통스럽고 격심하고 쓰라리고 신랄하고 참혹하고 마음에 들지 않는 것입니다만 그분은 힘센 소와 같은 태도로 마음챙기고 알아차리시면서 흔들림 없이 그것을 감내하십니다."

8. 그러자 또 다른 천신이 세존의 면전에서 이 감흥어를 읊었다.

"존자들이여, 참으로 사문 고따마는 잘 제어된 분이십니다.[195] 그분에게 생겨난 그 육체적인 느낌은 고통스럽고 격심하고 쓰라리고 신랄하고 참혹하고 마음에 들지 않는 것입니다만 그분은 잘 제어된 모습으로 마음챙기고 알아차리시면서 흔들림 없이 그것을 감내하십니다."

9. 그러자 또 다른 천신이 세존의 면전에서 이 감흥어를 읊었다.

"잘 닦은 삼매와 잘 해탈한 그분의 마음을 보십시오. [그분의 마음은] 앞으로도 기울지 않고 뒤로도 기울지 않았으며 [그분의 삼매는] 억지로 노력하여 억압하고 억누른 것이 아닙니다.[196] 이러한 인간

---

i.80)

195) "비정상적인 행동을 하지 않기(nibbisevana) 때문에 '제어된(danta)'이라고 한다."(SA.i.80)

196) "여기서 '삼매(samādhi)'는 아라한과의 삼매(arahatta-phala-samādhi)이다. '잘 해탈했다(suvimutta).'는 것은 과의 해탈로 잘 해탈한 것이다. '앞으로 기운다(abhinata).'는 것은 마음이 탐욕에 빠진 것(rāga-anugata)이고 '뒤로 기운다(apanata).'는 것은 마음이 성냄(dosa)에 빠진 것이다. '억지로 노력하여 억압하고 제어한 것이 아니다(na ca sasaṅkhāra-niggayha-vāritavataṁ).'는 것은 한시적으로 억지로 노력하여(sappayogena) 오염원(kilesa)들을 억압하거나 저지한 것이 아니라는 말이다. 그와는 달리 오염원들을 완전히 뿌리 뽑았다(chinnattā)는 것이다."(SA.i.80)

"'앞으로 기운다.'는 것은 대상을 향하여 나아감으로서 일어난다는 뜻이고, '뒤로 기운다.'는 것은 싫어하여 떠남으로서 일어난다는 뜻이다. 이 삼매는 억지로 노력하여 어떤 반대되는 법을 대체하여(tadaṅga-ppahāna, 『청정도론』 XXII.112 참조) 오염원을 버렸거나 세간적인 禪의 마음(lokiyajjhāna-citta)이나 통찰(vipassanā)을 하여 억압으로 오염원을 버린(vikkhambhana-pahāna) 것이 아니라, 오염원들을 완전하게 뿌리 뽑았기 때문에

가운데 힘센 코끼리(나가)요, 인간 가운데 사자요, 인간 가운데 혈통 좋은 말이요, [29] 인간 가운데 황소요, 인간 가운데 힘센 소요, 인간 가운데 잘 제어된 분에게 해를 끼치려고 생각하는 자는 실로 눈이 먼 자가 아니고 무엇이겠습니까?"

10. [세존]197)

"다섯 베다198)를 잘 배운 바라문들이 있어
백 년 동안 고행을 한다고 하더라도
그들 마음 바르게 해탈하지 못하나니

(sabbaso chinnatāya) 성취된 것이라는 말이다."(SAṬ.8.102)

보디 스님은 여러 판본을 비교하면서 '억누른'으로 옮긴 vāritavata에 대한 자세한 고찰을 하고 있다. 그의 학문적인 완성도를 보여주는 태도라 할 수 있다. 자세한 것은 보디 스님 371~374쪽의 주해 88번을 참조할 것.

197) 여기에 나타나는 {125~128}의 네 개 게송들은 누가 읊은 것인지 문맥이나 내용상 분명하지 않다. 보디 스님은 경을 합송하여 결집한 분들이 앞의 신들의 감흥어를 게송으로 추가한 것이 아닐까 생각하는 듯하다.
그런데 본경의 {127}과 {128}은 위의 본서 「자만에 빠진 자 경」(S1:9)의 {15}와 {16}으로도 나타나고 있다. 그곳에서 {15}={127}은 천신이 읊은 것으로 나타나고, {16}={128}은 세존께서 읊으신 것으로 나타난다. 그래서 본경에서도 이 두 게송을 이렇게 간주하여 옮겼으며, {125~126}은 세존께서 읊으신 것으로 옮긴다. 미안마어 번역본에는 이 네 개 게송들이 모두 세존께서 읊으신 것으로 나타나고 있다고 한다.

198) 일반적으로 초기불전에서 베다(veda)는 3베다로 언급되거나 4베다로 언급되는데 여기서는 5베다로 언급되고 있다. 주석서는 4베다(『리그베다』, 『야주르베다』, 『사마베다』, 『아타르와베다』)에다 역사(itihāsa)를 넣어서 5베다로 설명하고 있다.(SA.i.81)
이것은 "역사를 다섯 번째로 하는(itihāsa-pañcamā) 3베다(ti vedā)"(『디가 니까야』 「암밧타 경」(D3) §1.3)라는 경문이나, 여기에 대해서 "『아타르와베다』(Āthabbaṇaveda)를 네 번째로 하고 '참으로 그러하였다(iti ha āsa).'는 말과 상응하여 오래된 이야기(purāṇa-kathā)라 불리는 역사(itihāsa)를 다섯 번째로 한다고 해서 역사를 다섯 번째로 하는 베다들이라 한다."(DA.i.247)라고 설명하는 『디가 니까야 주석서』의 견해와 일치한다.

저열한 성품으로는 저 언덕에 이르지 못하노라. {125}

갈애에 계박되고 서계와 계율에 묶여서
힘든 고행 백년간 행한다 하더라도
그들 마음 바르게 해탈하지 못하나니
저열한 성품으로는 저 언덕에 이르지 못하노라." {126}

[천신]199)
"자만에 빠진 자에게 길들임이란 없고
삼매에 들지 못한 자에게 성자의 삶이란 없으니
홀로 숲에 거주하나 방일하여 지내면
죽음의 영역에서 저 언덕으로
결코 그는 건너지 못하옵니다." {127}

[세존]
"자만을 제거하고 바르게 잘 삼매에 드는 자는
고결한 마음으로 모든 곳에서 해탈하였도다.
그는 홀로 숲에 거주하면서 방일하지 않아
죽음의 영역에서 저 언덕으로 건너가도다." {128}

빳준나의 딸 경1(S1:39)

Pajjunnadhītā-sutta

1. 이와 같이 나는 들었다. 한때 세존께서는 웨살리에서 큰 숲[大林]의 중각강당에 머무셨다.200)

---

199) {127}과 {128}은 본서 「자만에 빠진 자 경」(S1:9)의 {15}와 {16}으로도 나타나고 있다. 설명은 그곳의 주해들을 참조할 것.

200) 웨살리(Vesāli) 등에 대해서는 본서 제3권 「마할리 경」(S22:60) §1의 주

2. 그때 빳준나[201]의 딸 꼬까나다[202]가 밤이 아주 깊었을 때 아주 멋진 모습을 하고 제따 숲을 환하게 밝히면서 세존께 다가갔다. 다가가서는 세존께 절을 올린 뒤 한 곁에 섰다. 한 곁에 선 빳준나의 딸 꼬까나다는 세존의 면전에서 이 게송들을 읊었다.

> "웨살리의 큰 숲에 머물고 계신
> 중생[203] 가운데 최상이신 바르게 깨달으신 분께
> 꼬까나다라 불리는 제가 이제 예배드리오니 [30]
> 이런 저는 빳준나의 딸 꼬까나다이옵니다. {129}
>
> 눈을 가지신 분께서 법을 깨달으셨다고
> 전에는 단지 제가 듣기만을 했습니다.
> 선서이신 성인께서 [법을] 설하실 때에

해를 참조할 것.

201) 빳준나(Pajjunna, Sk. Parjanya)는 베다에서 비의 신으로 나타나고 있다. 본경에 해당하는 주석서는 그를 "비구름을 관장하는 신의 왕(vassa-valāhaka-devarāja)으로 사대왕천에 속한다(cātumahārājika)."라고 설명하고 있다.(SA.i.81) 『자따까』에 의하면 그는 삭까(인드라)의 명에 따라서 비를 내리게 한다고 한다.(J.i.330) 『디가 니까야』 「아따나띠야 경」(D32) §10에서는 약카의 한 명으로 언급되고 있다.

202) 꼬까나다(Kokanadā)는 다른 경들에는 나타나지 않고 본경과 다음 경에서만 나타나는 듯하다. 이 두 경에 나타나는 꼬까나다와 쭐라꼬까나다(cūḷa는 작은 것을 뜻함)는 자매사이인 것으로 설명되고 있다.(DPPN) 한편 본서 「다섯 왕 경」(S3:12) {401}에서 꼬까나다는 연꽃(paduma)의 한 종류로 나타나고 있다.

203) 원문은 sattassa로 단수로 나타나는데 문맥상 복수가 되어야 한다. 주석서나 복주서는 그 이유를 설명하지 않는다. 보디 스님은 단순히 운율에 맞추기 위해서일 것이라고 생각한다.
본서 제5권 「여래 경」(S45:139) §3에서도 여래는 여러 종류의 중생들(9류 중생) 가운데서 으뜸이라고 나타나고 있다.

이제 제가 두 눈으로 직접 알게 되었습니다. {130}

성스러운 법을 두고 비방하며 다니는
지혜 없는 가엾은 자들 누구누구 할 것 없이
무서운 곳 규환[지옥][204] 떨어질게 분명하니
오랜 세월 그곳에서 괴로움을 겪게 되리. {131}

그러나 참으로 성스러운 법에 귀의하여
묵묵히 따르고[205] 고요히 따르는 자들
인간의 몸 버린 뒤에 신의 몸을 성취하리." {132}

---

204) '규환[지옥]'은 Roruva(Sk. Raurava)를 옮긴 것이다. 중국에서는 규환(叫喚)으로 옮겼고 여기에다 지옥을 뜻하는 nāraya가 붙은 경우에는 규환지옥(叫喚地獄)으로 옮기기도 하였다. roruva는 √rav(*to roar*)에서 파생된 명사이다. 주석서는 이렇게 설명하고 있다.
"두 개의 규환지옥(Roruvā)이 있는데 연기가 자욱한 로루와(dhūma-roruva)와 타오르는 로루와(jāla-roruva)이다. 연기가 자욱한 로루와는 독립된 지옥이고 타오르는 로루와는 아위찌 대지옥(아비대지옥, Avīci-mahā-niraya, 阿鼻地獄, 無間地獄)의 이름이다. 왜냐하면 이 아위찌에서 중생들이 불에 탈 때 계속해서 비명을 지르기(ravaṁ ravanti) 때문이다. 그래서 로루와라 한다."(SA.i.81)
이런 이유로 아비규환(阿鼻叫喚)이라는 단어가 전승되어 오는 것이다. 한편 본서 「무자식 경」 2(S3:20) §6에는 대규환지옥(Mahāroruva-niraya)이 언급되고 있다.

205) '묵묵히 따름'으로 옮긴 원어는 khanti인데 인욕으로 옮겨지는 단어이다. 여기서는 부처님 말씀을 지혜로 살펴보고 그것을 좋아하고 순종하고 받아들이는 것을 뜻하므로 이렇게 옮겼다. 복주서에서는 지혜로 묵묵히 따름(ñāṇa-khanti)으로 해석하고 있다.(SAṬ.i.103) 이것은 '법을 사색하기를 좋아함'을 뜻하는 dhamma-nijjhāna-khanti(M70 §23)나 '견해를 사색하기를 좋아함'으로 옮길 수 있는 diṭṭhi-nijjhāna-khanti(A3:65 등에서는 이 합성어를 사색하여 얻은 견해로 의역을 하였음)로도 나타나는데, 이곳의 khanti도 이러한 뜻이다.

빳준나의 딸 경2(S1:40)

1. 이와 같이 나는 들었다. 한때 세존께서는 웨살리에서 큰 숲[大林]의 중각강당에 머무셨다.

2. 그때 빳준나의 딸 쭐라꼬까나다가 밤이 아주 깊었을 때 아주 멋진 모습을 하고 제따 숲을 환하게 밝히면서 세존께 다가갔다. 다가가서는 세존께 절을 올린 뒤 한 곁에 섰다. 한 곁에 선 빳준나의 딸 쭐라꼬까나다는 세존의 면전에서 이 게송들을 읊었다.

"번개의 섬광과도 같이 아름다운
빳준나의 딸 꼬까나다는
부처님과 법에 예배하면서
이제 뜻있는 게송들을 읊습니다. {133} [31]

참으로 그러하신 분 [세존]께서는[206)]
다양한 방법으로 법을 분석하실 수 있습니다.[207)]

---

206) '그러하신 분 [세존]'은 tādiso dhammo를 옮긴 것이다. tādiso dhammo는 '법이란 그러한 것'으로 직역할 수 있다. 그러나 주석서와 복주서에서 "tādiso dhammo는 그분 세존이라는 법이다(ayaṁ bhagavā dhammo)."(SA.i.82)라고 분명하게 밝히고 있어서 역자는 주석서를 따라 이렇게 옮겼다. 그러나 보디 스님은 "*The Dhamma is of such a nature.*"로 문자 그대로 옮기고 있다.

207) "그분 세존께서는 그와 같이 구성되어 있고(taṁ-saṇṭhita) 그와 같은 형태를 지닌(tap-paṭibhāga) 법을 '다양한 방법(bahu pariyāya)'으로 분석할 수 있다는 말이다."(SA.i.82)

"그러하신 분께서는 사성제를 여실히 통찰하시고(tathā-paṭividdha-sacca) 그 뜻과 법 등(attha-dhammādi)에 능숙하시어 낱낱의 문장에도 비유와 원인과 결론을 가져오면서 그것을 설명하고 가르치고 천명하고 확립하고 밝히고 분석하고 명료하게 드러내신다. 그러므로 [주석서에서] 그분 세존(ayaṁ bhagavā)이라고 했다."(SAṬ.i.104)

제가 마음으로 받들어 외운 대로
이제 간략하게 그 뜻을 말씀드리겠습니다. {134}

말로든 마음으로든 몸으로든 간에
이 세상 어디서도 악 행하지 말지라.
감각적 욕망 끊고 마음챙기고 알아차려
고통주고 이익 주지 못하는 것이라면
그것 결코 받들어 행하지 말지라."[208] {135}

제4장 사뚤라빠 무리 품이 끝났다.

네 번째 품에 포함된 경들의 목록은 다음과 같다.

① 참된 자들과 함께 ② 인색 ③ 좋음
④ 있는 것이 아님 ⑤ 허점을 찾는 자
⑥ 믿음 ⑦ 회합 ⑧ 돌조각
두 가지 ⑨~⑩ 빳준나의 딸이다.

---

208) 본 게송은 본서 「사밋디 경」(S1:20) {50}과 같다. 이 게송의 의미에 대해서는 그곳의 주해를 참조할 것.

제5장 불 품

Āditta-vagga

불 경(S1:41)

Āditta-sutta

1. <사왓티의 아나타삔디까 원림(급고독원)에서>

2. 그때 어떤 천신이 밤이 아주 깊었을 때 아주 멋진 모습을 하고 제따 숲을 환하게 밝히면서 세존께 다가갔다. 다가가서는 세존께 절을 올린 뒤 한 곁에 섰다. 한 곁에 선 그 천신은 세존의 면전에서 이 게송들을 읊었다.

"집이 [맹렬한 불로] 불탈 때
밖으로 재물을 끄집어내면
그것이 주인에게 도움이 되지
안에서 타버린 것 도움 되지 않습니다. {136}

그와 같이 세상이 늙음과 죽음에 불탈 때
보시를 통해서 [자신의 재물을] 꺼내야 하나니
주인에게는 밖으로 꺼낸 재물만이 도움이 되듯
보시야말로 그에게는 진정한 공덕입니다.[209] {137} [32]

---

209) '보시야말로 그에게는 진정한 공덕입니다.'로 옮긴 원문은 dinnaṁ hoti sunīhataṁ인데 '보시한 것은 잘 끄집어낸 재물입니다.' 정도로 직역할 수 있다. 역자는 주석서를 참조하여 이렇게 풀어서 옮겼다. 주석서는 다음과 같이 설명하고 있다.
"보시로 이루어진 공덕을 짓고자 하는 마음(dāna-puñña-cetanā = dānamayā puñña-cetanā, SAṬ)은 보시자에게는 마치 [불난 집에서] 집 밖으로 끄집어낸 재물(nīhata-bhaṇḍaka)과도 같다고 해서 이렇게 말씀하신 것

보시한 것은 행복한 결실 가져오지만
보시하지 않은 것은 그렇지가 않아서
도둑이 훔쳐가고 왕이 앗아가기도 하고
불에 타기도 하고 잃어버리기도 합니다. {139}210)

마지막에 몸을 버릴 때 그의 재산도 버리나니
이런 사실 잘 알아서 즐기면서 보시하오.
현자여, 능력껏 베풀고 즐긴 뒤에는
비난받지 않고 천상의 경지로 올라갈 것입니다. {140}

무엇을 베풂 경(S1:42)

Kiṁdada-sutta

2. [천신]
"무엇을 베풀면 힘을 주는 것이 되고
무엇을 베풀면 아름다움 줍니까?
무엇을 베풀면 안락함 주고
무엇을 베풀면 눈을 줍니까?

이다."(SA.i.82)
주석서는 이처럼 sunīhata를 집 밖으로 끄집어낸 재물(nīhata-bhaṇḍaka)로 설명하고 있다. 한편 복주서는 불타는 집 밖으로 끄집어낸 주인의 재물처럼, 보시로 이루어진 공덕을 짓고자 하는 의도가 보시자의 삶의 흐름(상속)에 포함되었기 때문에(santati-pariyāpannattā) 그것은 공덕이 된다고 설명하고 있다.(SAṬ.i.118)
그러나 보디스님은 *"what is given is well salvaged"*라고 문자적인 뜻만으로 번역하고 있다.

210) Ee2에는 여기서도 Lanna 필사본의 게송을 본 게송의 앞에 {138}번으로 넣고 있는데 본서 「큰 재산 경」(S1:28) {71}의 주해에서 밝힌 것과 같은 이유로 본서에서 옮기지 않는다.

누가 모든 것을 베푸는 자인지
저의 질문에 대답해 주소서." {141}

3. [세존]
"음식을 베풀면 힘을 주는 것이 되고
옷을 베풀면 아름다움 주게 되고
탈 것을 베풀면 안락함 주는 것이며
등불을 베풀면 눈을 주는 것이라네. {142}

거처를 베푸는 자 모든 것을 주는 자지만
법을 가르치는 자 불사(不死)를 주는 자라네." {143}

음식 경(S1:43)
Anna-sutta

2. [천신]
"신과 인간은 모두 음식을 즐깁니다.
그런데 그는 어떤 약카[211]이기에
음식을 즐기지 않나이까?" {144}

3. [세존]
"믿음과 깨끗한 마음으로 [음식을] 보시하면
이 세상과 저 세상에서 먹을 것이 절로 생기리. {145}

그러므로 인색함을 길들여야 하나니
[인색의] 더러움을 정복한 자는

---

211) 복주서는 본경에 나타나는 '약카(yakkha)'를 중생이라고 설명하고 있다. (yakkho ti satto – SAṬ.i.106) 약카에 대해서는 본서 「사밋디 경」(S1:20) §11의 주해를 참조할 것.

보시를 받들어서 실천하노라.
그가 짓는 공덕은 저 세상에서
뭇 생명들의 의지처가 되노라." {146}

하나의 뿌리 경(S1:44)

Ekamūla-sutta

2. [천신]
"하나의 뿌리와 두 개의 회오리와
세 개의 더러움과 다섯 개의 바윗덩이와
열두 개의 소용돌이 품고 있는 큰 바다 —
그 심연을 선인(仙人)은 건넜습니다."212) {147} [33]

휘지 않음 경(S1:45)

Anomiya-sutta

2. [천신]
"완전한 이름을 가졌고 미묘한 의미를 보며

---

212) "'하나의 뿌리(eka-mūla)'란 무명(avijjā)은 갈애(taṇhā)의 뿌리고 갈애는 무명의 뿌리인데 여기서는 갈애를 뜻한다. 단견과 상견(sassat-uccheda-diṭṭhi)이라는 두 가지 견해가 '두 개의 회오리(dvir-āvaṭṭā)'이다. 이것은 탐욕, 성냄, 어리석음이라는 '세 개의 더러움(ti-malā)'을 가지고 있다. 이 가운데 어리석음은 함께 생긴 조건의 부분(sahajāta-koṭi)으로 더러움이고 탐욕과 성냄은 강하게 의지하는 조건의 부분(upanissaya-koṭi)으로 더러움이다. 다섯 가닥의 감각적 욕망(pañca kāma-guṇā)이 이것들에 퍼져 있는 바탕(pattharaṇa-ṭṭhānā)이라 해서 이것을 '다섯 개의 바윗덩이(pañca-ppattharā)'라 한다. 이것은 가득 찰 수 없다는 뜻(apūraṇīy-aṭṭha)에서 '바다(samudda)'라 하는데 안과 밖의 열두 가지 감각장소[十二處, dvādas-āyatana]라는 '열두 개의 소용돌이(dvādas-āvaṭṭā)'를 가지고 있다. 그런데 이런 바다는 확고하지가 않다는 뜻(apatiṭṭhaṭṭha)에서 '심연(pātāla)'이라 부른다."(SA.i.84~85)

통찰지를 베풀고 욕망의 우리에 집착하지 않으며
일체를 잘 알고 아주 슬기로우며
거룩한 길 걸어가는 위대한 성자를 보소서."213) {148}

요정 경(S1:46)

Accharā-sutta

2. [천신]
"요정들의 노래가 메아리치고
유령의 무리들214)이 출몰하는 곳
이런 숲을 미혹이라 부르옵니다.
어떻게 이곳에서 벗어나리까?"215) {149}

---

213) "'완전한 이름을 가진(anomanāmaṁ)'이란 모든 덕(guṇa)을 구족하였기 때문에 모자람이 없는 이름(avekalla-nāma), 즉 완성된 이름(paripūra-nāma)을 가졌다는 뜻이다. '미묘한 의미를 보며(nipuṇattha-dassiṁ)'라는 것은 세존께서는 오온의 특별함 등에 대해 미세하고 심오한 뜻을 보는 분이라는 뜻이다. '통찰지를 베푸는(paññā-dadaṁ)'이란 통찰지를 성취하도록 도닦음(paṭipadā)을 설하시는 분이라는 뜻이다. '감각적 욕망의 우리에 집착하지 않는(kāmālaye asattaṁ)'이란 다섯 가닥의 감각적 욕망에 걸리지 않는다는 뜻이다. '거룩한 길을 걸어가는(ariye pathe kamamānaṁ)'이라고 현재형을 사용했지만 이것은 세존께서 큰 깨달음을 얻으신 곳에서 성스러운 도를 통해 이미 가신 것을 뜻하지 지금 가고 계시는 것을 나타내는 것이 아니다."(SA.i.85)

214) '유령의 무리(pisāca-gaṇa)' 혹은 유령의 모태(pisāca-yoni)에 대해서는 본서 「삐양까라 경」(S10:6) §3의 주해를 참조할 것.

215) 주석서는 본 게송에 얽힌 일화를 다음과 같이 소개하고 있다. 요약하면 이러하다.
전생에 이 천신은 부처님 교법에 출가하여 명상주제(kammaṭṭhāna)에 몰입하여 자고 먹는 것도 잊고 과도한 열정으로 숲에서 정진을 하던 비구였다. 그는 너무 열심히 정진하다가 풍병에 걸려 죽어서 삼십삼천의 압사라 요정들의 수행원으로 태어났다. 그는 너무 급작스럽게 죽어서 천상에 태어났기 때문에 그가 죽었는지도 몰랐으며 아직도 자신을 비구라고 생각하고 있었다.

3. [세존]

"그 길을 일러서 올곧음이라 하고
그 방향은 두려움 없음이라 하며
마차는 삐걱거리지 않음이라 하고
그것에는 법의 바퀴가 달려 있노라.216) {150}

양심있어 그것의 버팀목이고
마음챙김 그것의 장비가 되며217)

그래서 압사라들이 유혹을 했지만 거절하고 수행을 계속하였다. 압사라들이 거울을 가져다주자 그는 자신이 신이 되어 있는 것을 발견했지만 '나는 천상에 태어나기 위해서 고행을 한 것이 아니라 아라한과를 증득하기 위해서 수행했다.'라고 여기면서 압사라들에 둘러싸여 세존을 찾아뵙고 첫 번째 게송을 읊었다.
본 게송에서 그는 삼십삼천의 난다나 정원(문자적으로 난다나(nanadana)는 기쁨이 가득한 곳이라는 뜻임)을 미혹(mohana)이 가득한 곳이라고 표현하고 있는데 압사라들이 노래하고 악기를 연주하기 때문이다. 그는 '아라한과의 토대가 되는(padaṭṭhāna-bhūta) 위빳사나(vipassanā)를 가르쳐주십시오.'라는 의도를 가지고 세존께 이 게송을 읊었다고 한다.(SA.i.85~87)

216) "세존께서는 그 천신에게 공함을 드러내는 위빳사나(suññatā-vipassanā)를 설하시면서 이렇게 말씀하셨다.
여기서 '올곧음(ujuka)'이라 한 것은 팔정도라는 길[道, magga]은 몸이 비뚤어짐(vaṅka) 등이 없기 때문에 올곧음이라 부른다. '그 방향은 두려움 없다(abhayā nāma sā disā)'는 것은 열반을 두고 한 말씀이다. 거기에는 어떤 두려움도 없기 때문이다. '마차는 삐걱거리지 않음(ratha akūjana)'이라는 것도 팔정도를 두고 한 말씀이다. 일반 마차는 차축이 부서지지 않은 것이라 할지라도 너무 많은 사람이 타면 삐걱거리고 덜걱거리지만 성스러운 도는 그렇지 않다. 팔정도라는 마차는 팔만사천의 생명들이 동시에 타더라도 삐걱거리지 않기 때문에 '삐걱거리지 않음'이라 부른다. '법의 바퀴가 달려 있다(dhammacakkehi saṁyuto).'는 것은 몸과 마음의 정진(kāyika-cetasika-vīriya)이라 불리는 법의 바퀴가 달려 있다는 뜻이다."(SA.i.87)

217) '버팀목'과 '장비'는 각각 apālamba와 parivāra를 옮긴 것인데, 주석서에는 설명이 나타나지 않는다. 그러나 복주서(SAṬ)에서 각각 avassaya(버팀목, 의지처)와 parikkhāra(장비, 필수품)의 뜻이라고 설명하고 있어서 이렇게 옮

바른 견해가 앞서 가는 법이 되나니
그런 법을 일러 나는 마부라 하네.218) {151}

이 마차에 탄 사람은 여자·남자할 것 없이
이 마차에 올라타고 열반으로 가느니라."219) {152}

숲 가꾸기 경(S1:47)

Vanaropa-sutta

2. [천신]
"누구에게 공덕은 낮이나 밤이나
항상 두루 증장하여 줄어들지 않으며
누가 법에 안주하고 계를 곧게 구족하여
그 목숨 다한 뒤에 천상으로 갑니까?" {153}

겼다.

218) "여기서 '법(dhamma)'이란 출세간도(lokuttara-magga)를 말한다. '바른 견해가 앞서 달린다(sammā-diṭṭhi-purejava).'는 것은 위빳사나의 바른 견해(vipassanā-sammā-diṭṭhi)가 앞서 간다는 말이다. 마치 왕의 측근들이 왕이 나오기 전에 먼저 길을 깨끗이 청소하고 나면 왕이 나오는 것처럼 위빳사나의 바른 견해가 오온 등을 무상·고·무아로 통찰하여 [도를] 청정하게 하게 만든 뒤에 도의 바른 견해(magga-sammā-diṭṭhi)가 존재의 토대를 얻은 윤회(bhūmi-laddha-vaṭṭa)를 철저하게 알면서(parijānamāna) 일어나는 것이다."(SA.i.88)

219) "세존께서는 이처럼 [게송을 통해서] 설법을 마치신 뒤 사성제를 설하셨다. 이 가르침이 끝나자 천신은 예류과(sotāpatti-phala)에 안주하였다. 예를 들면 왕이 식사시간에 자신의 입에 맞게 음식덩이를 만들어 입에 넣지만 무릎에 앉아 있는 그의 아들은 또 자신의 입에 맞게 [조그만] 음식덩이를 만들어서 먹는 것과 같다. 그와 같이 세존께서는 아라한과를 정점으로 하는(arahatta-nikūṭa) 가르침을 설하시지만 중생들은 각자 자신의 강하게 의지하는 조건에 따라(upanissaya-anurūpena) 예류과 등을 얻는 것이다. 이 천신도 예류과를 얻은 뒤 세존께 향 등을 공양올리고 떠났다."(SA.i.88)

3. [세존]

"원림을 가꾸면서 숲을 가꾸고
다리를 만들어서 건네주는 자
물 마시는 곳 짓고 우물 파는 자
지낼 거처 장만하여 보시하는 자220) {154}

이들에게 공덕은 낮이나 밤이나
항상 두루 증장하여 줄어들지 않나니
이들이 법에 안주하고 계를 곧게 구족하여
그 목숨 다한 뒤에 천상으로 가노라." {155}

제따 숲 경(S1:48)

Jetavana-sutta

2. [급고독 천신]221)

"이것이 바로 제따 숲
선인의 승가가 머물고
법왕께서 거주하시니
내게 희열이 생기는 곳이라. {156} [34]

의도적 행위와 명지가 있고

---

220) 주석서에 의하면 이러한 것은 모두 승가에 하는 보시라고 설명이 되고 있다. 여기서 '원림(ārāma)'은 꽃나무나 과일나무 등을 심어서 가꾼 것이고 '숲(vana)'은 야생 나무들이 운집해 있는 곳을 뜻한다.(SA.i.88)

221) 이 게송들은 급고독(아나타삔디까) 장자가 죽어서 천신이 되어 부처님께 찾아와서 읊은 것이다. 같은 게송이 본서 「급고독 경」(S2:20) {312~315}와 『맛지마 니까야』 「아나타삔디까를 훈도함 경」(M143) §17에도 나타나고 있다. 급고독 장자(Anāthapiṇḍika gahapati)에 대해서는 본서 「수닷따 경」(S10:8) §2의 주해를 참조할 것.

법과 계와 최상의 삶 갖춰있으면
이것으로 인간들은 청정해지지
가문·재산 때문이 아니라네.[222] {157}

그러므로 여기서 현명한 사람
자신의 이로움을 꿰뚫어 보아
지혜롭게 법을 깊이 검증할지라.
이와 같이 그곳에서 청정해지리.[223] {158}

사리뿟따께서는[224] 통찰지와 계
고요함을 두루 구족했나니
저 언덕에 도달한 비구 있다면

---

222) "여기서 '의도적 행위(kamma)'란 도의 의도(magga-cetanā)를 말한다. '명지(明知, vijjā)'란 도의 통찰지(magga-paññā)를, '법(dhamma)'이란 삼매의 편에 있는(samādhi-pakkhikā) 법을, '계와 최상의 삶(sīla jīvitam-uttama)'이란 계에 확고한 자의 최상의 삶을 말한다."(SA.i.89)
"조건지워지지 않은 [열반]으로 인도하는 의도(apacayagāmi-cetanā)는 일곱 가지 청정을 가져오고 의도적 행위의 소멸로 인도하기 때문에 의도적 행위를 도의 의도라고 했다. 네 가지 성스러운 도(예류도부터 아라한도까지)를 알게 한다는 뜻과 오염원들을 통찰한다는 뜻에서 명지이고, 도의 통찰지란 바른 견해이기 때문에 명지를 도의 통찰지라고 했다. 삼매의 편에 있는 법이란 바른 정진과 바른 마음챙김과 바른 삼매이다."(SAṬ.i.124)

223) "'그러므로'라는 것은 도를 통해 청정해지지 가문과 재산으로 청정해지는 것이 아니라는 말이다. '지혜롭게 법을 검증해야 한다(yoniso vicine dhammaṁ).'는 것은 바른 방법(upāya)으로 삼매의 편에 있는 법들을 검증해야 한다[닦아야 한다(bhāveyya) — SAṬ]는 말이다. '이와 같이 그곳에서 청정해진다(visujjhati).'는 것은 이처럼 사성제에서 사람은 청정해진다는 말이다. 혹은 '지혜롭게 법을 검증해야 한다.'는 것은 바른 방법으로 오온의 법들을 검증해야 한다는 말이다."(SA.i.89)

224) 생시에 급고독 장자는 사리뿟따 존자를 특히 존경하였다. 『맛지마 니까야』「아나타삔디까를 훈도함 경」(M143) §16에 의하면 그는 사리뿟따 존자의 가르침을 듣고 임종하여 도솔천(Tusita)에 태어났다고 한다.

잘해야 그분과 동등할 정도."225) {159}

인색 경(S1:49)

Macchari-sutta

2. [천신]

"이 세상에서 인색하고 쩨쩨하기도 하고
[걸식하는 자에게] 욕설까지 퍼붓고
저들 다른 사람들이 보시하여 베풀려면
이것을 방해하는 사람들이 있습니다. {160}

그들의 과보는 대체 어떤 것이며
그들의 미래는 어디로 향할지
존자께 이것을 질문 드리러 왔습니다.
저희들은 이것을 어찌 이해하오리까?" {161}

3. [세존]

"이 세상에서 인색하고 쩨쩨하기도 하고
[걸식하는 자에게] 욕설까지 퍼붓고
저들 다른 사람들이 보시하여 베풀려면
이것을 방해하는 사람들이 있으니
그들은 지옥과 축생의 모태와
죽음의 세상226)에 태어나리로다. {162}

---

225) "'평화로움(upasama)'이란 오염원을 [없앤] 평화로움이다. '저 언덕에 도달한(pāraṁ gato)'이란 열반에 도달한 것이다. 열반을 증득한(patta) 비구라 할지라도 '그와 동등할 뿐이지(etāvaparamo siyā)' 장로를 넘어서는 자는 아무도 없다고 말하는 것이다."(SA.i.89)

226) 문맥으로 볼 때 여기서 '죽음의 세상(Yama-loka)'은 아귀계(petti-visaya)로 봐야 한다. 지옥과 축생의 모태와 함께 나타나고 있기 때문이다. 야마

그들이 다시 만일 인간 세상 온다면
가난한 가문에 태어나게 되리니
의복과 음식과 즐거움과 오락을
구하기란 참으로 어려울 것일세. {163}

어리석은 자들조차 얻을 수 있는 것
그것조차도 그들은 얻지 못하리니
이것이 인간세상 현재의 과보이며
미래에는 악처에 [태어날 것이로다.]" {164}

4. [천신]
"저희는 이 말씀 잘 알아들었습니다.
고따마시여, 이제 다른 질문을 드립니다.
여기 이 세상에 인간으로 태어나
인색함을 건넜고 항상 두루 친절하며
부처님과 법에 대한 청정한 믿음 있고
승가를 지극하게 존중한다면 {165}

그들의 과보는 대체 어떤 것이며

(Yama)는 중국에서 염라(閻羅)로 음역한 존재로 염라왕(Yama-rāja) 혹은 우리에게 익숙한 염라대왕을 뜻하는 죽음의 신이다. 야마는 본서 「좋음 경」(S1:33) §5에서 죽음의 신으로 옮겼다. 염라왕(Yama-rāja)은 『앙굿따라 니까야』 「저승사자 경」(A3:35)과 『맛지마 니까야』 「천사(天使) 경」(M130) §3 이하에 나타나고 있다.
그리고 분명히 할 점은 염라대왕의 야마(Yama)와 야마천의 야마(Yāma, 혹은 Suyāma)는 다르다. 주석서는 야마천을 "천상의 행복을 얻어 두루 갖추고 있기 때문에(yātā payātā sampattā) 야마라 한다."(VbhA.519; Ps A.441)라고 설명하고 있으며 경들에서는 삼십삼천 바로 위의 욕계천상으로 나타난다. 그러나 염라대왕이 주재하는 이 죽음의 세상 혹은 야마의 세상은 이처럼 삼악도에 속한다.

그들의 미래는 어디로 향할지
존자께 이것을 질문 드리러 왔습니다.
저희들은 이것을 어찌 이해하오리까?" {166}

5. [세존]
"여기 이 세상에 인간으로 태어나
인색함을 건넜고 항상 두루 친절하며
부처님과 법에 대한 청정한 믿음 있고
승가를 지극하게 존중한다면
그들은 천상을 밝히는 자 되리니
분명히 그들은 그곳(천상)에 태어나리. {167} [35]

그들이 다시 만일 인간 세상 온다면
부유한 가문에 태어나게 되리니
의복과 음식과 즐거움과 오락을
구하는데 어려움 없을 것일세. {168}

그들은 자재천의 신들과 같이
남들이 모은 재물 즐길 것이니[227]
이것이 인간세상 현재의 과보이며
미래에는 선처에 [태어날 것이로다.]" {169}

---

227) "'남들이 모은 재물을 즐긴다(parasambhatesu bhogesu modare).'는 것은 마치 자재천(Vasavattī)의 신의 아들처럼 남들이 만들어 낸 재물(paranimmita-bhoga)들을 행복하게 누린다는 뜻이다."(SAṬ.i.111)
여기서 남들이 만들어 낸 재물들을 지배하는 신들은 다름 아닌 타화자재천(Parinimmitavasavattī)의 신들이다.(ItA.ii.112; DhsA.387 등) 빠알리 문헌에는 여기처럼 타화자재천을 줄여서 '자재천(Vasavattī)'으로 언급하기도 한다.

가띠까라 경(S1:50)

Ghaṭīkāra-sutta

2. [가띠까라][228]

"일곱 분의 비구들이 해탈한 뒤에[229]
무번천(無煩天)[230]의 세상에 태어났으니
탐욕과 성냄 모두 완전히 없애
세상에 대한 애착 건넜습니다." {170}

3. [세존]

"건너기 어려운 죽음의 영역
그런 흙탕 완전히 넘어버렸고
인간의 몸도 버리고 천상의 속박도 넘어선
그들은 대체 누군가?"[231] {171}

---

228) 가띠까라(Ghaṭikāra)는 문자적으로 도기공을 뜻한다. 그는 깟사빠 부처님 시대에 도기공이었다고 한다. 그때 절친한 친구로 조띠빨라(Jotipāla)가 있었는데 그는 바로 우리 세존 고따마 부처님의 전신이다. 조띠빨라는 출가하여 비구가 되었지만 가띠까라는 눈멀고 연세 많은 부모님을 봉양하기 위해서 재가에 머물렀다. 그는 깟사빠 부처님의 제일가는 후원자였으며 불환과를 얻었다. 그에 대한 이야기는 『맛지마 니까야』 「가띠까라 경」(M81) §6 이하에 상세하게 나타나고 있다.

229) "'해탈하여(vimuttā)'란 무번천의 범천의 세상(brahma-loka)에 재생하자마자(upapatti-samanantara) 아라한과의 해탈(arahatta-phala-vimutti)을 통해 해탈하였다는 말이다."(SA.i.91)

230) 무번천(無煩天, Avihā)은 불환자가 태어나는 다섯 가지 정거천(淨居天, Suddhāvāsa) 가운데 제일 낮은 천상이다. 주석서에서는 '자신이 성취한 것으로부터 떨어지지 않는다(na hāyanti)고 해서 아위하라고 한다.'(VibhA. 521; DA.ii.480)고 하여, 무번천을 a(부정접두어)+vi(분리접두어)+√hā(*to abandon*)에서 파생된 것으로 설명하고 있다. 북방불교에서는 avṛha(a+√vṛh, *to tear*)나 abṛha/abṛhat(a+√bṛh(*to be great*)로 보기도 하며 그래서 티벳에서는 mi-che-ba(크지 않음)으로도 옮겼다고 한다.(PED)

4. [가띠까라]

"우빠까, 팔라간다, 뿍꾸사띠, 이 세분
밧디야, 칸다데와, 바후락기, 삥기야[232]
이들은 인간의 몸도 버리고 천상의 속박도
완전히 넘어선 분 들입니다." {172}

5. [세존]

"마라의 올가미를 제거한 자들에 대해
그대는 참으로 훌륭하게 말하니
그들은 누구의 법을 완전하게 알아서
존재의 속박 모두 잘라 없애버렸는가?" {173}

6. [가띠까라]

"그분 세존 외에는 그 누구도 아니며
당신의 교법 외에 그 누구의 것도 아닙니다.
그들은 당신의 법 완전하게 알아서
존재의 속박 모두 잘라 없앴나이다. {174}

---

231) "여기서 '인간의 몸(mānusa deha)'이란 다섯 가지 낮은 단계의 족쇄(oram-bhāgiya-saṁyojana)들을 두고 말한 것이다. '천상의 속박(dibba-yoga)'이란 다섯 가지 높은 단계의 족쇄(uddhambhāgiya-saṁyojana)들이다." (SA.i.91)
이 두 종류의 족쇄에 대해서는 본서 「얼마나 끊음 경」(S1:5) §3의 주해를 참조할 것.

232) 이 일곱 명 가운데 우빠까(Upaka)는 세존이 깨달으신 직후에 만난 아지와까 유행승인 듯하고(『맛지마 니까야』 「성스러운 구함 경」(M26) §25 참조), 뿍꾸사띠(Pukkusāti)는 『맛지마 니까야』 「요소의 분석 경」(M140) §3 이하에 나타나는 수행자인 듯하고, 삥기야(Piṅgiya)는 『숫따니빠따』 제5장 「도피안 품」(Sn5:17) {1120} 등에 나타나는 연로한 바와리(Bāvarī) 바라문의 16명의 제자 가운데 한 사람인 듯하다. 나머지 네 명은 누구인지 확실하지 않다.

정신 · 물질 남김없이 소멸하는 곳[233)]
여기 [이 교법]에서 그 법을 알아
그들은 존재의 속박 잘랐습니다." {175}

7. [세존]
"알기 어렵고 참으로 깨닫기도 어려운
심오한 그런 말을 그대는 하는구나.
그대는 누구의 법 완전하게 알아서
이러한 미묘한 말을 이처럼 하는가?" {176}

8. [가띠까라]
"전에 저는 도공이었으며
웨할링가 마을에서 도기를 만들었습니다.
재가에 머물면서 부모 봉양하였으니
깟사빠 [부처님]의 재가신도였습니다. {177} [36]

성행위를 완전히 금하면서 지낸 저는
욕망 여읜 청정범행 부지런히 닦았나니[234)]

---

233) '정신과 물질이 남김없이 소멸하는 곳'에 대해서는 본서 「엉킴 경」(S1:23) {58}의 주해를 참조할 것.

234) '욕망을 여읜'은 nirāmisa를 옮긴 것이고 '청정범행을 닦은'은 brahmacārī를 옮긴 것이다. 빠알리어에서 āmisa는 주로 '세속적인 것'을 뜻하고 nir-āmisa는 비세속적인 것 혹은 출세간적인 것을 뜻한다.(본서 제4권 「객사 경」(S36:14) §4의 주해와 본서 「여러 외도 경」(S2:30) §8의 주해 참조) 그런데 여기서 '청정범행을 닦은 자'는 불환자를 뜻한다고 주석서는 설명하고 있어서 nirāmisa를 '욕망을 여읜'으로 옮겼다. 주석서와 복주서는 이렇게 설명하고 있다.
"여기서 욕망을 여읜 청정범행을 닦은 자(nirāmisa-brahmacārī)란 불환자(anāgāmī)를 말한다."(SA.i.92)
"감각적 욕망과 애욕을 완전히 끊어(samucchinna-kāma-rāgatā) 감각적

그런 저는 당신과 동향이었고
그때 저는 당신의 친구였지요. {178}

그러기에 해탈한 이들 일곱 분
비구들에 대해서 꿰뚫어 아니
그분들은 탐욕·성냄 완전히 제거하여
세상에 대한 애착 모두 건넜습니다." {179}

9. [세존]
"박가와[235]여, 그대가 말한 그대로
참으로 그대 그때 그러했노라.
전에 그대 도기공이었으며
웨할링가 마을에서 도기 만들었노라.
재가에 머물면서 부모 봉양하였으니
깟사빠 [부처님]의 재가신도였노라. {180}

성행위를 완전히 금하면서 지낸 그대
욕망 여읜 청정범행 부지런히 닦았나니
그런 그대 나와는 동향이었고
그때 그대 나와는 친구였도다." {181}

[송출자]
옛적 친구 두 분의 이러한 만남
이제 여기 금생에 이루어졌네.
이분들은 내적인 수행을 닦아

욕망의 대상을 버려버렸기 때문에 욕망을 여읜 청정범행을 닦는 자를 불환자라 부른다."(SAṬ.i.127)

235) 박가와(Bhaggava)는 도기공 가띠까라의 이름인데 족성일 가능성이 높다.

마지막 몸을 가진 자들이었네.[236] {182}

제5장 불 품이 끝났다.

다섯 번째 품에 포함된 경들의 목록은 다음과 같다.

① 불 ② 무엇을 베풂 ③ 음식
④ 하나의 뿌리 ⑤ 휘지 않음
⑥ 요정 ⑦ 숲 가꾸기 ⑧ 제따 숲
⑨ 인색, 열 번째로 ⑩ 가띠까라이다.

---

236) "이 마지막 게송(pariyosāna-gāthā)은 합송에 참여한 분(saṅgīti-kāra)들이 넣은 것이다."(SA.i.92)
이처럼 '내적인 수행을 닦았고(bhāvitattā) 마지막 몸을 가진 자(sarīra-ntima-dhāri)'라는 표현을 봐도 가띠까라는 불환자가 된 것이 분명하고, 『맛지마 니까야』 「가띠까라 경」(M81) §18에도 "대왕이여, 도기공 가띠까라는 다섯 가지 낮은 족쇄를 완전히 없애고 화생하여 그곳에서 완전히 열반에 들어 그 세계로부터 다시 돌아오지 않는 법을 얻었습니다."로 나타나고 있다.

제6장 늙음 품

Jarā-vagga

늙음 경(S1:51)

Jarā-sutta

2. [천신]

"무엇이 늙어서도 좋고
무엇이 확립되었을 때 좋습니까?
무엇이 인간들의 보배이며
무엇을 도둑들이 훔쳐가지 못합니까?" {183}

3. [세존]

"계행은 늙어서도 좋고[237]
믿음이 확립되었을 때 좋고
통찰지가 인간들의 보배이고
공덕은 도둑들이 훔쳐가지 못하도다." {184}

늙지 않음 경(S1:52)

Ajarasā-sutta

2. [천신]

---

237) "보석과 화려한 옷 등의 장엄은 젊은 시절에만 화려하고 빛난다. 늙어서도 그런 것을 즐기면 '이 사람은 지금도 젊게 보이고 싶은가 보다. 미친것 같다.' 라는 구설수에 오르게 될 것이다. 그러나 계행(sīla)은 그렇지 않다. 계행은 항상 빛나고 아름답다. 어린 시절에도 계를 지키면 '이 사람의 계행은 무슨 소용 있나?'라고 아무도 말하지 않고, 중년 시절에도 그렇고, 늙어서도 그렇다."(SA.i.92)

"무엇이 늙지 않아야 좋고
무엇이 확고해졌을 때 좋습니까?
무엇이 인간들의 보배이며
무엇을 도둑들이 훔쳐가지 못합니까?" {185} [37]

3. [세존]
"계행은 늙지 않아야[238] 좋고
믿음은 확고해졌을 때 좋고
통찰지가 인간들의 보배이며
공덕은 도둑들이 훔쳐가지 못하도다." {186}

친구 경(S1:53)

Mitta-sutta

2. [천신]
"무엇이 여행할 때의 친구이며
무엇이 자신의 집에서 친구입니까?
무엇이 일이 생겼을 때 친구이며
무엇이 미래의 친구입니까?" {187}

3. [세존]
"대상(隊商)이 여행할 때의 친구이며
어머니가 자신의 집에서 친구이니라.
동료는 일이 생겼을 때 언제든지 친구이며

---

238) "여기서 '늙지 않아야(ajarasā)'라는 것은 늙지 않음으로써(ajīraṇena), 즉 실패하지 않음으로써(avipattiyā)라는 뜻이다. 계행은 실패하지 않아야 좋다. 계행에서 실패하면(계를 제대로 지키지 못하면) 스승과 은사라도 그를 친절하게 대하지 않는다. 가는 곳마다 그를 내치게 된다는 뜻이다."(SA.i.93)

자신이 지은 공덕이 미래의 친구이니라." {188}

의지처 경(S1:54)

Vatthu-sutta

2. [천신]

"무엇이 인간들의 의지처이며
무엇이 최고의 친구입니까?
땅에 의지해서 사는 생명들은
무엇으로 목숨을 연명을 합니까?" {189}

3. [세존]

"아들들이 인간들의 의지처이며
아내가 최고의 친구이니라.239)
땅에 의지해서 사는 생명들은
비[雨]로 목숨을 연명하노라." {190}

태어남 경1(S1:55)

Jana-sutta

2. [천신]

"무엇이 사람을 태어나게 하고
무엇이 치달립니까?240)

---

239) "노년이 되면 아들들이 그들을 돌보아주기(paṭijaggana) 때문에 '아들들은 의지처이다(puttā vatthu).' 남들에게 말할 수 없는 비밀(guhya)을 다 털어놓을 수 있기 때문에(kathetabba-yuttatā) '아내는 최고의 친구이다(paramo sakhā).'"(SA.i.93)

240) "'치달린다(vidhāvati)'는 것은 여러 가지 형태로 달린다(vividhaṁ rūpaṁ padhāvati)는 말이다. 즉 하고 싶은 대로 일어난다는 뜻으로 마음(citta)을

무엇이 윤회에 들어가고
무엇이 그의 가장 큰 두려움입니까?" {191}

3. [세존]
"갈애가 사람을 태어나게 하고
마음[心]이 치달리노라.
중생이 윤회에 들어가고
괴로움이 그의 가장 큰 두려움이니라." {192}

태어남 경2(S1:56)

2. [천신]
"무엇이 사람을 태어나게 하고
무엇이 치달립니까?
무엇이 윤회에 들어가고
무엇에서 그는 해탈하지 못합니까?" {193}

3. [세존]
"갈애가 사람을 태어나게 하고
마음[心]이 치달리노라.
중생이 윤회에 들어가고
괴로움에서 그는 해탈하지 못하느니라." {194} [38]

태어남 경3(S1:57)

2. [천신]
"무엇이 사람을 태어나게 하고

두고 한 말이다.(SAṬ.i.129)

무엇이 치달립니까?
무엇이 윤회에 들어가고
무엇이 그의 귀결점[241] 입니까?" {195}

3. [세존]
"갈애가 사람을 태어나게 하고
마음[心]이 치달리노라.
중생이 윤회에 들어가고
업이 그의 귀결점이니라." {196}

잘못 된 길 경(S1:58)
Uppatha-sutta

2. [천신]
"무엇이 잘못된 길이라 불리며
무엇이 밤낮으로 소멸해갑니까?
무엇이 청정범행의 더러움이며
무엇이 물이 필요 없는 목욕입니까?" {197}

3. [세존]
"애욕이 잘못된 길이라 불리며
수명이 밤낮으로 소멸해가도다.
여인이 청정범행의 더러움이니
남성들은 여기에 걸려 있도다.
고행과 청정범행이 물이 필요 없는 목욕이니라."[242] {198}

---

241) '귀결점'으로 옮긴 원어는 parāyaṇa인데 주석서는 결과/완성(nipphatti)과 도움/의지처(avassaya)로 설명하고 있다.(SA.i.94) 그리고 "궁극적인 경지나 행처나 기반(paraṁ ayanaṁ gati patiṭṭhā)"(SA.iii.112)이라고도 설명하고 있다.

한 짝 경(S1:59)

Dutiya-sutta

2. [천신]

"무엇이 사람의 친구이고
무엇이 그를 가르칩니까?
무엇을 기뻐할 때 사람은
모든 괴로움에서 해탈합니까?" {199}

3. [세존]

"믿음이 사람의 친구이고
통찰지가 그를 가르치도다.

---

242) "'애욕이 잘못된 길이다(rāgo uppatho).'는 것은 선처(sugati)와 열반으로 가는 길이 아닌 것(amagga)이라는 말이다. '밤낮으로 소멸해간다(rattin-diva-kkhayo).'는 것은 낮과 밤에 의해(ratti-divehi) 혹은 낮과 밤에(ratti-divesu) 소멸한다는 말이다. '여인이 청정범행의 더러움(itthī mala brahma-cariyassa)'이라는 것은 외부적인 더러움(bāhira-mala)은 잿물(bhasma-khāra) 등으로 씻어서 깨끗하게 할 수 있지만 여인이라는 더러움(mātugāma-mala)에 의해 망가지면 깨끗하게 할 수가 없기 때문에 여인은 더러움이라고 한다.
'고행(tapa)'이란 감각기능의 단속(indriya-saṁvara), 두타행(dhutaṅga), 덕스런 행(guṇa), 정진(vīriya), 혹독한 고행(dukkara-kārika)을 말한다. 그러나 여기서는 혹독한 고행을 제외한 오염원을 태워버리는(kilesa-santāpikā) 모든 도닦음(paṭipadā)이 해당된다. '청정범행(brahmacariya)'이란 성행위를 여읜 것(methuna-virati)이다."(SA.i.94)

바라문 전통에서 강에 목욕하는 의식은 중요하다. 『앙굿따라 니까야』 「사문 등의 경」(A7:82)에도 나타나듯이 베다 공부를 마친 바라문을 '목욕을 마친 자(nahātaka, Sk. snātaka)라 부른다. 목욕(sināna) 혹은 물이 필요 없는 목욕(sināna anodaka)에 대해서는 본서 「순다리까 경」(S7:9) {646}과 「상가라와 경」(S7:21) {705}을 참조하고, 내적인 목욕(antara sināna)에 대해서는 본서 「상가라와 경」(S7:21)과 『맛지마 니까야』 「천의 비유 경」(M7/i.39) §18을 참조할 것.

열반을 기뻐할 때 사람은
모든 괴로움에서 해탈하노라." {200}

시인 경(S1:60)

Kavi-sutta

2. [천신]
"무엇이 게송의 골격이고
무엇이 게송을 만들며
무엇을 게송은 의지하고
무엇이 게송의 터전입니까?" {201}

3. [세존]
"운율이 게송의 골격이고
음절이 게송을 만들며
명칭을 게송은 의지하고
시인이 게송의 터전이로다."243) {202}

---

243) "'운율이 게송의 골격이다(chando nidāna).'라는 것은 가얏띠(gāyatti, Sk. 가야뜨리(gāyatri)는 베다에서 가장 신성시 되는 운율임) 등의 운율은 게송의 골격이다. 왜냐하면 사람들은 서시(pubba-paṭṭhāpana-gāthā)부터 시작해서 '이것은 무슨 운율로 되어 있는가?'라고 하면서 시작하기 때문이다. '음절이 게송을 만든다(akkharā viyañjanaṁ).'라는 것은 음절(akkhara)이 문구(pada)를 만들고 문구가 게송을 만들고 게송이 뜻을 드러내기(atthaṁ pakāseti) 때문이다. '게송은 명칭을 의지한다(nāma-sannissitā gāthā).'는 것은 바다 등의 개념(paññatti)을 의지하는 것을 말한다. 사람은 게송을 지을 때 바다나 땅과 같은 명칭을 의지하여 짓기 때문이다. '시인이 게송의 터전(kavi gāthānam āsayo)'이라는 것은 시인(kavi)으로부터 게송은 시작되기 때문이다. 그러므로 시인은 게송들의 터전(patiṭṭhā)이다." (SA.i.94~95)

제6장 늙음 품이 끝났다.

여섯 번째 품에 포함된 경들의 목록은 다음과 같다.

① 늙음 ② 늙지 않음 ③ 친구
④ 의지처, 세 가지 ⑤~⑦ 태어남
⑧ 잘못된 길 ⑨ 한짝 ⑩ 시인이다. [39]

제7장 짓누름 품

Addha-vagga

이름 경(S1:61)

Nāma-sutta

2. [천신]

"무엇이 모든 것을 짓누르고
무엇보다 더 나은 것 없습니까?
어떤 하나의 법이
모든 것을 지배합니까?" {203}

3. [세존]

"명칭이 모든 것을 짓누르고
명칭보다 더 나은 것이 없노라.
명칭이라는 하나의 법이
모든 것을 지배하노라."244) {204}

마음 경(S1:62)

Citta-sutta

---

244) "'명칭이 모든 것을 짓누른다(nāmaṁ sabbaṁ addhabhavi).'고 하였다. 자연적으로 생긴 것(opapātika)이든 인위적으로 만들어진 것(kittima)이든 명칭을 떠나서는 중생(satta)이든 현상(saṅkhāra)이든 존재하지 않는다. 이름을 알지 못하는 나무(rukkha)나 돌(pāsāṇa)을 두고 사람들은 '이름 없는 것(anāmaka)'이라는 이름(명칭, nāma)으로 그것을 부른다."(SA.i.95)
'짓누름'으로 옮긴 addha에 대해서는 본서 제4권 「짓눌림 경」(S35:29) §3의 주해를 참조할 것.

2\. [천신]

"무엇에 의해 세상은 인도되고
무엇에 의해 끌려 다닙니까?
어떤 하나의 법에 의해서
모든 것은 지배됩니까?" {205}

3\. [세존]

"마음에 의해 세상은 인도되고
마음에 의해 끌려 다니노라.
마음이라는 하나의 법에 의해
모든 것은 지배되노라."245) {206}

갈애 경(S1:63)

Taṇhā-sutta

2\. [천신]

"무엇에 의해 세상은 인도되고
무엇에 의해 끌려 다닙니까?
어떤 하나의 법에 의해
모든 것은 지배됩니까?" {207}

---

245) "'모든 것은 지배된다(sabbeva vasam anvagu).'는 것은 마음(citta)의 지배하에 들어간 것은 철저하게 [마음에] 사로잡히게 된다(anavasesa-pariyādāna)는 말이다."(SA.i.95)
"대상을 철저하게 알지 못하는 자들(apariññāta-vatthuka)은 완전히 마음의 지배하에 놓인다는 말이다. 그러나 오온을 철저하게 알아서(pariññāta-kkhandha) 오염원을 제거한 자(pahīna-kilesa)들은 마음의 지배하에 들어가지 않는다. 오히려 마음이 그들의 지배하에 놓이게 된다."(SAT.i.116)

3. [세존]

"갈애에 의해 세상은 인도되고
갈애에 의해 끌려 다니노라.
갈애라는 하나의 법에 의해
모든 것은 지배되노라." {208}

묶음 경(S1:64)

Saṁyojana-sutta

2. [천신]

"무엇이 세상을 묶으며
무엇이 그것의 걸음걸이입니까?
무엇을 버려야
열반이라 불리게 됩니까?" {209}

3. [세존]

"즐김이 세상을 묶으며
일으킨 생각이 그것의 걸음걸이니라.246)
갈애를 버려야
열반이라 불리게 되느니라." {210}

속박 경(S1:65)

Bandhana-sutta

---

246) '걸음걸이'로 옮긴 원어는 vicāraṇa이다. 주석서는 이것을 pādāni(발)라고 해석하고 있으며 단수(eka-vacana)로 쓰였지만 복수(bahu-vacana)의 의미라고 밝히고 있다.(SA.i.95)
일으킨 생각[尋, vitakka]이 온갖 곳으로 미치는 것은 두 발을 통해서 이리저리 쏘다니는 것과 같다는 의미라서 역자는 걸음걸이로 옮겼다.

2. [천신]

"무엇이 세상을 속박하며
무엇이 그것의 걸음걸이입니까?
무엇을 버려야
모든 속박을 자르게 됩니까?" {211} [40]

3. [세존]

"즐김이 세상을 속박하며
일으킨 생각이 그것의 걸음걸이니라.
갈애를 버려야
모든 속박을 자르게 되느니라." {212}

핍박 경(S1:66)

Abbhāhata-sutta

2. [천신]

"무엇에 의해 세상은 핍박받고
무엇에 의해 에워싸여 있습니까?
어떤 쇠살에 꿰찔러져 있으며
무엇에 의해 항상 불타고 있습니까?"247) {213}

---

247) '무엇에 의해서 불타고 있습니까?'는 Ee2, SS, Se 주석서의 kissa dhūmāyito 대신에 Ee1, Se, Be, Be 주석서의 kissa dhūpāyito로 읽어서 옮겼다. dhūpāyito는 『장로게』(Thag) {448} 게송에도 나타난다. 노만(K.R. Norman)은 이 {448}을 옮기면서 dhūpāyita를 연기가 내뿜어지는(*perfumed, obscured by smoke*)으로 옮기고 설명하고 있지만 역자는 주석서를 참조해서 불타고 있는(āditta – SA.i.95)으로 옮겼다. 본서 「우빠짤라 경」(S5:7) {542}에서도 padhūpito는 '불타는, 달아오르는'의 뜻이다.

3. [세존]

"죽음에 의해 세상은 핍박받고
늙음에 의해 에워싸여 있느니라.
갈애의 쇠살에 꿰찔러져 있으며
욕구에 의해 항상 불타고 있느니라." {214}

올가미에 걸림 경(S1:67)

Uḍḍita-sutta

2. [천신]

"무엇에 의해 세상은 올가미에 걸려 있고
무엇에 의해 에워싸여 있습니까?
무엇에 의해 세상은 닫혀 있으며
어디에 세상은 확립되어 있습니까?" {215}

3. [세존]

"갈애에 의해 세상은 올가미에 걸려 있고
늙음에 의해 에워싸여 있느니라.
죽음에 의해 세상은 닫혀 있으며
괴로움 속에 세상은 확립되어 있느니라."248) {216}

---

248) "'갈애에 의해서 세상은 올가미에 걸려 있다(taṇhāya uḍḍito).'는 것은 눈은 갈애라는 밧줄(taṇhā-rajju)에 묶여 형색의 말뚝(rūpa-nāgadanta)에 올가미 씌어져 있고 귀 등은 소리 등의 올가미에 걸려 있다는 말이다.
'죽음에 의해 세상은 닫혀 있다(maccunā pihito loko).'고 했다. 바로 앞의 전생(anantara)에서 자신이 지은 업은 하나의 마음[순간](eka-cittantara)보다 더 멀리 있는 것이 아니다. 그러나 중생들은 죽음의 고통스런 느낌(māraṇantika-vedanā)이 강해서 마치 산에 가려진 것처럼 그것을 알지 못한다. 그래서 죽음에 의해 세상은 닫혀 있다고 하신 것이다."(SA.i.96)

닫힘 경(S1:68)

Uḍḍita-sutta

2. [천신]

"무엇에 의해 세상은 닫혀 있으며
어디에 세상은 확립되어 있습니까?
무엇에 의해 세상은 올가미에 걸려 있고
무엇에 의해 에워싸여 있습니까?" {217}

3. [세존]

"죽음에 의해 세상은 닫혀 있으며
괴로움 속에 세상은 확립되어 있느니라.
갈애에 의해 세상은 올가미에 걸려 있고
늙음에 의해 에워싸여 있느니라." {218}

소망 경(S1:69)

Icchā-sutta

2. [천신]

"무엇에 의해 세상은 묶여 있고
무엇을 길들여서 벗어납니까?
무엇을 버려야 모든 속박을 끊습니까?" {219}

3. [세존]

"소망에 의해서 세상은 묶여 있고
소망을 길들여서 벗어나느니라.
소망을 버려야 모든 속박을 끊노라." {220} [41]

세상 경(S1:70)

Loka-sutta

2. [천신]

"무엇에서 세상은 생겨났고
무엇에서 친교를 맺습니까?
무엇을 취착하여 세상은 전개되며
무엇에 세상은 시달립니까?" {221}

3. [세존]

"여섯에서 세상은 생겨났고
여섯 때문에 친교를 맺느니라.
여섯을 취착하여 세상은 전개되며
여섯에 세상은 시달리느니라."249) {222}

제7장 짓누름 품이 끝났다.

일곱 번째 품에 포함된 경들의 목록은 다음과 같다.

① 이름 ② 마음 ③ 갈애 ④ 묶음 ⑤ 속박 ⑥ 핍박
⑦ 올가미에 걸림 ⑧ 닫힘 ⑨ 소망 ⑩ 세상 — 이러한 열 가지이다.

---

249) "'무엇에서 세상은 생겨났는가(kismiṁ loko samuppanno)?'라는 것은 무엇이 생길 때 세상이 생겨났는가라는 뜻이다. '여섯에서(chasu)'란 여섯 가지 안의 감각장소[六內處, ajjhattika āyatana]가 생겨날 때 [세상은] 생겨난다(uppanna)는 말이다. 이처럼 '여섯'이라는 안의 감각장소를 가지고 이 질문에 답을 하신 것이다. 그러나 안과 밖(ajjhattika-bāhira)의 감각장소라고 해도 된다. 왜냐하면 여섯 가지 안의 감각장소가 생겨날 때 이 [세상]이 생겨났다고 하며 여섯 가지 밖의 감각장소와 더불어 친교를 맺고(santhavaṁ karoti) 여섯 가지 안의 감각장소를 취착하여(upādāya) 여섯 가지 밖의 감각장소에 시달리기(vihaññati) 때문이다."(SA.i.96)
이 게송은 본서 「로히땃사 경」(S2:26)에서 제기된 문제에 대한 해결책이 되기도 한다. 세상의 일어남과 여섯 가지 안의 감각장소에 대해서는 본서 제2권 「세상 경」(S12:44 = S35:107)을 참조할 것.

제8장 끊음 품

Chetvā-vagga

끊음 경(S1:71)

Chetvā-sutta[250)]

2. 한 곁에 선 그 천신은 세존께 게송으로 여쭈었다.

"무엇을 끊은 뒤에 깊이 잠들고
무엇을 끊고 나면 슬퍼하지 않습니까?
어떤 하나의 법을 죽이는 것을
당신은 허락하십니까, 고따마시여?"[251)] {223}

3. [세존]
"분노를 끊은 뒤에 깊이 잠들고
분노를 끊고 나면 슬퍼하지 않노라.
바라문이여, 분노는 뿌리에는 독이 있고
꼭대기에 꿀이 듬뿍 들어 있어서[252)]

---

250) Ee1, Be에는 chetvā(끊은 뒤)로 나타나고 Se, Ee2에는 jhatvā(태운 뒤)로 나타난다. 보디 스님은 jhatvā를 지지한다.(보디 스님 381쪽 127번 주해 참조) chetvā는 동사 chindati(√chid, *to cut*)의 불변사이고 jhatvā는 동사 jhāpeti(jhāyati의 사역형, √kṣai, *to burn*)의 불변사이다. 역자는 chetvā로 읽어서 옮겼다.

251) 본경의 {223~224}은 본서 「마가 경」(S2:3) {257~258}와 「다난자니 경」(S7:1) {613~614}와 「끊음 경」(S11:21) {939~940}과 같다.

252) "'뿌리에는 독이 있다(visa-mūla).'는 것은 분노는 괴로움의 과보(dukkha-vipāka)를 가져오기 때문이고, '꼭대기에는 꿀이 있다(madhur-agga).'는 것은 분노에 분노로 대응하고 모욕(akkuṭṭha)에 모욕으로 대응하고 주먹질

이런 분노 죽이는 것을 성자들은 칭송하니
이것을 끊고 나면 슬퍼 않기 때문이니라." {224}

마차 경(S1:72)
Ratha-sutta

2. [천신]
"무엇이 마차의 표지(標識)이고
무엇이 불의 표지입니까?
무엇이 나라의 표지이고
무엇이 여인의 표지입니까?"{225} [42]

3. [세존]
"깃발이 마차의 표지이고
연기가 불의 표지이니라.
왕이 나라의 표지이고
남편이 여인의 표지니라."253) {226}

(pahaṭa)에 주먹질로 대응할 때 그 사람에게 즐거움이 생기기 때문이다. 이것을 두고 꼭대기에는 꿀이 있다고 한 것이다. 여기서 꼭대기(agga)란 마지막(pariyosāna)을 뜻한다."(SA.i.97)

253) "이것을 통해 알려지기 때문에 '표지(標識, paññāṇa)'라 한다. '깃발이 마차의 표지다(dhajo rathassa paññāṇaṁ).'라는 것은 큰 전쟁터(saṅgāma-sīsa)에서 멀리서도 깃발을 보고 '저것은 아무개 왕의 마차구나.'라고 분명하게 드러나기 때문이다. '남편이 여인의 표지다(bhattā paññāṇam itthiyā).'라는 것은 비록 전륜성왕의 딸일지라도 일단 결혼을 하면 여인은 '아무개의 아내'라고 남편을 통해 알려지기 때문이다."(SA.i.97)

재화 경(S1:73)

Vitta-sutta

2. [천신]

"무엇이 인간의 으뜸가는 재화이며
무엇을 잘 닦아야 행복 가져옵니까?
무엇이 참으로 가장 뛰어난 맛이며
어떻게 살아야 으뜸가는 삶이라 부릅니까?" {227}

3. [세존]

"믿음이 인간의 으뜸가는 재화이며
법을 잘 닦아야 행복 가져오느니라.
진리가 참으로 가장 뛰어난 맛이며
통찰지를 구족한 삶을 으뜸가는 삶이라 부르노라."254) {228}

비[雨] **경**(S1:74)

Vuṭṭhi-sutta

2. [천신]

"무엇이 솟아오르는 것 가운데 으뜸이고

---

254) "'법(dhamma)'이란 열 가지 유익한 업의 길[十善業道, dasa-kusala-kamma-patha]을 말한다. '통찰지를 구족한 삶을 으뜸가는 삶이라 부른다(paññājīviṁ jīvitam āhu seṭṭhaṁ).'는 것은 재가자는 오계를 확고히 지키면서 식권 등에 의한 음식 공양(salāka-bhatta) 등을 실천하고, 출가자의 경우는 여법하게 [음식, 의복, 거처, 약의 네 가지] 필수품(paccaya)들을 얻을 때 '이것은 유용한 것이다.'라고 잘 반조하여 사용하면서 명상주제(kamma-ṭṭhāna)를 들고 위빳사나를 확립하여 성스러운 과를 증득함(ariya-phala-adhigama)을 뜻한다."(SA.i.98)
이 두 게송은 본서 「알라와까 경」(S10:12) {846~847}과 같다. 더 자세한 설명은 그 곳의 주해를 참조할 것.

무엇이 떨어지는 것 가운데 최상입니까?
무엇이 걸어 다니는 것 가운데 으뜸이며
무엇이 말하는 것 가운데 최상입니까?" {229}

3. [다른 천신]
"씨앗이 솟아오르는 것 가운데 으뜸이고
비가 떨어지는 것 가운데 최상입니다.
소가 걸어 다니는 것 가운데 으뜸이며
아들이 말하는 자 가운데 최상입니다."255) {230}

4. [세존]
"명지가 솟아오르는 것 가운데 으뜸이고
무명이 떨어지는 것 가운데 최상이로다.
승가가 걸어 다니는 것 가운데 으뜸이고
깨달은 분(붓다)이 말하는 자 가운데 최상이로다."256) {231}

---

255) "일곱 가지 곡식의 '씨앗이 솟아오르는 것 가운데 으뜸이다(bījam uppatataṁ seṭṭhaṁ).' 씨앗이 자라면 음식이 많아지고 나라가 안전하게 되기 때문이다. '비는 떨어지는 것 가운데 최상이니(vuṭṭhi nipatatam varā)' 많은 곡식을 얻을 수 있기 때문이다. '소가 걸어 다니는 것 가운데 으뜸이니(gāvo pavajamānānaṁ)' 일상생활에 필요한 다섯 가지(우유, 커드, 버터, 버터기름(*ghee*), 정제 버터)를 산출하기 때문이다. '아들은 말하는 것 가운데 최상이니(putto pavadataṁ varo)' 그는 왕의 앞 등에서 부모에게 해가 되는 말을 하지 않기 때문이다."(SA.i.98)
주석서는 계속해서 이렇게 적고 있다.
"첫 번째 천신이 세존께 질문을 드리자 곁에 있던 어떤 천신이 '그대는 무엇 때문에 여래께 질문을 드리는가? 내가 대답하겠네.'라고 하면서 이처럼 자신의 견해를 말했다. 그러자 첫 번째 천신이 그가 끼어든 것을 나무라며 다시 세존께 질문을 드렸고 여기에 대해 세존께서는 아래처럼 대답하셨다." (*Ibid*)

256) "여기서 '명지(vijjā)'란 네 가지 도(catu-magga)에 대한 명지이다. 이것이 생기면 모든 해로운 법[不善法]들이 뿌리 뽑히기(samugghāteti) 때문이다. '무명(avijjā)'이란 윤회의 뿌리가 되는 큰 무명(vaṭṭa-mūlaka-mahā-

두려움 경(S1:75)

Bhīta-sutta

2\. [천신]

"도는 참으로 여러 가지로 설해지는데[257]

왜 여기서 많은 사람들에게 두려움이 생깁니까?

광대한 통찰지를 가진 고따마시여, 이것을 여쭈오니

어디에 굳게 서야 저 세상을 두려워하지 않습니까?" {232}

---

vijjā)이다. 이것은 [악도에] 떨어지고 가라앉은 자들에게 최상이기 때문이다. '승가가 앞으로 가는 것 가운데 [으뜸이니](saṅgho pavajamānānaṁ)'란 승가는 한량없는 공덕의 밭[福田]이 되어서(anoma-puñña-kkhetta-bhūta) 승가를 보고 마음에 청정한 믿음이 생긴(pasanna-cittā) 중생들은 길상(sotthi)을 얻기 때문이다. '깨달은 자(붓다)가 말하는 것 가운데 최상이니(buddho pavadataṁ varo)'란 그분의 설법을 듣고 수많은 백 천의 생명들이 속박에서 해탈하기(bandhana-mokkha) 때문이다."(SA.i.98~99)

257) "'도는 참으로 여러 가지로 설해진다(maggo vanekāyatanaṁ pavutto).'는 것은 도는 38가지 명상주제라는 대상을 통해 여러 가지 방법(karaṇa)으로 설해져 있다. 그렇다면 무엇을 두려워하여 사람들은 62가지 견해를 거머쥐고 있는지, 그것에 대해 질문드리는 것이다."(SA.i.99)
여기서 말하는 38가지 명상주제(kammaṭṭhāna)는 경에 나타나는 10가지 까시나 가운데 마지막의 두 가지 까시나(허공의 까시나와 알음알이의 까시나)를 제외한 것이다. 이 두 가지 까시나는 네 가지 무색의 증득 가운데 처음의 둘인 공무변처의 증득과 식무변처의 증득에 포함되기 때문에 주석서 문헌에서는 이를 제외하고 38가지 명상주제라고 언급하고 있다. 그러나 『청정도론』에서는 이 둘을 제한된 허공의 까시나(paricchinn-ākāsa-kasiṇa)와 광명의 까시나(āloka-kasiṇa)로 대체해서 모두 40가지 명상주제로 정리하고 있다.
경에 나타나는 열 가지 까시나에 대해서는 『앙굿따라 니까야』 「까시나 경」(A10:25)과 「꼬살라 경」 1(A10:29)과 「깔리 경」(A10:26)과 『디가 니까야』 제3권 「합송경」(D33) §3.3.(2)와 「십상경」(D34) §2.3.(2)와 『맛지마 니까야』 「긴 사꿀루다이 경」(M77) §24 등을 참조할 것. 40가지 명상주제에 대해서는 『청정도론』 III.103 이하와 『아비담마 길라잡이』 9장 §6 이하와 '도표 9.1'을 참조할 것.

3. [세존]

"말과 마음 바르게 유지하면서
몸으로 악을 결코 행하지 않고
음식과 마실 것이 많은 집에 살며 [43]
믿음과 유순함과 베풂·친절함 —
이러한 네 가지 법258)에 굳게 설 때에
법에 굳게 선 그는 이것 때문에
저 세상을 두려워하지 않노라." {233}

늙지 않음 경(S1:76)

Na jīrati-sutta

2. [천신]

"무엇이 늙고 무엇이 늙지 않으며
무엇이 잘못된 길이라 부릅니까?
무엇이 [유익한] 법들의 방해물이고
무엇이 밤낮으로 소멸해갑니까?
무엇이 청정범행의 더러움이고
무엇이 물이 필요 없는 목욕입니까? {234}

얼마나 많은 틈이 세상에 있어

258) 주석서는 '네 가지 법(catu dhammā)'에 대해 두 가지 해석을 하고 있다. 처음과 두 번째 구절에 나타나는 신·구·의 삼업을 청정하게 하는 것은 예비단계의 청정(pubba-suddhi-aṅga)이라고 한다. 그러므로 네 번째 구절에 나타나는 '믿음과 유순함과 베풂과 친절함'의 이 넷을 네 가지 법이라고 설명하는 것이 첫 번째이다. 둘째는 처음과 두 번째 구절의 신·구·의 삼업을 세 가지 법으로 이해하고 '믿음과 유순함과 베풂과 친절함'을 네 번째 법으로 이해하는 것이다.(SA.i.99) 전자의 설명이 더 타당해 보인다.

마음이 거기에 굳게 서지 못합니까?
저희가 이것을 어떻게 알아야 할지
저희는 존자께 여쭈러 왔습니다." {235}

3. [세존]
"인간들의 육체는 늙어가지만
이름과 족성 둘은 늙지 않노라.
애욕이 잘못 된 길이라 불리며
탐욕이 [유익한] 법들의 방해물이네. {236}

수명이 밤낮으로 소멸해가며
여인이 청정범행의 더러움이니
남성들은 여기에 걸려 있도다.
고행과 청정범행은 물이 필요 없는 목욕이라네. {237}

여섯 가지 틈[259]들이 세상에 있어
마음이 굳게 서지 못하게 되니
게으름과 방일함, 빈둥거림과
제어하지 못함과 졸림·나른함 —
여섯 가지 이런 것을 내쫓아야 하노라." {238}

---

259) 아래에 나타나는 '여섯 가지 틈(chidda)'은 빠알리어로는 다음과 같다. 게으름(ālassa), 방일함(pamāda), 빈둥거림(anuṭṭhāna), 제어하지 못함(asaṁyama), 졸림(niddā), 나른함(tandī)이다. 한편 복주서는 이 여섯 가지는 "유익한 법들이 생길 기회를 주지 않는 성질을 가졌기 때문에(kusala-citta-ppavattiyā anokāsa-bhāvato)"(DAṬ.i.122) 틈이라 불린다고 설명하고 있다.

지배력 경(S1:77)

Issara-sutta

2. [천신]

"무엇이 세상에서 지배력이며
무엇이 으뜸가는 재화입니까?
무엇이 세상에서 칼의 녹이며
무엇이 세상에서 종창[260] 입니까? {239}
누가 가져가면 막으려하고
누가 가져가면 좋아합니까?
누가 자주 오는 것을 현자들은 좋아합니까?" {240}

3. [세존]

"권력이 세상에서 지배력이며
여인이 으뜸가는 재화이로다.[261]
분노가 참으로 칼의 녹이며[262]

---

260) '종창'으로 옮긴 원어는 abbuda이다. 주석서는 "파멸의 원인(vināsa-kāra-ṇa)"(SA.i.100)이라고 설명하고 있다. 한편 abbuda는 본서 「뚜두 범천 경」(S6:9) {591}에서는 아주 큰 단위의 숫자로 나타나고, 「꼬깔리까 경」2(S6:10) §11에서는 지옥의 이름으로 나타나며, 「인다까 경」(S10:1) {803}에서는 태아의 시기를 나타내는 술어로 쓰이고 있다.

261) "버려서는 안되는 재화이기 때문에(avissajjanīya-bhaṇḍattā) '여인이 최상의 재화다(itthi bhaṇḍānam uttamaṁ).'라고 하신 것이다.
복주서에서는 여인의 몸에서 으뜸가는 인간들(purisājānīyā, 즉 부처님들과 아라한들)이 탄생하기 때문에 여인들은 버려서는 안되는 재화라고 그 이유를 추가하여 들고 있다.(SAṬ.i.122)

262) "'분노(kodha)'는 녹 슨 칼과 같다. 혹은 통찰지라는 칼(paññā-sattha)의 녹을 말한다."(SA.i.100)
"알아차리는 역할을 덮어버리기 때문에(avabodha-kicca-vibandhanato) 분노는 녹 슨 칼과 같다고 했다. 통찰지라는 칼에 녹이 슬면 공덕(guṇa)을 없애버리기 때문에 분노는 통찰지라는 칼의 녹이다."(SAṬ.i.122)

도둑이 세상에서 종창이로다. {241}
도둑이 가져가면 구속을 하고
사문이 가져가면 좋아하노라.
사문이 자주 오면 현자들은 좋아하노라." {242} [44]

원함 경(S1:78)

Kāma-sutta

2. [천신]
"이로움을 원하는 자는 무엇을 주지 말아야 하며
인간은 무엇을 버려서는 안됩니까?
어떤 유익한 것을 베풀어야 하며
사악한 것 베풀어서는 안됩니까?" {243}

3. [세존]
"인간은 자신을 주어서도 안되고
자신을 버려서도 안되느니라.263)
유익한 말은 베풀어야 하고
사악한 [말은] 베풀어서는 안되느니라." {244}

---

263) "'자신을 주어서도 안된다(attānaṁ na dade).'는 것은 남의 하인(dāsa)으로 자신을 주어서는 안된다는 뜻이니 모든 보살(sabba-bodhisatta)의 경우는 제외하고 말씀하신 것이다. '자신을 버려서도 안된다(na pariccaje).'는 것은 사자나 호랑이 등에게 자신을 버려서는 안된다는 뜻이니 이것도 모든 보살의 경우는 제외하고 말씀하신 것이다."(SA.i.101)
초기불전들에서 보살(bodhisatta)은 항상 깨닫기 전의 부처님들께만 적용되는 술어이다. 대승불교 운동을 주도하던 사람들은 이 점을 중시하여 보살이라는 개념을 보편화시켰다(*universalize*). 그들은 깨달음을 성취하기 위해서 노력하는 모든 생명체들도 보살이라 불러야 한다는 아주 설득력 있는 주장을 하였고, 이렇게 보살이라는 개념을 보편화시키는 데 성공하여 대승불교 운동은 도도한 흐름을 타고 지금까지 전개되고 있는 것이다.

여행 준비물 경(S1:79)

Pātheyya-sutta

2. [천신]

"무엇이 여행의 준비물이고
무엇이 재물의 창고입니까?
무엇이 사람을 끌어당기고
무엇이 세상에서 버리기 어려운 것입니까?
무엇에 중생들은 걸려 있습니까?
마치 새가 올가미에 걸려 있듯이." {245}

3. [세존]

"믿음이 여행의 준비물이고
행운이 재물의 창고이니라.
욕구가 사람을 끌어당기고
욕구가 세상에서 버리기 어려운 것이로다.
욕구에 중생들은 걸려 있나니
마치 새가 올가미에 걸려 있듯이." {246}

광채 경(S1:80)

Pajjota-sutta

2. [천신]

"무엇이 세상에서 광채가 되고
무엇이 세상에서 깨어 있습니까?
무엇이 일하는 자들 동료가 되며
무엇이 그의 생계 수단입니까? {247}

마치 어머니가 자식 부양하듯이
무엇이 게으른 자나 게으르지 않은 자를 부양합니까?
땅에 의지해서 사는 생명들
무엇으로 그들 삶을 영위합니까?" {248}

3. [세존]
"통찰지가 세상에서 광채가 되고
마음챙김이 세상에서 깨어 있는 자로다.
일하는 자들에겐 소가 동료요264)
밭고랑이 그의 생계 수단이니라.265) {249}

마치 어머니가 자식 부양하듯이
비[雨]가 게으른 자나 게으르지 않은 자를 부양하노라.
땅에 의지해 사는 생명들
비로 그들 삶을 영위하도다." {250}

---

264) "'일하는 자들에게는 소가 동료(gāvo kamme sajīvānaṁ)'라는 것은 일을 해서 삶을 영위하는 자(jīvanta)들에게는 소가 일을 하는 데에 동료(kamma-sahāya)이자 친구(kamma-dutiyaka)가 된다는 뜻이다. 소들과 함께 농사일 등을 하기 때문이다."(SA.i.101)

265) '생계 수단'은 iriyā-patha를 옮긴 것인데, 이것은 주로 가고 서고 앉고 눕는 등의 자세를 말한다. 그러나 본경에 해당하는 주석서에서 이것을 생계 수단(jīvita-vutti)으로 설명하고 있어서(SA.i.101) 이렇게 옮겼다.
한편 복주서는 생계 수단(iriyā-patha)이란 몸의 움직임과 행위를 일으키는 수단(iriyana-kiriyānaṁ pavattan-upāya)이고, 밭고랑(sīta)이란 쟁기로 밭을 가는 것(naṅgala-sīta-kamma)이라고 설명하고 있다.(SAṬ.i.124) 그러므로 '밭고랑이 그의 생계 수단'이라는 것은 쟁기로 밭을 가는 것이 음식에 의존하는 중생들에게는 생계 수단이라는 의미이다.

다투지 않음[無諍] 경(S1:81)

Araṇā-sutta

2. [천신]

"누가 여기 세상에서 다투지 않고
누구의 삶의 완성은 파멸하지 않습니까?
여기 누가 욕구를 철저히 알고 있으며
누가 항상 자유를 누리나이까? {251} [45]

누가 어디에 확고하여 머물면
부모와 형제들도 그에게 절합니까?
누가 있어 비록 낮은 태생이라 할지라도
끄샤뜨리야들이 예배합니까?" {252}

3. [세존]

"사문들이 세상에서 다투지 않고
사문들의 삶의 완성 파멸하지 않노라.
사문들이 욕구를 철저히 알고 있으며
사문들이 언제나 자유를 누리노라.266) {253}

사문이 [계행에] 확고하여 머물면267)
부모와 형제들도 그에게 절하노라.
사문 있어 비록 낮은 태생이라 할지라도
끄샤뜨리야들이 예배하노라." {254}

---

266) "'자유를 누림(bhojissiya)'이라고 한 것은, 번뇌 다한 사문(khīṇāsava-samaṇa)들은 항상 벗어난 상태(bhujissa-bhāva)에 있기 때문이다."(SA.i.102)

267) "'확고하다(patiṭṭhita).'는 것은 계(sīla)에 확고하다는 뜻이다."(SA.i.102)

제8장 끊음 품이 끝났다.

여덟 번째 품에 포함된 경들의 목록은 다음과 같다.

① 끊음 ② 마차 ③ 재화
④ 비 ⑤ 두려움 ⑥ 늙지 않음
⑦ 지배력 ⑧ 원함
⑨ 여행 준비물 ⑩ 광채 ⑪ 다투지 않음이다.

천신 상윳따(S1)가 끝났다. [46]

제2주제

신의 아들 상윳따(S2)

제2주제(S2)

신의 아들 상윳따

Devaputta-saṁyutta

제1장 첫 번째 품

Pathama-vagga

깟사빠 경1(S2:1)

Kassapa-sutta

1. 이와 같이 나는 들었다. 한때 세존께서는 사왓티에서 제따 숲의 아나타삔디까 원림(급고독원)에 머무셨다.

2. 그때 신의 아들268) 깟사빠가 밤이 아주 깊었을 때 아주 멋진

---

268) '신의 아들'은 deva-putta를 직역한 것이다. 그러나 신들은 천상에 화현하여 태어나기 때문에 신의 아들이란 표현은 조금 어색하기는 하다. 그래서 보디 스님은 '*young deva*(젊은 신)'이라고 옮기고 있다. 역자는 deva-putta를 '신의 아들'로 직역하였다. 주석서는 다음과 같이 deva-putta를 설명하고 있다.
"'신의 아들(devaputta)'이라 했다. 신들의 무릎(aṅka)에 태어난(nibbattā) 사람들을 신의 아들들이라 한다. 여성은 신의 딸들(deva-dhītaro)이라 부른다. 이름이 분명하지 않으면(apākaṭa) '어떤 천신(aññatarā devatā)'이라 부른다. 그러나 이름이 분명하면(pākaṭa) '아무개 이름을 가진 신의 아들'이라 부른다. 그래서 앞의 「천신 상윳따」(S1)에서는 어떤 천신이라고 했고 여기서는 신의 아들이라 부른다."(SA.i.103)
그러나 복주서는 이것도 일반적으로(yebhuyya-vasena) 말한 것이지 이름을 아는 천신도 어떤 천신이라고 명명할 때도 있다고 설명을 덧붙이고 있다.(SAṬ.i.125)
본 상윳따와 앞의 「천신 상윳따」(S1)를 비교해보면 이름을 아는 천신은 신의 아들이라 부르고 이름을 알지 못하는 천신은 그냥 천신이라 부른다는 주

모습을 하고 제따 숲을 환하게 밝히면서 세존께 다가갔다. 다가가서는 세존께 절을 올린 뒤 한 곁에 섰다. 한 곁에 선 신의 아들 깟사빠는 세존께 이렇게 말씀드렸다.

"세존께서는 비구에 대해 밝히신 적은 있으시지만 비구에게 설하신 가르침을 [밝히시지는] 않았습니다."269)

"깟사빠여, 그렇다면 그대가 지금 그것을 분명하게 말해보라."

석서의 설명은 정확하다. 왜냐하면 본 상윳따에 나타나는 30개의 경들에는 분명하게 신들의 이름이 나타나고 있지만, 앞의 「천신 상윳따」에 실린 81개의 경에는 신의 이름이 나타나는 것은 「가띠까라 경」(S1:50) 하나뿐이기 때문이다.

본서 「천신 상윳따」(S1) 「폭류 경」(S1:1) §1의 천신(deva)에 대한 주해에서 살펴보았듯이, 특정 신이 특별히 남성 신임을 분명하게 할 때는 본 상윳따에서처럼 deva-putta(신의 아들)로 표현하고, 여성 신임을 드러낼 때는 deva-dhuhitā(신의 딸)라 칭한다. 그러므로 천신과 신의 아들은 동의어이지 신의 아들이라 해서 어리거나 위력이 약한 천신을 지칭하는 것은 아니다. 이렇게 본다면 deva-putta(신의 아들)는 '남성 신'으로 옮길 수 있고 deva-dhīta(신의 딸)는 '여성 신'으로 옮길 수 있다. 그러나 특별한 언급이 없는 한 베다와 초기불전에 나타나는 신들은 남성 신이 대부분이기 때문에 '남성 신'으로 의역하는 것도 어색해서 생각 끝에 deva-putta를 '신의 아들'로 직역을 한 것이다.

그러므로 본 상윳따는 그 이름이 분명한 남성 신들이 세존께 와서 게송으로 문답을 나누는 것을 내용으로 하는 경들로 구성되어 있고 앞의 「천신 상윳따」(S1)에는 여성 신들도 포함한 신들에 관계된 경이라고 결론지을 수 있다.

269) "이 신의 아들은 세존께서 성도하신 후 7년째 되던 해에 쌍신변(yamaka-pāṭihāriya)을 나투시어 삼십삼천에 안거(vassa)를 나러 가셔서 아비담마를 설하시면서 禪의 분석(Jhāna-vibhaṅga)에서 '비구란 일반적으로 일컫는(samaññā) 비구와 이름만인(paṭiññā) 비구가 있다.'(Vbh.245~246)라고 비구에 대한 설명(bhikkhu-niddesa)을 말씀하시는 것을 들었다. 그러나 그는 '이와 같이 생각하고 이와 같이는 생각하지 말라. 이와 같이 마음에 잡도리하고 이와 같이는 마음에 잡도리하지 말라. 이것은 버리고 이것은 구족하여 머물라.'(『디가 니까야』 「께왓다 경」(D8/i.214) §8)라고 비구들을 교계(bhikkhu-ovāda)하고 비구들을 훈도(bhikkhu-anusāsana)하시는 것은 듣지 못했다. 이것을 두고 그는 '세존께서는 비구에 대해 밝히신 적은 있으시지만 비구에게 설하신 가르침을 [밝히시지는] 않았습니다.'라고 말씀드리는 것이다."(SA.i.103)

3. "[비구는] 좋은 말씀[金言] 공부지어야 하고
사문의 법도를 공부지어야 하며
한적한 곳 홀로 앉음 공부지어야 하고
마음을 고요히 함을 공부지어야 합니다."270) {255}

4. 신의 아들 깟사빠는 이렇게 말하였고 스승께서는 그의 말에 동의하셨다. 그러자 신의 아들 깟사빠는 '스승께서는 나의 [말에] 동의하셨구나.'라고 안 뒤 세존께 절을 올리고 오른쪽으로 [세 번] 돌아 [경의를 표한] 뒤에 거기서 사라졌다.

깟사빠 경2(S2:2)

2. 한 곁에 선 신의 아들 깟사빠는 세존의 면전에서 이 게송을 읊었다.

---

270) "'좋은 말씀[金言]대로 공부짓고(subhāsitassa sikkhetha)'라는 것은 사성제와 열 가지 대화의 주제(dasa-kathā-vatthu, 『맛지마 니까야』 「우빨리 경」(M56) §3 이하 참조)와 37보리분(sattatiṁsa-bodhipakkhiya)에 대해 네 가지 말로 하는 좋은 행위(vacī-sucarita, 본서 「금언 경」(S8:5)과 『맛지마 니까야』 「살레야까 경」(M41/i.288) §13 참조)를 공부지어야 한다는 뜻이다.
'사문의 법도(samaṇūpāsana)'란 사문들이 의지해야 하는 것인데 38가지 명상주제(kamma-ṭṭhāna, 본서 「두려움 경」(S1:75) §2의 주해 참조)를 말한다. 그리고 많이 배운(bahussuta) 비구들을 섬기는 것(upāsana)도 사문의 법도이다. 그에게 '존자시여, 어떤 것이 유익함입니까?'라는 등으로 질문을 하면서 공부지어야 한다는 말이다.
'마음을 고요히 하는 것(citta-vūpasama)'이란 여덟 가지 [삼매의] 증득[八等至, aṭṭha-samāpatti, 초선부터 비상비비상처까지]을 얻어 마음을 고요히 하는 공부를 지어야 한다는 뜻이다. 이처럼 신의 아들은 삼학(三學, tisso sikkhā)을 말했다. 첫 번째는 증상계학(增上戒學, adhisīla-sikkhā)을, 두 번째는 증상혜학(增上慧學, adhipaññā-sikkhā)을, 세 번째는 증상심학(增上心學, adhicitta-sikkhā)을 언급한 것이니 이처럼 이 게송으로 전체 교법(sāsana)을 드러낸 것이다."(SA.i.104)

"마음의 증득[271]을 바라는 비구는
참선하여[272] 마음이 해탈해야 하고[273]
세상[274]의 일어남과 사라짐을 알아서
고결한 마음으로 집착하지 않아야 하나니
이것이 [아라한의] 이익입니다."[275] {256} [47]

---

271) "'마음의 증득(hadayassa anupatti)'이란 아라한과(arahatta)를 뜻한다." (SA.i.104)

272) "'참선을 하는 자(jhāyī)'란 두 가지 禪으로 참선하는 자를 말한다."(SA.i. 104)
"두 가지로 참선하는 것은 서른여덟 가지 '대상을 참선하는 것(ārammaṇ-ūpanijjhāna)'과 무더기(온), 감각장소(처) 등을 무상하다는 등으로 '특징을 참선하는 것(lakkhaṇūpanijjhāna)'으로 사마타[止]와 위빳사나[觀]를 증장시키는 것을 말한다."(SA.iii.111)
38가지 대상은 38가지 명상주제를 뜻하는데 이것에 대한 설명은 본서 「두려움 경」(S1:75) §2의 첫 번째 주해를 참조할 것.

273) "'마음이 해탈한(vimutta-citta)'이란 명상주제를 통한 해탈로 마음이 해탈한 것이다."(SA.i.104)
여기에 대해서 복주서는 이런 해탈을 반대되는 법을 대체함에 의한 해탈과 억압에 의한 해탈(tadaṅga-vikkhambhana-vimutti)의 둘을 뜻한다고 설명하고 있다.
한편 『청정도론』 등의 주석서 문헌에 의하면 계는 [오염원들과] 반대되는 것으로 대체하여 버림(tadaṅga-ppahāna)을 통해 오염원을 버리는 것을 나타내고, 삼매는 [오염원들을] 억압(vikkhambhana)하여 오염원을 버림을, 통찰지는 [오염원들을] 근절함(samuccheda)으로써 오염원을 버리는 것을 나타낸다고 한다.(『청정도론』 I.12)
이것을 일시적인 해탈(sāmāyika vimutti)이라고도 한다. 일시적인 해탈에 대해서는 본서 「고디까 경」(S4:23) §2와 이에 대한 주해와, 『앙굿따라 니까야』 제3권 「일시적 해탈 경」 1(A5:149) §1의 주해를 참조할 것.

274) "'세상(loka)'이란 형성된 세상(saṅkhāra-loka)이다."(SA.i.104)

275) "'집착하지 않는(anissita)'이란 갈애와 사견으로 집착하지 않는 것, 혹은 갈애와 사견을 집착하지 않는 것을 말한다. '이익(ānisaṁsa)'이란 아라한이 되는 이익(arahatt-ānisaṁsa)이다."(SA.i.104)

마가 경(S2:3)

Māgha-sutta

2. 그때 신의 아들 마가[276]가 밤이 아주 깊었을 때 아주 멋진 모습을 하고 제따 숲을 환하게 밝히면서 세존께 다가갔다. 다가가서는 세존께 절을 올린 뒤 한 곁에 섰다. 한 곁에 선 신의 아들 마가는 세존께 게송으로 여쭈었다.[277]

"무엇을 끊은 뒤에 깊이 잠들고
무엇을 끊고 나면 슬퍼하지 않습니까?
어떤 하나의 법 죽이는 것을
당신은 허락하십니까, 고따마시여?" {257}

3. [세존]
"분노를 끊은 뒤에 깊이 잠들고
분노를 끊고 나면 슬퍼하지 않노라.
바라문이여, 분노는 뿌리에는 독이 있고
꼭대기에 꿀이 듬뿍 들어 있어서
이런 분노 죽이는 것을 성자들은 칭송하니
이것을 끊고 나면 슬퍼 않기 때문이니라." {258}

---

276) 주석서에 의하면 마가(Māgha)는 신들의 왕 삭까(인드라)의 이름이라고 한다. 그는 본서 「끊음 경」(S11:21)에서 {939}의 질문을 드려서 세존으로부터 {940}의 대답을 들었다. 그는 와뜨라부(Vatrabhū)라고도 불리는데 자신의 좋은 행위(vatta)로 남들을 지배하고 신들의 지배권(dev-issariya)을 행사하기 때문이다. 혹은 와뜨라(Vatra)라는 이름을 가진 아수라를 이겼기 때문에 와뜨라부라고 하기도 한다."(SA.i.104)
이 와뜨라부라는 이름은 본서 「삭까의 이름 경」(S11:12)에서 언급되고 있는 삭까의 여러 이름에는 포함되지 않고 있다.

277) 본경 {257~258}은 본서 「끊음 경」(S1:71) {223~224}와 「다난자니 경」(S7:1) {613~614}와 「끊음 경」(S11:21) {939~940}과 같다.

마가다 경(S2:4)

Māgadha-sutta

2. 한 곁에 선 신의 아들 마가다는 세존께 게송으로 여쭈었다.

"세상에는 얼마나 많은 광채가 있어
그것으로 세상이 빛이 납니까?
저희가 이것을 어떻게 알아야 할지
저희는 존자께 여쭈러 왔습니다." {259}

3. [세존]
"세상에는 네 가지 광채가 있나니
다섯 번째 광채란 존재하지 않노라.
낮에는 저 태양이 빛나고 있고
밤에는 저 달 역시 비추고 있네. {260}

불이 있어 밤낮없이 빛을 발하나
완전하게 깨달은 그 자야말로
빛나는 것 가운데 으뜸이로니
이 광명은 위없는 밝은 것이라." {261}[278]

다말리 경(S2:5)

Dāmali-sutta

2. 그때 신의 아들 다말리가 밤이 아주 깊었을 때 아주 멋진 모습을 하고 제따 숲을 환하게 밝히면서 세존께 다가갔다. 다가가서는

---

278) 본경의 세 게송은 본서 「광채 경」(S1:26) {65~67}과 같다. 그곳의 주해들을 참조할 것.

세존께 절을 올리고 한 곁에 섰다. 한 곁에 선 신의 아들 다말리는 세존의 면전에서 이 게송을 읊었다.

"쉼 없이 노력하고 욕망 모두 다 버려서
존재를 동경하지 않아야 하오니
바라문은 이처럼 행해야만 합니다."279) {262}

3. 세존께서는 "다말리여."라고 [불러서] 말씀하셨다.

"바라문은 더 이상 해야 할 일 없으니
바라문은 해야 할 바 모두 했기 때문이라. [48]
발판 얻기 전에는 [격류 따라 흘러가며]
강에서 사지를 아등바등하지만280)
발판 얻어 땅 위에 이미 올라선 자는
더 이상 아등바등하지 않게 되나니
그는 이미 저 언덕에 도달했기 때문이라.281) {263}

---

279) 여기서 바라문은 아라한을 지칭하는 말이다. 주석서에 의하면 이 신의 아들은 아라한의 의무에는 끝이 없다고 믿고 있다. 그러므로 아라한은 아라한과를 얻은 뒤에도 계속해서 노력해야 한다고 생각하기 때문에 이런 질문을 드렸고, 세존께서는 그의 견해가 잘못된 것임을 지적하고 이를 바로 잡고 계신다.(SA.i.105)

280) '아등바등하다(āyūhati).'에 대해서는 본서 「폭류 경」(S1:1) §3의 주해를 참조할 것.

281) "이 게송은 삼장 전체에서 설하신 적이 없다(asaṁkiṇṇā). 세존께서는 다른 곳에서는 정진을 결점(dosa)이라고 말씀하시지 않았기 때문이다. 그러나 여기서는 이 신의 아들을 제지하신 뒤(paṭibāhitvā) '번뇌가 다하기(khīṇāsava) 전에는(pubba-bhāge) 번뇌를 다하기 위해 숲에 머물면서 명상주제를 들고 정진을 하지만 번뇌가 다한 뒤에는(apara-bhāge) 원하면 그렇게 하고, 원하지 않으면 편한 대로(yathā-sukhaṁ) 머물면 된다.'고 하시면서 번뇌가 다한 자에게는 의무가 완결(kicca-vosāna)되었음을 보여주시기 위해 이렇게 말씀하신 것이다."(SA.i.105)

다말리여, 내가 설한 이런 비유는
번뇌 모두 다하고 사려도 깊은
참선하는 바라문 위한 것이라
태어남·죽음의 끝에 이미 도달한
그는 이미 저 언덕에 도달하여서
더 이상 아등바등하지 않도다." {264}

까마다 경(S2:6)

Kāmada-sutta

2. 한 곁에 선 신의 아들 까마다는 세존께 이렇게 말씀드렸다.

"세존이시여, 행하기가 어렵습니다. 세존이시여, 참으로 행하기가 어렵습니다."282)

세존께서는 "까마다여."라고 [불러서] 말씀하셨다.

"유학은 계 갖추고283) 확고하여서
행하기 어려운 것 능히 행하니
지족은 출가를 감행한 자에게
크나 큰 행복을 실어 나르느니라." {265}

---

282) "이 신의 아들은 전생에 요가 수행을 하던 자(yogāvacara)였다. 그는 오염원이 두터워서(bahala-kilesatā) 많은 노력(sappayoga)으로 겨우 오염원들을 억압하면서(vikkhambhento) 사문의 법(samaṇa-dhamma)을 행하였다. 그는 애를 썼지만 강하게 의지하는 조건이 약했기 때문에(upanissaya-mandatāya) 죽어서 성자의 경지(ariya-bhūmi)에 도달하지 못하고 신의 세상(deva-loka)에 태어났다. 그는 '세존의 곁에 가서 '행하기 어려움(dukkara-bhāva)'을 말씀드려야겠다.'라고 하면서 와서 이렇게 말씀드린 것이다."(SA.i.105)

283) '계를 갖춰'는 sīla-samāhitā를 옮긴 것인데 '계와 삼매에 들어'로도 옮길 수도 있겠지만 주석서는 이것을 sīlena samāhitā로 분석한 뒤에 "계를 갖춘(samupetā)"(SA.i.105)으로 설명하고 있어서 이렇게 옮겼다.

3. "세존이시여, 지족이라는 것은 얻기가 어렵습니다."
세존께서는 "까마다여."라고 [불러서] 말씀하셨다.

"마음을 고요히 하는 것 기뻐하는 자들은
얻기가 어려운 것 능히 얻게 되나니
그들 마음 밤낮으로 수행을 기뻐하노라." {266}

4. "세존이시여, 마음이라는 것은 고요히 하기가 어렵습니다."
세존께서는 "까마다여."라고 [불러서] 말씀하셨다.

"감각기능 고요히 하는 것 기뻐하는 성자들은
집중하기 어려운 마음 잘 집중하나니
죽음의 그물을 잘라버리고[284] 가노라." {267}

5. "세존이시여, 길은 가기 어렵고 평탄하지 않습니다."[285]
세존께서는 "까마다여."라고 [불러서] 말씀하셨다.

"성자들은 가기가 정말 어렵고
평탄치 못한 길도 걸어가지만
천한 자들은 평탄치 못한 길에서

---

284) "밤낮으로 감각기능들을 고요히 하는 것(indriy-ūpasama)을 기뻐하는 자는 삼매에 들기 어려운 마음도 삼매에 들게 한다(dussamādahaṁ cittaṁ samādahanti). 마음이 삼매에 든 자는 네 가지 필수품에 만족감이 충만하여 피로하지 않다. 만족하는 자들(santuṭṭhā)은 계행을 충만하여 피로하지 않다. 계행에 확고히 머무는 일곱 부류의 유학(sekhā)인 성자들(ariyā)은 죽음의 그물이라 불리는 오염원의 그물(kilesa-jāla)을 끊어버리고 간다." (SA,i.106)

285) "성스러운 도(ariya-magga)는 가기 '어려운 것(duggama)'도 아니고 '평탄하지 않은 것(visama)'도 아니다. 그러나 예비단계의 도닦음(pubba-bhāga-paṭipadā)에는 많은 어려움(방해물, parissaya)들이 도사리고 있기 때문에 그는 이렇게 말하고 있는 것이다."(SA.i.106)

머리부터 꺾이어 넘어지노라.
성자들에게 이 길은 평탄하나니
성자들은 평탄치 못한 [중생들] 가운데서
평탄한 자들이기 때문이니라." {268}

빤짤라짠다 경(S2:7)

Pañcālacaṇḍa-sutta

2. 한 곁에 선 신의 아들 빤짤라짠다는 세존의 곁에서 이 게송을 읊었다.

"대 지혜자는 구속 가운데서도
기회 얻음을 깨달으셨으며286)
그분은 禪을 깨달으신 부처님이시니
초연한 영웅287)이요 성자시도다." {269}

---

286) "두 가지 '구속(sambādha)'이 있나니 [다섯 가지] 장애(nīvaraṇa)를 통한 구속과 [다섯] 가닥의 감각적 욕망(kāma-guṇa)을 통한 구속이다. 여기서는 첫 번째를 뜻한다. 여기서 '기회(okāsa)'란 禪의 다른 이름(nāma)이다." (SA.i.107)
한편 『앙굿따라 니까야』 제5권 「빤짤라 경」(A9:42)은 아난다 존자가 본경의 이 게송의 뜻을 설명하는 경이다. 거기서는 우다이 존자는 빤짤라짠다가 읊은 본경의 이 게송을 두고 아난다 존자에게 '어떤 것이 구속 가운데서도 기회를 얻는 것(sambādhe vata okāsaṁ avindi)이라고 세존께서는 말씀하셨습니까?'라고 질문을 하고 아난다 존자는 초선부터 상수멸까지의 구차제멸(九次第滅, nava anupubba-nirodha)로 이것을 설명하고 있다. 거기서는 감각적 욕망은 구속이고 초선은 기회며, 다시 일으킨 생각과 지속적인 고찰은 구속이고 제2선은 기회며 … 이렇게 하여 마지막으로 비상비비상처의 인식이 구속이고 상수멸에서 번뇌가 다하는 것이 기회라고 설명되어 있다.
구차제멸에 대해서는 본서 제4권 「한적한 곳에 감 경」(S36:11) §5와 『청정도론』 XXIII.29 등을 참조할 것.

287) "'초연한 영웅(paṭilīna-nisabha)'은 문자적으로 초연한 황소란 뜻인데 여

3. 세존께서는 "빤짤라짠다여."라고 [불러서] 말씀하셨다.

"구속 가운데서도 그들은 분명
열반을 증득하기 위한 법을 얻나니
그들은 마음챙김 구족하여
바르게 삼매에 잘 들었도다."288) {270} [49]

따야나 경(S2:8)

Tāyana-sutta

2. 그때 옛적에 외도교단의 창시자289)였던 신의 아들 따야나가

기서 황소란 뛰어난 사람(seṭṭha)을 뜻한다. 초연하다는 것은 초연한 마음(pahīna-māno)을 말한다."(SA.i.107)
한편 『앙굿따라 니까야』 제2권 「초연함 경」(A4:38)에서는 "비구가 독단적인 진리를 버리고, 추구를 완전히 포기하고, 몸의 의도적 행위[身行]가 고요하면 그를 일러 '초연하다'고 한다."라고 정의한 뒤 이 세 가지 의미를 자세하게 설하고 계신다.

288) '열반을 증득하기 위한 법(dhammaṁ nibbānapattiyā)'은 아래 복주서의 설명을 참조하면 팔정도를 뜻한다.
"이 신의 아들은 전생에 초선을 증득한 뒤 거기서 죽어서 범신천(Brahmakāyikā)에 태어났다. 거기서 禪의 행복(jhāna-sukha)을 즐기다가 거기서 죽어서 다시 이 욕계[천상]에 태어났다. 그러므로 그는 그 선을 닦았기 때문에 '세존께서는 그러한 禪의 행복을 얻으신 분이다.'라고 그런 덕으로 세존을 칭송하면서 게송을 읊은 것이다.
세존께서는 엄청난 크기의 수미산에 비하면 겨자씨(sāsapa)가 아무것도 아니듯이, 끝이 없고 다 측량할 수 없는 부처님의 덕(ananta-aparimeyya-buddha-guṇa)에 비하면 초선은 아무것도 아님을 보여주시면서 이 게송을 읊으셨다.
여기서 '마음챙김(sati)'이란 위빳사나의 마음챙김(vipassanā-sati)과 함께 한 팔정도의 마음챙김(ariyamagga-sati)이다. '바르게 잘 삼매에 들었다(susamāhitā).'는 것은 세간적 삼매(lokiya-samādhi)와 출세간적 삼매(lokuttara-samādhi)로 잘 삼매에 들었다는 뜻이다."(SAṬ.i.129)

289) "여기서 '외도교단(tittha)'이란 62가지 견해를 말한다. '외도교단의 창시자

밤이 아주 깊었을 때 아주 멋진 모습을 하고 제따 숲을 환하게 밝히면서 세존께 다가갔다. 다가가서는 세존께 절을 올린 뒤 한 곁에 섰다. 한 곁에 선 신의 아들 따야나는 세존께 이 게송들을 읊었다.

"바라문이시여, 정진하여 갈애의 흐름을 끊고
감각적 욕망을 흩어버려야 합니다.
감각적 욕망을 제거하지 못하면
禪을290) 증득하지 못하옵니다. {271}

해야 할 것을 해야 한다면
굳세게 분발291)해야 합니다.
집을 나온 출가자가 느슨하면
다시 먼지 뒤집어쓰기 때문입니다. {272}

하지 않는 것이 잘못 행한 것보다 나으니

(titthakara)'란 이러한 견해들을 일으킨 스승(satthā)이니 예를 들면 난다, 왓차, 끼사, 삼낏짜이다. 뿌라나 깟사빠 등은 외도의 이름이다. 그런데 이러한 견해를 일으키고도 어떻게 이 신의 아들은 천상(sagga)에 태어났는가? 업을 말하는 자였기(kamma-vāditā) 때문이다. 그리고 이 신의 아들은 여러 가지 선행(kalyāṇa)을 하였기 때문이다. 그는 천상에 태어나서 부처님 교법이 출리로 인도하는 것(niyyānika-bhāva)임을 알았다. 그래서 그는 '여래의 곁에 가서 부처님의 교법(sāsana)과 일치하는 정진을 칭송하는 게송을 읊으리라.'라고 하면서 세존 곁에 와서 다음 게송을 읊은 것이다."(SA. i.107)

290) 원문은 ekatta(하나됨)인데 주석서에서 그 뜻을 선(禪, jhāna)이라고 설명하고 있어서 이렇게 옮겼다.

291) 교학적으로 '분발(parakkama)'에는 세 가지가 있다. 그것은 [정진을] 시작하는 요소[發勤界, ārambha-dhātu], 벗어나는 요소[出離界, nikkama-dhātu], 분발하는 요소[勇猛界, parakkama-dhātu]이다. 여기에 대해서는 본서 제5권 「몸 경」(S46:2) §13과 「자양분 경」(S46:51) §11과 『청정도론』 IV.52 이하와 『디가 니까야』 「대념처경」(D22) §13의 주해 혹은 『네 가지 마음챙기는 공부』 221쪽을 참조할 것.

잘못 행한 것은 나중에 자신을 태웁니다.
행한다면 잘 행하는 그것이 나으니
그것을 행하면 태울 일이 없습니다. {273}

어떤 사람 꾸사 풀을 잘못 잡아
손이 베어 낭패를 당하듯이292)
사문 생활 자칫 잘못 거머쥐어
자신을 지옥으로 이끌게 되나이다. {274}

게으른 행위, 오염된 서원, 의심 가는 청정범행
이들은 큰 결실을 가져오지 못합니다." {275}

3. 신의 아들 따야나는 이렇게 말했다. 이렇게 말한 뒤 그는 세존께 절을 올리고 오른쪽으로 [세 번] 돌아 [경의를 표한] 뒤에 거기

---

292) 꾸사 풀은 kusa(Sk. kuśa)를 옮긴 것이다. 이 풀은 다르바(Sk. darbha, Pāli. dabbhā)라고도 부르는데 인도 고전 제사에서 없어서는 안되는 중요한 것이다. 이 풀은 제사도구를 놓는 곳과 신들을 소청하는 장소에 정해진 방법에 따라 놓으며, 제사를 지낼 때는 정해진 공정에 따라서 아수라들의 접근을 막기 위해서 제사 풀을 사방에다 뿌린다고 한다.
한편 꾸사는 우리나라의 억새풀과 비슷한 풀로서 아주 억세고 빳빳해서 꺾을 때 조심하지 않으면 손을 베게 된다. 그래서 본 게송에서도 이처럼 "꾸사 풀을 잘못 잡으면 손이 베어 낭패를 당하는 것과 같이"라고 나타나고 있는 것이다.
그리고 꾸사 풀을 벤다는 뜻으로부터 파생된 용어가 바로 중국에서 선(善)으로 옮긴 꾸살라(kusala)라고 주석서 문헌은 설명하고 있다.(kuse lunāti chindatīti kusalaṁ – MAṬ.8.265) 이처럼 꾸살라는 kusa+√lū(*to cut*)에서 파생된 단어라고 주석서 문헌들은 해석을 하는데 꾸사 풀을 베기 위해서는 조심해야 하고 능숙한 솜씨가 있어야 한다는 의미가 들어 있다.
본서 전체에 꾸살라는 유익함[善]으로, 이것의 반대인 아꾸살라(akusala)는 해로움[不善]으로 옮기고 있으며, 여기에다 법(dhamma)을 더한 선법(유익한 법)과 불선법(해로운 법)은 초기불전에서 강조되는 아주 중요한 술어들이다. 유익한 법[善法, kusala-dhamma]과 해로운 법[不善法, akusala-dhamma]에 대해서는 『앙굿따라 니까야』 「하나의 모음」(A1:6:6)의 주해를 참조할 것.

서 사라졌다.

4. 세존께서는 그 밤이 지나자 비구들을 불러서 말씀하셨다.

"비구들이여, 지난밤에 옛적에 다른 교단의 창시자였던 따야나라는 신의 아들이 밤이 아주 깊었을 때 아주 멋진 모습을 하고 온 제따 숲을 환하게 밝히면서 나에게 다가왔다. 다가와서는 나에게 절을 올린 뒤 한 곁에 섰다. 한 곁에 선 신의 아들 따야나는 나의 곁에서 이 게송들을 읊었다.

'바라문이시여, 정진하여 갈애의 흐름을 끊고
감각적 욕망을 흩어버려야 합니다.
감각적 욕망을 제거하지 못하면
禪을 증득하지 못하옵니다. {276}

… … [50]

게으른 행위, 오염된 서원, 의심 가는 청정범행
이들은 큰 결실을 가져오지 못합니다.'" {280}

5. "비구들이여, 신의 아들 따야나는 이렇게 말했다. 이렇게 말한 뒤 나에게 절을 올리고 오른쪽으로 [세 번] 돌아 [경의를 표한] 뒤에 거기서 사라졌다.

비구들이여, 따야나의 게송을 수지하라. 비구들이여, 따야나의 게송을 외우라. 비구들이여, 따야나의 게송은 그대들에게 이익을 줄 것이다. 비구들이여, 따야나의 게송은 청정범행의 시작이니라."

짠디마 경(S2:9)
Candima-sutta

2. 그 무렵 신의 아들 짠디마[293]는 아수라의 왕 라후에게 붙잡혔다. 그러자 신의 아들 짠디마는 세존을 계속해서 생각하면서[隨念] 바로 그 시간에 이 게송을 읊었다.

"부처님이시여, 당신께 귀의하옵니다.
영웅이시여, 당신은 모든 것에서 해탈하셨습니다.
저는 지금 구속되어 있사옵니다.
그런 제게 의지처가 되어주소서." {281}

3. 그때 세존께서는 신의 아들 짠디마에 관해 아수라 왕 라후에게 게송으로 말씀하셨다.

"짠디마는 여래·아라한에게 귀의했나니
라후여, 짠디마를 풀어주라.
부처들은 세상을 연민하노라." {282}

4. 그러자 아수라의 왕인 라후는 신의 아들 짠디마를 풀어준 뒤 황급히 아수라 왕 웨빠찟띠[294]에게 다가갔다. 가서는 절박하고 털이

---

293) 인도 신화에 의하면 짠디마(Candimā)는 달에 거주하는 신이다. 그리고 짠디마 자체가 달을 뜻하기도 한다. 그리고 인도 신화에서 라후(Rāhu)는 월식이나 일식을 의인화한 것으로 나타나며 이것은 본경에서처럼 불교 신화에도 그대로 채용되었다.

294) 주석서에 의하면 빠하라다 아수라 왕(Pahārāda Asurinda)과 웨빠찟띠(Vepacitti) 아수라 왕과 라후(Rāhu) 아수라 왕은 세 명의 아수라 연장자(jeṭṭhaka)라고 한다.(AA.iv.106) 웨빠찟띠는 『디가 니까야』 제2권 「대회경」(大會經)」(D20) §12에서도 여러 아수라들 가운데 하나로 언급되고 있다. 웨빠찟띠는 본서 「웨빠찟띠 경」(S11:4)과 S11:5; S11:23; S35:248 등에서 보듯이 신들의 왕 삭까(인드라)와는 아주 오래된 적대자였다.

곤두선 채로 한 곁에 섰다. 한 곁에 선 라후에게 아수라 왕 웨빠찟띠는 게송으로 물었다.

5. [웨빠찟띠]
"라후여, 왜 그대는 황급히 왔는가?
어찌하여 짠디마를 풀어주었는가?
그대 절박한 모습으로 내게 와서는
어찌 두려워 서 있는가?" {283}

6. [라후]
"부처님이 제게 게송 읊으셨는데도
만일 제가 짠디마를 풀어주지 않았다면
저의 머리 일곱 조각 났을 것이며
살았더라도 행복이라곤 얻지 못했을 것입니다." {284} [51]

수리야 경(S2:10)
Suriya-sutta

2. 그 무렵 신의 아들 수리야295)가 아수라 왕 라후에게 붙잡혔다. 그러자 신의 아들 수리야는 세존을 계속해서 생각하면서[隨念] 바로 그 시간에 이 게송을 읊었다.

"부처님이시여, 당신께 귀의하옵니다.
영웅이시여, 당신은 모든 것으로부터 해탈하셨습니다.
저는 지금 구속되어 있사옵니다.

295) 신의 아들 짠디마가 달을 의인화 한 것이라면 여기 신의 아들 수리야(Suriya devaputta)는 태양을 의인화한 것이다. 실제로 범어 수리야는 태양을 뜻한다. 본경은 일식을 신의 아들 수리야가 아수라 왕 라후에게 붙잡힌 것으로 의인화하고 있다.

그런 제게 의지처가 되어주소서." {285}

3. 그때 세존께서는 신의 아들 수리야에 관해 아수라 왕 라후에게 게송으로 말씀하셨다.

"수리야는 여래·아라한에게 귀의했나니
라후여, 수리야를 풀어주라.
부처들은 세상을 연민하노라. {286}

칠흑 같은 어둠 속에서 빛을 발하는 저 밝은 태양
강렬한 불꽃 내는 원반 모양 하고 있네.
라후여, 허공을 다니면서 그를 삼키지 말라.
라후여, 나의 후예296) 수리야를 풀어주라." {287}

4. 그러자 아수라의 왕인 라후는 신의 아들 수리야를 풀어준 뒤 황급히 아수라 왕 웨빠찟띠에게 다가갔다. 가서는 절박하고 털이 곤두선 채로 한 곁에 섰다. 한 곁에 선 라후에게 아수라 왕 웨빠찟띠는 게송으로 물었다.

5. [웨빠찟띠]
"라후여, 왜 그대는 황급히 왔는가?
어찌하여 수리야를 풀어주었는가?
그대 절박한 모습으로 내게 와서는
어찌 두려워 서 있는가?" {288}

---

296) '나의 후예'는 pajaṁ mama를 옮긴 것이다. 왜 세존께서 짠디마와 수리야를 '나의 후예'라고 표현하셨는가를 주석서는 이렇게 설명하고 있다.
"신의 아들 짠디마와 수리야는 세존께서 「대회경」(D20)을 설하시던 날에 예류과(sotāpatti-phala)를 얻었기 때문이다. 여기서 나의 후예라는 것은 나의 아들(putta)이라는 뜻이다."(SA.i.109)

6. [라후]

"부처님이 제게 게송 읊으셨는데도
만일 제가 수리야를 풀어주지 않았다면
저의 머리 일곱 조각 났을 것이며
살았더라도 행복이라곤 얻지 못했을 것입니다." {289}

제1장 첫 번째 품이 끝났다.

첫 번째 품에 포함된 경들의 목록은 다음과 같다.

두 가지 ①~② 깟사빠 ③ 마가
④ 마가다 ⑤ 다말리
⑥ 까마다 ⑦ 빤짤라짠다 ⑧ 따야나
⑨ 짠디마 ⑩ 수리야 — 이러한 열 가지이다.

제2장 급고독 품

Anāthapiṇḍka-vagga

짠디마사 경(S2:11)

Candimasa-sutta

2. 그때 신의 아들 짠디마사가 밤이 아주 깊었을 때 아주 멋진 모습을 하고 제따 숲을 환하게 밝히면서 세존께 다가갔다. [52] 다가가서는 세존께 절을 올린 뒤 한 곁에 섰다. 한 곁에 선 신의 아들 짠디마사는 세존의 곁에서 이 게송을 읊었다.

"禪을 증득하여 하나로 집중되고
사려 깊고 마음챙기는 그러한 분들은
사슴들이 모기 없는 초원에 이르듯
안전한 장소에 도달할 것입니다." {290}

3. [세존]
"禪을 증득하여 하나로 집중되고
방일하지 않고 다툼을 버린 자들은297)
물고기가 그물에서 저 멀리 벗어나듯

---

297) "'다툼을 버린 자들(raṇañ-jahā)'은 오염원들을 버린 자들(kilesañ-jahā)을 말한다. 禪의 경지들을 얻어 방일하지 않는 자들은 오염원들을 버린다. 그들은 그물을 자른 물고기들처럼 열반으로 갈 것이라고 말씀하시는 것이다."(SA.i.105)
범어문헌 일반에서 raṇa는 전쟁이나 다툼[爭]을 뜻한다. 빠알리 문헌에서는 먼지(raja)나 오염원(kilesa)으로 설명한다.(MA.v.32) 한편 『금강경』의 수부띠(수보리) 존자는 초기불전에서도 다툼 없이 머무는 자(araṇa-vihāri) 가운데서 으뜸이라고 기록되고 있다.(A1:14:2-4와 주해를 참조할 것)

저 언덕에 안전하게 도달할 것이로다." {291}

웬후 경(S2:12)

Veṇhu-sutta

2. 한 곁에 선 신의 아들 웬후[298]는 세존의 곁에서 이 게송을 읊었다.

"선서를 섬기는 사람들은
참으로 행복한 자들이니
고따마의 교법에 몰두하여
불방일을 따라 공부짓습니다." {292}

---

298) Se, Ee2에는 웬후(Veṇhu)로, Ee1, Be에는 웬두(Veṇḍu)로, SS에는 웬누(Veṇṇu)로 나타난다. 이 단어는 산스끄리뜨 Viṣṇu(위슈누, 비슈누)에 해당하는 빠알리어이다. 보디 스님의 제안을 받아들여 역자도 웬후(Veṇhu)로 표기하였다.
위슈누(비슈누, Viṣṇu)는 『리그베다』에서부터 나타나기는 하지만 아주 유력한 신으로 추앙되기 시작한 것은 인도의 서사시 『마하바라따』(Mahābhārata) 이후부터이다. 지금도 인도의 삼대 신 가운데 하나로 추앙받고 있다. 인도의 삼신 가운데 브라흐마(Brahmā)는 진리 자체로서의 신이고, 위슈누(Viṣṇu)는 이러한 진리와 세계를 지키고 유지하는 신이며, 시와(시바, Śiva)는 파괴의 신이다. 이 세 신들의 역할에 의해 우주는 생성과 유지와 파괴를 되풀이 한다고 한다. 시와는 본서 「시와 경」(S2:21)에서 신의 아들 시와(Siva devaputta)로 나타나고 있다.
그리고 위슈누는 10가지로 화신을 나투어 세상을 이롭게 한다고 하는데, 첫 번째 화신은 꾸르마(거북이)이다. 흥미로운 것은 그의 아홉 번째 화신으로 석가모니 부처님을 들고 있다. 힌두교에서는 이렇게 하여 불교를 그들의 위슈누 신앙으로 흡수하려 노력하였으며, 불교가 자취를 감춘 인도에서 지금 대부분의 사람들은 부처님을 위슈누의 아홉 번째 화신으로 받아들이고 있다. 그런데 이처럼 본경과 본서 「시와 경」(S2:21) 등의 초기불전에서부터 위슈누와 시와와 같은 힌두교의 유력한 신들과 부처님은 서로 교류를 하는 것으로 나타나고 있어서 흥미롭다.

3. 세존께서는 "웬후여."라고 [불러서] 말씀하셨다.

"여기 내가 가르친 정법299)을
따라서 공부짓고 참선하고
올바른 시기에 방일하지 않는 자들은
죽음의 지배를 받지 않을 것이로다." {293}

디가랏티 경(S2:13)
Dīghalaṭṭhi-sutta

1. 이와 같이 나는 들었다. 한때 세존께서는 라자가하에서 대나무 숲의 다람쥐 보호구역에 머무셨다.

2. 그때 신의 아들 디가랏티가 밤이 아주 깊었을 때 아주 멋진 모습을 하고 제따 숲을 환하게 밝히면서 세존께 다가갔다. 다가가서는 세존께 절을 올린 뒤 한 곁에 섰다. 한 곁에 선 신의 아들 디가랏티는 세존의 곁에서 이 게송을 읊었다.

"마음의 증득을 바라는 비구는
참선하여 마음이 해탈해야 하고
세상의 일어남과 사라짐을 알아서
고결한 마음으로 집착하지 않아야 하나니

---

299) "'정법'으로 옮긴 원어는 siṭṭhi-pada인데 '공부짓는 조목'으로 직역할 수 있다. 복주서에서 정법(正法, saddhamma)으로 설명하고 있어 이렇게 옮겼다. 복주서는 "교법(sāsana)과 윤회의 괴로움을 두려워함(vaṭṭa-dukkha-parittāsana)을 통해서 오염원(kilesa)들을 [없애는] 도닦음의 조목(paṭipajjitabbato pada)을 말한다."(SAṬ.i.132)라고 설명하고 있다.
'siṭṭhi-pada(공부짓는 조목)'는 Ee1, Ee, Se에는 satthipade로 Be에는 siṭṭhipade로 나타난다. 역자는 후자로 읽었다. 한편 siṭṭha(Sk. śiṣṭha)는 √śiṣ(*to learn*)의 과거분사이다.

이것이 [아라한의] 이익입니다."300) {294}

난다나 경(S2:14)

Nandana-sutta

2. 한 곁에 선 신의 아들 난다나는 세존의 곁에서 이 게송을 읊었다.

"고따마시여, 걸림 없는 지와 견을 가지셨고
광대한 통찰지를 가지신 세존께 여쭙니다. [53]
어떠한 분을 계를 잘 지닌 자라 부르고
어떠한 분을 통찰지를 지닌 자라 부릅니까?
어떠한 분이 괴로움을 초월하여 다니고
어떠한 분에게 신들이 예배합니까?" {295}

3. [세존]
"계를 지니고 통찰지를 갖추고 자신을 닦고
삼매에 들고 禪에 몰두하고 마음챙김을 갖추어
모든 슬픔 여의고 버렸으며 번뇌 다했고
최후의 몸 받은 자 있으니 {296}

이러한 분을 계를 잘 지닌 자라 부르고
이러한 분을 통찰지를 지닌 자라 부르도다.
이러한 분은 괴로움을 초월하여 다니고
이러한 분에게 신들은 예배하도다." {297}

---

300) 본서 「깟사빠 경」 2(S2:2) {256}과 같다. 그곳의 주해들을 참조할 것.

짠다나 경(S2:15)

Candana-sutta

2. 한 곁에 선 신의 아들 짠다나[301)]는 세존의 곁에서 이 게송을 읊었다.

"여기 누가[302)] 밤낮으로 게으르지 않아서
거센 폭류 모두 다 건너나이까?
여기 누가 발판 없고 매달릴 곳도 없는[303)]
심연에 가라앉지 않겠나이까?" {298}

3. [세존]
"항상 계를 잘 갖추고
통찰지가 있으며 삼매에 깊이 들고

---

301) 짠다나(Candana)는 본서 제4권 「짠다나 경」(S40:11)에 각각 야마천, 도솔천, 화락천, 타화자재천을 관장하는 신인 수야마(Suyāma)와 산뚜시따(Santusita)와 수님미따(Sunimmita)와 와사왓띠(Vasavatti)와 함께 나타나고 있다. 한편 『디가 니까야』 「대회경」(D20) §11에는 사대왕천의 약카로 나타나고 있으며, 「아따나띠야 경」(D32) §10에는 '약카들과 큰 약카들과 약카들의 장군들과 대장군들'로 언급되고 있는 40명의 신들 가운데 인드라와 함께 포함되어 나타나기도 한다. 그러므로 이 짠다나는 사대왕천의 유력한 신으로 보는 것이 문맥상 타당하다. 여기에 대해서는 본서 제4권 「짠다나 경」(S40:11)의 주해를 참조할 것. DPPN도 이렇게 간주하고 있다.
그리고 『맛지마 니까야』 「로마사깡기야 경」(M134) §2에서 짠다나는 로마사깡기야 존자에게 다가가서 '경사스러운 하나에 몰입함'에 대해 질문을 하기도 한다.

302) Ee1, Be의 kathaṁ su 대신에 Se, Ee2, Sn.30 {173}의 ko su 'dha 로 읽었다.

303) "아래로는 발판도 없고 위로는 매달릴 곳도 없다(heṭṭhā apatiṭṭhe upari anālambane)는 말이다."(SA.i.110)
본서 「폭류 경」(S1:1) §3에서는 여기서 '발판도 없고'로 옮긴 apatiṭṭha를 그곳의 문맥에 따라 '멈추지 않았고'로 옮겼다.

부지런히 정진하고 스스로를 독려하는 자
건너기 어려운 폭류를 건너도다.304) {299}

감각적 욕망의 인식을 여의고
물질의 족쇄를 저 멀리 넘어서고
존재[有]에 대한 즐김이 멸진해버린 자305)
심연에 가라앉지 않는 법이라."306) {300}

와수닷따 경(S2:16)

Vasudatta-sutta

2. 한 곁에 선 신의 아들 와수닷따는 세존의 곁에서 이 게송을 읊었다.

---

304) 본 게송은 『청정도론』 I.6에서 인용되어 나타나고 있다.

305) Be, Se, Ee2의 nandīrāga-parikkhīṇo 대신에 Ee1, SS의 nandībhava-parikkhīṇo로 읽었다. 이미 본서 「벗어남 경」(S1:2) §4에도 이렇게 나타났고, 다른 경들에도 이렇게 나타나고 있다.

306) "'존재[有]에 대한 즐김(nandī-bhava)'이란 세 가지 업형성(kamma-abhi-saṅkhārā, 본서 「벗어남 경」(S1:2) §4의 주해와 제2권 「분석경」(S12:2) §14의 주해와 「철저한 검증 경」(S12:51) §8 참조)을 말한다. 이 게송에서 감각적 욕망의 인식(kāma-saññā)을 언급하여 다섯 가지 낮은 단계의 족쇄(orambhāgiya-saṁyojana)를, 물질의 족쇄(rūpa-saṁyojana)를 언급하여 다섯 가지 높은 단계의 족쇄(uddhambhāgiya-saṁyojana)를, 존재에 대한 즐김을 언급하여 세 가지 업형성을 말했다.
이와 같이 10가지 족쇄(saṁyojana)와 세 가지 업형성(kamma-abhisaṅkhāra)을 제거하였기 때문에 '그는 심연에서 가라앉지 않는다(so gambhīre mahoghe na sīdati).' 혹은 감각적 욕망의 인식은 욕계(kāma-bhava)를, 물질의 족쇄는 색계(rūpa-bhava)를 말한다. 이 둘을 언급함으로써 무색계(arūpa-bhava)도 포함되었다. 존재에 대한 즐김은 세 가지 업형성을 말한다. 이처럼 삼계에서 세 가지 업형성이 없기 때문에 그는 심연에서 가라앉지 않는다는 뜻이다."(SA.i.110~111)

"칼이 내려 꽂혀오는 것처럼, 머리에 불붙은 것처럼
감각적 욕망을 버리기 위해
비구는 마음챙겨 유행해야 합니다." {301}

3. [세존]
"칼이 내려 꽂혀오는 것처럼, 머리에 불붙은 것처럼
[불변하는] 자신이 존재한다는 견해[有身見] 버리기 위해
비구는 마음챙겨 유행해야 하노라."307) {302}

수브라흐마 경(S2:17)
Subrahmā-sutta

2. 한 곁에 선 신의 아들 수브라흐마는 세존께 게송으로 말씀드렸다.308)

"이 마음은 항상 두려움에 떨고
이 마음은 항상 동요하고 있습니다. [54]

---

307) 본경에 나타나는 두 게송은 본서 「칼 경」(S1:21) {51~52}와 같다. 그곳의 주해를 참조할 것.

308) 주석서에 의하면 수브라흐마(Subrahmā)는 천 명의 압사라(요정)에 둘러싸여 난다나 정원에서 천상의 영화를 누리고 있었다. 그 중 오백 명의 압사라들이 나무에서 꽃을 따다 죽어서 지옥에 태어났다. 그는 그들이 지옥에 태어난 것을 꿰뚫어 알고 '이 [영화로움이] 얼마나 오래간단 말인가'라고 절감했다. '내 수명도 얼마 남지 않았을 것이다.'라고 깊이 생각해 보았을 때 그는 자신의 수명이 다해 가는 것을 알았다. 그는 자신도 죽어서는 그 지옥에 태어날 것을 보고 두려워서 정신적 고통이 크게 일었다. '나의 이 정신적 고통은 스승님만이 해결해 주실 수 있지 다른 어떤 사람도 해결해 줄 수 없다.'라고 생각하며 남은 오백 명의 압사라들을 데리고 세존을 뵈러 가 본경의 게송으로 여쭈었다.(SA.i.111)
같은 이야기가 「대념처경」(D22)과 「염처경」(M10)에 해당하는 주석서들(DA.iii.750; MA.i.235~236)에도 나타난다.

아직 일어나지 않았거나
이미 일어난 어려움들309)에 대해
만일 두려움에서 벗어남이 있다면
그것을 여쭙나니 대답해 주소서." {303}

3. [세존]
"깨달음과 금욕310) 이외에
감각기능[根]을 단속하는 것 이외에
모든 것을 놓아버리는 것 이외에
생명들의 안전을 나는 보지 못하노라."311) {304}

---

309) Ee1, SS의 kiccesu(의무) 대신에 Be, Se, Ee2, SA의 kicchesu(어려움)로 읽었다.
"'어려움(kiccha)들'이란 중생들의 괴로움(dukkha)들을 뜻한다."(SA.i.112)

310) "'깨달음과 금욕'은 Se, Ee1&2의 bojjhaṅga-tapasā(깨달음의 구성요소와 고행) 대신에 Be, SA, SAṬ의 bojjhā tapasā로 읽어서 옮긴 것이다. 주석서는 이렇게 설명한다.
"'깨달음과 고행(bojjhā tapasā)'이란 깨달음의 구성요소[覺支]를 닦는 것(bojjhaṅga-bhāvana)과 금욕생활(tapo-guṇa)을 말한다."(SA.i.112)
한편 복주서는 여기서 bojjhā는 bodhito(깨달음)를 뜻하며 탈격(*Ablative*, nissakka-vacana)으로 쓰였다고 설명하고 있다.

311) "여기서 깨달음의 구성요소를 닦는 것을 처음에 언급하고 감각기능의 단속(indriya-saṁvara)을 뒤에 말씀하셨지만 뜻으로는 감각기능의 단속이 먼저라고 알아야 한다. 감각기능이 단속될 때 네 가지 계청정(catu-pāri-suddhi-sīla, 『청정도론』 I.42 이하 참조)이 있기 때문이다. 이것을 확립한 뒤에 비구가 두땅가(dhutaṅga, 두타행, 頭陀行, 『청정도론』 제2장 참조)라 불리는 고행을 위해 숲에 들어가 명상주제(kamma-ṭṭhāna)를 닦고 위빳사나와 더불어 깨달음의 구성요소를 닦기 때문이다. 그러면 성스러운 도(ariya-magga)가 열반을 대상(ārammaṇa)으로 하여 일어난다. [열반은] '모든 것을 놓아버림(sabba-nissagga)'이다. [왜냐하면 여기에서 모든 형성된 것은 방기되기 때문이다. – SAṬ] 이처럼 세존께서는 사성제(catu-sacca)를 통해서 가르침을 펴셨다. 신의 아들 수브라흐마는 설법이 끝나자 예류과(sotāpatti-phala)에 확고하게 되었다."(SA.i.112)

세존께서는 이렇게 말씀하셨다. … 그는 그곳에서 사라졌다.

까꾸다 경(S2:18)

Kakudha-sutta

1. 이와 같이 나는 들었다. 한때 세존께서는 사께따에서 안자나 숲의 녹야원에 머무셨다.312)

2. 그때 신의 아들 까꾸다가 밤이 아주 깊었을 때 아주 멋진 모습을 하고 제따 숲을 환하게 밝히면서 세존께 다가갔다. 다가가서는 세존께 절을 올린 뒤 한 곁에 섰다. 한 곁에 선 신의 아들 까꾸다는 세존께 이렇게 여쭈었다.

"사문이여, 당신은 기쁩니까?"

"도반이여, 무엇을 얻어서 그러겠는가?"

"사문이여, 그렇다면 당신은 슬픕니까?"

"도반이여, 무엇을 잃어서 그러겠는가?"

"사문이여, 그러면 당신은 기쁘지도 슬프지도 않습니까?"

"도반이여, 그렇다네."

3. [천신]

"비구여, 그대에게 근심이 없습니까?

복주서는 이렇게 설명한다.

"여기서는 신의 아들만을 언급하였지만 500명의 압사라들도 예류과를 얻었다. 왜냐하면 『디가 니까야』 「대념처경」(D22)에 해당하는 주석서에서 '세존의 가르침이 끝나자 그는 오백 명의 압사라들과 함께 예류과를 얻고 그 이전의 영화를 굳게 다진 뒤 천상세계로 돌아갔다.'라고 설명하고 있기 때문이다."(SAṬ.i.135)

312) 사께따와 안자나 숲에 대해서는 본서 제5권 「꾼달리야 경」(S46:6) §1의 주해를 참조할 것.

참으로 그대에게 기쁨도 없습니까?
당신이 홀로 앉아 계실 때에
따분함에 뒤덮이지 않습니까?" {305}

4. [세존]
"약카여, 나에게 근심이란 전혀 없으며
참으로 나에게 기쁨도 없다네.
내가 여기 홀로 앉아 있을 때에
결코 따분함에 뒤덮이지 않는다네." {306}

5. [천신]
"어떻게 당신께는 근심이 없으며
어떻게 기쁨도 없습니까, 비구여?
어떻게 당신이 홀로 앉아 계실 때에
따분함에 뒤덮이지 않습니까?" {307}

6. [세존]
"근심 생긴 자에게 기쁨이 있고
기쁨 생긴 자에게 근심 있다네.
비구는 기뻐하지도 근심하지도 않나니
도반이여, 그대 [나를] 이렇게 알기를." {308}

7. [천신]
"참으로 오랜만에 완전한 평화 얻은
[진정한] 바라문을 저는 친견했나이다.
비구는 기뻐하지도 근심하지도 않으니
세상에 대한 애착 모두 건넜습니다."313) {309}

웃따라 경(S2:19)

Uttara-sutta

1. <라자가하에서> [55]

2. 한 곁에 선 신의 아들 웃따라는 세존의 곁에서 이 게송을 읊었다.

"삶은 휩쓸려가고 생명은 덧없고
늙음에 휩쓸린 자에게 보호란 없으니
죽음의 두려움을 직시하면서
행복을 가져올 공덕 지어야 합니다." {310}

3. [세존]
"삶은 휩쓸려가고 생명은 덧없고
늙음에 휩쓸린 자에게 보호란 없으니
죽음의 두려움을 직시하면서
평화를 찾는 자, 세속적 미끼 버려야 하리."314) {311}

급고독 경(S2:20)

Anāthapiṇḍika-sutta

1. <사왓티의 아나타삔디까 원림(급고독원)에서>

2. 한 곁에 선 신의 아들 급고독(아나타삔디까)은 세존의 곁에서 이 게송들을 읊었다.

---

313) 본 게송은 세 번째 구만 다르고 나머지는 본서 「폭류 경」(S1:1) {1}과 같다. 그곳의 주해들을 참조할 것.

314) 본경의 두 게송은 본서 「휩쓸려감 경」(S1:3) {3~4}와 같다. 그곳의 주해들을 참조할 것.

"이것이 바로 제따 숲
선인의 승가가 머물고
법왕께서 거주하시니
내게 희열이 생기는 곳이라. {312}

의도적 행위와 명지가 있고
법과 계와 최상의 삶 갖춰있으면
이것으로 사람들은 청정해지지
가문·재산 때문이 아니라네. {313}

그러므로 여기서 현명한 사람
자신의 이로움을 꿰뚫어 보아
지혜롭게 법을 깊이 검증할지라.
이와 같이 그곳에서 청정해지리. {314}

사리뿟따께서는 통찰지와 계
고요함을 두루 구족했나니
저 언덕에 도달한 비구 있다면
잘해야 그분과 동등할 정도."[315] {315}

3. 신의 아들 급고독은 이렇게 말했다. 이렇게 말한 뒤 그는 세존께 절을 올리고 오른쪽으로 [세 번] 돌아 [경의를 표한] 뒤에 거기서 사라졌다.

4. 세존께서는 그 밤이 지나자 비구들을 불러서 말씀하셨다.
"비구들이여, 지난밤에 어떤 신의 아들이[316] 밤이 아주 깊었을 때

315) 본경의 네 게송은 본서 「제따 숲 경」(S1:48) {156~159}와 같다. 그곳의 주해들을 참조할 것.

아주 멋진 모습을 하고 온 제따 숲을 환하게 밝히면서 나에게 다가왔다. 다가와서는 나에게 절을 올린 뒤 한 곁에 섰다. 한 곁에 선 그 신의 아들은 나의 곁에서 이 게송들을 읊었다.

'이것이 바로 제따 숲
선인의 승가가 머물고
법왕께서 거주하시니
내게 희열이 생기는 곳이라. {316}

… [56] …

사리뿟따야말로 통찰지와 계
고요함을 두루 구족했나니
저 언덕에 도달한 비구 있다면
잘해야 그분과 동등할 정도.'" {319}

5. "비구들이여, 그 신의 아들은 이렇게 말했다. 이렇게 말한 뒤 그는 나에게 절을 올리고 오른쪽으로 [세 번] 돌아 [경의를 표한] 뒤에 거기서 사라졌다."

6. 이렇게 말씀하시자 아난다 존자가 세존께 이렇게 말씀드렸다.

"세존이시여, 그는 분명히 신의 아들 급고독일 겁니다. 급고독 장자는 사리뿟따 존자에 대한 청정한 믿음이 아주 컸습니다."

"장하고 장하구나, 아난다여. 아난다여, 그대가 추론한 것이 옳다.

---

316) 여기서 세존께서는 비구들에게 신의 아들 급고독이라고 그 이름을 밝히지 않고 어떤 신의 아들(aññataro devaputto)이라고만 말씀하고 계신다. 세존께서 이렇게 하시는 이유는 아난다 장로의 추론하는 지혜(anumānabuddhi)가 아주 뛰어남을 드러내기 위해서라고 주석서는 밝히고 있다.(SA.i.113) 본경의 말미에서 아난다 존자가 이 신의 아들이 바로 급고독이라고 추론을 하였기 때문이다.

그가 바로 신의 아들 급고독이었다."

제2장 급고독 품이 끝났다.

두 번째 품에 포함된 경들의 목록은 다음과 같다.

① 짠디마사 ② 웬후 ③ 디가랏티
④ 난다나 ⑤ 짠다나
⑥ 와수닷따 ⑦ 수브라흐마 ⑧ 까꾸다
⑨ 웃따라, 열 번째로 ⑩ 급고독이다.

제3장 여러 외도 품

Nānātitthiya-vagga

시와 경(S2:21)

Siva-sutta

1. <사왓티의 아나타삔디까 원림(급고독원)에서>

2. 그때 신의 아들 시와317)가 밤이 아주 깊었을 때 아주 멋진 모습을 하고 온 제따 숲을 환하게 밝히고서 세존께 다가왔다. 다가와서는 세존께 절을 올린 뒤 한 곁에 섰다. 한 곁에 선 신의 아들 시와는 세존의 곁에서 이 게송들을 읊었다.

"참된 자들과 교제해야 하고
참된 자들과 어울려야 합니다.
참된 자들의 정법을 원만하게 알면
향상하고 나빠지지 않게 됩니다. {320}

참된 자들과 교제해야 하고
참된 자들과 어울려야 합니다.
참된 자들의 정법을 원만하게 알면
통찰지를 얻나니 다른 사람에게서는 얻지 못합니다. {321}

---

317) 주석서는 신의 아들 시와(Siva devaputta)에 대한 설명을 하지 않는다. 힌두교의 가장 유력한 신들 가운데 하나인 쉬와(Śiva, 시바) 신을 뜻하는 것으로 보여진다. 쉬와 신은 『리그베다』(Ṛgveda) 가운데 비교적 후대에 결집된 것으로 보이는 제10번째 만달라에서부터 나타나고 있으며, 힌두교에서는 브라흐마(Brahamā)와 위슈누(비슈누, Viṣṇu)와 더불어 인도의 삼대 신으로 자리매김하고 있다. 인도신화에서 쉬와는 파괴를 담당하는 신이라고 한다. 본서 「웬후 경」(S2:12) §2의 주해를 참조할 것.

참된 자들과 교제해야 하고
참된 자들과 어울려야 합니다.
참된 자들의 정법을 원만하게 알면
슬퍼하는 자들 가운데서 슬퍼하지 않습니다. {322}

참된 자들과 교제해야 하고
참된 자들과 어울려야 합니다. [57]
참된 자들의 정법을 원만하게 알면
친척들 가운데서 빛납니다. {323}

참된 자들과 교제해야 하고
참된 자들과 어울려야 합니다.
참된 자들의 정법을 원만하게 알면
중생들은 선처에 태어납니다. {324}

참된 자들과 교제해야 하고
참된 자들과 어울려야 합니다.
참된 자들의 정법을 원만하게 알면
중생들은 안락하게 지냅니다."[318] {325}

3. 그때 세존께서는 신의 아들 시와에게 게송으로 대답하셨다.

"참된 자들과 교제해야 하고
참된 자들과 어울려야 하리.
참된 자들의 정법을 원만하게 알면
모든 괴로움에서 해탈하리라."[319] {326}

---

318) 이상 여섯 게송들은 본서 「참된 자들과 함께 경」(S1:31) {78~83}과 같다. 그곳의 주해들을 참조할 것.

케마 경(S2:22)

Khema-sutta

2. 한 곁에 선 신의 아들 케마는 세존의 곁에서 이 게송들을 읊었다.

“어리석어 현명하지 못한 사람들은
원수가 스스로에게 하듯 행동합니다.
그들은 스스로가 악업을 지어서
[자신에게] 쓰디쓴 결실 생기게 합니다. {327}

저지르고 난 뒤에 후회하는 일은
잘 지은 바른 행위가 결코 아니니
눈물로 범벅이 되도록 슬피 울면서
그것의 과보를 경험할 것입니다. {328}

저지르고 난 뒤에 후회 않는 일
그것이야말로 잘 지은 바른 행위
즐겁고 기쁜 마음 함께 일어나
그것의 과보를 경험할 것입니다.” {329}

3. [세존]
“자신에게 이로운 것 알아
즉시에 그것을 행해야 하리.
바르게 사유하는 현명한 자는
마부처럼 해서는 안되느니라. {330}

---

319) 본 게송은 본서 「참된 자들과 함께 경」 (S1:31) {84}와 같다.

[어리석은] 마부는
평탄한 대로를 벗어나
울퉁불퉁한 길로 들어서서는
차축을 망가뜨려 근심하도다. {331}

실로 어리석은 자 이와 같아서
법을 따르지 않고 비법 따르다가
죽음의 아가리에 떨어져서는
차축 망친 것처럼 근심하도다." {332}

세리 경(S2:23)
Serī-sutta

2. 한 곁에 선 신의 아들 세리는 세존의 곁에서 이 게송들을 읊었다.

"신과 인간은 모두 음식을 즐깁니다.
그런데 그는 어떤 약카이기에
음식을 즐기지 않나이까?" {333}

3. [세존]
"믿음과 깨끗한 마음으로 [음식을] 보시하면
이 세상과 저 세상에서 먹을 것이 절로 생기리. {334}

그러므로 인색함을 길들여야 하나니
[인색의] 더러움을 정복한 자는
보시를 받들어서 실천하노라.
그가 짓는 공덕은 저 세상에서

뭇 생명들의 의지처가 되노라."320) {335} [58]

4. "경이롭습니다, 세존이시여. 놀랍습니다, 세존이시여. 세존께서는 참으로 이런 금언을 말씀하셨습니다.

'믿음과 깨끗한 마음으로 [음식을] 보시하면
이 세상과 저 세상에서 먹을 것이 절로 생기리. {336}

그러므로 인색함을 길들여야 하나니
[인색의] 더러움을 정복한 자는
보시를 받들어서 실천하노라.
그가 짓는 공덕은 저 세상에서
뭇 생명들의 의지처가 되노라.'라고." {337}

5. "세존이시여, 옛날에 저는 세리라는 왕이었는데 보시를 행하는 자요, 보시의 주인이요,321) 보시를 칭송하는 자였습니다. 세존이시여, 그런 저는 [궁전의] 사대문에서 사문, 바라문, 뜨내기, 여행자, 가난한 자, 거지들에게 보시를 하였습니다.

세존이시여, 그때 궁전의 여인들이 제게 다가와서 이렇게 말했습니다.

'폐하께서는 보시를 하셨지만 저희는 보시를 하지 못했습니다. 그러니 저희들도 폐하의 도움으로 보시를 하여 공덕을 짓고 싶습니다.'

---

320) 이상 세 게송은 본서 「음식 경」(S1:43) {144~146}과 같다.

321) "보시의 주인 되어 베풀지, 보시의 친구나 하인 되어 베푸는 것이 아니다. 자기는 맛있는 음식을 먹으면서 다른 사람에게 맛없는 음식을 베푸는 것을 '보시의 하인 되어 베푸는 것'이라 하고, 자기가 먹는 동일한 음식을 베푸는 것을 '보시의 친구 되어 베푸는 것'이라 하고, 자기는 아무거나 먹으면서 다른 사람에게 맛있는 음식을 베푸는 것을 '보시의 주인 되어 베푸는 것'이라 한다."(SA.i.113)

라고.

세존이시여, 그러자 제게 이런 생각이 들었습니다. '나는 보시를 행하는 자요, 보시의 주인이요, 보시를 칭송하는 자이다. 그러므로 '우리도 보시를 할 것이다.'라고 말하는 자들에게 내가 뭐라 말할 수 있단 말인가.'라고. 세존이시여, 그런 저는 첫 번째 문을 궁전의 여인들에게 내어주었습니다. 거기서 궁전의 여인들은 보시를 하였고 저의 보시는 [제게로] 되돌아왔습니다."

6. "세존이시여, 그러자 끄샤뜨리야 봉신(封臣)들이 제게 다가와서 이렇게 말했습니다.

'폐하께서는 보시를 하셨고 궁전의 여인들도 보시를 하였지만 저희는 보시를 하지 못했습니다. 그러니 저희들도 폐하의 도움으로 보시를 하여 공덕을 짓고 싶습니다.'라고.

세존이시여, 그러자 제게 이런 생각이 들었습니다. '나는 보시를 행하는 자요, 보시의 주인이요, 보시를 칭송하는 자이다. 그러므로 '우리도 보시를 할 것이다.'라고 말하는 자들에게 내가 뭐라 말할 수 있단 말인가.'라고. 세존이시여, 그런 저는 두 번째 문을 끄샤뜨리야 봉신들에게 내어주었습니다. 거기서 끄샤뜨리야 봉신들은 보시를 하였고 저의 보시는 [제게로] 되돌아왔습니다."

7. "세존이시여, 그러자 군인들이 제게 다가와서 이렇게 말했습니다.

'폐하께서는 보시를 하셨고 궁전의 여인들도 보시를 하였고 끄샤뜨리야 봉신들도 보시를 하였지만 저희는 보시를 하지 못했습니다. 그러니 저희들도 폐하의 도움으로 보시를 하여 공덕을 짓고 싶습니다.'라고. [59]

세존이시여, 그러자 제게 이런 생각이 들었습니다. '나는 보시를 행하는 자요, 보시의 주인이요, 보시를 칭송하는 자이다. 그러므로 '우리도 보시를 할 것이다.'라고 말하는 자들에게 내가 뭐라 말할 수 있단 말인가.'라고. 세존이시여, 그런 저는 세 번째 문을 군인들에게 내어주었습니다. 거기서 군인들은 보시를 하였고 저의 보시는 [제게로] 되돌아왔습니다."

8. "세존이시여, 그러자 바라문들과 장자들이 제게 다가와서 이렇게 말했습니다.

'폐하께서는 보시를 하셨고 궁전의 여인들도 보시를 하였고 끄샤뜨리야 봉신들도 보시를 하였고 군인들도 보시를 하였지만 저희는 보시를 하지 못했습니다. 그러니 저희들도 폐하의 도움으로 보시를 하여 공덕을 짓고 싶습니다.'라고.

세존이시여, 그러자 제게 이런 생각이 들었습니다. '나는 보시를 행하는 자요, 보시의 주인이요, 보시를 칭송하는 자이다. 그러므로 '우리도 보시를 할 것이다.'라고 말하는 자들에게 내가 뭐라 말할 수 있단 말인가.'라고. 세존이시여, 그런 저는 네 번째 문을 바라문들과 장자들에게 내어주었습니다. 거기서 바라문들과 장자들은 보시를 하였고 저의 보시는 [제게로] 되돌아왔습니다."

9. "세존이시여, 그러자 저의 측근 사람들이 제게 다가와서 이렇게 말했습니다.

'이제 폐하께서는 어디에도322) 보시를 하지 않습니다.'

---

322) '어디에도'로 옮긴 원어는 koci(누구든지)인데 뜻이 통하지 않는다. 주석서는 이것을 katthaci(어디에도)로 해석하고 있어서(SA.i.114) 이렇게 옮겼다. 여기서 koci는 산스끄리뜨 kvaci(어디에)가 빠알리화 된 것이라고 여겨진다.

세존이시여, 이렇게 말하자 저는 그 사람들에게 말했습니다.

'그렇다면 내가 이제 선포하노니, [성]밖의 지역들에서 생긴 세금 가운데 절반은 성안으로 들이라. 그리고 나머지 절반은 그곳에서 사문, 바라문, 뜨내기, 여행자, 가난한 자, 거지들에게 보시를 하라.'"

10. "세존이시여, 저는 이와 같이 오랜 세월 동안 공덕을 지었고, 이와 같이 오랜 세월 동안 유익함[善]을 행하였지만 다음과 같이 그것의 한계에 이르지 못했습니다. '이만큼이 공덕이다.'이라거나 '이만큼이 공덕의 과보다.'라거나 '이만큼 천상에 머무를 것이다.'라고."

11. "경이롭습니다, 세존이시여. 놀랍습니다, 세존이시여. 세존께서는 참으로 이런 금언을 말씀하셨습니다.

'믿음과 깨끗한 마음으로 [음식을] 보시하면
이 세상과 저 세상에서 먹을 것이 절로 생기리. {338}

그러므로 인색함을 길들여야 하나니
[인색의] 더러움을 정복한 자는
보시를 받들어서 실천하노라.
그가 짓는 공덕은 저 세상에서
뭇 생명들의 의지처가 되노라.'라고." {339} [60]

가띠까라 경(S2:24)

Ghaṭīkāra-sutta

2. 한 곁에 선 신의 아들 가띠까라는 세존의 곁에서 이 게송들을 읊었다.323)

---

323) 이하 본경의 13개 게송은 모두 본서 「가띠까라 경」(S1:50) {170~182}와

"일곱 분의 비구들 해탈한 뒤에
무번천(無煩天)의 세상에 태어났으니
탐욕과 성냄을 완전히 없애고
세상에 대한 애착 건넜습니다." {340}

3. [세존]
"건너기 어려운 죽음의 영역
그런 흙탕 완전히 넘어버렸고
인간의 몸도 버리고 천상의 속박도 넘어선
그들은 대체 누구인가?" {341}

4. [가띠까라]
"우빠까, 팔라간다, 뿍꾸사띠, 이 세분
밧디야, 칸다데와, 바후락기, 삥기야
이들은 인간의 몸도 버리고 천상의 속박도
완전히 넘어선 분들입니다." {342}

5. [세존]
"마라의 올가미를 제거한 자들에 대해
그대는 참으로 훌륭하게 말하니
그들은 누구의 법 완전하게 알아서
존재의 속박 모두 잘라 없앴는가?" {343}

6. [가띠까라]
"그분 세존 외에는 그 누구도 아니며
당신의 교법 외에 그 누구의 것도 아닙니다.

같다. 그곳의 주해들을 참조할 것.

그들은 당신의 법 완전하게 알아서
존재의 속박 모두 잘라 없앴나이다. {344}

정신·물질이 남김없이 소멸하는 곳
여기 [이 교법]에서 그 법을 알아
그들은 존재의 속박을 잘랐습니다." {345}

7. [세존]
"알기 어렵고 참으로 깨닫기도 어려운
심오한 그런 말을 그대는 하는구나.
그대는 누구의 법 완전하게 알아서
이러한 미묘한 말 이처럼 하는가?" {346}

8. [가띠까라]
"전에 저는 도공이었으며
웨할링가 마을에서 도기를 만들었습니다.
재가에 머물면서 부모를 봉양한
깟사빠 [부처님]의 재가신도였습니다. {347}

성행위를 완전히 금하면서 지낸 저는
욕망 여읜 청정범행 부지런히 닦았나니
그런 저는 당신과 동향이었고
그때 저는 당신의 친구였지요. {348}

그러기에 해탈한 이들 일곱 분
비구들에 대해서 꿰뚫어 아니
그분들은 탐욕·성냄 완전히 제거하여
세상에 대한 애착 모두 건넜습니다." {349}

9. [세존]

"박가와여, 그대가 말한 그대로
참으로 그대 그때 그러했노라.
전에 그대 도공이었으며
웨할링가 마을에서 도기 만들었노라.
재가에 머물면서 부모를 봉양한
깟사빠 [부처님]의 재가신도였노라. {350}

성행위를 완전히 금하면서 지낸 그대
욕망 여읜 청정범행 부지런히 닦았나니
그런 그대 나와는 동향이었고
그때 그대 나와는 친구였도다." {351}

[송출자]
옛적 친구 두 분의 이러한 만남
이제 여기 금생에 이루어졌네.
이분들은 내적인 수행을 닦아
마지막 몸을 가진 자들이었네. {352} [61]

잔뚜 경(S2:25)

Jantu-sutta

1. 이와 같이 나는 들었다. 한때 많은 비구들이 히말라야 산기슭에서 숲속의 토굴에 머물렀다.

2. 그들은 경솔하고 거들먹거리고 우쭐대고 입이 거칠고 산만하게 말하고 마음챙김을 놓아버리고 분명히 알아차림[正知]이 없고

삼매에 들지 못하고 마음이 산란하고 감각기능이 제어되어 있지 않았다.324)

3. 그때 신의 아들 잔뚜가 보름의 포살일에 그 비구들에게 다가갔다. 가서는 그 비구들에게 게송들을 읊었다.325)

"예전에 고따마의 제자인 비구들은
행복하게 삶을 영위하였습니다.
바라는 것 전혀 없이 탁발음식 구하였고
바라는 것 전혀 없이 침상과 좌구 사용하여
그들은 세상에서 무상함을 잘 알아

---

324) "'경솔하고(uddhata)'란 [율장에서] 허락되지 않은 것을 허락된 것으로 인식(kappiya-saññitā)하고 허락된 것을 허락되지 않은 것으로 인식하며, 비난받지 않을 것을 비난받을 것(sāvajja-saññitā)으로 인식하고 비난받지 않을 것을 비난받을 것으로 인식하는 것이다.
'거들먹거리고(unnaḷa)'란 속이 빈 갈대(uggata-naḷa)처럼 공허한 자만심으로 가득 찬 것(uṭṭhita-tuccha-māna)을 말한다. '우쭐대고(capala)'란 발우와 가사를 치장하는 것(maṇḍana) 등으로 우쭐대는 것을 말한다.
'입이 거칠고(mukhara)'란 거친 말을 하는 것(khara-vacana)을 말한다. '산만하게 말하고(vikiṇṇa-vāca)'란 절제되지 않은 말을 하는 것(asaṁyata-vacana)이니 하루 종일 쓸데없는 말을 지껄이는 것이다.
'마음챙김을 놓아버리고(muṭṭhassati)'란 마음챙김을 잃어버리고, 마음챙김이 없고, 한 일을 잊어버리는 것(pamussati)을 말한다. '분명히 알아차림[正知]이 없고(asampajāna)'란 통찰지가 없는 것(nippaññā)이다. '삼매에 들지 못하고(asamāhita)'란 본삼매와 근접삼매가 없어서(appanā-upacāra-samādhi-rahita) 마치 배가 거친 풍랑에 표류하는 것과 같다.
'마음이 산란하고(vibbhanta-citta)'란 동요하는(anavaṭṭhita) 마음을 가졌다는 것이니 길 잃은 어리석은 사슴과도 같다. '감각기능이 제어되어 있지 않은(pākat-indriya)'이란 단속을 하지 않아서(saṁvarā-bhāva) 마치 재가에 있을 때처럼 감각기능들이 헤이해진 것(vivaṭa-indriya)이다."(SA.i.115)

325) 신의 아들은 비구들을 개별적으로 찾아가서 말하는 것은 효과적이지가 못하다고 판단하여 포살일에 그들이 함께 모였을 때 그들에게 가서 말한 것이라고 주석서는 설명하고 있다.(SA.i.115)

괴로움을 끝내는 일 잘 실천했습니다. {353}

그러나 지금은 시골의 촌장처럼
스스로의 부양조차 힘들게 되었으며
계속해서 먹고는 드러누워 버리나니
그들은 남의 집에 혹하여 있습니다.326) {354}

저는 이제 승가에 합장·예배드리면서
저는 여기 어떤 분들에 대해서 말합니다.
그들은 버려졌고 주인이 없나니
[공동묘지에 버려진] 시체와도 같습니다.327) {355}

제 말은 방일하여 머무는 분들을 위해서고
방일 않고 머무는 분들께 저는 귀의하옵니다." {356}

로히땃사 경(S2:26)

Rohitassa-sutta328)

---

326) "'남의 집(parāgāresu)'이란 그 집의 며느리(kula-suṇha) 등이라는 뜻이다. '혹하여 있다(mucchitā)'는 것은 [갈애 때문에 – SAṬ] 오염원에 홀려(kilesa-mucchā) 혹했다는 말이다."(SA.i.116)

327) "예를 들면 공동묘지(susāna)에 버려진 시체(petā)는 새 등의 여러 동물들에 의해서 뜯어 먹히지만 친지들도 모른 체하고 돌보지 않는 것과 같다. 그와 같이 스승이나 은사(ācariy-upajjhāya) 등으로부터 교계와 가르침(ovāda-anusāsani)을 받지 못한다. 그래서 버려졌고 주인이 없어서 마치 [공동묘지에 버려진] 시체와 같다고 말하는 것이다."(SA.i.116)

328) Ee1&2에는 경의 제목이 Rohita로 나타나는데 본문에는 Rohitassa로 나타나고 있다. Ee1&2의 제목은 품의 마지막에 나타나는 경들의 목록(uddāna)의 게송에서 운율에 맞추기 위해서 제목을 Rohita로 한 듯하다. Be와 Se에는 경의 제목이 Rohitassa로 나타나고 있다. 『앙굿따라 니까야』 「로히땃사 경」 1/2(A4:45~46)에도 로히땃사로 나타나고 있으며 보디 스님도 이것을 제목으로 삼고 있다.

1. <사왓티의 아나타삔디까 원림(급고독원)에서>

2. 그때 신의 아들 로히땃사가 밤이 아주 깊었을 때 아주 멋진 모습을 하고 온 제따 숲을 환하게 밝히고서 세존께 다가왔다. 다가와서는 세존께 절을 올린 뒤 한 곁에 섰다. 한 곁에 선 신의 아들 로히땃사는 세존께 이와 같이 말씀드렸다.

"세존이시여, 참으로 태어남도 없고 늙음도 없고 죽음도 없고 떨어짐도 없고 생겨남도 없는 그런 세상의 끝329)을 발로 걸어가서 알

본경은 『앙굿따라 니까야』 제2권 「로히땃사 경」 1(A4:45)과 같은 내용이다. 그래서 대림 스님이 번역하여 초기불전연구원에서 출간한 『앙굿따라 니까야』의 「로히땃사 경」 1(A4:45)을 그대로 옮겨 실었고 주해를 조금 보강하였다.

329) "여기서 '세상(loka)'이란 형성된 세상(saṅkhāra-loka), 즉 오취온을 말씀하신 것이다."(AA.iii.87)

"신의 아들은 세계로서의 세상(cakkavāḷa-loka, 즉 기세간)의 끝(anta)을 질문하였고 세존께서는 형성된 세상(saṅkhāra-loka)의 끝으로 답을 하고 계신다."(SA.i.116)

"형성된 세상의 끝에 대해서 말씀하신 것은 그 다음의 진리들(즉 집성제, 멸성제, 도성제)을 밝히기 위해서이다. 형성된 세상의 끝이 참으로 열반이기 때문이다."(AAṬ.ii.275)

한편 주석서들은 "[눈에] 보이는 세상(okāsa-loka), 중생 세상(satta-loka), 형성된 세상의 세 가지 세상이 있다."(DA.i.173)고 설명한다. ① 보이는 세상은 보통 우리가 말하는 세상으로 눈에 보이는 이 물질적인 세상 즉 중국에서 기세간(器世間)으로 이해한 것을 말한다. ② 본서 제3권 「꽃 경」(S22:94) §3에서 "비구들이여, 나는 세상과 다투지 않는다. 세상이 나와 다툴 뿐이다."라고 하신 세상은 바로 중생으로서의 세상을 뜻한다. 중국에서는 중생세간(衆生世間)으로 정착이 되었다. ③ 모든 형성된 것(saṅkhata)을 형성된 세상이라 한다. 물론 형성된 세상은 모든 유위법(有爲法, saṅkhata-dhammā)을 뜻하며 오취온으로 정리된다. 그리고 오취온은 고성제의 내용이기도 하다. 『청정도론』 VII.37 이하도 참조할 것.

본경에서 로히땃사는 보이는 세상 즉 기세간으로서의 세상의 끝에 도달하는 것을 말하고 있고, 위에서 인용한 주석서와 복주서의 설명처럼 세존께서는 이것을 형성된 세상 즉 유위법으로 승화시켜서(고성제) 이를 바탕으로 집성제와 멸성제와 도성제를 드러내시고, 그래서 형성된 세상의 끝인 열반을 드

고 보고 도달할 수가 있습니까?"

"도반이여, 참으로 태어남도 없고 늙음도 없고 죽음도 없고 떨어짐도 없고 생겨남도 없는 그런 세상의 끝을 발로 걸어가서 알고 보고 도달할 수 있다고 나는 말하지 않는다."

"세존께서는 '도반이여, 참으로 태어남도 없고 늙음도 없고 죽음도 없고 떨어짐도 없고 생겨남도 없는 그런 세상의 끝을 발로 걸어가서 알고 보고 도달할 수 있다고 나는 말하지 않는다.'라고 이러한 금언을 말씀하시니 경이롭습니다, 세존이시여. 놀랍습니다, 세존이시여."

3. "세존이시여, 저는 옛날 로히땃사라 불리는 선인(仙人)이었습니다. 저는 보자라는 사람의 아들이었는데, 신통을 가져서 하늘을 날아다녔습니다. [62] 세존이시여, 저는 빨라서 마치 능숙한 궁수가 훈련을 통해서 능숙하고 숙련되어 가벼운 화살로 힘들이지 않고 야자나무의 그늘을 가로질러 신속하게 쏘는 것과 같았으며, 저는 걸음걸이가 커서 동쪽의 바다에서 서쪽의 바다를 한 걸음으로 걷는 것과 같았습니다. 세존이시여, 이러한 속력을 갖추었고 이러한 큰 걸음걸이를 가졌기에 제게는 '나는 걸어서 세상의 끝에 도달하리라.'라는 생각이 들었습니다.

세존이시여, 그때 제겐 아직 백년의 수명이 남아있어 먹고 마시고 씹고 맛보는 것을 제외하고 대소변보는 것을 제외하고 수면과 피로를 제거하는 것을 제외하고 백년을 살면서 [계속해서] 걸었지만 세상의 끝에는 이르지 못하고 도중에 죽고 말았습니다."

[이러한 제게] 세존께서는 '도반이여, 참으로 태어남도 없고 늙음도 없고 죽음도 없고 떨어짐도 없고 생겨남도 없는 그런 세상의 끝을

러내고 계신다.

발로 걸어가서 알고 보고 도달할 수 있다고 나는 말하지 않는다.'라고 이러한 금언을 말씀하시니 경이롭습니다, 세존이시여. 놀랍습니다, 세존이시여."

4. "도반이여, 참으로 태어남도 없고 늙음도 없고 죽음도 없고 떨어짐도 없고 생겨남도 없는 그런 세상의 끝을 발로 걸어가서 알고 보고 도달할 수 있다고 나는 말하지 않는다. 도반이여, 그러나 나는 세상의 끝에 도달하지 않고서는 괴로움을 끝낸다고 말하지도 않는다.[330]

도반이여, 나는 인식과 마음을 더불은 이 한 길 몸뚱이 안에서 세상과 세상의 일어남과 세상의 소멸과 세상의 소멸로 인도하는 도닦음을 천명하노라."[331]

---

330) 세상의 끝, 즉 형성된 세상의 끝, 오취온의 끝에 이르지 않고서는 결코 윤회의 괴로움의 끝이란 없다는 말씀이시다.

331) "'세상'이란 괴로움의 진리[苦諦, dukkha-sacca]이다. '세상의 일어남'이란 일어남의 진리[集諦, samudaya-sacca]이다. '세상의 소멸'이란 소멸의 진리[滅諦, nirodha-sacca]이다. '세상의 소멸로 인도하는 도닦음'이란 도의 진리[道諦, magga-sacca]이다. 세존께서는 '도반이여, 나는 이러한 네 가지 진리[四諦]를 풀이나 나무등걸 등에서 천명하지 않는다. 네 가지 근본물질[四大]로 이루어진 바로 이 몸에서 천명한다.'라고 말씀하시는 것이다." (SA.i.117~118; AA.iii.88~89)
세존의 이 가르침은 이미 세존 당시에도 유명했던 명제였던 것 같다. 그래서 본서 제4권 「세상의 끝에 도달함 경」(S35:116)에서 비구들은 아난다 존자를 찾아가서 이 명제에 대해서 해석해줄 것을 요청하고, 아난다 존자는 "도반들이여, 눈을 통해서 이 세상에는 세상을 인식하는 자가 있고 세상을 지각하는 자가 있습니다. 귀를 통해서 … 코를 통해서 … 혀를 통해서 … 몸을 통해서 …마노[意]를 통해서 이 세상에는 세상을 인식하는 자가 있고 세상을 지각하는 자가 있습니다. 도반들이여, 이것을 두고 성자의 율에서는 세상이라 말합니다."(S35:116 §12)라고 풀이하고 있다.
즉 여섯 감각장소[六處]를 통해서 인식되고 지각되는 것이 세상이지 다른 세상은 없다는 말씀이다. 달리 말하면 세상이란 경험된 세상 즉 고성제일 뿐이다. 이것은 『디가 니까야』 「범망경」(D1)의 입장과도 같다.(D1 §3.71

5. [세존]
"걸어서는 결코 세상의 끝에 도달하지 못하지만
세상의 끝에 도달하지 않고서는
괴로움에서 벗어남도 없다네. {357}

그러므로 세상을 알고 슬기롭고
세상의 끝에 도달했고 청정범행을 완성했고
모든 악을 가라앉힌 자는 이 세상의 끝을 알아
이 세상도 저 세상도 바라지 않네." {358}

난다 경(S2:27)
Nanda-sutta

2. 한 곁에 선 신의 아들 난다는 세존의 곁에서 이 게송을 읊었다.332)

참조) 그러므로 아무리 우주선을 타고 여행을 가도 거기서도 세상은 경험된 것일 뿐이기에 세상의 끝에는 도달할 수 없다.
그러므로 세상의 끝에 도달하기 위해서는 여섯 감각장소의 끝에 도달하는 수밖에 없으며 12연기의 가르침에 의하면 여섯 감각장소는 무명과 갈애에 조건지워졌기 때문에(본서 제2권「세상 경」(S12:44) = S35:107) 이것을 없앰으로 해서 여섯 감각장소가 다시 일어나지 않을 때 세상의 끝에 도달하게 된다. 그 방법은 팔정도를 닦는 것이다. 그러므로 여행을 통해서가 아니라 팔정도를 실천함을 통해서 경험된 세상일 뿐인 세상의 끝에 도달하게 되는 것이다.
본「로히땃사 경」은 남방불교에서 잘 알려진 경이다. 특히 이 마지막 구절은 남방의 스님들이 즐겨 인용하는 가르침이다. 부처님은 내 오온에서 세상[苦 = 여섯 감각장소]과 그 집·멸·도를 설하셨다. 나고 죽는 인생의 근본 문제를 내 안에서, 그것도 바로 지금·여기에서 해결하게 하려는 것이 불교의 가장 큰 관심사이기 때문이다. 그리고 이것은 중국 선불교의 관심사이기도 하다.

332) 본경의 두 게송은 본서「사라져버림 경」(S1:4) {5~6}과 같다. 그곳의 주

"시간은 사라지고 밤은 또한 흘러가서
젊음의 매력 서서히 [우리를] 버립니다. [63]
죽음의 두려움을 직시하면서
행복을 가져올 공덕 지어야 합니다." {359}

3. [세존]
"시간은 사라지고 밤은 또한 흘러가서
젊음의 매력 서서히 [우리를] 버리도다.
죽음의 두려움을 직시하면서
평화를 찾는 자, 세속적 미끼 버려야 하리." {360}

난디위살라 경(S2:28)
Nandivisāla-sutta

2. 한 곁에 선 신의 아들 난디위살라는 세존의 곁에서 이 게송을 읊었다.333)

"네 개의 바퀴와 아홉 개의 문을 가져
탐욕으로 채워졌고 꽁꽁 묶여 있으며
진흙에서 생겨나왔습니다. 대웅이시여
여기서 어떻게 벗어날 수 있나이까?" {361}

3. [세존]
"채찍과 가죽 끈을 자르고
소망과 탐욕을 끊어 버리며

해를 참조할 것.

333) 본경의 두 게송은 본서 「네 바퀴 경」(S1:29) {74~75}와 같다. 그곳의 주해들을 참조할 것.

갈애를 뿌리째 뽑아버리면
여기서 벗어날 수 있노라." {362}

수시마 경(S2:29)
Susima-sutta

2. 그때 아난다 존자가 세존께 다가갔다. 가서는 세존께 절을 올리고 한 곁에 앉았다. 한 곁에 앉은 아난다 존자에게 세존께서는 이렇게 말씀하셨다.

"아난다여, 그대도 사리뿟따를 좋아하는가?"334)

3. "세존이시여, 어리석지 않고 악하지 않고 매하지 않고 마음이 전도되지 않은 사람이라면 누가 사리뿟따 존자를 좋아하지 않겠습니까?

세존이시여, 사리뿟따 존자는 현자335)입니다. 세존이시여, 사리뿟따 존자는 큰 통찰지를 가졌습니다. 세존이시여, 사리뿟따 존자는 광활한 통찰지를 가졌습니다. 세존이시여, 사리뿟따 존자는 미소짓는 통찰지를 가졌습니다. 세존이시여, 사리뿟따 존자는 전광석화와 같은 통찰지를 가졌습니다. 세존이시여, 사리뿟따 존자는 예리한 통찰

---

334) 주석서에 의하면 세존께서는 사리뿟따 존자를 칭찬(vaṇṇa)하시기 위해서 아난다 존자에게 이렇게 물으셨다고 한다. 두 존자는 가까운 도반이었으며 서로의 덕을 존경하고 있었으므로 아난다 존자가 사리뿟따 존자에 어울리는 좋은 대답을 할 것으로 기대하셨기 때문이라고 한다.(SA.i.118)

335) "'현자(paṇḍita)'란 네 가지에 능숙함(kosalla)을 가진 자를 말한다. 그래서 이렇게 말씀하셨다. '아난다여, 비구가 요소[界, dhātu]에 능숙하고, 감각장소[處, āyatana]에 능숙하고, 연기(緣起, paṭiccasamuppāda)에 능숙하고, 가능한 것(ṭhāna)과 가능하지 않은 것에 능숙하면, 이렇게 해서 그 비구는 현자라 부르기에 충분하다.'(『맛지마 니까야』「많은 요소 경」M115/iii.62 §3)"(SA.i.118)

지를 가졌습니다. 세존이시여, 사리뿟따 존자는 꿰뚫는 통찰지를 가졌습니다.[336]

4. 세존이시여, 사리뿟따 존자는 바라는 바가 없습니다. 세존이시여, 사리뿟따 존자는 만족할 줄 압니다. 세존이시여, 사리뿟따 존자는 한거합니다. 세존이시여, 사리뿟따 존자는 재가자들과 교제하지 않습니다. 세존이시여, 사리뿟따 존자는 열심히 정진합니다. 세존이시여, 사리뿟따 존자는 법을 설합니다. 세존이시여, 사리뿟따 존자

---

336) 이것은 세존께서 『맛지마 니까야』 「차례차례 경」(M111/iii.25) §2에서 직접 사리뿟따 존자를 칭찬하신 말씀이기도 하다. 주석서는 『무애해도』의 긴 설명을 인용하고 있다.(Ps.ii.189 이하; SA.i.119 이하) 이것을 요약하면 다음과 같다.

'큰 통찰지를 가진 자(mahā-paññā)': 큰 경지인 계·정·혜·해탈 등과 등지(증득, 삼매의 경지), 37보리분, 도와 과, 최상의 지혜(혹은 신통지), 궁극적 경지인 열반을 실현한 자라는 뜻.

'광활한 통찰지를 가진 자(puthu-paññā)': 무더기와 감각장소와 요소(온·처·계) 각각에 대한 광활한 혹은 개별적인 통찰지를 가졌다는 뜻.

'미소짓는 통찰지를 가진 자(hāsa-paññā)': 희열, 영감, 기쁨을 가진 배움의 모든 단계를 성취한 것을 뜻함.

'전광석화와 같은 통찰지를 가진 자(javana-paññā)': 오온의 무상·고·무아를 전광석화처럼 통찰한 것을 뜻함.

'예리한 통찰지를 가진 자(tikkha-paññā)': 즉시에 모든 번뇌를 잘라버리고 한 자리에 앉아서 네 가지 도와 과를 증득하는 것을 뜻함.

'꿰뚫는 통찰지를 가진 자(nibbedhika-paññā)': 모든 형성된 것들에 대한 철저한 염오(nibbidā)와 이욕(virāga)을 통해서 전에 꿰뚫지 못했던 탐욕·성냄·어리석음(탐진치)의 덩어리를 꿰뚫고 부수어 버리는 것을 뜻함.

한편 본경에 여섯 가지로 나타나는 이러한 통찰지는 『앙굿따라 니까야』 「몸에 대한 마음챙김 품」(A1:21:31~46)에서 16가지 통찰지로 확장되어 나타나며, 이것은 다시 『무애해도』(Ps.ii.189 이하; SA.i.119 이하)에서 자세히 나열되고 설명되어 나타난다. 그리고 주석서는 이 통찰지들을 16가지 큰 통찰지(soḷasa mahā-paññā)라 부르고 있으며 이들은 세간적인 것이기도 하고 출세간적인 것이기도 하고 혼합된 것이기도 하다고 설명한다.(SA.i.118; AA.ii.86) 이 가운데 13가지는 본서 「자자(自恣) 경」(S8:7)과 제5권 「큰 통찰지 경」 등(S55:62~74)에도 나타나고 있다.

는 말을 견딥니다. 세존이시여, 사리뿟따 존자는 훈계를 합니다. 세존이시여, 사리뿟따 존자는 악을 비난합니다.

세존이시여, 어리석지 않고 악하지 않고 매하지 않고 마음이 전도되지 않은 사람이라면 누가 사리뿟따 존자를 좋아하지 않겠습니까?"

5. "참으로 [64] 그러하다, 아난다여. 참으로 그러하다, 아난다여. 아난다여, 어리석지 않고 악하지 않고 매하지 않고 마음이 전도되지 않은 사람이 누가 사리뿟따를 좋아하지 않겠는가?

아난다여, 사리뿟따는 큰 통찰지를 가졌다. 아난다여, 사리뿟따는 광활한 통찰지를 가졌다. 아난다여, 사리뿟따는 미소짓는 통찰지를 가졌다. 아난다여, 사리뿟따는 전광석화와 같은 통찰지를 가졌다. 아난다여, 사리뿟따는 예리한 통찰지를 가졌다. 아난다여, 사리뿟따는 꿰뚫는 통찰지를 가졌다.

아난다여, 사리뿟따는 바라는 바가 없다. 아난다여, 사리뿟따는 만족할 줄 안다. 아난다여, 사리뿟따는 한거한다. 아난다여, 사리뿟따는 재가자들과 교제하지 않는다. 아난다여, 사리뿟따는 열심히 정진한다. 아난다여, 사리뿟따는 법을 설한다. 아난다여, 사리뿟따는 말을 견뎌낸다. 아난다여, 사리뿟따는 훈계를 한다. 아난다여, 사리뿟따는 악을 비난한다.

아난다여, 어리석지 않고 악하지 않고 매하지 않고 마음이 전도되지 않은 사람이라면 누가 사리뿟따를 좋아하지 않겠는가?"

6. 그때 신의 아들 수시마가 사리뿟따 존자를 칭송하는 말을 듣고 많은 신의 아들들의 회중과 함께 세존께 다가갔다.337) 세존께 다

337) 주석서에 의하면 아난다 존자와 세존께서 이렇게 16가지로 사리뿟따 존자를 칭찬하자 1만 세계에 거주하는 신들도 모두 16가지로 그를 칭송하였다고 한다. 그러자 전에 [인간이었을 때] 사리뿟따 존자의 제자였던 신의 아들 수시

가가서는 세존께 절을 올린 뒤 한 곁에 섰다. 한 곁에 선 신의 아들 수시마는 세존께 이렇게 말씀드렸다.

"참으로 그러합니다, 세존이시여. 참으로 그러합니다, 세존이시여. 세존이시여, 어리석지 않고 악하지 않고 매하지 않고 마음이 전도되지 않은 사람이 누가 사리뿟따 존자를 좋아하지 않겠습니까?

세존이시여, 사리뿟따 존자는 큰 통찰지를 가졌습니다. 세존이시여, 사리뿟따 존자는 광활한 통찰지를 가졌습니다. … 세존이시여, 사리뿟따 존자는 훈계를 합니다. 세존이시여, 사리뿟따 존자는 악을 비난합니다.

세존이시여, 어리석지 않고 악하지 않고 매하지 않고 마음이 전도되지 않은 사람이라면 누가 사리뿟따 존자를 좋아하지 않겠습니까?

세존이시여, 저도 역시 다른 신의 아들의 회중에 가면 이런 말을 아주 많이 듣습니다. '사리뿟따 존자는 큰 통찰지를 가졌습니다. 세존이시여, 사리뿟따 존자는 광활한 통찰지를 가졌습니다. … 세존이시여, 사리뿟따 존자는 훈계를 합니다. 세존이시여, 사리뿟따 존자는 악을 비난합니다.'라고.

세존이시여, 어리석지 않고 악하지 않고 매하지 않고 마음이 전도되지 않은 사람이라면 누가 사리뿟따 존자를 좋아하지 않겠습니까?"

7. 사리뿟따 존자를 칭송하는 말을 하자 신의 아들 수시마의 회중은 마음이 흡족하고 환희하고 기뻐하고 즐거워서 찬란한[338] 광명

마(Susīma devaputta)가 그의 측신들과 함께 세존을 뵈러 가서 꼭 같이 사리뿟따 존자를 칭송하였다고 한다.(SA.i.124)

본경의 수시마가 본서 제2권 「수시마 경」(S12:70)의 수시마와 동일인인지 주석서는 밝히고 있지 않다. 본서 「수시마 경」(S11:2)에는 신의 아들 수시마가 신들의 왕 삭까(인드라)에 종속된 신으로 나타나고 있다.

338) "'찬란한(ucca-avacā)'이란 다른 곳에서는 뛰어난 것(paṇīta)이 ucca이고

을 발하였다.

마치 깨끗하고 최상품이며 팔각형이고 아주 잘 가공된 녹주석을 빨간 우단 위에 놓았을 때 빛나고 반짝이고 광채가 나는 것과 같이, [65] 사리뿟따 존자를 칭송하는 말을 하자 신의 아들 수시마의 회중은 마음이 흡족하고 환희하고 기뻐하고 즐거워서 찬란한 광명을 발하였다.

마치 잠부 강에서 산출된 금을 숙련된 대장장이가 도가니에서 잘 정제하고 잘 두들겨서 장신구로 만들어 빨간 우단 위에 놓았을 때 그것은 빛나고 반짝이고 광채가 나는 것과 같이, 사리뿟따 존자를 칭송하는 말을 하자 신의 아들 수시마의 회중은 마음이 흡족하고 환희하고 기뻐하고 즐거워서 찬란한 광명을 발하였다.

마치 밤이 지나고 새벽이 되었을 때 샛별이 빛나고 반짝이고 광채가 나는 것과 같이, 사리뿟따 존자를 칭송하는 말을 하자 신의 아들 수시마의 회중은 마음이 흡족하고 환희하고 기뻐하고 즐거워서 찬란한 광명을 발하였다.

마치 구름 한 점 없이 높은 가을 창공에 떠오르는 태양은 허공의 모든 어두움을 흩어버리면서 빛나고 반짝이고 광채가 나는 것과 같이, 사리뿟따 존자를 칭송하는 말을 하자 신의 아들 수시마의 회중은 마음이 흡족하고 환희하고 기뻐하고 즐거워서 찬란한 광명을 발하였다."

8. 그때 신의 아들 수시마는 사리뿟따 존자에 대해 세존의 곁에서 이 게송을 읊었다.

저열한 것(hīna)이 avaca이다. 그러나 여기에서 이 단어는 여러 가지 다양한(nānā-vidhā) 광명(vaṇṇanibhā)을 뜻한다. 즉 그 천신들의 회중에서 푸른색을 띤 천신들은 아주 푸른색이 되고 노랗고 빨갛고 흰 색을 띤 천신들은 각각 아주 노랗고 빨갛고 흰 색을 띠게 되었다는 뜻이다. 이것을 설명하기 위해서 아래 네 가지 비유를 든 것이다."(SA.i.125)

"사리뿟따는 현자라고 널리 알려졌나니
그분은 분노 없고 원하는 것 없고
그분 성품 온화하고 잘 길들여졌으며
스승의 칭송 받는 그런 선인입니다." {363}

9. 그러자 세존께서는 사리뿟따 존자에 대해 게송으로 말씀하셨다.

"사리뿟따는 현자라고 널리 알려졌나니
그는 분노가 없고 원하는 것 없고
그의 성품 온화하고 잘 길들여졌으며
숙련된 일꾼처럼 시간 기다릴 뿐이로다."339) {364}

여러 외도 경(S2:30)

Nānātitthiyā-sutta

1. 이와 같이 나는 들었다. 한때 세존께서는 라자가하에서 대나

---

339) 마지막 구는 보디 스님의 제안대로 SS의 'kālaṁ kaṅkhati bhāvito sudanto'로 읽었다. 즉 Ee1의 bhatiko 대신에 bhāvito(잘 길들여진, 잘 닦인)로 읽은 것이다. Be와 Se는 이 단어를 생략하고 있다. Ee2는 bhāvito를 살린 대신에 sudanto를 제외시켰다.
"'시간을 기다릴 뿐이다(kālaṁ kaṅkhati).'라는 것은 완전한 열반(반열반)에 들 시간(parinibbāna-kāla)을 기다린다(patheti)는 말이다. 번뇌 다한 자(khīṇāsava, 아라한)는 죽음을 기뻐하지도 않고 삶을 기대하지도 않는다. 마치 낮 동안에 일한 임금(vetana)을 받기 위해서 서서 기다리는 사람(ṭhita-purisa)처럼 그는 시간을 기다린다는 뜻이다. 그래서 말하기를,
'나는 죽음을 기뻐하지도 않고
삶을 기뻐하지도 않습니다.
나는 단지 시간을 기다릴 뿐이니,
마치 일꾼이 급료 기대하듯이.'(Thag.62 {1003})
라고 한 것이다."(SA.i.126)

무 숲의 다람쥐 보호구역에 머무셨다.

2. 그때 여러 외도들의 신도인 많은 신의 아들들340) 즉 아사마, 사할리, 닝까, 아꼬따까, 웨땀바리, 마나와가미야가 밤이 아주 깊었을 때 아주 멋진 모습을 하고 온 대나무 숲을 환하게 밝히면서 세존께 다가왔다. [66] 다가와서는 세존께 절을 올린 뒤 한 곁에 섰다. 한 곁에 선 신의 아들 아사마가 뿌라나 깟사빠에 대해 세존의 곁에서 이 게송을 읊었다.

"깟사빠는 자르고 죽이고 때려도 죄악이 아니라 하고
자신에게 공덕이 되는 것도 없다고 합니다.
그는 참으로 신뢰의 기반을 가르쳤나니
그는 존경 받을 만한 스승입니다."341) {365}

3. 그러자 신의 아들 사할리가 막칼리 고살라342)에 대해 세존

---

340) "'여러 외도들의 신도인 많은 신의 아들들(nānā-titthiya-sāvakā deva-puttā)'이라고 하였다. 이들은 업의 가르침을 옹호하는 자(kamma-vādi)들이었다고 한다. 그래서 그들은 보시를 베푸는 등의 공덕(puñña)을 지어서 천상(sagga)에 태어난 것이다. 그러나 그들은 '우리는 우리들의 스승(satthā)에 대한 청정한 믿음(pasāda) 때문에 [천상에] 태어났다.'라는 인식을 가졌기 때문에 '십력을 가진 [부처님]의 곁에 가서 우리 스승들을 칭송하리라.'라고 하면서 세존을 뵈러 와서 각자의 게송을 읊은 것이다."(SA.i.126)

341) 이 게송은 『디가 니까야』 「사문과경」(D2)에 나타나는 뿌라나 깟사빠의 도덕부정론(akiriya-vāda)을 요약한 것이다. 뿌라나 깟사빠의 이론은 「사문과경」(D2) §17과 본서 제3권 「행위 경」(S24:6) §3을 참조할 것. 육사외도의 이론은 『디가 니까야』 「사문과경」(D2) §17 이하 등을 참조할 것.

342) 막칼리 고살라(Makkhaligosāla)는 우리에게 사명외도(邪命外道)로 알려진 아지와까(Ājīvaka)의 스승으로 알려져 있다. 그의 가르침은 윤회를 통한 청정(saṁsāra-suddhi) 혹은 무인론(ahetuka-vāda)으로 정리된다. 그의 이론에 대해서는 「사문과경」(D2) §20 이하와 본서 제3권 「원인 경」(S24:7) §3을 참조할 것. 뿌라나 깟사빠와 니간타 나따뿟따를 칭송한 신의 아들들

의 곁에서 이 게송을 읊었다.

"고행 통한 금욕[343]으로 자신을 잘 단속하고
사람들과 다투는 그런 말을 버렸으며
거짓말을 금하고 곧고 바른 말 하는 분
참으로 그런 분은 악을 짓지 않습니다." {366}

4. 그러자 신의 아들 넝까가 니간타 나따뿟따[344]에 대해서 세존의 곁에서 이 게송을 읊었다.

"고행을 행하고 분별력 있는 비구는
네 가지 제어로써 단속을 실천하고[345]

과는 달리 이 신의 아들이 읊은 게송에는 막칼리 고살라의 이론이 요약되어 나타나지 않고 있다.

343) '고행을 통한 금욕'으로 옮긴 원어는 tapo-jigucchā이다. 『디가 니까야』 「우둠바리까 사자후 경」(D25) 등에서도 그곳에 해당하는 주석서를 참조하여 고행을 통한 금욕으로 옮겼다. 본경에 해당하는 주석서와 복주서도 고행을 통한 금욕으로 이해하고 있어서(kāya-kilamatha-tapena pāpa-jigucchanena, 몸을 피로하게 하는 고행과 사악한 금욕 – SA.i.126; tapa-sā acelavatādinā pāpato jigucchanena – SAṬ.i.146, 주석서와 복주서의 설명에서 병렬접속사 ca가 나타나지 않으므로 고행과 금욕으로 이해하기에는 무리가 따른다.) 이렇게 옮겼다.

344) 니간타 나따뿟따(Nigaṇṭha Nātaputta)는 자이나의 교주인 마하위라(Mahāvīra, 大雄)를 뜻한다. 아래 게송에서 보듯이 그들은 네 가지 제어로 단속하는 자(cātu-yāma-saṁvara)들이라고 요약되는데 이런 제어를 통해서 묶임(gaṇṭha, 간타)으로부터 풀려나기 때문에 니간타(묶임이 없는 자)라 불린다. 자세한 것은 본서 제4권 「니간타 나따뿟따 경」(S41:8) §2의 주해를 참조할 것.

345) '네 가지 제어로 단속함(cātuyāmasusaṁvuto)'이라 하였다. 「사문과경」(D2)에는 네 가지 제어가 다음과 같이 나타난다. "여기 니간타는 모든 찬물을 금하고, 모든 악을 금하고, [모든 악을] 철저하게 금하여 모든 악을 제거하고, 모든 악을 금하여 [해탈을] 얻습니다."(D2 §29)
한편 자이나교의 공의파(空衣派, Digambara)와 백의파(白衣派, Śvetām

보고 들은 것에 대해 바르게 설명하나니
분명 그는 악덕을 짓는 자가 아닙니다." {367}

5. 그러자 신의 아들 아꼬따까가 여러 외도들에 대해 세존의 곁에서 이 게송을 읊었다.

"빠꾸다 까띠야나[346] 그리고 니간타
나아가서 막칼리와 뿌라나는 모두 다
무리의 스승이며 사문의 경지 얻었으니
그들은 참된 사람들과 멀지 않은 분들입니다."[347] {368}

6. 그러자 신의 아들 웨땀바리가 신의 아들 아꼬따까에게 게송으로 말했다.

-bara)에서 다 같이 경전으로 인정하는 유일한 문헌이며 그만큼 중요하게 취급하는 『땃뜨와아르타 아디가마 수뜨라』(Tattvārthādhigāma-sūtra)에 의하면 자이나 교리는 다음의 7가지 명제로 함축된다.
① jīva(지와, 영혼) ② ajīva(아지와, 비영혼, 물질) ③ āsrava(아스라와, 영혼이 물질로 흘러듦) ④ bandha(반다, 영혼이 거기에 묶임) ⑤ saṁvāra(삼와라, 제어, 단속 — 영혼이 물질에 속박되는 것을 제어하는 것으로 그 방법으로는 고행을 중시함) ⑥ nirjarā(니르자라, 풀려남 — 영혼이 물질의 속박에서 풀려남) ⑦ mokṣa(목샤, 해탈)가 그것이다.
이 지와가 아지와(물질계)에 흘러들어 윤회전생(輪廻轉生)하는데, 어떻게 이 지와(영혼)를 아지와(물질)로부터 분리하여 홀로 우뚝 존재하게[獨尊, kevala, 께왈라] 할 것인가 하는 것이 자이나 수행과 교리의 중심체계이다. 본경에서 금함(vāri, 제어)이나 단속(saṁvāra)으로 언급되고 있는 것이 바로 그 방법을 뜻하며 ⑤번의 삼와라(제어, 단속)와 같은 의미이다.

346) 주석서는 빠꾸다 까띠야나(Pakudha Kātiyāna)는 빠꾸다 깟짜야나(Kaccā-yana)를 말한다고 적고 있다.(SA.i.127) 빠꾸다는 이름이고 깟짜야나는 족성이다. 그의 이론은 「사문과경」(D2) §26과 본서 제3권 「큰 견해 경」(S24:8) §3에 정리되어 나타난다. 그의 가르침은 결정론(akaṭa-vāda)으로 불린다.

347) "이 신의 아들이 '참된 사람들과 멀지 않다(na sappurisehi dūre).'라고 한 것은 이들은 실제로 참된 사람이라고 하는 말이다."(SA.i.127)

"자칼은 아무리 짖어도348) 비천한 동물일 뿐
결코 그가 사자와 같을 수는 없다네.
벌거벗고 거짓말하는 무리의 지도자가
의심스런 행동을 하니
참된 사람 닮은 점은 어디에도 없다네." {369} [67]

7. 그러자 마라 빠삐만349)이 신의 아들 웨땀바리에게 들어가서 세존의 곁에서 이 게송을 읊었다.350)

"고행·금욕에 몰두하고 한거(閑居)를 보호하며
형색351)에 안주하고 신의 세상 기뻐하며
죽기마련인 이 분들은 저 세상을 위해
바르게 가르침을 세상에 펴십니다." {370}

8. 그때 세존께서는 '이 자는 빠삐만이로구나.'라고 아시고 마라 빠삐만에게 게송을 대답하셨다.

---

348) '아무리 짖어대도'는 Be, Se의 sahācaritena(행실로 더불어)와 Ee1의 sagāravena(존중과 더불어) 대신에 Ee2의 sahāravena로 읽은 것이다. 뜻도 분명하고 복주서의 설명도 이를 뒷받침한다.

349) '마라 빠삐만(Māra pāpiman)'에 대해서는 본서 「고행 경」(S4:1) §3의 주해를 참조할 것.

350) "마라는 '이 자는 이처럼 스승들을 비난(avaṇṇa)하는구나. 그러니 나는 그가 자신의 입으로 스승들을 칭송(vaṇṇa)하게 만들리라.'라고 생각한 뒤 그의 몸에 들어가서 [다음 게송을] 말한 것이다."(SA.i.127)

351) 여기서 '형색'은 rūpa를 옮긴 것이다. 본 게송과 다음 게송에 나타나는 rūpa는 물질로도 옮길 수 있고 형색(형상 혹은 색깔)으로도 옮길 수 있다. 역자는 "갈애와 사견으로 인해 눈과 형색의 법들에 집착하는 것(cakkhurūpadhamme abhiniviṭṭhā)"(SAṬ.i.147)라는 복주서의 설명을 참조하여 형색(形色)으로 옮겼다.

"이 세상과 저 세상의 어떤 형색도
허공에서 빛 발하는 아름다움조차도
나무찌[352]여, 이 모두를 그대 칭송하지만
물고기를 잡기 위해 던진 미끼[353]에 불과할 뿐이라." {371}

9. 그러자 신의 아들 마나와가미야가 세존에 대해서 세존의 곁에서 이 게송들을 읊었다.

"라자가하의 산들 가운데 위뿔라가 으뜸이고
눈 덮인 산들 가운데 세따가 으뜸이요
하늘 나는 것들 가운데 태양이 으뜸. {372}

깊은 물 가운데 바다가 으뜸이며
별들 가운데 달이 으뜸이고
신들을 포함한 세상에서는
부처님이 최상이라 말들 하도다." {373}

---

352) 나무찌(Namuci)는 마라의 이름이다. 복주서는 "윤회의 괴로움으로부터 완전히 해탈하지 못한 것을 조건으로 해서 나무찌라 한다(vaṭṭa-dukkhato aparimutta-paccayattā)."(SAṬ.i.177 = S4:1에 대한 복주)고 풀이하고 있다. 즉 나무찌(Namuci)를 na muci(해탈하지 못함)로 문자 그대로 해석한 것이다.

353) "'물고기를 잡기 위해 던진 미끼(āmisaṁ va macchānaṁ vadhāya khittā)'란 마치 물고기(maccha)를 잡기 위해 낚싯바늘 끝에 꿴(baḷisa-lagga) 미끼(āmisa)를 던지는 것처럼 그대는 이러한 물질들을 칭송하면서 중생들을 잡기 위해 이들을 던져놓았다고 말씀하시는 것이다."(SA.i.128)

제3장 여러 외도 품이 끝났다.

세 번째 품에 포함된 경들의 목록은 다음과 같다.

① 시와 ② 케마 ③ 세리
④ 가띠까라 ⑤ 잔뚜
⑥ 로히땃사 ⑦ 난다 ⑧ 난디위살라
⑨ 수시마 ⑩ 여러 외도 — 이러한 열 가지이다.

신의 아들 상윳따(S2)가 끝났다. [68]

제3주제

꼬살라 상윳따(S3)

제3주제(S3)

꼬살라 상윳따

Kosala-saṁyutta

제1장 첫 번째 품

Paṭhama-vagga

젊은이 경(S3:1)

Dahara-sutta

1. 이와 같이 나는 들었다. 한때 세존께서는 사왓티에서 제따 숲의 아나타삔디까 원림(급고독원)에 머무셨다.

2. 그때 빠세나디 꼬살라 왕354)이 세존께 다가갔다. 가서는 세존과 함께 환담을 나누었다. 유쾌하고 기억할 만한 이야기로 서로 담소를 하고 한 곁에 앉았다. 한 곁에 앉은 빠세나디 꼬살라 왕은 세존께 이렇게 여쭈었다.

"고따마 존자께서도 '위없는 바른 깨달음을 깨달았노라.'고 천명하십니까?"

"대왕이여, 바르게 말하는 자가 말하기를 '그는 위없는 바른 깨달음을 깨달았다.'고 하는 것은 바로 나를 두고 하는 말이오. 대왕이여,

---

354) 빠세나디 꼬살라 왕(rājā Pasenadi Kosala)은 부처님의 가장 중요한 재가 신도 중의 한 사람이었다. 그에 대해서는 본서 제6권 「시종 경」(S55:6) §11의 주해와 『앙굿따라 니까야』 제3권 「꼬살라 경」(A5:49) §1의 주해 등을 참조할 것.

나는 위없는 바른 깨달음을 깨달았습니다."

3. "고따마 존자시여, 승가를 가졌고 무리를 가졌고 무리의 스승이며 지자요 명성을 가졌고 교단의 창시자요 많은 사람들에 의해 성자로 인정되는 사문 바라문들이 있습니다. 그들은 다름 아닌 뿌라나 깟사빠, 막칼리 고살라, 니간타 나따뿟따, 산자야 벨랏티뿟따, 빠꾸다 깟사야나, 아지따 께사깜발리[355]입니다. 그런데 내가 그들에게 '당신은 위없는 바른 깨달음을 깨달았노라고 천명하십니까?'라고 물으면 그들은 '위없는 바른 깨달음을 깨달았노라.'고 천명하지 않습니다. 그런데 나이도 아직 젊고 출가한 지도 얼마 안된 신참에 불과한 고따마 존자께서 어찌 그렇게 [천명하십니까?]" [69]

"대왕이여, 젊다고 깔보거나 젊다고 얕잡아 보아서는 안되는[356] 네 가지가 있습니다. 무엇이 넷입니까?

대왕이여, 끄샤뜨리야는 젊다고 깔보거나 젊다고 얕잡아 보아서는 안됩니다. 대왕이여, 뱀은 젊다고 깔보거나 젊다고 얕잡아 보아서는

---

355) 이들 여섯 명의 외도들 가운데 네 명은 본서 「여러 외도 경」(S2:30)에서 언급이 되었다. 언급이 안된 아지따 께사깜발리(Ajita Kesakambalī)는 [사후]단멸론(ucchedavāda) 혹은 유물론자로 알려졌고, 산자야 벨랏티뿟따(Sañjaya Belaṭṭhiputta)는 애매모호함(vikkhepa) 혹은 회의론자로 알려졌다. 이 둘의 이론에 대해서는 각각 『디가 니까야』 「사문과경」(D2) §23과 §32를 참조할 것.

356) '깔보아서는 안되는'과 '얕잡아 보아서는 안되는'은 각각 na uññātabbā와 na avajānitabbā를 옮긴 것인데 주석서는 이 둘을 각각 na paribhotabbā와 na paribhavitabbā로 설명하고 있어서 이렇게 옮겼다.(SA.i.132)
주석서는 깔보는 방법과 얕잡아 보는 방법을 자세하게 열거하고 있는데 하나만 예를 들면 이러하다.
어린 왕자를 만났는데도 길을 비켜주지 않거나 자리에서 일어나지 않는 것은 그를 깔보는 것이며, '이 왕자님은 목이 너무 길고 배가 너무 나왔구나. 저래가지고 어떻게 왕위를 이어받을 수 있을까?'라고 말하는 것은 얕잡아 보는 것이다.(*Ibid*)

안됩니다. 대왕이여, 불은 젊다고 깔보거나 젊다고 얕잡아 보아서는 안됩니다. 대왕이여, 비구는 젊다고 깔보거나 젊다고 얕잡아 보아서는 안됩니다.

대왕이여, 이러한 넷은 젊다고 깔보거나 젊다고 얕잡아 보아서는 안됩니다."

4. 세존께서는 이렇게 말씀하셨다. 선서이신 스승께서는 이렇게 말씀하신 뒤 다시 [게송으로] 이와 같이 설하셨다.

"고귀한 출신으로 명성을 크게 지녀
태생이 분명한 끄샤뜨리야 용자를
젊다는 이유로 멸시하면 안되나니
그런 그를 사람들은 모욕해서는 안되니라. {374}

끄샤뜨리야는 만인지상의 임금 되어
왕국을 통치하는 경우가 있으리니
그의 분노를 사면 왕의 형벌로
크게 벌 받을 것이로다.
그러므로 자기 목숨 지키려거든
이런 그를 잘 알아 피해가야 하노라." {375}

"마을이나 숲에서나 저 뱀을 보게 되면
어리다고 멸시하면 안되나니
그런 그를 사람들은 모욕해서는 안되니라. {376}

맹독을 가진 뱀은 여러 모습 나투어서357)

---

357) "'뱀은 여러 가지 모습을 나투며 다닌다(uccāvacehi vaṇṇehi urago carati).'는 것은 뱀은 여러 가지 모습(saṇṭhāna)으로 변할 수 있다는 말이니, 뱀(sappa)의 모습으로, 물뱀(deḍḍubha)의 모습으로, 다람쥐(kalandaka)의

남자건 여자건 어리석은 자 공격하여
단박에 물어버리도다.
그러므로 자기 목숨 지키려거든
이런 그를 잘 알아 피해가야 하노라." {377}

"많은 것 닥치는 대로 집어삼켜 버리고
검은 흔적 남기면서 타오르는 저 불을
젊다는 이유로 멸시하면 안되나니
그런 그를 사람들은 모욕해서는 안되니라. {378}

그것이 만일 태울 것을 만나면
크나 큰 불무더기로 화하여서
남자건 여자건 어리석은 자 공격하여
순식간에 태워버리도다.
그러므로 자기 목숨 지키려거든
이런 그를 잘 알아 피해가야 하노라." {379}

"제 아무리 맹렬한 불이 숲을 태워 없애고
검은 흔적 폐허만을 자취로 남기더라도
낮과 밤이 지나가서 세월이 흐른 뒤에는
그곳에도 새싹들이 돋아나게 되도다. {380}

그렇지만 계를 구족한 비구가 있어서

모습으로까지 만들어서 다닐 수 있다는 뜻이다."(SA.i.133)
뱀이 여러 모습을 나툴 수 있다는 것은 인도에 널리 퍼진 신화이다. 『율장』에는 용 혹은 나가가 비구계를 받기 위해서 청년의 모습을 나투었다는 사실이 나타난다.(Vin.i.86~87) 이런 사실 때문에 지금도 비구계를 받기 위한 갈마(羯磨, kamma)를 행할 때 용이 화현한 사람은 아닌가하고 갈마사가 수계지원자들에게 물어보고 있다.

계행의 불꽃으로 어떤 사람 태운다면
그에게는 아들들도 가축들도 멸망하여
그의 상속자들 재물 얻지 못하리니[358]
후손도 끊어지고 상속자도 없어져서
야자수 등걸처럼 텅텅 비어버리도다." {381} [70]

"그러므로 이로움을 바라는 현명한 사람은
뱀과 불과 명성 있는 끄샤뜨리야와

---

358) 이 구절을 자칫 잘못 이해하면 비구가 자신을 해하려는 다른 사람들을 저주하거나 하여 그의 후손들도 가축도 재물도 못 얻게 되는 것으로 오해할 수도 있다. 그러나 그렇지 않다. 주석서는 이렇게 설명한다.
"'비구가 [계행의] 불꽃으로 태운다(bhikkhu ḍahati tejasā).'는 것은 욕하는 자(akkosanta)에게 욕으로 되돌려주고, 시비를 거는 자(bhaṇḍanta)에게 시비로 되돌려주고, 때리는 자(paharanta)에게 때리는 것으로 되돌려 줄 때, 비구는 비구의 불꽃(bhikkhu-tejo)으로 태울 수 없다. 그러나 그가 욕하는 자에게 욕을 하지 않고, 시비를 거는 자에게 시비하지 않고, 때리는 자를 때리지 않을 때, 그릇된 행을 하는 자(vippaṭipanna)를 계행의 불꽃(sīla-tejo)으로 태운다. 그래서 비구가 불꽃으로 태운다고 하신 것이다. 비구가 그렇게 인욕함으로써 그릇된 행실을 하는 자를 태울 때 그의 후손도 가축도 모두 망하게 된다."(SA.i.134)
이런 의미에서 비구에게는 바라문들의 주특기인 '저주(dhik, sapa, *curse*)' (본서 「바다의 선인 경」(S11:10) §7 참조)란 허락되지 않으며, 허락될 수도 없다. 『숫따니빠따』 제5장 「도피안 품」 도 바로 이 저주로부터 시작된다. (Sn.191 {983} 참조) 인도에서 제일가는 희곡인 『샤꾼딸라』 에서도 바라문의 저주가 희곡의 가장 중요한 전환점으로 나타나고 있다. 그 외 『라마야나』 나 『마하바라따』 등 인도를 대표하는 문헌에서도 바라문의 위엄과 권위를 표시하는 것으로 반드시 등장하는 것이 바라문들의 저주이다.
이러한 저주에 대해서 내리신 세존의 처방은 초기불전의 도처에 나타나는 네 가지 거룩한 마음가짐[四梵住, brahma-vihāra]이다. 바라문들의 제일의 염원인 범천에 태어나려면 악의를 품고 저주를 할 게 아니라 저 자애[慈, mettā], 연민[悲, karuṇā], 더불어 기뻐함[喜, muditā], 평온[捨, upekkhā]을 닦아야 한다는 말씀이다. 여기에 대해서는 『디가 니까야』 「삼명경」 (D13/i.250~251) §§76~79와 『맛지마 니까야』 「수바 경」 (M99/ii.207) §§23~27 등을 참조할 것.

계를 갖춘 비구를 바르게 대해야 하리." {382}

5. 이렇게 말씀하시자 빠세나디 꼬살라 왕은 세존께 이렇게 말씀드렸다.

"경이롭습니다, 세존이시여. 경이롭습니다, 세존이시여. 마치 넘어진 자를 일으켜 세우시듯, 덮여 있는 것을 걷어내 보이시듯, [방향을] 잃어버린 자에게 길을 가리켜 주시듯, 눈 있는 자 형색을 보라고 어둠 속에서 등불을 비춰 주시듯, 세존께서는 여러 가지 방편으로 법을 설해 주셨습니다. 저는 이제 세존께 귀의하옵고 법과 비구 승가에 귀의합니다. 세존께서는 저를 재가신자로 받아주소서. 오늘부터 목숨이 붙어 있는 그날까지 귀의하옵니다."

인간 경(S3:2)

Purisa-sutta

2. 그때 빠세나디 꼬살라 왕이 세존께 다가갔다. 가서는 세존께 절을 올리고 한 곁에 앉았다. 한 곁에 앉은 빠세나디 꼬살라 왕은 세존께 이렇게 여쭈었다.

"세존이시여, 인간에게 안으로 어떤 법들이 일어나면 해롭고 괴롭고 편히 머물지 못합니까?"

3. "대왕이여, 인간에게 안으로 세 가지 법들이 일어나면 해롭고 괴롭고 편히 머물지 못합니다. 어떤 것이 셋입니까?

대왕이여, 인간에게 안으로 탐욕이 일어나면 해롭고 괴롭고 편히 머물지 못합니다. 대왕이여, 인간에게 안으로 성냄이 일어나면 해롭고 괴롭고 편히 머물지 못합니다. 대왕이여, 인간에게 안으로 어리석음이 일어나면 해롭고 괴롭고 편히 머물지 못합니다.

대왕이여, 인간에게 안으로 이러한 세 가지 법들이 일어나면 해롭고 괴롭고 편히 머물지 못합니다."

4. "자신에게 생긴 탐욕·성냄·어리석음
악한 마음 가진 자신 파멸시켜 버리나니
비유하여 말하자면
갈대에게 생긴 열매 갈대 자신 파멸하듯."359) {383} [71]

늙음·죽음 경(S3:3)

Jarāmaraṇa-sutta

2. 한 곁에 앉은 빠세나디 꼬살라 왕은 세존께 이렇게 여쭈었다.
"세존이시여, 태어난 자가 늙음과 죽음을 면할 수 있습니까?"

3. "대왕이여, 늙음과 죽음을 결코 면할 수 없습니다.

대왕이여, 부유하고 많은 재물과 많은 재산과 풍부한 금은과 풍부한 재물과 재산과 풍부한 가산과 곡식을 가진 유복한 끄샤뜨리야들일지라도 태어난 자들은 결코 늙음과 죽음을 면할 수 없습니다.

대왕이여, 부유하고 많은 재물과 많은 재산과 풍부한 금은과 풍부한 재물과 재산과 풍부한 가산과 곡식을 가진 유복한 바라문들일지라도 태어난 자들은 결코 늙음과 죽음을 면할 수 없습니다.

대왕이여, 아라한이고 번뇌가 다했고 삶을 완성했으며 할 바를

---

359) "'갈대에게 생긴 열매 갈대 자신 파멸하듯(hiṁsanti taca-sāraṁva sam phalaṁ)'이라는 것은 대나무(veḷu)나 갈대(naḷa)와 같은 껍질이 속재목[心材]처럼 딱딱한 식물(taca-sāra)은 자신의 열매가 자기 자신을 손상시키고 파멸시키듯이 자신을 손상시키고 파멸시킨다는 뜻이다."(SA.i.137)
원문에 나타나는 'sam'은 재귀대명사적 형용사로 '자기 자신의(attano)'라는 뜻으로 주석서는 해석하고 있다.
본 게송은 본서 「데와닷따 경」(S6:12) {597}과 비슷하다.

다했고 짐을 내려놓았으며 참된 이상을 실현했고 삶의 족쇄를 부수었으며 바른 구경의 지혜로 해탈한 비구들이라 하더라도 그들의 이 몸은 부서지기 마련인 법이고 [죽을 때] 내려놓기 마련인 법입니다."360)

4. "왕의 멋진 마차도 풍진 속에 낡아가고
그 몸마저 세월 따라 이제 늙어가지만
참된 자들의 법361)이란 결코 늙지 않나니
참된 자들은 참된 자들과 [이렇게] 선언하노라."362) {384}

사랑하는 자 경(S3:4)

Piya-sutta

2. 한 곁에 앉은 빠세나디 꼬살라 왕은 세존께 이렇게 말씀드렸다.

---

360) 부처님께서는 아라한까지도 늙기 마련이고 죽기 마련이라고 말씀하고 계신다. 그런데 아라한의 죽음은 세속적인 죽음이 아니라 완전한 열반에 드는 것이기 때문에 세속적인 어법인 '늙음·죽음'으로 표현하지 않고 '그의 몸은 부서지기 마련인 법이고 [죽을 때] 내려놓기 마련인 법'이라고 말씀하고 계신다.

361) "'참된 자들의 법(sataṁ dhammo)'이란 열반(nibbāna)을 뜻한다. 열반은 쇠퇴하지 않고 늙지 않고 죽지 않는다고 말해지기 때문이다."(SA.i.138)

362) '참된 자들은 참된 자들과 [이렇게] 선언한다(santo have sabbhi pavedayanti).'에 대해서 주석서는 세 가지 해석을 하고 있는데 문법적으로 가장 타당해 보이는 첫 번째 설명을 따라서 번역했다.(SA.i.138)
한편 본 게송은 『법구경』(Dhp) {151}과 같은데 『법구경 주석서』는 이렇게 설명하고 있다.
"부처님 등의 참된 자들의(santānaṁ) 아홉 가지 출세간법(nava-vidha lokuttara-dhamma)은 결코 사라지지 않는다. 부처님 등의 참된 사람들은(santo) 현자인(paṇḍitehi saddhiṁ) 참된 사람들과 함께(sabbhi) 이렇게 설한다."(DhpA.iii.123)
여기서 아홉 가지 출세간법은 네 가지 도(예류도부터 아라한도까지)와 네 가지 과(예류과부터 아라한과까지)와 열반의 아홉 가지를 말한다.

"세존이시여, 제가 한적한 곳에 가서 홀로 앉아있는 중에 문득 이런 생각이 마음에 떠올랐습니다.

'누가 자기 자신을 사랑하는 자이며 누가 자기 자신을 미워하는 자인가?'

세존이시여, 그런 제게 이런 생각이 일어났습니다.

'누구든지 몸으로 나쁜 행위를 저지르고 말로 나쁜 행위를 저지르고 마음으로 나쁜 행위를 저지르는 자들은 자기 자신을 미워하는 자들이다. 비록 그들이 '나는 나 자신을 사랑한다.'고 하더라도 그들은 자신을 미워하는 자들이다. 그것은 무슨 이유 때문인가? [72] 그들은 미워하는 자가 미워하는 자들끼리 하는 짓을 자기 스스로 자기 자신에게 하기 때문이다. 그러므로 그들은 자신을 미워하는 자들이다.

누구든지 몸으로 좋은 행위를 하고 말로 좋은 행위를 하고 마음으로 좋은 행위를 하는 자들은 자기 자신을 사랑하는 자들이다. 비록 그들이 '나는 나 자신을 미워한다.'고 하더라도 그들은 자신을 사랑하는 자들이다. 그것은 무슨 이유 때문인가? 그들은 사랑하는 자가 사랑하는 자들끼리 하는 행위를 자기 스스로 자기 자신에게 하기 때문이다. 그러므로 그들은 자신을 사랑하는 자들이다.'라고."

3. "참으로 그렇습니다, 대왕이여. 참으로 그렇습니다, 대왕이여. 누구든지 몸으로 … 말로 … 마음으로 나쁜 행위를 저지르는 자들은 … 그러므로 그들은 자신을 미워하는 자들입니다. 누구든지 몸으로 … 말로 … 마음으로 좋은 행위를 하는 자들은 … 그러므로 그들은 자신을 사랑하는 자들입니다."

4. "만일 자신을 사랑스럽다 여긴다면
자기를 악에 질매매어서는 안되나니

나쁜 짓을 거듭거듭 많이 짓는 자는
행복을 얻기가 쉽지 않다네. {385}

모든 것 끝장내는[363] 저 죽음에 붙들려
인간의 상태를 버릴 때에는
참으로 무엇이 그 자신의 것이며
그때 그는 무엇을 가져가는가?
예를 들면 그림자가 그를 따르듯
그때에 무엇이 그를 따라가는가? {386}

죽어야만 하는 인간은 여기 이 세상에서
공덕과 죄악 저 둘을 짓나니
이것이 참으로 그 자신의 것이며
그때 그는 이 둘을 가져가도다.
예를 들면 그림자가 그를 따르듯
그때에 이것이 그를 따라가도다. {387}

그러므로 유익함[善]을 지어야 하나니
이것이 존재들의 미래의 자신이라
살아있는 모든 생명 모든 존재에게는
공덕이 저 세상에서의 기반이로다." {388}

---

363) '끝장내는 [자]'는 antaka를 직역한 것이다. 여기서는 죽음을 의인화한 것이다. 다른 곳(본서 「고행 경」(S4:1) {448} 등)에서는 특히 마라(Māra)를 뜻하기도 한다.

자기 보호 경(S3:5)

Attānarakkhita-sutta

2. 한 곁에 앉은 빠세나디 꼬살라 왕은 세존께 이렇게 말씀드렸다.

"세존이시여, 제가 한적한 곳에 가서 홀로 앉아있는 중에 문득 이런 생각이 마음에 떠올랐습니다.

'누가 자기 자신을 보호하는 자이며 누가 자기 자신을 보호하지 않는 자인가?'

세존이시여, 그런 제게 이런 생각이 일어났습니다.

'누구든지 몸으로 나쁜 행위를 저지르고 말로 나쁜 행위를 저지르고 마음으로 나쁜 행위를 저지르는 자들은 자기 자신을 보호하지 않는 자들이다. 비록 그들이 자신을 상병(象兵)으로 보호하고 마병(馬兵)으로 보호하고 전차병으로 보호하고 보병으로 보호하더라도 [73] 그들은 자신을 보호하지 않는 자들이다. 그것은 무슨 까닭인가? 그 보호는 밖의 것이고 안의 것이 아니기 때문이다. 그러므로 그들은 자신을 보호하지 않는 자들이다.

누구든지 몸으로 좋은 행위를 하고 말로 좋은 행위를 하고 마음으로 좋은 행위를 하는 자들은 자기 자신을 보호하는 자들이다. 비록 그들이 자신을 상병(象兵)으로 보호하지 않고 마병(馬兵)으로 보호하지 않고 전차병으로 보호하지 않고 보병으로 보호하지 않더라도 그들은 자신을 보호하는 자들이다. 그것은 무슨 까닭인가? 그 보호는 안의 것이고 밖의 것이 아니기 때문이다. 그러므로 그들은 자신을 보호하는 자들이다.'라고.

3. "참으로 그렇습니다, 대왕이여. 참으로 그렇습니다, 대왕이여. 누구든지 몸으로 … 말로 … 마음으로 나쁜 행위를 저지르는 자들

은 … 그러므로 그들은 자신을 보호하지 않는 자들입니다. 누구든지 몸으로 … 말로 … 마음으로 좋은 행위를 하는 자들은 … 그러므로 그들은 자신을 보호하는 자들입니다."

4. "몸으로 단속하는 것은 훌륭하도다.
말로 단속하는 것은 훌륭하도다.
마음으로 단속하는 것은 훌륭하도다.
모든 곳에서 단속하는 것은 훌륭하도다.
모든 곳에서 단속하고 부끄러움 아는 자,
그를 일러 자기를 보호하는 자라 하노라." {389}

적음 경(S3:6)
Appakā-sutta

2. 한 곁에 앉은 빠세나디 꼬살라 왕은 세존께 이렇게 말씀드렸다.
"세존이시여, 제가 한적한 곳에 가서 홀로 앉아있는 중에 문득 이런 생각이 마음에 일어났습니다.
'막대하고 많은 재물을 얻었지만 거기에 취하지 않고 방일하지 않고 감각적 욕망에 탐착하지 않고 다른 중생들에게 못된 짓을 하지 않는 중생들은 참으로 적다. 그러나 막대하고 많은 재물을 얻었지만 거기에 취하고 방일하고 [74] 감각적 욕망에 탐착하고 다른 중생들에게 못된 짓을 하는 중생들이 더 많다.'라고."

3. "참으로 그렇습니다, 대왕이여. 참으로 그렇습니다, 대왕이여. 막대하고 많은 재물을 얻었지만 거기에 취하지 않고 방일하지 않고 감각적 욕망에 탐착하지 않고 다른 중생들에게 못된 짓을 하지 않는 중생들은 참으로 적습니다. 그러나 막대하고 많은 재물을 얻었지

만 거기에 취하고 방일하고 감각적 욕망에 탐착하고 다른 중생들에게 못된 짓을 하는 중생들이 더 많습니다."

4. "감각적 욕망과 재물에 홀려 탐착하고
감각적인 욕망에 혹해버린 자들은
너무 멀리 가 버렸음을 깨닫지 못하나니
마치 덫에 걸려버린 사슴과도 같도다.
나중에 그들에게[364] 쓰디쓴 결과 있으리니
그 과보는 아주 나쁜 것이기 때문이로다." {390}

재판정 경(S3:7)
Atthakaraṇa-sutta

2. 한 곁에 앉은 빠세나디 꼬살라 왕은 세존께 이렇게 말씀드렸다. "세존이시여, 저는 재판정[365]에 앉아서 부유하고 많은 재물과 많은 재산과 풍부한 금은과 풍부한 재물과 재산과 풍부한 가산과 곡식을 가진 유복한 끄샤뜨리야들과 유복한 바라문들과 유복한 장자들이 감각적 욕망을 원인으로 감각적 욕망을 근원으로 감각적 욕망을 바탕으로 고의적인 거짓말을 하는 것을 보았습니다. 그런 제게 이런 생각이 들었습니다. '이제 재판정에서 내가 할 일은 충분히 했구나. 이제 다른 선남자에게 재판소임을 맡기리라.'라고."[366]

---

364) '나중에 그들에게'는 pacchāsaṁ을 옮긴 것인데 주석서에서 pacchā(나중에) tesaṁ(그들에게)로 설명하고 있기 때문이다.(SA.i.139) 본서 「알라위까 경」(S5:1) {521}의 주해도 참조할 것.

365) '재판정'에 해당하는 원어는 Se, Ee1, Ee2에는 atthakaraṇa로, Be에는 aḍḍhakaraṇa로 나타난다. 복주서는 vinicchaya-ṭṭhāna(판정을 하는 곳)으로 해석하고 있다.(SAṬ.i.156)

366) "어느 날 왕은 재판정에 앉아있었다고 한다. 거기서 그의 대신(amacca)들

3. "대왕이여, 부유하고 많은 재물과 많은 재산과 풍부한 금은과 풍부한 재물과 재산과 풍부한 가산과 곡식을 가진 유복한 끄샤뜨리야들과 유복한 바라문들과 유복한 장자들이 감각적 욕망을 원인으로 감각적 욕망을 근원으로 감각적 욕망을 바탕으로 고의적인 거짓말을 하면 그것은 그들에게 오랜 세월 해로움과 괴로움이 될 것입니다."

4. "감각적 욕망과 재물에 홀리고 탐착하고
감각적인 욕망에 혹해버린 자들은
너무 멀리 가 버렸음을 깨닫지 못하나니
마치 덫에 걸려버린 사슴과도 같도다.
나중에 그들에게 쓰디쓴 결과 있으리니
그 과보는 아주 나쁜 것이기 때문이로다." {391} [75]

이 뇌물(lañja)을 받고 뇌물 준 사람의 편을 들어주는 것을 알고는 이렇게 생각했다. '땅의 통치자인 내 면전(sammukha)에서도 이런 일이 벌어지는데 내 면전이 아닌 곳에서는 무슨 짓을 할 것인가? 이제 위두다바 대장군(Viḍūḍabha senāpati, 그의 아들임)이 통치를 하도록 해야겠다. 내가 이런 뇌물을 먹고 살고(lañja-khādaka) 거짓말을 하는 자(musā-vādi)들과 한 장소에 앉아있는 것이 무슨 소용이 있단 말인가?'라고. 그래서 이렇게 말한 것이다."(SA.i.139~140)

여기서 '선남자'로 옮긴 원어는 bhadra-mukha인데 문자적으로는 좋은(bhadra) 얼굴(mukha)을 가진 자라는 뜻이다. 주석서와 복주서는 여기서 선남자는 왕의 아들인 위두다바를 뜻한다고 한다.(SAṬ.i.156) 그러나 『자따까』(J465/iv.148~150)에 의하면 이 선남자는 왕의 먼젓번 대장군이었던 반둘라(Bandhula)를 뜻한다고 한다. 반둘라가 재판관들의 부패를 먼저 알아냈기 때문이다.

말리까 경(S3:8)

Mallikā-sutta

2. 그 무렵 빠세나디 꼬살라 왕은 말리까 왕비367)와 함께 왕궁의 위층 누각으로 올라갔다. 그때 빠세나디 꼬살라 왕은 말리까 왕비에게 말했다.

"말리까여, 그대 자신보다 더 사랑스런 자가 있습니까?"

3. "대왕이시여, 제게는 제 자신보다 더 사랑스런 자가 없습니다. 대왕이시여, 그런데 폐하께는 자기 자신보다 더 사랑스런 자가 있습니까?"

"말리까여, 나에게도 나 자신보다 더 사랑스런 자는 없습니다."368)

4. 그러자 빠세나디 꼬살라 왕은 궁전을 내려와서 세존께 다가갔다. 가서는 세존께 절을 올리고 한 곁에 앉았다. 한 곁에 앉은 빠세

---

367) 말리까 왕비(Mallikā devi)는 빠세나디(Pasenadi) 꼬살라 왕의 아내였다. 문자적으로 mallikā는 재스민 꽃을 뜻한다. 말리까는 꼬살라의 화환 만드는 가난한 자(duggata-mālā-kāra)의 딸이었으며 16세에 부처님을 뵙고 죽을 공양 올렸는데 세존께서는 그녀가 왕비가 될 것이라고 하셨다고 한다.(SA.i.140; J.iii.405) 바로 그날에 빠세나디 왕은 아자따삿뚜에게 패하여 그곳으로 가게 되었고, 그런 인연으로 그녀는 왕비가 되었다고 한다.(SA.i.140; DhpA.iii.119ff) 이렇게 부처님과 왕을 만난 인연을 가진 그녀는 그 후로 부처님의 변함없는 재가신도였다. 그녀에 관계된 경들이 다수 전해 온다.

368) 우드워드(Woodward)는 그의 『상윳따 니까야』 번역본(KS)에서 본경을 번역하면서 여기의 atta에 대해서 주를 달아가면서 까지 자아(*soul*)라고 번역하였지만 잘못된 번역이라 할 수밖에 없다.
자신이 가장 사랑스럽다는 이 주장은 『브르하다란냐까 우빠니샤드』(Bṛhad-āraṇyaka Upaniṣad ii.4.5; iv.5.6)에 나타나는 얀냐왈꺄(Yajñavalkya)와 그의 아내 마이뜨레이(Maitreyī)와의 유명한 대화와 비교된다.
얀냐왈꺄의 말은 불변하는 자아를 상정하는 것이지만 초기불전의 어디에서도 이러한 자아가 실재하는 것을 인정하지 않는다. 대신에 초기불전의 도처에서 무아(anatta)가 강조되고 있음은 주지의 사실이다.

나디 꼬살라 왕은 세존께 이렇게 말씀드렸다.

"세존이시여, 여기 저는 말리까 왕비와 함께 왕궁의 위층 누각으로 올라가서 말리까 왕비에게 말했습니다.

'말리까여, 그대 자신보다 더 사랑스런 자가 있습니까?'

'대왕이시여, 제게는 제 자신보다 더 사랑스런 자가 없습니다. 대왕이시여, 그런데 폐하께는 자기 자신보다 더 사랑스런 자가 있습니까?'

'말리까여, 나에게도 나 자신보다 더 사랑스런 자는 없습니다.'"

5. 그러자 세존께서는 그 뜻을 아시고 그 사실에 대해서 이 게송을 읊으셨다.

"마음으로 사방을 찾아보건만
자신보다 사랑스러운 자 볼 수가 없네.
이처럼 누구에게나 자신이 사랑스러운 법
그러므로 자기를 사랑하는 자, 남을 해치지 마세."[369] {392}

제사 경(S3:9)

Yañña-sutta

2. 그 무렵 빠세나디 꼬살라 왕은 큰 제사를 마련하고 있었다.[370] 오백 마리의 황소와 오백 마리의 수송아지와 오백 마리의 암

369) 이 잘 알려진 게송은 『쿳다까 니까야』의 『자설경』(Ud.47)과 『청정도론』 IX.10에도 나타나고 있다. 자신이 가장 사랑스럽기 때문에 이기적이 되는 것이 아니라 자신이 가장 사랑스러운 사람은 절대로 남을 해쳐서는 안된다는 세존의 이 말씀은 진정한 자비가 무엇인지를 생각하게 해준다.

370) 본경에 해당하는 주석서와 『법구경 주석서』(DhpA.ii.1~12)에는 이 제사의 배경에 대한 이야기가 나타난다. 요약하면 이렇다.
왕은 어떤 결혼한 여자에게 반하게 되었다고 한다. 그래서 그녀의 남편을 죽

송아지와 [76] 오백 마리의 염소와 오백 마리의 숫양이 제사를 위해서 제사기둥에 끌려나왔다. 그의 하인들이나 전령들이나 일꾼들도 형벌에 떨고 두려움에 떨면서 눈물을 흘리며 [제사를 지내기 위한 여러] 준비를 하였다.

그때 많은 비구들이 오전에 옷매무새를 가다듬고 발우와 가사를 수하고 걸식을 위해서 사왓티로 들어갔다. 사왓티에서 걸식을 하여 공양을 마치고 걸식에서 돌아와 세존께 다가갔다. 가서는 세존께 절을 올리고 한 곁에 앉았다. 한 곁에 앉은 비구들은 세존께 이렇게 말씀드렸다.

3. "세존이시여, 지금 빠세나디 꼬살라 왕은 큰 제사를 마련하고 있습니다. 오백 마리의 황소와 오백 마리의 수송아지와 오백 마리의 암송아지와 오백 마리의 염소와 오백 마리의 숫양이 제사를 위해서 제사기둥에 끌려나왔습니다. 그의 하인들이나 전령들이나 일꾼들도 형벌에 떨고 두려움에 떨면서 눈물을 흘리며 [제사를 지내기 위한 여러] 준비를 합니다."

4. 그때 세존께서는 그 뜻을 아시고 그 사실에 대해서 이 게송을 읊으셨다.

"말을 희생하는 제사, 사람을 희생하는 제사[371]

게 만들고 그 여인을 아내로 삼으려고 계획을 꾸몄다. 잠 못 든 어느 날 밤에 그는 어디서 나는지 모르는 아주 기괴한 비명소리를 들었다. 다음 날 그는 궁중제관 바라문을 불러서 이게 무엇을 의미하느냐고 물었다. 궁중제관은 왕의 죽음을 암시하는 것이라고 대답하면서 큰 제사를 지내서 그것을 피하는 수밖에 없다고 조언을 하였다. 그래서 이런 제사를 준비하게 된 것이다. 나중에 그는 세존께 이 사실에 대해서 여쭈었는데 세존께서는 그 비명소리는 간통을 범한 자들이 대지옥에서 가마솥에서 삶기면서 내지르는 비명이라고 말씀하셨다고 한다.(SA.i.141 이하)

말뚝을 던지는 [제사],372) 소마 즙을 바치는 제사373)
[대문을 열고] 크게 공개적으로[無遮] 지내는 제사374) —
[이런 제사는] 많은 살생 있지만 큰 결실은 없도다.375) {393}

---

371) '사람을 희생하는 제사(purisa-medha)'는 바라문교의 『제의서』(Brāhma-ṇa)들에서도 언급되고 있다. 그러나 『제의서』 들이 정착될 때 즉 부처님 시대나 그 전후에는 이미 인간희생은 없어진 것으로 보인다. 인간희생이 동물희생으로 대체된 극적인 이야기가 『아이따레야 브라흐마나』(Aitareya Brāhmaṇa)에 개꼬리(Śunaḥ-puccha) 삼형제 이야기로 전해 오는데 지금도 바라문들 사이에서는 널리 읽히고 있다.
한편 후대로 오면서 공공제사의 핵심이 되는 동물희생에서 동물을 죽이는 의식은 없어졌다고 한다. 왜냐하면 불교와 자이나교 등의 거센 비판을 받았으며, 후대로 올수록 바라문들도 철저한 채식주의자가 되었기 때문이다. 요즘에 인도의 몇몇 군데에서 『제의서』에 나오는 대로 동물희생을 올리면서 제사를 거행하려고 시도를 하였지만 어떤 바라문 사제도 동물을 죽이며 제사를 지내려 하지 않아서 못한다고 한다.

372) "말뚝(samma)을 던진다고 해서 '말뚝을 던지는 [제사](sammāpāsa)'라 한다. 매일 말뚝을 던져서 그것이 떨어지는 곳에 제단(vedi, 불을 지펴서 공물을 헌공하는 곳)을 만들어 … 제사지내는 것이다."(AA.iii.82)

373) 공공제사는 소마(Soma) 즙과 동물을 희생하는 것이 기본이다. 특히 소마 즙의 헌공은 중요하다. 소마는 인도에서 나는 특정한 약용식물이었다고 하는데 요즘에는 어떤 것이 소마인지 바라문 사제들도 제사학을 전공하는 학자들도 정확하게 알지 못한다고 한다.

374) '공개적으로 지내는 제사'는 niraggala(막지 않음, 無遮, 무차)를 풀어서 옮긴 것이다. 『여시어경 주석서』(ItA.94)에서 설명하고 있는 대로 옮겼다. 그리고 Se, Ee2에 의하면 이 구(句)에 mahāyañña(큰 제사)가 나타나지만 Be, Ee1에는 나타나지 않는다. 그리고 『앙굿따라 니까야』 「웃자야 경」(A4:39) §3에도 나타나지 않아서 역자는 옮기지 않았다.

375) 주석서에 의하면 옛적의 왕들의 시대에는(porāṇa-rāja-kāle) 말을 희생하는 제사, 사람을 희생하는 제사, 말뚝을 던지는 [제사], 소마 즙을 바치는 제사의 이 네 가지 제사는 각각 네 가지 섭수하는 토대(saṅgaha-vatthu, 四攝事, 四攝法) 즉 보시, 사랑스런 말[愛語], 이로운 행위[利行], 함께 함[同事]이었는데 이것을 통해서 왕들은 세상을 섭수하였다고 한다. 그러나 후대에 옥까까(Okkāka, 익슈와꾸) 왕의 시대에 바라문들이 이 사섭사를 재해석해서 이러한 다섯 가지 희생하는 제사를 지내게 되었다고 한다.(SA.i.144~145) 물론 이것은 불교문헌에서만 나타나고 있는 설명이다.

바른 길을 걸어가는 위대한 선인들은
여러 가지 염소, 양, 소 등을 죽이는
그러한 제사에는 동참하지 않노라. {394}

바른 길을 걸어가는 위대한 선인들은
여러 가지 염소, 양, 소 등을 죽이지 않는
가문의 전통을 가진 제사376)에는 항상 동참하노라. {395}

현명한 자 이런 제사 받들어 지내나니
이런 제사 큰 결실을 가져오기 때문이라.
이런 제사 지내는 제사의 주인에게
좋은 일만 항상 있고 나쁜 일은 없나니
[살생 않는] 제사는 위대한 것이라서
신들 또한 여기에 청정 믿음 가진다네."377) {396}

결박 경(S3:10)

Bandhana-sutta

2. 그 무렵 빠세나디 꼬살라 왕은 많은 사람을 결박하였는데 어떤 사람들은 오랏줄로, 어떤 사람들은 족쇄로, 어떤 사람들은 쇠사슬로 묶었다. [77]

---

376) '가문의 전통을 가진 제사'는 yajanti anukūlaṁ를 풀어서 옮긴 것이다. 복주서는 anukūkaṁ을 kulānugataṁ(가문에 전해 내려오는)으로 옮기고 있기 때문이다. 주석서는 "예전 사람들이 시작했던, 규칙적으로 음식을 보시하는 것(nicca-bhatta) 등이 끊이지 않고(anupacchinnattā) 여러 세대동안 전승되어 온 것을 말한다."(SA.i.146)라고 설명하고 있다.

377) 본 게송은 『앙굿따라 니까야』 제2권 「웃자야 경」(A4:39) §3에서 세존이 읊으신 게송과 같다.

그때 많은 비구들이 오전에 옷매무새를 가다듬고 발우와 가사를 수하고 걸식을 위해서 사왓티로 들어갔다. 사왓티에서 걸식을 하여 공양을 마치고 걸식에서 돌아와 세존께 다가갔다. 가서는 세존께 절을 올리고 한 곁에 앉았다.

3. 한 곁에 앉은 비구들은 세존께 이렇게 말씀드렸다.

"세존이시여, 지금 빠세나디 꼬살라 왕은 많은 사람을 결박하고 있는데 어떤 사람들은 오랏줄로, 어떤 사람들은 족쇄로, 어떤 사람들은 쇠사슬로 묶었습니다."

4. 그때 세존께서는 그 뜻을 아시고 그 사실에 대해서 이 게송을 읊으셨다.

"쇳덩이나 나무나 새끼줄로 만든 것은
강한 결박 아니라고 현자들은 말하도다.
보배와 귀걸이에 강하게 집착하고
아들들과 아내들을 갈구하고 원하는 것 — {397}

이것이 강한 결박이라 현자들은 말하노니
감각적 즐거움을 더 이상 갈구 않고 버리도다.
끌어내리고 나긋나긋하고 벗어나기 어려운[378]
이러한 것도 끊어버리고 그들은 유행하노라"[379] {398}

---

378) "'끌어내리고(ohārina)'란 네 가지 악도(apāya)로 끌어내리는 것이란 말이다. '나긋나긋하고(sithila)'라고 하셨다. 이러한 결박은 쇳덩이[鐵] 등으로 만든 결박(āyasādi-bandhana)이 아니기 때문에 행동거지를 제한하지는 않는다. 그러나 그 사람이 외국을 가더라도 그를 얽어매는 그러한 결박이라는 말씀이다. '벗어나기 어려운(duppamuñca)'이란 출세간의 지혜(lokuttara-ñāṇa)가 아니고는 풀려날 엄두조차 내지 못한다는 뜻이다."(SA.i.147)

379) 이 두 게송은 『법구경』(Dhp) {345~346}과 같다.

제1장 첫 번째 품이 끝났다.

첫 번째 품에 포함된 경들의 목록은 다음과 같다.

① 젊은이 ② 인간 ③ 늙음·죽음
④ 사랑 ⑤ 자기 보호
⑥ 적음 ⑦ 재판정 ⑧ 말리까
⑨ 제사, 열 번째로 ⑩ 결박이다.

제2장 두 번째 품

Dutiya-vagga

헝클어진 머리를 한 일곱 고행자 경(S3:11)[380)]

Sattajaṭila-sutta

1. 이와 같이 나는 들었다. 한때 세존께서는 사왓티에서 동쪽 원림[東園林]에 있는 미가라마따(녹자모) 강당에 머무셨다.[381)]

2. 그때 세존께서는 해거름에 [낮 동안의] 홀로 앉으심을 풀고 자리에서 일어나 바깥문의 현관에 앉아계셨다. 그때 빠세나디 꼬살라 왕이 세존께 다가갔다. 가서는 세존께 절을 올리고 한 곁에 [78] 앉았다.

그 무렵 일곱 명의 엉킨 머리를 한 고행자들과 일곱 명의 니간타들과 일곱 명의 나체 수행자들과 일곱 명의 한 벌 옷만 입는 수행자들과 일곱 명의 유행승들이 겨드랑이의 털과 손톱과 몸의 털을 길게 기른 채 여러 가지 필수품을 [어깨에] 메고 세존으로부터 멀지 않은 곳을 지나고 있었다.[382)]

---

380) 본경은 『자설경』(Ud.64~66)에도 나타나고 있다. 그러나 『자설경』에는 다른 게송이 나타나고 있다.

381) 동쪽 원림[東園林, Pubbārāma]과 미가라마따(Migāramātā, 미가라의 어머니, 녹자모, 鹿子母)에 대해서는 본서 제3권 「보름밤 경」(S22:82) §1의 주해를 참조할 것.

382) 여기서 '엉킨 머리를 한 고행자'는 jaṭila를, '니간타'는 nigaṇṭha(자이나교 수행자)를, '나체 수행자'는 acela를, '한 벌 옷만 입는 수행자'는 ekasāṭaka를, '유행승'은 paribbājaka를 옮긴 것이다.
'유행승(遊行僧)'으로 옮긴 paribbājaka는 pari(*around*)+√vraj(*to proceed, to wander*)에서 파생된 명사이다. 초기불전에서 많이 나타나며 집을

3. 그때 빠세나디 꼬살라 왕은 자리에서 일어나 한쪽 어깨가 드러나게 윗옷을 입고 땅에다 오른쪽 무릎을 꿇고 엉킨 머리를 한 고행자들과 일곱 명의 니간타들과 일곱 명의 나체 수행자들과 일곱 명의 한 벌 옷만 입는 수행자들과 일곱 명의 유행승들을 향해 합장을 하고 세 번 자신의 이름을 아뢰었다. "존자들이시여, 저는 빠세나디 꼬살라 왕입니다. 저는 빠세나디 꼬살라 왕입니다. 저는 빠세나디 꼬살라 왕입니다."라고.

엉킨 머리를 한 고행자들과 일곱 명의 니간타들과 일곱 명의 나체 수행자들과 일곱 명의 한 벌 옷만 입는 수행자들과 일곱 명의 유행승들이 떠나간 지 오래되지 않아서 빠세나디 꼬살라 왕은 다시 세존께 다가갔다. 가서는 세존께 절을 올리고 한 곁에 앉았다. 한 곁에 앉은 빠세나디 꼬살라 왕은 세존께 이렇게 말씀드렸다.

"세존이시여, 세상에는 아라한들이나 아라한의 길을 증득한 자들이 있는데 저분들은 그들 가운데 일부입니다."

떠나 수행하는 부처님 제자를 제외한 출가자들을 통칭하는 말이다. 그래서 『맛지마 니까야 주석서』에서는 "재가의 속박을 버리고 출가한 자(gihi-bandhanaṁ pahāya pabbajjūpagata)"(MA.ii.7)라고 설명하고 있다. 여기서 보듯이 니간타와 나체수행자의 무리 등은 유행승이라 표현하지 않고 그들에 해당하는 이름인 니간타와 나체수행자 등으로 각각 부르고 있으며, 그 외 별다른 특징이나 큰 집단을 이루지 않은 일반 출가자들은 유행승이라는 용어로 부르고 있는 듯하다. 『디가 니까야』 제3권 「우둠바리까 사자후경」(D25)에 의하면 니그로다(Nigrodha) 유행승은 3000명의 무리를 거느리기도 했다.

주석서와 복주서에 의하면 유행승에도 옷을 입는 유행승(channa-paribbājaka)과 옷을 입지 않는 유행승(nagga-paribbājaka)이 있었으며, 옷을 입지 않는 유행승을 나체수행자(acela)라 부른다.(DA.ii.349; DAṬ.i.472, 등) 한편 초기불전에서는 비구들의 출가를 빱밧자(pabbajjā, pra+√vraj, pabbajati)라 표현하여 일반 유행승에 관계된 빠립바자까(paribbājaka, pari+√vraj)라는 이 용어와 구분하여 사용하고 있다.

4. "대왕이여, 그대는 재가자여서 감각적 욕망을 즐기고 자식들이 북적거리는 집에서 살고 까시에서 산출된 전단향을 사용하고 화환과 향과 연고를 즐겨 사용하고 금은을 향유합니다. 그런 그대가 이들이 아라한들인지 아니면 아라한의 길을 증득한 자들인지 알기란 어렵습니다."

5. "대왕이여,383) 계행은 함께 살아야 알 수 있습니다. 그것도 오랜 세월이 지난 뒤 알 수 있고, 그렇지 않고서는 알 수 없습니다. 그것은 그것에 주의를 기울이는 사람에 의해서 알 수 있고, 그렇지 않고서는 알 수 없습니다. 그것은 통찰지를 갖춘 사람에 의해 알 수 있고, 어리석은 사람에 의해서는 알 수 없습니다.

대왕이여, 깨끗함은 함께 대화를 나눔으로써 알 수 있습니다. 그것도 오랜 세월이 지난 뒤 알 수 있고, 그렇지 않고서는 알 수 없습니다. 그것은 그것에 주의를 기울이는 사람에 의해서 알 수 있고, 그렇지 않고서는 알 수 없습니다. 그것은 통찰지를 갖춘 사람에 의해 알 수 있고, 어리석은 사람에 의해서는 알 수 없습니다.

대왕이여, [지혜의] 힘은 역경에 처했을 때 알 수 있습니다. 그것도 오랜 세월이 지난 뒤 알 수 있고, 그렇지 않고서는 알 수 없습니다. 그것은 그것에 주의를 기울이는 사람에 의해서 알 수 있고, 그렇지 않고서는 알 수 없습니다. 그것은 통찰지를 갖춘 사람에 의해 알 수 있고, 어리석은 사람에 의해서는 알 수 없습니다." [79]

대왕이여, 통찰지는 담론을 함으로써 알 수 있습니다. 그것도 오랜 세월이 지난 뒤 알 수 있고, 그렇지 않고서는 알 수 없습니다. 그것은

383) 본경 §5는 『앙굿따라 니까야』 「경우 경」(A4:192) §1과 같은 내용을 담고 있다.

그것에 주의를 기울이는 사람에 의해서 알 수 있고, 그렇지 않고서는 알 수 없습니다. 그것은 통찰지를 갖춘 사람에 의해 알 수 있고, 어리석은 사람에 의해서는 알 수 없습니다."

6. "경이롭습니다, 세존이시여. 놀랍습니다, 세존이시여. 세존께서는 참으로 이런 금언을 말씀하셨습니다.

'대왕이여, 그대는 재가자여서 감각적 욕망을 즐기고 자식들이 북적거리는 집에서 살고 까시에서 산출된 전단향을 사용하고 화환과 향과 연고를 즐겨 사용하고 금은을 향유합니다. 그런 그대가 이들이 아라한들인지 아니면 아라한의 길을 증득한 자들인지 알기란 어렵습니다. … 그것은 통찰지를 갖춘 사람에 의해 알 수 있고, 어리석은 사람에 의해서는 알 수 없습니다.'라고."

7. "세존이시여, 몰래 정탐을 하는 저의 밀정들384)이 지방을 정탐하고 돌아옵니다. 그들이 먼저 정탐한 것을 토대로 제가 나중에 결론을 내리게 됩니다.

세존이시여, 이제 그들이 먼지와 때를 없애고 잘 씻고 기름을 바르고 머리와 수염을 가지런히 하고 흰 옷을 입으면 그들은 다섯 가닥의 감각적 욕망들을 갖추고 완비하여 즐길 것입니다."

8. 그때 세존께서는 그 뜻을 아시고 그 사실에 대해서 이 게송을 읊으셨다.

---

384) '밀정들'은 carā를 옮긴 것이다. 적지 않은 판본들, 특히 『쿳다까 니까야』의 『자설경』(Ud)의 여러 판본들(UdA.333 참조)에는 corā(도둑들)로 나타나기도 하며 복주서의 저자 담마빨라(Dhammapāla)도 『자설경』의 corā를 받아들이고 있다고 한다.(보디 스님 403쪽 222번 주해 참조) 밀정(carā, cara-purisa)은 DhpA.i.193; J.ii.404; J.vi.469 등에도 나타나고 있다.

"사람은 외관으로만 쉽게 알 수 없으며
성급한 관찰로도 신뢰해서는 안되나니
잘 제어된 것 같은 모습을 하고도
제어되지 않은 자들이 이 세상에 다니도다. {399}

마치 진흙으로 만든 가짜 귀걸이처럼
마치 금을 입힌 반 푼짜리 동전처럼
어떤 자들은 변장을 하고 다니나니
안으로는 더럽지만 밖으로는 아름답도다." {400}

다섯 왕 경(S3:12)

Pañcarāja-sutta

2. 그 무렵 빠세나디를 상수로 한 다섯 명의 왕들385)이 다섯 가닥의 감각적 욕망들을 갖추고 완비하여 즐기는 동안 이러한 논의가 생겼다.

"도대체 무엇이 감각적 욕망들 가운데 으뜸인가?"

3. 거기서 어떤 자는 형색386)들이 감각적 욕망 가운데 으뜸이라고 말하였고, 어떤 자는 소리들이 감각적 욕망 가운데 으뜸이라고 말하였고, 어떤 자는 냄새들이 감각적 욕망 가운데 으뜸이라고 말하였고, 어떤 자는 맛들이 감각적 욕망 가운데 으뜸이라고 말하였고,

---

385) 주석서에는 나머지 네 왕이 누구인지에 대한 설명이 나타나지 않는다. 빠세나디 꼬살라 왕의 영향력 하에 있는 주변의 조그마한 나라의 왕들일 것으로 추측된다.

386) '형색(形色)'은 rūpa(루빠)를 옮긴 것이다. 불교 전반에서 rūpa는 크게 두 가지 의미로 쓰이는데 물질 전반과 본경에서처럼 눈의 대상을 뜻한다. 여기에 대해서는 본서 제3권 「나꿀라삐따 경」(S22:1) §10의 주해를 참조할 것.

[80] 어떤 자는 감촉들이 감각적 욕망 가운데 으뜸이라고 말했다. 이처럼 그 왕들은 서로를 설득하지 못하였다.

4. 그러자 빠세나디 꼬살라 왕이 다른 왕들에게 이렇게 말했다.

"존자들이여, 오시오. 우리는 세존을 뵈러 갑시다. 가서 세존께 이러한 뜻을 아뢰어 세존께서 우리에게 설명해 주시는 대로 호지합시다."

"존자들이여, 그렇게 합시다."라고 그 왕들은 빠세나디 꼬살라 왕에게 응답하였다.

5. 그러자 빠세나디를 상수로 한 다섯 명의 왕들은 세존께 다가갔다. 가서는 세존께 절을 올리고 한 곁에 앉았다. 한 곁에 앉은 빠세나디 꼬살라 왕은 세존께 이렇게 말씀드렸다.

"저희 다섯 명의 왕들이 다섯 가닥의 감각적 욕망들을 갖추고 완비하여 즐기는 동안 '도대체 무엇이 감각적 욕망들 가운데 으뜸인가?'라는 이러한 논의가 생겼습니다.

거기서 어떤 자는 형색들이 감각적 욕망 가운데 으뜸이라고 말하였고, 어떤 자는 소리들이 감각적 욕망 가운데 으뜸이라고 말하였고, 어떤 자는 냄새들이 감각적 욕망 가운데 으뜸이라고 말하였고, 어떤 자는 맛들이 감각적 욕망 가운데 으뜸이라고 말하였고, 어떤 자는 감촉들이 감각적 욕망 가운데 으뜸이라고 말하였습니다.

세존이시여, 도대체 무엇이 감각적 욕망들 가운데 으뜸입니까?"

6. "대왕이여, 가장 마음에 드는 것[387]이 다섯 가닥의 감각적

---

387) '가장 마음에 드는 것'은 manāpa-pariyanta(마음에 드는 것)를 옮긴 것인데, 복주서(SAṬ)의 agga-bhāvena pariyantaṁ paramaṁ koṭiṁ katvā pavattitanti라는 설명을 참조해서 가장(agga)이라는 뜻을 살려서 이렇게 옮겼다. 주석서는 다음과 같이 설명하고 있다.
"'가장 마음에 드는 것(manāpa-pariyanta)'이란 마음에 드는 것(nipphatti

욕망 가운데서 으뜸이라고 나는 말합니다. 대왕이여, 형색들은 어떤 사람에게는 마음에 들지만 어떤 사람에게는 마음에 들지 않습니다. 어떤 형색들을 즐거워하여 목적을 달성한 사람은 더 높고 더 수승한 다른 형색을 원하지 않습니다. 그에게 그 형색들은 최상의 것이고 그에게 그 형색들은 위없는 것입니다.

대왕이여, 소리들은 … 냄새들은 … 맛들은 … 감촉들은 어떤 사람에게는 마음에 들지만 어떤 사람에게는 마음에 들지 않습니다. [81] 어떤 감촉들을 즐거워하여 목적을 달성한 사람은 더 높고 더 수승한 다른 감촉을 원하지 않습니다. 그에게 그 감촉들은 최상의 것이고 그에게 그 감촉들은 위없는 것입니다."

7. 그 무렵 짠다낭갈리까 청신사388)가 그 회중에 앉아있었다. 그때 짠다낭갈리까 청신사는 자리에서 일어나 한쪽 어깨가 드러나게 윗옷을 입고 땅에다 오른쪽 무릎을 꿇고 세존께 합장하여 인사를 올린 뒤 세존께 이렇게 말했다.

"제게 영감이 떠올랐습니다,389) 세존이시여. 제게 영감이 떠올랐

-ka)이란 말이다. 두 가지 마음에 드는 것이 있다. 하나는 개별적으로 마음에 드는 것(puggala-manāpa)이요, 다른 하나는 공통적으로 마음에 드는 것(sammuti-manāpa)이다.

개별적으로 마음에 드는 것이란 [대상의 본질은 고려치 않고 – SAṬ] 어떤 개인이 원하고 좋아하는 것이다. 그것은 남에게는 원하는 것이 아니고 좋아하는 것이 아니다. 변방에 사는 사람(paccanta-vāsi)들은 지렁이(gaṇḍu-ppāda)를 원하고 좋아한다. 그러나 중원에 사는 사람(majjhimadesavāsi)들은 극히 혐오한다. 어떤 자들은 공작 고기(mora-maṁsa) 등을 좋아하지만 어떤 사람들은 극히 혐오한다. 이것이 개별적으로 마음에 드는 것이다. 그 외의 경우가 공통적으로 마음에 드는 것이다."(SA.i.151)

388) 짠다낭갈리까 청신사(Candanaṅgalika upāsaka)는 본경에서만 나타나고 있다. 주석서는 그에 대한 별다른 설명을 하지 않는다.

389) '영감이 떠오르다.'는 paṭibhāti를 옮긴 것이다. 이것은 prati + √bhā(*to*

습니다, 선서시여.”

“그 영감을 드러내어보라, 짠다낭갈리까여.”라고 세존께서는 말씀하셨다.

8. 그때 짠다낭갈리까 청신사는 세존의 면전에서 여기에 어울리는 게송으로 칭송을 하였다.

“마치 향기로운 꼬까나다[390] 연꽃이
아침에 향내음을 풍기면서 피듯이
멀리 빛을 드리우신[391] 부처님을 보라.
마치 허공에서 빛나는 태양과 같구나.”[392] {401}

9. 그러자 다섯 왕은 짠다낭갈리까 청신사에게 다섯 벌의 윗옷을 하사하였다. 그러자 짠다낭갈리까 청신사는 그 다섯 벌의 윗옷을 세존께 공양하였다.

---

shine)의 동사형이다. 그러므로 원의미는 '비치다, 드러나다'인데 이것의 명사 paṭibhāna가 영감을 뜻하므로 역자는 '영감이 떠오르다'로 옮겼다. 아래 '영감을 드러내보라'는 paṭibhātu를 옮긴 것인데 이것은 paṭibhāti의 명령형이다. 제자와 부처님 간의 이런 어법은 본서 「왕기사 상윳따」(S8)의 「금언 경」(S8:5) 이하(S8:5~11) §5 등에 계속해서 나타나고 있다. 한편 본서 「천 명이 넘음 경」(S8:8) §6에 의하면 이러한 영감은 "전에 생각해둔 것이 아니라 즉각적으로 떠오른 것"이다. 그러므로 paṭibhāti를 영감이 떠오르다나 영감이 드러나다로 옮기는 것은 아주 타당하다고 할 수 있다.

390) "'꼬까나다(kokanada)'는 연꽃의 한 종류이다. 잎이 많고 아름다우며 향기(sugandha)가 아주 진하다."(AAṬ.iii.59)

391) '멀리 빛을 드리우신'은 앙기라사(aṅgīrasa)를 옮긴 것이다. 앙기라사는 베다 문헌에 자주 등장하는 종족의 이름인데 부처님도 이 앙기라사 종족에 속한다고 한다. DPPN은 이런 의미에서 본 게송에서 이 단어가 쓰인 것에 주목하고 있으며, 세존 부계(父系)의 족성일 것이라고 추측하고 있다.

392) 본 게송은 『앙굿따라 니까야』 「삥기야니 경」(A5:195)에도 나타나고 『청정도론』 XII.60에도 인용되어 나타난다.

양동이 분량의 음식 경(S3:13)

Doṇapāka-sutta

2. 그 무렵 빠세나디 꼬살라 왕은 양동이 분량의 음식393)을 먹었다. 그때 빠세나디 꼬살라 왕은 음식을 잔뜩 먹고 숨을 헐떡거리며 세존께 다가갔다. 가서는 세존께 절을 올리고 한 곁에 앉았다.

세존께서는 빠세나디 꼬살라 왕이 음식을 잔뜩 먹고 숨을 헐떡거리는 것을 아시고 그 사실에 대해서 이 게송을 읊으셨다.

3. "사람이 항상 마음챙기면서
음식을 대하여 적당량을 알면
괴로운 느낌은 줄어들고
목숨 보존하며 천천히 늙어가리." {402} [82]

4. 그 무렵 수닷사나 바라문 학도가 빠세나디 꼬살라 왕의 뒤에서 있었다. 그때 빠세나디 꼬살라 왕은 수닷사나 바라문 학도를 불러서 말했다.

"여보게 수닷사나여, 이리 오너라. 그대는 세존의 곁에서 이 게송을 잘 배워서 내가 식사를 할 때마다 그것을 외워라. 그러면 나는 그대에게 매일 백 까하빠나394)를 평생 동안 급여로 줄 것이다."

---

393) '양동이 분량의 음식'에 해당하는 원어는 Ee1&2: doṇapākaṁ sudaṁ, Be: doṇapākakuraṁ, Se: doṇapākasudaṁ이다. 주석서는 양동이 분량의 쌀밥과 그만큼의 국과 반찬(doṇassa taṇḍulānaṁ pakkabhattaṁ tad-ūpiyañ ca sūpabyañjanaṁ)이라고 설명하고 있다.(SA.i.152)
한편 '양동이 분량'으로 옮긴 원어는 doṇa인데 이것은 도량단위이다. BDD에 의하면 1도나는 1/8부셸(1부셸은 약 36리터 = 약 2말)이라한다. 그러므로 1도나는 대략 4.5리터 혹은 2.5되 정도의 분량이다. 같은 분량의 국과 반찬까지 합하면 왕은 한 끼에 13리터 혹은 8되 가까이 되는 엄청난 음식을 먹은 셈이다.

5. "그렇게 하겠습니다, 폐하."라고 수닷사나 바라문 학도는 빠세나디 꼬살라 왕에게 대답한 뒤 세존의 곁에서 이 게송을 잘 배워서 빠세나디 꼬살라 왕이 식사를 할 때마다 그것을 외웠다.

"사람이 항상 마음챙기면서
음식을 대하여 적당량을 알면
괴로운 느낌은 줄어들고
목숨 보존하며 천천히 늙어가리." {403}

6. 그리하여 빠세나디 꼬살라 왕은 차츰차츰 [음식을 줄여] 한 접시[395] 정도의 밥만을 먹고 살았다. 빠세나디 꼬살라 왕은 훗날 그의 몸이 아주 날씬해지자 손으로 사지를 쓰다듬으면서 그 사실에 대해서 감흥어를 읊었다.

"금생과 내생의 두 가지 이익으로
그분 세존께서는 나를 연민하셨구나!"[396]

---

394) '까하빠나(kahāpaṇa)'는 그 시대의 화폐단위였다. Singh, *Life in North-Eastern India*, pp. 255~257을 참조할 것.

395) '한 접시 (분량)'은 nāḷika를 옮긴 것이다. 주석서에서는 날리까 분량 정도가 인간에게 적당한 식사량(purisa-bhāga)이라고 적고 있다. 그리고 주석서에 의하면 왕은 식사 처음부터 바라문 학도가 이 게송을 외게 한 것이 아니라 식사가 끝날 무렵에 외게 하였으며 게송을 듣고 식사를 멈추었다고 한다. (SA.i.153)

396) "여기서 호리호리한 몸매를 유지하는 것(sallikhita-sarīratā)이 금생의 이익(diṭṭhadhammik-attha)이요, 계(sīla)가 내생의 이익(samparāyikattha)이다. 음식에서 적당량을 아는 것(bhojane mattaññutā)은 계의 한 요소(sīlaṅga)이기 때문이다."(*Ibid*)

전쟁 경1(S3:14)
Saṅgāma-sutta

2. 그때 마가다의 왕 아자따삿뚜 웨데히뿟따[397])가 네 무리의 군대[398])를 동원하여 빠세나디 꼬살라 왕을 공격하기 위해 까시로 쳐들어왔다. 빠세나디 꼬살라 왕은 '마가다의 왕 아자따삿뚜 웨데히뿟따가 네 무리의 군대를 동원하여 나를 굴복시키기 위해서 까시로 쳐들어온다.'고 들었다.

그래서 빠세나디 꼬살라 왕은 네 무리의 군대를 동원하여 까시에서 마가다의 왕 아자따삿뚜 웨데히뿟따와 맞섰다. [83] 마가다의 왕 아자따삿뚜 웨데히뿟따와 빠세나디 꼬살라 왕이 전쟁을 하였는데 그 전쟁에서 마가다의 왕 아자따삿뚜 웨데히뿟따가 빠세나디 꼬살라 왕을 이겼다. 전쟁에서 패한 빠세나디 꼬살라 왕은 자신의 수도인 사왓티로 철수하였다.

3. 그때 많은 비구들이 오전에 옷매무새를 가다듬고 발우와 가사를 수하고 걸식을 위해서 사왓티로 들어갔다. 사왓티에서 걸식을 하여 공양을 마치고 걸식에서 돌아와 세존께 다가갔다. 가서는 세존께 절을 올리고 한 곁에 앉았다. 한 곁에 앉은 비구들은 세존께 이렇게 말씀드렸다.

"세존이시여, 여기 마가다의 왕 아자따삿뚜 웨데히뿟따가 네 무리의 군대를 동원하여 빠세나디 꼬살라 왕을 공격하기 위해 까시로 쳐

397) 아자따삿뚜 왕은 모든 경에서 이처럼 '마가다의 왕 아자따삿뚜 웨데히뿟따(rājā Māgadha Ajātasattu Vedehiputta)'로 정형화되어서 나타난다. 그에 대해서는 본서 제2권 「목침 경」(S20:8) §3의 주해를 참조할 것.

398) '네 무리의 군대(caturaṅginī senā)'란 코끼리(hatthi) 부대, 기마(assa) 부대, 전차(ratha) 부대, 보병(patti)의 네 가지 구성요소를 갖춘 군대를 말한다.(DA.i.154)

들어왔습니다. … 전쟁에서 패한 빠세나디 꼬살라 왕은 자신의 수도인 사왓티로 철수하였습니다."

4. "비구들이여, 마가다의 왕 아자따삿뚜 웨데히뿟따는 나쁜 친구, 나쁜 동료, 나쁜 벗을 가졌다. 비구들이여, 그러나 빠세나디 꼬살라 왕은 좋은 친구, 좋은 동료, 좋은 벗을 가졌다.[399] 비구들이여, 아마 빠세나디 꼬살라 왕은 전쟁에 패하여 오늘 밤에 고통스럽게 잠자리에 들 것이다.

이긴 자는 원한을 부르고
패한 자는 고통스럽게 잠드네.
승리와 패배를 버려버리면
편안히 숙면 취하리."[400] {404}

전쟁 경2(S3:15)

2. 그때 마가다의 왕 아자따삿뚜 웨데히뿟따가 네 무리의 군대를 동원하여 [84] 빠세나디 꼬살라 왕을 공격하기 위해 까시로 쳐들어왔다. 빠세나디 꼬살라 왕은 '마가다의 왕 아자따삿뚜 웨데히뿟따가 네 무리의 군대를 동원하여 나를 공격하기 위해 까시로 쳐들어온다.'고 들었다.

---

399) 주석서는 아자따삿뚜 왕은 데와닷따 같은 나쁜 자를 친구로 가졌고 빠세나디 왕은 사리뿟따 같은 좋은 친구를 가졌다고 설명하고 있다. 여기서 나쁜 친구(pāpa-mitta) 등과 좋은 친구(kalyāṇa-mitta) 등은 모두 소유복합어[有財釋, bahuvrīhi]이다. 그러므로 나쁜 친구를 가진 왕, 좋은 친구를 가진 왕 등으로 해석된다. 그래서 본문처럼 옮겼다.

400) 본 게송은 『법구경』(Dhp) {201}과 같다. 본 게송에 대한 문법적 고찰은 보디 스님 406쪽 235번 주해를 참조할 것.

그래서 빠세나디 꼬살라 왕은 네 무리의 군대를 동원하여 까시에서 마가다의 왕 아자따삿뚜 웨데히뿟따와 맞섰다. 마가다의 왕 아자따삿뚜 웨데히뿟따와 빠세나디 꼬살라 왕이 전쟁을 하였는데 그 전쟁에서 빠세나디 꼬살라 왕이 마가다의 왕 아자따삿뚜 웨데히뿟따를 이겼고 그를 생포하였다.

3. 그러자 빠세나디 꼬살라 왕에게 이런 생각이 들었다.

'마가다의 왕 아자따삿뚜 웨데히뿟따는 내가 그를 공격하지도 않았는데 나를 침범하였다. 그러나 그는 나의 조카이다. 그러니 나는 마가다의 왕 아자따삿뚜 웨데히뿟따의 모든 상병(象兵)과 모든 마병(馬兵)과 모든 전차병과 모든 보병을 몰수하고 오직 그의 목숨만 살려서 보내야겠다.'

그래서 빠세나디 꼬살라 왕은 마가다의 왕 아자따삿뚜 웨데히뿟따의 모든 상병(象兵)과 모든 마병(馬兵)과 모든 전차병과 모든 보병을 몰수하고 오직 그의 목숨만 살려서 보냈다.

4. 그때 많은 비구들이 오전에 옷매무새를 가다듬고 발우와 가사를 수하고 걸식을 위해서 사왓티로 들어갔다. 사왓티에서 걸식을 하여 공양을 마치고 걸식에서 돌아와 세존께 다가갔다. 가서는 세존께 절을 올리고 한 곁에 앉았다. 한 곁에 앉은 비구들은 세존께 이렇게 말씀드렸다. [85]

"세존이시여, 여기 마가다의 왕 아자따삿뚜 웨데히뿟따가 네 무리의 군대를 동원하여 빠세나디 꼬살라 왕을 공격하기 위해 까시로 쳐들어왔습니다. … 그래서 빠세나디 꼬살라 왕은 마가다의 왕 아자따삿뚜 웨데히뿟따의 모든 상병(象兵)과 모든 마병(馬兵)과 모든 전차병과 모든 보병을 몰수하고 오직 그의 목숨만 살려서 보냈습니다."

5. 그때 세존께서는 그 뜻을 아시고 그 사실에 대해서 이 게송을 읊으셨다.

"사람은 그가 할 수만 있으면
약탈을 일삼도다.
남들이 그를 약탈할 때
약탈자는 다시 약탈을 당하도다. {405}

어리석은 자 죄악이 익기 전에는
그것을 행운의 원인이라 생각하지만401)
죄악이 익을 때에는
어리석은 자 괴로움에 빠지도다.402) {406}

죽이는 자는 [또 다른] 죽이는 자를 만나고
승리자는 [또 다른] 승리자를 만나며
욕하는 자 [또 다른] 욕하는 자를 만나고
격노하는 자 [또 다른] 격노하는 자를 만나나니
업은 이처럼 돌고 돌아서403)

---

401) '행운의 원인'으로 옮긴 원어는 ṭhāna(장소, 경우)인데 복주서는 이것을 원인(kāraṇa)의 뜻으로 해석하여 "나쁜 행위를 하고도 그것이 자신의 이익을 가져올 원인(attano hitāvahaṁ kāraṇaṁ)이라고 생각한다는 뜻이다."(SAṬ)라고 설명하고 있어서 이렇게 옮겼다.

402) 비슷한 게송이 『법구경』(Dhp) {69}로 나타난다.

403) "'업은 이처럼 돌고 돌아서(kamma-vivaṭṭena)'란 업의 변화(kamma-pariṇāma)를 말하고 이런 약탈하는 성질을 가진 업(vilumpana-kamma)이 과보를 주는 것(vipāka-dāna)을 뜻한다."(SA.i.155)
"업이 돌고 돈다는 것은 사라진 업(vigamita kamma)이 조건을 만나서(paccaya-lābha) 기회를 포착하면(laddha-avasara) 돌고 돈다는 뜻이다."(SAṬ.i.163)

약탈자는 또 다른 약탈자를 만나도다." {407} [86]

딸 경(S3:16)

Dhitā-sutta

2. 그때 빠세나디 꼬살라 왕이 세존께 다가갔다. 가서는 세존께 절을 올리고 한 곁에 섰다. 그러자 어떤 사람이 빠세나디 꼬살라 왕에게 다가갔다. 가서는 빠세나디 꼬살라 왕의 귀에다 대고 아뢰었다.

"폐하, 말리까 왕비가 딸을 낳았습니다."

3. 이렇게 말하자 빠세나디 꼬살라 왕은 기뻐하지 않았다.404) 그때 세존께서는 빠세나디 꼬살라 왕이 기뻐하지 않은 것을 아시고 그 사실에 대해서 이 게송을 읊으셨다.

"만백성의 왕이여, 여인이라 할지라도
어떤 자는 남자보다 훨씬 뛰어나나니
그녀는 현명하고 계를 잘 지키며
시부모를 공경하고 지아비를 섬기노라. {408}

404) "왕은 '가난한 집안(duggata-kula)의 딸이었던 [말리까 왕비를] 나는 큰 위력(issariya)을 가진 [왕비의] 지위에 올려놓았다. 만일 그녀가 아들을 낳았더라면 그녀는 큰 영광(sakkāra)을 얻었을 것인데 이제 그 기회를 잃어버렸구나.'라고 생각하면서 기뻐하지 않았다."(SA.i.155)
이 딸은 와지리(Vajiri) 공주임에 분명하다.(M87/ii.110 §24 참조) 와지리 공주는 빠세나디 왕이 아자따삿뚜 왕과 화해를 한 뒤에 아자따삿뚜 왕의 아내가 되었다. 왕의 아들 위두다바(Vidūdabha)는 말리까 왕비에서 난 아들이 아니다. 빠세나디 왕은 부처님과 인척 관계를 맺고 싶어 하였으며 그래서 사꺄족의 딸과 결혼하고자 하였다. 자부심이 강한 사꺄족은 마하나마(Mahā-nāma)와 하녀 사이에서 난 딸인 와사바캇띠야(Vāsabhakhattiyā)를 보냈으며, 이들 사이에서 난 아들이 바로 위두다바 왕자이다. 위두다바 왕자가 커서 까삘라왓투를 방문하였다가 이 이야기를 듣고 격분하였고, 그래서 후에 위두다바는 사꺄를 정복하여 남녀노소를 가리지 않고 무참한 살육을 하였다고 한다.

그런 그녀에게서 태어난 남자는
마땅히 영웅이 되리니, 사방의 주인이여
그런 훌륭한 여인의 아들이
왕국을 제대로 통치할 것이로다." {409}

불방일 경1(S3:17)

Appamāda-sutta

2. 한 곁에 앉은 빠세나디 꼬살라 왕은 세존께 이렇게 여쭈었다.
"세존이시여, 참으로 금생의 이익과 내생의 이익 둘 다를 성취하여 확고하게 하는 하나의 업이 있습니까?"

3. "대왕이여, 참으로 금생의 이익과 내생의 이익 둘 다를 성취하여 확고하게 하는 하나의 업이 있습니다."
"세존이시여, 그러면 어떤 하나의 법이 참으로 금생의 이익과 내생의 이익 둘 다를 성취하여 확고하게 합니까?"

4. "대왕이여, 불방일405)이라는 하나의 법이 참으로 금생의 이익과 내생의 이익 둘 다를 성취하여 확고하게 합니다. 대왕이여, 예를 들면 [땅 위에서] 걸어 다니는 생명체들의 발자국들은 그것이 어떤 것이든 간에 모두 코끼리 발자국에 포함되나니, 코끼리 발자국이야말로 그 크기가 으뜸이라 불리는 것과 같습니다. 그와 같이 불방일

---

405) "'불방일(appamāda)'이란 실천하게 하는(kārāpaka) 불방일을 말한다." (SA.i.155)
"실천하게 하는 불방일이란 공덕행의 토대(puñña-kiriya-vatthu)가 되는 세 가지(보시와 계와 수행)를 생기게 하는 불방일이란 뜻이다."(SAṬ.i.163)
"고귀한 법들과 출세간적인 법들(mahaggata-lokuttara-dhammā, 즉 禪과 도와 과)을 얻게 하기 때문에 불방일은 세간적(lokiya)일지라도 으뜸가는 것이다."(SA.i.156)

이라는 하나의 법이 [87] 참으로 금생의 이익과 내생의 이익 둘 다를 성취하여 확고하게 합니다."

5. "수명과 건강, 아름다움과 명성
명망과 천상, 높은 가문과 고상한 즐거움 —
이런 것을 계속해서 소망하는 현자들은
공덕을 지으면서 불방일을 찬탄하네. {410}

방일하지 않는 현자 두 가지 이익 성취하니
금생의 이익과 내생의 이익이로다.
슬기로운 자 이런 이익과 함께하기 때문에406)
그래서 그는 현자라 불리노라."407) {411}

불방일 경2(S3:18)

2. 한 곁에 앉은 빠세나디 꼬살라 왕은 세존께 이렇게 말씀드렸다.
"세존이시여, 제가 한적한 곳에 가서 홀로 앉아있는 중에 문득 이런 생각이 마음에 떠올랐습니다.
'법은 세존에 의해서 잘 설해졌다. 그런데 그것은 좋은 친구, 좋은 동료, 좋은 벗을 사귀는 자를 위한 것이지 나쁜 친구, 나쁜 동료, 나쁜 벗을 사귀는 자를 위한 것이 아니다.'라고."408)

---

406) "'이익과 함께하기 때문에(attha-abhisamayā)'란 이익을 얻기 때문에(attha-paṭilābhā)라는 뜻이다."(SA.i.156)

407) {410~411}은 『앙굿따라 니까야』 「원함 경」(A5:43) §8의 게송과 같다.

408) "비록 법은 모두를 위해서 잘 설해졌지만(svākkhāta) 마치 약(bhesajja)도 먹는 자(vaḷañjanta)에게 효과가 있지 그렇지 못한 자에게는 효과가 없는 것처럼, 법도 좋은 친구를 가졌고(kalyāṇa-mitta) 귀 기울이고(sussūsanta) 믿음을 가진 자(saddahanta)에게 효과가 있지 그렇지 못한 자에게는 효과가 없다. 여기서 '법(dhamma)'이란 가르침으로서의 법(desanā-

3. "참으로 그러합니다, 대왕이여. 참으로 그러합니다, 대왕이여. 법은 나에 의해서 잘 설해졌습니다. 그런데 그것은 좋은 친구, 좋은 동료, 좋은 벗을 사귀는 자를 위한 것이지 나쁜 친구, 나쁜 동료, 나쁜 벗을 사귀는 자를 위한 것이 아닙니다."

4. "대왕이여, 어느 때 나는 삭까에서 [나가라까라는] 사꺄들의 성읍에 머물렀습니다."409) 대왕이여, 그때 아난다 비구가 나에게 다가왔습니다. 와서는 나에게 절을 올리고 한 곁에 앉았습니다. 한 곁에 앉은 아난다 비구는 나에게 이렇게 말했습니다. '세존이시여, 좋은 친구와 사귀는 것, 좋은 동료와 사귀는 것, 좋은 벗과 사귀는 것은 청정범행의 절반에 해당합니다.'라고."

5. "대왕이여, 이렇게 말했을 때 나는 아난다 비구에게 이렇게 대답했습니다."

"그렇게 말하지 말라, 아난다여. 그렇게 말하지 말라, 아난다여. 좋은 친구와 사귀는 것, [88] 좋은 동료와 사귀는 것, 좋은 벗과 사귀는 것은 청정범행의 전부이다.

아난다여, 비구가 좋은 친구와 사귀고 좋은 동료와 사귀고 좋은 벗과 사귀면, 그는 여덟 가지 구성요소를 가진 성스러운 도[八支聖道=팔정도]를 닦을 것이고 여덟 가지 구성요소를 가진 성스러운 도를 많이 [공부]지을 것이라는 것을 기대할 수 있다."

6. "아난다여, 그러면 비구가 좋은 친구와 사귀고 좋은 동료와

---

dhamma)이라고 알아야 한다."(SA.i.156)

409) 이하 본경의 내용은 본서 제5권 「절반 경」(S45:2)과 같다. 그곳의 주해들을 참조할 것.

사귀고 좋은 벗과 사귀면 어떻게 여덟 가지 구성요소를 가진 성스러운 도를 닦고 여덟 가지 구성요소를 가진 성스러운 도를 많이 [공부]짓는가?

아난다여, 여기 비구는 지혜롭게 숙고하여 떨쳐버림을 의지하고 [탐욕의] 빛바램을 의지하고 소멸을 의지하고 철저한 버림으로 기우는 바른 견해를 닦는다. … 바른 사유를 닦는다. … 바른 말을 닦는다. … 바른 행위를 닦는다. … 바른 생계를 닦는다. … 바른 정진을 닦는다. … 바른 마음챙김을 닦는다. 지혜롭게 숙고하여 떨쳐버림을 의지하고 [탐욕의] 빛바램을 의지하고 소멸을 의지하고 철저한 버림으로 기우는 바른 삼매를 닦는다.

아난다여, 이와 같이 좋은 친구, 좋은 동료, 좋은 벗을 가진 비구가 여덟 가지 구성요소를 닦고 여덟 가지 구성요소를 가진 성스러운 도를 많이 [공부]짓는다."

7. "아난다여, 다음과 같은 방법을 통해서도 좋은 친구와 사귀는 것, 좋은 동료와 사귀는 것, 좋은 벗과 사귀는 것은 청정범행의 전부라는 것을 알 수 있다.

아난다여, 나를 좋은 친구로 삼아서, 태어나기 마련인 중생들은 태어남으로부터 벗어나고, 늙기 마련인 중생들이 늙음으로부터 벗어나고, 병들기 마련인 중생들이 병으로부터 벗어나고,[410] 죽기마련인 중생들이 죽음으로부터 벗어나고, 근심·탄식·육체적 고통·정신적

---

410) '병들기 마련인 중생들이 병으로부터 벗어나고(vyādhi-dhammā sattā vyādhinā parimuccanti)'는 본경에 해당하는 Ee1&2, Be, Se에는 모두 나타나지만 본서 제5권 「절반 경」(S45:2) §5에서는 Ee, Be, Se의 어디에도 나타나지 않는다. 초기불전의 여러 곳에서 생·노·병·사가 언급되는 곳은 판본에 따라서 병이 언급되지 않고 생·노·사만 나타나는 곳이 많다. 예를 들면 『디가 니까야』 제2권 「대념처경」(D22) §18에서 Ee에는 "병도 괴로움이다(vyādhi pi dukkhā)."가 나타나지만 Be에는 나타나지 않는다.

고통 · 절망에 빠지기 마련인 중생들이 근심 · 탄식 · 육체적 고통 · 정신적 고통 · 절망으로부터 벗어난다.

아난다여, 이와 같은 방법을 통해서도 좋은 친구와 사귀는 것, 좋은 동료와 사귀는 것, 좋은 벗과 사귀는 것은 청정범행의 전부라는 것을 알 수 있다."

8. "대왕이여, 그러므로 그대는 여기서 이와 같이 공부지어야 합니다. '나는 좋은 친구, 좋은 동료, 좋은 벗을 가진 자가 될 것이다.' 라고 그대는 이와 같이 공부지어야 합니다. 대왕이여, 그대가 좋은 친구, 좋은 동료, 좋은 벗을 가지면 유익한 법들[善法]에 대해서 방일하지 않음이라는 [89] 이 하나의 법을 의지하여 머물게 될 것입니다."

9. "대왕이여, 그대가 방일하지 않음을 의지하여 방일하지 않고 머물면 궁전의 여인들에게 이런 생각이 들 것입니다. '왕께서는 방일하지 않음을 의지하여 방일하지 않고 머무신다. 그러니 우리도 방일하지 않음을 의지하여 방일하지 않고 머무르리라.'

대왕이여, 그대가 방일하지 않음을 의지하여 방일하지 않고 머물면 끄샤뜨리야들에게도 … 성읍과 지방의 백성들에게도 이런 생각이 들 것입니다. '왕께서는 방일하지 않음을 의지하여 방일하지 않고 머무신다. 그러니 우리도 방일하지 않음을 의지하여 방일하지 않고 머무르리라.'

대왕이여, 그대가 방일하지 않음을 의지하여 방일하지 않고 머물면 자신도 지켜지고 보호될 것이고 궁전의 여인들도 지켜지고 보호될 것이고 그대의 창고와 곳간도 지켜지고 보호될 것입니다."

10. "고상한 재물 계속해서 소망하는 현자들은
공덕 짓는 행위들을 크게 찬탄하도다. {412}

불방일한 현자는 두 가지 이익 성취하니
금생의 이익과 내생의 이익이로다.
슬기로운 자 이런 이익과 함께하기에
그래서 그는 현자라 불리노라."[411] {413}

무자식 경1(S3:19)

Aputtaka-sutta

2. 그때 빠세나디 꼬살라 왕은 한낮에 세존께 다가갔다. 가서는 세존께 절을 올리고 한 곁에 앉았다. 한 곁에 앉은 빠세나디 꼬살라 왕에게 세존께서는 이렇게 말씀하셨다.

"대왕이여, 그런데 이 한낮에 그대는 어디서 오는 길입니까?"

3. "세존이시여, 여기 사왓티에서 금융업을 하던[412] 어떤 장자가 죽었습니다. 그에게는 자식이 없었으므로 그의 모든 소유물을 궁전으로 운반해놓고 왔습니다. 세존이시여, 그에게는 8백만의 금이 있었으니 [90] 은은 말해서 무엇 하겠습니까? 그런데도 그 금융업을 하던 장자는 시큼한 죽과 함께 뉘가 섞인 싸라기 쌀[413]로 만든 음식

---

411) {412}는 본서「불방일 경」1(S3:17) {410}과 비슷하고 {413}은 {411}과 꼭 같다.

412) '금융업을 하는 [사람]'은 seṭṭhi를 옮긴 것이다. Singh에 의하면(pp.249~251) 셋티는 북인도의 큰 도시에 있었던 사채업자나 금융업자를 말한다고 한다. 원래는 대상이나 동업 조합의 수장들이 개인적으로 금융업을 하기도 하였다고 한다. 우리에게 잘 알려진 급고독 장자도 금융업자였다.
여기서 보듯이 당시에 부자가 자식이 없이 죽으면 그의 재산은 왕에게 귀속되었다.

413) '싸라기 쌀'은 kaṇājaka를 옮긴 것이다. 주석서는 등겨가 아직 붙어 있는 쌀(sakuṇḍaka-bhatta)이라 설명하고 있는데(SA.i.159) 역자가 조금 의역을 하였다.

을 먹었으며 세 조각을 기워서 만든 대마 옷을 입었으며 나뭇잎을 씌운 낡은 수레를 타고 다녔습니다."

4. "참으로 그렇습니다, 대왕이여. 참으로 그렇습니다, 대왕이여. 바르지 못한 사람은 막대한 재물을 얻고서도 자신을 행복하게 하지도 못하고 기쁘게 하지도 못하며, 부모를 행복하게 하지도 못하고 기쁘게 하지도 못하며, 아들과 아내와 하인과 일꾼들을 행복하게 하지도 못하고 기쁘게 하지도 못하며, 친구와 동료들을 행복하게 하지도 못하고 기쁘게 하지도 못하며, 사문과 바라문들에게 더 높은 곳으로 인도하고 신성한 결말을 가져다주고 행복을 익게 하고 천상에 태어나게 하는 보시를 하지 못합니다.

그가 그의 재물을 이처럼 바르게 사용하지 못하면 왕들이 거두어가 버리거나, 도둑들이 훔쳐가 버리거나, 불이 태워버리거나, 물이 쓸어가 버리거나, 성품이 나쁜 자가 상속받게 됩니다. 대왕이여, 이처럼 재물을 바르게 사용하지 못하면 그것은 아무 쓸모가 없는 것이지 유용한 것이 아닙니다."

5. "대왕이여, 예를 들면 인적이라곤 없는 곳에 호수가 있어 그 물은 맑고 달콤하고 차고 투명하며, 아름다운 여울이 있다 합시다. 그러나 사람들은 그 물을 가져가지 못하고 마시지 못하고 목욕하지 못하고 어떤 목적으로도 사용하지 못할 것입니다. 이처럼 그 물을 바르게 사용하지 못하면 그것은 아무 쓸모가 없는 것이지 유용한 것이 아닙니다.

대왕이여, 그와 같이 바르지 못한 사람은 막대한 재물을 얻고서도 자신을 행복하게 하지도 못하고 기쁘게 하지도 못합니다. … 대왕이여, 이처럼 재물을 바르게 사용하지 못하면 그것은 아무 쓸모가 없는 것이지 유용한 것이 아닙니다."

6. "대왕이여, 그러나 참된 사람은 막대한 재물을 얻어서 자신을 행복하게 하고 기쁘게 하며, 부모를 행복하게 하고 기쁘게 하며, 아들과 아내와 하인과 일꾼들을 행복하게 하고 기쁘게 하며, 친구와 동료들을 행복하게 하고 기쁘게 하며, 사문과 바라문들에게 더 높은 곳으로 인도하고 신성한 결말을 가져다주고 행복을 익게 하고 천상에 태어나게 하는 보시를 합니다.

그가 그의 재물을 이처럼 바르게 사용하면 왕들이 거두어 가지 못하고, [91] 도둑들이 훔쳐 가지 못하고, 불이 태우지 못하고, 물이 쓸어가 버리지 못하고, 성품이 나쁜 자가 상속받지 못합니다. 대왕이여, 이처럼 재물을 바르게 사용하면 그것은 유용한 것이지 아무 쓸모가 없는 것이 아닙니다."

7. "대왕이여, 예를 들면 마을이나 성읍의 근처에 호수가 있어 그 물은 맑고 달콤하고 차고 투명하며, 아름다운 여울이 있다 합시다. 그러면 사람들은 그 물을 가져가고 마시고 목욕하고 여러 목적으로 사용할 것입니다. 이처럼 그 물을 바르게 사용하면 그것은 유용한 것이지 아무 쓸모가 없는 것이 아닙니다.

대왕이여, 그와 같이 참된 사람은 막대한 재물을 얻어서 자신을 행복하게 하고 기쁘게 합니다. … 대왕이여, 이처럼 재물을 바르게 사용하면 그것은 유용한 것이지 아무 쓸모가 없는 것이 아닙니다."

8. "인적이라곤 없는 곳에 차가운 물 있더라도
마시지 않은 채로 말라버리게 되리니
그와 같이 나쁜 사람은 재산을 얻더라도
스스로가 즐기지도 보시하지도 못하도다. {414}

현명하고 지혜로운 자가 재물을 얻으면
즐기기도 하고, 해야 할 바를 다하기도 하나니
비난받지 않으며 일가친척 부양한 뒤
그 영웅은 천상의 보금자리로 가도다." {415}

무자식 경2(S3:20)

2. 그때 빠세나디 꼬살라 왕은 한낮에 세존께 다가갔다. 가서는 세존께 절을 올리고 한 곁에 앉았다. 한 곁에 앉은 빠세나디 꼬살라 왕에게 세존께서는 이렇게 말씀하셨다.

"대왕이여, 그런데 이 한낮에 그대는 어디서 오는 길입니까?"

3. "세존이시여, 여기 사왓티에서 금융업을 하던 어떤 장자가 죽었습니다. 그에게는 자식이 없었으므로 그의 모든 소유물을 궁전으로 운반해놓고 왔습니다. 세존이시여, 그에게는 천만의 금이 있었으니 은은 말해서 무엇 하겠습니까? 그런데도 그 금융업을 하던 장자는 시큼한 죽과 함께 뉘가 섞인 싸라기 쌀로 만든 음식을 먹었으며 세 조각을 기워서 만든 대마 옷을 입었으며 [92] 나뭇잎을 씌운 낡은 수레를 타고 다녔습니다."

4. "참으로 그렇습니다, 대왕이여. 참으로 그렇습니다, 대왕이여. 옛날에 그 금융업을 하던 장자는 딱가라식키라는 벽지불414)에게

---

414) "남들과 공유하지 않고 자기 혼자(paccekaṁ) 따로(visuṁ) 스스로 생긴 지혜(sayambhu-ñāṇa)로 [네 가지] 진리(sacca)들을 깨달았다고 해서 '벽지불[獨覺, pacceka-buddha]'이라 한다."(SAṬ.i.62)
"자기 혼자(paccekaṁ) [네 가지] 진리를 깨달았다고 해서 벽지불이라 한다. 누군가 다음과 같이 질문할지도 모른다. '법은 스스로(paccattaṁ) 경험해야 하는 것이기 때문에 모든 성자들도 자기 혼자 [네 가지] 진리를 꿰뚫지 않는

탁발음식을 공양하였습니다.415) 그는 '사문에게 음식을 주시오.'라고 말한 뒤 자리에서 일어나 나갔습니다. 그런데 베풀고 나서는 '차라리 이 탁발음식을 하인들이나 일꾼들에게 먹게 했으면 좋았을 것을.'이라고 나중에 후회를 하였습니다. 그리고 그는 소유물 때문에 동생의 외아들의 목숨을 빼앗았습니다."

5. "대왕이여, 그 금융업을 하던 장자는 딱가라시키 벽지불에게 탁발음식을 공양하였기 때문에 그 업의 과보로 일곱 번을 좋은 곳[善處], 천상세계에 태어났습니다. 그리고 그 업의 과보로 일곱 번을 이 사왓티에서 금융업을 하였습니다.

대왕이여, 그 금융업을 하던 장자는 베풀고 나서는, '차라리 이 탁발음식을 하인들이나 일꾼들에게 먹게 했으면 좋았을 것을.'이라고 나중에 후회를 하였는데, 이런 그의 업의 과보로 그는 맛있는 음식을 즐기는 데 마음을 기울이지 못했고, 아름다운 옷을 입는 데 마음을 기울이지 못했으며, 멋진 수레를 타는 데 마음을 기울이지 못했고, 빼어난 다섯 가닥의 감각적 욕망을 즐기는 데 마음을 기울이지 못했

가?'라고. 그것에 대한 대답이다. 이것은 꿰뚫음을 두고 한 말이 아니다. 제자[聲聞]들은 다른 사람들을 의지하여 [네 가지] 진리를 꿰뚫는다. 왜냐하면 남이 [가르치는] 소리 없이는 견의 도[見道, 즉 예류도]가 생겨나지 않기 때문이다. 하지만 이들은 그렇지가 않다. 이들은 남의 인도 없이(apara-neyya) [네 가지] 진리를 꿰뚫는다. 그래서 '자기 혼자 [네 가지] 진리를 깨달았다고 해서 벽지불이라 한다.'고 한 것이다."(AAṬ.i.94)
부처님들은 깨달음을 실현한 뒤에 교법(sāsana)을 확립하신 분들이지만 벽지불들은 교법을 펴지 않은 분들이다. 그리고 위의 주석서의 설명처럼 이들은 부처님의 설법을 듣고 깨닫는 성문과는 달리 부처님 교법이 없는 시대에 태어나서 혼자 진리를 깨달은 분들이기도 하다.

415) 이 일화는 본경에 해당하는 주석서(SA.i.160 이하)와 『법구경 주석서』(DhpA.iv.77~78)에서 자세히 설명되고 있다. 간략한 일화는 『자따까』(J390)와 『자설경』(Ud.50)에도 나타난다.

습니다."

6. "대왕이여, 그 금융업을 하던 장자가 소유물 때문에 동생의 외아들의 목숨을 빼앗은 그 업의 과보로 여러 해 동안, 여러 백 년 동안, 여러 천 년 동안, 여러 백 천 년 동안 지옥에서 고통을 받았습니다. 그리고 그 업의 과보가 남았기 때문에 그는 이번 일곱 번째의 생에서도 자식이 없어서 그의 소유물은 왕의 창고로 들어갔습니다. 대왕이여, 그런데 그 금융업을 하던 장자가 지은 이전의 공덕은 모두 다하였고 새로운 공덕을 쌓지 않았기 때문에 오늘 그 금융업을 하던 장자는 대규환지옥416)에서 고통을 받고 있습니다."

7. "그렇습니까, 세존이시여. 정말 금융업을 하던 장자는 대규환지옥에 떨어졌습니까?" [93]

"그렇습니다, 대왕이여. 금융업을 하던 장자는 대규환지옥에 떨어졌습니다."

8. "곡식, 재물, 은도 금도, 그 외 어떤 소유물도
하인, 일꾼, 심부름꾼, 자기 식솔까지도
이 모든 것 다 가지고 떠나가지 못하며
이 모든 것 다 버리고 가야만 하노라. {416}

몸과 말과 마음으로 지은 것이 자신의 것
그는 오직 이것만을 가지고 가도다.
그림자가 그를 따라 가는 것처럼
이것만이 그를 따라 함께 가도다. {417}

---

416) '대규환지옥'은 Mahāroruva-niraya를 옮긴 것이다. 대규환지옥과 규환지옥에 대해서는 본서 「빳준나의 딸 경」 1(S1:39) {131}의 주해를 참조할 것.

그러므로 유익함을 지어야 하나니
이것이 존재들의 미래의 자신이라
살아있는 모든 생명 모든 존재에게는
공덕이 저 세상에서의 기반이로다."[417] {418}

제2장 두 번째 품이 끝났다.

두 번째 품에 포함된 경들의 목록은 다음과 같다.

① 헝클어진 머리를 한 일곱 고행자 ② 다섯 왕
③ 양동이 분량의 음식, 두 가지 ④~⑤ 전쟁
⑥ 딸, 두 가지 ⑦~⑧ 불방일
두 가지 ⑨~⑩ 무자식 — 이러한 열 가지이다.

---

417) 본 게송은 위의 「사랑하는 자 경」(S3:4) {388}과 같다.

제3장 세 번째 품

Tatiya-vagga

인간 경(S3:21)[418]

Puggala-sutta

2. 그때 빠세나디 꼬살라 왕은 한낮에 세존께 다가갔다. 가서는 세존께 절을 올리고 한 곁에 앉았다. 한 곁에 앉은 빠세나디 꼬살라 왕에게 세존께서는 이렇게 말씀하셨다.

3. "대왕이여, 세상에는 네 종류의 인간이 있습니다. 무엇이 넷입니까?

어두운 곳에서 어두운 곳으로 가는 자,[419] 어두운 곳에서 밝은 곳으로 가는 자, 밝은 곳에서 어두운 곳으로 가는 자, 밝은 곳에서 밝은 곳으로 가는 자입니다."[420]

4. "대왕이여, 그러면 어떻게 해서 [어떤] 사람은 어두운 곳에

---

418) 본경 가운데 §9의 게송 부분을 제외한 전문은 『앙굿따라 니까야』 제2권 「암흑 경」(A4:85)과 같은 내용을 담고 있다. 「암흑 경」은 비구들에게 설하신 것이 다르다.

419) "'어둠에서 어둠으로 가는 자(tamo tama-parāyaṇa)'란 몸으로 짓는 나쁜 행위 등으로 어두운 자가 다시 지옥의 어둠으로 향하기(niraya-tamūpa-gamana) 때문에 어둠으로 가는 자라 한다."(AA.iii.111)
『디가 니까야 주석서』는 '어둠으로 가는 자(tama-parāyaṇa)'를 "어둠(tamo)을 저 세상의 태어날 곳으로 가는 자(tamam eva paraṁ ayanaṁ gati assāti)"(DA.iii.1025)로 해석하고 있다.

420) 본 문단은 『디가 니까야』 제3권 「합송경」(D33) §1.11(49)에도 나타나고 있다.

서 어두운 곳으로 갑니까?

대왕이여, 여기 어떤 사람은 비천한 가문에 태어나나니, 천민의 가문이나 사냥꾼의 가문이나 죽세공의 가문이나 마차공의 가문이나 넝마주이 가문에 태어납니다.

그는 가난하고 먹고 마실 것이 부족하고 생계가 곤란합니다. [94] 거친 음식이나 겨우 몸을 가릴 천조차도 아주 어렵게 얻습니다. 그는 못생기고 보기 흉하고 기형이고 병약하고 눈멀고 손이 불구이고 절름발이이고 반신불수입니다. 그는 음식과 마실 것과 의복과 탈것과 화환과 향과 바르는 것과 침상과 숙소와 불을 얻지 못합니다.

그는 몸으로 나쁜 행위를 저지르고 말로 나쁜 행위를 저지르고 마음으로 나쁜 행위를 저지릅니다. 그는 몸으로 나쁜 행위를 저지르고 말로 나쁜 행위를 저지르고 마음으로 나쁜 행위를 저질러 죽어서 몸이 무너진 다음에는 처참한 곳[苦界], 불행한 곳[惡處], 파멸처, 지옥에 태어납니다.

대왕이여, 예를 들면 어떤 사람이 암흑천지에서 암흑천지로 가거나 어두운 곳에서 어두운 곳으로 가거나 더러운 곳에서 더러운 곳으로 가는 것과 같습니다. 대왕이여, 나는 이 사람도 이와 같은 경우라고 말합니다.

대왕이여, 이렇게 해서 이 사람은 어두운 곳에서 어두운 곳으로 갑니다."

5. "대왕이여, 그러면 어떻게 해서 [어떤] 사람은 어두운 곳에서 밝은 곳으로 갑니까?

대왕이여, 여기 어떤 사람은 비천한 가문에 태어나나니, … 숙소와 불을 얻지 못합니다.

[그러나] 그는 몸으로 좋은 행위를 하고 말로 좋은 행위를 하고 마

음으로 좋은 행위를 합니다. 그는 몸으로 좋은 행위를 하고 말로 좋은 행위를 하고 마음으로 좋은 행위를 하여 죽어서 몸이 무너진 다음에는 좋은 곳[善處], 천상 세계에 태어납니다.

대왕이여, 예를 들면 어떤 사람이 땅에서 가마에 오르거나 가마에서 말의 등에 오르거나 말의 등으로부터 코끼리의 몸통으로 오르거나 코끼리의 몸통으로부터 궁전으로 오르는 것과 같습니다. 대왕이여, 나는 이 사람도 이와 같은 경우라고 말합니다.

대왕이여, 이렇게 해서 이 사람은 어두운 곳에서 밝은 곳으로 갑니다."

6. "대왕이여, 그러면 어떻게 해서 [어떤] 사람은 밝은 곳에서 어두운 곳으로 갑니까?

대왕이여, 여기 어떤 사람은 높은 가문에 태어나나니, 부유하고 많은 재물과 많은 재산과 많은 금은과 [95] 많은 재화와 수입과 많은 가산과 곡식을 가진 부유한 끄샤뜨리야 가문이나 부유한 바라문 가문이나 부유한 장자의 가문에 태어납니다. 그는 멋있고 수려하고 우아하며 준수한 용모를 갖춥니다. 그는 음식과 마실 것과 의복과 탈것과 화환과 향과 바르는 것과 침상과 숙소와 불을 얻습니다.

[그러나] 그는 몸으로 나쁜 행위를 저지르고 말로 나쁜 행위를 저지르고 마음으로 나쁜 행위를 저지릅니다. 그는 몸으로 나쁜 행위를 저지르고 말로 나쁜 행위를 저지르고 마음으로 나쁜 행위를 저질러 죽어서 몸이 무너진 다음에는 처참한 곳[苦界], 불행한 곳[惡處], 파멸처, 지옥에 태어납니다.

대왕이여, 예를 들면 어떤 사람이 궁전으로부터 코끼리의 몸통으로 내려오거나 코끼리의 몸통으로부터 말의 등으로 내려오거나 말의 등에서 가마로 내려오거나 가마에서 땅으로 내려오는 것과 같습니다. 대왕이여, 나는 이 사람도 이와 같은 경우라고 말합니다.

대왕이여, 이렇게 해서 이 사람은 밝은 곳에서 어두운 곳으로 갑니다.”

7. “대왕이여, 그러면 어떻게 해서 [어떤] 사람은 밝은 곳에서 밝은 곳으로 갑니까?

대왕이여, 여기 어떤 사람은 높은 가문에 태어나나니, … 숙소와 불을 얻습니다.

그는 몸으로 좋은 행위를 하고 말로 좋은 행위를 하고 마음으로 좋은 행위를 합니다. 그는 몸으로 좋은 행위를 하고 말로 좋은 행위를 하고 마음으로 좋은 행위를 하여 죽어서 몸이 무너진 다음에는 좋은 곳, 천상 세계에 태어납니다.

대왕이여, 예를 들면 어떤 사람이 가마에서 가마로 옮아가거나 말의 등에서 말의 등으로 옮아가거나 코끼리의 몸통에서 코끼리의 몸통으로 옮아가거나 궁전에서 궁전으로 옮아가는 것과 같습니다. 대왕이여, 나는 이 사람도 이와 같은 경우라고 말합니다.

대왕이여, 이렇게 해서 이 사람은 밝은 곳에서 밝은 곳으로 갑니다.”

8. “대왕이여, [96] 세상에는 이러한 네 부류의 사람이 있습니다.”

9. (i)

“어떤 사람 가난한데
믿음 없고 인색하고
구두쇠에 악한 생각 품고 있고
삿된 견해 가졌으니 존경받지 못하도다. {419}

사문이나 바라문이나 다른 걸식하는 자들을
욕하고 비방하는 그를 일러 사람들은
허무주의자요 조롱하는 자라 칭하나니

음식 구해 찾아온 자들에게
베푸는 것조차 방해하도다. {420}

만백성의 주인인 왕이여, 이런 인간 죽어서
무시무시한 지옥에 떨어지나니 그가 바로
어두운 곳에서 어두운 곳으로 가는 자로다." {421}

(ii)
"어떤 사람 가난하나
믿음 있고 인색 않고
보시하고 고결한 생각 품고 있고
그의 마음 산란하지 않도다. {422}

사문이나 바라문이나 다른 걸식하는 자들을
일어나서 맞이하고 공경하는 그를 일러
바른 행실 공부짓는 선한 자라 칭하나니
음식 구해 찾아온 자들에게
베푸는 것 결코 방해 않도다. {423}

만백성의 주인인 왕이여, 이런 인간 죽어서
삼십삼천의 [천상]세계421)로 가나니 그가 바로
어두운 곳에서 밝은 곳으로 가는 자로다." {424}

(iii)
"어떤 사람 부유하나
믿음 없고 인색하며

---

421) '삼십삼천의 [천상]세계'는 tidiva ṭhāna(문자적으로는 '세 가지 천상의 장소')를 옮긴 것이다. 초기불전에 나타나는 ti-diva는 삼십삼천(Tāvatiṁsa)을 뜻한다.(J.iv.22; v.14; DAṬ.iii.160 등) 그래서 이렇게 풀어서 옮겼다. 본서 「땔나무 모으기 경」(S7:18) {699}의 주해도 참조할 것.

구두쇠에 악한 생각 품고 있고
삿된 견해 가졌으니 존경받지 못하도다. {425}

사문이나 바라문이나 다른 걸식하는 자들을
욕하고 비방하는 그를 일러 사람들은
허무주의자요 조롱하는 자라 칭하나니
음식 구해 찾아온 자들에게
베푸는 것조차 방해하도다. {426}

만백성의 주인인 왕이여, 이런 인간 죽어서
무시무시한 지옥에 떨어지나니 그가 바로
밝은 곳에서 어두운 곳으로 가는 자로다." {427}

(iv)
"어떤 사람 부유하고
믿음 있고 인색 않고
보시하고 고결한 생각 품고 있고
그의 마음 산란하지 않도다. {428}

사문이나 바라문이나 다른 걸식하는 자들을
일어나서 맞이하고 공경하는 그를 일러
바른 행실 공부짓는 선한 자라 칭하나니
음식 구해 찾아온 자들에게
베푸는 것 결코 방해 않도다. {429}

만백성의 주인인 왕이여, 이런 인간 죽어서
삼십삼천의 [천상]세계로 가나니 그가 바로
밝은 곳에서 밝은 곳으로 가는 자로다." {430}

할머니 경(S3:22)

Ayyakā-sutta

2. 한 곁에 앉은 빠세나디 꼬살라 왕에게 [97] 세존께서는 이렇게 말씀하셨다.

"대왕이여, 그런데 이 한낮에 그대는 어디서 오는 길입니까?"

3. "세존이시여, 저의 할머니께서 돌아가셨습니다. 그녀는 늙고, 나이 들고, 태어난 지 오래 되었고, 오래 살았고, 생의 마지막에 이르렀고, 120살이었습니다.

세존이시여, 할머니는 제게 좋은 분이셨고 소중한 분이셨습니다.422) 세존이시여, 만약 제가 코끼리라는 보배[象寶]로 저의 할머니의 임종을 막을 수 있었다면 저는 코끼리라는 보배를 보시하여 저의 할머니가 임종하지 않게 하였을 것입니다. 세존이시여, 만약 제가 말이라는 보배[馬寶]로 저의 할머니의 임종을 막을 수 있었다면 저는 말이라는 보배를 보시하여 저의 할머니가 임종하지 않게 하였을 것입니다. 세존이시여, 만약 제가 좋은 마을로 저의 할머니의 임종을 막을 수 있었다면 저는 좋은 마을을 보시하여 저의 할머니가 임종하지 않게 하였을 것입니다."

4. "대왕이여, 모든 중생은 죽기마련인 법이고 죽음으로 끝이 나며 죽음을 건너지는 못합니다."

"경이롭습니다, 세존이시여. 놀랍습니다, 세존이시여. 세존께서는 참으로 이런 금언을 말씀하셨습니다. '모든 중생은 죽기마련인 법이고 죽음으로 끝이 나며 죽음을 건너지는 못합니다.'라고."

---

422) "왕의 어머니가 죽자 할머니가 어머니의 역할을 하여 그를 길렀기 때문에 왕은 할머니에 대해서 강한 애정(balava-pema)을 가지고 있었다."(SA.i.163)

"참으로 그러합니다, 대왕이여. 참으로 그러합니다, 대왕이여, 모든 중생은 죽기마련인 법이고 죽음으로 끝이 나며 죽음을 건너지는 못합니다. 예를 들면 도기공이 만든 그릇은 그것이 날 것이든 구운 것이든 그 모두는 부서지기 마련인 법이고 부서짐으로 끝이 나면 부서짐을 건너지는 못하는 것과 같습니다. 대왕이여. 그와 같이 모든 중생은 죽기마련인 법이고 죽음으로 끝이 납니다. 죽음을 건너지는 못합니다."

5. "모든 중생 반드시 죽게 될 것이니
목숨이란 죽음으로 끝나기 때문이라.
업에 따라 중생들은 제각각 갈 것이니
공덕과 사악함의 결실대로 가리라.
악업 지은 중생들은 지옥으로 갈 것이고
공덕 지은 중생들은 선처로 가리로다. {431}

그러므로 유익함[善]을 지어야 하나니
이것이 존재들의 미래의 자신이라
살아있는 모든 생명 모든 존재에게는
공덕이 저 세상에서의 기반이로다."423) {432}

세상 경(S3:23)

Loka-sutta

2. 한 곁에 [98] 앉은 빠세나디 꼬살라 왕은 세존께 이렇게 여쭈었다.

---

423) 본 게송은 위의 「사랑하는 자 경」(S3:4) {388}과 「무자식 경」 2(S3:20) {418}과 같다.

"세존이시여, 어떠한 세상의 법들이 일어나면 해롭고 괴롭고 편히 머물지 못합니까?"

3. "대왕이여, 세 가지 세상의 법들이 일어나면 해롭고 괴롭고 편히 머물지 못합니다. 무엇이 셋입니까?

대왕이여, 탐욕이 세상의 법이니 이것이 일어나면 해롭고 괴롭고 편히 머물지 못합니다. 성냄이 세상의 법이니 이것이 일어나면 해롭고 괴롭고 편히 머물지 못합니다. 어리석음이 세상의 법이니 이것이 일어나면 해롭고 괴롭고 편히 머물지 못합니다.

대왕이여, 이러한 세 가지 세상의 법들이 일어나면 해롭고 괴롭고 편히 머물지 못합니다."

4. "자신에게 생긴 탐욕·성냄·어리석음
악한 마음 가진 자신 파멸시켜 버리나니
비유하여 말하자면
갈대에게 생긴 열매 갈대 자신 파멸하듯."424) {433}

궁술 경(S3:24)

Issatta-sutta

2. 한 곁에 앉은 빠세나디 꼬살라 왕은 세존께 이렇게 여쭈었다.
"세존이시여, 어디에 보시를 해야 합니까?"425)

---

424) 본 게송은 본서「인간 경」(S3:2) {383}과 같다.

425) 주석서는 왕이 세존께 이런 질문을 드리게 된 배경을 다음과 같이 밝히고 있다. 요약하면 이러하다.
세존께서 깨달음을 성취하시고 [법을 펴시자] 큰 이득과 존경(mahā-lābha-sakkāra)이 생겼고 외도(titthiya)들은 쇠퇴하게 되었다. 그러자 외도들은 부처님의 명성에 먹칠을 하기 위해서 사람들에게 '사문 고따마는 자신이나 자신의 제자들에게만 보시를 해야 하고 다른 교단에는 보시를 해서는 안된

"대왕이여, [자신의] 마음이 청정한 믿음을 가지는 곳입니다."

"세존이시여, 그러면 어디에 한 보시가 큰 결실을 가져옵니까?"[426]

3. "대왕이여, '어디에 보시를 해야 합니까?'라는 질문과 '어디에 한 보시가 큰 결실을 가져옵니까?'라는 질문은 다른 것입니다. 대왕이여, 계를 구족한 자에게 한 보시는 큰 결실을 가져오지만 계행이 나쁜 자에게 한 것은 그렇지 않습니다.[427]

대왕이여, 그렇다면 이제 여기에 대해서 그대에게 다시 물어보리니 그대가 옳다고 생각하는 대로 설명해보시오."

4. "대왕이여, 이를 어떻게 생각합니까? 그대가 전쟁터에 나가 있고 이제 전투가 막 시작된다고 합시다. 그때 훈련되지 않고 능숙하

다.'고 가르친다고 소문을 퍼뜨렸다. 왕은 이것이 근거 없는 헛소문이라 확신하고 백성들에게 이 사실을 확인시켜주기 위해 축제일에 많은 사람들을 모이게 하여 대중들 앞에서 부처님께 이 사실을 질문 드렸다고 한다.(SA.i.164~165)

426) 세존께서 '마음이 청정한 믿음을 가지는 곳(yattha cittam pasīdati)'이라고 말씀하시자 왕은 '이 한 말씀으로 외도들은 격파되어 버렸습니다.'라고 말한 뒤 '세존이시여, 사람의 마음은 니간타들에게든 나체 수행자들에게든 유행승들에게든 그 누구에게든 청정한 믿음을 가질 수 있습니다. 그러면 누구에게 한 보시가 큰 결실을 가져옵니까?'라고 계속해서 질문을 하는 것이라고 주석서는 밝히고 있다.(SA.i.165)
수행자들에게 보시를 하면 공덕(puñña)을 쌓게 되고 이것이 세속적이거나 정신적인 이로움이라는 결실(과보, phala)를 낳게 된다는 것이 불교와 자이나교와 바라문교를 비롯한 인도의 모든 종교와 사상의 기본 틀이다. 보시와 과보 사이에 개재되어 있는 원리는 바로 업(kamma)의 법칙이다. 보시와 과보에 관계된 자세한 설명은 『맛지마 니까야』 「보시의 분석 경」(M142)에 나타나고 있으므로 참조할 것.

427) 즉 보시는 자기 마음이 가는대로 하면 된다. 그러나 누구에게나 베푼 보시가 같은 결실을 가져다주는 것은 아니다. 계를 잘 지키는 자(sīlavā)에게 하는 보시가 그렇지 않은 자에게 하는 보시보다 더 큰 결실을 가져다준다고 세존께서는 분명히 하신다.

지도 않고 숙련되지도 않고 경험도 없고 [99] 겁 많고 굳어 있고 두려워하고 도망 다니기 바쁜 끄샤뜨리야 청년이 온다고 합시다. 그대는 그런 사람을 받아들이겠습니까? 그런 사람이 그대에게 필요하겠습니까?"

"세존이시여, 저는 그런 사람을 받아들이지 않습니다. 그리고 그런 사람은 제게 필요하지 않습니다."

"이제 훈련되지 않고 능숙하지도 않고 숙련되지도 않고 경험도 없고 겁 많고 굳어 있고 두려워하고 도망 다니기 바쁜 바라문 청년이 … 와이샤 청년이 … 수드라 청년이 온다고 합시다. 그대는 그런 사람을 받아들이겠습니까? 그런 사람이 그대에게 필요하겠습니까?"

"세존이시여, 저는 그런 사람을 받아들이지 않습니다. 그리고 그런 사람은 제게 필요하지 않습니다."

5. "대왕이여, 이를 어떻게 생각합니까? 그대가 전쟁터에 나가 있고 이제 전투가 막 시작된다고 합시다. 그때 훈련되고 능숙하고 숙련되고 경험 많고 겁이 없고 굳어 있지 않고 두려워하지 않고 도망 다니지 않는 끄샤뜨리야 청년이 온다고 합시다. 그대는 그런 사람을 받아들이겠습니까? 그런 사람이 그대에게 필요하겠습니까?"

"세존이시여, 저는 그런 사람을 받아들입니다. 그리고 그런 사람은 제게 필요합니다."

"이제 훈련되고 능숙하고 숙련되고 경험 많고 겁이 없고 굳어 있지 않고 두려워하지 않고 도망 다니지 않는 바라문 청년이 … 와이샤 청년이 … 수드라 청년이 온다고 합시다. 그대는 그런 사람을 받아들이겠습니까? 그런 사람이 그대에게 필요하겠습니까?"

"세존이시여, 저는 그런 사람을 받아들입니다. 그리고 그런 사람은 제게 필요합니다."

6. "대왕이여, 그와 같이 어느 가문 출신의 사람이든 집에서 나와 출가하여서 다섯 가지 특징을 버렸고 다섯 가지 특징을 갖추었다면 그에게 하는 보시는 큰 결실이 있습니다.

그러면 그는 어떠한 다섯 가지 특징을 버렸습니까? 감각적 욕망에 대한 욕구를 버렸고, 악의를 버렸고, 해태와 혼침을 버렸고, 들뜸과 후회를 버렸고, 의심을 버렸습니다. 그는 이러한 다섯 가지 특징을 버렸습니다.

그러면 그는 어떠한 다섯 가지 특징을 가졌습니까? 그는 무학[428]의 계의 무더기를 가졌고, 무학의 삼매의 무더기를 가졌고, 무학의 통찰지의 무더기를 가졌고, [100] 무학의 해탈의 무더기를 가졌고, 무학의 해탈지견의 무더기를 가졌습니다. 그는 이러한 다섯 가지 특징을 가졌습니다.

이러한 다섯 가지 특징을 버렸고 다섯 가지 특징을 갖춘 자에게 보시한 것은 큰 결실이 있습니다."[429]

7. 세존께서는 이렇게 말씀하셨다. 선서이신 스승께서는 이렇게 말씀하신 뒤 다시 [게송으로] 이와 같이 설하셨다.

"전쟁하러 출정한 왕 태생 비록 좋다 하나
용맹 없고 겁약한 자 받아들여 주지 않고

---

428) '무학(無學, asekha)'은 아라한과를 뜻한다.

429) 여기서 '다섯 가지 특징을 버림(pañcaṅga-vippahīna)'은 다섯 가지 장애[五蓋, pañca nīvaraṇa]를 버림을 뜻하고, '다섯 가지 특징을 갖춤(pañcaṅga-sammannāgata)'은 계·정·혜·해탈·해탈지견의 다섯 가지 법의 무더기[法蘊, dhamma-kkhanda]를 갖춤을 말한다.
다섯 가지 장애에 대한 자세한 설명은 『네 가지 마음챙기는 공부』 214~228쪽과 본서 제6권 「혼란스러움 경」(S54:12) §4의 주해를 참조하고, 다섯 가지 법의 무더기는 본서 「존중 경」(S6:2) §§3~7과 §7의 주해를 참조할 것.

궁술에 뛰어나고 힘과 기력 넘쳐나는
그런 청년 선택하여 휘하군대 만들도다. {434}

그와 같이 출가자가 낮은 태생이더라도
인욕과 온화함[430]의 법에 확고부동 머무르면
성스러운 삶 살아가는 그런 바른 수행자를
현자는 마땅히 공양해야 하노라. {435}

좋은 암자 만들어서
많이 배운 자 살게 하며
메마른 숲에는 샘 만들어 보살피고
험난한 장소에는 길을 닦으라. {436}

먹을 것과 마실 것과
단단한 음식, 의복, 거처 —
청정하게 믿는 마음, 고결한 생각으로
올곧은 분들에게 보시하여 공경하라. {437}

백 개의 산봉우리로 장엄한 구름이
번개라는 화환으로 장식하고 치장하여
땅에 비를 퍼부어 평원을 적시고
골짜기를 가득 채워 이로움을 주듯이 {438}

---

430) 주석서는 '인욕(khanti)'을 감내함(adhivāsana)으로 설명하고 '온화함(soracca)'을 아라한과(arahatta)로 설명하고 있다.(SA.i.166) 복주서는 아라한만이 지극히 온화하기 때문(ekantato sorato)이라고 밝히고 있다.(SAṬ.i.173)
한편 『담마상가니』(Dhs §1342)에서는 몸과 말과 마음으로 범하지 않음(avītikkama)과 계를 통한 단속(sīla-saṁvara)을 온화함(soracca)이라 정의하고 있다. 본서 「까시 바라드와자 경」(S7:11) {664}에 대한 주해도 참조할 것.

믿음 · 배움 갖춘 현자, 음식을 준비해서
먹을 것 마실 것으로 걸식자를 만족케 하니
기뻐하는 보시자는 공양물을 나누면서
'보시하세, 보시하세.' 말하면서 찬양하네. {439}

하늘에서 비 내릴 때 천둥소리 울리듯이
이런 말이 그에게서 나는 천둥소리.
이러한 공덕으로 장엄된 소나기는
풍족하게 보시하는 그에게 다시 쏟아지리로다." {440}

산의 비유 경(S3:25)

Pabbatūpama-sutta

2. 그때 빠세나디 꼬살라 왕은 한낮에 세존께 다가갔다. 가서는 세존께 절을 올리고 한 곁에 앉았다. 한 곁에 앉은 빠세나디 꼬살라 왕에게 세존께서는 이렇게 말씀하셨다.

"대왕이여, 그런데 이 한낮에431) 그대는 어디서 오는 길입니까?"

3. "세존이시여, 권력의 취기에 중독되고 감각적 욕망의 집착에 사로잡혀 있으며 백성의 이익과 안전을 도모하고 광대한 영토를 정복하여 통치하는 관정(灌頂)의 대관식을 거행한432) 끄샤뜨리야 왕에게는 왕으로서 해야 할 일들이 있습니다. 저는 요즘 그 일에 성심을 다하고 있습니다."433)

---

431) '이 한낮에'는 divā divassa를 옮긴 것인데 Be, Se에는 나타나고, Ee1&2에는 나타나지 않는다.

432) 여기에 대해서는 본서 제3권 「쇠똥 경」(S22:96) §6의 주해를 참조할 것.

433) "왕은 매일 세 번을 세존을 친견하러 갔다고 한다. 그가 갈 때 군대는 많을

4. "대왕이여, 이를 어떻게 생각합니까? 여기 믿을 만하고 의지할 만한 사람이 [101] 동쪽 방향으로부터 그대에게 와서 이렇게 말한다 합시다. '대왕이시여, 폐하는 이 사실을 아셔야 합니다. 저는 동쪽 방향에서 왔는데 구름 같은 어마어마한 산이 모든 생명 있는 것들을 짓뭉개면서 이리로 오고 있는 것을 봤습니다. 그러니 폐하께서 방도를 모색해 주십시오.'라고.

그때 믿을 만하고 의지할 만한 두 번째 사람이 서쪽 방향으로부터 … 세 번째 사람이 북쪽 방향에서 … 네 번째 사람이 남쪽 방향에서 그대에게 와서 이렇게 말한다 합시다. '대왕이시여, 폐하는 이 사실을 아셔야 합니다. 저는 남쪽 방향에서 왔는데 구름 같은 어마어마한 산이 모든 생명 있는 것들을 짓뭉개면서 이리로 오고 있는 것을 봤습니다. 그러니 폐하께서 방도를 모색해 주십시오.'라고.

대왕이여, 이와 같은 크나큰 재난이 일어나서 무시무시한 인간의 파멸이 벌어지고 인간으로 더 이상 존재하기가 어려워졌을 때 그대는 무엇을 해야 합니까?"

5. "세존이시여, 이와 같은 크나큰 재난이 일어나서 무시무시한 인간의 파멸이 벌어지고 인간으로 더 이상 존재하기가 어려워졌을 때에는 법답게 살고 올곧게 살고[434] 유익함을 행하고 공덕을 짓는

때도 있었고 적을 때도 있었다. 어느 날 500명의 도적들이 '이 왕은 때가 아닌 때에 적은 군대를 데리고 사문 고따마를 친견하러 간다. 우리는 도중에 그를 잡아서 왕국을 빼앗아야겠다.'라고 생각하고 장님들의 숲(Andha-vana)에 숨어 있었다. 왕에게는 많은 공덕이 있었는지 그들 가운데 한 사람이 빠져나와 왕에게 이 사실을 알렸다. 왕은 그들을 모두 잡아서 극형에 처했다. 왕은 이것을 두고 한 말이다."(SA.i.167)

434) "'법답게 살고(dhamma-cariya) 올곧게 산다(sama-cariya).'는 것은 열 가지 유익한 업의 길[十善業道, dasa-kusala-kamma-patha]을 말한다."

것 외에 더 무엇을 할 수 있겠습니까?"

6. "대왕이여, 나는 그대에게 알려드립니다. 나는 그대에게 고합니다. 대왕이여, 지금 늙음과 죽음이 그대를 향해 맹렬하게 굴러오고 있습니다. 대왕이여, 늙음과 죽음이 그대를 향해 맹렬하게 굴러오고 있을 때 그대는 무엇을 해야 합니까?"

7. "세존이시여, 늙음과 죽음이 저를 향해 맹렬하게 굴러오고 있을 때에는 법답게 살고 올곧게 살고 유익함을 행하고 공덕을 짓는 것 외에 더 무엇을 할 수 있겠습니까?

세존이시여, 권력의 취기에 중독되고 감각적 욕망의 집착에 사로잡혀 있으며 백성의 이익과 안전을 도모하고 광대한 영토를 정복하여 통치하는 관정(灌頂)의 대관식을 거행한 끄샤뜨리야 왕에게는 코끼리 부대(象兵)가 있습니다. 세존이시여, 그러나 그런 코끼리 부대로도 맹렬하게 굴러오는 늙음과 죽음에 대해서는 어떻게 해볼 수단도 없고 어떻게 해볼 방책도 없습니다.[435]

세존이시여, 권력의 취기에 중독되고 감각적 욕망의 집착에 사로잡혀 있으며 백성의 이익과 안전을 도모하고 광대한 영토를 정복하여 통치하는 관정(灌頂)의 대관식을 거행한 끄샤뜨리야 왕에게는 기마부대가 있습니다. … 전차부대가 있습니다. … 보병부대가 있습니다. [102] 세존이시여, 그러나 그런 보병부대로도 맹렬하게 굴러오는 늙음과 죽음에 대해서는 어떻게 해볼 여지도 없고 어떻게 해볼 방책도 없습니다."

(SA.i.167)

435) "'여지(gati)'란 성공(nipphatti)을 말하고 '방책(visaya)'이란 기회(okāsa)나 가능성(samattha-bhāva)을 말한다. 이런 것들로는 늙음과 죽음을 제거할 수 없다는 뜻이다."(SA.i.168)

8. "세존이시여, 그리고 이 왕궁에는 큰 위력을 가진 대신들이 있어서 적들이 쳐들어오면 책략으로 저들의 분열을 획책할 수 있습니다. 세존이시여, 그러나 분열을 획책하는 전략으로도 맹렬하게 굴러오는 늙음과 죽음에 대해서는 어떻게 해볼 여지도 없고 어떻게 해볼 방책도 없습니다.

세존이시여, 그리고 이 왕궁에는 땅에 묻어두고 누각의 창고에 보관해둔 많은 황금이 있어서 쳐들어오는 적들을 재물로 설득할 수 있습니다. 세존이시여, 그러나 재물을 사용하는 전략으로도 맹렬하게 굴러오는 늙음과 죽음에 대해서는 어떻게 해볼 여지도 없고 어떻게 해볼 방책도 없습니다.

세존이시여, 늙음과 죽음이 저를 향해 맹렬하게 굴러오고 있을 때에는 법답게 살고 올곧게 살고 유익함을 행하고 공덕을 짓는 것 외에 더 무엇을 할 수 있겠습니까?"

9. "참으로 그러합니다, 대왕이여. 참으로 그러합니다, 대왕이여. 늙음과 죽음이 그대를 향해 맹렬하게 굴러오고 있을 때에는 법답게 살고 올곧게 살고 유익함을 행하고 공덕을 짓는 것 외에 더 무엇을 할 수 있겠습니까?"

10. 세존께서는 이렇게 말씀하셨다. 선서이신 스승께서는 이렇게 말씀하신 뒤 다시 [게송으로] 이와 같이 설하셨다.

"거대한 석산이 하늘을 꿰찌르고
사방 갈아 내리면서 주위를 배회하듯
그와 같이 늙음·죽음 중생들을 정복하네. {441}

왕족이든 바라문이든 와이샤든 수드라든

불가촉천민이든 야만인이든
그 누구도 이것을 피해갈 수 없나니
[죽음은] 이 모두를 갈아 없애버리누나. {442}

그곳은 코끼리와 전차와 보병의 영역도 아니고
책략의 전쟁이나 재물로도 이길 수가 없도다. {443}436)

그러므로 현명한 사람 자신의 이로움 보아서
지혜로운 그 사람, 부처님과 법과 승가에
믿음을 굳건하게 가져야 하노라. {444}

몸과 말과 마음으로 법을 실천하는 자를
사람들은 여기서도 그를 크게 칭송하지만
죽은 뒤 그 사람은 천상 기쁨 누리도다." {445}

제3장 세 번째 품이 끝났다.

세 번째 품에 포함된 경들의 목록은 다음과 같다.

① 인간 ② 할머니 ③ 세상
④ 궁술 ⑤ 산의 비유 — 이러한 다섯 가지이다.

꼬살라 상윳따(S3)가 끝났다.

436) {442~443}은 『청정도론』 VIII.15에 인용되어 나타난다.

제4주제

마라 상윳따(S4)

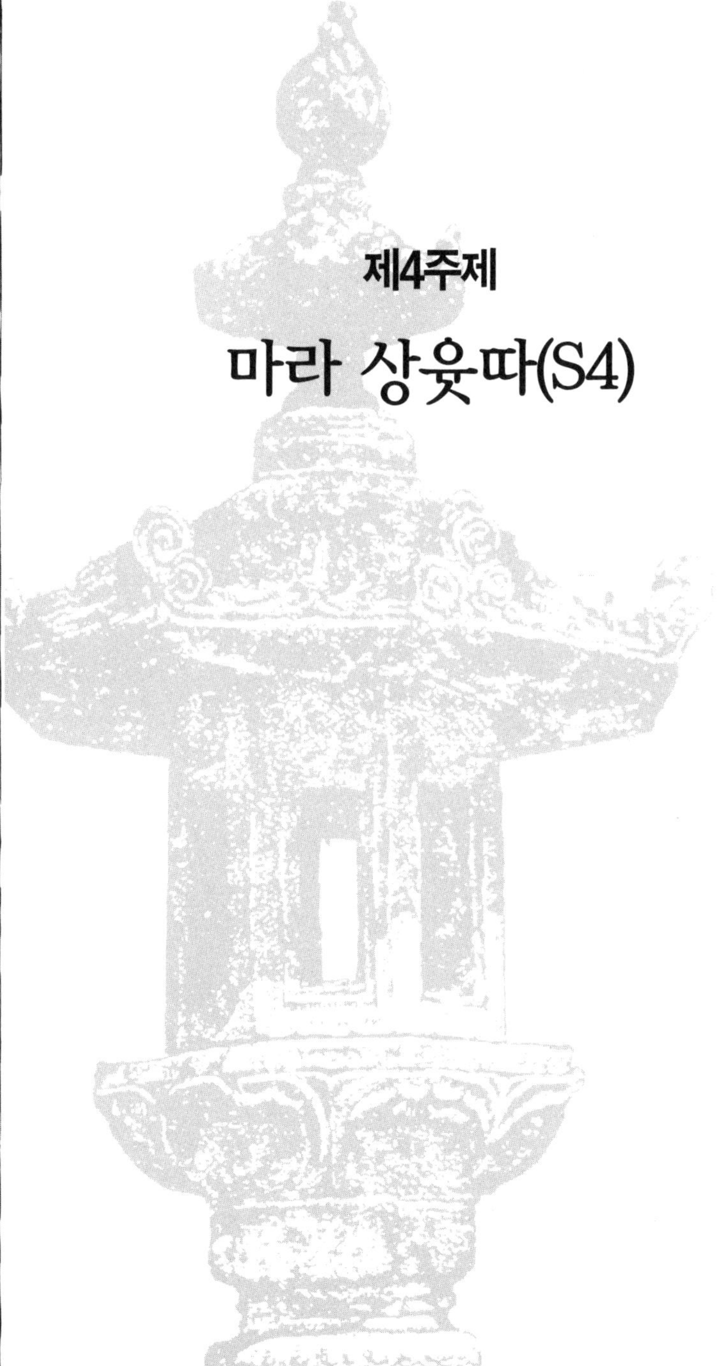

제4주제(S4)

마라 상윳따

Māra-saṁyutta

제1장 첫 번째 품

Pathama-vagga

고행 경(S4:1)

Tapokamma-sutta

1. 이와 같이 [103] 나는 들었다. 한때 세존께서는 처음 완전한 깨달음을 성취하시고 나서437) 우루웰라의 네란자라 강둑에 있는 염소치기의 니그로다 나무438) 아래에 머무셨다.

2. 그때 세존께서 한적한 곳에 가서 홀로 앉아있는 중에 문득 이런 생각이 마음에 일어났다.

'참으로 나는 저 난행고행439)으로부터 벗어났다. 참으로 내가 아

---

437) "'처음 완전한 깨달음을 성취하시고 나서(paṭhama-abhisambuddho)'라는 것은 정등각을 이루신 뒤 첫 번째 칠일 안에(paṭhamaṁ anto-satta-ahasmiṁ)라는 말이다."(SA.i.169)
세존께서 깨달음을 증득하신 뒤 49일 동안에 하셨던 일은 『맛지마 니까야 주석서』(MA.ii.181~186)에 자세하게 나타나고 있다. 여기에 대해서는 본서 제5권 「범천 경」(S47:18) §1의 주해를 참조할 것.

438) '염소치기의 니그로다 나무(ajapāla-nigrodha)'에 대해서는 본서 제5권 「범천 경」(S47:18) §1의 주해를 참조할 것.

439) "'난행고행(dukkara-kārika)'이란 6년간(chabbassāni) 행하신 난행고행을 뜻한다."(SA.i.169) 부처님이 행하신 여러 가지 고행은 세존의 성도과정

무 이익을 주지 못하는 저 난행고행으로부터 벗어난 것은 실로 좋은 일이다. 확고하게 마음챙겨 깨달음을 증득했으니 실로 좋은 일이다.'

3. 그러자 마라[440] 빠삐만[441]이 마음으로 세존의 마음 속 생각

을 담고 있는 『맛지마 니까야』 「마하삿짜까 경」(M36) §§20~29에 상세하게 언급되어 나타난다.

440) 마라(Māra)는 초기불전의 아주 다양한 문맥에서 아주 많이 나타나며, 초기불전에 나타나는 마라를 연구하는 자체가 하나의 논문감에 해당한다. 전통적으로 빠알리 주석서는 이런 다양한 마라의 언급을 다섯 가지로 정리한다. 그것은 ① 오염원(kilesa)으로서의 마라(ItvA.197; ThagA.ii.70 등) ② 무더기(蘊, khandha)로서의 마라(S.iii.195 등) ③ 업형성력(abhisaṅkhāra)으로서의 마라 ④ 신(devaputta)으로서의 마라 ⑤ 죽음(maccu)으로서의 마라이다.(ThagA.ii.46; 46; Vism.VII.59 등)
『청정도론』에서는 부처님은 이러한 다섯 가지 마라를 부순 분(bhaggavā)이기에 세존(bhagavā)이라 한다고 설명하고 있다.(VII.59) 그러므로 열반이나 출세간이 아닌 모든 경지는 마라의 영역에 속한다고 할 수 있다. 특히 신으로서의 마라는 자재천(Vasavatti)에 있는 다마리까 천신(Dāmarika-devaputta)이라고도 불리는데, 마라는 욕계의 최고 천상인 타화자재천(Paranimmitavasavatti)에 거주하면서 수행자들이 욕계를 벗어나 색계나 무색계나 출세간의 경지로 향상하는 것을 방해하는 자이기 때문이다.(SnA.i.44; MA.i.28) 그리고 그는 신들의 왕인 삭까(인드라)처럼 군대를 가지고 있으며 이를 마군(魔軍, Mārasena)이라고 한다. 이처럼 그는 아주 유력한 신이다.
주석서들에서는 Māra의 어원을 한결같이 √mṛ(*to kill, to die*)로 본다. 물론 산스끄리뜨 문헌들에서도 죽음을 뜻하는 √mṛ(*to die*)로도 보기도 하지만 역자는 기억을 뜻하는 √smṛ(*to remember*)로 보는 입장이다. 왜냐하면 Māra는 산스끄리뜨어로 쓰여진 인도 최고의 희곡인 『샤꾼딸라』 등에서 Smāra로 나타나기 때문이다. 스마라는 바로 기억을 뜻하는 √smṛ에서 파생된 명사이다.
힌두 신화에서 마라는 사랑의 신을 뜻하는 까마데와(Kāmadeva)이며 이 신의 많은 별명 가운데 하나가 스마라이다. 까마데와는 로마 신화의 사랑의 신인 큐피드(*Cupid*)에 해당한다. 사랑의 신 까마데와도 큐피드처럼 사랑의 화살을 가지고 다니면서 화살을 쏜다. 이 화살에 맞으면 사랑의 열병에 걸린다. 산스끄리뜨 문학 작품에 의하면 마라는 수련화(Aravinda), 아쇼까 꽃(Aśoka), 망고 꽃(Cūta), 재스민(Navamālikā), 청련화(Nīlotpala)의 다섯 가지 꽃 화살을 가지고 있다고 하며, 이러한 까마데와의 꽃 화살에 맞게 되면 사랑에 빠지게 된다고 한다. 불교주석서들에서도 이러한 다섯 가지 마라

을 알고 세존께 다가갔다. 가서는 세존께 게송으로 말했다.

"바라문 학도들이 청정해지는
그런 고행으로부터 일탈하여
청정하지 못하면서도 청정하다 생각하니
그대 이제 청정한 도를 범하였도다."442) {446}

4. 그때 세존께서는 '이 자는 마라 빠삐만이로구나.'라고 아시고 마라 빠삐만에게 게송으로 말씀하셨다.

"불사(不死) 위해 행한 고행443)이 그 무엇이든 간에
그것은 아무 이익 주지 못함 아노라.

의 꽃 화살은 언급되고 있다. 이처럼 마라는 유혹자이다. 이성을 서로 꼬드기게 한다. 이런 의미에서 마라는 *Tempter*(유혹자, 사탄)이다. 그래서 마라를 *Tempter*라고 옮기는 서양학자도 있다. 그리고 이 √smṛ에서 파생된 것이 빠알리의 sati 즉 마음챙김이다. 마음챙김과 마라는 이렇게 대비가 된다. 이렇게 마라의 어원을 √smṛ(*to remember*)로 이해하면 마음챙김의 중요성을 새삼 절감케 하는 아주 의미심장한 해석이 된다.

441) "[남들을] 사악함에 빠져들게 하고, 혹은 스스로 사악함에 빠져든다고 해서 (pāpe niyojeti, sayaṁ vā pāpe niyutto) '빠삐만(pāpiman, 사악한 자)'이라 한다. 그는 깐하(Kaṇha, 검은 자), 지배자(Adhipati), 자재천(Vasavatti), 끝장내는 자(안따까, Antaka), 나무찌(Namuci), 방일함의 친척(pamatta-bhandu)이라는 다른 많은 이름들도 가지고 있다. 그러나 여기서는 [마라와 빠삐만이라는] 단지 두 가지 이름만을 들고 있다."(SA.i.169)

442) 마라는 대부분 감각적 욕망을 가지고 부처님이나 비구들을 꼬드기기도 하고 비난하기도 하는데 여기서는 고행을 버렸다고 부처님을 비난하고 있다.

443) '불사(不死)'로 옮긴 단어는 Ee1&2에는 aparaṁ로 나타나지만 Be, Se는 amaraṁ이다. 역자는 후자를 따랐다. 『장로게』(Thag) {219}d에 amara-tapa라는 합성어가 나타나기도 한다.
"'불사(不死)를 위해 행한 고행(amaraṁ tapaṁ)'이란 불사를 위한 고행(amara-tapa), 즉 불사의 존재가 되기 위해서(amara-bhāv-atthāya) 행하는 거친 고행(lūkha-tapa)을 말하는데 자기 학대에 몰두하는 것(atta-kilamatha-anuyoga)이다."(SA.i.169)

맨땅444) 위의 노와 키처럼445)
그 모두는 참으로 무익한 것이라. {447}

깨달음을 위해 계행과 삼매와
통찰지로 이루어진 도446)를 닦아서
나는 이제 궁극적인 청정을 증득했노라.
끝장을 내는 자447)여, 그대가 패했도다." {448}

5. 그러자 마라 빠삐만은 "세존께서는 나를 알아버리셨구나. 선서께서는 나를 알아버리셨구나."라고 하면서 괴로워하고 실망하여 거기서 바로 사라졌다.

---

444) 여기서 '맨땅'으로 옮기고 있는 dhamma는 산스끄리뜨 dhanvan이 빠라끄리뜨화한 것이다. PED는 dhammani를 언급하고 있지만 이 단어의 어원은 밝히지 않고 있다. MW에는 '*a desert, waste*'로 언급이 되고 있다. 맥도넬(Mcdonell, A. A.)의 Vedic Grammar에도 '*n. waste, land,* i.35, 8; *desert,* v.83, 1'로 나타난다. 복주서는 다음과 같이 설명한다.
"여기서 dhamma란 모래땅(vaṇṇu)을 말한다. 그러므로 맨땅 위에서(dhammani) 라는 것은 모래땅에서(vaṇṇupadese)라는 뜻이다."(SAṬ.i.176)

445) "'마치 맨땅 위의 노와 키처럼(piyārittam va dhammaniṁ)'이라는 것은 숲(arañña)의 맨땅(thala)에서 노와 키처럼 아무 필요 없다는 뜻이다."(SA.i.169)

446) "'도(magga)'란 여덟 가지 구성요소로 된 성스러운 도(팔정도)이니 깨달음을 위해서 닦는 것이다(bodhatthāya bhāvayanto). 여기서 '계(sīla)'에는 바른 말, 바른 행위, 바른 생계가 포함되고, '삼매(samādhi)'에는 바른 정진, 바른 마음챙김, 바른 삼매가 포함되며, '통찰지(paññā)'에는 바른 견해와 바른 사유가 포함된다."(SA.i.170)

447) "유익한 업[善業, kusala-kamma]들의 끝을 만든다(antaṁ karoti)고 해서 '끝장을 내는 자(antaka)'라 한다."(SAṬ.i.177)

코끼리 경(S4:2)

Nāga-sutta

1. 이와 같이 나는 들었다. 한때 세존께서는 처음 완전한 깨달음을 성취하시고 나서 우루웰라의 네란자라 강둑에 있는 염소치기의 니그로다 나무 아래에서 머무셨다. [104]

2. 그때 세존께서는 칠흑같이 어두운 밤에 노지에 앉아계셨고 비가 가끔 부슬부슬 내리기도 하였다. 그때 마라 빠삐만은 세존께 두려움과 공포를 일으키고 털이 곤두서게 하려고 어머어마한 코끼리 왕의 모습을 나투어서 세존께 다가갔다.

예를 들면 그의 머리는 어마어마하게 큰 동석(凍石) 덩어리 같았고 상아는 희디흰 은과 같았으며 그의 코는 엄청나게 큰 쟁기 손잡이와 같았다.

3. 그때 세존께서는 '이 자는 마라 빠삐만이로구나.'라고 아시고 마라 빠삐만에게 게송으로 말씀하셨다.

"긴 세월 배회하면서448) 그대
아름답거나 흉한 모습 보여 왔나니449)
빠삐만이여, 그것으로 충분하도다.
끝장을 내는 자여, 그대가 패했도다." {449}

---

448) '배회하면서'는 Ee1의 saṁsāraṁ(윤회) 대신에 Be, Se, Ee2의 saṁsaraṁ으로 읽었다. 주석서는 "'배회하면서(saṁsaraṁ)'라는 것은 흘러오면서(saṁsaranto), 오면서(āgacchanto)라는 뜻이다."(SA.i.170)로 해석하고 있다.

449) "세존을 놀라게 하려고(vibhiṁsakatthāya) 마라가 전에 만들지 않은 모습(vaṇṇa)은 없다고 한다. 그래서 세존께서 이렇게 말씀하시는 것이다."(SA.i.171)

4. 그러자 마라 빠삐만은 "세존께서는 나를 알아버리셨구나. 선서께서는 나를 알아버리셨구나."라고 하면서 괴로워하고 실망하여 거기서 바로 사라졌다.

아름다움 경(S4:3)

Subha-sutta

1. <우루웰라에서>

2. 그때 세존께서는 칠흑같이 어두운 밤에 노지에 앉아계셨고 비가 가끔 부슬부슬 내리기도 하였다. 그때 마라 빠삐만은 세존께 두려움과 공포를 일으키고 털이 곤두서게 하려고 세존께 다가갔다. 가서는 세존으로부터 멀지 않은 곳에서 아름답거나 흉한 여러 가지 빛나는 모습들을 나타내 보였다.

3. 그때 세존께서는 '이 자는 마라 빠삐만이로구나.'라고 아시고 마라 빠삐만에게 게송으로 말씀하셨다.

"긴 세월 배회하면서 그대
아름답거나 흉한 모습 보여 왔나니
빠삐만이여, 그것으로 충분하도다.
끝장을 내는 자여, 그대가 패했도다. {450}

몸과 말과 마음으로
스스로 잘 제어된 자들은
마라의 지배를 받지 않고
마라의 충복450)이 되지 않느니라." {451}

---

450) '충복'으로 옮긴 단어는 Ee1: paccagū, Be, Se: baddhagū인데 역자는

4. 그러자 마라 빠삐만은 "세존께서는 나를 알아버리셨구나. 선서께서는 나를 알아버리셨구나."라고 하면서 괴로워하고 실망하여 거기서 바로 사라졌다. [105]

마라의 올가미 경1(S4:4)

Mārapāsa-sutta

1. 이와 같이 나는 들었다.451) 한때 세존께서는 바라나시에서 이시빠따나의 녹야원에 머무셨다.452)

2. 거기서 세존께서는 "비구들이여."라고 비구들을 부르셨다. "세존이시여."라고 비구들은 세존께 응답했다. 세존께서는 이렇게 말씀하셨다.

3. "비구들이여, 나는 지혜롭게 마음에 잡도리하고 지혜롭고 바르게 노력하여 위없는 해탈을 증득하였고 위없는 해탈을 실현하였다. 비구들이여, 그대들도 지혜롭게 마음에 잡도리하고 지혜롭고 바르게 노력하여 위없는 해탈을 증득하고 위없는 해탈을 실현하도록

Ee2, Sn {1095}: paddhagū로 읽었다. paddhagū는 Sk. prādhvaga의 빠알리어로 직역하면 '길(여행)을 함께 가는 자'이고, 하인이나 수행원의 의미이다. 주석서는 "baddhagū란 마라에 묶여서 다니는 자(baddha-cara)로 학생(sissa)이나 제자(antevāsika)를 뜻한다."(SA.i.171)고 설명하고 있다. baddha-cara는 본서 「바까 범천 경」(S6:4) {578}a에 나타나고 있다.

451) 본경은 『율장』(Vin.i.22)에도 나타나고 있다. 『율장』을 통해서 살펴보면 세존께서 이시빠따나의 녹야원에서 첫 번째 안거를 보내신 후에 설하신 것이다. 세존께서는 그 안거에서 이미 60명의 아라한을 배출하셔서 법을 전파하도록 보내셨다. 본경은 이들 60명의 비구들에 교화되어서 세존을 친견하러 온 신참 비구들에게 설하신 것인 듯하다.

452) 바라나시(Bārāṇasi) 등에 대해서는 본서 제3권 「무아의 특징 경」(S22:59) §1의 주해를 참조할 것.

하라."[453]

4. 그러자 마라 빠삐만이 세존께 다가갔다. 가서는 세존께 게송으로 말했다.[454]

"그대는 인간과 천상에 있는
마라의 올가미에 걸렸도다.[455]
사문이여, 그대는 마라의 속박에 걸렸나니
내게서 벗어나지 못하도다." {452}

5. [세존]
"나는 인간과 천상에 있는
마라의 올가미에서 벗어났도다.
나는 마라의 속박에서 벗어났나니
끝장을 내는 자여, 그대가 패했도다." {453}

---

453) "'지혜롭게 마음에 잡도리하고(yoniso manasikāra)'란 [바른] 수단을 마음에 잡도리함(upāya-manasikāra)이다. '지혜롭고 바르게 노력함(yoniso samma-ppadhāna)'이란 [바른] 수단으로 정진하고(upāya-vīriya), [바른] 방법으로 정진하는 것(kāraṇa-vīriya)이다. '위없는 해탈(anuttara-vimutti)'이란 아라한과의 해탈(arahattaphala-vimutti)이다."(SA.i.171)

'지혜롭게 마음에 잡도리함(yoniso manasikāra)'에 대해서는 본서 제5권 「몸 경」(S46:2) §11의 주해를 참조할 것. '바른 노력(sammappadhāna)'은 네 가지 바른 노력[四正勤]을 말한다. 본서 제5권 「분석 경」(S45:8) §9와 「동쪽으로 흐름 경」 등(S49:1~12) §3 등을 참조할 것.

454) "마라는 '이 사문은 자기 혼자 정진하여 아라한과를 얻은 것에 만족하지 못하고 다른 사람들도 그것을 증득하도록 할 것이다. 그러니 내가 그를 막아야겠다.'라고 생각하여 세존께 다가가서 다음의 게송을 읊었다."(SA.i.171)

455) "여기서 '마라의 올가미(Māra-pāsa)'란 오염원의 올가미(kilesa-pāsa)이다. 그것은 천상이나 인간에 있는 [다섯] 가닥의 감각적 욕망(kāma-guṇa)이다. 이 모든 것에 그대는 묶였다고 말하는 것이다."(SA.i.171)

6. 그러자 마라 빠삐만은 "세존께서는 나를 알아버리셨구나. 선서께서는 나를 알아버리셨구나."라고 하면서 괴로워하고 실망하여 거기서 바로 사라졌다.

마라의 올가미 경2(S4:5)

1. <바라나시 이시빠따나의 녹야원에서>

2. 거기서 세존께서는 "비구들이여."라고 비구들을 부르셨다. "세존이시여."라고 비구들은 세존께 응답했다. 세존께서는 이렇게 말씀하셨다.

3. "비구들이여, 나는 인간과 천상에 있는 모든 올가미에서 벗어났다. 그대들도 역시 인간과 천상에 있는 모든 올가미에서 벗어났다.

비구들이여, 많은 사람의 이익을 위하고 많은 사람의 행복을 위하고 세상을 연민하고 신과 인간의 이상과 이익과 행복을 위하여 유행을 떠나라. 둘이서 같은 길로 가지 말라. 비구들이여, 법을 설하라. 시작도 훌륭하고 중간도 훌륭하고 끝도 훌륭한 [법을 설하고], 의미와 표현을 구족하여 [법을 설하여], 더할 나위 없이 완벽하고 지극히 청정한 범행(梵行)을 드러내어라.456) 눈에 먼지가 적게 들어간 중생들이 있다. 법을 듣지 않으면 그들은 파멸할 것이다. [106] [그러나 법을 들으면] 그들은 법에 대해 구경의 지혜를 가지게 될 것이다. 비구

---

456) 이 말씀은 우리에게 전법의 선언으로 잘 알려져 있다. 『율장』(Vin.i.20)에서는 위 「마라의 올가미 경」1(S4:4)에 해당하는 가르침의 앞에 본경이 나타나고 있다. 이 가르침에 대한 상세한 설명은 『청정도론』 VII.69 이하를 참조할 것.
한편 이 설법은 북방불교 자료에도 나타나는데 『마하와스뚜』(Mahāvastu, 大事, Mvu.iii.415~416)에 나타나고 있다. Jones 3:416~417을 참조할 것.

들이여, 나도 우루웰라에 있는 세나니가마(장군촌)로 법을 설하러 갈 것이다."457)

4. 그러자 마라 빠삐만이 세존께 다가갔다. 가서는 세존께 게송으로 말했다.458)

"그대는 인간과 천상에 있는
모든 올가미에 걸렸도다.
사문이여, 그대는 거대한 속박에 걸렸나니
내게서 벗어나지 못하도다." {454}

5. [세존]
"나는 인간과 천상에 있는
모든 올가미에서 벗어났도다.
나는 거대한 속박에서 벗어났나니
끝장을 내는 자여, 그대가 패했도다." {455}

6. 그러자 마라 빠삐만은 "세존께서는 나를 알아버리셨구나. 선서께서는 나를 알아버리셨구나."라고 하면서 괴로워하고 실망하여

---

457) 세존께서는 세나니가마(Senānigama, 장군촌)로 가셔서 가섭 삼형제와 그 제자들 1000명을 교화하여 비구로 만드셨다. 그들에 얽힌 자세한 이야기는 『율장』(Vin.i.24~34)에 나타난다. 그들은 본서 제4권 「불타오름 경」(S35:28)을 듣고 모두 아라한이 되었다. 가섭 삼형제에 대해서는 『앙굿따라 니까야』 「하나의 모음」(A1:14:4-6)의 주해를 참조할 것.

458) "마라는 '이 사문 고따마는 마치 큰 전쟁(mahā-yuddha)을 일으키는 양 '둘이서 같은 길로 가지 말라. 법을 설하라.'고 하면서 60명에게 명령을 하였다. 그런데 단 한 사람이라도 법을 설한다면 그것은 내가 원하는 것이 아닌데 이렇게 많은 자들이 법을 설한다면 어떻게 될 것인가? 그러니 나는 그를 막아야겠다.'라고 생각하여 세존께 다가가서 다음의 게송을 읊은 것이다." (SA.i.173)

거기서 바로 사라졌다.

뱀 경(S4:6)

Sappa-sutta

1. 이와 같이 나는 들었다. 한때 세존께서는 라자가하에서 대나무 숲의 다람쥐 보호구역에 머무셨다.

2. 그때 세존께서는 칠흑같이 어두운 밤에 노지에 앉아계셨고 비가 가끔 부슬부슬 내리기도 하였다. 그때 마라 빠삐만은 세존께 두려움과 공포를 일으키고 털이 곤두서게 하려고 어마어마한 뱀 왕의 모습을 나투어서 세존께 다가갔다.

예를 들면 그의 몸은 어마어마하게 큰 통나무로 만든 배와 같았고, 그의 펴진 목은 술 거르는 체와 같았고, 두 눈은 꼬살라 지방의 놋쇠 그릇과 같았으며, 입으로 혓바닥을 날름거리는 것은 천둥이 치고 번개가 번쩍이는 것과 같았고, 그가 숨을 들이쉬고 내쉬는 것은 대장간에서 풀무질을 하는 소리와 같았다.

3. 그때 세존께서는 '이 자는 마라 빠삐만이로구나.'라고 아시고 마라 빠삐만에게 게송으로 말씀하셨다.

"빈집에 머물면서 자기 제어하는 자
그는 뛰어난 자이면서 진정한 성자로다.
모든 것을 버린 뒤에[459] 거기 머물러야 하나니
그러한 사람에게 그것이 어울리기 때문이라. {456}

---

459) "'버린 뒤에(vossajja)'란 자기 존재(atta-bhāva)에 대한 감각적 쾌락(ālaya)과 갈구(nikanti)를 버린 뒤, 제거한 뒤(pahāya)라는 뜻이다."(SA.i.173)

살아 움직이는 것과 두려운 것이 많고
파리와 파충류도 거기에는 많지만
이러한 빈집에서 머무는 대성자는 [107]
머리털 하나조차 미동하지 않도다. {457}

하늘이 쪼개지고 땅까지 흔들려
모든 생명들이 두려워서 떨고 있고
가슴에는 창이 날아와 꽂힌다할지라도
부처님들은 재생의 근거460)를 피난처로 삼지 않도다." {458}

4. 그러자 마라 빠삐만은 "세존께서는 나를 알아버리셨구나. 선서께서는 나를 알아버리셨구나."라고 하면서 괴로워하고 실망하여 거기서 바로 사라졌다.

잠 경(S4:7)
Suppati-sutta

1. 이와 같이 나는 들었다. 한때 세존께서는 라자가하에서 대나무 숲의 다람쥐 보호구역에 머무셨다.

2. 그때 세존께서는 밤의 대부분을 노지에서 포행을 하시다가 밤이 지나고 새벽이 되었을 때 발을 씻고 승원으로 들어가서 발로써 발을 포개고 마음챙기고 알아차리시면서[正念正知] 일어날 시간을 인식하여 마음에 잡도리하신 뒤, 오른쪽 옆구리로 사자처럼 누우셨다.

---

460) "여기서 '재생의 근거(upadhi)'란 오온으로서의 재생의 근거(khandhūpadhi)이다. 부처님들은 모든 두려움을 뿌리 뽑은 분(samucchinna-sabba-bhaya)들이기 때문에 이러한 피난처(tāṇa)를 만들지 않으신다."(SA.i.174)
재생의 근거(upadhi)에 대해서는 본서 「기뻐함 경」(S1:12) §2의 주해를 참조할 것.

3. 그러자 마라 빠삐만이 세존께 다가갔다. 가서는 세존께 게송으로 말했다.

"뭐, 잠을 잔다고? 왜 잠을 자는가?
가엾은 사람461)처럼 지금 잠을 왜 자는가?
빈집이라 여기고 잠을 자는가?
태양이 떠올랐는데도 이렇게 잠을 자는가?" {459}

4. [세존]
"그물에 걸리게 하고 달라붙게 하는 갈애가 그에게 없나니
그러므로 어디로도 그를 인도하지 못하도다.
모든 재생의 근거(소유물) 완전히 부순 뒤에
부처는 잠자노니, 마라여, 왜 그대가 참견하는가?"462) {460}

5. 그러자 마라 빠삐만은 "세존께서는 나를 알아버리셨구나. 선서께서는 나를 알아버리셨구나."라고 하면서 괴로워하고 실망하여

---

461) '가엾은 사람'은 Ee1의 dubbhayo 대신에 Be, Se, Ee2의 dubbhago로 읽었다. Ee1은 잘못 인쇄된 듯하다. 주석서는 "죽었거나 의식이 없는 것과 같은 자"(SA.i.174)라고 설명하고 있다. 복주서는 "운이 없고 행운이 사라져버려 죽었거나 의식이 없는 자와 같은 사람"(SAṬ.i.181)이라고 풀이하고 있다.

462) "'그물에 걸리게 하고(jālini)'란 [갈애는] 삼계(tayo bhava)의 그물에 걸리게 하는 것이란 뜻이다. '달라붙는(visattika)'이란 형색 등의 [대상에] 달라붙게 하고 즐기게 하는 것이란 뜻이다. '어디로도(kuhiñci)'는 [삼계의 그 어디로도라는 뜻이다. – SAṬ]
'모든 재생의 근거(sabbūpadhi)'란 무더기, 오염원, 업형성, 감각적 욕망들의 가닥으로 구분되는(khandha-kilesa-abhisaṅkhāra-kāmaguṇa-bheda) 모든 재생의 근거를 말한다. '마라여, 왜 그대가 참견하는가?(kiṁ tavettha, māra)'란, 그대는 이런 나에게 마치 조그만 파리(khuddaka-makkhika)가 뜨거운 죽(uṇha-yāgu)에 내려앉을 수가 없어서 이리저리 윙윙거리는 것처럼 그러고 있는가라는 뜻이다."(SA.i.175)

거기서 바로 사라졌다.

기쁨 경(S4:8)

Nandana-sutta

1. <사왓티의 아나타삔디까 원림(급고독원)에서>

2. 그때 마라 빠삐만이 세존께 다가갔다. 가서는 세존의 곁에서 이 게송을 읊었다.

"아들 가진 자 아들 때문에 기뻐하고
소치는 자 소떼 때문에 기뻐하노라. [108]
재생의 근거(소유물)는 참으로 사람의 기쁨이니
재생의 근거가 없는 자 기뻐할 것이 없도다." {461}

3. [세존]
"아들 가진 자 아들 때문에 슬퍼하고
소치는 자 소떼 때문에 슬퍼하도다.
재생의 근거(소유물)는 참으로 사람의 슬픔이니
재생의 근거가 없는 자 슬퍼할 것이 없도다."463) {462}

4. 그러자 마라 빠삐만은 "세존께서는 나를 알아버리셨구나. 선서께서는 나를 알아버리셨구나."라고 하면서 괴로워하고 실망하여 거기서 바로 사라졌다.

---

463) 이 두 게송은 본서 「기뻐함 경」(S1:12) {22~23}과 같다.

수명 경1(S4:9)

Āyu-sutta

1. 이와 같이 나는 들었다. 한때 세존께서는 라자가하에서 대나무 숲의 다람쥐 보호구역에 머무셨다.

2. 거기서 세존께서는 "비구들이여."라고 비구들을 부르셨다. "세존이시여."라고 비구들은 세존께 응답했다. 세존께서는 이렇게 말씀하셨다.

3. "비구들이여, 참으로 인간의 수명은 짧다. 다음 생으로 가야 하고, 유익함[善]을 행해야 하고, 청정범행을 닦아야 한다. 태어난 자에게 불사(不死)란 없다. 비구들이여, 사람이 오래 산다고 하더라도 백 년의 이쪽저쪽이다."

4. 그때 마라 빠삐만이 세존께 다가갔다. 가서는 세존의 곁에서 이 게송을 읊었다.

"긴 것이 인간의 수명
착한 사람 그것을 경멸해서는 안되리.
젖을 빠는 [어린애처럼] 살아야 하나니
죽음이 찾아오지 못할 것이로다."464) {463}

5. [세존]
"짧은 것이 인간의 수명

---

464) 주석서는 이렇게 부연설명을 하고 있다.
"마치 어린 애가 젖을 먹고 모포에 누워서 인생이 길든 짧든 아랑곳하지 않고 마치 인식이 없는 것처럼 잠들듯이 착한 사람도 그렇게 살아야 한다는 뜻이다."(SA.i.175)

착한 사람 그것을 경멸해야 하느니라.
머리에 불붙은 것처럼 해야 하나니
죽음이 찾아오지 않는 경우란 없도다." {464}

6. 그러자 마라 빠삐만은 "세존께서는 나를 알아버리셨구나. 선서께서는 나를 알아버리셨구나."라고 하면서 괴로워하고 실망하여 거기서 바로 사라졌다.

수명 경2(S4:10)

Āyu-sutta

1. <라자가하에서>

2. 거기서 세존께서는 "비구들이여."라고 비구들을 부르셨다. "세존이시여."라고 비구들은 세존께 응답했다. 세존께서는 이렇게 말씀하셨다.

3. "비구들이여, 참으로 인간의 수명은 짧다. 다음 생으로 가야 하고, 유익함[善]을 행해야 하고, 청정범행을 닦아야 한다. 태어난 자에게 불사(不死)란 없다. 비구들이여, 사람이 오래 산다고 하더라도 백 년의 이쪽저쪽이다."

4. 그때 마라 빠삐만이 세존께 다가갔다. 가서는 세존의 곁에서 이 게송을 읊었다. [109]

"낮과 밤은 지나가지 않고
목숨은 멈추지 않도다.
인간들의 수명이란 돌고 도나니
수레의 테가 바퀴통을 따라 돌듯이."465) {465}

5. [세존]

"낮과 밤은 지나가고
목숨은 멈추게 되도다.
인간들의 수명이란 고갈되어 가나니
개울의 물과 같도다." {466}

6. 그러자 마라 빠삐만은 "세존께서는 나를 알아버리셨구나. 선서께서는 나를 알아버리셨구나."라고 하면서 괴로워하고 실망하여 거기서 바로 사라졌다.

제1장 첫 번째 품이 끝났다.

첫 번째 품에 포함된 경들의 목록은 다음과 같다.

① 고행 ② 코끼리 ③ 아름다움
두 가지 ④~⑤ 마라의 올가미
⑥ 뱀 ⑦ 잠 ⑧ 기쁨
두 가지 ⑨~⑩ 수명이다.

---

465) 마라가 읊은 이 게송은 『우빠니샤드』의 자아 이론과 관계가 깊다. 낮과 밤이나 인간의 수명은 변하지만 그것은 마치 수레의 테가 도는 것처럼 도는 것일 뿐이라는 것이다. 아무리 바퀴가 돌고 돌아도 바퀴통은 돌지 않는 것처럼 물질적이고 육체적인 현상이 아무리 바뀌어도 자아는 변하지 않는다는 것이다. 이것은 『브르하다란냐까 우빠니샤드』 II.5.15와 『찬도갸 우빠니샤드』(Chāndogya Upaniṣad) VII.15.1와 같은 주장이다.

제2장 두 번째 품

Dutiya-vagga

바위 경(S4:11)

Pāsāṇa-sutta

1. 이와 같이 나는 들었다. 한때 세존께서는 라자가하에서 독수리봉 산466)에 머무셨다.

2. 그때 세존께서는 칠흑같이 어두운 밤에 노지에 앉아 계셨고 비가 가끔 부슬부슬 내리기도 하였다. 그때 마라 빠삐만은 세존께 두려움과 공포를 일으키고 털이 곤두서게 하려고 세존께 다가갔다. 가서는 세존으로부터 멀지 않은 곳에서 어마어마하게 큰 바위들을 부수었다.

3. 그때 세존께서는 '이 자는 마라 빠삐만이로구나.'라고 아시고 마라 빠삐만에게 게송으로 말씀하셨다.

"그대 비록 이 모든 독수리봉을
통째로 흔들지라도
바르게 해탈한 부처님들은
결코 동요하지 않도다." {467}

4. 그러자 마라 빠삐만은 "세존께서는 나를 알아버리셨구나. 선서께서는 나를 알아버리셨구나."라고 하면서 괴로워하고 실망하여

---

466) 독수리봉 산(Gijjhakūṭa pabbata)에 대해서는 본서 제3권 「왁깔리 경」(S22:87) §12의 주해를 참조할 것.

거기서 바로 사라졌다.

사자 경(S4:12)
Sīha-sutta

1. <사왓티의 아나타삔디까 원림(급고독원)에서>

2. 그 무렵 세존께서는 많은 회중467)에 에워싸여 법을 설하고 계셨다. [110] 그러자 마라 빠삐만에게 이런 생각이 들었다.

'사문 고따마가 많은 회중에 에워싸여 법을 설하는구나. 그러니 나는 [그 회중의] 눈을 멀게 하기 위해서468) 사문 고따마에게 다가가야겠다.'

3. 그때 마라 빠삐만이 세존께 다가갔다. 가서는 세존의 곁에서 이 게송을 읊었다.

"왜 그대 담대하게 회중에서 사자처럼 포효하는가?
그대의 호적수가 있나니 그대가 승리자라 생각하는가?" {468}

4. [세존]
"대영웅은 담대하게

---

467) "'회중(parisā)'이란 8가지 회중을 말한다."(SA.i.176)
『맛지마 니까야』 「긴 사자후경」(M12/i.72) §29와 『디가 니까야』 「합송경」(D33) §3.1 (8)에 의하면 여덟 가지 회중(parisā)은 끄샤뜨리야의 회중, 바라문의 회중, 장자의 회중, 사문의 회중, 사대천왕의 회중, 삼십삼천의 회중, 마라의 회중, 범천의 회중이다.

468) "'눈을 멀게 하기 위해서(vicakkhu-kammāya)'란 회중(parisā)의 통찰지의 눈[慧眼, paññā-cakkhu]을 파괴시킬 목적으로(vināsetu-kamyatāya라는 뜻이다. 그는 부처님들의 통찰지의 눈은 파괴시킬 수 없다. 그는 회중에게 무서운 대상(bherav-ārammaṇa)을 듣게 하거나 보게 하여서 그렇게 할 수 있다."(SA.i.176)

회중에서 사자후를 토하나니
여래는 [열 가지] 힘[十力][469]을 얻어서
세상에 대한 집착을 건넜도다." {469}

5. 그러자 마라 빠삐만은 "세존께서는 나를 알아버리셨구나. 선서께서는 나를 알아버리셨구나."라고 하면서 괴로워하고 실망하여 거기서 바로 사라졌다.

돌조각 경(S4:13)
Sakalika-sutta

1. 이와 같이 나는 들었다. 한때 세존께서는 라자가하에서 맛다꿋치의 녹야원에 머무셨다.

2. 그 무렵 세존께서는 돌조각 때문에 발에 상처를 입으셨다. 그래서 세존께서는 심한 고통을 느끼셨는데 그 육체적인 느낌은 고통스럽고 격심하고 쓰라리고 신랄하고 참혹하고 마음에 들지 않는 것이었다. 그러나 세존께서는 마음챙기고 알아차리시면서[正念正知] 흔들림 없이 그것을 감내하셨다.[470]

3. 그때 마라 빠삐만이 세존께 다가갔다. 가서는 세존의 곁에서 이 게송을 읊었다.

---

469) "'힘을 얻음(balappatta)'이란 열 가지 힘[十力, dasa-bala]을 얻음을 뜻한다."(SA.i.176)
열 가지 여래의 힘[如來十力, tathāgata-balāni]은 『맛지마 니까야』 「긴 사자후경」(M12/i.69~71) §9 이하와 『앙굿따라 니까야』 「사자 경」(A10:21)에 나타나고 있다.

470) 이 상황은 본서 「돌조각 경」(S1:38) §2와 같다. 그곳의 주해를 참조할 것.

"무기력함인가, 시상(詩想)에 취했는가?471)
그대 할 일이 아주 많지 않은가?
홀로 한적한 침상위에 누워
졸린 얼굴을 하고 왜 이처럼 자고 있는가?" {470}

4. [세존]
"무기력함도 시상에 취함도 아니고
할 일을 마쳐 슬픔을 없앴도다.
홀로 한적한 침상위에서
모든 중생에 대한 연민으로 누워 있노라. {471}

사람들의 가슴에 화살이 박히면
그것은 순간순간 심장을 꿰찌르도다.
화살 맞은 그들조차 잠자는데 [111]
화살을 뽑아버린 나는 왜 잠자면 안되는가? {472}

깬 채로 누워 있지 않고, 잠드는 것 두려워 않노라.
밤과 낮이 나를 괴롭히지 못하고
내 스스로 세상 어디서도 퇴보하지 않나니
그러므로 나는 모든 존재들을 연민하면서 누워 있도다." {473}

5. 그러자 마라 빠삐만은 "세존께서는 나를 알아버리셨구나. 선서께서는 나를 알아버리셨구나."라고 하면서 괴로워하고 실망하여 거기서 바로 사라졌다.

---

471) "'시상(詩想)에 취해 있는(kāveyya-matta)'이란 마치 시인이 시를 지으리라고 생각하면서 시작(詩作, kabba-karaṇa)에 취해 누워 있듯이 누워 있는가라는 뜻이다."(SA.i.176) 이 표현은 본서 「왕기사 경」(S8:12) {753}a에도 나타난다.

어울리는 일 경(S4:14)

Paṭirūpa-sutta

1. 이와 같이 나는 들었다. 한때 세존께서는 꼬살라에서 에까살라의 바라문 마을에 머무셨다.

2. 그 무렵 세존께서는 많은 회중에 에워싸여 법을 설하고 계셨다. 그러자 마라 빠삐만에게 이런 생각이 들었다.

'사문 고따마가 많은 회중에 에워싸여 법을 설하는구나. 그러니 나는 [그 회중의] 눈을 멀게 하기 위해 사문 고따마에게 다가가야겠다.'

3. 그때 마라 빠삐만이 세존께 다가갔다. 가서는 세존의 곁에서 이 게송을 읊었다.

"그대가 다른 사람들을 지도하는 것은 어울리지 않도다.
그런 짓을 하여 호감과 반감에 붙들리지 말기를."472) {474}

4. [세존]

"완전하게 깨달은 자는 저들의 이익을 바라면서 지도하나니
여래는 호감과 반감을 멀리 여의었도다."473) {475}

5. 그러자 마라 빠삐만은 "세존께서는 나를 알아버리셨구나. 선서께서는 나를 알아버리셨구나."라고 하면서 괴로워하고 실망하여

---

472) "'호감과 반감(anurodha-virodha)'은 애정과 적의(rāga-paṭigha)이다. 설법을 할 때 어떤 사람들이 아주 좋아하면 그들에게 애정이 생기고, 어떤 사람들이 좋아하지 않는다는 말을 듣게 되면 그들에 대해서 적의가 생기기 때문이다. 이처럼 법을 설하는 자는 호감과 반감에 붙들린다(sajjati). 그대는 이렇게 붙들리지 말라고 말하는 것이다."(SA.i.177)

473) "그러나 바르게 깨달은 자는 [중생들의] 이익을 바라는 분(hita-anukampi)이다. 그러므로 여래는 호감과 반감을 멀리 여의었다."(SA.i.177)

거기서 바로 사라졌다.

정신적인 것 경(S4:15)

Mānasa-sutta

1. <사왓티의 아나타삔디까 원림(급고독원)에서>

2. 그때 마라 빠삐만이 세존께 다가갔다. 가서는 세존의 곁에서 이 게송을 읊었다.474)

"허공에서 움직이는 올가미가 있나니
움직이는 그것은 정신적인 것이로다.475)
그것으로 그대를 묶어버리리니
사문이여, 그대는 내게서 벗어나지 못하리라." {476}

3. [세존]
"형색, 소리, 냄새, 맛, 마음을 끄는 감촉 —
여기서 나의 욕구(관심) 이미 멀리 떠났으니
끝장을 내는 자여, 그대가 패했도다." {477}

---

474) 『율장』(Vin.i.21)에 의하면 본경의 두 게송은 이시빠따나의 녹야원에서 주고받은 게송으로 나타나며, 본서 「마라의 올가미 경」 2(S4:5)의 {454~455}로 나타나는 게송 바로 다음에 나타나고 있다. 북전 『마하와스뚜』(大事, Mvu.iii.416~417)에도 나타난다.

475) "공중에(ākāse) 다니는 것도 묶어버린다(bandhati)고 해서 '허공에서 움직이는 올가미(antalikkha-cara pāsa)'라 하며 이것은 애욕의 올가미(rāga-pāsa)라는 말이다. '정신적인 것(mānasa)이란 마음과 관계된 것(mana-sampayutta)이라는 말이다."(SA.i.177)
즉 보통의 올가미는 몸뚱이만 묶지만 애욕의 올가미는 눈에 보이지 않는 것까지 묶어버리는 힘을 가졌으며 여기에 묶인 자는 절대로 풀려날 수 없다는 말이다.

4. 그러자 마라 빠삐만은 "세존께서는 나를 알아버리셨구나. 선서께서는 나를 알아버리셨구나."라고 하면서 괴로워하고 실망하여 거기서 바로 사라졌다. [112]

발우 경(S4:16)

Patta-sutta

2. 그 무렵 세존께서는 비구들에게 취착의 [대상이 되는] 다섯 가지 무더기들[五取蘊][476]에 대한 법을 설하시어 격려하고 분발하게 하고 기쁘게 하셨다. 그리고 비구들은 그것을 깊이 새기고 마음에 잡도리하고 온 마음을 다하여 몰두하여 귀를 기울이고 듣고 있었다.

3. 그때 마라 빠삐만에게 이런 생각이 들었다.

'저 사문 고따마는 비구들에게 취착의 [대상이 되는] 다섯 가지 무더기들(오취온)에 대한 법을 설하여 격려하고 분발하게 하고 기쁘게 한다. 그리고 비구들은 그것을 깊이 새기고 마음에 잡도리하고 온 마음을 다하여 몰두하여 귀를 기울이고 듣고 있다. 그러니 나는 [저 비구들의] 눈을 멀게 하기 위해서 사문 고따마에게 다가가야겠다.'

4. 그 무렵 많은 발우들이 노지에 놓여 있었다. 그때 마라 빠삐만은 황소의 모습을 나투어서 발우들의 곁으로 다가갔다. 그때 어떤 비구가 다른 비구에게 이렇게 말했다.

"비구여, 비구여, 저 황소가 발우를 부수려 합니다."

이렇게 말하자 세존께서는 그 비구에게 말씀하셨다.

---

476) '취착의 [대상이 되는] 다섯 가지 무더기들[五取蘊]'은 pañca upādāna-kkhandhā를 옮긴 것이다. 여기에 대해서는 본서 제3권 「짐 경」(S22:22) §3의 주해를 참조할 것.

"비구여, 저것은 황소가 아니다. 저 자는 마라 빠삐만인데 그대들의 눈을 멀게 하기 위해서 온 것일 뿐이다."

세존께서는 '이 자는 마라 빠삐만이로구나.'라고 아시고 마라 빠삐만에게 게송으로 말씀하셨다.

"물질과 느낌과 인식과
알음알이와 형성된 것들 —
'이것은 내가 아니고 이것은 나의 것이 아니로다.'
이와 같이 거기 [오온에 대해서] 탐욕이 빛바래네. {478}

이처럼 탐욕이 빛바래고 안은하고
모든 족쇄 넘어선 자를
모든 곳에서 찾아 헤매더라도
마라와 그의 군대는 발견하지 못하리."[477] {479}

6. 그러자 마라 빠삐만은 "'세존께서는 나를 알아버리셨구나. 선서께서는 나를 알아버리셨구나."라고 하면서 괴로워하고 실망하여 거기서 바로 사라졌다.

---

477) "'모든 곳에서 찾아 헤매더라도(anvesaṁ sabbaṭṭhānesu)'라는 것은 존재(bhava)와 모태(yoni)와 태어날 곳(gati)과 [알음알이의] 머무는 곳(ṭhiti)과 중생의 거처(sattāvāsa)라 불리는 모든 곳에서 찾더라도(pariyesamāna)라는 뜻이다. 발견하지 못한다는 것은 보지 못한다는 뜻이다."(SA.i.178)
비슷한 가르침이 본서 「사밋디 경」(S1:20) {49} = 「있는 것이 아님 경」(S1:34) {105}와 「고디까 경」(S4:23) §9 이하와 제3권 「왁깔리 경」(S22:87) §21과 『맛지마 니까야』 「뱀의 비유 경」(M22/i.140) §40 이하 등에도 나타난다.
세존께서는 마라는 살아있는 아라한도 완전한 열반(반열반)에 든 아라한도 찾지 못하고 보지 못한다고 말씀하시는 것이다.

여섯 감각접촉의 장소 경(S4:17)

Chaphassāyatana-sutta

1. 이와 같이 나는 들었다. 한때 세존께서는 웨살리에서 큰 숲[大林]의 중각강당에 머무셨다. [113]

2. 그 무렵 세존께서는 비구들에게 여섯 가지 감각접촉의 장소[六觸處]에 대한 법을 설하시어 격려하고 분발하게 하고 기쁘게 하셨다. 그리고 비구들은 그것을 깊이 새기고 마음에 잡도리하고 온 마음을 다하여 몰두하여 귀를 기울이고 듣고 있었다.

3. 그때 마라 빠삐만에게 이런 생각이 들었다.

'저 사문 고따마는 비구들에게 여섯 가지 감각접촉의 장소에 대한 법을 설하여 격려하고 분발하게 하고 기쁘게 한다. 그리고 비구들은 그것을 깊이 새기고 마음에 잡도리하고 온 마음을 다하여 몰두하여 귀를 기울이고 듣고 있다. 그러니 나는 [저 비구들의] 눈을 멀게 하기 위해 사문 고따마에게 다가가야겠다.'

4. 그때 마라 빠삐만은 세존에게 다가갔다. 가서는 세존으로부터 멀지 않은 곳에서 두렵고 무서운 엄청난 굉음을 만들었는데 땅이 산산조각 나는 듯하였다.478) 그때 어떤 비구가 다른 비구에게 이렇게 말했다.

---

478) '산산조각 나다'는 Se, Ee1&Ee2: udrīyati, Be: undrīyati를 옮긴 것이다. PED는 ud+√dṛ(*to pierce*)의 수동형이라고 설명하고 있다. MW에도 dīryate가 √dṛ의 수동형으로 설명되고 있다.
주석서는 "이 대지는 마치 갈라지는 듯한 소리를 내는 듯하였다(ayaṁ mahāpathavī paṭapaṭasaddaṁ kurumānā viya ahosi)."(SA.i.178)라고 설명하고 있으며, 복주서는 "산산조각 난다는 것은 전복된다(viparivattati)는 뜻이다."(SAṬ)라고 풀이하고 있다. 본 문장은 본서 「사밋디 경」(S4:22) §3에도 나타나고 있다.

"비구여, 비구여, 아마 땅이 산산조각 나나 봅니다."

이렇게 말하자 세존께서는 그 비구에게 말씀하셨다.

"비구여, 땅이 산산조각 나는 것이 아니다. 저 자는 마라 빠삐만인데 그대들의 눈을 멀게 하기 위해서 온 것일 뿐이다."

5. 그때 세존께서는 '이 자는 마라 빠삐만이로구나.'라고 아시고 마라 빠삐만에게 게송으로 말씀하셨다.

"형색, 소리, 냄새, 맛, 감촉,
[마노의 대상인] 법이 되는 모든 것 —
이러한 것은 세상의 무시무시한 미끼이니
참으로 세상은 여기에 혹해 있네. {480}

마음챙기는 깨달은 자의 제자는
이것을 멀리하여 건너가나니
마라의 영역[479]을 철저하게 넘어서서
하늘의 태양처럼 아주 밝게 빛나도다." {481}

6. 그러자 마라 빠삐만은 "세존께서는 나를 알아버리셨구나. 선서께서는 나를 알아버리셨구나."라고 하면서 괴로워하고 실망하여 거기서 바로 사라졌다.

---

479) "'마라의 영역(Māra-dheyya)'이란 마라가 머무는 곳(ṭhāna-bhūta)이니, 삼계윤회(tebhūmaka-vaṭṭa)를 말한다."(SA.i.178)
마라의 영역이란 용어보다 더 많이 나타나는 표현은 죽음의 영역(maccu-dheyya)이다. 본서 「자만에 빠진 자 경」(S1:9) {16}d 등에서 보듯이 이 두 단어는 동의어이다. 본서 「있는 것이 아님 경」(S1:34) {102}d와 그 주해도 참조할 것.

탁발음식 경(S4:18)

Piṇḍa-sutta

1. 이와 같이 나는 들었다. 한때 세존께서는 마가다에서 빤짜살라의 바라문 마을에 머무셨다. [114]

2. 그 무렵 빤짜살라의 바라문 마을에는 젊은이들이 보시품을 선사하는 축제가 열리고 있었다.480) 그때 세존께서는 아침에 옷매무새를 가다듬고 발우와 가사를 수하시고 걸식을 위해서 빤짜살라의 바라문 마을로 들어갔다.

3. 그 무렵 빤짜살라에 사는 바라문과 장자들은 마라 빠삐만에게 붙들려 있었기 때문에 "사문 고따마가 탁발음식을 얻지 못하게 하라."라고 [선동을 하였다.] 그래서 세존께서는 빤짜살라의 바라문 마을로 들어가실 때 가지고 가셨던 씻은 발우를 그대로 가지고 나오셨다.481)

4. 그때 마라 빠삐만이 세존께 다가갔다. 가서는 세존께 이렇게 여쭈었다.

---

480) '젊은이들'로 옮긴 원어는 Se, Ee1&2에는 kumārakānaṁ(젊은 남성들)로 나타나고 Be에는 kumārikānaṁ(젊은 여성들)으로 나타난다. 주석서는 이 축제를 이렇게 설명하고 있다. 요약하면 이러하다.
젊은 여성들이 그들이 좋아하는 젊은 남성들에게 선물을 보내면 젊은 남성들은 선물을 보낸 젊은 여성들에게 장신구를 선물하는 행사인데 장신구를 마련하지 못하면 꽃으로 만든 목걸이라도 보냈다고 한다.(SA.i.178) 요즘의 발렌타인 데이(*St. Valentine's Day*)와 비슷한 축제였던 듯하다.(KS1:143 n.1)

481) 주석서에 의하면 500명의 젊은 여성들은 세존께 올릴 공양물을 준비하였으며 세존께서는 그들에게 설법을 하여 그들 모두 예류과를 증득할 수 있었다고 한다. 이를 막기 위해서 마라가 이런 짓을 꾸몄다고 한다.(SA.i.179)

"사문이여, 탁발음식을 얻으시었소?"

"빠삐만이여, 내가 탁발음식을 얻지 못하도록 그대가 만들지 않았던가?"

"세존이시여, 그렇다면 세존께서 두 번째로 빤짜살라의 바라문 마을로 들어가십시오. 그러면 세존께서 탁발음식을 얻도록 제가 만들겠습니다."482)

5. [세존]
"그대 마라는 여래를 모욕하여
악덕을 짓는구나.
빠삐만이여, 이처럼 생각하는가?
'나의 사악함은 과보가 없으리라.'라고. {482}

그 무엇483)도 가지지 않았지만
그러기에 우리는 참으로 행복하게 사노라.
우리는 희열을 음식으로 살 것이니
마치 광음천의 신들이 그러하듯이."484) {483}

---

482) 주석서에 의하면 마라의 이 말은 거짓말(musā bhāsati)이라고 한다. 오히려 세존으로 하여금 마을 사람들의 조롱꺼리가 되도록 만들기 위해서(uppaṇḍessanti) 한 말이라는 것이다. 즉 처음 방문해서 아무 것도 얻지 못한 자가 빈 발우를 들고 다시 찾아오는 것을 보고 마을 사람들은 비웃을 것이기 때문이다.(SA.i.179)

483) "'그 무엇(kiñcana)'이란 욕망이라는 그 무엇(rāga-kiñcana) 등의 오염원에 속하는 것(kilesa-jāta)을 말한다."(SA.i.179)
그 무엇(무엇이 있는 것, kiñcana)이라는 용어가 오염원을 뜻하는 것으로 쓰이는 것에 대해서는 본서 제4권 「고닷따 경」(S41:7) §12와 주해를 참조할 것.

484) "'마치 광음천의 신들처럼(ābhassarā yathā)'이란 마치 광음천의 신들이 희열이 함께하는 禪(sappītika-jjhāna)으로 살아가기 때문에(yāpentā) 희열을 먹고 사는 자(pīti-bhakkha)들이라 불리는 것과 같이 우리도 그렇게

6. 그러자 마라 빠삐만은 "세존께서는 나를 알아버리셨구나. 선서께서는 나를 알아버리셨구나."라고 하면서 괴로워하고 실망하여 거기서 바로 사라졌다.

농부 경(S4:19)
Kassaka-sutta

1. <사왓티의 아나타삔디까 원림(급고독원)에서>

2. 그 무렵 세존께서는 비구들에게 열반에 관한 법을 설하시어 격려하고 분발하게 하고 기쁘게 하셨다. 그리고 비구들은 그것을 깊이 새기고 마음에 잡도리하고 온 마음을 다하여 몰두하여 귀를 기울이고 듣고 있었다. [115]

3. 그때 마라 빠삐만에게 이런 생각이 들었다.
'저 사문 고따마는 비구들에게 열반에 관한 법을 설하여 격려하고 분발하게 하고 기쁘게 한다. 그리고 비구들은 그것을 깊이 새기고 마음에 잡도리하고 온 마음을 다하여 몰두하여 귀를 기울이고 듣고 있다. 그러니 나는 [저 비구들의] 눈을 멀게 하기 위해서 사문 고따마에게 다가가야겠다.'

4. 그때 마라 빠삐만은 농부의 모습을 하고 어깨에다 큰 쟁기를 메고 기다란 소 모는 막대기를 잡고 머리칼을 헝클어뜨리고 대마로 만든 옷을 입고 발에는 진흙을 잔뜩 묻히고 세존에게 다가갔다. 가서

될 것이라는 말이다."(SA.i.179; DhpA.iii.258)
본 게송은 『법구경』(Dhp) {200}과 같다. 『법구경 주석서』(DhpA.iii.259)는 축제에 참가한 오백 명의 젊은 여성들이 세존의 이 게송을 듣고 예류과를 얻었다고 적고 있다.

는 세존께 이렇게 여쭈었다.

"사문이여, 황소들을 보았습니까?"

"빠삐만이여, 그대에게 어떤 것이 황소들인가?"

5. "사문이여, 눈은 나의 것이고 형색들도 나의 것이고 눈의 감각접촉과 [눈의] 알음알이의 장소도 나의 것이라오.[485] 사문이여, 그대가 도대체 어디로 가서 내게서 벗어난단 말이오?

사문이여, 귀는 나의 것이고 소리들도 나의 것이고 …

사문이여, 코는 나의 것이고 냄새들도 나의 것이고 …

사문이여, 혀는 나의 것이고 맛들도 나의 것이고 …

사문이여, 몸은 나의 것이고 감촉들도 나의 것이고 …

---

485) '눈의 감각접촉과 [눈의] 알음알이의 장소'는 cakkhu-samphassa-viññāṇ-āyatanaṁ을 옮긴 것이다. 주석서는 이 합성어를 cakkhu-viññāṇena sampayutto cakkhusamphassopi viññāṇāyatanaṁ으로 분석하고 있어서(SA.i.180) 이렇게 옮겼다. 계속해서 주석서는 이렇게 설명하고 있다.

"여기서 '눈의 감각접촉(cakkhu-samphassa)'이란 알음알이와 함께 일어나는 법들(viññāṇa-sampayuttakā dhammā)을 뜻한다. '[눈의] 알음알이의 장소(viññāṇ-āyatana)'란 눈의 문(cakkhu-dvāra)에서 일어나는 모든 것을 말하나니 전향하는 알음알이 등(āvajjanādi-viññāṇāni)을 뜻한다. 귀의 문 등에서도 이 방법은 적용된다.
그러나 마노의 문(mano-dvāra)에서는 이와 같다. '마노[意, mano]'란 전향과 함께하는(sāvajjanaka) 바왕가의 마음(bhavaṅga-citta, 잠재의식)을 말한다. ["여기서 전향과 함께 하는 바왕가의 마음이란 [의문]전향의 마음과 등무간연이 되는 것(anantara-paccaya-bhūta)을 말한다."(SAṬ.i.186) 즉 [의문]전향 바로 앞의 찰나에 일어나는 바왕가의 마음을 뜻한다. 의문인식과정에 대해서는 『아비담마 길라잡이』 제4장 §12 이하를 참조할 것.]
'법들(dhammā)'이란 대상이 되는 법들(ārammaṇa-dhammā)이다. '마노의 감각접촉(mano-samphassa)'이란 전향과 함께하는 바왕가와 함께 일어난 감각접촉이다. '[마음의] 알음알이의 장소(viññāṇ-āyatana)'란 속행의 마음(javana-citta)과 등록의 마음(tadārammaṇa)이다."(SA.i.180)
여기에 언급되는 전향과 바왕가와 속행과 등록의 마음 등에 대해서는 『아비담마 길라잡이』 제3장 §8의 해설을 참조할 것.

사문이여, 마노[意]는 나의 것이고 [마노의 대상인] 법들도 나의 것이고 마노의 감각접촉과 [마노의] 알음알이의 장소도 나의 것이라오. 사문이여, 그대는 도대체 어디로 가서 나로부터 벗어난단 말이오?"

6. "빠삐만이여, 눈은 그대의 것이고 형색들도 그대의 것이고 눈의 감각접촉과 [눈의] 알음알이의 장소도 그대의 것이다. 빠삐만이여, 그러나 눈도 없고 형색들도 없고 눈의 감각접촉과 [눈의] 알음알이의 장소도 없는 곳, 거기에는 그대가 머물 곳이 없다.486)

빠삐만이여, 귀는 그대의 것이고 소리들도 그대의 것이고 귀의 감각접촉과 [귀의] 알음알이의 장소도 그대의 것이다. 빠삐만이여, 그러나 귀도 없고 소리들도 없고 귀의 감각접촉과 [귀의] 알음알이의 장소도 없는 곳, 거기에는 그대가 머물 곳이 없다.

빠삐만이여, 코는 그대의 것이고 냄새들도 그대의 것이고 귀의 감각접촉과 [귀의] 알음알이의 장소도 그대의 것이다. 빠삐만이여, 그러나 귀도 없고 소리들도 없고 귀의 감각접촉과 [귀의] 알음알이의 장소도 없는 곳, 거기에는 그대가 머물 곳이 없다. [116]

빠삐만이여, 혀는 그대의 것이고 맛들도 그대의 것이고 혀의 감각접촉과 [혀의] 알음알이의 장소도 그대의 것이다. 빠삐만이여, 그러나 혀도 없고 맛들도 없고 혀의 감각접촉과 [혀의] 알음알이의 장소도 없는 곳, 거기에는 그대가 머물 곳이 없다.

빠삐만이여, 몸은 그대의 것이고 감촉들도 그대의 것이고 몸의 감각접촉과 [몸의] 알음알이의 장소도 그대의 것이다. 빠삐만이여, 그

---

486) 이런 표현들로 세존께서는 열반(nibbāna)을 말씀하시는 것이 분명하다. 마라는 이러한 열반의 경지에는 가지 못한다. 본서 제4권 「감각적 욕망의 가닥 경」(S35:117) §5와 §11에서 세존과 아난다 존자는 열반을 여섯 감각장소가 멸한 것으로 표현하고 계신다.

러나 몸도 없고 감촉들도 없고 몸의 감각접촉과 [몸의] 알음알이의 장소도 없는 곳, 거기에는 그대가 머물 곳이 없다.

빠삐만이여, 마노[意]는 그대의 것이고 [마노의 대상인] 법들도 그대의 것이고 마노의 감각접촉과 [마노의] 알음알이의 장소도 그대의 것이다. 빠삐만이여, 그러나 마노도 없고 [마노의 대상인] 법들도 없고 마노의 감각접촉과 [마노의] 알음알이의 장소도 없는 곳, 거기에는 그대가 머물 곳이 없다."

7. [마라]
"'이것은 나의 것'이라 말해지는 것도 있고
'나의 것'이라 말하는 자들 또한 있도다.
사문이여, 만일 그대 마음이 여기에 존재한다면
그대는 내게서 벗어나지 못하리라." {484}

8. [세존]
"그들이 말하는 '나의 것'은 나의 것이 아니요
['나의 것'이라] 말하는 자들 가운데 나는 포함되지 않도다.
빠삐만이여, 그대는 이렇게 알아야 하나니
그대는 결코 나의 길을 보지 못할 것이로다." {485}

9. 그러자 마라 빠삐만은 "세존께서는 나를 알아버리셨구나. 선서께서는 나를 알아버리셨구나."라고 하면서 괴로워하고 실망하여 거기서 바로 사라졌다.

통치 경(S4:20)

Rajja-sutta

1. 이와 같이 나는 들었다. 한때 세존께서는 꼬살라에서 히말라야 산기슭에서 숲속의 토굴에 머무셨다.

2. 그때 세존께서 한적한 곳에 가서 홀로 앉아있는 중에 문득 이런 생각이 마음에 일어났다.487)

'죽이지 않고 죽이도록 하지 않고 정복하지 않고 정복하도록 하지 않고 슬퍼하지 않고 슬프게 하지 않고 법답게 통치한다는 것이 참으로 가능한 것인가?'488)

3. 그러자 마라 빠삐만이 마음으로 세존의 마음 속 생각을 알고 세존께 다가갔다. 가서는 세존께 이렇게 말씀드렸다.

"세존이시여, 세존께서 죽이지 않고 죽이도록 하지 않고 정복하지 않고 정복하도록 하지 않고 슬퍼하지 않고 슬프게 하지 않고 법답게 통치를 하십시오. 선서께서 통치를 하십시오."

---

487) 『법구경 주석서』(DhpA)에는 시를 포함한 본경의 내용이 조금 더 자세히 나타난다. 『법구경 주석서』(DhpA.iv.31~33)에 의하면 세존께서는 법답지 못한 왕들이 통치하는 지역에서 백성들이 형벌로 고통스러워하는 것을 보시고 이렇게 생각하셨다고 한다.

488) 그런데 '법답게 통치 한다는 것이 참으로 가능한 것인가(sakkā dhammena rajjaṁ kāretuṁ)?'라는 이러한 의문에 대해서 본경에서 세존께서는 아무런 대답을 주시지 않고 있다. 본경뿐만 아니라 빠알리 삼장 전체에서 여기에 대한 분명한 답은 나타나지 않는 것으로 보인다. 물론 『디가 니까야』 「전륜성왕 사자후경」(D26)처럼 법다운 전륜성왕에 대한 언급이 자세하게 나타나는 경들이 있기는 하지만 통치행위는 기본적으로 폭력을 수반하는 것이기 때문에 통치자가 계목을 철저히 준수하는 것은 지난한 문제라는 것이 일반적인 의견이다. 여기에 대해서는 Collins, *Nirvāna and Other Buddhist Felicities*, pp.419~436, 448~470을 참조할 것.

4. "빠삐만이여, 그런데 그대는 무엇을 보았기에 나에게 '세존이시여, 세존께서 죽이지 않고 … 법답게 통치를 하십시오. 선서께서 통치를 하십시오.'라고 말하는가?"

"세존이시여, 세존께서는 네 가지 성취수단[如意足]을 개발하고, 닦고, 많이 [공부]짓고, 수레로 삼고, 기초로 삼고, 확립하고, 굳건히 하고, 부지런히 닦았습니다. 그러므로 세존께서 원하시면, 산의 왕 히말라야가 황금이 되길 결심만 하시어도 그 산은 바로 황금이 될 것입니다."489) [117]

5. [세존]
"황금 산이 있어 온통 황금으로 만들어졌고
나아가 이것의 두 배가 있다 하더라도
그것은 한 사람에게도 충분하지 않나니
이렇게 알고서 바르게 살아야 하리.490) {486}

괴로움과 괴로움의 원인을 본 사람
그가 어찌 욕망으로 기운단 말인가?
이 세상에서 재생의 근거(소유물)가 곧 결박임을 알아
그것을 없애기 위해 공부지어야 하도다."491) {487}

---

489) 본서 제6권 「탑묘 경」(S51:10) §5 = 『디가 니까야』 「대반열반경」(D16) §3.3 = 『앙굿따라 니까야』 「대지의 진동 경」(A8:70) §4에는 "아난다여, 여래는 네 가지 성취수단을 닦고, 많이 [공부]짓고, 수레로 삼고, 기초로 삼고, 확립하고, 굳건히 하고, 부지런히 닦았다. 여래는 원하기만 하면 일 겁을 머물 수도 있고 겁이 다하도록 머물 수도 있다."고 나타난다.
물론 마라는 부처님이 바른 통치를 하시라고 하는 게 아니라 권력욕에 지배되어서 자신의 제어하에 들어오게 하려고 한 말이다.

490) "산 하나는 그만두고 이것의 두 배가 되는(dvikkhattuṁ) 큰 황금 산(suvaṇṇa-pabbata)이 있다 하더라도 이것은 한 사람에게도 충분하지 않다는 뜻이다."(SA.i.181)

6. 그러자 마라 빠삐만은 "세존께서는 나를 알아버리셨구나. 선서께서는 나를 알아버리셨구나."라고 하면서 괴로워하고 실망하여 거기서 바로 사라졌다.

제2장 두 번째 품이 끝났다.

두 번째 품에 포함된 경들의 목록은 다음과 같다.

① 바위 ② 사자 ③ 돌조각
④ 어울리는 일 ⑤ 정신적인 것
⑥ 발우 ⑦ 여섯 감각접촉의 장소
⑧ 탁발음식 ⑨ 농부 ⑩ 통치이다.

---

491) "'괴로움(dukkha)'은 참으로 다섯 가닥의 감각적 욕망을 그 원인으로 한다(pañca-kāmaguṇa-nidāna). 그래서 '[괴로움의] 원인(yato-nidāna)'이라고 한 것이다. 이렇게 본 자가 다시 무슨 까닭으로 괴로움의 원인이 되는 감각적 욕망들로 기울겠는가? '재생의 근거(upadhi)'란 감각적 욕망이라는 재생의 근거(kāmaguṇa-upadhi)이다. 그러므로 사람은 이러한 재생의 근거를 없애기 위해서 공부지어야 한다."(SA.i.181)
"괴로움은 갈애를 원인으로 한다. 그리고 갈애는 다섯 가닥의 감각적 욕망을 원인으로 한다. 그래서 다섯 가닥의 감각적 욕망이 괴로움의 원인이라고 설명한 것이다. 이와 같이 통찰지의 눈[慧眼, paññā-cakkhu]으로 본 자가 감각적 욕망으로 기울 하등의 이유가 없다."(SAṬ.i.188)

제3장 세 번째 품

Tatiya-vagga

많음 경(S4:21)

Sambahulā-sutta

1. 이와 같이 나는 들었다. 한때 세존께서는 삭까에서 실라와띠에 머무셨다.

2. 그때 많은 비구들이 세존으로부터 멀지 않은 곳에서 방일하지 않고 근면하고 스스로를 독려하며 머물고 있었다.

그러자 마라 빠삐만은 바라문의 모습을 나투어, 상투를 크게 틀고 영양 가죽으로 만든 외투를 입고 늙어서 서까래처럼 등이 구부러졌고 콜록콜록 기침을 하면서 무화과나무 지팡이[492]를 짚고 그 비구들에게 다가갔다. 가서는 그 비구들에게 이렇게 말했다.

3. "존자들은 젊고 청춘이고 활기차며 머리칼이 검고 축복 받은 젊음을 구족한 초년의 나이에 감각적 욕망을 누려보지도 못한 채 동진(童眞)으로 출가하였습니다. 존자들이여, 인간에게 풍족한 감각적 욕망을 누리시오. 목전에 분명한 것을 제쳐두고 시간이 걸리는 것을 추구하지 마시오."[493]

---

492) "'무화과나무 지팡이(udumbara-daṇḍa)'는 조금 구부러졌는데 이것은 그가 바라는 것이 아주 적음을 드러내기 위한 것(appiccha-bhāva-ppakāsa-nattha)이다."(SA.i.181)
베다의 제사에는 무화과나무가 많이 사용된다. 제사 기둥, 제사 주걱, 부적 등도 모두 무화과나무로 만든다. Mcdonell and Keith, *Vedic Index, s.v.* udumbara 참조.

4. "바라문이여, 우리는 절대로 목전에 분명한 것을 제쳐두고 시간이 걸리는 것을 추구하지 않습니다. 바라문이여, 우리야말로 시간이 걸리는 것을 제쳐두고 목전에 분명한 것을 추구합니다. 왜냐하면 세존께서는 감각적 욕망이란 시간이 걸리는 것이라서 괴로움과 절망이 가득하며 거기에는 많은 위험이 따른다고 하셨기 때문입니다. 그러나 이 법은 세존에 의해서 잘 설해졌고, 스스로 보아 알 수 있고, 시간이 걸리지 않고, 와서 보라는 것이고, 향상으로 인도하고, 지자들이 각자 알아야 하는 것이기 때문입니다." [118]

5. 이렇게 말하자 마라 빠삐만은 머리를 흔들고 혀를 축 늘어뜨리고 이마를 찌푸려 세 줄의 주름살을 짓고는 지팡이를 짚고 가 버렸다.494)

---

493) 여기에 대해서는 본서 「사밋디 경」(S1:20) §4와 제4권 「바라드와자 경」(S35:127) §3을 참조할 것.
한편 마라의 이러한 주장은 전통적인 바라문교의 주장과도 일치한다. 바라문교에서 출가자(sannyāsi)가 되는 것은 인생의 4단계(Āśrama) 가운데서 마지막 단계에 해당한다. 그들이 가르치는 네 단계의 인생은 ① 스승 밑에서 학습하는 청년 시절의 범행기(梵行期, 學生期, brahmacarya) ② 가정에서 생활하며 가장으로서의 의무를 다하는 가주기(家住期, gārhastya) ③ 가정과 재산을 아들에게 물려주고 숲 속에 들어가 은거하는 임서기(林捿期, vānaprasthā) ④ 숲 속의 거처까지 버리고 완전히 무소유로 걸식하고 편력하는 생활에 들어가는 유행기(遊行期, sannyāsa)로 나누어진다.

494) 이것은 좌절이나 자기 마음대로 되지 않을 때 기분이 몹시 상했음을 나타내는 표시이다. 『맛지마 니까야』 「꿀덩어리 경」(M18/i.109) §5에서 삭까 사람 단다빠니도 이렇게 하고 있다.
주석서는 이렇게 설명한다.
"'당신들은 잘 아는 사람의 말대로 행하지 않으니 스스로 [사악한 업을 초래할(pāpa-kamma-nibbattaka) – SAṬ.i.188] 기름에 튀겨질 것이다(tele paccissatha).'라고 말하고 어떤 길로 가 버렸다는 뜻이다."(SA.i.182)

6. 그러자 그 비구들은 세존께 다가갔다. 가서는 세존께 절을 올리고 한 곁에 앉았다. 한 곁에 앉은 비구들은 세존께 이렇게 말씀드렸다.

"세존이시여, 저희들은 세존으로부터 멀지 않은 곳에서 방일하지 않고 근면하고 스스로를 독려하며 머물고 있었습니다. 그러자 어떤 바라문이 상투를 크게 틀고 영양 가죽으로 만든 외투를 입고 … 이렇게 말하자 그 바라문은 머리를 흔들고 혀를 축 늘어뜨리고 이마를 찌푸려 세 줄의 주름살을 짓고는 지팡이를 짚고 가 버렸습니다."

7. "비구들이여, 그는 바라문이 아니다. 그는 마라 빠삐만인데 그대들의 눈을 멀게 하기 위해서 온 것이었다."

8. 그러자 세존께서는 그 뜻을 아시고 그 사실에 대해서 이 게송을 읊으셨다.

"괴로움과 괴로움의 원인을 본 사람
그가 어찌 욕망으로 기운단 말인가?
이 세상에서 재생의 근거(소유물)가 곧 결박임을 알아
그것을 없애기 위해 공부지어야 하도다." {488}

사밋디 경(S4:22)
Samiddhi-sutta

1. 이와 같이 [119] 나는 들었다. 한때 세존께서는 삭까에서 실라와띠에 머무셨다.

2. 그 무렵 사밋디 존자495)가 세존으로부터 멀지 않은 곳에서 방일하지 않고 근면하고 스스로를 독려하며 머물고 있었다. 그때 사

밋디 존자가 한적한 곳에 가서 홀로 앉아있는 중에 문득 이런 생각이 마음에 일어났다.

'나의 스승께서는 아라한이요 정등각자이시다. 그러니 이것은 참으로 내게 이득이구나. 이것은 참으로 내게 큰 이득이구나. 그리고 나는 이처럼 잘 설해진 법과 율에 출가하였다. 그러니 이것은 참으로 내게 이득이구나. 이것은 참으로 내게 큰 이득이구나. 그리고 나의 동료 수행자들은 계행을 구족하고 선한 성품을 가졌다. 그러니 이것은 참으로 내게 이득이구나. 이것은 참으로 내게 큰 이득이구나.'

3. 그러자 마라 빠삐만은 마음으로 사밋디 존자의 마음에 일어난 생각을 알고 사밋디 존자에게 다가갔다. 가서는 사밋디 존자로부터 멀지 않은 곳에서 두렵고 무서운 엄청난 굉음을 만들었는데 땅이 산산조각 나는 듯하였다.[496]

그러자 사밋디 존자는 세존께 다가갔다. 가서는 세존께 절을 올리고 한 곁에 앉았다. 한 곁에 앉은 사밋디 존자는 세존께 이렇게 말씀드렸다.

4. "세존이시여, 여기 저는 세존으로부터 멀지 않은 곳에서 방일하지 않고 근면하고 스스로를 독려하며 머물고 있었습니다. … 그때 제게서 멀지 않은 곳에서 두렵고 무서운 엄청난 굉음이 생겼는데 땅이 산산조각 나는 듯했습니다."

"사밋디여, 그것은 땅이 산산조각 나는 것이 아니다. 저 마라 빠삐만이 그대의 눈을 멀게 하기 위해서 온 것일 뿐이다. 사밋디여, 그러

---

495) 사밋디 존자(āyasmā Samiddhi)에 대해서는 본서 「사밋디 경」(S1:20) §2의 주해를 참조할 것.

496) 본서 「여섯 감각접촉의 장소 경」(S4:17) §4와 주해를 참조할 것.

니 그대는 가거라. 가서 방일하지 않고 근면하고 스스로를 독려하며 머물거라."

"그렇게 하겠습니다, 세존이시여."라고 [말씀드린 뒤] 사밋디 존자는 [120] 자리에서 일어나 세존께 절을 올리고 오른쪽으로 [세 번] 돌아 [경의를 표한] 뒤에 물러갔다.

5. 두 번째로 사밋디 존자는 세존으로부터 멀지 않은 곳에서 방일하지 않고 근면하고 스스로를 독려하며 머물고 있었다. 그때 사밋디 존자가 한적한 곳에 가서 홀로 앉아있는 중에 문득 이런 생각이 마음에 일어났다.

'나의 스승께서는 아라한이요 정등각자이시다. 그러니 이것은 참으로 내게 이득이구나. 이것은 참으로 내게 큰 이득이구나. …'

두 번째로 마라 빠삐만은 마음으로 사밋디 존자의 마음에 일어난 생각을 알고 사밋디 존자에게 다가갔다. 가서는 사밋디 존자로부터 멀지 않은 곳에서 두렵고 무서운 엄청난 굉음을 만들었는데 땅이 산산조각 나는 듯하였다.

6. 그러자 사밋디 존자는 '이 자는 마라 빠삐만이로구나.'라고 알고는 마라 빠삐만에게 게송으로 대답하였다.

"나는 믿음으로 출가하여
집에서 나와 집 없이 되었나니
나의 마음챙김과 통찰지는 익었고497)

---

497) '나의 마음챙김과 통찰지는 익었고'는 satipaññā ca me buddhā를 옮긴 것이다. '익었고'로 옮긴 buddhā(깨달은)를 주석서는 알아진(ñātā)으로 해석하고 있다. 즉 '나는 마음챙김과 통찰지를 알았다.'라고 설명하고 있다.(SA.i.182) 복주서는 여기에 대해서 "성스러운 도를 통해 아는 능력이 생긴 것(jānana-samatthana-bhāva)"으로 설명하고 있다.(SAṬ.i.189)

마음은 삼매에 잘 들었도다." {489}

그대 원하는 형색들을 아무리 만들어 내더라도 나를 두렵게 하지 못할 것이로다."

7. 그러자 마라 빠삐만은 "사밋디 비구는 나를 알아버렸구나."라고 하면서 괴로워하고 실망하여 거기서 바로 사라졌다.

고디까 경(S4:23)

Godhika-sutta

1. 이와 같이 나는 들었다. 한때 세존께서는 라자가하에서 대나무 숲의 다람쥐 보호구역에 머무셨다.

2. 그 무렵 고디까 존자가 이시길리 산비탈의 검은 바위에 머물고 있었다. 고디까 존자[498]는 방일하지 않고 근면하고 스스로를 독려하며 머물러서 일시적인 마음의 해탈[499]에 도달했다. 그러나 고디

같은 게송이 『장로게』(Thag) {46}에도 나타나고 있는데 거기는 buddhā(깨달은) 대신에 vuḍḍhā(증장, 향상)로 나타난다. 이렇게 읽는 것이 더 좋다. 이런 점을 감안하여 역자는 '익은'으로 옮겼다.

498) 본경에 해당하는 주석서와 복주서에는 고디까 존자(āyasmā Godhika)에 대한 설명이 나타나지 않는다. 그런데 그의 게송이 『장로게』(Thag) {51}로 전해 온다. 『장로게 주석서』에 의하면 그는 빠와(Pāvā)에 있는 말라의 왕(Malla-rāja)의 아들이었다고 한다. 그는 그의 친구인 수바후(Subāhu)와 왈리야(Valliya)와 웃띠야(Uttiya)와 더불어 까삘라왓투를 방문했다가 니그로다 원림에서 쌍신변(yamakapāṭihāriya)을 보고 출가하였다고 한다.(ThagA.i.132~133)

499) "'일시적인 마음의 해탈(sāmāyika ceto-vimutti)'이란 증득하는 순간에(appitappita-kkhaṇe) 반대되는 법(paccanīka-dhamma)들로부터 해탈하고 그리고 대상에 확고하게 되는 세간적인 증득(lokiya-samāpatti)을 말한다."(SA.i.183)
"'일시적인 해탈을 얻은 자(samaya-vimutta)'란 오직 본삼매에 들어 있는

까 존자는 그 일시적인 마음의 해탈에서 멀어져 버렸다.

3. 두 번째로 고디까 존자는 방일하지 않고 근면하고 스스로를 독려하며 머물러서 일시적인 마음의 해탈에 도달했다.

그러나 두 번째에도 고디까 존자는 그 일시적인 마음의 해탈에서 멀어져 버렸다.

세 번째로 고디까 존자는 방일하지 않고 … 그 일시적인 마음의 해탈에서 멀어져 버렸다.

네 번째로 고디까 존자는 방일하지 않고 … 그 일시적인 마음의 해탈에서 멀어져 버렸다. [121]

다섯 번째로 고디까 존자는 방일하지 않고 … 그 일시적인 마음의 해탈에서 멀어져 버렸다.

여섯 번째로 고디까 존자는 방일하지 않고 … 그 일시적인 마음의 해탈에서 멀어져 버렸다.

4. 일곱 번째로 고디까 존자는 방일하지 않고 근면하고 스스로를 독려하며 머물러서 일시적인 마음의 해탈에 도달했다.

그러자 고디까 존자에게 이런 생각이 들었다.

'여섯 번이나 나는 일시적인 마음의 해탈에서 멀어져 버렸다. 그러

순간에만 억압된 오염원들로부터 해탈하기 때문에 일시적인 해탈이라 불리는 세간적인 해탈(lokiya-vimutta)을 통해 마음이 해탈한 자를 뜻한다." (AA.iii.292)

즉 예류부터 아라한까지의 성자의 경지는 아직 실현하지 못했지만 삼매에 든 순간에는 다섯 가지 장애로 대표되는 오염원들로부터 벗어났기 때문에 일시적인 해탈을 얻은 자라고 한다는 뜻이다.

일시적인 마음의 해탈(sāmāyika cetovimutti) 혹은 일시적인 해탈(sāmā-yika vimutti) 혹은 일시적인 해탈을 얻은 자(samaya-vimutta에 대해서는 『앙굿따라 니까야』 제3권 「일시적 해탈 경」 1(A5:149) §1의 주해를 참조할 것.

니 이제 나는 칼로 [자결을 하리라.]'[500]

5. 그러자 마라 빠삐만이 마음으로 고디까 존자의 마음에 일어난 생각을 알고 세존께 다가갔다. 가서는 세존께 게송으로 말했다.[501]

"대영웅, 큰 통찰지를 지닌 분,
큰 성취와 명성으로 빛나는 분,
모든 원한과 두려움을 건넌 분, 눈을 가진 분이시여,
당신의 발에 예배드리나이다. {490}

대영웅, 죽음을 정복한 분이시여,
당신의 제자가 죽기를 원하여
[죽을] 결심하였나니
그를 말리기를, 빛나는 분이시여. {491}

당신의 교법에서 기뻐하는 당신 제자는

---

500) '칼을 사용해서 [자결을 하였다.]'는 sattharn āharitarn hoti를 옮긴 것이다. 직역하면 '칼이 잡아졌다.'이다. 그래서 이렇게 의역을 하였다. 칼로 자결하는 것(sattha āharita)은 본서 제3권 「왁깔리 경」(S22:87) §18, 제4권 「찬나 경」(S35:87) §13, 제6권 「웨살리 경」(S54:9) §4에도 나타나고 있다.
"'禪으로부터 떨어져버린 자(parihīna-jjhāna)가 임종을 하면 그가 태어날 곳(gati)이 불분명하다(anibaddhā). 그러나 선으로부터 떨어지지 [않고 임종한 자]의 태어날 곳은 분명하나니 그는 범천의 세상(brahma-loka)에 태어난다. 그러니 나는 칼을 사용해서 [자결할] 것이다.'라고 생각하였다."(SA.i.183)

501) "마라는 '이 사문은 칼을 사용해서 자결하려고 한다. 칼로 자결하려 한다는 것은 이 자는 몸과 목숨에 대해서 더 이상 연연하지 않는다(anapekkha)는 말이다. 이처럼 몸과 목숨에 대해서 더 이상 연연하지 않는 자는 근본적인 명상주제(mūla-kammaṭṭhāna)를 명상한 뒤(sammasitvā) 아라한과를 증득할 수 있다. 그러나 내가 말리면 이 자는 듣지 않을 것이다. 그러므로 스승이 금지하도록(paṭibāhita) 만들어야겠다.'라고 생각한 뒤 마치 장로를 위하는 것처럼 하여 세존께 다가간 것이다."(SA.i.183)

마음의 이상을 얻지 못한[502] 유학인데
어떻게 자결을 합니까, 명성이 자자한 분이시여?"[503] {492}

6. 그런데 그 무렵 고디까 존자는 칼로 [자결을 하였다.][504]

---

502) "'마음의 이상을 얻지 못한(appatta-mānasa)'이란 아직 아라한과를 얻지 못한(appatta-arahatta)이란 의미이다."(SA.i.183)
이 술어는 본서 제2권 「벼락 경」(S17:6) §3; 「독화살 경」(S17:7) §3; 제4권 「데와다하 경」(S35:134) §5; 제5권 「살라 경」(S47:4) §5; 「잇차낭갈라 경」(S54:11) §7; 「혼란스러움 경」(S54:12) §4 등에서도 유학을 수식하는 단어로 나타나고 있다.

503) '명성이 자자한 분'은 jane suta를 옮긴 것이다. 문자적으로는 '사람들이 들은'이라는 뜻이다.
다른 곳에서 마라는 세존을 사문(samaṇa)이라 불렀는데 여기서는 세존이 고디까 존자의 자결을 만류하게 할 속셈으로 세존을 칭송하는 여러 수식어를 동원하고 있다.

504) "장로는 칼로 목의 경정맥(gala-nāḷi)을 끊었다. 고통스런 느낌이 생겼지만 그 느낌을 가라앉히고 그 느낌을 잘 파악한 뒤 마음챙김을 확립하여 근본 명상주제를 명상하면서 아라한과를 증득한 뒤 사마시시(samasīsī, 아라한이 됨과 동시에 완전한 열반에 듦)로 완전한 열반에 들었다(parinibbāyi).
사마시시에는 세 가지가 있으니 그것은 자세의 사마시시(iriyāpatha-sama-sīsī), 병의 사마시시(roga-samasīsī), 목숨의 사마시시(jīvita-samasīsī)다. …"(SA.i.183)
『인시설론 주석서』(PugA.186)에도 이 세 가지 사마시시가 나타나며 『앙굿따라 니까야 주석서』에는 느낌의 사미시시를 넣어서 네 가지 사마시시를 들고 있다.(AA.iv.6~7) 자세한 것은 『앙굿따라 니까야』 「무상(無常) 경」(A7:16) §3의 주해를 참조할 것.
사마시시는 『인시설론』(人施設論, Pug.19)에 처음 나타나는 단어로 여겨진다. 이것은 '동시에(sama) 두 가지 목적을 성취한 자(sīsin, 문자적으로는 머리를 가진 자)'라는 뜻이다. 여기서 두 가지 목적이란 최고의 성위인 아라한됨과 완전한 열반(반열반=입멸)을 말한다. 그러므로 아라한이 됨과 동시에 입적한 것을 말한다.
주석서들은 병이 낫거나, 자세가 끝나거나, 목숨이 다하면서 아라한과를 얻고 바로 반열반에 드는(parinibbāti) 것이 사마시시라고 설명하고 있다. 이처럼 어떤 사마시시건 사마시시는 아라한과를 얻음과 동시에 반열반에 드는 것 즉 입멸하는 것을 뜻한다.

그때 세존께서는 '이 자는 마라 빠삐만이로구나.'라고 아시고 마라 빠삐만에게 게송으로 말씀하셨다.

"현자들은 더 이상 삶에 연연하지 않고
이와 같은 행위를 짓기도 하나니
고디까는 이미 갈애를 뿌리 뽑아
완전한 열반의 경지에 들었도다." {493}

7. 그러자 세존께서는 비구들을 불러서 말씀하셨다.

"오라, 비구들이여. 우리는 이시길리 산비탈의 검은 바위로 가자. 거기서 좋은 가문의 아들 고디까가 칼로 [자결을 하였다.]"

"그렇게 하겠습니다, 세존이시여."라고 비구들은 세존께 대답했다.

8. 그때 세존께서는 많은 비구들과 함께 이시길리 산비탈의 검은 바위로 가셨다. 세존께서는 고디까 존자가 침상위에서 몸통이 뒤틀린 채 누워 있는505) 것을 보셨다. [122]

그 무렵 자욱한 연기와 어둠의 소용돌이가 동쪽으로 움직이고 서쪽으로 움직이고 북쪽으로 움직이고 남쪽으로 움직이고 위로 움직이고 아래로 움직이고 간방위로 움직이고 있었다.

9. 그러자 세존께서는 비구들을 불러서 말씀하셨다.

"비구들이여, 그대들은 여기 자욱한 연기와 어둠의 소용돌이가 동쪽으로 움직이고 … 간방위로 움직이는 것을 보는가?"

---

505) "'몸통이 뒤틀린 채 누워 있는(vivattakkhandhaṁ semānaṁ)'이란 몸통이 꼬인 채(parivatta-kkhandha) 누워 있었다는 말이다. 장로의 [몸통은 자결을 하여] 등을 대고 반듯하게 누워 있었지만(uttānaka sayita) 그 상황에서도 오른 쪽 옆구리(dakkhiṇa passa)로 눕는 습관 때문에 머리는 오른 쪽을 향하여 꼬여 있었다는 말이다."(SA.i.184)

"그렇습니다, 세존이시여."

"비구들이여, 이것은 사악한 마라가 '좋은 가문의 아들 고디까의 알음알이는 어디에 머물고 있는가?'라고 좋은 가문의 아들 고디까의 알음알이를 찾고 있는 것이다. 비구들이여, 그러나 좋은 가문의 아들 고디까는 알음알이가 [그 어디에도] 머물지 않고 완전한 열반에 들었다."506)

10. 그때 마라 빠삐만이 벨루와빤두 비파를 가지고 세존께 다가갔다. 가서는 게송으로 말했다.

"위로 아래로 옆으로
사방팔방으로 찾아보았지만
나는 그를 발견할 수 없으니
도대체 고디까는 어디로 갔는가?" {494}

11. [세존]
"지혜를 구족한 그 현자
禪을 닦고 항상 선정을 기뻐하였나니

---

506) "'알음알이를 찾고 있다(viññāṇaṁ samanvesati).'는 것은 재생연결의 마음(paṭisandhi-citta)을 찾는다는 말이다. '알음알이가 [그 어디에도] 머물지 않는(appatiṭṭhita)'이란 재생연결식(paṭisandhi-viññāṇa)으로 머물지 않는다는 말이니 [아라한에게는 재생연결식이] 새로 머물지 않기 때문(appatiṭṭhita-kāraṇa)이다."(SA.i.184)
"재생연결식으로 머물지 않았다는 말은 [재생연결식이] 생기지 않았다는 뜻이다. 만일 재생연결식이 일어났다면 그것은 머무는 것이 될 것이다. 그러므로 주석서(aṭṭhakathā)에서 알음알이가 머물지 않기 때문이라고 한 것은 완전한 열반에 들었기 때문임(parinibbāna-kāraṇa)을 두고 한 말이다." (SAṬ.i.191)
복주서는 이처럼 아라한은 더 이상 태어남이 없기 때문에 다음 생의 재생연결식이 일어나지 않는다는 것은 바로 완전한 열반(반열반)에 든 것이라고 명쾌하게 설명하고 있다.

목숨에도 탐착하지 않고
밤낮으로 정진했도다. {495}

죽음의 군대를 철저하게 정복하고
다시 태어남[再生]으로 되돌아오지 않으며
갈애를 남김없이 뿌리 뽑은 뒤
고디까는 완전한 열반에 들었도다." {496}

12. [송출자]
슬픔에 압도되어 허리의 비파를 떨어뜨리고
의기소침해진 그 약카는 거기서 사라졌노라.507) {497}

칠 년 동안 경(S4:24)

Sattavassāni-sutta

1. 이와 같이 나는 들었다. 한때 세존께서는 처음 완전한 깨달음을 성취하시고 나서 우루웰라의 네란자라 강둑에 있는 염소치기의 니그로다 나무 아래에서 머무셨다.

2. 그 무렵 마라 빠삐만은 칠 년508) 동안이나 접근할 기회를 엿보

---

507) 주석서와 복주서는 이 게송에 대해서 별다른 언급이 없지만 이 게송은 송출자가 읊은 게송이 분명하다. 본 게송은 『숫따니빠따』(Sn.78) {449}로도 나타나고 있다. 『숫따니빠따』에서는 거기에 나타나고 있는 아래 「칠 년 동안 경」(S4:24) {504~505}와 같은 게송의 뒤에 본 게송이 나타나고 있다.

508) "'칠 년(satta vassāni)'이란 깨달음을 얻기 전(pure bodhiyā) 6년과 깨달으신 뒤 1년을 뜻한다."(SA.i.185)
그런데 바로 다음 「마라의 딸들 경」(S4:25)은 그 경의 내용으로 볼 때 본 경 다음의 상황을 담고 있다. 이렇게 되면 본경의 대화는 염소치기의 니그로다 나무(ajapāla-nigrodha) 아래서 나눈 것이며 주석서들은 부처님께서 정등각을 성취하신 뒤 다섯 번째 7일(pañcama sattāha)에 여기서 머무셨다고 밝히고 있다.(AA.iii.24)

면서 세존의 뒤를 따라다녔지만 접근할 기회를 포착하지 못하였다.509)

3. 그때 마라 빠삐만은 세존께 다가갔다. 가서는 세존께 게송으로 말했다. [123]

"슬픔에 빠져 숲에서 禪을 닦는가?
재산을 잃었는가, 갈망하는 것이 있는가?
마을에서 어떠한 범죄라도 저질렀는가?
왜 그대 사람들과 친구 되지 않는가?
누구도 그대와 친교 맺지 못하는가?" {498}

4. [세존]
"슬픔의 뿌리를 모두 파버리고
죄를 범함도 없고 슬픔도 없이 禪을 닦을 뿐이네.
존재를 재촉하는 탐욕510) 모두 잘라
번뇌 없이 나는 참선을 한다네, 방일의 친척이여." {499}

5. [마라]
"'이것은 나의 것'이라 말해지는 것도 있고

한편 세존께서 깨달음을 증득하신 뒤 49일 동안에 하셨던 일은 『맛지마 니까야 주석서』(MA.ii.181~186)에 자세하게 나타나고 있다. 여기에 대해서는 본서 제5권 「범천 경」(S47:18) §1의 주해를 참조할 것.

509) "'접근할 기회를 엿보면서(otāra-apekkho)'란 '만일 고따마에게서 몸의 문 등으로 조금이라도 부적절함(ananucchavika)을 보게 되면 그를 꾸짖으리라(codessāmi).'고 하면서 허점(vivara)을 엿보았다. 그러나 그는 씻어내어야 할(avakkhalita) 먼지 한 조각조차도(rathareṇu-matta) 보지를 못하였다."(SA.i.185)

510) '존재를 재촉하는 탐욕'은 bhava-lobha-jappaṁ을 옮긴 것이다. 주석서는 이것을 bhava-lobha-saṅkhātaṁ taṇhaṁ(존재에 대한 탐욕이라 불리는 갈애)라고 설명하고 있어서(SA.i.185)이렇게 옮겼다.

'나의 것'이라 말하는 자들 또한 있도다.
사문이여, 만일 그대 마음이 여기에 존재한다면
그대는 내게서 벗어나지 못하리라." {500}

6. [세존]
"그들이 말하는 '나의 것'은 나의 것이 아니요
['나의 것'이라] 말하는 자들 가운데 나는 포함되지 않도다.
빠삐만이여, 그대는 이렇게 알아야 하나니
그대는 결코 나의 길을 보지 못할 것이로다." {501}[511)]

7. [마라]
"만일 크게 안은하고 불사로 인도하는
그런 길을 그대 이미 찾아내었다면
물러나라. 그대가 혼자서 가라.
그대 왜 남들에게 교계하고 있는가? {502}

8. [세존]
"저 언덕으로 가는 사람들이
불사의 영역을 묻노라.
그들의 질문을 받아 나는 설하노니
재생의 근거가 없는 그러한 진리를."[512)] {503}

---

511) {500}과 {501}은 본서「농부 경」(S4:19) {484}와 {485}와 같다.

512) '재생의 근거가 없는 진리'로 옮긴 것은 Ee1의 yaṁ sabbantaṁ nirupadhiṁ 대신에 Be, Se, Ee2의 yaṁ saccaṁ taṁ nirūpadhiṁ으로 읽은 것이다. 여러 경전에서 열반은 sabbūpadhi-paṭinissagga(모든 재생의 근거를 놓아버림)으로 설명되고 있다.(본서 제3권「찬나 경」(S22:90) §5,『앙굿따라 니까야』「삼매 경」(A10:6) §2 등)
재생의 근거(소유물)에 대해서는 본서「기뻐함 경」(S1:12) {22}의 주해를 참조할 것.

9. [마라]

"세존이시여, 예를 들면, 마을이나 읍으로부터 멀지 않은 곳에 연못이 있는데 그곳에 게가 있는 것과 같습니다. 세존이시여, 이제 많은 소년들이나 소녀들이 그 마을이나 성읍에서 나와 그 연못으로 다가갑니다. 그 연못에 이르러서는 연못 속으로 들어가 그 게를 물 밖으로 끄집어내어 땅바닥에 던져 놓습니다. 그 게가 집게발을 내어놓을 때마다 그 소년들이나 소녀들은 막대기나 돌로 그것을 잘라버리고 끊어버리고 부수어 버립니다. 세존이시여, 이와 같이 그 게는 모든 집게발들이 잘리고 끊어지고 부수어져서 다시는 전에처럼 그 연못으로 내려갈 수가 없게 되었습니다.

세존이시여, 그와 같이 제가 안절부절못하고 요동치고 몸부림치기만하면 그것이 무엇이든 그 모두를 세존께서는 잘라버리셨고 부셔버리셨고 [124] 산산조각내어버리셨습니다. 세존이시여, 그래서 이제 저는 다시는 기회를 엿보면서 세존께 다가가지 못하게 되었습니다."

10. 그때 마라 빠삐만은 세존의 곁에서 이런 절망에 찬 게송들을 읊었다.

"비계 덩이처럼 보이는 돌이 있으니
까마귀가 그 주위를 배회하며 생각하네.
'여기서 나는 이제 부드러운 것 찾으리라.
아마도 맛있는 뭔가를 얻을 수 있을 거야.' {504}

맛있는 것이라곤 얻지 못한 까마귀
거기서 힘없이 물러날 수밖에 없나니
이처럼 돌덩이에 집착한 까마귀처럼
우리는 실망하여 고따마를 떠난다네." {505}

마라의 딸들 경(S4:25)

Māradhītu-sutta

1. 그때 마라 빠삐만은 세존의 곁에서 이런 절망에 찬 게송들을 읊은 뒤 그 곳으로부터 물러나서 세존으로부터 멀지 않은 땅 위에 주저앉아서 말이 없고 당혹하고 어깨가 축 처지고 고개를 떨어뜨리고 기가 꺾여 아무런 대답을 못하고 손톱으로 땅을 긁고 있었다.513)

2. 그때 마라의 딸 딴하와 아라띠와 라가514)가 마라 빠삐만에게 다가갔다. 가서는 마라 빠삐만에게 게송으로 말했다.

> "아버님, 왜 낙담하셨습니까?
> 어떤 사람 때문에 슬퍼하십니까?
> 애욕의 올가미로 저희가 그를 잡으리니
> 숲속의 코끼리를 그리하듯이.515)
> 그 자를 포박하여 데려오겠습니다.

---

513) Ee1, Se에는 이 문단이 앞 경의 맨 마지막 부분으로 편집되어 있다. 그러나 Be, Ee2에는 본경의 맨 처음으로 편집되어 나타난다. 문맥상 후자로 읽는 것이 타당하다고 여겨진다. 보디 스님도 후자로 읽어서 옮겼고 역자도 이를 따랐다.

514) 딴하(Taṇhā)와 아라띠(Arati)와 라가(Rāga)는 각각 갈애와 권태로움과 애욕으로 옮겨지는 단어이다.
세존과 마라의 딸들과의 조우는 『자따까』(J.i.78~79)와 『법구경 주석서』(DhpA.iii.195~198) 등에 나타나고 있다. 이러한 경과 주석서는 이 시기를 부처님께서 정등각을 성취하신 뒤 다섯 번째 7일(pañcama sattāha)이라고 밝히고 있다. 북전 『마하와스뚜』(大事, Mvu.iii.281~286)에도 이 시기라고 나타난다.

515) "마치 코끼리가 있는 숲으로 그를 유인하기 위한 미끼로 암 코끼리를 보내어서(pesita-gaṇikāra-hatthini) 그 암컷의 교태를 보여 주어(itthi-kutta-dassana) 숲속에 사는 코끼리(kuñjara)를 잡아서 묶어 데리고 나오듯이 그를 데리고 오겠다고 말하는 것이다."(SA.i.186)

그러면 아버님의 지배를 받을 것입니다." {506}

3. [마라]

"아라한이며 세상의 선서인 부처는
애욕으로 꼬드겨서 잡아들이지 못하나니
그런 그는 마라의 영역을 넘어섰구나.
그래서 나는 지금 몹시 슬프니라." {507}

4. 그러자 마라의 딸 딴하와 아라띠와 라가는 세존께 다가갔다. 가서는 세존께 이렇게 말씀드렸다.

"사문이여, 우리는 당신의 발아래서 당신을 섬기겠습니다."516)

그때 세존께서는 아무 주의도 기울이지 않으셨나니 존재의 근거를 모두 부수어 위없는 해탈을 성취하셨기 때문이었다.517)

그러자 마라의 딸 딴하와 아라띠와 라가는 한 곁으로 물러나서 이와 같이 상의를 하였다.

"남정네들의 갈망이란 참으로 다양하다. 그러니 이제 우리는 각각 백 명씩의 소녀의 모습을 나투자." [125]

5. 그래서 마라의 딸 딴하와 아라띠와 라가는 각각 백 명씩의 소녀의 모습을 나툰 뒤에 세존께 다가갔다. 가서는 세존께 이렇게 말씀드렸다.

"사문이여, 우리는 당신의 발아래서 당신을 섬기겠습니다."

---

516) 주석서는 여기에 대한 별다른 설명이 없다. 보디 스님에 의하면 가이거(Geiger)는 독일어 번역에서 이것은 여자 노예처럼 당신을 성적으로 섬기겠다고 한 말이라고 설명하고 있다고 하며, 보디 스님도 여기에 동의하고 있다. (보디 스님 423쪽 324번 주해 참조)

517) 이 문장에 대한 설명은 본서 「시수빠짤라 경」(S5:8) {547}의 주해를 참조할 것.

그래도 세존께서는 아무 주의도 기울이지 않으셨나니 존재의 근거를 모두 부수어 위없는 해탈을 성취하셨기 때문이었다.

그러자 마라의 딸 딴하와 아라띠와 라가는 한 곁으로 물러나서 이와 같이 상의를 하였다.

"남정네들의 갈망이란 참으로 다양하다. 그러니 이제 우리는 각각 백 명씩의 동정녀의 모습을 나투자."

6. 그래서 마라의 딸 딴하와 아라띠와 라가는 각각 백 명씩의 동정녀의 모습을 나툰 뒤에 세존께 다가갔다. …

7. 각각 백 명씩의 한 번 아이를 낳은 여인의 모습을 나툰 뒤에 세존께 다가갔다. …

8. 각각 백 명씩의 두 번 아이를 낳은 여인의 모습을 나툰 뒤에 세존께 다가갔다. …

9. 각각 백 명씩의 중년기의 여인의 모습을 나툰 뒤에 세존께 다가갔다. …

10. 각각 백 명씩의 늙은 여인의 모습을 나툰 뒤에 세존께 다가갔다. 가서는 세존께 이렇게 말씀드렸다.

"사문이여, 우리는 당신의 발아래서 당신을 섬기겠습니다."

그래도 세존께서는 아무 주의도 기울이지 않으셨나니 존재의 근거를 모두 부수어 위없는 해탈을 성취하셨기 때문이었다.

11. 그러자 마라의 딸 딴하와 아라띠와 라가는 한 곁으로 물러나서 이와 같이 말했다.

"참으로 아버지께서,

'아라한이며 세상의 선서인 부처는
애욕으로 꼬드겨서 잡아들이지 못하나니
그런 그는 마라의 영역을 넘어섰구나.
그래서 나는 지금 몹시 슬프니라.'{508}

라고 하신 말씀이 사실이구나.

참으로 우리가 탐욕을 여의지 못한 사문이나 바라문에게 이런 방식으로 접근하면, 그의 심장이 터지거나 입으로 뜨거운 피를 흘리거나 [126] 미치거나 마음이 산란하게 되거나, 마치 푸른 갈대를 베면 시들어가고 말라 들어가고 오그라드는 것처럼 시들어가고 말라 들어가고 오그라들 것인데 [저 사문은 그렇지 않구나.]"

12. 그때 마라의 딸 딴하와 아라띠와 라가는 세존께 다가갔다. 가서는 한 곁에 섰다. 한 곁에 선 마라의 딸 딴하가 세존께 게송으로 말했다.

"슬픔에 빠져 숲에서 禪을 닦는가?
재산을 잃었는가, 갈망하는 것이 있는가?
마을에서 어떠한 범죄라도 저질렀는가?
왜 그대 사람들과 친구 되지 않는가?
누구도 그대와 친교 맺지 못하는가?" {509}

13. [세존]
"이익을 얻고 마음의 평화를 성취하여
사랑스럽고 매혹적인 모습의 군대를 이기고
나는 홀로 참선하며 행복을 깨달았노라.518)

---

518) "'이익을 얻고 마음의 평화를 얻어(atthassa pattiṁ hadayassa santiṁ)' 라는 이 두 구절은 아라한과(arahatta)를 설명하는 것이다. '군대(sena)'란

그러므로 사람들과 친구 되지 않나니
나는 어떤 사람과도 친교 맺지 않노라."519) {510}

14. 그러자 마라의 딸 아라띠가 세존께 게송으로 말했다.

"여기서 비구는 어떻게 많이 수행하여
다섯 가지 폭류 건너 여섯 번째도 건넜는가?520)
어떤 참선 많이 하여 감각적 욕망의 인식을 몰아내어
다시는 그것이 그를 사로잡지 못하게 하는가?" {511}

15. [세존]
"몸은 고요하고 마음은 잘 해탈하며
[의도를] 형성하지 않고 마음챙기고 집착하지 않으며

오염원의 군대(kilesa-sena)이다. '행복을 깨달았다(sukham anubodhi).'는 것은 아라한과의 행복을 깨달았다는 것이다. 이 게송을 통해서 세존께서는 '나는 사랑스럽고 매혹적인 모습을 한 군대를 이긴 뒤 홀로 참선하여 '이익을 얻고 마음의 평화를 얻음'이라 불리는 아라한과의 행복을 깨달았다. 그러므로 사람들과 더불어 친구관계를 맺지 않는다.'라고 말씀하시는 것이다." (SA.i.187)

519) 본 게송은 『앙굿따라 니까야』 제6권 「깔리 경」(A10:26)의 주제가 된다. 그곳 §2에서 깔리 청신녀는 이 게송의 뜻을 마하깟짜야나 존자에게 질문하고 마하깟짜야나 존자가 자세하게 대답하는 것이 「깔리 경」의 전체 내용이다.

520) "'다섯 가지 폭류를 건너(pañc-oghatiṇṇa)'란 다섯 문을 통해서 생기는(pañca-dvārika) 오염원의 폭류(kiles-ogha)를 건너란 뜻이다. '여섯 번째(chaṭṭha)'란 마노[意]의 문을 통해서 생기는 오염원의 폭류도 건넜다는 말이다. 혹은 다섯 가지 폭류는 다섯 가지 낮은 단계의 족쇄들(pañc-orambhāgiyāni saṁyojanāni)을 뜻하고 여섯 번째는 다섯 가지 높은 단계의(pañc-uddhambhāgiyāni) 족쇄들을 의미하는 것으로 이해해도 된다."(SA.i.187~188)
'건넜는가?'는 atari를 옮긴 것이다. 북전 『마하와스뚜』(Mvu.iii.283~284)와 범본 『유가사지론』(Ybhūś) 4:1~3에는 tarati(건넌다)로 현재로 나타난다. 빠알리 경전에 나타나는 atari는 tarati(√tṝ, *to cross*)의 *Aorist* 과거이다. 빠알리 경전에 준해서 과거로 옮겼다.

법을 완전하게 알아 일으킨 생각 없는 참선을 하고
분노하지 않고 추억하지 않고 둔감하지 않도다.[521] {512}

여기 비구는 이와 같이 많이 수행하여
다섯 가지 폭류 건너 여섯 번째도 건넜도다.
이런 참선 많이 하여 감각적 욕망의 인식을 몰아내어
다시는 그것이 그를 사로잡지 못하게 하도다." {513} [127]

16. 그러자 마라의 딸 라가가 세존께 게송으로 말했다.

"갈애를 자르고 많은 무리와 승가와 함께 지내니
많은 중생들[522]이 전적으로 받들어 행할 것이로다.
참으로 이 집 없는 자는 많은 사람을 마라의 손에서 빼앗아

---

521) "'몸이 고요하고(passaddha-kāyo)'라는 것은 제4선에 의해서 들숨날숨이라는 몸(assāsa-passāsa-kāya)이 경안하기 때문에 이렇게 말한 것이다. '마음은 잘 해탈하고(suvimutta-citto)'라는 것은 아라한과의 해탈(arahatta-phala-vimutti)로 마음이 잘 해탈한 것이다.
'[의도를] 형성하지 않고(asaṅkharāno)'라는 것은 세 가지 업형성(kamma-abhisaṅkhāra, 본서 「벗어남 경」(S1:2) §4의 주해와, 제2권 「분석 경」(S12:2) §14의 주해와, 「철저한 검증 경」(S12:51) §8 참조)을 형성하지 않는다는 뜻이다. '법을 완전하게 알고(aññāya dhammaṁ)'란 사성제의 법(catu-sacca-dhamma)을 안다는 말이다. '일으킨 생각 없는 참선을 하는 자(avitakka-jhāyī)'란 일으킨 생각이 없는 제4선을 닦는다는 뜻이다.
'분노하지 않고' 등은 성냄으로 분노하지 않고 탐욕으로 추억하지 않고 어리석음으로 둔감하지 않다(dosena na kuppati, rāgena na sarati, mohena na thīno)는 말이다. 혹은 첫 번째로 악의의 장애(byāpāda-nīvaraṇa)를, 두 번째로 감각적 욕망에 대한 욕구의 장애(kāmacchanda-nīvaraṇa)를, 세 번째로 해태 등의 나머지 장애들(sesa-nīvaraṇāni)을 취한 것이다.(본서 제5권 「몸 경」(S46:2) 참조) 이러한 장애들을 제거함을 통해서 번뇌 다함(khīṇāsava = 아라한)을 설하였다."(SA.i.187)

522) '중생들'은 Be, Ee2, SS의 saddhā(믿음) 대신에 Ee1의 sattā(중생들)로 읽어서 옮긴 것이다. 주석서(SA.i.188)는 이 단어를 bahu-janā(많은 사람들)로 해석하고 있기도 하다.

죽음의 왕을 넘어 저 언덕으로 인도할 것이로다." {514}

17. [세존]

"대영웅 여래들은
정법으로 인도하니
법으로 인도하는 이 분들에 대해
이를 이해하는 자들이 어떤 질투를 한단 말인가?" {515}

18. 그러자 마라의 딸 딴하와 아라띠와 라가는 마라 빠삐만에게 다가갔다. 마라 빠삐만은 마라의 딸 딴하와 아라띠와 라가가 멀리서 오는 것을 보고 게송들을 읊었다.

"어리석은 자들이여,
연꽃 줄기로 산을 부수려 하였고
손톱으로 산을 파려 하였고
이빨로 쇳덩이를 씹으려 하였구나. {516}

마치 머리위에 바위를 올려놓고
바닥없는 구렁텅이에서 발판 구하듯 하였구나.
마치 가슴에 쐐기가 박힌 것처럼,
너희들은 실망하여 고따마를 떠나왔구나."[523] {517}

19. [송출자]

"이처럼 딴하와 아라띠와 라가는
광채를 발하며 세존께 다가왔지만
스승은 그들을 흩어버리셨나니

523) 북전 『마하와스뚜』(大事, Mvu.iii.90)에 의하면 이 두 게송은 세존이 읊으신 것으로 나타난다.

마치 바람이 떨어진 솜털을 날려버리듯이." {518}

제3장 세 번째 품이 끝났다.

세 번째 품에 포함된 경들의 목록은 다음과 같다.

① 많음 ② 사밋디 ③ 고디까 ④ 칠 년 동안
⑤ 마라의 딸들 — 이러한 다섯 가지이다.

마라 상윳따(S4)가 끝났다.

제5주제

비구니 상윳따(S5)

제5주제(S5)

비구니 상윳따

Bhikkhunī-saṁyutta

알라위까 경(S5:1)

Āḷavikā-sutta

1. 이와 같이 [128] 나는 들었다. 한때 세존께서는 사왓티에서 제따 숲의 아나타삔디까의 원림(급고독원)에 머무셨다.

2. 그때 알라위까 비구니[524]가 오전에 옷매무새를 가다듬고 발우와 가사를 수하고 걸식을 위해서 사왓티로 들어갔다. 사왓티에서 걸식을 하여 공양을 마치고 걸식에서 돌아와 한거(閑居)를 위하여 장님들의 숲[525]으로 갔다.

3. 그때 마라 빠삐만은 알라위까 비구니에게 두려움과 공포를 일으키고 털이 곤두서게 하여 한거를 내팽개치게 하려고 알라위까 비구니에게 다가갔다. 가서는 알라위까 비구니에게 게송으로 말했다.

---

524) 『장로니게』(Thig)에는 알라위까 비구니(Āḷavikā bhikkhunī)가 지은 게송이 나타나지 않는다. 그러나 본경 {519}는 셀라 비구니(Selā bhikkhunī)가 지은 『장로니게』(Thig.129) {57}과 같고, {521}은 『장로니게』{58}과 같다. 『장로니게 주석서』(ThigA.62)에 의하면 알라위까 비구니와 셀라 비구니는 같은 사람이다. 셀라는 알라위까 왕의 딸(Āḷavikassa rañño dhītā)이었기 때문에 알라위까라고도 불렸다고 한다. DPPN *s.v.* Selā도 동일인으로 간주하고 있다.
알라위(Āḷavī)에 대해서는 본서 제2권 「외동아들 경」(S17:23) §3의 주해를 참조할 것.

525) '장님들의 숲'은 Andha-vana를 옮긴 것이다. 이 숲 이름의 유래에 대해서는 본서 제3권 「떨쳐버렸음 경」(S28:1) §2의 주해를 참조할 것.

"세상에는 벗어남이란 없는데
한거가 무슨 소용이랴?
감각적 욕망의 기쁨 즐기라.
나중에 후회하지 말라." {519}

4. 그러자 알라위까 비구니에게 이런 생각이 들었다.
'게송을 읊는 자는 인간인가 비인간인가?'
그때 알라위까 비구니에게 이런 생각이 들었다.
'이 자는 마라 빠삐만이로구나. 그는 내게 두려움과 공포를 일으키고 털이 곤두서게 하여 한거를 내팽개치게 하려고 게송을 읊었구나.'

5. 그러자 알라위까 비구니는 '이 자는 마라 빠삐만이로구나.'라고 알고 마라 빠삐만에게 게송으로 대답하였다.

"세상에는 벗어남이 있나니
나는 통찰지로 거기에 닿았노라.
방일함의 친척 빠삐만이여,
그대는 그 경지를 알지 못하도다.526) {520}

감각적 욕망들은 칼과 쇠살과 같고
오온은 이들의527) 자르는 받침대이니

---

526) "'벗어남(nissaraṇa)'이란 열반이고, '통찰지(paññā)'란 반조의 지혜(pacca-vekkhaṇa-ñāṇa)이다."(SA.i.189)
"'이러한 도와 과의 지혜(magga-phala-ñāṇa) 이외에 다른 것은 말해서 무엇 하겠는가?'라는 뜻으로 [마라에게 읊은] 것이다."(SAṬ.i.195)
이 {520}은 『장로니게』(Thig)에는 나타나지 않고 있다.

527) '오온은 이들의'로 옮긴 원어는 khandhāsaṁ인데 khandhā(오온) esaṁ(=imesaṁ, 이들의, PED *s.v.* ayaṁ 참조)으로 나누어 읽어야 한다. 주석서는 khandhā tesaṁ(그들의)으로 설명하고 있다.(SA.i.189)

그대가 감각적 욕망의 기쁨이라 부르는 것
나에게는 결코 기쁨이 아니로다." {521} [129]

6. 그러자 마라 빠삐만은 "알라위까 비구니는 나를 알아버렸구나."라고 하면서 괴로워하고 실망하여 거기서 바로 사라졌다.

소마 경(S5:2)

Somā-sutta

2. 그때 소마 비구니[528]가 오전에 옷매무새를 가다듬고 발우와 가사를 수하고 걸식을 위해서 사왓티로 들어갔다. 사왓티에서 걸식을 하여 공양을 마치고 걸식에서 돌아와 한거(閑居)를 위하여 장님들의 숲으로 갔다.

3. 그때 마라 빠삐만은 소마 비구니에게 두려움과 공포를 일으키고 털이 곤두서게 하여 한거를 내팽개치게 하려고 소마 비구니에게 다가갔다. 가서는 소마 비구니에게 게송으로 말했다.

"선인들이 도달한 경지는
성취하기가 참으로 어려우니
여인의 두 손가락만큼의 통찰지로는
도저히 그것을 얻을 수 없도다."[529] {522}

---

528) 본경에 해당하는 주석서와 복주서는 소마 비구니(Somā bhikkhunī)가 누구인지 설명을 하지 않는다. 그녀의 게송이 『장로니게』(Thig.129) {60~62}로 나타난다. 『장로니게 주석서』에 의하면 그녀는 빔비사라 왕의 궁중 제관(purohita)의 딸로 태어났다. 세존께서 라자가하를 방문하셨을 때 찾아뵙고 재가신도가 되었으며 나중에 출가하여 무애해(paṭisambhidā)를 갖춘 아라한이 되었다고 한다.(Thig.66)

529) "'경지(ṭhāna)'란 아라한과이다. '두 손가락만큼의 통찰지(dvaṅgula-paññā)'란 제한된 통찰지(paritta-paññā)이다. 혹은 [여자들은] 손가락 두 개

4. 그러자 소마 비구니에게 이런 생각이 들었다.

'게송을 읊는 자는 인간인가 비인간인가?'

그때 소마 비구니에게 이런 생각이 들었다.

'이 자는 마라 빠삐만이로구나. 그는 내게 두려움과 공포를 일으키고 털이 곤두서게 하여 한거를 내팽개치게 하려고 게송을 읊었구나.'

5. 그러자 소마 비구니는 '이 자는 마라 빠삐만이로구나.'라고 알고 마라 빠삐만에게 게송으로 대답하였다.

"마음이 잘 삼매에 들고
지혜가 이미 현전하고
바르게 법을 꿰뚫어 보는데,
여자의 존재가 도대체 무슨 문제랴.[530] {523}

로 솜뭉치(kappāsa-vaṭṭi)를 잡고 거기서 실(sutta)을 뽑아내기(kantan-ti) 때문에 여인을 두 손가락만큼의 통찰지를 가진 자라 부른다."(SA.i.189~190)

한편 복주서와 『장로니게 주석서』(ThigA.65)는 다르게 설명하고 있다. "일곱 살 때부터 여자들은 솥으로부터 쌀[밥]을 끄집어내어 손가락 두 개로 눌러서 밥이 되었는가를 살핀다. 그래서 그들은 두 손가락만큼의 통찰지를 가졌다고 일컬어진다."(SAṬ.i.196)

530) "'지혜가 이미 현전하고(ñāṇamhi vattamānamhi)'란 과의 증득의 지혜(phala-samāpatti-ñāṇa)가 존재한다는 뜻이다. '바르게 법을 꿰뚫어 보는데(sammā dhammaṁ vipassato)'란 사성제의 법을 바르게 꿰뚫어 본다는 뜻이다. 혹은 그 이전의 단계(pubba-bhāga)에서 위빳사나의 대상이 되는(ārammaṇa-bhūta) 오온(khandha-pañcaka)을 그렇게 한다는 말이다."(SA.i.190)

"과의 증득의 지혜를 언급함에 의해서 주석가는 그녀가 사성제에 대해서 미혹하지 않고 머묾(asammoha-vihāra)을 보여주고 있다. '깊이 꿰뚫어 보는(vipassanta)'이라고 했다. 이것은 미혹하지 않고 꿰뚫기(asammoha-paṭivedha) 이전의 단계에서, 즉 사성제를 관통(sacca-abhisamaya)하기 이전의 단계에서 오온을 특별하게 꿰뚫어 보기(visesena passanta) 때문에 이렇게 말한 것이다."(SAṬ.i.196)

만일 어떤 사람에게
'나는 여자'라거나 '나는 남자'라거나
'나는 무엇'이라는 것이 아직 남아 있다면
전적으로 그것은 마라에게나 어울리도다."[531] {524}

6. 그러자 마라 빠삐만은 "소마 비구니는 나를 알아버렸구나."라고 하면서 괴로워하고 실망하여 거기서 바로 사라졌다.

고따미 경(S5:3)

Gotamī-sutta

2. 그때 끼사고따미 비구니[532]가 오전에 옷매무새를 가다듬고

과의 증득의 지혜란 아라한과를 증득할 때 생기는 지혜로 이 지혜가 생겼다는 것은 이미 아라한이 되었다는 말이다. 소마 장로니는 이미 아라한이기 때문이다. 주석가와 복주서의 저자는 아라한이 되기 위해서는 사성제를 관통해야 한다고 강조하고 있으며, 사성제를 관통하기 위해서는 먼저 오온에 대한 위빳사나(특별하게 꿰뚫어봄)를 통해서 [무상·고·무아를] 통찰해야 함을 강조하고 있다. 이렇게 함으로 해서 염오-이욕-소멸이 성취되는 것이다. 주석서는 여기서 염오는 강한 위빳사나이고 이욕(탐욕의 빛바램)은 도이며 소멸은 아라한과라고 설명하고 있다. 이것은 초기불전의 전반에서 특히 본서 제3권 「무더기 상윳따」(S22)에서 강조되고 있는 가르침이다. 여기에 대해서는 본서 제3권 「무상 경」(S22:12) §3과 「아누라다 경」(S22:86) §16 등의 주해들을 참조할 것.

531) 주석서는 갈애와 자만과 사견(taṇhā-māna-diṭṭhi)을 통해서 이런 생각을 가지면 그렇다고 설명하고 있다.(SA.i.190)

532) 끼사고따미 비구니(Kisāgotamī bhikkhunī)는 사왓티의 가난한 집안 출신이다. 그녀는 아주 말랐기(kisa) 때문에 끼사(Kisā)라 불리었고 고따미는 이름이었다. 그녀는 부잣집에 시집가서 구박을 받았지만 사내아이를 낳자 대접을 받았다. 그러나 막 걸을만했을 때 아이는 죽어버렸다. 그녀는 죽은 아이를 허리에 끼고 거의 미쳐서 아들을 살리려 이리저리 뛰어다녔다. 그녀를 불쌍히 여긴 사람들이 세존께로 보내었고 세존께서는 아직 사람이 죽은 적이 없는 집안에서 겨자씨를 구해 오면 아들을 살려주겠노라고 하셨다. 그

발우와 가사를 수하고 걸식을 위해서 사왓티로 들어갔다. 사왓티에서 걸식하여 공양을 마치고 걸식에서 돌아와 [130] 한거(閑居)를 위하여 장님들의 숲으로 갔다.

3. 그때 마라 빠삐만은 끼사고따미 비구니에게 두려움과 공포를 일으키고 털이 곤두서게 하여 한거를 내팽개치게 하려고 끼사고따미 비구니에게 다가갔다. 가서는 끼사고따미 비구니에게 게송으로 말했다.

"아들 잃고 눈물 가득한 얼굴로
왜 그대 홀로 앉아있는가?
숲속 깊숙이 혼자 들어와서는
그대 남정네를 찾고 있는가?" {525}

4. 그러자 끼사고따미 비구니에게 이런 생각이 들었다.

'게송을 읊는 자는 인간인가 비인간인가?

그때 끼사고따미 비구니에게 이런 생각이 들었다.

'이 자는 마라 빠삐만이로구나. 그는 내게 두려움과 공포를 일으키고 털이 곤두서게 하여 한거를 내팽개치게 하려고 게송을 읊었구나.'

녀는 하루 종일 그런 겨자씨를 구하러 다녔지만 헛수고였다.

그녀는 마침내 죽음은 필연적이라는 사실을 깨닫고 아이를 공동묘지에 내려놓고 세존께 와서 출가하도록 허락해달라고 하였다. 그때 그녀는 예류과를 얻었다. 출가한 뒤 어느 날 그녀가 깊이 위빳사나를 닦고 있는데 세존께서 광휘로운 모습으로 오셔서 설법하셨고 그래서 아라한이 되었다. 그 후 그녀는 항상 남루한 옷만을 입고(lūkha-cīvara-dhara) 다녔다고 한다. 그래서 『앙굿따라 니까야』 「하나의 모음」(A1:14:5-12)에서 부처님께서는 끼사고따미 비구니를 "남루한 옷을 입는 자(lūkha-cīvara-dhara)들 가운데서 으뜸"이라고 칭송하셨다.

『법구경 주석서』(DhpA.ii.270~275)에 그녀에 대한 행장이 상세하게 나타난다. 한편 본경의 게송은 『장로니게』(Thig) {213~223}의 그녀의 게송에는 포함되어 있지 않다.

5. 그러자 끼사고따미 비구니는 '이 자는 마라 빠삐만이로구나.'라고 알고 마라 빠삐만에게 게송으로 대답하였다.

"이전에 아들이 죽은 것으로
남자를 찾는 일도 이미 끝났네.
도반이여, 슬퍼하지도 울지도 않는 나는
그대를 두려워하지도 않도다. {526}

모든 곳에서 즐기는 것 파괴되었고
어둠의 무더기는 흩어졌으니533)
죽음의 군대를 철저하게 정복하여
이제는 번뇌 없이 편안하게 머무노라." {527}

6. 그러자 마라 빠삐만은 "끼사고따미 비구니는 나를 알아버렸구나."라고 하면서 괴로워하고 실망하여 거기서 바로 사라졌다.

위자야 경(S5:4)
Gotamī-sutta

2. 그때 위자야 비구니534)가 오전에 옷매무새를 가다듬고 발우

---

533) "'모든 곳에서 즐기는 것은 파괴되었고(sabbattha vihatā nandi)'라는 것은 모든 곳에서 무더기[蘊]와 감각장소[處]와 요소[界]와 존재[有]와 모태와 태어날 곳[行處]과 머묾과 거주처(khandha-āyatana-dhātu-bhava-yoni-gati-ṭhiti-nivāsa)에 대한 나의 갈애를 통한 즐김(taṇhā-nandī)은 파괴되었다는 뜻이다. '어둠의 무더기(tamo-kkhandha)'는 무명의 무더기(avijjā-kkhandha)이다. '흩어진(padālita)'이란 지혜(ñāṇa)로 부서진(bhinna)이란 말이다."(SA.i.191)

534) 『장로니게 주석서』(ThigA.156)에 의하면 위자야 비구니(Vijayā bhikkhunī)는 재가에 있었을 때 케마 비구니와 친구였다고 한다. 케마 비구니는 재가에 있을 때 빔비사라 왕의 첫째 왕비였다. 케마 비구니가 출가하자

와 가사를 수하고 걸식을 위해서 사왓티로 들어갔다. 사왓티에서 걸식하여 공양을 마치고 걸식에서 돌아와 한거(閑居)를 위하여 장님들의 숲으로 갔다.

3. 그때 마라 빠삐만은 위자야 비구니가 두려움과 공포와 전율을 일으키도록 하고 한거를 내팽개치게 하려고 위자야 비구니에게 다가갔다. 가서는 위자야 비구니에게 게송으로 말했다. [131]

"그대는 젊었고 참으로 아름답습니다.
나도 또한 젊었고 청춘입니다.
여인이여, 오소서. 다섯 가지로 구성된
악기535)와 더불어 둘이 함께 즐깁시다." {528}

4. 그러자 위자야 비구니에게 이런 생각이 들었다.
'게송을 읊는 자는 인간인가 비인간인가?
그때 위자야 비구니에게 이런 생각이 들었다.
'이 자는 마라 빠삐만이로구나. 그는 내가 두려움과 공포와 전율을 일으키도록 하고 한거를 내팽개치게 하려고 게송을 읊었구나.'

5. 그러자 위자야 비구니는 '이 자는 마라 빠삐만이로구나.'라

그녀는 케마 비구니를 만나러 가서 감동을 받고 케마 비구니를 계사로 하여 출가하였다고 한다.
위자야 비구니의 게송은 『장로니게』(Thig) {167~174}에 나타난다. 본경의 게송은 그곳에는 포함되어 있지 않다. 흥미롭게도 본경의 {528}과 {530}은 조금 다른 점은 있지만 『장로니게』의 케마 비구니의 게송 {139~140}과 비슷하다.

535) "'다섯 가지로 구성된 악기(pañcaṅgika turiya)'란 한 면만 있는 북(ātata), 양면이 있는 북(vitata), 현악기(ātata-vitata), 피리(susira, 관악기), 심벌즈(ghana, 북을 제외한 타악기)의 다섯이다."(SA.i.191; DA.ii.617)

고 알고 마라 빠삐만에게 게송으로 대답하였다.

"형색, 소리, 냄새, 맛,
마음을 끄는 감촉들 —
마라여, 이들은 그대에게 주노라.
나에게는 더 이상 아무 필요 없노라. {529}

썩어 문드러지고 부서지고
망가지기 마련인 이 몸이
너무나 역겹고 혐오스러워
애욕에 대한 갈애 뿌리뽑아버렸도다. {530}

색계에 도달한 자들과
무색계에 확고한 자들과
평화로운 증득 얻은 자들은
모든 곳에서 어둠을 부수었도다."536) {531}

6. 그러자 마라 빠삐만은 "위자야 비구니는 나를 알아버렸구나."라고 하면서 괴로워하고 실망하여 거기서 바로 사라졌다.

---

536) "첫 번째 구는 색계를, 두 번째 구는 무색계를 나타낸다. [세 번째 구의] '평화로운 증득(santā samāpatti)'이라고 한 것은 여덟 가지 세간적인 [삼매의] 증득(aṭṭhavidhā lokiya-samāpatti, 초선부터 비상비비상처까지)은 그 대상이 평화롭고(ārammaṇasantatā) 또한 그 구성요소가 평화롭기 때문에(aṅga-santatā) 평화롭다고 하였다.
[네 번째 구의] '모든 곳에서(sabbattha)'란 모든 색계와 무색계(rūpa-arūpa-bhava)에서란 뜻이다. 이 두 가지를 언급함으로 해서 욕계(kāma-bhava)도 포함된 것이다. 여기에다 여덟 가지 증득을 포함한 이 모든 곳에서 자신은 무명의 어둠(avijjā-tama)을 부수었다고 말하고 있다."(SA.i.192)

웁빨라완나 경(S5:5)

Uppalavaṇṇā-sutta

2. 그때 웁빨라완나 비구니[537]가 오전에 옷매무새를 가다듬고 발우와 가사를 수하고 걸식을 위해서 사왓티로 들어갔다. 사왓티에서 걸식하여 공양을 마치고 걸식에서 돌아와 한거(閑居)를 위하여 장님들의 숲으로 갔다.

3. 그때 마라 빠삐만은 웁빨라완나 비구니에게 두려움과 공포를 일으키고 털이 곤두서게 하여 한거를 내팽개치게 하려고 웁빨라완나 비구니에게 다가갔다. 가서는 웁빨라완나 비구니에게 게송으로 말했다.

"꼭대기에는 꽃이 만개한 살라 나무아래 가서
그대는 외롭게 홀로 서 있군요.
그대의 아름다움에 필적할 여인 없으니[538]

---

537) 웁빨라완나 비구니(Uppalavaṇṇā bhikkhuni)는 사왓티에서 상인의 딸로 태어났다. 그녀의 피부가 청련(uppala)과 같아서 지은 이름이라고 한다. 그녀는 아름다워서 많은 왕들로부터 청혼을 받았지만 그녀의 아버지는 출가하기를 원했고 그녀도 그것을 당연한 것으로 받아들였다.
출가하여 포살일에 등불을 켜고 집회소를 청소하면서 그 등불의 불꽃을 불의 까시나(tejo-kasiṇa)로 하여 禪을 증득하였고 무애해를 갖춘 아라한이 되었다 한다. 웁빨라완나 비구니는 특히 변형의 신통(iddhivikubbana, 『청정도론』 XII.22~24 참조)에 능했다고 한다. 사리뿟따 장로와 마하목갈라나 장로가 부처님의 두 비구 상수제자이듯이 경에서 케마 장로니와 웁빨라완나 장로니는 부처님의 두 비구니 상수제자로 거명된다. 그녀는 뛰어난 신통을 갖추었기 때문에 『앙굿따라 니까야』 「하나의 모음」(A1:14:5-3)에서 "신통력을 가진 자(iddhimanta)들 가운데서 으뜸"이라고 언급되고 있다.
웁빨라완나 비구니의 게송은 『장로니게』(Thig) {224~235}로 나타나고 있다. 본경의 게송 {532}~{535}는 『장로니게』{230~233}에 해당한다. 그러나 이 둘 사이에는 상당한 차이가 있다.

538) 이 구절과 다음 구절 사이에 Se, Ee1&2에는 idhāgatā tādisikā bhave-

어리석은 여인이여, 불한당들이 무섭지도 않나요?" {532}

4. 그러자 웁빨라완나 비구니에게 이런 생각이 들었다.
'게송을 읊는 자는 인간인가 비인간인가?'
그때 웁빨라완나 비구니에게 이런 생각이 들었다. [132]
'이 자는 마라 빠삐만이로구나. 그는 내게 두려움과 공포를 일으키고 털이 곤두서게 하여 한거를 내팽개치게 하려고 게송을 읊었구나.'

5. 그러자 웁빨라완나 비구니는 '이 자는 마라 빠삐만이로구나.'라고 알고 마라 빠삐만에게 게송으로 대답하였다.

"지금 여기에 온 그대 같은 불한당이
백 명이든 천 명이든 아무 상관없도다.
털끝하나 움직이지 않고 떨리지도 않나니
마라여, 나는 혼자지만 그대를 무서워 않노라. {533}

내가 여기서 사라져서
그대의 뱃속으로 들어가거나
그대의 눈썹 사이에 서면
그대는 그런 나를 볼 수 없으리. {534}

나는 마음의 자유자재를 얻었고
[네 가지] 성취수단[如意足][539]을 잘 닦았고

---

yyuṁ(지금 여기에 온 그대 같은 불한당이)라는 구절이 포함되어 있다. Be와 『장로니게』(Thig) {230}에는 나타나지 않는다. 이 구절은 바로 아래 {533}에 나타나는 구절인데 보디 스님은 필사할 때 생긴 오류라고 간주하여 옮기지 않고 있다. 역자도 옮기지 않는다.

539) 성취수단[如意足, iddhi-pādā]은 신통(iddhi)을 얻기 위해서 의지하는 조건(nissaya-paccaya)이다. 네 가지 성취수단(사여의족)에 대해서는 본서 제6권 「이 언덕 경」(S51:1) §3의 주해와 「이전 경」(S51:11) §§4~7을 참

모든 속박으로부터 잘 해탈하였으니
나는 그대를 두려워하지 않노라, 도반이여." {535}

6. 그러자 마라 빠삐만은 "웁빨라완나 비구니는 나를 알아버렸구나."라고 하면서 괴로워하고 실망하여 거기서 바로 사라졌다.

짤라 경(S5:6)
Cālā-sutta

2. 그때 짤라 비구니540)가 오전에 옷매무새를 가다듬고 발우와 가사를 수하고 걸식을 위해서 사왓티로 들어갔다. 사왓티에서 걸식하여 공양을 마치고 걸식에서 돌아와 장님들의 숲으로 들어가서 낮 동안의 머묾을 위해 어떤 나무 아래 앉았다.

3. 그때 마라 빠삐만이 짤라 비구니에게 다가갔다. 가서는 짤라 비구니에게 이렇게 말했다.

"비구니여, 그대는 무엇을 좋아하지 않는가?"
"도반이여, 나는 태어남을 좋아하지 않는다."

조할 것.

540) 본경과 다음 두 경에 나타나는 짤라(Cālā) 비구니와 우빠짤라(Upacālā) 비구니와 시수빠짤라(Sīsūpacālā) 비구니는 사리뿟따 존자의 여동생들이다. 사리뿟따 존자에게는 세 명의 남동생 즉 쭌다(Cunda), 우빠세나(Upasena), 레와따(Revata)와 이들 세 명의 여동생이 있었는데 모두 출가하였다고 한다.(DhpA.ii.188)
이들의 게송은 『장로니게』(Thig)에서는 각각 {182~188}, {189~195}, {196~203}으로 나타나고 있다. 짤라의 {537}은 『장로니게』{191}에, {538}은 『장로니게』{192}에 상응하고, 우빠짤라의 {540~543}은 『장로니게』{197}, {198}, {200}, {201}에 상응하는데 『장로니게』에서는 시수빠짤라의 게송으로 나타난다. 시수빠짤라의 {544~546}은 『장로니게』{183~185}에 해당하는데 『장로니게』에서는 짤라의 게송으로 나타난다.

"왜 그대 태어남을 좋아하지 않는가?
태어나면 감각적 욕망들을 즐기게 된다.
비구니여, 태어남을 좋아하지 말라고
대체 누가 이것을 받아들이라 했는가?" {536}

4. [짤라 비구니]
"태어난 자에게는 죽음이 있어서
태어난 자야말로 속박, 살해, 괴로움 등
괴로움을 겪게 될 것이로다.[541]
그러므로 태어남을 좋아하면 안되노라. {537}

태어남을 완전히 건너는 법을
나의 스승 부처님은 가르치셨으니
괴로움을 모두 다 제거할 수 있도록
그분은 나를 진리에 안주하게 하셨도다. {538} [133]

색계에 도달한 자들과
무색계에 확고한 자들도[542]
소멸을 꿰뚫어 알지 못하기 때문에
다시 태어남[再生]으로 돌아오도다." {539}

5. 그러자 마라 빠삐만은 "짤라 비구니는 나를 알아버렸구나." 라고 하면서 괴로워하고 실망하여 거기서 바로 사라졌다.

---

541) Ee1의 passati(보다) 대신에 Be, Se, Ee2의 phussati(닿다, 겪다)로 읽었다.

542) 본서 「위자야 경」(S5:4) {531}의 주해를 참조할 것.

우빠짤라 경(S5:7)

Upacālā-sutta

2. 그때 우빠짤라 비구니가 오전에 옷매무새를 가다듬고 발우와 가사를 수하고 걸식을 위해서 사왓티로 들어갔다. 사왓티에서 걸식하여 공양을 마치고 걸식에서 돌아와 장님들의 숲으로 들어가서 낮 동안의 머묾을 위해 어떤 나무 아래 앉았다.

3. 그때 마라 빠삐만이 우빠짤라 비구니에게 다가갔다. 가서는 우빠짤라 비구니에게 이렇게 말했다.

"비구니여, 그대는 어디에 태어나고자 하는가?"

"도반이여, 나는 어디에도 태어나고자 하지 않는다."

4. [마라]

"삼십삼천, 야마천, 도솔천의 신들이 있고
화락천의 신들과 타화자재천의 신들도 있도다.
그대 마음 만일 거기로 향하게 하면
그대 거기서 많은 기쁨 누릴 것이로다.[543] {540}

5. [우빠짤라 비구니]

"삼십삼천, 야마천, 도솔천의 신들이 있고
화락천의 신들과 타화자재천의 신들도 있도다.
그러나 그들은 욕망의 속박에 묶여 있어
그들 다시 마라의 지배 받게 되도다. {541}

모든 세상은 불타오르고

---

543) 본 게송에서 언급된 다섯 천상은 욕계 천상이다. 본 게송에서 언급 되지 않은 가장 낮은 사대왕천을 넣어서 육욕천(여섯 가지 욕계 천상)이라 한다. 육욕천 각각에 대한 설명은 『아비담마 길라잡이』 제5장 §5의 해설을 참조할 것.

모든 세상은 달아오르며
모든 세상은 화염에 싸여 있고
모든 세상은 흔들리도다. {542}

흔들리지 않고 화염에 싸이지 않고544)
범부들이 의지하지 않으며
마라의 행처가 아닌 곳
나의 마음 거기에 즐거워하도다." {543}

6. 그러자 마라 빠삐만은 "우빠짤라 비구니는 나를 알아버렸구나."라고 하면서 괴로워하고 실망하여 거기서 바로 사라졌다.

시수빠짤라 경(S5:8)
Sīsupacālā-sutta

2. 그때 시수빠짤라 비구니가 오전에 옷매무새를 가다듬고 발우와 가사를 수하고 걸식을 위해서 사왓티로 들어갔다. 사왓티에서 걸식하여 공양을 마치고 걸식에서 돌아와 장님들의 숲으로 들어가서 낮 동안의 머묾을 위해 어떤 나무 아래 앉았다.

3. 그때 마라 빠삐만이 시수빠짤라 비구니에게 다가갔다. 가서는 시수빠짤라 비구니에게 이렇게 말했다.
"비구니여, 그대는 어떤 [외도의] 교의545)를 좋아하는가?"

---

544) Ee1&2: acalitaṁ(움직이지 않는) 대신에 Se: ajalitaṁ(타지 않는)으로 읽었다. Be: apajjalitaṁ(타오르지 않는)도 이 뜻이다.

545) '[외도의] 교의'는 pāsaṇḍa를 옮긴 것이다. 주석서는 이렇게 설명한다. "덫을 놓는다(pāsaṁ ḍenti)고 해서 빠산다(pāsaṇḍa, 외도의 교의)라 한다. 중생들의 마음에 사견의 덫(diṭṭhi-pāsa)을 던진다는 뜻이다. 그러나 교법(sāsana = 부처님 가르침)은 덫을 푸는 것이다. 그러므로 외도의 교의(빠산

"도반이여, 나는 어떤 [외도의] 교의도 좋아하지 않는다."

4. [마라]
"누구를 스승으로 머리를 깎았는가?
그대는 여자 출가 사문처럼 보이도다.
그런데도 교의를 좋아하지 않는다니
무엇 때문에 그대는 멍청하게 다니는가?" {544}

5. [시수빠짤라]
"외도들의 교의를 따르는 자들은
그들의 견해를 믿지만
그들의 가르침을 나는 좋아하지 않나니
그들은 법에 능숙치 못하기 때문이라. {545} [134]

사꺄 가문에 태어난 부처님 계시어
그 어떤 인간과도 비견할 수 없으니
그분 모든 것을 지배하고, 마라를 정복한 분
모든 곳에서 패하지 않는 분
모든 곳에서 해탈한 분, 집착 않는 분
눈을 갖춰 모든 것을 보시는 분이로다. {546}

모든 업의 멸진을 증득하신 그분
재생의 근거를 부수어 해탈하신 그분546)

다)라 부르지 않는다. 외도들(ito bahiddhā)의 [가르침]만을 빠산다라고 한다."(SA.i.193)

546) "'모든 곳에서 해탈한 분(sabbattha mutto)'이란 모든 무더기[蘊] 등에서 해탈하셨다는 말이다. '집착 않는 분(asito)'이란 갈애와 사견(taṇhā-diṭṭhi)을 두고 집착하지 않는 분이란 말이다. '모든 업의 멸진을 증득하신 분(sabba-kamma-kkhayaṁ patto)'이란 모든 업의 멸진이라 불리는 아라

그분 세존께서는 바로 나의 스승이시니
그분의 교법을 나는 좋아하느니라." {547}

6. 그러자 마라 빠삐만은 "시수빠짤라 비구니는 나를 알아버렸구나."라고 하면서 괴로워하고 실망하여 거기서 바로 사라졌다.

셀라 경(S5:9)
Selā-sutta

2. 그때 셀라 비구니[547]가 오전에 옷매무새를 가다듬고 발우와 가사를 수하고 걸식을 위해서 사왓티로 들어갔다. 사왓티에서 걸식하여 공양을 마치고 걸식에서 돌아와 한거(閑居)를 위하여 장님들의 숲으로 갔다.

3. 그때 마라 빠삐만은 셀라 비구니에게 두려움과 공포를 일으키고 털이 곤두서게 하여 한거를 내팽개치게 하려고 셀라 비구니에게 다가갔다. 가서는 셀라 비구니에게 게송으로 말했다.

"누가 이 꼭두각시[548]를 만들었는가?

한과(arahatta)를 증득하신 분이라는 뜻이다. '재생의 근거를 부수어 해탈하신 분(upadhi-saṅkhaye vimutto)'이란 재생의 근거를 부숨이라 불리는 열반을 대상으로 하여 해탈하신 분이라는 뜻이다."(SA.i.193)

547) 본서 「알라위까 경」(S5:1) §2의 주해에서 밝혔듯이 『장로니게 주석서』(ThigA.60)에 의하면 셀라 비구니(Selā bhikkhunī)와 알라위까 비구니(Āḷavikā bhikkhunī)는 동일인이다. DPPN *s.v.* Selā도 동일인으로 간주하고 있다.

548) "'꼭두각시(bimba)'란 자기 존재(atta-bhāva)를 두고 한 말이다."(SA.i.193)
"여기서는 자기 존재라고 인식되는 이 꼭두각시를 범천(Brahma), 위슈누(Visaṇu), 뿌루샤[原人], 빠자빠띠(조물주) 등 가운데서 누가 만들었는가, 누가 드러내었는가, 누가 창조하였는가, 등을 묻는 것이다."(SAṬ.i.199)

꼭두각시를 만든 자는 어디에 있는가?
꼭두각시는 어디에서 생겼는가?
꼭두각시는 어디에서 소멸하는가?" {548}

4. 그러자 셀라 비구니에게 이런 생각이 들었다.
'게송을 읊는 자는 인간인가 비인간인가?
그때 셀라 비구니에게 이런 생각이 들었다.
'이 자는 마라 빠삐만이로구나. 그는 내게 두려움과 공포를 일으키고 털이 곤두서게 하여 한거를 내팽개치게 하려고 게송을 읊었구나.'

5. 그러자 셀라 비구니는 '이 자는 마라 빠삐만이로구나.'라고 알고 마라 빠삐만에게 게송으로 대답하였다.

"이 꼭두각시는 자신이 만든 것도 아니요
이 불쌍한 것은 남이 만든 것도 아니로다.
원인을 조건으로 생겨났으며
원인이 부서지면 소멸하도다.[549] {549}

549) "'불쌍한 것(agha)'이란 괴로움의 토대가 되는 곳이기 때문에(dukkha-pati-ṭṭhānattā) 자기 존재(atta-bhāva)를 말하는 것이다.
'원인이 부서지면(hetu-bhaṅga)'이란 것은 원인이 소멸하면(hetu-nirodha), 조건이 결핍되면(paccaya-vekalla)이란 뜻이다."(SA.i.193)
부처님 당시의 학자들은 괴로움은 자신이 만드는 것[自作, atta-kata]이라는 설과 남이 만드는 것[他作, para-kata]이라는 설로 나뉘어 졌다. 전자는 상견(常見, sassata-diṭṭhi)의 입장이고 후자는 단견(斷見, uccheda-diṭṭhi)의 입장이다. 전자는 영원한 자아가 있어서 이 자아가 한 생에서 다음 생으로 자신이 지은 업의 과보에 따라 윤회전생(*transmigration*)한다는 견해이다. 후자는 죽음으로 모든 것이 끝나버려서 아무 것도 남지 않는다. 그러므로 자신이 겪는 괴로움과 즐거움은 모두 외부의 조건에서 기인한 것이라고 주장한다. 이런 논쟁은 본서 제2권 「나체수행자 깟사빠 경」 등(S12:17~18; 24~25)에 나타나고 있으므로 참조할 것.

마치 씨앗이 들판에 뿌려져서
잘 자라기 위해서는
땅의 영양분과 수분의 둘이
있어야 하는 것과 같도다.550) {550}

그와 같이 무더기들[蘊]과
요소들[界]과 여섯 감각장소들[處]은
원인을 조건으로 생겨났지만
원인이 부서지면 소멸하도다." {551}

6. 그러자 마라 빠삐만은 "셀라 비구니는 나를 알아버렸구나."라고 하면서 괴로워하고 실망하여 거기서 바로 사라졌다.

와지라 경(S5:10)
Vajirā-sutta

2. 그때 와지라 비구니551)가 오전에 옷매무새를 가다듬고 발우와 가사를 수하고 걸식을 위해서 사왓티로 들어갔다. 사왓티에서 걸

550) 『앙굿따라 니까야』 「존재 경」(A3:76) §1 등에서 세존께서는 하나의 존재가 있기 위해서는 업(kamma)이 있어야 한다고 하시면서 "아난다여, 이처럼 업은 들판이고 알음알이는 씨앗이고 갈애는 수분이다. 중생들은 무명의 장애로 덮이고 갈애의 족쇄에 계박되어 알음알이를 확립한다."라고 말씀하시는데 본 게송과 같은 말씀이다. 이렇게 해서 온·처·계가 생기고 머물고 사라지고 하면서 흘러가는 것이 중생이라는 존재의 현주소이다.
여기에 대해서 주석서는 이렇게 설명한다.
"선업과 불선업이 자라는 장소(ṭhāna)라는 뜻에서 업은 '들판(khetta)'이다. [업과] 함께 생긴 업을 형성하는 알음알이는 자란다는 뜻에서 '씨앗(bīja)'이다. [씨앗을] 돌보고 자라게 하기 때문에 '갈애'는 물과 같다."(AA.ii.335)

551) 아래 주해에서 보듯이 와지라 비구니(Vājirā bhikkhunī)의 게송은 자주 인용되고 있지만 주석서에는 와지라 비구니에 대한 설명이 나타나지 않고, 『장로니게』에도 그녀의 게송은 나타나지 않는다.

식을 하여 공양을 마치고 [135] 걸식에서 돌아와 한거(閑居)를 위하여 장님들의 숲으로 갔다.

3. 그때 마라 빠삐만은 와지라 비구니에게 두려움과 공포를 일으키고 털이 곤두서게 하여 한거를 내팽개치게 하려고 와지라 비구니에게 다가갔다. 가서는 와지라 비구니에게 게송으로 말했다.

"누가 중생을 창조하였는가?
중생을 창조한 자는 어디에 있는가?
중생은 어디에서 생겼는가?
중생은 어디에서 소멸하는가?" {552}

4. 그러자 와지라 비구니에게 이런 생각이 들었다.

'게송을 읊는 자는 인간인가 비인간인가?'

그때 와지라 비구니에게 이런 생각이 들었다.

'이 자는 마라 빠삐만이로구나. 그는 내게 두려움과 공포를 일으키고 털이 곤두서게 하여 한거를 내팽개치게 하려고 게송을 읊었구나.'

5. 그러자 와지라 비구니는 '이 자는 마라 빠삐만이로구나.'라고 알고 마라 빠삐만에게 게송으로 대답하였다.

"왜 그대는 '중생'이라고 상상하는가?
마라여, 그대는 견해에 빠졌는가?
단지 형성된 것들[行]의 더미일 뿐
여기서 중생이라고 할 만한 것을 찾을 수 없도다. {553}

마치 부품들을 조립한 것이 있을 때
'마차'라는 명칭이 있는 것처럼
무더기들[蘊]이 있을 때 '중생'이라는

인습적 표현이 있을 뿐이로다. {554}

단지 괴로움552)이 생겨나고
단지 괴로움이 머물고 없어질 뿐이니
괴로움 외에 어떤 것도 생겨나지 않고
괴로움 외에 어떤 것도 소멸하지 않도다."553) {555}

6. 그러자 마라 빠삐만은 "와지라 비구니는 나를 알아버렸구나."라고 하면서 괴로워하고 실망하여 거기서 바로 사라졌다.

---

552) "'괴로움(dukkha)'이란 오온의 괴로움(pañca-kkhandha-dukkha)이다." (SA.i.194)
이것은 위 {553}의 '단지 형성된 것들[行]의 더미(suddha-saṅkhāra-puñja)'와 같은 것이다. 본서 제2권 「깟짜나곳따 경」(S12:15) §5에서도 자아는 존재하지 않으며 '단지 괴로움이 일어날 뿐이고, 단지 괴로움이 소멸할 뿐이다.'라고 나타나고 있다. 불교에서 나를 오온으로 해체해서 보는 것은 이처럼 오온개고(五蘊皆苦)와 오온무아를 극명하게 드러내기 위한 것이다. 나라는 존재를 온·처·계·연 등으로 해체해서 보지 못하면 염오-이욕-소멸이나 염오-이욕-해탈-구경해탈지를 통해서 깨달음을 실현할 수 없다는 점을 다시 한 번 강조하고 싶다. 본서 제5권 「마음챙김의 확립 상윳따」(S47)의 여러 경들이나 『디가 니까야』 「대념처경」(D22) 등의 초기불전에 나타나는 수행 방법의 핵심도 나라는 존재를 몸·느낌·마음·심리현상들(身·受·心·法)로 해체해서 그 중의 하나에 집중(삼매, 사마타)하거나 그 중의 하나에 대해서 무상·고·무아로 그것을 해체해서 보는 것(위빳사나)이다. 해체해서 보지 못하면 그는 불교적 수행을 하는 자가 아니다. 뭉쳐두면 속는다. 해체해야 깨닫는다.

553) 본 게송에 나타나는 마차의 비유는 『밀린다빤하』(Mil.27~28)에 인용되어 자세하게 설명되고 있다. 『청정도론』 XVIII.25~28도 본경의 두 게송을 인용하면서 정신·물질을 떠나 중생이라는 것이 따로 없음을 설명하고 있다.

비구니 상윳따(S5)가 끝났다.

본 상윳따에 포함된 경들의 목록은 다음과 같다.

① 알라위까 ② 소마 ③ 고따미
④ 위자야 ⑤ 웁빨라완나 ⑥ 짤라
⑦ 우빠짤라 ⑧ 시수빠짤라 ⑨ 셀라
⑩ 와지라 — 이러한 열 가지이다.

제6주제

범천 상윳따(S6)

제6주제(S6)

범천 상윳따[554]

Brahma-saṁyutta

제1장 첫 번째 품

Paṭhama-vagga

권청(勸請) **경**(S6:1)[555]

Āyācana-sutta

1. 이와 같이 [136] 나는 들었다. 한때 세존께서는 처음 완전한 깨달음을 성취하시고 나서 우루웰라의 네란자라 강둑에 있는 염소치기의 니그로다 나무[556] 아래에서 머무셨다.

---

554) 초기불전에서 신으로서 언급이 되는 범천(梵天, Brahma, 브라흐마)이 구체적으로 어떤 존재를 뜻하는지는 정확하지가 않다. 주석서들도 여기에 대해서는 별다른 언급이 없다. DPPN은 범천을 범천의 세상(brahma-loka)에 사는 자들로 정리하고 있다. 그리고 DPPN은 색계 이상의 천상을 범천의 세상이라 설명하고 있으며 여기에 머무는 신들을 통틀어서 범천으로 정리하고 있다. 범천의 세상(brahma-loka)에 대해서는 본서 제6권 「병 경」(S55:54) §11의 주해를 참조할 것.

555) 본경과 비슷한 내용이 『율장』(Vin.i.4~7)과 『디가 니까야』 「대전기경」(D14) §§3.1~3.7과 『맛지마 니까야』 「성구경」(M26) §19 이하에도 나타나고 있다.
주석서는 이 일화는 깨달음을 이루신 뒤 8번째 칠일(aṭṭhama sattāha)에 있었다고 적고 있다.(SA.i.195) 북전 『마하와스뚜』(大事, Mvu.iii.314~319)도 같은 내용을 담고 있는데 더 화려한 문체로 기술되어 있다.

556) '염소치기의 니그로다 나무'로 옮긴 원어는 ajapāla-nigrodha이다. 수자따(Sujātā)가 고행을 그만두신 세존께 우유죽을 공양올린 곳이 바로 이 나무

2. 그때 세존께서 한적한 곳에 가서 홀로 앉아있는 중에 문득 이런 생각이 마음에 일어났다.

'내가 증득한 이 법은 심오하여 알아차리기도 이해하기도 힘들며, 평화롭고 숭고하며, 단순한 사유의 영역을 넘어서 있고 미묘하여 오로지 현자만이 알아볼 수 있을 것이다. 그러나 사람들은 감각적 쾌락557)을 좋아하고 감각적 쾌락에 물들어 있고 감각적 쾌락에 탐닉하

아래였다.(J.i.69) 부처님께서는 보드가야의 보리수 나무 아래서 깨달음을 이루신 후에 수차례 이곳을 찾아가셨다고 한다. 사함빠띠 범천이 부처님께 법륜을 굴리기를 간청한 곳도 이곳이었으며(Vin.i.5~7), 마라가 세존이 깨달으신 직후에 바로 열반에 드시기를 간청한 곳도 이곳이었다.(D16. §3.34 참조) 혹자는 세존께서는 이 니그로다 나무 아래서 깨달음을 성취하신 것으로 이해하기도 하지만 『율장』과 주석서에는 세존께서 보리수 아래서 깨달음을 성취하시고 삼매에서 출정하셔서 이 나무로 오신 것으로 밝히고 있다.(Vin.i. 2, 3, 5 등)

한편 주석서는 왜 이 니그로다 나무를 염소치기의 니그로다 나무라 부르는가에 대해서 몇 가지로 설명을 한다. 첫째, 이 나무의 그늘에서 염소치기들이 쉬었기 때문이며, 둘째 나이든 바라문들이 나이가 들어서 더 이상 베다를 암송하지 못하게 되자(ajapā) 이곳에 거처를 마련하고 살았기 때문이며, 셋째 한밤에 염소들에게 의지처가 되었기 때문이라고 한다.(UdA.51) 그리고 북방불교의 전승에 의하면 이 나무는 부처님께서 육년 고행을 하실 동안 의지처를 마련해드리기 위해서 염소치기가 심은 것이라고 한다.(Mtu.iii.302) 이런 정황을 참작하여 '염소치기의 니그로다 나무'로 옮겼다.

557) '감각적 쾌락'으로 옮긴 원어는 ālaya이다. 주석서는 "중생들은 다섯 가닥의 감각적 욕망들에서 쾌락을 가진다(ālayati). 그러므로 그것들을 감각적 쾌락(ālaya)이라 부른다. 108가지 갈애를 지속적으로 생각하는 것에 쾌락을 가진다. 그래서 감각적 쾌락이라 부른다."(DA.ii.464)라고 설명한다.

한편 『청정도론 복주서』(Pm)에서는 "ālaya는 다섯 가닥의 감각적 욕망, 혹은 모든 대상에 대한 욕망, 혹은 욕계·색계·무색계인 이 세 가지 형태의 존재에 대한 욕망이라 불린다."(Pm.535)로 설명하고 있다.

ālaya는 ā+√lī(*to cling*)에서 파생된 명사로서 유식(唯識)에서 아뢰야로 음역되는 바로 그 단어이다. 문자적인 의미는 '달라붙다'이며 그래서 '집착, 욕망, 소유물, 의지처' 등의 의미로 쓰인다. 유식에서 모든 유위(有爲)의 최종의 의지처라는 의미로 알라야 윈냐나(아뢰야식)를 설하는 것은 후대에 발전된 개념이다.

고 있다. 감각적 쾌락을 좋아하고 감각적 쾌락에 물들어 있고 감각적 쾌락에 탐닉하는 사람들이 이런 경지, 즉 '이것에게 조건 짓는 성질[此緣性]'558)인 연기(緣起)559)560)를 본다는 것은 어려울 것이다. 또한 모든 형성된 것들을 가라앉힘,561) 일체의 생존에 대한 집착을 포기함, 갈애의 멸진, 탐욕의 빛바램, 소멸, 열반, — 이러한 것을 본다는 것은 어려울 것이다. 설혹 내가 법을 가르친다 하더라도 저들이 내 말을 완전하게 알지 못한다면 그것은 나에게 피로를 줄 뿐이고 그것은 나에게 성가신 일이다.'

3. 다시 세존께 이전에 들어 보지 못한 이러한 아주 경이로운562)

558) '이것에게 조건 짓는 성질'로 옮긴 원어는 idappaccayatā이다. 이 단어는 idaṁ(이것)+paccaya(조건)에다 추상명사형 어미 '-tā'를 붙여서 만든 합성어이다. 주석서는 다음과 같이 설명한다. "이들에게 조건이 됨이 이것에게 조건이 됨이다. 이것에게 조건이 됨이 '이것에게 조건 짓는 성질'이다(imesaṁ paccayā idappaccayā, idappaccayā eva idappaccayatā)."(DA.ii.464)

559) '연기(緣起, paṭiccasamuppāda)'에 대한 문자적인 설명은 『청정도론』 XVII.15 이하에 상세하게 나타난다. 연기의 가르침은 본서 제2권 「인연 상윳따」(S12)의 주제이므로 그곳의 경들과 제2권 해제 §3을 참조할 것. paṭiccasamuppāda는 「인연 상윳따」의 여러 경들 등에서는 '연기(緣起)'로 옮겼고, 다른 곳에서는 문맥에 따라서 '조건발생[緣起]'으로 옮기기도 하였다.

560) '이것에게 조건 짓는 성질[此緣性]인 연기(緣起)'는 idappaccayatā-paṭicca-samuppādo를 풀어서 옮긴 것이다. 주석서는 이 복합어를 idappaccayatā ca sā paṭiccasamuppādo cāti(SA.i.196) 즉 병렬복합어[相違釋, dvandva]로 풀이하고 있는데, 이를 참조하여서 옮긴 것이다. 한편 복주서는 이 구문은 의도적 행위[行] 등의 조건이 되는(paccaya-bhūtā) 무명 등을 뜻하는 것이라고 설명하여서, 이것에게 조건 짓는 성질과 연기는 다름 아닌 12연기를 나타내는 것이라고 밝히고 있다.(SAṬ.i.201)

561) 주석서에서는 이 이하의 술어들은 모두 열반을 지칭한다고 설명하고 있다.(DA.ii.464)

562) 여기서 '아주 경이로운'으로 옮긴 원어는 anacchariyā이다. Ee1에는 acchā-riyā로 나타난다. 대부분의 서양 번역가들은 '*spontaneously*'로 옮기고

게송들이 떠올랐다.

'어렵게 나는 증득했나니
이제 드러낼 필요가 있을까.
탐욕과 성냄으로 가득한 자들이
이 법을 실로 잘 깨닫기란 어렵다. {556}

흐름을 거스르고[563] 미묘하고 깊고
보기 어렵고 미세한 법을
어둠의 무더기로 덮여 있고
탐욕에 빠진 자들은 보지 못한다.' {557} [137]

세존께서는 이와 같이 숙고하면서 그의 마음은 법을 설하기보다는 무관심[564]으로 기우셨다.

있는데 이 단어를 an+accharā(순간)으로 이해한 것이다. 그러나 주석서는 anacchariyā를 anu+acchariyā(계속해서 경이로운, SA.i.196)으로 풀이하고 있다. 그리고 복주서도 "경이로움(acchariyā)을 강조한 것이 anacchariyā이다. 강조의 뜻에서 문자 a-(an-)를 넣은 것이다."(SAṬ.i.202)라고 설명하고 있어서 이렇게 옮겼다.

563) "흐름을 거스르고(paṭisotagāmi)란 항상함 등[常·樂·我·淨]의 흐름을 거슬러서 무상이요 고요 무아요 부정하다고[無常·苦·無我·不淨] 이와 같이 전개되는 네 가지 진리의 법이다."(SA.i.197)

564) "'무관심(appossukkatā)'이란 관심이 없음(nirussukka-bhāva)이니 가르치고자 하지 않음(adesetu-kāmatā)을 뜻한다."
그러면 왜 이와 같은 마음을 내셨을까? 주석서를 요약하면 다음과 같다. 일체지(sabbaññutā)를 얻고서 중생들의 오염원이 두꺼움(kilesa-gahanatā)과 법의 심오함(gambhīratā)을 반조해 보셨기(paccavekkhanta) 때문이다. 그리고 자신이 무관심으로 기울면 범천이 권청할 것이라는 것을 아셨기 때문이기도 하다. 중생들은 범천을 높이 평가하기 때문에 범천이 권청을 하면 중생들은 법을 듣고자 하는 마음이 조금씩 일어날 것이기 때문이다.(SA.i.197~198)

4. 그때 사함빠띠 범천565)이 마음으로 세존께서 마음에 일으키신 생각을 알고서 이렇게 생각하였다.

'오, 세상은 끝이로구나. 세상은 파멸하는구나. 참으로 세존께서 법을 설하기보다는 무관심으로 마음을 기울이시다니!'

그러자 사함빠띠 범천은 마치 힘센 사람이 구부렸던 팔을 펴고 폈던 팔을 구부리는 것처럼 범천의 세상566)에서 사라져서 세존 앞에 나타났다. 사함빠띠 범천은 한쪽 어깨가 드러나게 윗옷을 입고 오른쪽 무릎을 땅에 대고 세존을 향해 합장하여 인사를 올리면서 이렇게 말씀드렸다.

"세존이시여, 세존께서는 법을 설하소서. 선서께서는 법을 설하소서. 눈에 먼지가 적게 들어간 중생들이 있습니다. 법을 듣지 않으면 그들은 파멸할 것입니다. [그러나 법을 들으면] 그들은 법에 대해 구경의 지혜를 가진 자가 될 것입니다."

5. 사함빠띠 범천은 이렇게 말씀드렸다. 이렇게 말씀드린 뒤 다시 [게송으로] 이렇게 말씀드렸다.

"때 묻은 사람들이 고안해낸 청정치 못한 법이
전에 마가다에 나타났습니다.

---

565) 사함빠띠 범천(brahmā Sahampati)은 본경에서 보듯이 이 세상에 불교가 시작되는데 극적인 역할을 하고 있다. 여기서 보듯이 법의 바퀴를 굴릴 것을 간청하는 자도 사함빠띠 범천이고 세존이 입멸하시자 맨 처음 게송을 읊은 자도 그다.(본서 「반열반 경」(S6:15) {608}) 그가 어떻게 막강한 신이 되었는가는 본서 제5권 「사함빠띠 범천 경」(S48:57) §5를 참조할 것.
그 외에도 『상윳따 니까야』에만 해도 사함빠띠 범천은 S6:2; 3; 10; 12; 13; S11:17; S22:80; S47:18, 43에 나타나고 있다.

566) '범천의 세상(brahma-loka)'에 대해서는 본서 제6권 「병 경」(S55:54) §11의 주해를 참조할 것.

불사(不死)의 문567)을 여소서.
때 없는 분이 깨달으신 법을 듣게 하소서. {558}

마치 산꼭대기에 선 자가
모든 곳에서 [아래에 있는] 사람들을 볼 수 있듯이
현자시여, 그와 같이 법으로 충만한 궁전을 오르소서.
모두를 볼 수 있는 눈[普眼]568)을 가지신 분이여,
슬픔을 제거한 분께서는 슬픔에 빠진 사람들을
태어남과 늙음에 압도된 저들을 굽어 살피소서. {559}

일어서소서 영웅이시여
전쟁에서 승리하신 분이시여
대상의 우두머리시여, 빚진 것이 없는 분이시여
세상에 유행하소서.
세존께서는 법을 설하소서.
구경의 지혜를 가진 자들이 생길 것입니다." {560} [138]

6. 그러자 세존께서는 범천의 간청을 충분히 알고서 중생에 대한 연민 때문에 부처의 눈[佛眼]569)으로서 세상을 두루 살펴보셨다.

---

567) "'불사의 문(amatassa dvāra)'이란 불사인 열반의 문이 되는 것(dvāra-bhūta)이니 바로 성스러운 도(ariya-magga)를 뜻한다."(SA.i.199) 문은 여기서는 단수로 나타나고 아래 {561}에서는 복수로 나타나고 있다.

568) '모두를 볼 수 있는 눈[普眼, samanta-cakkhu]'은 바로 다음 주해를 참조할 것.

569) "'부처의 눈[佛眼, buddha-cakkhu]'이란 중생들의 감각기능[根]의 성숙정도에 대해서 아는 지혜(indriya-paropariyatta-ñāṇa)와 중생들의 의향과 잠재성향을 아는 지혜(āsaya-anusaya-ñāṇa)를 말한다. 이 두 가지 지혜가 부처의 눈[佛眼]이다.
일체를 아는 지혜[一切知智, sabbaññuta-ññāṇa]를 '모두를 볼 수 있는 눈[普眼, samanta-cakkhu, {559}]'이라 부르고 세 가지 낮은 단계의 도를

세존께서는 부처의 눈으로 세상을 두루 살펴보시면서 중생들 가운데는 [눈에] 때가 엷게 낀 사람도 때가 두텁게 낀 사람도 있고, [근기가] 높은 사람도 낮은 사람도 있고, 선량한 자질을 가진 사람, 나쁜 자질을 가진 사람, 가르치기 쉬운 사람, 가르치기 어려운 사람도 있으며, 어떤 사람들은 저 세상과 비난에 대해서 두려움을 보며570) 지내는 것도 보셨다.

예를 들면, 어떤 청련이나 홍련이나 백련은 물에서 생겨나 물속에서 성장하고 물에 잠겨 그 속에서만 자란다. 어떤 청련이나 홍련이나 백련은 물속에서 생겨나 물속에서 성장하여 물의 표면에 닿는다. 어떤 청련이나 홍련이나 백련은 물에서 생겨나 물에서 성장하여 물로부터 벗어나서 당당하게 서서 물에 젖지 않는다.

그와 마찬가지로 세존께서는 부처의 눈으로 세상을 두루 살펴보면서 중생들 가운데는 [눈에] 때가 엷게 낀 사람도 때가 두텁게 낀 사람도 있고, [근기가] 높은 사람도 낮은 사람도 있고, 선량한 자질을 가진 사람, 나쁜 자질을 가진 사람, 가르치기 쉬운 사람, 가르치기 어

아는 지혜(magga-ñāṇa)를 법의 눈[法眼, dhamma-cakkhu]이라 한다." (SA.i.200)

여기에다 신성한 눈[天眼, dibba-cakkhu, 본서 「어떤 범천 경」(S6:5) §4 이하와 제2권 「수시마 경」(S12:70) §12 등]과 육체적인 눈[肉眼, maṁsa-cakkhu]을 합하면 모두 다섯 가지가 되고, 이것을 부처님의 오안(五眼)이라 부른다. 『금강경』에는 보안(普眼) 대신에 혜안(慧眼, 통찰지의 눈)이 나타나고 있다. 다섯 가지 눈[五眼]에 대해서는 본서 제4권 「무상 경」(S35:1) §3의 주해를 참조할 것.

570) '저 세상과 비난에 대해서 두려움을 보며'는 paraloka-vajja-bhaya-dassāvī라는 합성어를 풀어서 옮긴 것이다. 주석서는 "저 세상과 비난을 두려움으로 보는 자(ye paralokañceva vajjañca bhayato passanti"(SA.i.201)로 풀이하고 있어서 이렇게 옮겼다. 그런데 『법구경』(Dhp) {317~318}에는 비난과 두려움이 병렬되는 단어로 취급되고 있다. 이 경우에는 '저 세상에 대한 비난과 두려움을 보는 자(ye paraloke vajjañ ceva bhayañ ca passanti)'로 해석되어야 한다.

려운 사람도 있으며, 어떤 사람들은 저 세상과 비난에 대해서 두려움을 보며 지내는 것도 보셨다.

7. 이렇게 보신 뒤 세존께서는 사함빠띠 범천에게 게송으로 대답하셨다.

> "그들에게 불사(不死)의 문571)들은 열렸도다.
> 귀를 가진 자 자신의 믿음을 버려라.572)
> 범천이여, 이 미묘하고 숭고한 법을
> 피로해질 뿐이라는 인식 때문에
> 나는 설하지 않았다." {561}

8. 그러자 사함빠띠 범천은 '나는 세존께서 법을 설하시도록 기회를 만들어 드렸다.'라고 [생각하고] 세존께 절을 올리고 오른쪽으로 [세 번] 돌아 [경의를 표한] 뒤 그곳에서 사라졌다.

---

571) "'불사의 문(amatassa dvāra)'이란 성스러운 도(ariya-magga, 팔정도)이다. 이것은 불사라 불리는 열반의 문이기 때문이다."(DA.ii.471) '불사(不死)'로 옮긴 amata는 a(부정접두어)+√mṛ(*to die*)의 과거분사 형이며 명사로 쓰여서 '죽지 않음' 즉 불사로 옮긴다. 이것은 불사약 즉 만병통치약이란 의미이며 중국에서 감로(甘露)로 옮기기도 하였다. 서양에서는 *Nectar* 혹은 *Ambrosia*로 옮긴다. 열반의 동의어이다.

572) '자신의 믿음을 버려라.'는 pamuñcantu saddhaṁ을 옮긴 것이다. 주석서는 "모두는 자신의 믿음을 내버려야 한다(sabbe attano saddhaṁ vissa-jjentu)."(SA.i.203)로 설명하고 있다.

존중 경(S6:2)573)

Gārava-sutta

1. 이와 같이 나는 들었다. 한때 세존께서는 처음 완전한 깨달음을 성취하시고 나서 우루웰라의 네란자라 강둑에 있는 염소치기의 니그로다 나무 아래에서 머무셨다.574) [139]

2. 그때 세존께서 한적한 곳에 가서 홀로 앉아있는 중에 문득 이런 생각이 마음에 일어났다.

'아무도 존중할 사람이 없고 의지할 사람이 없이 머문다는 것은 괴로움이다. 참으로 나는 어떤 사문이나 바라문을 존경하고 존중하고 의지하여 머물러야 하는가?'

3. 그러자 세존께 이런 생각이 일어났다.

'내가 아직 완성하지 못한 계의 무더기[戒蘊]가 있다면 그것을 완성하기 위해서 나는 다른 사문이나 바라문을 존경하고 존중하고 의지하여 머물러야 할 것이다. 그러나 나는 신과 마라와 범천을 포함한 세상에서, 사문·바라문과 신과 사람을 포함한 무리 가운데에서, 나보다도 더 계를 잘 구족하여 내가 존경하고 존중하고 의지하여 머물러야 할 다른 어떤 사문이나 바라문도 보지 못한다.'

4. '내가 아직 완성하지 못한 삼매의 무더기[定蘊]가 있다면 그

---

573) 본경은 『앙굿따라 니까야』 「우루웰라 경」 1(A4:21)과 같은 내용을 담고 있다. 「우루웰라 경」 1은 세존께서 급고독원에서 비구들에게 설하시는 것으로 나타나고 있으며, 본경에 나타나는 해탈지견에 해당하는 내용도 나타나지 않는다.

574) 주석서는 이 일화는 깨달음을 이루신 뒤 5번째 칠일(pañcama sattāha)에 있었다고 적고 있다.(SA.i.203)

것을 완성하기 위해서 나는 다른 사문이나 바라문을 존경하고 존중하고 의지하여 머물러야 할 것이다. 그러나 나는 신과 마라와 범천을 포함한 세상에서, 사문・바라문과 신과 사람을 포함한 무리 가운데에서, 나보다도 더 삼매를 잘 구족하여 내가 존경하고 존중하고 의지하여 머물러야 할 다른 어떤 사문이나 바라문도 보지 못한다.'

5. '내가 아직 완성하지 못한 통찰지의 무더기[慧蘊]가 있다면 그것을 완성하기 위해서 다른 사문이나 바라문을 존경하고 존중하고 의지하여 머물러야 할 것이다. 그러나 나는 신과 마라와 범천을 포함한 세상에서, 사문・바라문과 신과 사람을 포함한 무리 가운데에서, 나보다도 더 통찰지를 잘 구족하여 내가 존경하고 존중하고 의지하여 머물러야 할 다른 어떤 사문이나 바라문도 보지 못한다.'

6. '내가 아직 완성하지 못한 해탈의 무더기[解脫蘊]가 있다면 그것을 완성하기 위해서 다른 사문이나 바라문을 존경하고 존중하고 의지하여 머물러야 할 것이다. 그러나 나는 신과 마라와 범천을 포함한 세상에서, 사문・바라문과 신과 사람을 포함한 무리 가운데에서, 나보다도 더 해탈을 잘 구족하여 내가 존경하고 존중하고 의지하여 머물러야 할 다른 어떤 사문이나 바라문도 보지 못한다.'

7. '내가 아직 완성하지 못한 해탈지견의 무더기[解脫知見蘊]가 있다면 그것을 완성하기 위해서 다른 사문이나 바라문을 존경하고 존중하고 의지하여 머물러야 할 것이다. 그러나 나는 신과 마라와 범천을 포함한 세상에서, 사문・바라문과 신과 사람을 포함한 무리 가운데에서, 나보다도 더 해탈지견을 잘 구족하여 내가 존경하고 존중하고 의지하여 머물러야 할 다른 어떤 사문이나 바라문도 보지 못한다.[575] 참으로 나는 내가 바르게 깨달은 바로 이 법을 존경하고 존중

하고 의지하여 머무르리라.'

8. 그러자 사함빠띠 범천이 마음으로 세존께서 마음에 일으킨 생각을 알고서 마치 힘센 사람이 구부렸던 팔을 펴고 폈던 팔을 구부리는 것처럼 범천의 세계에서 사라져서 세존 앞에 나타났다. 그때 사함빠띠 범천은 한쪽 어깨가 드러나게 윗옷을 입고 땅에 오른쪽 무릎을 꿇은 뒤 세존을 향해 합장하고 이렇게 말씀드렸다. [140]

9. "참으로 그러하옵니다, 세존이시여. 참으로 그러하옵니다, 선서시여. 세존이시여, 과거의 아라한·정등각자이신 세존들께서도 역시 오직 법을 존경하고 존중하고 의지하여 머물렀습니다. 세존이시여, 미래의 아라한·정등각자이신 세존들께서도 역시 오직 법을 존경하고 존중하고 의지하여 머무를 것입니다. 세존이시여, 지금의 아라한·정등각자이신 세존께서도 역시 오직 법을 존경하고 존중하고 의지하여 머무십시오."

10. 사함빠띠 범천은 이렇게 말했다. 이렇게 말한 뒤 다시 [게송으로] 이렇게 말했다.

"과거에 완전하게 깨달은 모든 분들도

---

575) "여기서 계의 무더기부터 네 개의 무더기는 세간적인 것과 출세간적인 것(lokiya-lokuttarā)으로 설하셨다. 그러나 해탈지견(vimutti-ñāṇadassana)은 오직 세간적인 것(lokiyam eva)이다. 이것은 반조의 지혜(paccavek-khaṇa-ñāṇa)이기 때문이다."(SA.i.204)
반조의 지혜는 해탈의 경지에서 나와서 생기는 것이기 때문에 세간적인 것이라고 설명하고 있다. 『청정도론』에서는 ① 도에 대한 반조 ② 과에 대한 반조 ③ 버린 오염원들에 대한 반조 ④ 남아있는 오염원들에 대한 반조 ⑤ 열반에 대한 반조의 다섯 가지 반조를 들고 있다. 자세한 것은 『청정도론』 XXII.19 이하를 참조할 것. 반조의 지혜에 대해서는 아래 「브라흐마데와 경」(S6:3) §2의 주해도 참조할 것.

미래의 모든 부처님들도
완전하게 깨달은 현재의 부처님도
모두 많은 사람들의 근심을 없애주시네. {562}
그분들은 모두 정법을 공경하며
사셨고 살고 계시며 또한 살아가실 것이니
이것이 모든 부처님들의 법다움이라네. {563}

그러므로 자신의 이익을 위해서
위대한 것을 추구하는 자
이러한 부처님들의 교법을 기억하여
정법을 존중해야 하리라." {564}

브라흐마데와 경(S6:3)

Brahmadeva-sutta

1. <사왓티의 아나타삔디까 원림(급고독원)에서>

2. 그 무렵 어떤 바라문녀의 아들인 브라흐마데와[576]가 집에서 나와 세존의 곁으로 출가하였다. 그때 브라흐마데와 존자는 혼자 은둔하여 방일하지 않고 열심히, 스스로 독려하며 지냈다. 그는 오래지 않아 좋은 가문의 아들들이 집에서 나와 출가하는 목적인 그 위없는 청정범행의 완성을 지금·여기에서 스스로 최상의 지혜로 알고[577]

---

576) 주석서와 복주서는 브라흐마데와 존자(āyasmā Brahmadeva)가 누구인지 설명을 하지 않는다.

577) '최상의 지혜로 알고'라고 옮긴 원어는 abhiññā이다. 주석서에서는 abhiññā를 abhivisiṭṭhena ñāṇena(특별한 지혜로)라고 설명하기도 하고(DA.i.99) adhikena ñāṇena ñatvā(뛰어난 지혜로 안 뒤에)라고도 설명한다.(DA.i.175) 그래서 이 문맥에 나타나는 abhiññā를 동명사 abhiññāya의 축약된 형태로 간주하여 '최상의 지혜로 알고'라고 본서 전체에서 통일해서 옮겼다.

실현하고 구족하여 머물렀다. '태어남은 다했다. 청정범행은 성취되었다. 할 일을 다 해 마쳤다.[578] 다시는 어떤 존재로도 돌아오지 않을 것이다.'[579]라고 최상의 지혜로 알았다.[580]

브라흐마데와 존자는 아라한들 중의 한 분이 되었다.

3. 그때 브라흐마데와 존자는 오전에 옷매무새를 가다듬고 발우와 가사를 수하고 사왓티로 걸식을 갔다. 사왓티에서 차례대로 빠

한편, 명사 abhiññā는 『청정도론』과 『아비담마 길라잡이』에서는 초월지나 신통지로 옮겼다. 주로 육신통을 나타내는 문맥에서 사용되기 때문이다. 그러나 본서에서는 주석서의 설명을 중시하여 거의 대부분 '최상의 지혜'로 옮기고 있으며 동명사 등으로 나타날 때는 '최상의 지혜로 알고' 등으로 옮겼다.

578) "'청정범행(brahmacariya)'은 도의 청정범행(magga-brahmacariya)이다. '할 일을 다 해 마쳤다(kataṁ karaṇīyaṁ).'는 것은 네 가지 진리(sacca) 각각에 대해서 철저히 앎과 버림과 실현함과 닦음(pariññā-pahāna-sacchi-kiriya-bhāvanā)이라는 네 가지 도로써 모두 16가지 방법으로 할 일을 다 해 마쳤다는 뜻이다."(SA.i.205)

579) "'다시는 어떤 존재로도 돌아오지 않을 것이다(na aparam itthattāya).'라는 것은, ① 이러한 존재가 되기 위해서(ittha-bhāvāya), 이와 같이 16가지 방법으로 [다시] 할 일을 다 해 마치기 위해서(soḷasa-kicca-bhāvāya), 혹은 [다시] 오염원을 멸진하기 위해서(kilesa-kkhayāya) 도를 닦아야 할 일(kata-magga-bhāvanā)이 다시는 없다는 말이다. ② 혹은 여기서 어떤 존재란 어떤 존재로부터(itthatta-bhāvato)라는 뜻이다. 즉 지금 존재하는 오온의 지속으로부터(vattamāna-kkhandha-santānā) 다시 다음의 다른 오온의 지속이 존재하게 되지는 않는다는 말이니, 이 오온을 철저히 알고 머물기 때문에 마치 뿌리가 잘려진 나무와 같다고 철저하게 알았다는 말이다." (SA.i.205)
즉 주석서는 itthattāya를 두 가지로 해석하고 있다. 첫째는 여격(*Dative*)으로 해석하여 '이런 존재가 되기 위해서' 다시 오지 않는다는 뜻이고 둘째는 탈격(*Ablative*)로 해석해서 '이런 존재로부터' 다른 존재로 되지 않는 것으로 해석하는 것이다. 역자는 첫째 방법대로 옮겼다. 사실 itthatta는 명백히 중성 추상명사이기 때문에 문법적으로 itthattāya가 탈격이 될 수는 없다.

580) "여기서 '태어남은 다했다 … 돌아오지 않을 것이다.'라고 최상의 지혜로 알았다는 것은 반조의 토대(paccavekkhaṇa-bhūmi)를 말씀하신 것이다."(SA.i.205)

짐이 없이 걸식을 하면서581) 자기 어머니의 거처로 갔다. [141]

4. 그 무렵 브라흐마데와 존자의 어머니인 바라문녀는 범천에게 항상 헌공을 베풀고 있었다.582) 그때 사함빠띠 범천에게 이런 생각이 들었다.

'브라흐마데와 존자의 어머니인 바라문녀는 범천에게 항상 헌공을 베푼다. 그러니 나는 그녀에게 가서 절박함을 일깨워야겠다.'

그러자 사함빠띠 범천은 마치 힘센 사람이 구부렸던 팔을 펴고 폈던 팔을 구부리는 것처럼 범천의 세계에서 사라져서 세존 앞에 나타났다.

5. 그때 사함빠띠 범천은 허공에서서 브라흐마데와 존자의 어머니인 바라문녀에게 게송들을 읊었다.

"바라문녀여, 그대 항상 베푸는 헌공을 섭수하는
범천의 세상은 여기로부터 멀다네.
바라문녀여, 범천은 그런 음식 먹는 자가 아니니
범천에 이르는 길583)을 모르면서 왜 중얼대고 있는가? {565}

---

581) '차례대로 빠짐이 없이 걸식을 하면서'는 sapadānaṁ piṇḍāya caramāno를 옮긴 것이다. 이것은 13가지 두타행(dhutaṅga)의 네 번째인 차례대로 탁발하는 수행(sapadāna-cārik-aṅga)으로 정리되어 『청정도론』에서 설명되고 있다. 자세한 것은 『청정도론』 II.31～34를 참조할 것.

582) '항상 헌공을 베풀고 있었다.'는 āhutiṁ niccaṁ paggaṇhāti를 옮긴 것이다. 주석서의 설명을 통해서 보면 그녀는 단 우유죽을 바치면서 '대범천님은 드시옵소서. 대범천님은 맛보시옵소서. 대범천님은 즐기시옵소서.'라고 중얼거리고 있었다고 한다.(SA.i.206)

583) "여기서 말하는 '범천에 이르는 길(brahma-patha)'이란 네 가지 유익한 禪(kusala-jjhānāni)을 말한다. 과보로 나타난 禪들(vipāka-jjhānāni)은 그들이 [유익한 禪을 닦아서 그 과보로 범천의 세상에 태어나서 사는] 삶의 길(jīvita-patha)이다. 그런데 '그대는 이러한 길을 모르고 왜 중얼대고 있는

바라문녀여, 참으로 그대의 브라흐마데와는
존재의 근거가 다하였고[584] 신들을 능가했으니
무소유를 행하고 남을 부양하지 않는[585] 비구인
그분이 탁발하러 그대의 집에 들어왔다오. {566}

공양 올려 마땅한 지혜의 달인[586] 자신을 닦은 그는
인간과 신들의 보시 받아 마땅하도다.
사악함 모두 없앴고 물들지 않으며
침착한 그분이 탁발음식을 찾아 왔도다. {567}

가? 범천들은 희열이 함께하는 禪(sappītika-jjhāna)으로 살아간다. 이러한 약초와 씨앗으로 맛을 낸 엉겨 붙은 우유를 먹고 살지 않는다. 그러니 쓸데없는 수고를 하지 말라.'고 말하는 것이다."(SA.i.207)
일반적으로 초기불전에서는 네 가지 거룩한 마음가짐[四梵住, brahma-vihāra = 사무량심 = 자·비·희·사]을 범천에 이르는 길이라고 말한다. 여기에 대해서는 『디가 니까야』 「삼명경」(D13/i.250~251) §§76~79와 『맛지마 니까야』 「수바 경」(M99/ii.207) §§23~27 등을 참조할 것.
바라문들을 위시한 인도인들의 염원은 범천의 세상에 태어나는 것이었다. 그런데 세존께서 범천에 이르는 방법으로 자애·연민·더불어 기뻐함·평온[慈悲喜捨]의 사무량심을 설하셨다는 것은 그 의미가 각별하다. 여기에 대해서는 본서 「젊은이 경」(S3:1) {381}의 주해를 참조할 것.

584) "'존재의 근거가 다하였고(nirūpadhiko)'라는 것은 오염원과 업형성과 감각적 욕망이라는 존재의 근거(kilesa-abhisaṅkhāra-kāmaguṇ-opadhi)가 다하였다는 말이다."(SA.i.207)
"여기서 오온으로서의 존재의 근거(pañca-khandh-ūpadhi)가 언급되지 않은 것은 오온은 아직 남아있기 때문이다."(SAṬ.i.210)

585) "'남을 부양하지 않는(anañña-posi)'이란 [지금의] 자기 존재(atta-bhāva) 외에 [내생의] 다른 자기 존재를 부양하지 않는다는 뜻이다.(내생에 다른 몸을 받지 않는다는 뜻임) 혹은 아들이나 아내와 같은 다른 존재를 부양하지 않는다는 뜻도 된다."(SA.i.207)

586) "'지혜의 달인(vedagū)'이란 네 가지 도라 불리는(catu-magga-saṅkhāta) 지혜(veda)들에 의해서 괴로움의 끝(dukkhass-anta)에 도달한 자이다."(SA.i.207)

그분에게는 뒤도 없고 앞도 없어
고요하고 연기 없고 매듭 끊고 근심 없도다.587)
약하거나 강한 자들에 대해588) 몽둥이를 내려놓은 분
바로 그분이 최상의 탁발음식인 그대의 헌공을 드시기를! {568}

무리에서 벗어나고589) 마음이 평화로워서

---

587) "여기서 '뒤(pacchā)'란 과거(atīta)이고 '앞(purattha)'이란 미래(anāgata)이다. 과거와 미래의 오온에 대해서 욕탐이 없는 자(chandarāga-virahita)에게는 앞도 뒤도 없다고 말하는 것이다. '고요하고(santa)'란 탐욕 등이 고요하다는 말이다. 분노의 연기가 없기(kodha-dhūma-vigama) 때문에 '연기가 없고(vidhūma)' 괴로움이 없기 때문에 '매듭을 끊었다(anigha)'고 한 것이다."(SA.i.207)
앞과 뒤의 이분법에 대해서는 『법구경』(Dhp) {348}, {421}과 『숫따니빠따』(Sn) {949}와 『장로게』(Thag) {537}을 참조할 것.

588) '약하거나 강한 자들에 대해'는 tasa-thāvaresu를 옮긴 것이다. 주석서는 다음과 같이 설명한다.
"여기서 범부(puthujjana)들을 '약한 자(tasa)들'이라 하고 번뇌 다한 자(khīṇāsava, 아라한)들을 '강한 자(thāvara)들'이라 한다. 일곱 단계의 유학들(satta sekhā)은 약한 자라고 말할 수 없다. 그렇지만 강한 자도 아니다. 그러나 분류를 하자면(bhajamānā) 강한 자의 편(pakkha)에 넣는다." (SA.i.207)
『맛지마 니까야 주석서』도 "약한 자들은 갈애를 가진 자들(sataṇhā)이고 강한 자들은 갈애가 없는 자들(nittaṇhā)이다."(MA.iii.342)라고 설명하고 있다.
그런데 문맥상 tasā는 움직이는 것들 즉 인간을 포함한 동물들을 뜻하고 thāvara는 움직이지 못하고 서 있는 것들 즉 식물을 뜻하는 것으로 평이하게 볼 수도 있을 것이다. tasa(Sk. trasa)는 √tras(*to tremble*)에서 파생된 명사이고 thāvara(Sk. sthāvara)는 √sthā(*to stand*)에서 파생된 명사이다.

589) '무리로부터 벗어나고'는 visenibhūta를 옮긴 것이다. 주석서는 "오염원의 군대로부터 무장해제 된(kilesa-senāya viseno jāto)"(SA.i.207)으로 설명하고 있는데 군대(sena) 없이(vi) 되었음(bhūta)으로 해석한 것이다.
노만(K.R. Norman)은 이 단어를 BHS. viśreni(친교 맺지 않음)와 연결 지어서 이해하고 있다.(GD, pp.307~308)

잘 훈련된 코끼리처럼 꼿꼿하게 걷도다.
계를 잘 지키고 마음이 잘 해탈한 비구
바로 그분이 최상의 탁발음식인 그대의 헌공을 드시기를! {569}

그분에게 청정한 믿음 가져 흔들리지 않고 [142]
공양받아 마땅한 분께 공양물을 드리라.
바라문녀여, 폭류를 건넌[590] 그 성자를 뵙고
공덕 짓고 행복한 미래를 맞으라." {570}

6. [송출자][591]
그분에게 청정한 믿음 가져 흔들리지 않고
공양 받아 마땅한 분께 공양물을 드렸으니
그녀는 폭류 건넌 성자를 뵙고
공덕 짓고 행복한 미래를 맞이하였느니라. {571}

바까 범천 경(S6:4)[592]

Bakabrahma-sutta

2. 그 무렵 바까 범천[593]에게 이러한 나쁜 견해가 일어났다.

590) '폭류(ogha)'와 '폭류를 건넘(ogha-tiṇṇa)'에 대해서는 본서 「폭류 경」(S1:1) §3의 주해를 참조할 것.

591) "마지막 게송(avasāna-gāthā)은 송출자(saṅgīti-kāra)들이 읊은 것이다."(SA.i.208)

592) 본경의 산문 부분은 『맛지마 니까야』 「범천의 초대 경」(M49)의 산문 부분과 동일하다. 「범천의 초대 경」은 욱깟타(Ukkaṭṭha)에서 설해진 것만이 다르다. 본경의 일화와 게송은 『자따까』의 「바까 범천 자따까」(Baka-brahma Jātaka, J405)의 내용과 같다.

593) 바까 범천(Baka brahma)은 초기불전에서 언급되는 유력한 범천들 가운데 하나이다. 문자적으로 바까(baka)는 왜가리(*crane*)를 뜻한다. 인도에서 왜가리는 교활하고 속임수를 잘 부리는 새로 통한다.

‘이것은 항상하고, 이것은 견고하고, 이것은 영원하고, 이것은 유일하며,[594] 이것은 불멸의 법이다. 이것은 참으로 태어나지 않고 늙지 않고 죽지 않으며, 떨어지지 않고 생겨나지 않는다. 이것을 넘어선 다른 더 수승한 벗어남이란 없다.’

3. 그러자 세존께서는 마음으로 바까 범천이 마음에 일으킨 생각을 아시고 마치 힘센 사람이 구부렸던 팔을 펴고 폈던 팔을 구부리는 것처럼 제따 숲에서 사라져서 그 범천의 세상에 나타나셨다.

4. 바까 범천은 세존께서 멀리서 오시는 것을 보고 세존께 이렇게 말씀드렸다.

“어서 오십시오, 세존이시여. 환영합니다, 세존이시여. 세존이여, 오랜만에 기회를 내셔서 여기에 오셨군요. 세존이시여, 그런데 참으로 이것은 항상하고, 이것은 견고하고, 이것은 영원하고, 이것은 유일하며, 이것은 불멸의 법입니다. 이것은 참으로 태어나지 않고 늙지

---

594) ‘유일한’으로 옮긴 원어는 kevala(*only, alone, whole*)이다. 우리의 독존(獨存)에 해당하는 단어이다. 중국에서는 一向, 不共, 但, 唯 등으로 옮겼다. 주석서는 ‘깨어지지 않는(akaṇḍa)’과 ‘전체적인(sakala)’으로 해석하고 있다.(SA.i.208) kevala(독존)에 대해서는 본서 「불에 헌공하는 자 경」(S7:8) {637}의 주해를 참조할 것.
주석서는 바까 범천이 이런 견해를 가지게 된 배경을 이렇게 설명하고 있다. 옛날에 그가 인간이었을 때 그는 禪을 닦아서 죽어서 제4선천인 광과천(Vehapphala)에 태어났으며 수명은 5백 겁이었다. 거기서 죽어서는 제3선천인 변정천(Subhakiṇha)에 태어났으며 수명은 64겁이었다. 다시 거기서 죽어서 제2선천인 광음천(Ābhassara)에 태어났는데 수명은 8겁이었다. 다시 거기서 죽어서 초선천인 [범천]에 태어났는데 수명은 1겁이었다. 그는 처음에는 자신의 이전의 업과 그 과보로 태어난 천상에 대해서 기억을 하였지만 세월이 흐르면서 그는 그것을 잊어버리고 이처럼 상견에 빠지게 되었다고 한다.(SA.i.208) 즉 그는 범천인 자신의 수명이 영원하고 유일한 것으로 생각하지만 그것은 아주 단편적인 것만을 보고 주장하는 잘못된 견해라는 것이다.

않고 죽지 않으며, 떨어지지 않고 생겨나지 않습니다. 이것을 넘어선 다른 더 수승한 벗어남이란 없습니다."

5. 이렇게 말하자 세존께서는 바까 범천에게 이렇게 말씀하셨다.
"존자여, 참으로 그대 바까 범천은 무명에 빠졌구나. 존자여, 참으로 그대 바까 범천은 무명에 빠졌구나. 그대는 무상한 것을 '항상하다.'라고 말하고, 견고하지 않은 것을 '견고하다.'라고 말하고, 영원하지 않은 것을 '영원하다.'라고 말하고, [143] 유일하지 않은 것을 '유일하다.'라고 말하며, 소멸하는 법을 '불멸의 법이다.'라고 말하며, 참으로 태어나고 늙고 죽고 떨어지고 생겨나는 것을 두고 '태어나지 않고 늙지 않고 죽지 않고 떨어지지 않고 생겨나지 않는다.'라고 말하며, 이것을 넘어선 다른 더 수승한 벗어남이 있는데도 '이것을 넘어선 다른 더 수승한 벗어남이란 없다.' 말하기 때문이니라."

6. [바까 범천]
"고따마여, 공덕지어 여기에 난 우리 72명595)은
자유자재 이제 얻어 태어남과 늙음을 건넜다오.
지혜의 달인이여, 이것이 최상의 범천의 경지이니
수많은 사람들은 우리를 동경한다오." {572}

7. [세존]
"바까여, 긴 수명이라 그대가 생각하지만
그것은 짧을 뿐 결코 긴 수명 아니로다.
바라문이여, 나는 그대 수명을 꿰뚫어 아나니
그것은 십만 니랍부다596)의 기간일 뿐이라네." {573}

---

595) 주석서나 복주서는 이 72명이 누구인지 아무 설명을 하지 않는다.

596) 복주서는 '압부다(abbuda)'와 '니랍부다(nirabbuda)'를 이렇게 설명한다.

8. [바까 범천]

"세존이여, [당신은] '나는 무한한 봄을 가졌으며
태어남 · 늙음 · 슬픔 모두 넘어섰다.'[라고 말합니다.]
저 자신의 오래된 서원과 계행597)을 여쭙노니
제가 이해할 수 있도록 제게 말씀해 주소서." {574}

9. [세존]

"더위에 시달리고 목말라서 괴로운
아주 많은 사람들에게 그대는 마실 것을 주었도다.
이것이 그대의 오래된 서원과 계행
막 잠에서 깨어난 것처럼 나는 분명하게 기억하노라.598) {575}

에니 강 언덕에서 붙잡혀 끌려가던
포로들을 그대는 모두 풀어주었도다.
이것이 그대의 오래된 서원과 계행

"참깨가 가득 든 어떤 항아리(kosalaka)에서 백 년에 한 개씩 참깨를 꺼내어서 그 참깨가 모두 없어지는 기간은 압부다(abbuda)의 기간에 미치지 못한다. 이렇게 설명이 되는 압부다에 20배를 한 것이 니랍부다이다. 이러한 니랍부다로 10만 니랍부다라는 뜻이다."(SAṬ.i.212)
그리고 니랍부다는 이러한 기간 동안 고통을 받는 지옥의 이름으로도 쓰인다. 여기에 대해서는 본서 「꼬깔리까 경」 2(S6:10) §11과 주해를 참조할 것.

597) '서원과 계행'은 vata-sīla-vattaṁ을 옮긴 것이다. 주석서는 "이것은 단지 계(sīlam eva)를 말한 것이다."라고 설명하고 있다.(SA.i.209)
한편 복주서는 vata-sīla-vattaṁ을 vata-bhūtaṁ(서원을 지님)과 sīla-vattaṁ(계행)으로 끊어서 해석하면서 "받아 지닌다(samādāna)는 뜻에서 서원을 지님이요, 실천하는 계(cāritta-sīla)라는 뜻에서 계행이다. 그렇지만 이 둘은 실제로는 하나를 언급하고 있다. 그래서 주석서는 '이것은 단지 계를 말한 것이다.'라고 설명하였다."(SAṬ.i.211)라고 부연하고 있다.

598) 주석서는 {575~577}에서 언급되는 바까 범천의 전생 일화를 보여주고 있다. 이것은 DPPN 2:259~260에 정리되어 나타난다.

막 잠에서 깨어난 것처럼 나는 분명하게 기억하노라. {576}

강가 강의 포악한 용, 사람 잡아먹으려 잡은 배를
힘센 그대는 용감하게 풀어주었도다.
이것이 그대의 오래된 서원과 계행
막 잠에서 깨어난 것처럼 나는 분명하게 기억하노라. {577}

나는 깝빠라는 그대의 제자였으니 [144]
그대는 그를 두고 총명하다 인정했도다.
이것이 그대의 오래된 서원과 계행
막 잠에서 깨어난 것처럼 나는 분명하게 기억하노라."599) {578}

10. [바까 범천]
"분명히 당신은 나의 수명 꿰뚫어 알고
다른 것도 꿰뚫어 아니, 그래서 당신은 부처입니다.
그러한 당신의 광휘로운 위신력이
범천의 세상을 밝히고 있습니다." {579}

어떤 범천 경(S6:5)600)

Aññatarabrahma-sutta

2. 그 무렵 어떤 범천에게 이러한 나쁜 견해가 일어났다. '여기에 올 그 어떤 사문도 바라문도 없다.'

3. 그러자 세존께서는 마음으로 그 범천이 마음에 일으킨 생각을 아시고 마치 힘센 사람이 구부렸던 팔을 펴고 폈던 팔을 구부리는

599) {578}은 「께사와 자따까」(Kesava Jātaka, J346)와 관계된 것이다. 역자는 보디 스님의 제안을 받아들여서 옮겼다.

600) Ee1&2의 경제목은 Aparadiṭṭhi(다른 견해)이다.

것처럼 제따 숲에서 사라져서 그 범천의 세상에 나타나셨다.

그때 세존께서는 그 범천 위의 하늘에서 불의 요소를 [대상으로 본삼매에] 드신 뒤 가부좌를 결하고 앉아계셨다.601)

4. 그때 마하목갈라나 존자602)에게 이런 생각이 들었다.

'세존께서는 지금 어디에 머물고 계신가?'

마하목갈라나 존자는 청정하고 인간을 넘어선 신성한 눈[天眼]으로 세존께서 그 범천 위의 하늘에서 불의 요소를 [대상으로 본삼매에] 드신 뒤 가부좌를 결하고 앉아계신 것을 보았다. 그러자 마하목갈라나 존자는 마치 힘센 사람이 구부렸던 팔을 펴고 폈던 팔을 구부리는 것처럼 제따 숲에서 사라져서 그 범천의 세상에 나타났다.

그러자 마하목갈라나 존자는 동쪽 방향에 자리를 잡아서 그 범천 위의 하늘에서 불의 요소를 [대상으로 본삼매에] 든 뒤 세존보다 낮은 곳에서 가부좌를 결하고 앉았다.

5. 그때 마하깟사빠 존자603)에게 이런 생각이 들었다.

'세존께서는 지금 어디에 머물고 계신가?'

---

601) "'불의 요소를 [대상으로 본삼매에] 드신 뒤(tejodhātuṁ samāpajjitvā)'라는 것은 불의 까시나(tejo-kasiṇa)를 준비단계의 수행(parikamma)으로 하여 [신통의] 기초가 되는 禪(pādaka-jjhāna = 제4선)으로부터 출정하여 '몸으로부터 불을 내뿜기를.'이라고 결심을 한다. 그러면 결심하는 마음의 영향력(adhiṭṭhāna-citta-anubhāva)에 의해서 온몸으로부터 불이 뿜어져 나온다."(SA.i.212)
이러한 신통을 나투는 과정은 『청정도론』 XII장에 상세하게 설명되고 있으므로 참조할 것.

602) 마하목갈라나(Mahā-Moggallāna) 존자에 대해서는 본서 제4권 「초선(初禪) 경」(S40:1) §1의 주해를 참조할 것.

603) 마하깟사빠 존자(āyasmā Mahā-Kassapa)에 대해서는 본서 제2권 「만족 경」(S16:1) §3의 주해를 참조할 것.

마하깟사빠 존자는 청정하고 인간을 넘어선 신성한 눈[天眼]으로 세존께서 그 범천 위의 하늘에서 불의 요소를 [대상으로 하여 본삼매에] 드신 뒤 가부좌를 결하고 앉아계신 것을 보았다. … [145] 남쪽 방향에 자리를 잡아서 그 범천 위의 하늘에서 불의 요소를 [대상으로 하여 하여 본삼매를] 증득하고서는 세존보다 낮은 곳에서 가부좌를 결하고 앉았다.

6. 그때 마하깝삐나 존자604)에게 이런 생각이 들었다.

'세존께서는 지금 어디에 머물고 계신가?'

마하깝삐나 존자는 청정하고 인간을 넘어선 신성한 눈[天眼]으로 세존께서 그 범천 위의 하늘에서 불의 요소를 [대상으로 하여 본삼매에] 드신 뒤 가부좌를 결하고 앉아계신 것을 보았다. … 서쪽 방향에 자리를 잡아서 그 범천 위의 하늘에서 불의 요소를 [대상으로 하여 본삼매에] 든 뒤 세존보다 낮은 곳에서 가부좌를 결하고 앉았다.

7. 그때 아누룻다 존자605)에게 이런 생각이 들었다.

'세존께서는 지금 어디에 머물고 계신가?'

아누룻다 존자는 청정하고 인간을 넘어선 신성한 눈[天眼]으로 세존께서 그 범천 위의 하늘에서 불의 요소를 [대상으로 하여 본삼매에] 드신 뒤 가부좌를 결하고 앉아계신 것을 보았다. … 북쪽 방향에 자리를 잡아서 그 범천 위의 하늘에서 불의 요소를 [대상으로 하여 본삼매에] 든 뒤 세존보다 낮은 곳에서 가부좌를 결하고 앉았다.

---

604) 마하깝삐나 존자(āyasmā Mahakappina)에 대해서는 본서 제2권 「마하깝삐나 경」(S21:11) §2의 주해를 참조할 것.

605) 아누룻다 존자(āyasmā Anuruddha)는 부처님의 사촌 동생이다. 존자에 대해서는 본서 제4권 「분노 경」(S37:5) §2의 주해를 참조할 것.

8. 그러자 마하목갈라나 존자는 그 범천에게 게송으로 말했다.

"도반이여, 이전에 가졌던 그대의 견해
오늘도 그대로 가지고 있습니까?
범천의 세상을 넘어서서 빛나는
찬란한 저 광명을 그대는 봅니까?" {580}

9. [범천]
"존자여, 이전에 가졌던 저의 견해
지금은 그대로 가지고 있지 않습니다.
범천의 세상을 넘어서서 빛나는
찬란한 저 광명을 저는 지금 보나니
그런 제가 어찌 오늘 '나는 항상하고 영원하다.'
어떻게 이처럼 말할 수 있겠습니까."606) {581}

10. 그러자 세존께서는 그 범천에게 절박감을 내게 하신 뒤 마치 힘센 사람이 구부렸던 팔을 펴고 폈던 팔을 구부리는 것처럼 그 범천의 세상에서 사라져 제따 숲에 나타나셨다.

그러자 그 범천은 어떤 범중천을 불러서 말했다.

"이리 오시오, 존자여. 그대는 마하목갈라나 존자에게 가시오. 가서는 마하목갈라나 존자에게 이렇게 여쭈어보시오. '목갈라나 존자여, 그런데 그분 세존의 제자들 가운데 목갈라나 존자, 깟사빠 존자, 깝삐나 존자, 아누룻다 존자처럼 그렇게 크나큰 능력을 가졌고 [146]

---

606) 주석서에 의하면 이 범천은 두 가지 견해를 가지고 있었다고 한다. 첫째는 어떤 사문도 자신의 세계에 올 수 없다는 것이었고, 둘째는 상견(常見)이었다. 첫 번째 견해는 부처님과 제자들이 그의 영역에 오심으로 해서 부서졌고, 두 번째 견해는 세존의 설법을 듣고 예류도에 확립됨으로 해서 부서졌다. 그래서 그는 항상하고 견고하다는 견해를 버린 것이다.(SA.i.213)

그렇게 크나큰 위력을 가진 다른 분들이 계십니까?'라고."

11. "그렇게 하겠습니다, 존자시여."라고 그 범중천은 대답한 뒤 마하목갈라나 존자에게 다가갔다. 가서는 마하 목갈라나 존자에게 이렇게 말했다.

"목갈라나 존자여, 그런데 그분 세존의 제자들 가운데 목갈라나 깟사빠 깝삐나 아누룻다 존자들처럼 그렇게 크나큰 능력을 가졌고 그렇게 크나큰 위력을 가진 다른 분들이 계십니까?"

12. 그러자 마하목갈라나 존자는 그 범중천에게 게송으로 대답했다.

"삼명과 신통변화와 [남의] 마음을 아는 데 능숙한607)
번뇌 다한 아라한들인 부처님의 제자는 아주 많습니다." {582}

13. 그러자 범중천은 마하목갈라나 존자의 말을 기뻐하고 감사드린 뒤 그 대범천에게 다가갔다. 가서는 그 범천에게 이렇게 말했다.

"존자여, 마하목갈라나 존자는 이렇게 말하였습니다.

'삼명과 신통변화와 [남의] 마음을 아는 데 능숙한

---

607) 주석서는 이렇게 설명하고 있다.
"'삼명(tevijjā)'은 전생을 기억하는 지혜[宿命通, pubbenivāsānussati-ñāṇa], 중생들의 죽음과 다시 태어남을 [아는] 지혜[天眼通, cutūpapata-ñāṇa], 모든 번뇌를 멸진하는 지혜[漏盡通, āsavakkhaya-ñāṇa]의 셋을 말한다. 여기서 '신통변화(iddhi)'는 신통변화의 지혜[神足通, iddhividha-ñāṇa]를 뜻하고, '[남의] 마음을 아는 데 능숙함'은 [남의] 마음을 아는 지혜[他心通, cetopariya-ñāṇa]를 말한다. 이렇게 해서 사리뿟따 존자는 육신통(chaḷabhiññā) 가운데 다섯 가지 신통을 말했다. 그리고 신성한 귀의 지혜[天耳通, dibbasota-ñāṇa]도 포함시켜서 육신통 전체를 다 말한 것으로 이해해야 한다."(SA.i.213)
삼명을 포함한 육신통에 대한 정형구는 본서 제2권 「선(禪)과 최상의 지혜 경」(S16:9) §§15~17 등을 참조할 것.

번뇌 다한 아라한들인 부처님의 제자는 아주 많습니다.'{583}

14. 범중천은 이렇게 말했다. 범천은 흡족한 마음으로 그 범중천의 말을 크게 기뻐하였다.

범천의 세상 경(S6:6)[608]

Brahmaloka-sutta

2. 그 무렵 세존께서는 낮 동안의 머묾에 들어가셔서 홀로 앉아 계셨다. 그때 수브라흐마 벽지범천[609]과 숫다와사 벽지범천이 세존께 다가갔다. 가서는 각각 다른 문기둥에 섰다. 그때 수브라흐마 벽지범천이 숫다와사 벽지범천에게 이렇게 말했다.

3. "존자여, 낮 동안의 머묾에 들어가신 세존께서는 홀로 앉아 계시므로 지금은 세존을 방문하기에 적당한 시간이 아닙니다. 어떤 범천의 세상은 부유하고 번창하지만 그곳의 범천은 방일하면서 지내고 있습니다. 그러니 존자여, 오시오. 우리는 범천의 세상에 갑시다. 가서는 그 범천에게 절박감을 생기게 합시다." [147]

"그럽시다, 존자여."라고 숫다와사 벽지범천은 수브라흐마 벽지범천에게 대답했다.

---

608) Ee1&2의 경제목은 Pamāda(방일)이다.

609) '벽지 범천'은 pacceka-brahmā를 옮긴 것이다. 복주서는 "벽지 범천이란 혼자 사는(eka-cāri) 범천인데 회중과 함께하는(parisa-cāri) 범천이 아니라는 뜻이다."(SAṬ.i.213)라고 설명하고 있다. 그리고 덧붙이기를 "여기서 벽지(pacceka)라는 말은 삶의 방식(āvutti)을 통해서 알아야 한다. 벽지라는 말은 혼자(ekeka)라는 말이다."(*Ibid*)라고 설명하고 있다.
깨달았지만 대중에게 법을 설하지 않는 분을 벽지불(pacceka-buddha)라고 하듯이 범천의 세상에 태어났지만 회중과 함께하지 않는 범천을 벽지 범천(pacceka-brahmā)이라 부르고 있다.

4. 그러자 숫다와사 벽지범천과 수브라흐마 벽지범천은 마치 힘센 사람이 구부렸던 팔을 펴고 폈던 팔을 구부리는 것처럼 세존의 곁에서 사라져 그 세상에 나타났다. 범천은 두 범천들이 멀리서 오는 것을 보고 그 범천들에게 이렇게 말했다.

"존자들이여, 그런데 그대들은 어디서 오는 길입니까?"

"존자여, 우리는 그분 세존·아라한·정등각자의 곁에서 오는 길입니다. 존자여, 그대도 그분 세존·아라한·정등각자를 친견하러 가십시오."

5. 이렇게 말하자 범천은 그의 말에 동의하지 않고 천 개의 분신으로 자신을 나툰 뒤 수브라흐마 벽지범천에게 이렇게 말했다

"존자여, 그대는 나의 이러한 신통의 위력을 보고 있습니까?"

"존자여, 그대의 그러한 신통의 위력을 보고 있습니다."

"존자여, 나는 이처럼 크나큰 능력을 가졌고 이처럼 크나큰 위력을 가졌는데 어떤 다른 사문이나 바라문을 친견하러 간단 말입니까?"

6. 그러자 수브라흐마 벽지범천은 2천 개의 분신으로 자신을 나툰 뒤 그 범천에게 이렇게 말했다.

"존자여, 그대는 나의 이러한 신통의 위력을 보고 있습니까?"

"존자여, 그대의 그러한 신통의 위력을 보고 있습니다."

"존자여, 그런데 세존께서는 그대와 나보다도 더 큰 능력을 가졌고 더 큰 위력을 가지셨습니다. 존자여, 그러므로 그대는 그분 세존·아라한·정등각자를 친견하러 가야 합니다."

7. 그러자 그 범천은 수브라흐마 벽지범천에게 게송으로 말했다.

"[여기 이 궁전에는] 3백의 금시조와 [148]

4백의 백조와 5백의 독수리가 있나니
범천이여, 참선하는 [나의][610] 이런 궁전은
이 북쪽 방위를 비추면서 빛나도다." {584}

8. [수브라흐마 벽지범천]
"그대의 이런 궁전 이 북쪽 방위를
비추면서 빛나기에 장엄하긴 하지만
물질의 결점과 흔들림을 보기 때문에[611]
지자는 물질을 기뻐하지 않는다네." {585}

9. 그때 수브라흐마 벽지범천과 숫다와사 벽지범천은 그 범천에게 절박감을 생기게 한 뒤 즉시 거기서 사라졌다.

그리고 그 범천은 나중에 세존·아라한·정등각자를 친견하러 갔다.

꼬깔리까 경1(S6:7)

Kokālika-sutta

2. 그 무렵 세존께서는 낮 동안의 머묾에 들어가셔서 홀로 앉아 계셨다. 그때 수브라흐마 벽지범천과 숫다와사 벽지범천이 세존께

---

610) "'참선하는(jhāyino)'이란 참선하는 나의 궁전(vimāna)에는 이러한 광휘로움(vibhūti)이 있다는 말이다."(SA.i.214)
주석서의 이런 설명에서 보듯이 여기에 묘사된 궁전의 모습은 이 범천의 삼매의 힘으로 창조된 것으로 보는 것이 타당하다.

611) "'물질의 결점(rūpe raṇaṁ)'이란 물질에는 생김과 노화와 부서짐(jāti-jarā-bhaṅga)이라 불리는 결함(dosa)이 있다는 말이다. '항상 흔들림(sadā pa-vedhitaṁ)'이란 물질은 춥고 덥고 등에 의해서 항상 흔들리고(pavedhita) 동요하고(calita) 부딪친다(ghaṭṭita)는 말이다."(SA.i.214)
수브라흐마 벽지범천은 여기서 물질로 만들어진 궁전이란 것은 오온의 하나일 뿐이며 그래서 무상한 것이라고 그 범천을 타이르고 있다.

다가갔다. 가서는 각각 다른 문기둥에 섰다. 그때 수브라흐마 벽지범천이 꼬깔리까 비구612)에 관해서 세존의 곁에서 이 게송을 읊었다.

3. "지혜로운 자가 어찌 측량할 수 없는 분을
[자기 깜냥으로] 재어서 억측을 한단 말입니까?613)
측량할 수 없는 분을 재어보는 자는
꽉 막힌 범부일 뿐이라 생각됩니다." {586}

띳사까 경(S6:8)
Tissaka-sutta

2. 그 무렵 세존께서는 낮 동안의 머묾에 들어가셔서 홀로 앉아 계셨다. 그때 수브라흐마 벽지범천과 숫다와사 벽지범천이 세존께 다가갔다. 가서는 각각 다른 문기둥에 섰다. 그때 숫다와사 벽지범천이 까따모다까띳사까 비구614)에 관해서 세존의 곁에서 이 게송을 읊었다. [149]

---

612) 꼬깔리까 비구(Kokālika bhikkhu)의 일화는 아래 「꼬깔리까 경」 2(S6:10)에 나타나고 있다.

613) "'측량할 수 없는 분을 [자기 깜냥으로] 재어서(appameyyaṁ paminanto)'라는 것은 측량할 수 없는 번뇌 다한 분(khīṇāsava-puggala)을 '이만큼이 그의 계이고 이만큼이 삼매고 이만큼이 통찰지다.'라고 이렇게 재는 것을 말한다."(SA.i.214)
"잴 수 있는(pamāṇa-karāna) 탐욕, 성냄, 어리석음이 없는 번뇌 다한 분은 탐욕 등에 의해서 잴 수가 없다고 해서 '측량할 수 없는 분(appameyya)'이라 한다. 혹은 측량할 수 없는 네 가지 성스러운 진리(사성제, cattāri ariya-saccāni)를 꿰뚫고(vijjhitvā) 안주하기 때문에 그를 측량할 수가 없다는 뜻이다."(SAṬ.i.214)

614) 까따모다까띳사까 비구(Katamodakatissaka bhikkhu)도 데와닷따의 편에 선 비구라는 것을 추측할 뿐 주석서나 복주서에 그에 대한 설명은 나타나지 않는다. Se에는 까따모라까띳사까(-moraka-)로 나타나고 있다. 까따모다까띳사까는 Ee1&2; Be로 읽은 것이다.

3. "지혜로운 자가 어찌 측량할 수 없는 분을
[자기 깜냥으로] 재어서 억측을 한단 말입니까?
측량할 수 없는 분을 재어보는 자는
꽉 막힌 멍텅구리615)일 뿐이라 생각됩니다." {587}

뚜두 범천 경(S6:9)616)

Tudubrahmā-sutta

2. 그 무렵 꼬깔리까 비구가 병에 걸려 극심한 고통에 시달리고 있었다. 그때 뚜두617) 벽지범천이 밤이 아주 깊었을 때 아주 멋진 모습을 하고 온 제따 숲을 환하게 밝히고서 꼬깔리까 비구에게 다가갔다. 가서는 허공에 서서 꼬깔리까 비구에게 이렇게 말했다.

3. "꼬깔리까여, 사리뿟따와 목갈라나에 대해 마음을 청정하게 하시오. 사리뿟따와 목갈라나는 온후한 자들이라오."

"도반이여, 그대는 누구입니까?"

"나는 뚜두 벽지 범천이오."

"도반이여, 세존께서는 그대가 불환과를 얻었다고 설명하셨는데

615) '멍텅구리'는 akissava를 옮긴 것이다. 주석서는 "kissava는 paññā(통찰지)를 말한다. 그러므로 akissava는 통찰지가 없는 자(nippañña)이다."(SA.i.215)라고 설명하고 있어서 이렇게 옮겼다.

616) 본경은 『앙굿따라 니까야』 「꼬깔리까 경」(A10:89) §3과 같은 내용임.

617) "뚜두(Tudu, Be: Turu)는 꼬깔리까의 은사인 뚜두 장로였다. 그는 불환과를 얻어서 범천의 세상(brahma-loka)에 태어났다. 이때 그는 땅의 신[地神, bhummaṭṭha-devatā]으로부터 시작해서 차례로 범천의 세상에 이르기까지 들려오는 '꼬깔리까가 가장 나쁜 말로 상수제자(사리뿟따와 목갈라나)에 대해 비행을 저질렀다.'라는 소리를 듣고 '나를 만날 때까지 그 가련한 자가 죽어서는 안된다. 장로들에 대해 마음을 청정히 하도록 내가 그를 훈계하리라.'라고 생각하면서 그에게로 와서는 그의 앞에 섰다."(AA.v.59~60)

어떻게 여기에 왔습니까? 그러니 그대의 잘못이나 보십시오."618)

4. [뚜두 벽지범천]

"사람이 태어날 때 입에 도끼가 함께 생겨나서
어리석은 이는 나쁜 말로 자신을 찍도다. {588}

책망받아 마땅한 것을 칭송하거나
칭송받아 마땅한 것을 책망하는 자
입으로 최악의 패619)를 모은 것이니

---

618) '그대가 행한 잘못(aparaddha)이 얼마만큼 인지, 자기의 이마에 있는 큰 혹(mahā-gaṇḍa)은 보지 않고, 겨자씨(sāsapa)만한 종기(pīḷakā)를 가지고 나를 질책하려고 생각하는가?'라는 뜻이라고 주석서는 설명한다.(AA.v.60) 복주서는 다시 이렇게 부연해서 설명한다.
"'얼마만큼'이라는 것은 [불환과를 얻은 자는 다시는 이 세상에 오지 않는다는] 세존의 말씀을 사실과 다른 것으로 만들어버린 그대의 잘못이 얼마만큼 인지, 그것은 한계를 잴 수 없다는 뜻이다. 왜냐하면 불환자(anāgāmi)란 감각적 욕망과 악의(kāmacchanda-byāpāda)를 다 버린 자들이라서 [여기에 오지 않는다.] 그러나 그대는 사견(diṭṭhi)과 감각적 욕망과 악의가 있기 때문에 여기 왔다. 그러니 그대의 잘못이 얼마만큼 인가라는 뜻으로 이해해야 한다."(AAṬ.iii.323)
물론 불환과를 얻은 자는 인간으로 태어나지는 않는다. 그러나 인간 세상에 자신을 얼마든지 나툴 수 있다. 뚜두 범천은 꼬깔리까의 사악함은 치유할 수 없는 것이라 생각하고 다음의 게송들을 읊은 것이다.

619) '최악의 패'로 옮긴 원어는 kali인데 인도 전통 노름의 네 가지 패 가운데서 가장 나쁜 패를 일컫는다. 인도의 전통적인 노름은 주사위(akkha, *die*)를 던져서 나오는 패를 가지고 승부를 겨룬다고 한다. 패에는 네 가지가 있다. 가장 좋은 패는 끄르따(kṛta)라고 하며, 그다음은 뜨레따(tretā), 그다음은 드와빠라(dvāpara)라고 하고, 가장 나쁜 패는 깔리(kali)라고 한다. 그래서 인도 문헌 전반에서 깔리(kali)는 '사악함, 불운, 죄악' 등의 의미로도 쓰인다. 한편 인도에서는 일찍부터 이런 네 가지 패를 시대(yuga) 구분에도 적용시켜 부르는데 끄르따 유가(kṛta-yuga)는 참된 시대(satya-yuga)라고도 불리듯이 가장 좋은 시대를 뜻하고 이런 시대는 점점 타락하여 차례대로 뜨레따 유가, 드와빠라 유가가 되고 마침내 가장 나쁜 말세인 깔리 유가(kali-yuga)가 된다고 한다. 힌두 신화에서는 지금 시대를 깔리 유가(말세)라고 설명한다.

그런 최악의 패로는 결코 행복을 얻지 못하리. {589}

노름에서 자기의 모든 재산을 잃고
자기 자신까지 [잃는 자]
그의 최악의 패는 오히려 하찮은 것일지니
바른 삶을 사는 사람들에 대해[620] 마음을 더럽힌 자
그의 최악의 패는 아주 낭패스러운 것이 되노라.{590}

성자들을 비난하는 자
말과 마음으로 악을 지어
10만과 36니랍부다[621] 동안
그리고 5압부다만큼 더 지옥에 떨어질지니." {591}

---

620) '바른 삶을 사는 사람들에 대해서'로 옮긴 원어는 sugatesu이다. sugata는 대부분 선서(善逝, 잘 가신 분)로 옮겨 부처님을 뜻하지만 여기서는 그냥 "바른 삶을 사는 사람들에 대해(sammaggatesu pugglesu)"(AA.iii.3)라고 주석서는 설명하고 있다.
본 게송에서는 인생에 있어서 최악의 패를 그 정도의 깊이에 따라 세 가지로 순차적으로 설명하고 있다. 즉 노름에서 자기의 모든 재산과 자기 자신을 잃는 것은 사소한 것이고, 바른 삶을 사는 사람들에 대해 마음을 더럽히는 것은 그보다 더 큰 것이고, 성자들을 비난하는 악은 헤아릴 수 없을 정도로 긴 기간 동안 지옥에 떨어질 정도로 가장 큰 것이라고 주석서는 설명한다.(*Ibid*) 그러므로 만일 sugatā를 선서들이라고 해석해버리면 아래서 성자들보다 더 뛰어난 분들을 먼저 말한 것이 되어서 순차적인 설명이 되지 못한다. 그래서 주석서는 바른 삶을 사는 사람들로 해석하는 것이다.

621) '압부다(abbuda)'와 '니랍부다(nirabbuda)'에 대해서는 아래 「꼬깔리까 경」 2(S6:10) §11의 주해를 참조할 것.

꼬깔리까 경2(S6:10)[622]

Kokālika-sutta

2. 그때 꼬깔리까 비구[623]가 세존께 다가갔다. [150] 가서는 세존께 절을 올리고 한 곁에 앉았다. 한 곁에 앉은 꼬깔리까 비구는 세존께 이렇게 말씀드렸다.

"세존이시여, 사리뿟따와 목갈라나는 그릇된 원을 가졌습니다. 그들은 그릇된 원의 희생양이 되고 있습니다."

3. 이렇게 말씀드리자 세존께서는 꼬깔리까 비구에게 이렇게 말씀하셨다.

"그런 말을 하지 말라, 꼬깔리까여. 그런 말을 하지 말라, 꼬깔리까여. 사리뿟따와 목갈라나에 대해 마음을 청정히 하라. 사리뿟따와 목갈라나는 온후한 자들이니라."

4. 두 번째로 꼬깔리까 비구는 세존께 이렇게 말씀드렸다. …

두 번째로 세존께서는 꼬깔리까 비구에게 이렇게 말씀하셨다. …

---

622) 본경은 『앙굿따라 니까야』 제6권 「꼬깔리까 경」(A10:89) 가운데 §3을 제외한 나머지 부분과 일치한다. 「꼬깔리까 경」(A10:89) 가운데 §3은 앞의 「뚜루 범천 경」(S6:9)과 같다. 그리고 본경은 『숫따니빠따』 「대품」의 「꼬깔리야 경」(Sn3:10/123~131)과도 같은 내용을 담고 있다. 산문 부분은 서로 일치한다. 『숫따니빠따』 「꼬깔리야 경」{661~678}은 지옥의 고통을 더 자세하게 묘사하고 있는데 본경에는 이 부분이 나타나지 않는다.

623) 주석서에 의하면 본경의 꼬깔리까 비구(Kokālika bhikkhu)는 데와닷따의 제자(sissa)이고 바라문 출신이며 마하꼬깔리까(큰 꼬깔리까)라 불리는 자가 아니라, 꼬깔리까 지방(kokālika-raṭṭha)의 꼬깔리까 도시에 사는 꼬깔리까 상인의 아들이며 쭐라꼬깔리까(작은 꼬깔리까)라 불리는 비구라고 한다. 그는 자신의 아버지가 지어준 승원에서 머물렀다고 한다.(AA.v.56~57) 『숫따니빠따』 「꼬깔리야 경」(Sn3:10)에 나타나는 꼬깔리까도 바로 이 쭐라꼬깔리까라고 『숫따니빠따 주석서』는 적고 있다.(SnA.ii.473) 이처럼 주석서는 두 사람의 꼬깔리까를 소개하고 있다.

5. 세 번째로 꼬깔리까 비구는 세존께 이렇게 말씀드렸다.

"세존이시여, 사리뿟따와 목갈라나는 그릇된 원을 가졌습니다. 그들은 그릇된 원의 희생양이 되고 있습니다."

세 번째로 세존께서는 꼬깔리까 비구에게 이렇게 말씀하셨다.

"그런 말을 하지 말라, 꼬깔리까여. 그런 말을 하지 말라, 꼬깔리까여. 사리뿟따와 목갈라나에 대해 마음을 청정히 하라. 사리뿟따와 목갈라나는 온후한 자들이니라."

6. 그때 꼬깔리까 비구는 자리에서 일어나 세존께 절을 올리고 오른쪽으로 [세 번] 돌아 [경의를 표한] 뒤에 물러갔다. 물러간 지 오래지 않아서 꼬깔리까 비구에게는 겨자씨 크기의 종기가 온몸에 생겼다. 그것은 처음에는 겨자씨 크기였다가 녹두 콩 크기가 되었고, 녹두 콩 크기였다가 완두콩 크기가 되었고, 완두콩 크기였다가 대추씨 크기가 되었고, 대추씨 크기였다가 대추 크기가 되었고, 대추 크기였다가 아말라까 열매 크기가 되었고, 아말라까 열매 크기였다가 익지 않은 빌바 열매 크기가 되었고, 익지 않은 빌바 열매 크기였다가 [익은] 빌바 열매 크기가 되었고, [익은] 빌바 열매 크기였다가 터져서는 고름과 피가 흘러나왔다. 마치 독을 마신 물고기처럼 그는 까달리(파초) 잎사귀들 위에 누워 있었다.624)

7. 그때 꼬깔리까 비구는 그 병으로 죽었다. [151] 꼬깔리까 비구는 사리뿟따와 목갈라나에 대해 적개심을 품었기 때문에 죽어서 홍련지옥625)에 떨어졌다.

---

624) 주석서에 의하면 제따 숲의 대문 앞에 있는 파초 잎사귀 위에 누워 있었다고 한다.(AA.v.59)

625) "'홍련지옥(Paduma-niraya)'이라는 것은 개별적으로 독립된(pāṭiyekka)

8. 그때 사함빠띠 범천626)이 밤이 아주 깊었을 때 아주 멋진 모습을 하고 온 제따 숲을 환하게 밝히면서 세존께 다가갔다. 다가가서는 세존께 절을 올린 뒤 한 곁에 섰다. 한 곁에 선 사함빠띠 범천은 세존께 이와 같이 말씀드렸다.

"세존이시여, 꼬깔리까 비구가 죽었습니다. 꼬깔리까 비구는 사리뿟따와 목갈라나에 대해 적개심을 품었기 때문에 죽어서 홍련지옥에 떨어졌습니다."

사함빠띠 범천은 이렇게 말씀드렸다. 이렇게 말씀을 드린 뒤 세존께 절을 올리고 오른쪽으로 [세 번] 돌아 [경의를 표한] 뒤 거기서 사라졌다.

9. 세존께서는 그 밤이 지나자 비구들을 불러서 말씀하셨다.

"비구들이여, 지난밤에 사함빠띠 범천이 밤이 아주 깊었을 때 아주 멋진 모습을 하고 온 제따 숲을 환하게 밝히면서 내게 다가왔다. 다가와서는 내게 절을 한 뒤 한 곁에 섰다. 한 곁에 선 사함빠띠 범천은 내게 이렇게 말했다. '세존이시여, 꼬깔리까 비구가 죽었습니다. 꼬깔리까 비구는 사리뿟따와 목갈라나에 대해 적개심을 품었기 때문

홍련지옥이 있는 것은 아니다. 무간 대지옥(Avīci-mahāniraya)에서 빠두마의 숫자(paduma-gaṇana, 헤아릴 수 없는 무량한 수를 빠두마(홍련)라 부름) 동안 불에 굽히는(paccitabba) 어떤 곳에 태어났다는 뜻이다."(AA.v.61) 아래 §11의 내용을 참조할 것.

626) 사함빠띠 범천(brahmā Sahampati)은 우루웰라의 네란자라 강둑에 있는 염소치기의 니그로다 나무(ajapāla-nigrodha) 아래서 부처님께 법륜을 굴려주시기를 간청한 대범천(Mahābrahmā)이다.(본서 「권청 경」(S6:1) §4 이하 참조) 초기불전에는 여러 유력한 범천이 나타나는데 뚜두(Tudu), 나라다(Nārada), 가띠까라(Ghaṭikāra), 바까(Baka), 사낭꾸마라(Sanaṅkumāra), 사함빠띠(Sahampatī) 등을 언급하고 있으며, 이 가운데서 사함빠띠 범천이 대범천으로 많이 등장한다.

에 죽어서 홍련지옥에 떨어졌습니다.' 비구들이여, 사함빠띠 범천은 이렇게 말했다. 이렇게 말한 뒤 내게 절을 하고는 오른쪽으로 [세 번] 돌아 [경의를 표한] 뒤 사라졌다."

10. 이와 같이 말씀하시자 어떤 비구가 세존께 이렇게 여쭈었다.

"세존이시여, 홍련지옥의 수명은 얼마나 깁니까?"

"비구여, 홍련지옥의 수명은 참으로 길어서 몇 년이라거나 몇 백 년이라거나 몇 천 년이라거나 몇 십만 년이라고 숫자로 헤아리기가 쉽지 않다."

"세존이시여, 그러면 비유를 들어주실 수 있습니까?" [152]

"비구여, 그것은 가능하다." 세존께서는 다음과 같이 말씀하셨다.

11. "비구여, 예를 들면 꼬살라에 20카리[627] 분량의 참깨를 실은 수레가 있는데 사람이 백 년이 지날 때 한 알의 참깨를 주워간다 하자. 꼬살라에 있는 20카리 분량의 참깨가 이런 방법으로 다 멸진되고 다 없어지는 것이 하나의 압부다 지옥 [기간]보다 더 빠를 것이다.

비구여, 20압부다 지옥이 1니랍부다 지옥의 [기간]과 같고, 20니랍부다 지옥이 아바바 지옥의 [기간]과 같고, 20 아바바 지옥은 1아하하 지옥의 [기간]과 같고, 20아하하 지옥은 1아따따 지옥의 [기간]과 같고, 20아따따 지옥은 1수련지옥의 [기간]과 같고, 20수련지옥은 1소간디까 지옥의 [기간]과 같고, 20소간디까 지옥은 1청련지옥의 [기간]과 같고, 20청련지옥은 1백련지옥의 [기간]과 같고, 20백련지옥은 1홍련지옥의 [기간]과 같다. 비구여, 꼬깔리까 비구는 사리뿟따와 목갈라나에 대해 적개심을 품었기 때문에 죽어서 홍련지옥에

---

627) '카리(khāri)'는 도량 단위인데 1카리는 약 2부셸(bushel, 1부셸은 약 36리터로 약 2말) 정도 된다고 DPL은 설명하고 있다.

떨어졌다."628)

12. 세존께서는 이렇게 말씀하셨다. 선서이신 스승께서는 이렇게 말씀하신 뒤 다시 [게송으로] 이와 같이 설하셨다.

"사람이 태어날 때 입에 도끼가 함께 생겨나서
어리석은 이는 나쁜 말로 자신을 찍도다. {592}

책망받아 마땅한 것을 칭송하거나
칭송받아 마땅한 것을 책망하는 자
입으로 최악의 패를 모은 것이니
그런 최악의 패로는 결코 행복을 얻지 못하리. {593}

노름에서 자기의 모든 재산을 잃고
자기 자신까지 [잃는 자]
그의 최악의 패는 오히려 하찮은 것일지니
바른 삶을 사는 사람들에 대해 마음을 더럽힌 자
그의 최악의 패는 아주 낭패스러운 것이 되노라. {594}

---

628) '압부다'는 abbuda를, '니랍부다'는 nirabbuda를, '아바바'는 ababa를, '아하하'는 ahaha를, '아따따'는 aṭaṭa를 음역한 것이고, '수련(水蓮)'은 kumu-da를, '소간디까'는 sogandhika를, '청련(淸蓮)'은 uppala(ka)를, '백련(白蓮)'은 puṇḍarīka를, '홍련(紅蓮)'은 paduma를 옮긴 것이다.
본경에는 이와 같이 10개의 지옥의 이름이 언급되고 있기 때문에 『앙굿따라 니까야』 「열의 모음」(A10)에도 「꼬깔리까 경」(A10:89)으로 포함되었다.
한편 주석서(SA.i.219)는 본경과 관계된 숫자 단위를 이렇게 설명하고 있다.
1 꼬띠(koṭi) = 10,000,000(천만 = 10의 7승)
1 빠꼬띠(pakoṭi) = 꼬띠 × 꼬띠 (10의 14승)
1 꼬띠빠꼬띠(koṭipakoṭi) = 꼬띠 × 빠꼬띠 (10의 21승)
1 나후따(nahuta) = 꼬띠 × 꼬띠빠꼬띠 (10의 28승)
1 닌나후따(ninnahuta) = 꼬띠 × 나후따 (10의 35승)
1 압부다(abbuda) = 꼬띠 × 닌나후따 (10의 42승)
1 니랍부다(nirabbuda) = 20 × 압부다 (20 × 10의 42승)

성자들을 비난하는 자
말과 마음으로 악을 지어
10만과 36니랍부다동안 [153]
그리고 5압부다만큼 더 지옥에 떨어질지니." {595}

제1장 첫 번째 품이 끝났다.

첫 번째 품에 포함된 경들의 목록은 다음과 같다.

① 권청 ② 존중 ③ 브라흐마데와
④ 바까 범천 ⑤ 어떤 범천
⑥ 범천의 세상 ⑦ 꼬깔리까 ⑧ 띳사까
⑨ 뚜두 범천, 다른 ⑩ 꼬깔리까이다.

제2장 두 번째 품

Dutiya-vagga

사낭꾸마라 경(S6:11)

Sanaṅkumāra-sutta

1. 이와 같이 나는 들었다. 한때 세존께서는 라자가하에서 삽삐니 강 언덕에 머무셨다.

2. 그때 사낭꾸마라 범천[629]이 밤이 아주 깊었을 때 아주 멋진 모습을 하고 온 삽삐니 강 언덕을 환하게 밝히고서 세존께 다가갔다. 가서는 세존께 절을 올리고 한 곁에 섰다. 한 곁에 선 사낭꾸마라 범천은 세존의 곁에서 이 게송을 읊었다.

3. "가문을 신뢰하는 사람들 가운데선

---

629) 사낭꾸마라(Sanaṅkumāra)는 문자적으로 '항상(sanaṁ) 동자(kumāra, 소년)인 자'라는 뜻이다. 주석서에 의하면 그는 전생에 머리를 다섯 가닥으로 땋아 다니던 소년이었을 때(pañcacūḷaka-kumārakāle, 혹은 pañca sikha-kumārakakāle) 禪을 닦아서 그 선의 힘으로 범천의 세상(brahma -loka)에 태어나게 되었고 그래서 범천이 되어서도 동자의 모습을 하기를 좋아하기 때문에 항상 동자 즉 사낭꾸마라란 이름을 가지게 되었다고 설명하고 있다.(SA.i.219; MA.ii.584; DA.ii.647.)
사낭꾸마라의 산스끄리뜨인 사낫꾸마라(Sanatkumāra)는 이미 고층『우빠니샤드』인『찬도갸 우빠니샤드』(Chāṇḍogya Upaniṣad, 7.26:2)에서 언급되고 있으며, 인도의 대서사시인『마하바라따』(Mahābhārata, iii.185)에서도 그는 여기서 나타나는 {506}과 비슷한 게송을 읊은 것으로 나타난다. 그리고『디가 니까야』제2권의「대회경」(D20) §20과 특히「자나와사바 경」(D18) §18과「마하고윈다 경」(D19) §1에도 그가 등장하는데 빤짜시카 동자의 모습으로 등장하고 있다.『디가 니까야』제1권「암밧타 경」(D3) §1.28에는 그가 읊은 이 {506} 게송이 인용되기도 한다. 그는 신들 가운데 부처님께 귀의한 신으로 신들의 왕인 삭까(인드라)와 함께 자주 언급이 된다.

끄샤뜨리야가 단연 으뜸이 되고
천상의 신들과 인간들 가운데선
명지(明知)와 실천 구족한 자[明行足] 단연 으뜸이로다." {596}

사낭꾸마라 범천은 이렇게 말하였고 스승께서는 그의 말에 동의하셨다. 그러자 사낭꾸마라 범천은 '스승께서는 나의 [말에] 동의하셨구나.'라고 안 뒤 세존께 절을 올리고 오른쪽으로 [세 번] 돌아 [경의를 표한] 뒤에 거기서 사라졌다.

데와닷따 경(S6:12)

Devadatta-sutta

1. 이와 같이 나는 들었다. 한때 세존께서는 라자가하에서 독수리봉 산에 머무셨는데 데와닷따630)가 [승가를] 떠난 지 얼마 되지 않았을 때였다.631)

2. 그때 사함빠띠 범천이 밤이 아주 깊었을 때 아주 멋진 모습을 하고 온 독수리봉 산을 환하게 밝히고서 세존께 다가갔다. 가서는 세존께 절을 올리고 한 곁에 섰다. [154] 한 곁에 선 사함빠띠 범천은 세존의 곁에서 데와닷따에 관해서 이 게송을 읊었다.

3. "마치 그 열매가 파초를 죽게 하고
그 열매가 대나무와 갈대도 죽게 하고

---

630) 데와닷따(Devadatta)에 대해서는 본서 제2권 「분열 경」(S17:31) §3의 주해를 참조할 것.

631) 주석서에 의하면 데와닷따가 승가의 분열을 획책한 뒤 왕사성의 대나무 숲(Veḷuvana)을 떠나서 가야시사(Gayasīsa)로 간 지 얼마 되지 않았을 때라고 한다.(SA.i.220)

수태가 암 노새를 죽이는 것처럼
존경은 어리석은 사람을 죽게 합니다."632) {597}

안다까윈다 경(S6:13)

Andhakavinda-sutta

1. 이와 같이 나는 들었다. 한때 세존께서는 마가다에서 안다까윈다633)에 머무셨다.

2. 그 무렵 세존께서는 칠흑같이 어두운 밤에 노지에 앉아계셨고 비가 가끔 부슬부슬 내리기도 하였다. 그때 사함빠띠 범천이 밤이 아주 깊었을 때 아주 멋진 모습을 하고 온 안다까윈다를 환하게 밝히고서 세존께 다가갔다. 가서는 세존께 절을 올리고 한 곁에 섰다. 한 곁에 선 사함빠띠 범천은 세존의 곁에서 이 게송들을 읊었다.

3. "외딴 거처에 거주해야 합니다.
족쇄를 풀기위해 유행해야 합니다.
만일 거기서도 기쁨 얻지 못한다면

---

632) 『율장』(Vin.ii.188)에는 부왕 빔비사라(Bimbisāra)를 시해하고 왕이 된 아자따삿뚜(Ajātasattu)의 후원을 얻게 된 데와닷따를 두고 세존께서 읊으신 것으로 나타나고 있다. 『앙굿따라 니까야』「데와닷따 경」(A4:68)에도 『율장』과 같이 나타나고 있다.
그리고 이 비유에 대한 설명은 본서 제2권「떠나감 경」(S17:35)에 자세하게 나타나는데 이것은「데와닷따 경」(A4:68)과『율장』(Vin.ii.188)과 같다. 비슷한 내용이 본서「인간 경」(S3:2) {383}에도 나타난다.

633) 안다까윈다(Andhakavinda)는 마가다의 수도 라자가하(왕사성)로부터 3가우따(gāvuta, 1가우따는 2㎞보다 조금 적은 거리임) 정도 떨어진 곳에 있는 마을이다. 라자가하와 안다까윈다 사이에는 독수리봉 산에서 발원한 삽삐니(Sappinī) 강이 흐르고 있다. 『율장』의 몇 곳에도 언급이 되고 있고『앙굿따라 니까야』「안다까윈다 경」(A5:114)도 이곳에서 설해졌다.

자신을 보호하고 마음챙기며 승가에 머물러야 합니다. {598}

이 집에서 저 집으로 걸식을 하면서
감각기능 보호하고 슬기롭고 마음챙겨서
외딴 거처에 거주해야 하나니
두려움에서 풀려나 두려움 없는 곳으로 가야 합니다.634) {599}

무서운 뱀들이 기어 다니고
번개치고 천둥소리 나기도 하고
칠흑같이 어두운 무서운 밤에라도
비구는 털이 곤두서지 않고 거기에 앉아있습니다.635) {600}

이것을 나는 직접 보았나니
단지 소문에 의한 것이 아닙니다.636)

---

634) "'두려움(bhaya)'이란 윤회의 두려움(vaṭṭa-bhaya)이다. '두려움 없는 곳(abhaya)'이란 열반(nibbāna)을 말한다. '벗어난다(vimutto).'는 것은 확신을 가진 자가 되어서(adhimutto hutvā) 살아야 한다(vaseyya)는 말이다."(SA.i.220)

635) "이 게송을 통해서 그는 '세존이시여, 세존께서 지금 뱀이나 번개나 천둥소리 같은 두려운 대상을 마음에 잡도리하지 않고(amanasikatvā) 앉아계시듯이 정진에 몰두한(padhānam anuyuttā) 비구들도 이와 같이 머뭅니다.'라고 말씀드리고 있다."(SA.i.221)

636) "'단지 소문에 의한 것이 아닙니다(na yidaṁ itihītihaṁ).'라는 것은 '이것은 이렇고 이렇다고(idaṁ itiha itihāti) 추론을 통해서나(takka-hetu) 논리를 통해서나(naya-hetu) 성전을 받아들임(piṭaka-sampadāna)을 통해서 말하는 것이 아니다.'라는 뜻이다."(SA.i.221)
그러나 다른 곳에서 이 구절은 구전을 나타내는 문맥에서 나타나고 있다. 『맛지마 니까야』 「산다까 경」(M76/i.520) §24에는 "그는 구전되어온 것과 이렇고 이렇다고 전승되어온 것과 성전으로 전해 온 것에 의해서 법을 설합니다(so anussavena itihītihaparamparāya piṭakasampadāya dhammaṁ deseti)."로 나타나기도 하고, 『맛지마 니까야』 「짱끼 경」(M95/ii.169) §12에는 "바라문들의 오래된 만뜨라 구절이 이렇고 이렇다고 구전되어오고 성전으로 갖추어져 있습니다."라는 문맥에서도 나타나고 있다.

한 번 청정범행을 닦을 때
천 명이 죽음을 벗어났습니다.637) {601}

오백 명의 유학들이 있고
백의 열배의 열배가 더 있나니638)
모두는 흐름에 들어서
축생에는 떨어지지 않습니다. {602}

그 밖의 사람들은 제 생각에는
모두 공덕을 지은 이들인데
그 수는 헤아릴 수조차 없으니
[헤아린다고 말하면] 거짓을 범합니다.” {603} [155]

아루나와띠 경(S6:14)

Aruṇavatī-sutta

1. <사왓티의 아나타삔디까 원림(급고독원)에서>

---

637) “‘한 번 청정범행을 닦을 때(ekasmiṁ brahmacariyasmiṁ)’이라는 것은 한 번의 설법으로(ekāya dhamma-desanāya)라는 뜻이다. 여기서는 설법이 청정범행의 동의어로 쓰였기 때문이다. ‘죽음을 벗어남(maccu-hāyi)’이란 것은 죽음을 완전히 제거함(maraṇa-pariccāgi), 번뇌가 다함(khīṇ-āsava)을 말한다.”(SA.i.221)
즉 부처님의 한 번 설법을 통해서 천 명이 아라한이 된다는 것은 자기가 직접 목격한 것이라는 뜻으로 주석서는 해석하고 있다. 본 게송을 통해서는 아라한이 된 자들을 언급하고 있고, 다음의 {602}는 유학들을 말하고 그 다음 {603}은 그 외 성자의 반열에 들지는 못했지만 공덕을 지은 사람들을 언급하고 있다.

638) 이 숫자는 경을 직역한 것이다. 정확한 숫자에 큰 의미를 부여할 필요가 없다고 판단해서이다. 이 숫자들에 대한 논의는 보디 스님 440~441쪽 417번 주해를 참조할 것.

2. 그곳에서 세존께서는 "비구들이여."라고 비구들을 부르셨다. "세존이시여."라고 비구들은 세존께 응답했다. 세존께서는 이렇게 말씀하셨다.

3. "비구들이여, 옛날에 아루나와라는 왕이 있었다. 아루나와 왕의 수도는 아루나와띠라는 곳이었다. 비구들이여, 시키639) 세존·아라한·정등각자가 아루나와띠 수도를 의지해서 머물고 있었다.

비구들이여, 시키 세존·아라한·정등각자에게는 아비부와 삼바와라는 고결한 두 상수제자가 있었다.

4. 비구들이여, 그때 시키 세존·아라한·정등각자는 아비부 비구를 불러서 말씀하셨다.

'바라문이여, 이리 오라. 공양 시간이 될 때까지 다른 범천의 세상으로 가자.'

'그러겠습니다, 세존이시여.'라고 아비부 비구는 시키 세존·아라한·정등각자에게 대답했다.

비구들이여, 그러자 시키 세존·아라한·정등각자와 아비부 비구는 마치 힘센 사람이 구부렸던 팔을 펴고 폈던 팔을 구부리는 것처럼 수도 아루나와띠에서 사라져 그 범천의 세상에 나타났다."

5. "비구들이여, 그때 시키 세존·아라한·정등각자가 아비부 비구를 불러서 말씀하셨다.

'바라문이여, 저 범천과 범천의 회중과 범중천들에게 법을 설하라.'

'그렇게 하겠습니다, 세존이시여.'라고 아비부 비구는 시키 세존·

---

639) 『디가 니까야』 제2권 「대전기경」(D14) §1.4에 의하면 시키(Sikhi) 부처님은 7불 가운데 두 번째 부처님이며 31겁 이전에 세상에 출현하신 부처님이라 한다. 자세한 것은 「대전기경」(D14) §1.4이하를 참조할 것.

아라한・정등각자에게 대답한 뒤 범천과 범천의 회중과 범중천들에게 법다운 이야기로 가르치고 격려하고 분발하게 하고 기쁘게 하였다."

6. "비구들이여, 그러자 거기서 범천과 범천의 회중과 [156] 범중천들은 흠을 잡고 불평하고 푸념하면서 말했다.

'존자들이여, 참으로 경이롭습니다. 존자들이여, 참으로 놀랍습니다. 어찌 스승의 면전에서 제자가 법을 설한단말입니까?'

비구들이여, 그러자 시키 세존・아라한・정등각자는 아비부 비구를 불러서 말씀하셨다.

'바라문이여, 범천과 범천의 회중과 범중천들이 '존자들이여, 참으로 경이롭습니다. 존자들이여, 참으로 놀랍습니다. 어찌 스승의 면전에서 제자가 법을 설한단말입니까?'라고 흠을 잡는구나. 그러니 그대는 더욱더 범천과 범천의 회중과 범중천들에게 절박감을 생기게 하라.'"

7. "'알겠습니다, 세존이시여.'라고 아비부 비구는 시키 세존・아라한・정등각자께 대답한 뒤 그의 몸을 볼 수 있게 하여 법을 설하기도 하고, 몸을 숨긴 채 법을 설하기도 하고, 하반신만을 볼 수 있게 하고 상반신은 숨긴 채 법을 설하기도 하고, 상반신만을 볼 수 있게 하고 하반신은 숨긴 채 법을 설하기도 하였다.640)

비구들이여, 그러자 거기서 범천과 범천의 회중과 범중천들은 경이로움과 놀라움이 생겼다.

'존자들이여, 사문의 크나큰 능력과 크나큰 위력은 참으로 경이롭습니다. 존자들이여, 참으로 놀랍습니다.'"

---

640) 아비부 비구의 이런 신통을 변형의 신통(vikubbanā-iddhi)이라한다. 여기에 대한 더 자세한 언급은 『무애해도』(Ps.ii.210)를 참조하고 변형의 신통에 대해서는 『청정도론』 XII.22와 24를 참조할 것.

8. "그러자 아비부 비구는 시키 세존·아라한·정등각자께 이렇게 말씀드렸다.

'세존이시여, 저는 비구 승가 가운데서 '도반들이여, 저는 범천의 세상에 있으면서 1000의 세계에 목소리를 듣게 할 수 있습니다.'라고 말한 것을 기억합니다.'641)

'바라문이여, 지금이 바로 그 시간이다. 바라문이여, 지금이 바로 그대가 범천의 세상에 있으면서 1000의 세계에 목소리를 듣게 할 수 있는 그 시간이다.'"

9. "비구들이여, '알겠습니다, 세존이시여.'라고 아비부 비구는 시키 세존·아라한·정등각자께 대답한 뒤 범천의 세상에 서서 이 게송들을 읊었다.642)

'용기를 내라, 분발하라.
부처님의 교법에 몰두하라.
코끼리가 갈대로 만든 오두막을 부수듯
죽음의 군대를 쓸어버려라. {604} [157]

---

641) 이 구절은 『앙굿따라 니까야』 「아비부 경」(A3:80) §1에서 아난다 존자가 인용하여 언급하고 있다. 이 「아비부 경」(A3:80)은 니까야에서 삼천대천 세계를 설명하는 유일한 경이라 할 수 있다. 관심 있는 분들의 일독을 권한다.

642) "장로는 이렇게 생각했다고 한다. '어떤 설법을 해야 모두가 좋아하고 마음에 들어 할까? 모든 외도들(pāsaṇḍā)과 모든 신과 인간들은 각각 용맹스러움(purisa-kāra)을 칭송한다. 정진(vīriya)을 비난하는 자(avaṇṇa-vādī)는 없다. 그러니 정진에 관계된 설법을 해야겠다. 그러면 이 설법은 모두가 좋아하고 마음에 들어 할 것이다.'라고. 그래서 그는 삼장에서 뽑아서(tīsu piṭakesu vicinitvā) 이 게송을 읊었다."(SA.i.221~222)
한편 이 두 게송은 『장로게』(Thag) {256~257}로도 나타나는데 아비부따 장로(Abhibhūta thera)가 지은 것이라고 전승되어 온다.

이 법과 율에서 방일하지 않고 머무는 자는
태어남의 윤회를 버리고 괴로움을 끝낼 것이로다.'" {605}

10. "비구들이여, 그러자 시키 세존·아라한·정등각자와 아비부 비구는 범천과 범천의 회중과 범중천들에게 절박감을 생기게 한 뒤 마치 힘센 사람이 구부렸던 팔을 펴고 폈던 팔을 구부리는 것처럼 그 범천의 세상에서 사라져 아루나와띠에 나타났다.

비구들이여, 그때 시키 세존·아라한·정등각자는 비구들을 불러서 말씀하셨다.

'비구들이여, 그대들은 아비부 비구가 범천의 세상에 있으면서 게송들을 읊는 것을 들었는가?'

'세존이시여, 저희들은 아비부 비구가 범천의 세상에 있으면서 게송들을 읊는 것을 들었습니다.'

'비구들이여, 그러면 그대들은 어떤 게송을 들었는가?'

'세존이시여, 저희들은 이 게송을 들었습니다.

용기를 내라, 분발하라.
부처님의 교법에 몰두하라.
코끼리가 갈대로 만든 오두막을 부수듯
죽음의 군대를 쓸어버려라. {606}

이 법과 율에서 방일하지 않고 머무는 자는
태어남의 윤회를 버리고 괴로움을 끝낼 것이로다. {607}

세존이시여, 저희들은 아비부 비구가 범천의 세상에 있으면서 이 게송들을 읊는 것을 들었습니다.'

'장하고 장하구나, 비구들이여. 그대들이 아비부 비구가 범천의 세상에 있으면서 게송들을 읊는 것을 들었다니 참으로 장하구나.'"

11. 세존께서는 이렇게 말씀하셨다. 그 비구들은 마음이 흡족해져서 세존의 말씀을 크게 기뻐하였다.

반열반 경(S6:15)

Parinibbāna-sutta

1. 이와 같이 나는 들었다. 한때 세존께서는 꾸시나라에서 우빠왓따나의 말라들의 살라 나무 숲에서 한 쌍의 살라 나무 사이에 머무셨는데 바로 반열반하실 때였다.

2. 그때 세존께서는 비구들을 불러서 말씀하셨다.643) [158]

"비구들이여, 참으로 이제 그대들에게 당부하노니, 형성된 것들은 소멸하기 마련인 법이다. 방일하지 말고 [해야 할 바를] 성취하라!644)"

---

643) 이하 본경 전체는 『디가 니까야』 제2권 「대반열반경」(D16) §§6.7~6.10과 같은 내용을 담고 있다. 다른 점은 다음과 같다.
첫째, 세존께서 초선부터 시작해서 상수멸에 드시자 아난다 존자가 세존께서 완전한 열반에 드셨다고 말하지만 아누룻다 존자가 그렇지 않다고 바로 잡는 부분이 본경에는 나타나지 않는다.
둘째, 세존께서 완전한 열반에 드시자 대지가 진동하고 번개가 치는 광경이 본경에는 나타나지 않는다.
그리고 세존께서 초선부터 시작해서 차례대로 상수멸까지 입정과 출정을 하시는데 본경의 Ee1에는 상수멸이 빠져 있다. 그러나 Ee2에서는 바로 잡았으며 Be, Se 등 다른 본에는 모두 상수멸이 나타나고 있다. 물론 역자도 상수멸을 넣어서 옮겼다. 아무튼 Ee1은 실수투성이다. 오죽했으면 이를 수정해서 다시 Ee2를 출간하였겠는가.

644) 이 말씀은 부처님의 최후의 유훈으로 모든 불자들 가슴에 남아 있는 말씀이다. 세존께서는 석 달 뒤에 열반에 드실 것을 예고하신 후에도 이 말씀을 하셨다.(「대반열반경」(D16) §3.51 주해 참조) 주석서에서는 다음과 같이 설명하고 있다.
"'방일하지 말고 [해야 할 바를] 성취하라.'는 것은 영민함(알아차림)을 [수반한] 마음챙김(sati-avippavāsa)으로 모든 해야 할 바(sabbakiccāni)를

이것이 여래의 마지막 유훈이다.645)

3. 그러자 세존께서는 초선(初禪)에 드셨다. 초선에서 출정하여 제2선에 드셨다. 제2선에서 출정하여 제3선에 드셨다. 제3선에서 출정하여 제4선에 드셨다. 제4선에서 출정하여 공무변처에 드셨다. 공무변처의 증득에서 출정하여 식무변처에 드셨다. 식무변처의 증득에서 출정하여 무소유처에 드셨다. 무소유처의 증득에서 출정하여 비상비비상처에 드셨다. 비상비비상처의 증득에서 출정하여 상수멸에 드셨다.646)

성취하라는 말씀이다. 이와 같이 세존께서는 반열반하시는 침상에 누우셔서 45년 동안 주셨던 교계(教誡, ovāda) 모두를 불방일(不放逸, appamāda)이라는 단어에 담아서 주셨다."(DA.ii.593)

복주서에서는 "그런데 이것은 뜻으로는 지혜를 수반한(ñāṇūpasaṃhitā) 마음챙김이다. 여기서 마음챙김의 작용(vyāpāra)은 굉장한 것(sātisaya)이기 때문에 그래서 영민함을 [수반한] 마음챙김이라고 설명하였다. 전체 부처님의 말씀을 다 포괄하고 있기 때문에 '불방일(appamāda)이라는 단어에 담아서 주셨다."(DAṬ.ii.239)고 설명하고 있다.

여기서도 보듯이 불방일과 동의어인 마음챙김(sati)이야말로 부처님 45년 설법을 마무리하는 굉장한(sātisaya) 가르침이라고 주석서와 복주서는 강조하고 있다.

645) 불방일(不放逸 appamāda), 즉 알아차림을 수반한 마음챙김으로 성취해야 할 것을 성취하라는 것이 세존께서 마지막으로 하신 말씀이다. 이것은 「대반열반경」 §3.51에서 비구들에게 석 달 뒤에 입멸할 것이라고 말씀하시면서도 하신 말씀이다. 한편 아비담마에서는 불방일을 구경법으로 간주하지 않는다. 여기서 보듯이 불방일은 마음챙김(sati)의 동의어로 간주하기 때문이다. 아비담마에서는 마음챙김을 유익한 마음부수법으로 분류하고 있는데, 이처럼 비구들이 성취해야 할 열반을 성취하게 하는 가장 중요한 심리현상이기 때문이다.(『아비담마 길라잡이』 2장 '도표 2.1'과 §5의 해설 2를 참조할 것.)

646) 본경에는 「대반열반경」(D16) §6.8의 말미에 나타나는 다음 구절은 나타나지 않는다.
[그러자 아난다 존자는 아누룻다 존자에게 이렇게 말했다.
"아누룻다 존자시여, 세존께서는 반열반하셨습니다."
"도반 아난다여, 세존께서는 반열반하시지 않았습니다. 상수멸에 드신 것입

4\. 그러자 세존께서는 상수멸의 증득에서 출정하여 비상비비상처에 드셨다. 비상비비상처의 증득에서 출정하여 무소유처에 드셨다. 무소유처의 증득에서 출정하여 식무변처에 드셨다. 식무변처의 증득에서 출정하여 공무변처에 드셨다. 공무변처의 증득에서 출정하여 제4선에 드셨다. 제4선에서 출정하여 제3선에 드셨다. 제3선에서 출정하여 제2선에 드셨다. 제2선에서 출정하여 초선에 드셨다. 초선에서 출정하여 제2선에 드셨다. 제2선에서 출정하여 제3선에 드셨다. 제3선에서 출정하여 제4선에 드셨다. 제4선에서 출정하여 바로 다음에647) 세존께서는 반열반하셨다.

니다."]

647) '바로 다음'으로 옮긴 원어는 samanantarā이다. 혹자들은 세존께서는 제4선에서 열반하셨다고 대충 말한다. 그러나 경은 이렇게 제4선에서 출정하신 바로 다음에 즉시 반열반하셨다고 기술하고 있다. 주석서의 설명을 살펴보자.
"'바로 다음(samanantarā)'이란 '禪(jhāna)의 바로 다음'과 '반조(返照, paccavekkhaṇā)의 바로 다음'이라는 두 가지가 있다. 첫째, 禪에서 출정한 뒤에 바왕가로 들어가서, 거기서 반열반에 드는 것을 '禪의 바로 다음'이라 한다. 둘째, 禪에서 출정한 뒤 다시 선의 구성요소들을 반조한 뒤에 바왕가로 들어가서, 거기서 반열반에 드는 것을 '반조의 바로 다음'이라 한다. 이러한 두 가지 '바로 다음' 가운데서 세존께서는 禪을 증득하시고 禪에서 출정하신 뒤 선의 구성요소들을 반조하신 후에, 무기(無記, abyākata)요 괴로움의 진리[苦諦]인 바왕가의 마음으로 반열반하셨다. 부처님들이나 벽지불들이나 성제자들은 누구 할 것 없이 [아주 작은] 개미까지도(kuntha-kipillikaṁ upādāya), 무기요 괴로움의 진리인 바왕가의 마음으로 임종을 맞는다."(DA.ii.594~95)
부연하자면, 우리가 거칠게 볼 때는 삼매에 드셔서 반열반하신 것 같거나 좀 더 미세하게 관찰하면 삼매에서 출정하신 뒤 바로 반열반하신 것 같아 보이지만 아비담마의 정밀한 눈으로 관찰해 보면 부처님을 위시한 모든 깨달은 분들은 이처럼 반드시 바왕가의 마음상태에서, 그것도 괴로움의 진리를 통해서 반열반하신다는 뜻이다. 물론 모든 유정들도 죽을 때는 반드시 바왕가(죽음의 마음)의 상태에서 죽는다. 출정과 반조 등은 『아비담마 길라잡이』 9장 §18과 §34의 주해와 『청정도론』 XXII.19 등을 참조할 것.

5. 세존께서 반열반하시자 반열반과 함께 사함빠띠 범천은 이 게송을 읊었다.

> "세상의 모든 존재들은 필경에는 몸을 내려놓는구나.
> 이 세상 그 누구와도 견줄 수 없는 스승
> 힘[648]을 갖추셨고 완전하게 깨달으신 여래
> 그분도 이처럼 완전한 열반에 드시는구나!" {608}

6. 세존께서 반열반하시자 반열반과 함께 신들의 왕 삭까[649]는 이 게송을 읊었다.

> "형성된 것들[諸行]은 참으로 무상하여
> 일어났다가는 사라지는 법이라네.
> 일어났다가는 다시 소멸하나니
> 이들의 가라앉음 진정한 행복일세."[650] {609}

7. 세존께서 반열반하시자 반열반과 함께 아난다 존자는 이런 게송을 읊었다.[651]

> "[최상의 계행 등] 모든 덕을 구족하신

---

648) "여기서 힘(bala)은 [여래의] 열 가지 지혜의 힘[十力, dasavidha ñāṇa-bala]을 말한다."(SA.i.224)
사함빠띠 범천에 대해서는 본서 「꼬깔리까 경」 2(S6:10) §8의 주해와 「권청 경」(S6:1) §4의 주해를 참조할 것.

649) 신들의 왕 삭까(인드라)에 대해서는 본서 「수위라 경」(S11:1) §3의 주해를 참조할 것.

650) 본 게송은 본서 「난다나 경」(S1:11) {21}으로도 나타나고 있다. 그곳의 주해를 참조할 것.

651) 「대반열반경」(D16) §6.10에는 아난다 존자의 게송과 다음의 아누룻다 존자의 게송의 순서가 바뀌어 나타난다.

정등각자께서 완전한 열반에 드셨을 때
그때 [생긴 지진은] 무서웠고,
그때 [생긴 지진은] 모골이 송연했네." {610} [159]

8. 세존께서 반열반하시자 반열반과 함께 아누룻다 존자는 이런 게송을 읊었다.

"마음이 확고하신 분, 여여하신 분[652]에게는
들숨날숨이 없으셨으니[653]
욕망을 여의신 분, 눈을 가지신 분께서는
평화로움으로 기우셔서 완전한 열반에 드셨네.[654] {611}

흔들림 없는 마음으로
[고통스런] 느낌을 감내하셨으니

---

652) '여여하신 분(tādi)'에 대해서는 아래 「욕설 경」(S7:2) {615}의 주해를 참조할 것.

653) 보디 스님에 의하면 스리랑카의 와나라따 아난다 장로(Vanarata, Ānanda Thera, VĀT)는 여기서 들숨날숨이 끊어진 것이 세존의 입멸보다 먼저 된 사실에 주목하였다고 한다. 게송을 정확하게 읽으면 이미 들숨날숨이 없어지신 세존께서 그 다음에 입적하셨기 때문이다. 그러므로 여기서 들숨날숨이 없는 것은 세존께서 제4선에 드셨기 때문이라고 이해해야 한다. 제4선의 육체적 특징은 들숨날숨이 끊어지는 것이다. 여기에 대해서는 본서 제4권 「한적한 곳에 감 경」(S36:11/iv.217 §6) 등을 참조할 것. 그러므로 여기서 들숨날숨이 없는 것은 일반 사람들이 임종하여 들숨날숨이 없는 것과는 확연히 구분이 된다는 것이다.

654) "'욕망을 여읜(aneja)'이란 갈애라 불리는 욕망이 없기 때문이다. '평화로움으로 기운(santim ārabbha)'이란 무여열반(anupādisesam nibbāna)으로 기운, 조건한(paṭicca), 의지한(sandhāya)이라는 뜻이다. '눈을 가진 분(cakkhumā)'이란 다섯 가지 눈[五眼]을 가졌다는 말이다. '반열반하셨다(parinibbuta).'는 것은 오온으로부터의 완전한 열반(khandha-parinibbāna)을 통해서 반열반하신 것을 말한다."(SA.i.224)
다섯 가지 눈에 대해서는 본서 「권청 경」(S6:1) §6의 주해를 참조할 것.

등불이 꺼지듯 그렇게
그분의 마음은 해탈하셨네."655) {612}

제2장 두 번째 품이 끝났다.

두 번째 품에 포함된 경들의 목록은 다음과 같다.

① 사낭꾸마라 ② 데와닷따 ③ 안다까윈다
④ 아루나와띠 ⑤ 반열반 — 이러한 다섯 가지이다.

범천 상윳따(S6)가 끝났다.

655) "여기서 '해탈(vimokkha)'이란 어떤 법에 의해서도 방해받지 않는(anāvaraṇa) 해탈이다. 이것은 완전히 개념적 존재가 아닌 곳으로 간 것(sabbaso apaññatti-bhāvūpagama)을 말하나니 등불이 꺼진 것과 같이(pajjota-nibbāna-sadisa) 된 것이다."(SA.i.225)

제7주제

바라문 상윳따(S7)

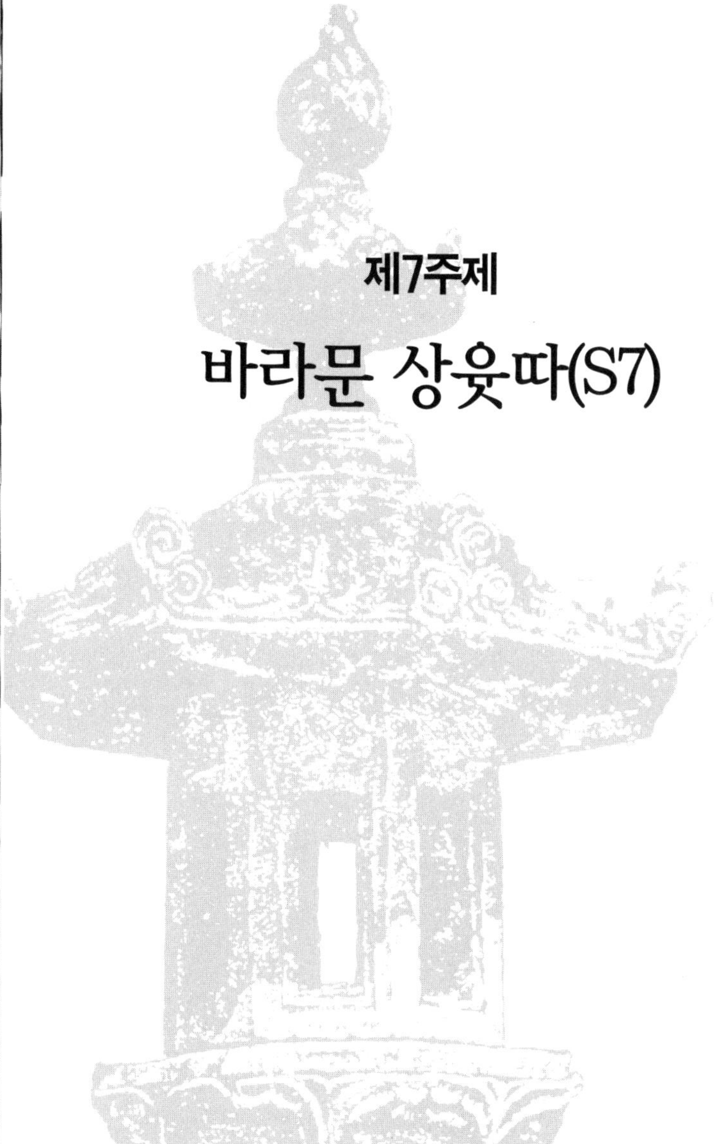

제7주제(S7)

바라문 상윳따

Brāhmaṇa-saṁyutta

제1장 아라한 품

Arahanta-vagga

다난자니 경(S7:1)

Dhanañjanī-sutta

1. 이와 같이 [160] 나는 들었다. 한때 세존께서는 라자가하에서 대나무 숲의 다람쥐 보호구역에 머무셨다.

2. 그 무렵 바라드와자 족성을 가진 어떤 바라문의 아내인 다난자니656)라는 바라문녀가 있었는데 부처님과 법과 승가에 청정한 믿음을 지니고 있었다.657) 그때 다난자니 바라문녀는 바라드와자 족성을 가진 [그녀의 남편] 바라문에게 음식을 차려서 가져 가다가 넘어

---

656) "'다난자니(Dhanañjāni)'는 다난자니라는 족성(gotta)이다. 그들은 바라문들 가운데서도 가장 높은 족성(ukkaṭṭha-gotta)이라고 한다. 다른 바라문들은 범천의 입(mukha)에서 태어났지만 다난자니 족성은 범천의 머리(matthaka)를 열고 출현하였다고 한다.
이 바라문녀는 부처님의 제자로 수다원과를 얻은 사람이다. 그러나 그녀의 남편은 부처님 가르침을 강하게 거부하였으며 그녀가 삼보를 칭송하면 귀를 막았다고 한다."(SA.i.226)

657) 여기에 나타나는 일화는 『법구경 주석서』(DhpA.iv.161~163)에도 나타나고 있다. 본경 §2는 『맛지마 니까야』 「상가라와 경」(M100/ii.209) §2와 같은 내용이다.

졌다. 넘어져서는,

"그분 세존·아라한·정등각자께 귀의합니다.
그분 세존·아라한·정등각자께 귀의합니다.
그분 세존·아라한·정등각자께 귀의합니다."
라고 세 번 감흥어를 읊었다.658)

3. 이렇게 말하자 바라드와자 족성을 가진 바라문은 다난자니에게 이렇게 말했다.

"그런데 이 비천한 여자659)는 시도 때도 없이 저 빡빡머리 사문을 칭송하는 말만 하는구나. 비천한 여자야, 이제 내가 가서 그대의 그 스승을 논파할 것이다."

"바라문이여, 저는 신과 마라와 범천을 포함한 세상에서, 사문·바라문과 신과 사람을 포함한 무리 가운데에서 그분 세존·아라한·정등각자를 논파할 수 있는 사람을 아무도 보지 못했습니다. 바라문이여, 그렇더라도 가십시오. 가보면 알게 될 것입니다."

4. 그러자 바라드와자 족성의 바라문은 분노하고 마음이 언짢아서 세존께 다가갔다. 가서는 세존과 함께 환담을 나누었다. 유쾌하고 기억할 만한 이야기로 서로 담소를 하고 한 곁에 앉았다. [161]

---

658) 주석서는 이 일화의 배경을 다음과 같이 적고 있다. 요약하면 이렇다.
바라문은 500명의 바라문 동료들을 연회에 초정하였다. 그 전날에 그는 아내에게 그의 동료들 앞에서 부처님을 칭송하여 자신을 욕되게 하지 말라고 신신당부를 하였다. 그러나 그녀는 본경에서처럼 음식을 접대하다가 장작에 걸려 넘어지자 [부지불식간에] 무릎을 꿇고 부처님께 귀의하는 이 감흥어를 읊었다. 그러자 바라문들은 남편을 비난하면서 식사가 다 끝나지 않았는데도 자리에서 일어나서 나가 버렸다.(SA.i.226~227)

659) '비천한 여자'는 vasalī를 옮긴 것이다. vasala(Sk. vṛṣala)는 바라문들이 불가촉천민들을 지칭하는 단어인데 상대를 아주 경멸할 때 쓰는 말이기도 하다.(PED, DPL 참조)

한 곁에 앉은 바라드와자 족성의 바라문은 세존께 게송으로 말씀드렸다.660)

"무엇을 끊은 뒤에 깊이 잠들고
무엇을 끊고 나면 슬퍼하지 않습니까?
어떤 하나의 법 죽이는 것을
당신은 허락하십니까, 고따마시여?" {613}

5. [세존]
"분노를 끊은 뒤에 깊이 잠들고
분노를 끊고 나면 슬퍼하지 않노라.
바라문이여, 분노는 뿌리에는 독이 있고
꼭대기에 꿀이 듬뿍 들어 있어서
이런 분노 죽이는 것 성자들은 칭송하니
이것을 끊고 나면 슬퍼 않기 때문이니라." {614}

6. 이렇게 말씀하시자 바라드와자 족성을 가진 바라문은 세존께 이렇게 말씀드렸다.

"경이롭습니다, 고따마 존자시여. 경이롭습니다, 고따마 존자시여. 마치 넘어진 자를 일으켜 세우시듯, 덮여 있는 것을 걷어내 보이시듯, [방향을] 잃어버린 자에게 길을 가리켜 주시듯, 눈 있는 자 형색을 보라고 어둠 속에서 등불을 비춰 주시듯, 고따마 존자께서는 여러 가지 방편으로 법을 설해 주셨습니다. 저는 이제 고따마 존자께 귀의하옵고 법과 비구 승가에 귀의합니다. 세존이시여, 저는 세존의 곁에

---

660) 본경의 이 두 게송은 본서 「끊음 경」(S1:71) {223~224}와 「마가 경」(S2:3) {257~258}과 「끊음 경」(S11:21) {939~940}과 같다. {223~224}의 주해들을 참조할 것.

출가하고자 합니다. 저는 구족계를 받고자 합니다.”

7. 바라드와자 족성의 바라문은 세존의 곁으로 출가하여 구족계를 받았다.

구족계를 받은 지 얼마 되지 않아서 바라드와자 존자는 혼자 은둔하여 방일하지 않고 열심히, 스스로 독려하며 지냈다. 그는 오래지 않아 좋은 가문의 아들들이 집에서 나와 출가하는 목적인 그 위없는 청정범행의 완성을 지금 · 여기에서 스스로 최상의 지혜로 알고 실현하고 구족하여 머물렀다. ‘태어남은 다했다. 청정범행은 성취되었다. 할 일을 다 해 마쳤다. 다시는 어떤 존재로도 돌아오지 않을 것이다.’ 라고 최상의 지혜로 알았다.661)

8. 바라드와자 존자는 아라한들 중의 한 분이 되었다.

욕설 경(S7:2)

Akkosa-sutta

1. 이와 같이 나는 들었다. 한때 세존께서는 라자가하에서 대나무 숲의 다람쥐 보호구역에 머무셨다.

2. 그 무렵 욕쟁이 바라드와자 바라문662)은 바라드와자 족성을

---

661) 이 정형구에 대해서는 본서 「브라흐마데와 경」(S6:3) §2의 주해들을 참조할 것.

662) 주석서에 의하면 욕쟁이 바라드와자 바라문(Ākkosakabhāradvāja brāhmaṇa)은 앞 경에 나타난 바라드와자 바라문의 동생이었다. 물론 그의 이름이 ‘욕쟁이(akkosaka)’였을 리는 없다. 주석서는 왜 그를 ‘욕쟁이’라 부르는가 하는 이유를 이렇게 설명하고 있다.
“그는 500개의 게송(gāthā)으로 여래께 욕을 퍼붓기 위해서 왔다고 해서 ‘욕쟁이 바라드와자’라고 경을 합송한 분(송출자, saṅgīti-kāra)들이 이름을 붙인 것이다. 그는 ‘사문 고따마가 우리 큰형(jeṭṭhaka-bhāta)을 출가시켜

가진 바라문이 집에서 나와 세존의 곁으로 출가하였다고 들었다. 그는 분노하고 마음이 언짢아서 세존께 다가갔다. [162] 가서는 오만불손하고 거친 말로 세존을 욕하고 비난하였다.

3. 그러자 세존께서는 욕쟁이 바라드와자 바라문에게 이렇게 말씀하셨다.

"이를 어떻게 생각하는가, 바라문이여. 그대의 친구와 동료나 가족과 친척들이 그대를 방문하러 오는가?"

"고따마 존자여, 때때로 나의 친구와 동료나 가족과 친척들이 나를 방문하러 옵니다."

"이를 어떻게 생각하는가, 바라문이여. 그러면 그대는 그들에게 여러 가지 음식들을 내놓는가?"

"고따마 존자여, 때때로 그들에게 여러 가지 음식들을 내놓습니다."

"바라문이여, 그런데 만일 그들이 섭수하지 않으면 그 음식은 누구 것이 되는가?"

"고따마 존자여, 만일 그들이 섭수하지 않으면 그것은 우리 것이 됩니다."

4. "참으로 그러하다, 바라문이여. 그대는 우리가 아무 욕도 하지 않는데도 욕을 하고, 모욕을 주지 않는데도 모욕을 주고, 시비를 걸지 않는데도 시비를 건다. 그러나 우리는 그대의 것을 섭수하지 않는다. 바라문이여, 그러므로 그것은 그대의 것이 된다. 바라문이여, 그러므로 그것은 그대의 것이 된다.

바라문이여, 욕하는 사람에게 맞서서 욕을 하고, 모욕을 주는 사람

서 손해(jāni)를 끼쳤고 집안을 분열시켰다.'라고 하면서 분노하고 마음이 불편하여 세존을 욕하고 비난한 것이다."(SA.i.229)

에게 맞서서 모욕을 주고, 시비를 거는 사람에게 맞서서 시비를 걸면 이것은 함께 음식을 먹는 것이고 서로 교환하는 것이다. 바라문이여, 그러나 우리는 결코 그대와 함께 음식을 먹지 않고 서로 교환하지 않는다. 바라문이여, 그러므로 그것은 그대의 것이 된다.

"왕과 왕의 측신들은 고따마 존자에 대해서 '사문 고따마는 아라한이다.'라고 말합니다. 그러나 고따마 존자는 지금 화를 내고 있습니다."663)

5. [세존]

"유순하고 바르게 생계를 유지하고
바른 구경의 지혜로 해탈하였고
지극히 평화롭고 모든 것에 여여(如如)하고664)

---

663) "왜 그는 이렇게 말을 하는가? 그는 선인(仙人, isi)들이 화를 내면 저주(sapa)를 한다고 들었다. 그래서 그는 세존께서 '바라문이여, 그러므로 그것은 그대의 것이 된다.'고 말씀하시자 '사문 고따마는 나에게 저주하고(sapati) 있구나.'라고 하면서 두려움이 생겼다. 그래서 이렇게 말한 것이다."(SA.i.229)
저주(sapa)에 대해서는 본서 「젊은이 경」(S3:1) {381}의 주해를 참조할 것.

664) "'여여한 [분](tādi)'이란 동일한 상태(tāditā), 꼭 같은 상태(eka-sadisatā)를 뜻한다. 여래는 얻음 등에 대해서 여여하듯이(yādiso lābhādīsu), 손실 등에 대해서도 여여하시다(tādiso va alābhādīsu)."(AA.iii.40)
한편 『쿳다까 니까야』의 『닛데사』(의석, 義釋, Nd1.114~116)는 다섯 가지로 아라한이 여여한 분임을 설명하고 있다. 요약하면, ① 그는 얻음과 잃음 등에 여여하기 때문에 원하고 원하지 않음에 여여한 분(iṭṭhāniṭṭhe tādi)이다. ② 그는 탐·진·치 등의 모든 오염원들을 버렸기 때문에 버림을 구족한 여여한 분(cattāvīti tādī)이다. ③ 그는 네 가지 폭류(ogha)를 건넜기 때문에 건넘을 구족한 여여한 분(tiṇṇāvīti tādī)이다. ④ 그의 마음이 탐·진·치 등의 모든 오염원들로부터 해탈했기 때문에 해탈을 구족한 여여한 분(muttāvīti tādī)이다. ⑤ 그가 구족한 여러 가지 특질 때문에 설명에 따른 여여한 분(taṁniddesā tādī)이다.
한편 『닛데사』(Nd1.459~461)는 이와 비슷하지만 조금 다른 방법으로 부처님이 여여한 분인 것을 설명하고 있다.

분노가 없는 자가 어떻게 분노하는가? {615}

분노에 맞서서 분노하는 그런 자는
더욱 더 사악한 자가 되나니
분노에 맞서서 분노하지 않으면
이기기 어려운 전쟁에서 승리하도다. {616}

그런 사람 자신과 상대 둘 다의
이익을 도모하는 [여여한 사람이니]
상대가 크게 성이 난 것을 알면
마음챙기고 고요하게 처신하노라. {617}

그런 그는 자기 자신뿐만 아니라
상대방까지 둘 다를 구제하나니
이런 그를 어리석다 여기는 사람들은
법에 능숙하지 못한 자들이로다." {618} [163]

6. 이렇게 말씀하시자 욕쟁이 바라드와자 바라문은 세존께 이렇게 말씀드렸다.

"경이롭습니다, 고따마 존자시여. 경이롭습니다, 고따마 존자시여. 마치 넘어진 자를 일으켜 세우시듯, 덮여 있는 것을 걷어내 보이시듯, [방향을] 잃어버린 자에게 길을 가리켜 주시듯, 눈 있는 자 형색을 보라고 어둠 속에서 등불을 비춰 주시듯, 고따마 존자께서는 여러 가지 방편으로 법을 설해 주셨습니다. 저는 이제 고따마 존자께 귀의하옵고 법과 비구 승가에 귀의합니다. 세존이시여, 저는 세존의 곁에 출가하고자 합니다. 저는 구족계를 받고자 합니다."

7. 욕쟁이 바라드와자 바라문은 세존의 곁으로 출가하여 구족

계를 받았다. 구족계를 받은 지 얼마 되지 않아서 욕쟁이 바라드와자 존자는 혼자 은둔하여 방일하지 않고 열심히, 스스로 독려하며 지냈다. 그는 오래지 않아 좋은 가문의 아들들이 집에서 나와 출가하는 목적인 그 위없는 청정범행의 완성을 지금·여기에서 스스로 최상의 지혜로 알고 실현하고 구족하여 머물렀다. '태어남은 다했다. 청정범행은 성취되었다. 할 일을 다 해 마쳤다. 다시는 어떤 존재로도 돌아오지 않을 것이다.'라고 최상의 지혜로 알았다.

8. 바라드와자 존자는 아라한들 중의 한 분이 되었다.

아수라 왕 같은 자 경(S7:3)

Asuridaka-sutta

1. 이와 같이 나는 들었다. 한때 세존께서는 라자가하에서 대나무 숲의 다람쥐 보호구역에 머무셨다.

2. 아수라 왕 같은 바라드와자 바라문665)은 바라드와자 족성을 가진 바라문이 집에서 나와 세존의 곁으로 출가하였다고 들었다. 그는 분노하고 마음이 언짢아서 세존께 다가갔다. 가서는 오만불손하고 거친 말로 세존을 욕하고 비난하였다.

3. 그러나 세존께서는 침묵하고 계셨다. 그러자 아수라 왕 같은 바라드와자 바라문은 세존께 이렇게 말씀드렸다.

"사문이여, 그대가 패배했도다. 사문이여, 그대는 패배했도다."

---

665) 아수라 왕 같은 바라드와자 바라문(Āsurindakabhāradvājo brāhmaṇa)은 앞의 두 바라문의 동생(kaniṭṭha)이었다고 한다. 그도 같은 이유로 왔다.(SA.i.230)

4. [세존]

"어리석은 자 거친 말을 내뱉으면서
자신이 승리했다고 생각하지만
진정한 승리는 그것을 이해하고
견뎌내는 그런 자의 것이로다. {619}

분노에 맞서서 분노하는 그런 자는666)
더욱 더 사악한 자가 되나니
분노에 맞서서 분노하지 않으면
이기기 어려운 전쟁에서 승리하도다. {620}

그런 사람 자신과 상대 둘 다의
이익을 도모하는 [여여한 사람이니]
상대가 크게 성이 난 것을 알면
마음챙기고 고요하게 처신하노라. {621}

그런 그는 자기 자신뿐만 아니라
상대방까지 둘 다를 구제하나니
이런 그를 어리석다 여기는 사람들은
법에 능숙하지 못한 자들이로다." {622} [164]

5. 이렇게 말씀하시자 아수라 왕 같은 바라드와자 바라문은 세존께 이렇게 말씀드렸다.

"경이롭습니다, 고따마 존자시여. 경이롭습니다, 고따마 존자시여. 마치 넘어진 자를 일으켜 세우시듯, … 세존이시여, 저는 세존의 곁에 출가하고자 합니다. 저는 구족계를 받고자 합니다."

---

666) 이하 세 게송은 본서 「욕설 경」(S7:2) {616~618}과 같다.

…'태어남은 다했다. 청정범행은 성취되었다. 할 일을 다 해 마쳤다. 다시는 어떤 존재로도 돌아오지 않을 것이다.'라고 최상의 지혜로 알았다.

6. 바라드와자 존자는 아라한들 중의 한 분이 되었다.

시큼한 죽 장수 경(S7:4)

Bilaṅgika-sutta

1. 이와 같이 나는 들었다. 한때 세존께서는 라자가하에서 대나무 숲의 다람쥐 보호구역에 머무셨다.

2. 시큼한 죽 장수 바라드와자 바라문[667]은 바라드와자 족성을 가진 바라문이 집에서 나와 세존의 곁으로 출가하였다고 들었다. 그는 분노하고 마음이 언짢아서 세존께 다가갔다. 가서는 아무 말도 하지 않고 한 곁에 섰다.[668]

3. 그러자 세존께서는 마음으로 시큼한 죽 장수 바라드와자 바라문이 마음에 일으킨 생각을 아시고 시큼한 죽 장수 바라드와자 바라문에게 게송으로 말씀하셨다.

"청정하고 흠이 없고 타락하지 않은 분
그런 사람에게 잘못을 범하면

---

667) 시큼한 죽 장수 바라드와자 바라문(Bilaṅgikabhāradvāja brāhmaṇa)은 바라드와자 형제들 가운데 한 사람이었다고 한다. 그는 시큼한 죽(bilaṅga=kañjika) 장사를 하여 부자가 되었기 때문에 경을 합송한 분들이 이렇게 이름을 붙였다고 한다.(SA.i.230)

668) "그는 '나의 세 형들(jeṭṭhaka-bhātaro)이 이 사람 때문에 출가하였다.'라고 아주 분노하여 어떤 말도 할 수가 없어서 침묵하고 서 있었던 것이다." (SA.i.230)

그 어리석은 자에게 죄악은 되돌아오나니
바람을 거슬러 던진 먼지더미처럼."669) {623}

4. 이렇게 말씀하시자 시큼한 죽 장수 바라드와자 바라문은 세존께 이렇게 말씀드렸다.

"경이롭습니다, 고따마 존자시여. 경이롭습니다, 고따마 존자시여. 마치 넘어진 자를 일으켜 세우시듯, … 세존이시여, 저는 세존의 곁에 출가하고자 합니다. 저는 구족계를 받고자 합니다."

… '태어남은 다했다. 청정범행은 성취되었다. 할 일을 다 해 마쳤다. 다시는 어떤 존재로도 돌아오지 않을 것이다.'라고 최상의 지혜로 알았다.

5. 바라드와자 존자는 아라한들 중의 한 분이 되었다.

해코지 않음 경(S7:5)

Ahiṁsaka-sutta

1. <사왓티의 아나타삔디까 원림(급고독원)에서>

2. 그때 해코지 않는 바라드와자 바라문670)이 세존께 다가갔다. 가서는 세존과 함께 환담을 나누었다. 유쾌하고 기억할 만한 이야기로 서로 담소를 하고 한 곁에 앉았다. [165] 한 곁에 앉은 해코지 않는

669) 본서 「닿음 경」(S1:22) {54}과 같다.

670) 해코지 않는 바라드와자 바라문(Ahiṁsakabhāradvāja brāhmaṇa)이라 부르는 이유를 주석서는 두 가지로 소개한다. 첫째는 본경에서 그는 세존께 해코지 않음에 대해서 말씀드렸기 때문에 경을 합송한 분들이 붙인 이름이다. 둘째는 원래부터 그의 이름이 아힘사까(ahiṁsaka, 해코지 않는 자)였고 족성은 바라드와자였을 것이라고 소개한다.(SA.i.230) 본경에서 바라문은 스스로를 아힘사까라고 세존께 말씀드리고 있는 것으로 봐서 두 번째 설명이 더 타당한 듯하다.

바라드와자 바라문은 세존께 이렇게 말씀드렸다.

"고따마 존자여, 저는 해코지 않는 자입니다. 고따마 존자여, 저는 해코지 않는 자입니다."

3. [세존]

"만일 그대 이름처럼 그렇다면
그런 그대 진정으로 해코지 않는 자로다.
몸과 말과 마음으로 해코지 않는다면
그는 분명 해코지 않는 자이니
남을 해코지하지 않기 때문이로다." {624}

4. 이렇게 말씀하시자 해코지 않는 바라드와자 바라문은 세존께 이렇게 말씀드렸다.

"경이롭습니다, 고따마 존자시여. 경이롭습니다, 고따마 존자시여. 마치 넘어진 자를 일으켜 세우시듯, … 세존이시여, 저는 세존의 곁에 출가하고자 합니다. 저는 구족계를 받고자 합니다."

… '태어남은 다했다. 청정범행은 성취되었다. 할 일을 다 해 마쳤다. 다시는 어떤 존재로도 돌아오지 않을 것이다.'라고 최상의 지혜로 알았다.

5. 바라드와자 존자는 아라한들 중의 한 분이 되었다.

엉킨 머리 경(S7:6)

Jaṭā-sutta

2. 그때 엉킨 머리 바라드와자 바라문이 세존께 다가갔다. 가서는 세존과 함께 환담을 나누었다. 유쾌하고 기억할 만한 이야기로 서

로 담소를 하고 한 곁에 앉았다. 한 곁에 앉은 엉킨 머리 바라드와자 바라문은 세존께 게송으로 말씀드렸다.

3. "안의 엉킴이 있고, 밖의 엉킴도 있습니다.671)
사람들은 엉킴으로 뒤얽혀 있습니다.
고따마시여, 당신께 그것을 여쭈오니
누가 이 엉킴을 풀 수 있습니까?" {625}

4. [세존]
"통찰지를 갖춘 사람은 계에 굳건히 머물러서
마음과 통찰지를 닦는다.
근면하고 슬기로운 비구는 이 엉킴을 푼다. {626}

탐욕과 성냄과 무명이 빛바래고
번뇌 다한 아라한들이 이러한 엉킴을 푼다. {627}

정신과 물질이 남김없이 소멸하는 곳
부딪힘[의 인식도 남김없이 소멸하고]
물질의 인식까지 남김없이 소멸하는
여기서 그 엉킴은 잘려지도다." {628}

5. 이렇게 말씀하시자 엉킨 머리 바라드와자 바라문은 세존께 이렇게 말씀드렸다.

"경이롭습니다, 고따마 존자시여. 경이롭습니다, 고따마 존자시여. 마치 넘어진 자를 일으켜 세우시듯, … 세존이시여, 저는 세존의 곁에 출가하고자 합니다. 저는 구족계를 받고자 합니다."

---

671) 본경에 나타나는 네 개의 게송들은 본서 「엉킴 경」(S1:23) {55~58}과 같다. 이곳의 주해들을 참조할 것. 그리고 이것은 『청정도론』 I.1~2에도 인용되어서 『청정도론』 전체가 이 게송에 대한 주석인 것으로 전개되고 있다.

… '태어남은 다했다. 청정범행은 성취되었다. 할 일을 다 해 마쳤다. 다시는 어떤 존재로도 돌아오지 않을 것이다.'라고 최상의 지혜로 알았다.

6. 바라드와자 존자는 아라한들 중의 한 분이 되었다.

청정 경(S7:7)

Suddhika-sutta

2. 그때 청정 바라드와자 바라문이 세존께 다가갔다. 가서는 세존과 함께 환담을 나누었다. 유쾌하고 기억할 만한 이야기로 서로 담소를 하고 한 곁에 앉았다. [166] 한 곁에 앉은 청정 바라드와자 바라문은 세존의 곁에서 이 게송을 읊었다.

3. "비록 계를 구족하고[672] 고행을 하더라도
세상 어떤 바라문도 결코 청정해지지 않습니다.
명지와 실천을 구족한 자[明行足][673] 그가 청정하나니

---

672) "여기서 '계를 구족함(sīla-sampanna)'이란 다섯 가지 제어(pañca-vidha-niyama)를 특징으로 하는 계행을 구족한 것이다."(SAṬ.i.225)
여기서 다섯 가지 제어는 인도 육파철학 가운데 요가학파의 소의경전인 빠딴잘리의 『요가수뜨라』에 두 번째 구성요소로 나타나는 술어이다. 바라문이 부처님 제자가 아니었기 때문에 복주서의 저자는 바라문이 말하는 계를 빠딴잘리의 『요가수뜨라』에 나타나는 술어로 설명하고 있다고 여겨진다.

673) "여기서 명지(vijjā)란 삼베다(tayo vedā, 『리그베다』, 『야주르베다』, 『사마베다』)를 말하고 실천(caraṇa)이란 족성이라는 실천(gotta-caraṇa)이다."(SA.i.231)
복주서는 족성이라는 실천을 족성이라 불리는 실천(gotta-saṅkhāta caraṇa)으로 해석한다.(SAṬ.i.225) 즉 바라문 가문에 태어나서 바라문의 행을 하고 사는 그 자체가 바라문의 실천이라는 말이다. 바라문들은 명행족의 의미를 이렇게 해석하고 있다. 바라문들의 명행족과 불교의 명행족에 대해서는 『디가 니까야』 「암밧타 경」(D3/i.99~100) §1.28 이하를 참조할 것.

그 외 다른 사람들은 그렇지 못합니다." {629}

4. [세존]

"비록 많은 만뜨라를 외우더라도
안이 썩어문드러졌고
부정한 방법으로 삶을 연명한다면
태생에 의해 바라문이 되지 않도다. {630}

끄샤뜨리야든 바라문이든 와이샤든
수드라든 불가촉천민이든 야만인이든
부지런히 정진하고 스스로 독려하고 항상 분발하는 자가
최상의 청정을 얻나니 바라문이여, 이렇게 알지니라." {631}

5. 이렇게 말씀하시자 청정 바라드와자 바라문은 세존께 이렇게 말씀드렸다.

"경이롭습니다, 고따마 존자시여. 경이롭습니다, 고따마 존자시여. 마치 넘어진 자를 일으켜 세우시듯, … 세존이시여, 저는 세존의 곁에 출가하고자 합니다. 저는 구족계를 받고자 합니다."

… '태어남은 다했다. 청정범행은 성취되었다. 할 일을 다 해 마쳤다. 다시는 어떤 존재로도 돌아오지 않을 것이다.'라고 최상의 지혜로 알았다.

6. 바라드와자 존자는 아라한들 중의 한 분이 되었다.

불에 헌공하는 자 경(S7:8)

Aggika-sutta

1. 이와 같이 나는 들었다. 한때 세존께서는 라자가하에서 대나

무 숲의 다람쥐 보호구역에 머무셨다.

2. 그 무렵 불에 헌공하는 바라드와자 바라문674)은 '나는 불에 헌공을 할 것이다. 나는 아그니호뜨라 제사675)를 거행할 것이다.'라고 생각하면서 버터를 넣은 우유죽을 마련하고 있었다.

그때 세존께서는 오전에 옷매무새를 가다듬고 발우와 가사를 수하시고 걸식을 위해서 라자가하로 들어가셨다. 라자가하에서 차례대로 걸식하시면서 불에 헌공하는 바라드와자 바라문의 거처로 다가가셨다. 가서는 한 곁에 서셨다.

3. 불에 헌공하는 바라드와자 바라문은 세존께서 걸식을 하시는 것을 보았다. 그러자 세존께 게송으로 말씀드렸다.

---

674) 불에 헌공하는 바라드와자 바라문(Aggikabhāradvāja brāhmaṇa)의 이름은 『숫따니빠따』 「와살라 경」(Sn1:7/21)에도 나타나는데 아마 다른 사람인 듯하다. 주석서에 의하면 본경의 바라문은 불을 돌보는 데(aggi-paricaraṇa) 전념하였기 때문에 경을 합송한 분들이 붙인 이름이라고 한다.(SA.i.231)

675) '아그니호뜨라 제사'는 aggi-hutta를 옮긴 것인데, 이 악기훗따의 산스끄리뜨 agni-hotra를 그대로 음역한 것이다. 아그니호뜨라는 문자 그대로 불(아그니, Sk. agni, Pāli. aggi)을 지펴서 불에 공물을 바치는(호뜨라, Sk. hotra, Pali. hutta) 제사이다. 한마디로 말하자면 이 아그니호뜨라는 인도의 모든 정규제사에서 가장 기본이 되는 제사방법이다. 모든 정규제사는 『제의서』(Brahmaṇā)에 규정되어 있는 엄정한 방법에 따라 불을 지피는 제단을 만들어서 여기에 공물을 바치는 것을 근본으로 하기 때문이다.
인도의 제사는 크게 공공제사(śrauta-yajñā)와 가정제사(gṛhya-yajña)로 나누어지며 각각은 다시 일곱 가지씩의 기본제사(saṁsthā)로 나누어진다. 제사는 공공제사가 가정제사보다 훨씬 중요하게 취급된다. 모든 제사 특히 공공제사는 모든 공물을 반드시 불(aggi, agni)에 헌공한다. 그러면 불의 신이요 바라문들의 신인 아그니(Agni)가 이 공물을 신들에게 날라다주어서 제주가 그 공덕을 얻게 된다고 한다. 그러므로 불에 공물을 바치는 이 아그니호뜨라야말로 모든 제사의 기본이 되는 것이다. 제사에 대한 설명은 『디가 니까야』 제1권 「꾸따단따 경」(D5)의 주해들을 참조할 것.

"삼명을 구족하고 태생을 갖추고[676] 많이 배웠으며
명지와 실천 구족한 자, 나의 우유죽을 먹을 수 있습니다." {632}

4. [세존]
"비록 많은 만뜨라를 외우더라도
안이 썩어문드러졌고
부정한 방법으로 삶을 연명한다면
태생에 의해 바라문이 되지 않도다. {633} [167]

전생의 삶을 기억하고 천상과 지옥을 보며
태어남 다 했고 해야 할 일 다 한 자가 성자로다.[677] {634}

이 세 가지 명지에 의해 삼명 갖춘 바라문이 되나니
명지와 실천 구족한 자, 나의 우유죽을 먹을 수 있노라." {635}

5. "고따마 존자께서는 이것을 드십시오. 존자가 바로 바라문이십니다."

6. [세존]
"게송 읊어 생긴 것을 나는 먹지 않노라.

---

676) "'삼명(三明, tevijjā)'은 삼베다를 말하고 '태생을 갖춤(jātimā)'은 선조(pitā-mahayuga)의 7대에 걸쳐 태생이 청정한 것(parisuddha)을 말한다."(SA.i.231)

677) 부처님은 불교의 삼명으로 대답을 하신다. 주석서는 본 게송에서 말하는 '전생의 삶을 기억함'은 전생을 기억하는 지혜[宿命通]이고 '천상과 지옥을 보는 것'은 중생들의 죽음과 다시 태어남을 [아는] 지혜[天眼通]이며, '태어남이 다 했음'은 아라한과요 모든 번뇌를 멸진하는 지혜[漏盡通]라고 배대하고 있다.(SA.i.231)
이 세 가지 지혜의 정형구는 본서 제2권 「선(禪)과 최상의 지혜 경」(S16:9) §§15~17과 제6권 「이전 경」(S51:11) §§11~13 등과 『청정도론』 XII장과 XIII장을 참조할 것.

바라문이여, 그것은 바르게 보는 자들의 법이 아니니라.
게송 읊어 생긴 것을 깨달은 자들은 거부하나니
바라문이여, 이런 법이 있나니 그분들의 품행이라. {636}

독존(獨尊)이요678) 대성자요 번뇌 다한 자
후회가 가라앉아버린679) 자에게는
다른 음식과 마실 것을 받들어 공양하라.
공덕 구하는 자에게 그가 복밭이 되기 때문이라."680) {637}

---

678) '독존(獨存)'은 kevalī를 옮긴 것이다. 주석서들은 이렇게 설명한다.
"'독존'이란 모든 덕을 구족함(sabba-guṇa-paripuṇṇa), 혹은 모든 속박을 풀어버림(sabba-yoga-visaṁyutta)을 뜻한다."(SnA.i.153)
"'독존'이란 완전한 자(sakali)이니 해야 할 바를 모두 다 한 자(kata-sabba-kicca)이다."(SA.ii.277)
"여기서 독존이란 해탈의 덕으로 가득한 자(vimutti-guṇena pāripūrī)이다."(SAṬ.ii.202)
본서 「바까 범천 경」(S6:4) §2의 주해도 참조할 것.

679) "'후회가 가라앉은(kukkucca-vūpasanta)'이란 [안절부절 못하여] 손가락을 꼼지락거리는 등의 후회하는 행위(hattha-kukkucca)를 가라앉힌 것이 후회가 가라앉은 것이다."(SA.i.232)
주석서는 이처럼 kukkucca를 후회[惡作]라는 전문용어로 보기보다는 잘못된(ku) 행위(kucca) 자체로 설명하는 듯하다. '후회(kukkucca)'에 대한 설명은 『아비담마 길라잡이』 제2장 §4의 11번 해설을 참조할 것.

680) 주석서는 {636}과 {637}의 의미를 이렇게 풀어서 설명하고 있다. 조금 의역하여 옮긴다.
"내가 긴 시간을 탁발을 하면서(bhikkhācāra-vatta) 서 있었을 때 그대는 단 한 숟가락(kaṭacchu-matta)의 음식도 주지 않았다. 그러나 이제 내가 모든 부처의 공덕(buddha-guṇa)을 마치 돗자리 위에다 참깨를 펴듯이 드러내자 [그대는 주고자 한다.] 그러니 이 음식은 말하자면 [바라문들이 찬미가(만뜨라)를 읊어서 삶을 연명하듯이] 게송을 읊어서 얻은 것과 같다. 이것이 '게송을 읊어서 생긴 것(gāthābhigīta)'이기 때문에 내가 먹기에는 적당하지 않다. '이러한 법이 있어서(dhamme sati)' 모든 깨달은 자들은 이러한 법을 따르고 법에 확고하여 그들의 삶을 영위한다. 이것이 그들의 삶의 방법이다. 그들은 그런 음식은 제쳐두고 법답게 얻은 음식을 먹는다."(SA.i.232)

7. 이렇게 말씀하시자 불에 헌공하는 바라드와자 바라문은 세존께 이렇게 말씀드렸다.

"경이롭습니다, 고따마 존자시여. 경이롭습니다, 고따마 존자시여. 마치 넘어진 자를 일으켜 세우시듯, … 세존이시여, 저는 세존의 곁에 출가하고자 합니다. 저는 구족계를 받고자 합니다."

… '태어남은 다했다. 청정범행은 성취되었다. 할 일을 다 해 마쳤다. 다시는 어떤 존재로도 돌아오지 않을 것이다.'라고 최상의 지혜로 알았다.

8. 바라드와자 존자는 아라한들 중의 한 분이 되었다.

순다리까 경(S7:9)

Sundarika-sutta

1. 이와 같이 나는 들었다. 한때 세존께서는 꼬살라에서 순다리까 강 언덕에 머무셨다.

2. 그 무렵 순다리까 바라드와자 바라문681)이 순다리까 강 언덕에서 불에 헌공을 하고 아그니호뜨라 제사를 거행하고 있었다. 그 때 순다리까 바라드와자 바라문은 불에 헌공을 하고 아그니호뜨라 제사를 거행한 뒤 '누가 이 남은 제사음식을 먹는 것이 좋을까?'라고 [생각하며] 온 사방을 둘러보았다.682)

---

681) "순다리까 바라드와자 바라문(Sundarikabhāradvāja brāhmaṇa)은 순다리까 강의 언덕에서 불에 헌공을 하는(aggi-juhaṇa) 자였기 때문에 얻은 이름이다."(SA.i.233)
문자적으로 순다리까는 '잘생긴 자'라는 뜻이다.

682) "그는 불에 헌공하고 남은(huta-avasesa) 우유죽(pāyāsa)을 보고 이렇게 생각했다고 한다. '불에 헌공한 우유죽은 대범천(mahābrahmā)이 먹었을

3. 순다리까 바라드와자 바라문은 세존께서 머리를 덮은 채 어떤 나무아래 앉아계시는 것을 보았다. 그는 왼손으로 남은 제사음식을 들고 오른 손에는 물병을 들고 세존께 다가갔다. 그러자 세존께서는 순다리까 바라드와자 바라문의 발자국 소리를 듣고 머리에 쓴 것을 벗기셨다.

그러자 순다리까 바라드와자 바라문은 [168] "이 존자는 머리 깍은 자로구나. 이 존자는 머리 깎은 자로구나."라고 하면서 거기서 돌아서려하였다. 그때 순다리까 바라드와자 바라문에게 이런 생각이 들었다.

'여기 어떤 바라문들은 머리를 깎고 있다. 그러니 나는 그에게 다가가서 태생을 물어보리라.'

순다리까 바라드와자 바라문은 세존께 다가갔다. 가서는 세존께 이렇게 여쭈었다.

"존자의 태생은 무엇입니까?"

4. [세존]

"태생을 묻지 말고 행실을 물어라.
어떤 장작으로든 불은 지필 수 있노라.
낮은 가문에서도 결연한683) 성자는 나오는 법
양심으로 자신을 제어하는 자가 혈통 좋은 사람이니라.684) {638}

것이다. 이제 여기 남은 것은 범천의 입에서 태어난(mukhato jāta) 바라문에게 주어야겠다. 그러면 나의 아버지도 아들도 기뻐할 것이고 내가 범천의 세상으로 가는 길(brahma-loka-gāmi-magga)도 아주 청정해질(suvi-sodhita) 것이다.'라고. 그는 바라문을 찾기 위해서 자리에서 일어나 '누가 이 남은 제사음식(habya-sesa)을 먹는 것이 좋을까?'라고 생각하면서 사방을 둘러본 것이다."(SA.i.233)
유사한 구절이 『우빠니샤드』에도 나온다. Deussen의 Sixty Upanisads of the Veda(60우빠니샤드) 1:148을 참조할 것.

683) "'결연한 자(dhitimā)'란 정진을 갖춘 자(vīriyavā)이다."(SA.i.233)

진리로 길들여지고 [감각기능] 길들었으며
지혜의 끝에 도달했고685) 청정범행 완성한 분
제사를 바르게 지내는 자는 그런 분을 소청하라.
올바른 때에 공양받아 마땅한 그에게 헌공하라." {639}

5. [순다리까 바라드와자]
"이러한 지혜의 달인을 뵙다니
참으로 나는 제사를 잘 지냈고 헌공을 잘하였습니다.
당신 같은 분들을 뵙지 못하였기 때문에
다른 사람이 남은 저의 제사음식을 먹었습니다. {640}

고따마 존자께서는 이것을 드십시오. 존자가 바로 바라문이십니다."

6. [세존]
"게송 읊어 생긴 것을 나는 먹지 않노라.
바라문이여, 그것은 바르게 보는 자들의 법이 아니니라.
게송 읊어 생긴 것을 깨달은 자들은 거부하나니
바라문이여, 이런 법이 있나니 그분들의 품행이라. {641}

독존(獨尊)이요 대성자요 번뇌 다한 자

---

684) "번뇌 다한 성자(khīṇāsava-muni)요 결연하고 양심으로 자신을 제어하는 자(hirī-nisedha)가 '혈통 좋은 사람(ājānīya)'이다. 이러한 결연함과 양심(hirī)과 해탈이라는 덕(guṇa)을 구족한 자가 태생을 갖춘 자(jātimā)여서 공양하기에 으뜸가는 자(uttama-dakkhiṇeyya)이다."(SA.i.234)

685) "'지혜의 끝에 도달한(vedantagū)'이란 네 가지 도라는 지혜의 끝(magga-vedānaṁ antaṁ)에 도달했다, 혹은 네 가지 도의 지혜로 오염원들의 끝에 도달했다(kilesānaṁ antaṁ gato)는 말이다."(SA.i.235)
세존께서는 가르침(Dhamma)을 바라문의 성향에 맞게 하기 위해서 일부러 베다(veda, 지혜) 혹은 베단따(vedanta, 지혜의 끝)라는 바라문교의 술어를 사용하신 것이 분명하다.

후회가 가라앉아버린 자에게는
다른 음식과 마실 것을 받들어 공양하라.
공덕 구하는 자에게 그가 복밭이 되기 때문이라." {642}

7. "고따마 존자시여, 그러면 제가 누구에게 이 남은 제사음식을 주면 됩니까?"

"바라문이여, 나는 신과 마라와 범천을 포함한 세상에서, 사문·바라문과 신과 사람을 포함한 무리 가운데에서 여래나 여래의 제자를 제외하고는 이 남은 제사음식을 먹고 바르게 소화시킬 사람을 [169] 아무도 보지 못한다.[686] 바라문이여, 그러니 그대는 이 남은 제사음식을 풀이 없는 곳에 버리거나 생명체가 살지 않는 물에 빠뜨려라."

8. 그러자 순다리까 바라드와자 바라문은 그 남은 제사음식을 생명체가 살지 않는 물에 빠뜨렸다. 그가 남은 제사음식을 물에 넣자 그것은 부글부글 끓고 쉭 소리를 내고 증기를 뿜고 연기를 뿜었다.[687] 예를 들면 한낮에 달아오른 쟁기의 보습을 물에 넣으면 부글

---

686) "그러면 왜 세존께서는 이렇게 말씀하셨는가? 바라문이 제사음식을 세존께 드리자 사방의 세상으로부터 온 신들 등이 '스승께서 이 음식을 드실 것이다.'라고 인식하고는 마치 벌집을 압착하여 꿀만 뽑아내듯이 꽃과 과일과 정제된 버터, 생 버터, 기름, 꿀, 당밀(sappi-navanīta-tela-madhu-phāṇita) 등에서 자신들의 천상의 위력(dibba-anubhāva)으로 영양분(oja)만을 뽑아서 그 음식에 가득 넣었다. 그러므로 그 제사음식은 극도로 섬세하여(su-khumatta) 거친 [소화]기관(oḷārika-vatthu)을 가진 인간은 이러한 음식을 바르게 소화시킬 수 없다.
또한 그 음식은 소 오줌(go-yūsa)에 참깨를 넣어서 요리한 것이기 때문에 거칠어서 섬세한 신들의 소화기관으로는 그 음식을 바르게 소화시킬 수 없다. 마른 위빳사나를 통해서 번뇌 다한 자(sukkha vipassaka-khīṇāsava)도 소화시킬 수 없다. 여덟 가지 증득[等至. 초선부터 비상비비상처까지의 본삼매]를 얻은 번뇌 다한 자(aṭṭha-samāpatti-lābhī-khīṇāsava)라야 그 증득의 힘으로 소화시킬 수 있다. 물론 세존께서는 천성적인(pākatika) 소화력(kammaja-teja)으로 소화시킬 수 있다."(SA.i.235~236)

부글 끓고 쉭 소리를 내며 증기를 뿜고 연기를 뿜는 것처럼 그가 남은 제사음식을 물에 넣자 그것은 부글부글 끓고 쉭 소리를 내며 증기를 뿜고 연기를 뿜었다.

그러자 순다리까 바라드와자 바라문은 절박하고 털이 곤두서서 세존께 다가갔다. 가서는 한 곁에 섰다.

한 곁에 선 순다리까 바라드와자 바라문에게 세존께서는 게송으로 말씀하셨다.

9. [세존]
"나무에 불을 지펴, 바라문이여
밖으로 청정 구할 생각조차 하지 말라.
밖으로 청정 구하는 자는 청정 얻지 못한다고
능숙한 자들은 말하도다. {643}

바라문이여, 나무에 불 지피는 것 버리고
내적인 광명으로 나는 항상 타오르나니
내게는 항상 불이 있고 마음은 항상 삼매에 드나니
그런 나는 아라한이요 청정범행을 닦도다. {644}

바라문이여, 그대의 자만은 어깨에 울러 멘 짐688)이고

687) "그러면 이것은 제사음식의 힘(ānubhāva) 때문인가, 아니면 여래의 힘 때문인가? 여래의 힘 때문이다."(SA.i.236)
계속해서 주석서는 그 바라문이 이러한 경이로운 현상을 보고 세존 곁으로 다시 가서 세존께서 설해 주시는 법을 듣고 삿된 견해를 잘라버리고 교법에 깊이 들어가서 감로수(amata-pāna, 不死의 물)를 마시도록 하기 위해서 세존께서 결의의 힘(adhiṭṭhāna-bala)을 통해서 이렇게 만드신 것이라고 설명하고 있다.(*Ibid*)

688) '어깨에 울러 멘 짐'은 khāri-bhāra를 직역한 것이다. 열대지방에서 막대기의 양 끝에 양철 접시를 매달고 거기에 짐을 싣고 어깨에 울러 메고 가는 것을 말한다.

분노는 연기요 거짓말은 재
혀는 주걱, 심장은 불 지피는 재단
잘 길들여진 자신은 인간의 광명이로다.689) {645}

바라문이여, 법은 계행이라는 여울을 가진 호수
맑고 투명하여 참된 자들이 참된 자들에게 칭송하는 것
지혜의 달인들은 거기서 목욕하여
물들지 않은 몸으로 저 언덕으로 건너가도다.690) {646}

"어깨에 짐을 올려 메고 갈 때 매 걸음마다 짐의 무게 때문에 접시가 땅에 부딪힌다. 그와 같이 태생이나 족성이나 가문 등 때문에 자만이 위로 올라가면 그때마다 자만은 질투를 생기게 하여 [다른 접시가 땅에 닿는 것처럼] 4악도(apāya)에 닿게 된다. 그래서 이렇게 말씀하신 것이다."(SA.i.236)

689) "'분노는 연기(kodho dhūmo)'라는 것은 지혜라는 불(ñāṇa-ggi)의 오염원(upakkilesa)이라는 뜻에서 분노는 연기와 같다. 그래서 [오염원이라는] 연기가 자욱하면 지혜의 불은 타오르지 못하는 것이다.
'거짓말은 재(bhasmani mosavajjaṁ)'라는 것은 마치 재(chārikā)에 덮인 불은 타오르지 못하는 것처럼 거짓말(musā-vāda)에 덮인 지혜(ñāṇa)도 그러함을 뜻한다.
'혀는 주걱(jivhā sujā)'이라는 것은 제사에서 주걱으로 공물을 헌공하듯이 부처님의 혀는 법이라는 헌공(dhamma-yāga)을 올리는 주걱이라고 말씀하시는 것이다.
'심장은 불 지피는 재단(hadayaṁ jotiṭṭhānaṁ)'이라는 것은 중생들의 심장(sattānaṁ hadaya)은 법이라는 헌공을 바치는 불 지피는 재단과 같다는 뜻이다.
'자신(atta)'이란 마음(citta)을 뜻한다."(SA.i.237)

690) 주석서는 본 게송의 의미를 이렇게 설명한다. 요약하면 이러하다.
마치 그대가 불에 헌공을 한 뒤 순다리까 강에 들어가서 재와 검댕과 땀을 씻어내듯이 나에게는 팔정도의 법(aṭṭhaṅgika-magga-dhamma)이 바로 호수이다. 그 호수에서 나는 수많은 중생들을 목욕시킨다. 나의 호수는 맑고 투명하다(anāvila). 왜냐하면 그대의 강은 네다섯 명이 들어가서 목욕하면 흙탕물이 되지만 이 법의 호수에는 수십만 명이 들어가서 목욕하더라도 그것은 맑고 투명하기 때문이다.(SA.i.237)
물 없는 목욕에 대해서는 본서 「잘못 된 길 경」(S1:58) {198}과 주해를 참조할 것.

진리와 법, 제어691)와 청정범행692)
중간[中]을 의지하여693) 브라흐마가 되는 것694) — [170]
[이런 것을 실천하는] 올곧은 분들695)에게
바라문이여, 그대는 성심으로 예배하라.
이런 사람 일컬어 법을 따르는 자라고 나는 말하노라." {647}

10. 이렇게 말씀하시자 순다리까 바라드와자 바라문은 세존께 이렇게 말씀드렸다.

"경이롭습니다, 고따마 존자시여. 경이롭습니다, 고따마 존자시여. 마치 넘어진 자를 일으켜 세우시듯, … 세존이시여, 저는 세존의 곁에 출가하고자 합니다. 저는 구족계를 받고자 합니다."

… '태어남은 다했다. 청정범행은 성취되었다. 할 일을 다 해 마쳤

---

691) 주석서는 '진리(sacca)', '법(dhamma)', '제어(saṁyama)'를 팔정도와 배대시켜 이해하는 몇 가지 방법을 제시하고 있다. 예를 들면, 진리는 바른 말에, 단속은 바른 행위와 바른 생계에, 법은 나머지 다섯 가지 요소에 배대하는 방법 등이다.(SA.i.237~238)

692) "'청정범행(brahmacariya)'은 열반으로 인도하는(nibbāna-gāmi) 으뜸가는 것(uttama)이라는 뜻에서 도(팔정도)라는 청정범행(magga-brahma-cariya)을 말한다."(SAṬ.i.230)

693) "'중간을 의지하여(majjhe sitā)'라는 것은 상견과 단견(sassat-uccheda)을 버리고 중간에 의지한다는 말이다."(SA.i.238)
"중간을 의지함이란 혼침과 들뜸 등의 양극단을 버리고(anta-dvaya-viva-jjana) 가운데, 즉 중도를 닦음(majjhima-paṭipadā-bhāvana)에 의지한다는 말이다. 상견과 단견은 이러한 여러 극단 가운데 하나의 예일 뿐이다."(SAṬ.i.230)

694) "'브라흐마가 됨(brahma-patti)'이란 최고가 됨(seṭṭha-patti)을 말한다."(SA.i.238)

695) "'올곧은 분들(uju-bhūtā)'이란 번뇌 다한(khīṇāsavā) [아라한]이다."(SA.i.238)

다. 다시는 어떤 존재로도 돌아오지 않을 것이다.'라고 최상의 지혜로 알았다.

11. 바라드와자 존자는 아라한들 중의 한 분이 되었다.

많은 딸 경(S7:10)
Bahudhiti-sutta

1. 이와 같이 나는 들었다. 한때 세존께서는 꼬살라에서 어떤 밀림에 머무셨다.

2. 그 무렵 어떤 바라드와자 족성을 가진 바라문이 열네 마리의 황소를 잃어버렸다. 그러자 바라드와자 족성을 가진 바라문은 그 황소들을 찾아서 밀림으로 들어갔다. 가서는 세존께서 그 밀림에서 가부좌를 틀고 상체를 곧추 세우고 전면에 마음챙김을 확립하여 앉아 계신 것을 보았다.

그러자 그는 세존께 다가갔다. 가서는 세존의 곁에서 이 게송들을 읊었다.

3. "참으로 이 사문에게는
열네 마리의 황소가 없구나.
오늘이 벌써 엿새째인데 보이지 않으니
그래서 이 사문은 행복하도다. {648}

참으로 이 사문에게는
한 잎이나 두 잎이 달려 있는
병든 참깨 밭이 없으니
그래서 이 사문은 행복하도다. {649}

참으로 이 사문에게는
텅 빈 헛간 안에서
명랑하게 춤춰 대는 쥐들이 없으니
그래서 이 사문은 행복하도다. {650}

참으로 이 사문에게는
일곱 달이나 되어
해충들이 바글거리는 담요가 없으니
그래서 이 사문은 행복하도다. {651}

참으로 이 사문에게는
한 아들이나 두 아들을 가진
과부가 된 일곱 딸년들이 없으니
그래서 이 사문은 행복하도다.696) {652}

참으로 이 사문에게는
잠자리에서 발로 깨우는
누렇게 뜬 곰보 마누라가 없으니
그래서 이 사문은 행복하도다. {653}

참으로 이 사문에게는
새벽같이 찾아와 '내 돈 내놔, 내 돈 내놔.'라고

---

696) "바라문이 영향력이 있으면(vibhavamattā) 딸이 과부(vidhavā)가 되도 시부모 집에서 머물도록 하지만, 바라문이 가난하면 시부모들은 과부가 된 며느리를 친정집으로 보내버린다. 그래서 그 바라문이 식사하려 하면 딸은 할아버지와 함께 먹으라고 하면서 아이들을 그에게로 보낸다. 그러면 그 아이들은 그의 밥그릇에 손대어 그의 밥을 먹어버리고 그래서 그는 충분하게 식사를 하지도 못한다. 그는 이 사실을 두고 이렇게 말한 것이다."(SA. i.239)

윽박지르는 빚쟁이들 없으니
그래서 이 사문은 행복하도다." {654}

4. [세존]
"참으로 나에게는
열네 마리의 황소가 없도다.
오늘이 벌써 엿새째인데 보이지 않으니
그래서 나야말로 행복하도다. {655} [171]

참으로 나에게는
한 잎이나 두 잎이 달려 있는
병든 참깨 밭이 없으니
그래서 나야말로 행복하도다. {656}

참으로 나에게는
텅 빈 헛간 안에서
명랑하게 춤춰 대는 쥐들이 없으니
그래서 나야말로 행복하도다. {657}

참으로 나에게는
일곱 달이나 되어
해충들이 바글거리는 담요가 없으니
그래서 나야말로 행복하도다. {658}

참으로 나에게는
한 아들이나 두 아들을 가진
과부가 된 일곱 딸년들이 없으니
그래서 나야말로 행복하도다. {659}

참으로 나에게는
잠자리에서 발로 깨우는
누렇게 뜬 곰보 마누라가 없으니
그래서 나야말로 행복하도다. {660}

참으로 나에게는
새벽같이 찾아와 '내 돈 내놔, 내 돈 내놔.'라고
윽박지르는 빚쟁이들 없으니
그래서 나야말로 행복하도다." {661}

5. 이렇게 말씀하시자 바라드와자 족성을 가진 바라문은 세존께 이렇게 말씀드렸다.

"경이롭습니다, 고따마 존자시여. 경이롭습니다, 고따마 존자시여. 마치 넘어진 자를 일으켜 세우시듯, 덮여 있는 것을 걷어내 보이시듯, [방향을] 잃어버린 자에게 길을 가리켜 주시듯, 눈 있는 자 형색을 보라고 어둠 속에서 등불을 비춰 주시듯, 고따마 존자께서는 여러 가지 방편으로 법을 설해 주셨습니다. 저는 이제 고따마 존자께 귀의하옵고 법과 비구 승가에 귀의합니다. 세존이시여, 저는 세존의 곁에 출가하고자 합니다. 저는 구족계를 받고자 합니다."

6. 바라드와자 족성의 바라문은 세존의 곁으로 출가하였고 구족계를 받았다.697) 구족계를 받은 지 얼마 되지 않아서 바라드와자

697) 주석서는 부처님께서 어떻게 그가 구족계를 받도록 하셨는지를 자세하게 적고 있다. 세존께서는 그를 데리고 꼬살라 왕(빠세나디)에게로 가셨다. 왕은 그의 빚을 청산해 주었고 딸들을 먹고살게 해 주었으며 그의 아내를 (왕의) 할머니의 위치에 놓게 하고 그에게 옷 등의 필수품을 보시하였다. 그래서 장애(palibodha)들을 없애고 그는 구족계를 받게 되었다고 주석서는 적고 있다.(SA.i.240~241) 즉 그는 왕을 후원자로 하여 출가하였으며 출가 후 열심히 정진해서 본경에서 보듯이 아라한이 되었다.

존자는 혼자 은둔하여 방일하지 않고 열심히, 스스로 독려하며 지냈다. 그는 오래지 않아 좋은 가문의 아들들이 집에서 나와 출가하는 목적인 그 위없는 청정범행의 완성을 지금·여기에서 스스로 최상의 지혜로 알고 실현하고 구족하여 머물렀다. '태어남은 다했다. 청정범행은 성취되었다. 할 일을 다 해 마쳤다. 다시는 어떤 존재로도 돌아오지 않을 것이다.'라고 최상의 지혜로 알았다.

7. 바라드와자 존자는 아라한들 중의 한 분이 되었다.

제1장 아라한 품이 끝났다.

첫 번째 품에 포함된 경들의 목록은 다음과 같다.

① 다난자니 ② 욕설 ③ 아수라 왕
④ 시큼한 죽 장수 ⑤ 해코지 않음
⑥ 엉킨 머리 ⑦ 청정 ⑧ 불의 헌공
⑨ 순다리까 ⑩ 많은 딸이다.

제2장 청신사 품

Upāsaka-vagga

까시 바라드와자 경(S7:11)[698]

Kasibhāradvāja-sutta

1. 이와 같이 [172] 나는 들었다. 한때 세존께서는 마가다에서 닥키나기리(남산)의 에까날라라는 바라문 마을에 머무셨다.

2. 그 무렵 까시 바라드와자 바라문[699]은 씨 뿌리는 시기가 되어서 쟁기를 맨 소 500마리를 준비하였다.[700] 그때 세존께서는 오전에 옷매무새를 가다듬고 발우와 가사를 수하고 까시 바라드와자 바라문의 일터로 가셨다.

그 무렵 까시 바라드와자 바라문은 음식을 배분하고 있었다. 그러자 세존께서는 음식을 배분하는 곳으로 가셔서 한 곁에 서계셨다.[701]

---

698) 본경은 『숫따니빠따』(Sn1:4/12~16)에도 나타나고 있다. 본경에는 까시 바라드와자가 재가신도로 귀의한 것으로 나타나지만 『숫따니빠따』에는 출가하여 구족계를 받고 아라한이 된 것으로 나타난다. 스리랑카에서 본경은 보호주 혹은 호주(護呪, paritta)로 여겨져서 싱할리어로 된 Maha Pirit Pota(대 보호주를 모은 책)에 포함되어 널리 읽히고 있다고 한다. 보호주(paritta)에 대해서는 본서 「깃발 경」(S11:3)의 제목에 대한 주해를 참조할 것.

699) 까시 바라드와자 바라문(Kasibhāradvāja brahmaṇa)은 농사를 지어서 생계를 유지했기 때문에 이렇게 불린 것이다.(SA.i.242) 여기서 까시(kasi)는 쟁기질, 밭갈이를 뜻한다.

700) 주석서는 이 광경은 보통의 농사짓는 장면이 아니고 부드러운 흙에다 씨를 뿌리는 [농경제의] 의식(paṁsu-vappa)을 거행하는 특별한 행사라고 설명하고 있다. 주석서는 이 행사에 대한 자세한 묘사를 하고 있다.(SA.i.242~243)

까시 바라드와자 바라문은 세존께서 걸식을 위해서 서계신 것을 보았다. 보고는 세존께 이렇게 말씀드렸다.

3. "사문이여, 저는 밭을 갈고 씨를 뿌립니다. 저는 밭을 갈고 씨를 뿌린 뒤 먹습니다. 사문이여, 당신도 밭을 갈고 씨를 뿌리십시오. 밭을 갈고 씨를 뿌린 뒤 먹으십시오."

"바라문이여, 나도 밭을 갈고 씨를 뿌리네. 나도 밭을 갈고 씨를 뿌린 뒤 먹는다네."

"그러나 우리는 고따마 존자의 멍에도 쟁기도 보습도 몰이막대도 황소도 보지 못합니다. 그런데도 고따마 존자는 '바라문이여, 나도 밭을 갈고 씨를 뿌리네. 나도 밭을 갈고 씨를 뿌린 뒤 먹는다네.'라고 말씀하십니다."

4. 그런 뒤 까시 바라드와자 바라문은 세존께 게송으로 말씀드렸다.

"밭가는 자라고 공언하시지만
당신이 밭가는 것을 보지 못합니다.
밭가는 분이라면, 여쭙노니 말씀해 주소서.
당신의 밭갈이를 어떻게 이해하리까?" {662}

5. [세존]
"믿음은 씨앗,702) 고행703)은 비

701) 음식을 배분하는 곳에서 500명의 밭가는 사람들은 은쟁반 등을 가지고 음식이 자기에게 올 때까지 앉아서 기다리고 있었으며, 세존께서는 바라문이 서 있는 곳으로 바라문 가까이로 가셨기 때문에 그와 대화를 할 수 있었다고 한다.(SA.i.247)

702) 여기에 대한 주석서를 요약하면 이러하다. 왜 세존께서는 '믿음은 씨앗(saddhā bījaṁ)'이라고 믿음부터 말씀하셨는가? 이 바라문은 지혜롭기는

나의 통찰지[704]는 멍에에 맨 쟁기
양심은 [연결하는] 막대기, 마음은 노끈
나의 마음챙김은 보습과 몰이막대 {663}

몸을 보호하고 말을 보호하고
뱃속에 들어가는 음식량 제어하고
진리를 잡초 뽑는 갈고리로 사용하여
온화함에 [도달하여] 나의 멍에 풀었도다.[705] {664} [173]

하지만 삿된 견해를 가진 집안에 태어났기 때문에 믿음이 없었기 때문이다. 그러면 왜 믿음은 씨앗이 되는가? 이것은 모든 유익한 법들[善法]의 토대가 되기 때문이다. 땅에 씨앗을 심으면 뿌리가 나고 싹(aṅkura)이 튼다. 뿌리로는 땅의 영양분과 물을 빨아들여 줄기로 자라게 된다. 자라고 증장하여 마침내 꽉대기에 많은 곡식을 맺게 된다. 그와 같이 믿음이라는 씨앗을 땅에 심으면 계(sīla)라는 뿌리로부터 사마타와 위빳사나라는 영양분(samatha-vipassanā-rasa)을 빨아들여 성스러운 도라는 줄기(ariya-magga-nāḷa)를 통해서 성스러운 과라는 곡식(ariya-phala-dhañña)을 맺게 된다. 이렇게 해서 여섯 단계의 청정을 통해서 자라서 마지막으로 지와 견의 청정이라는 수액(ñāṇadassana-visuddhi-khīra)을 생산하게 되고 이것은 아라한과(arahatta-phala)라는 열매가 되어서 여러 가지 무애해와 신통지를 산출(aneka-paṭisambhida-abhiññābharita)하게 된다. 그래서 믿음은 씨앗이라고 하신 것이다.(SA.i.249~250)

여섯 단계의 청정은 칠청정 가운데 처음의 여섯을 말한다. 칠청정은 (1) 계 청정 (2) 마음 청정 (3) 견 청정 (4) 의심을 제거함에 의한 청정 (5) 도와 도 아님에 대한 지(知)와 견(見)에 의한 청정 (6) 도닦음에 대한 지 와 견에 의한 청정 (7) 지와 견에 의한 청정이다. 칠청정에 대해서는 『아비담마 길라잡이』 9장 §§28~34를 참조할 것.

703) "해로운 법들[不善法]과 몸을 태운다(tapati)고 해서 '고행(tapa)'이라 한다. 감각기능의 단속, 정진, 두타행, 난행고행(indriyasaṁvara-vīriya-dhutaṅga-dukkarakārika)이 이것과 동의어이다. 여기서는 감각기능의 단속의 뜻으로 쓰였다."(SA.i.251)

704) "'통찰지(paññā)'는 욕계 등의 분류에 의해서 여러 가지이다. 여기서는 위빳사나와 함께 도의 통찰지(saha vipassanāya magga-paññā)를 뜻한다. 마치 바라문이 멍에와 쟁기를 가지고 있듯이 세존께서도 위빳사나와 통찰지(vipassanā paññā ca)를 가지고 계신다."(SA.i.251)

정진이야말로 짐을 실어 나르는 동물
유가안은706) 으로 실어가도다.
그것은 쉼 없이 가고 또 가나니
거기 가서 사람은 슬퍼하지 않도다.707) {665}

이와 같이 밭갈이를 다 해마치고
불사(不死)의 결실을 거두게 되니
이러한 밭갈이를 마치고 나면
모든 괴로움으로부터 풀려나도다." {666}

6. "고따마 존자께서는 이것을 드십시오. 고따마 존자는 밭가는 분이십니다. 고따마 존자는 불사(不死)의 결실을 가져오는 밭갈이를

705) "다른 곳에서는 몸과 말로써 범하지 않는 계(sīla)를 '온화함(soracca)'이라고 말씀하셨지만 여기서는 아라한과(arahatta-phala)를 말씀하신 것이다. 이것은 아름다운 열반을 기뻐하기 때문(sundare nibbāne ratattā)에 온화함이라 부르는 것이다. '멍에를 풀었다(pamocanaṁ).'는 것은 '내가 보리수 아래서 아라한과를 얻었을 때 나는 해탈하였다. 그때 나의 멍에는 풀렸기 때문에 다시는 멍에에 매이지는 않을 것이다.'라는 뜻이다."(SA.i.254)
주석서는 이처럼 soracca를 어원의 분석을 통해서 설명하고 있다. soracca는 su+rata(√ram, *to rejoice*)의 2차 곡용형을 취한 추상명사이다. 여기에서 파생된 형용사 sorata(온화한)도 본서 「수시마 경」(S2:29) {363~364}와 「웨빠찟띠 경」(S11:4) §11에 나타나고 있다.

706) "'유가안은(瑜伽安隱, yoga-kkhema)'이란 속박으로부터 안은함(yogehi khematta)이기 때문에 열반을 뜻한다."(SA.i.255)
유가안은에 대해서는 본서 제4권 「유가안은을 설하는 자 경」(S35:104) §2의 주해를 참조할 것. 네 가지 속박(yoga)은 네 가지 폭류(ogha)와 같은데 폭류에 대해서는 본서 「폭류 경」(S1:1) §3의 주해를 참조할 것.

707) "'거기 가서 사람은 슬퍼하지 않는다(yattha gantvā na socati).'는 것은 모든 슬픔의 화살을 뽑아버린(sabba-soka-salla-samugghāta-bhūta) 열반이라 불리는 형성되지 않은 곳(asaṅkhata ṭhāna)으로 간다는 뜻이다." (SA.i.256)

하시기 때문입니다."

7. [세존]

"게송 읊어 생긴 것을 나는 먹지 않노라.
바라문이여, 그것은 바르게 보는 자들의 법이 아니니라.
게송 읊어 생긴 것을 깨달은 자들은 거부하나니
바라문이여, 이런 법이 있나니 그분들의 품행이라. {667}

독존(獨尊)이요 대성자요 번뇌 다한 자
후회가 가라앉은 자에게는
다른 음식과 마실 것을 받들어 공양하라.
공덕 구하는 자에게 그가 복밭이 되기 때문이라." {668}

8. 이렇게 말씀하시자 까시 바라드와자 바라문은 세존께 이렇게 말씀드렸다.

"경이롭습니다, 고따마 존자시여. 경이롭습니다, 고따마 존자시여. 마치 넘어진 자를 일으켜 세우시듯, 덮여 있는 것을 걷어내 보이시듯, [방향을] 잃어버린 자에게 길을 가리켜 주시듯, 눈 있는 자 형색을 보라고 어둠 속에서 등불을 비춰 주시듯, 세존께서는 여러 가지 방편으로 법을 설해 주셨습니다. 저는 이제 고따마 존자께 귀의하옵고 법과 비구 승가에 귀의합니다. 고따마 존자께서는 저를 재가신자로 받아주소서. 오늘부터 목숨이 붙어 있는 그날까지 귀의하옵니다."

우다야 경(S7:12)

Udaya-sutta

1. <사왓티의 아나타삔디까 원림(급고독원)에서>

2. 그때 세존께서는 오전에 옷매무새를 가다듬고 발우와 가사를 수하고 우다야 바라문708)의 집으로 가셨다. 그때 우다야 바라문은 세존의 발우에 밥을 가득 채워드렸다.

3. 두 번째로 … 세 번째로709) 세존께서는 오전에 옷매무새를 가다듬고 발우와 가사를 수하고 우다야 바라문의 집으로 가셨다. 세 번째로 우다야 바라문은 세존의 발우에 [174] 밥을 가득 채워드린 뒤 세존께 이렇게 말씀드렸다.710)

"사문 고따마께서 계속해서 오시는 것을 보니 참으로 맛에 대한 집착이 대단하신 분입니다."711)

4. [세존]

"계속해서 사람들은 씨앗을 뿌리고
계속해서 신의 왕이 비를 내리고712)

---

708) 우다야 바라문(Udaya brāhmaṇa)은 본경에만 나타나고 있다. 주석서와 복주서에는 그에 대한 설명이 나타나지 않는다.

709) 여기서 두 번째와 세 번째라는 말은 두 번째 날(다음날, dutiya-divasa)과 세 번째 날(tatiya-divasa)이라고 주석서는 설명하고 있다.(SA.i.257)

710) 주석서에 의하면 바라문은 3일 동안 발우를 채워서 공양 올릴 때에도 신심으로 보시한 것이 아니라 '이 바라문은 집 앞에 와서 서 있는 출가자에게 탁발음식도 보시하지 않은 채 음식을 먹는다.'라는 사람들의 비난이 두려워서 보시했다고 한다. 보시할 때에도 그는 이틀 동안은 보시하고 나서 아무 말을 하지 않았고, 세존께서도 아무런 말씀 없이 떠나셨다. 셋째 날에는 견딜 수가 없어서 그 바라문은 '맛에 대한 탐욕이 대단하다.'는 말을 했고, 세존께서도 바라문이 이 말을 쏟아내게 하시기 위해 사흘 째 되던 날에도 그곳에 가셨다고 적고 있다.(SA.i.257)

711) '맛에 대한 집착이 대단하신 분입니다.'는 pakaṭṭhako를 옮긴 것이다. 주석서는 "맛에 대한 탐욕(rasa-giddha)"(SA.i.257)으로 설명하고 있고, 복주서는 "맛에 대한 갈애에 이끌린(rasa-taṇhāya pakaṭṭho)"(SAṬ.i.240)으로 설명하고 있어서 이렇게 옮겼다.

계속해서 밭가는 자 들판을 갈고
계속해서 곡식은 영토에서 자라도다. {669}

계속해서 걸식자는 걸식을 하고
계속해서 보시의 주인은 보시를 하고
계속해서 보시의 주인은 보시 한 뒤에
계속해서 천상으로 올라가노라. {670}

계속해서 소치기는 젖을 짜고
계속해서 송아지는 어미를 찾고
계속해서 사람들은 지치고 동요하고
계속해서 우둔한 자는 모태에 들고
계속해서 태어나고 또 죽고
계속해서 시체를 공동묘지로 나르도다. {671}

그러나 이제 도를 얻으면
다시 태어남이란 없나니
광활한 통찰지를 가진 자에게
계속해서 태어남이란 없도다." {672}

---

712) "'계속해서(punappunaṁ) 사람들은 씨앗을 뿌린다.'는 것은 세존께서 '맛에 대한 집착이 대단하다.'라는 바라문의 말을 듣고 '바라문이여, 그대는 겨우 3일 동안 탁발음식을 공양 올리고는 마음을 거두어버렸다. 계속해서 해야 하는 것이란 세상에 열여섯 가지가 있다.'라고 말씀하시면서 그러한 것들을 보이기 위해 이 가르침을 시작하신 것이다. 여기서 '계속해서 사람들은 씨앗을 뿌린다.'라는 것은 사람들이 한 번 곡물을 심었다고 해서 '이제 그만'하면서 그만두는 것이 아니라 다음에도 반드시 계속해서 곡물을 심는다. 마찬가지로 하루 비가 내리고 멈추는 것이 아니라 계속해서 다음 날에도, 계속해서 다음 해에도 반드시 비가 내린다. 이렇게 해서 사람들은 부유해진다. 모든 경우에 이런 방법이 적용된다."(SA.i.257)

5. 이렇게 말씀하시자 우다야 바라문은 세존께 이렇게 말씀드렸다.

"경이롭습니다, 고따마 존자시여. 경이롭습니다, 고따마 존자시여. 마치 넘어진 자를 일으켜 세우시듯, … 고따마 존자께서는 저를 재가신자로 받아주소서. 오늘부터 목숨이 붙어 있는 그날까지 귀의하옵니다."

데와히따 경(S7:13)

Devahita

2. 그 무렵 세존께서는 바람에 기인한 병에 걸리셨는데[713] 우빠와나 존자가 세존의 시자로 있었다. 그때 세존께서는 우빠와나 존자를 불러서 말씀하셨다.

"이리 오라, 우빠와나여. 나에게 더운 물을 좀 가져다오."

"그렇게 하겠습니다, 세존이시여."라고 우빠와나 존자는 세존께 응답한 뒤 발우와 가사를 수하고 데와히따 바라문의 집으로 갔다. 가서는 침묵하면서 한 곁에 서 있었다.

3. 데와히따 바라문은 우빠와나 존자가 침묵하면서 한 곁에 서 있는 것을 보고 우빠와나 존자에게 게송으로 말했다. [175]

---

713) "여기서 '바람에 기인한 병(vātehi ābādhika)'이란 위장의 바람(udara-vāta)을 말한다. 세존께서는 6년간 난행고행(dukkara-kārika)을 하신 여파로 종종 위장의 바람에 기인한 병을 앓으셨다."(SA.i.258)
본서 제4권「시와까 경」(S36:21) §§4~6은 병의 원인으로 담즙(膽汁, pitta)과 점액(粘液, semha)과 바람[風, vāta]의 셋을 들고 있는데, 이것은 인도 의학(Ayurveda)에서 체질이나 기질의 토대가 된다고 여기는 세 가지 원인이 되는 물질(dosa)이다.

"머리 깎고 가사 입은 존자께서
침묵하며 한 곁에 서 계십니다.
무엇을 구하러 무엇을 찾으러
무엇을 요청하러 오셨습니까?" {673}

4. [우빠와나 존자]
"아라한, 세상에서 잘 가신 분[善逝], 성자께서
바람에 기인한 병에 걸리셨습니다.
바라문이여, 만일 뜨거운 물이 있으면
성자를 위해 주십시오. {674}

예배를 받아야 할 분들의 예배를 받고
공경을 받아야 할 분들의 공경을 받고
존경을 받아야 할 분들의 존경을 받는
그분께 가져다 드리고자 합니다." {675}

5. 그러자 데와히따 바라문은 사람을 시켜서 물 나르는 막대기에 뜨거운 물을 가져오게 한 뒤 당밀 봉지와 함께 우빠와나 존자에게 주었다. 그러자 우빠와나 존자는 세존께 가서 세존께 뜨거운 물로 목욕시켜드리고 당밀을 뜨거운 물에 타서 세존께 드렸다. 세존께서는 병이 나으셨다.

6. 그때 데와히따 바라문이 세존께 다가갔다. 가서는 세존과 함께 환담을 나누었다. 유쾌하고 기억할 만한 이야기로 서로 담소를 하고 한 곁에 앉았다. 한 곁에 앉은 데와히따 바라문은 세존께 게송으로 말씀드렸다.

"어디에 보시할 것을 보시해야 하며

어디에 한 보시가 큰 결실을 가져옵니까?
공양하는 자 어떻게 해야 그 보시물은
성취를 가져옵니까? 어떻게 해야 합니까?"714) {676}

7. [세존]
"전생의 삶을 기억하고 천상과 지옥을 보며
태어남 다 했고 해야 할 일 다 해 마친 자가 성자로다.715) {677}

여기에 보시할 것을 보시해야 하며
여기에 한 보시가 큰 결실을 가져오도다.
공양하는 자 이렇게 해야 그 보시물은
성취를 가져오도다. 이렇게 해야 하도다." {678}

8. 이렇게 말씀하시자 데와히따 바라문은 세존께 이렇게 말씀드렸다.

"경이롭습니다, 고따마 존자시여. 경이롭습니다, 고따마 존자시여. 마치 넘어진 자를 일으켜 세우시듯, … 고따마 존자께서는 저를 재가 신자로 받아주소서. 오늘부터 목숨이 붙어 있는 그날까지 귀의하옵니다."

부자 경(S7:14)

Mahāsāla-sutta

2. 그때 어떤 바라문 부자가 남루한 모습을 하고 남루한 옷을

---

714) 이 두 가지 질문에 대한 설명은 본서 「궁술 경」(S3:24) §2 이하와 주해들을 참조할 것.

715) 본 게송은 본서 「불에 헌공하는 자 경」(S7:8) {634}와 같다. 그곳의 주해를 참조할 것.

입고 [176] 세존께 다가갔다.716) 가서는 세존과 함께 환담을 나누었다. 유쾌하고 기억할 만한 이야기로 서로 담소를 하고 한 곁에 앉았다. 한 곁에 앉은 그 부자 바라문에게 세존께서는 이렇게 말씀하셨다.

3. "바라문이여, 왜 그대는 남루하고 남루한 옷을 입고 있는가?"

"고따마 존자시여, 제게는 네 명의 아들이 있는데 그 녀석들이 아내의 꼬임에 빠져 저를 집에서 쫓아냈습니다."

"바라문이여, 그렇다면 이 게송을 배워서 집회소에서 많은 군중들이 모이고 아들들도 함께하였을 때 외우라."

4. "나는 그들의 탄생을 기뻐하고
그들의 성공을 진심으로 원했건만
아내들의 꼬임에 빠져버린 그들은
개가 돼지 몰아내듯 나를 몰아냈다오. {679}

선량하지 못한 그들 너무나 비열하여
나를 두고 '아버지, 아버지'라 부르더니
아들의 형색으로 태어난 그 악귀들
마침내 늙은 나를 내다버렸다오. {680}

늙어서 쓸모가 없는 말이
말구유에서 쫓겨나는 것처럼
어리석은 놈들의 늙은 아버지는
남의 집에서 구걸을 한다오. {681}

불효한 저 자식들보다

716) 본경보다 더 자세한 이 부자의 일화가 『법구경 주석서』(DhpA.iv.7~15)에 나타나고 있다. 이 일화는 『법구경』(Dhp) {324}의 배경 이야기이다. 이 이야기는 본경에 해당하는 주석서에도 섞여서 나타난다.

내게는 지팡이가 더 나으니
지팡이는 사나운 황소도 몰아내고
사나운 개마저도 몰아낸다오. {682}

어둠 속에서는 나를 앞서 가고
깊은 곳에서는 바닥을 얻나니
지팡이의 도움으로 나는
비틀거리더라도 바로 설수 있다오." {683}

5. 그러자 그 부자 바라문은 세존의 곁에서 이 게송들을 배운 뒤 집회소에서 많은 군중들이 모이고 아들들도 함께하였을 때 외웠다.

'나는 그들의 탄생을 기뻐하고
그들의 성공을 진심으로 원했건만
아내들의 꼬임에 빠져버린 그들은
개가 돼지 몰아내듯 나를 몰아냈다오. {684}
… …

어둠 속에서는 나를 앞서 가고
깊은 곳에서는 바닥을 얻고
지팡이의 도움으로 나는
비틀거리더라도 바로 설수 있다오.' {688} [177]

6. 그때 아들들은 그 부자 바라문을 집으로 모셔가서 목욕을 시켜드리고 각각 옷 한 벌씩을 드렸다. 그러자 그 부자 바라문은 옷 한 벌을 가지고 세존께 다가갔다. 가서는 세존과 함께 환담을 나누었다. 유쾌하고 기억할 만한 이야기로 서로 담소를 하고 한 곁에 앉았다. 한 곁에 앉은 그 부자 바라문은 세존께 이렇게 말씀드렸다.

"고따마 존자시여, 저희 바라문들은 스승을 위해서 스승에게 바치는 보시물을 구해옵니다. 고따마 존자께서는 이것을 제가 스승에게 바치는 보시물로 받아주십시오."

7. 세존께서는 연민하는 마음을 내시어 그것을 받으셨다. 그때 그 부자 바라문은 세존께 이렇게 말씀드렸다.

"경이롭습니다, 고따마 존자시여. 경이롭습니다, 고따마 존자시여. 마치 넘어진 자를 일으켜 세우시듯, … 고따마 존자께서는 저를 재가 신자로 받아주소서. 오늘부터 목숨이 붙어 있는 그날까지 귀의하옵니다."

마낫탓다 경(S7:15)

Mānatthadda-sutta

2. 그 무렵 마낫탓다717)라는 바라문이 사왓티에 살고 있었다. 그는 어머니에게도 절을 하지 않고 아버지에게도 절을 하지 않고 스승에게도 절을 하지 않고 제일 나이 많은 형에게도 절을 하지 않았다.

3. 그 무렵 세존께서는 많은 회중에 둘러싸여 법을 설하고 계셨다. 그때 마낫탓다 바라문에게 이런 생각이 들었다.

'이 사문 고따마는 많은 회중에 둘러싸여 법을 설하고 있다. 그러니 내가 사문 고따마에게 다가가리라. 만일 사문 고따마가 나에게 말

---

717) 문자적으로 마나탓다(māna-tthadda)는 자만(māna)과 완고함(thadda)으로 된 합성어이다.
『장로게 주석서』(ThagA.ii.179~180)에는 본경과 꼭 같은 이야기가 젠따 장로(Jenta thera, Thag {428~428})의 일화로 나타나고 있다. 젠따 장로는 꼬살라 왕의 궁중제관의 아들이었다. 이 장로도 자만과 완고함에 휩싸여 지냈는데 본경에 나타나는 세존의 게송을 듣고 예류과를 얻어서 출가하여 나중에 아라한이 되었다고 한다.

을 걸면 나도 그에게 말을 걸 것이다. 만일 사문 고따마가 나에게 말을 걸지 않으면 나도 그에게 말을 걸지 않을 것이다.'

그러자 마낫탓다 바라문은 세존께 다가갔다. 가서는 침묵한 채로 한 곁에 서 있었다. 그러나 세존께서는 그에게 말을 걸지 않으셨다. 그러자 마낫탓다 바라문은 '이 사문 고따마는 아무것도 모르는구나.'라고 여기고 거기서 다시 되돌아 나오려고 하였다.718) [178]

4. 그때 세존께서는 마음으로 마낫탓타 바라문의 마음에 일어난 생각을 아시고 마낫탓다 바라문에게 게송으로 말씀하셨다.

"자만을 조장하는 것719)은, 바라문이여
이로움을 원하는 자에게 좋은 것이 아니로다.
그대가 어떤 목적 가지고 왔는지
그것을 참으로 드러내어 말해보라." {689}

5. 그러자 마낫탓다 바라문은 '사문 고따마는 나의 마음을 알고 있었구나.'라고 생각하고 거기서 세존의 두 발에 머리를 대고 엎드려 세존의 발에 입맞추고 손으로 어루만지면서 "고따마 존자시여, 저는 마낫탓다입니다. 고따마 존자시여, 저는 마낫탓다입니다."라고 [자신의] 이름을 알려드렸다.720)

---

718) "그는 '고귀한 태생인 나와 같은 바라문이 왔는데도 이 사문은 나를 친절하게 환영하지 않는구나. 그러니 그는 아무것도 모르는 자로구나.'라고 생각했다고 한다."(SA.i.264)

719) '자만을 조장하는 것'은 Ee1: Be:mānaṁ brāhmaṇa 대신에 Ee2: Se:māna-brūhaṇā로 읽어서 옮겼다.

720) 같은 방법의 인사법이 『맛지마 니까야』 「법탑 경」(M89) §9와 『앙굿따라 니까야』 「꼬살라 경」 2(A10:30) §3에 나타나고 있다. 이 두 경에서는 빠세나디 꼬살라 왕이 세존께 이런 인사를 드리고 있다. 이러한 인사법을 두고 '최상의 존경을 표한 것(parama-nipaccākāra)'이라고 세존께서는 이 두

6. 그러자 그 회중은 놀라는 마음이 생겨 이렇게 말했다.

"존자들이여, 참으로 경이롭습니다. 존자들이여, 참으로 놀랍습니다. 이 마낫탓다 바라문은 어머니에게도 절을 하지 않고 아버지에게도 절을 하지 않고 스승에게도 절을 하지 않고 제일 나이 많은 형에게도 절을 하지 않습니다. 그런데 사문 고따마께는 이런 식의 최상의 존경을 표합니다."

그때 세존께서는 마낫탓다 바라문에게 이렇게 말씀하셨다.

"바라문이여, 그것으로 그대의 마음은 나에게 청정한 믿음을 가지고 있구나."

7. 그러자 마낫탓타 바라문은 자신의 자리에 앉아서 세존께 게송으로 여쭈었다.

"누구에게 자만을 보여서는 안됩니까?
누구에게 존중을 나타내야 합니까?
누구에게 존경을 표시해야 하고
누구에게 깊은 경배 올려야 합니까?" {690}

8. [세존]
"어머니와 어버지, 맏형과 스승
이들에게 자만을 보여서는 안되고
바로 이들에게 존중을 나타내야 하고
바로 이들에게 존경을 표해야 하고
바로 이들에게 깊은 경배 올려야 하느니라. {691}

경에서 말씀하고 계신다. 그리고 '최상의 존경을 표한 것'이라는 이 용어는 본서 제5권 「멧돼지 동굴 경」(S48:58) §3 이하에서 세존과 사리뿟따 존자 사이의 대화에서도 나타나고 있다.

자만을 죽여 없애어 완고하지 않은 자는
할 바를 다했고 번뇌 없고 침착한
위없는 아라한들에게 예배해야 하느니라." {692}

9. 이렇게 말씀하시자 마낫탓다 바라문은 세존께 이렇게 말씀드렸다.

"경이롭습니다, 고따마 존자시여. 경이롭습니다, 고따마 존자시여. 마치 넘어진 자를 일으켜 세우시듯, … 고따마 존자께서는 저를 재가 신자로 받아주소서. 오늘부터 목숨이 붙어 있는 그날까지 귀의하옵니다." [179]

빳짜니까 경(S7:16)

Paccanīka-sutta

2. 그 무렵 빳짜니까사따[721]라는 바라문이 사왓티에 살고 있었다. 그때 빳짜니까사따 바라문에게 이런 생각이 들었다.

'나는 사문 고따마에게 찾아가야겠다. 가서는 사문 고따마가 무어라 말하든지 나는 그것을 다 반대할 것이다.'

3. 그 무렵 세존께서는 노지에서 포행을 하고 계셨다. 그때 빳짜니까사따 바라문은 세존께 다가갔다. 가서는 포행을 하시는 세존을 따라서 포행을 하면서 세존께 이렇게 여쭈었다.

"사문이여, 법을 말해 주시오."

---

721) 문자적으로 빳짜니까사따(paccanīka-sāta)는 반대하는 것(paccanīka)을 즐기는(sāta) 자라는 뜻이다.

4. [세존]
"마음은 잔뜩 오염되어 있으면서
남을 공격하기를 거듭해서 시도하고
오히려 반대하는 것 즐기는 자는
좋은 말씀[金言] 이해하기 참으로 어렵도다. {693}

그러나 분노를 길들이고
마음의 불신을 제어하고
반감마저 저 멀리 내던져버린 그런 자가
좋은 말씀 참으로 잘 이해할 것이로다." {694}

5. 이렇게 말씀하시자 빳짜니까사따 바라문은 세존께 이렇게 말씀드렸다.

"경이롭습니다, 고따마 존자시여. 경이롭습니다, 고따마 존자시여. 마치 넘어진 자를 일으켜 세우시듯, … 고따마 존자께서는 저를 재가 신자로 받아주소서. 오늘부터 목숨이 붙어 있는 그날까지 귀의하옵니다."

나와깜미까 경(S7:17)

Navakammika-sutta

1. 이와 같이 나는 들었다. 한때 세존께서는 꼬살라에서 어떤 밀림에 머무셨다.

2. 그 무렵 나와깜미까[722] 바라드와자 바라문이 그 밀림에 일

722) 문자적으로 나와깜미까(nava-kammika)는 새(nava) 일꾼(kammika)이라는 뜻이다. 그의 직업이 밀림의 나무를 베어서 목재로 만들어 파는 것이기 때문에 붙여진 이름이라고 한다.(SA.i.264)

을 하러 왔다. 나와깜미까 바라드와자 바라문은 세존께서 그 밀림에서 가부좌를 틀고 상체를 곧추 세우고 전면에 마음챙김을 확립하여 앉아계신 것을 보았다. 그러자 그에게 이런 생각이 들었다.

'나는 이 밀림에서 일이 되어가는 것을 기뻐한다. 그런데 이 사문 고따마는 무엇이 되어가는 것을 기뻐할까?'

3. 그러자 나와깜미까 바라드와자 바라문은 [180] 세존께 다가갔다. 가서는 세존께 게송으로 여쭈었다.

"비구여, 이 살라 숲에서 그대 어떤 일을 하십니까?
혼자 이 밀림에서 무슨 기쁨 얻습니까?" {695}

4. [세존]
"숲에서 해야 할 일 나에게는 없나니
뿌리 잘린[723] 나의 숲은 메말라버렸도다.
숲이 없어지고[724] 쇠살이 없어지고[725]
따분함을 제거한 그러한 나는
숲에서 홀로 기뻐하도다." {696}

---

723) '뿌리 잘린(ucchinna-mūla)'이란 표현은 번뇌로부터 해탈한 아라한의 정형구에 포함되어 여러 경에 나타난다.(본서 S12:35; S22:3; S35:104; S54:12 등) 그래서 주석서도 "나는 오염원의 숲(kilesa-vana)의 뿌리를 잘랐다는 뜻이다."(SA.i.264)라고 설명하고 있다.

724) "'숲이 없어지고(nibbanatha)'란 오염원의 숲이 없어졌다(nikkilesavana)란 뜻이다."(SA.i.264)
여기서 '숲'은 vana의 번역이고 '숲이 없어졌다.'는 nibbanatha(nis+vanatha)를 옮긴 것이다. 그러나 본서 「따분함 경」(S8:2) {712}에서는 vanatha와 nibbanatha를 각각 '갈망'과 '갈망 없음'으로 의역하였다.

725) '쇠살 없음(visalla)'은 갈애의 쇠살이 없다는 말이다. 본서 「핍박 경」(S1:66) {214}를 참조할 것.

5. 이렇게 말씀하시자 나와깜미까 바라문은 세존께 이렇게 말씀드렸다.

"경이롭습니다, 고따마 존자시여. 경이롭습니다, 고따마 존자시여. 마치 넘어진 자를 일으켜 세우시듯, … 고따마 존자께서는 저를 재가 신자로 받아주소서. 오늘부터 목숨이 붙어 있는 그날까지 귀의하옵니다."

땔나무 모으기 경(S7:18)

Kaṭṭhahāra-sutta

1. 이와 같이 나는 들었다. 한때 세존께서는 꼬살라에서 어떤 밀림에 머무셨다.

2. 그 무렵 어떤 바라드와자 족성을 가진 바라문에게는 많은 바라문 학도들이 도제로 있었는데 그들은 땔나무를 모으기 위해서 밀림으로 갔다. 가서는 세존께서 그 밀림에서 가부좌를 틀고 상체를 곧추 세우고 전면에 마음챙김을 확립하여 앉아계신 것을 보았다.

그러자 그들은 바라드와자 족성을 가진 바라문에게 갔다. 가서는 바라드와자 족성을 가진 바라문에게 이렇게 말했다.

"존자여, 존자는 아셔야 합니다. 지금 어떤 밀림에서 사문이 가부좌를 틀고 상체를 곧추 세우고 전면에 마음챙김을 확립하여 앉아있습니다."

3. 그러자 바라드와자 족성을 가진 바라문은 그 바라문 학도들과 함께 그 밀림으로 가서 세존께서 그 밀림에서 가부좌를 틀고 상체를 곧추 세우고 전면에 마음챙김을 확립하여 앉아계신 것을 보았다. 그러자 세존께 다가가서 게송으로 말씀드렸다.

"깊숙하고 많은 공포가 도사리고 있는 숲
텅 비고 쓸쓸한 밀림에 들어와서 [181]
움직이지 않는 굳건하고 아름다운 모습으로
비구여, 단아한 모습으로 참선을 하는군요. {697}

노래 없고 음악도 없는 곳에서
성자 홀로 밀림에서 숲을 의지해
희열에 찬 마음으로 숲에 홀로 머무는
경이로운 그대 모습 제게 감동이옵니다. {698}

세상의 주인인 [범천]의 동무 되고
위없는 범천의 세상을 그대 원한다 생각됩니다.[726]
그래서[727] 당신은 이 쓸쓸한 밀림 의지하여
범천이 되기 위해 여기서 고행합니다." {699}

4. [세존]
"어떤 소원 가졌든 어떤 기쁨 가졌든
여러 가지 요소들에 범부 항상 집착하네.
무지를 뿌리로 소망이 생기나니[728]

---

726) "여기서 '세상의 주인(loka-adhipati)'은 대범천(Mahābrahmā)을 뜻한다." (SA.i.265)
'범천의 세상(brahma-loka)'은 'ti-diva anuttara(위없는 세 가지 천상)'를 옮긴 것인데 주석서에서 이렇게 설명하고 있기 때문이다.(*Ibid*) 여기에 대해서는 본서 「인간 경」(S3:21) {424}의 주해도 참조할 것.

727) '그래서'는 Be, Se, Ee1의 kasmā(무엇 때문에)로 읽지 않고 SS, Ee2의 tasmā로 읽어서 옮긴 것이다. 문맥상 더 적절하다고 판단해서이다.

728) 주석서는 '소원(kaṅkhā)'과 '기쁨(abhinandanā)'과 '소망(pajappitā)'은 모두 갈애(taṇhā)의 한 형태라고 설명하고 있다. 그리고 '무지를 뿌리로 함(aññāṇa-mūla)'이란 무명(avijjā)을 뿌리로 함을 말한다.(SA.i.265)

그 모두를 끝장내고 나는 뿌리 뽑았도다. {700}

그런 나는 소망 없고 집착 없고 속박 없어
제법(諸法)에 대한 나의 봄[見]은 청정하게 되었도다.
위없는 완전한 깨달음, 저 상서로움을 얻어서
바라문이여, 담대하게 나는 홀로 참선하노라." {701}

5. 이렇게 말씀하시자 바라드와자 족성을 가진 바라문은 세존께 이렇게 말씀드렸다.

"경이롭습니다, 고따마 존자시여. 경이롭습니다, 고따마 존자시여. 마치 넘어진 자를 일으켜 세우시듯, … 고따마 존자께서는 저를 재가 신자로 받아주소서. 오늘부터 목숨이 붙어 있는 그날까지 귀의하옵니다."

어머니 봉양 경(S7:19)

1. <사왓티의 아나타삔디까 원림(급고독원)에서>

2. 그때 어머니를 봉양하는 바라문이 세존께 다가갔다. 가서는 세존과 함께 환담을 나누었다. 유쾌하고 기억할 만한 이야기로 서로 담소를 하고 한 곁에 앉았다. 한 곁에 앉은 어머니를 봉양하는 바라문은 세존께 이렇게 여쭈었다.

"고따마 존자여, 저는 법답게 음식을 구걸합니다. 법답게 음식을 구걸해서 부모를 봉양합니다. 고따마 존자여, 제가 이렇게 하면 저의 의무를 다하는 것입니까?"

3. "분명히 그렇다, 바라문이여. 그대가 이렇게 하면 그대의 의무를 다하는 것이다. 법답게 음식을 구걸하고 법답게 [182] 음식을 구

결해서 부모를 봉양하는 자는 많은 공덕을 쌓는다.

인간이 부모님을 법답게 봉양하면
이와 같이 부모님을 시중들기 때문에
여기서는 현자의 칭송을 받게 되고
죽어서는 천상에서 크게 기뻐하도다." {702}

4. 이렇게 말씀하시자 어머니를 봉양하는 바라문은 세존께 이렇게 말씀드렸다.

"경이롭습니다, 고따마 존자시여. 경이롭습니다, 고따마 존자시여. 마치 넘어진 자를 일으켜 세우시듯, … 고따마 존자께서는 저를 재가신자로 받아주소서. 오늘부터 목숨이 붙어 있는 그날까지 귀의하옵니다."

걸식자 경(S7:20)

Bhikkhaka-sutta

2. 그때 걸식하는[729] 바라문이 세존께 다가갔다. 가서는 세존과 함께 환담을 나누었다. 유쾌하고 기억할 만한 이야기로 서로 담소를 하고 한 곁에 앉았다. 한 곁에 앉은 걸식하는 바라문은 세존께 이렇게 여쭈었다.

"고따마 존자여, 저도 걸식자이고 당신도 걸식자입니다. 그런데 여기서 무엇이 차이점입니까?"

---

729) '걸식하는'은 bhikkhaka를 옮긴 것이다. √bhikṣ(*to beg*)에서 파생된 명사인데 같은 어근에서 파생된 명사 bhikkhu(비구)는 구족계를 받은 불교교단의 출가자를 뜻하는 전문술어이다. 이 바라문은 걸식을 통해서 연명을 하지만 구족계를 받은 비구는 아니다. 그래서 bhikkhaka로 표현되고 있다.

3. “남한테 걸식을 한다고 해서
그것으로 비구가 되는 것이 아니니
악취 나는 저 법730)을 받들어 행하는 한
그는 결코 비구라 불릴 수가 없도다. {703}

공덕과 죄악을 몰아내고
청정범행 한결같이 행하고 닦으며
지혜롭게 세상에서 유행하는 [그런 사문]
그를 일러 참으로 비구라 부르도다.” {704}

4. 이렇게 말씀하시자 걸식자 바라문은 세존께 이렇게 말씀드렸다.

“경이롭습니다, 고따마 존자시여. 경이롭습니다, 고따마 존자시여. 마치 넘어진 자를 일으켜 세우시듯, … 고따마 존자께서는 저를 재가 신자로 받아주소서. 오늘부터 목숨이 붙어 있는 그날까지 귀의하옵

---

730) ‘악취 나는 법’은 vissaṁ dhammaṁ을 옮긴 것이다. 주석서는 “나쁜 냄새가 나는(duggandha) 해로운 법[不善法, akusala-dhamma]”(SA.i.266)이라고 설명하고 있다. 복주서도 같은 방법으로 설명하고 있다. 그리고 『법구경 주석서』(DhpA.iii.393)는 『법구경』{266}을 설명하면서 “vissa는 바르지 못한 법(visama dhamma)이다. 혹은 나쁜 냄새가 나는 몸으로 짓는 업 등의 법이다. 이런 법을 받들어 행하는 자는 비구라고 할 수가 없다(vissan ti visamaṁ dhammaṁ, vissagandhaṁ vā kāyakammādikaṁ dhammaṁ samādāya caranto bhikkhu nāma na hoti).”라고 적고 있다. 즉 vissa는 날고기를 뜻하는 Sk. visra의 빠알리어라고 본 것이다.
그러나 Brough는 『간다리 담마빠다』(Gandhāri Dhammapada, 간다라 지방에서 발견된 『법구경』 필사본)를 옮기면서 vissa를 가정을 뜻하는 베다어 veśma에서 파생된 것으로 설명하는데, 더 타당한 설명이 아닌가 여겨진다. 실제로 빠알리에서 vesma는 『자따까』(J.v.84)에 나타나기도 한다. 이 경우에 vissa dhamma는 세속의 가정에서나 통용되는 법이라는 뜻이 된다. 산스끄리뜨로 된 북전 『출요경』(出曜經, Udānavarga, Uv.32:18)에는 veśmāṁ dharmaṁ으로 나타나고 있다.

니다.”

상가라와 경(S7:21)

Saṅgārava-sutta

2. 그 무렵 상가라와라는 바라문731)이 사왓티에 살고 있었다. 그는 물을 통해 청정을 닦는 자였는데 물에 의한 청정을 믿어서 해질 무렵과 해뜰 무렵 물에 들어가는 의식을 실천하는 데 몰두하면서 살았다.

그때 아난다 존자가 오전에 옷매무새를 가다듬고 발우와 가사를 수하고 걸식을 위해서 사왓티로 들어갔다. 사왓티에서 걸식하여 공양을 마치고 걸식에서 돌아와 세존께 다가갔다. 가서는 세존께 절을 올리고 한 곁에 앉았다. [183]

한 곁에 앉은 아난다 존자는 세존께 이렇게 말씀드렸다.

3. “세존이시여, 여기 상가라와라는 바라문이 사왓티에 살고 있습니다. 그는 물을 통해 청정을 닦는 자인데 물에 의한 청정을 믿어서 해질 무렵과 해뜰 무렵 물에 들어가는 의식을 실천하는 데 몰두하면서 살고 있습니다. 세존이시여, 그러니 세존께서 연민하는 마음을 내시어 상가라와 바라문의 집으로 가주시면 감사하겠습니다.”

4. 세존께서는 침묵으로 허락하셨다. 그때 세존께서는 오전에 옷매무새를 가다듬고 발우와 가사를 수하고 상가라와 바라문의 집으로 가셨다. 가셔서는 마련된 자리에 앉으셨다. 그러자 상가라와 바라문이 세존께 다가갔다. 가서는 세존과 함께 환담을 나누었다. 유쾌하

---

731) 주석서에 의하면 상가라와 바라문(Saṅgārava brāhmaṇa)은 아난다 존자가 재가자였을 때 친구(gihi-sahāya)였다고 한다.(SA.i.266)

고 기억할 만한 이야기로 서로 담소를 하고 한 곁에 앉았다.

한 곁에 앉은 바라문 상가라와에게 세존께서는 이렇게 말씀하셨다.

5. "바라문이여, 그대는 물을 통한 청정을 닦는 자인데 물에 의한 청정을 믿어서 해질 무렵과 해뜰 무렵 물에 들어가는 의식을 실천하는 데 몰두하면서 살고 있다는 것이 사실인가?"

"그렇습니다, 고따마 존자시여."

"바라문이여, 그런데 그대는 무슨 이익을 보기에 물을 통한 청정을 닦는 자가 되어 물에 의한 청정을 믿어서 해질 무렵과 해뜰 무렵 물에 들어가는 의식을 실천하는 데 몰두하면서 살고 있는가?"

"고따마 존자시여, 여기 저는 제가 낮에 지은 악업은 해질 무렵에 목욕하여 없애고 밤에 지은 악업은 해뜰 무렵에 목욕하여 없앱니다. 고따마 존자시여, 저는 이런 이익을 보기에 물을 통한 청정을 닦는 자가 되어 물에 의한 청정을 믿어서 해질 무렵과 해뜰 무렵 물에 들어가는 의식을 실천하는 데 몰두하면서 살고 있습니다."

6. [세존]

"바라문이여, 법은 계행이라는 여울을 가진 호수
맑고 투명하여 참된 자들이 참된 자들에게 칭송하는 것
지혜의 달인들은 거기서 목욕하여
물들지 않은 몸으로 저 언덕으로 건너가도다."732) {705}

7. 이렇게 말씀하시자 상가라와 바라문은 세존께 이렇게 말씀드렸다.

"경이롭습니다, 고따마 존자시여. 경이롭습니다, 고따마 존자시여.

---

732) 이 게송은 본서 「순다리까 경」(S7:9)에 {646}으로 포함되어 나타난다. 그곳의 주해를 참조할 것.

마치 넘어진 자를 일으켜 세우시듯, … 고따마 존자께서는 저를 재가 신자로 받아주소서. 오늘부터 목숨이 붙어 있는 그날까지 귀의하옵니다.” [184]

코마둣사 경(S7:22)

Khomadussa-sutta

1. 이와 같이 나는 들었다. 한때 세존께서는 삭까에서 코마둣사[733]라는 삭까들의 성읍에 머무셨다.

2. 그때 세존께서는 오전에 옷매무새를 가다듬고 발우와 가사를 수하고 걸식을 위해서 코마둣사 성읍으로 들어가셨다. 그 무렵 코마둣사에 사는 바라문 장자들은 어떤 일 때문에 집회소에 모여 있었고 비가 가끔 부슬부슬 내리기도 하였다.[734]

3. 그때 세존께서는 그 집회소로 가셨다. 코마둣사에 사는 바라문 장자들은 세존께서 멀리서 오시는 것을 보았다. 보고는 이렇게 말했다.

---

733) 문자적으로 코마둣사(khomadussa)는 아마포(khoma)로 만든 옷(dussa)이란 뜻이다. 그래서 주석서는 이곳에 아마가 많기 때문에 붙여진 이름이라고 설명하고 있다.(SA.i.266)
본경의 §3을 통해서 유추해 보건데 코마둣사는 끄샤뜨리야인 사꺄 공화국에 있는 바라문 성읍이었을 것이다. 그래서 그들은 끄샤뜨리야 출신인 세존께서 그들의 마을에 온 것에 대해서 일종의 적대감을 가지고 있지 않았나 생각된다.

734) 주석서에 의하면 비가 부슬부슬 내리는 것은 세존의 결의(adhiṭṭhāna) 때문이라고 적고 있다. 세존께서 집회소로 들어가 [그들에게 법을 설하실] 명분(kāraṇa)을 만들기 위해서 비가 오도록 하셨다는 것이다.(SA.i.266) 신통의 힘에 의해서 비가 내리는 것은 본서 제4권 「마하까의 기적 경」(S41:4) §5를 참조할 것.

"저 머리 깎은 사문들이 도대체 누구란 말인가? 저들은 집회소의 법을 알기나 하는가?"735)

4. 그러자 세존께서는 코마둣사에 사는 바라문 장자들에게 게송으로 말씀하셨다.

"참된 사람들 없는 곳은 집회소가 아니요
법을 말하지 않는 자들은 참된 사람 아니로다.736)
탐욕과 성냄과 어리석음을 제거하고
법을 말하는 자들이 진정 참된 사람이로다." {706}

5. 이렇게 말씀하시자 코마둣사까의 바라문 장자들은 세존께 이렇게 말씀드렸다.

"경이롭습니다, 고따마 존자시여. 경이롭습니다, 고따마 존자시여. 마치 넘어진 자를 일으켜 세우시듯, 덮여 있는 것을 걷어내 보이시듯, [방향을] 잃어버린 자에게 길을 가리켜 주시듯, 눈 있는 자 형색을 보라고 어둠 속에서 등불을 비춰 주시듯, 세존께서는 여러 가지 방편으로 법을 설해 주셨습니다. 저희들은 이제 고따마 존자께 귀의하옵고 법과 비구 승가에 귀의합니다. 고따마 존자께서는 저희들을 재가신자

---

735) "'집회소의 법(sabhā-dhamma)'이란 늦게 온 사람은 곁문(eka-passa)으로 들어가고 정문(ujuka)으로 들어가지 않아서 이미 와서 편히 앉아있는 대중들을 동요하게 하지 않는 것이다. 그러나 세존께서는 정문으로 들어가셨다. 그래서 그들은 화가 나서 이렇게 말한 것이다."(SA.i.266~267)

736) 여기서 세존께서는 그들이 말하는 집회소의 규칙으로서의 법(dhamma)에 대해서 진리로서의 법으로 말씀하고 계시며, 집회소(sabhā, 혹은 회합)라는 단어에 대해서는 비슷한 발음을 가진 참된 사람들(santa)이라는 말로 반론을 하고 계신다. 단지 사람들이 많이 모인 것이 집회소가 아니요 바른 사람들이 모여야 진정한 집회소이며, 진리인 법(dhamma)이 있어야 진정한 집회소라고 말씀하고 계신다.

로 받아주소서. 오늘부터 목숨이 붙어 있는 그날까지 귀의하옵니다."

제2장 청신사 품이 끝났다.

두 번째 품에 포함된 경들의 목록은 다음과 같다.

① 까시 바라드와자 ② 우다야 ③ 데와히따
④ 부자 ⑤ 마낫탓다 ⑥ 빳짜니까
⑦ 나와깜미까 ⑧ 땔나무 모으기 ⑨ 어머니 봉양
⑩ 걸식자 ⑪ 상가라와 ⑫ 코마둣사이다.

바라문 상윳따(S7)가 끝났다.

제8주제

왕기사 장로 상윳따(S8)

제8주제(S8)

왕기사 장로 상윳따

Vaṅgīsathera-saṁyutta

출가 경(S8:1)

Nikkhanta-sutta

1. 이와 같이 [185] 나는 들었다. 한때 왕기사 존자[737]는 알라위에서 은사인 니그로다깝빠 존자와 함께 악갈라와 탑묘[738]에 머물렀다.

---

737) 왕기사 존자(āyasmā Vaṅgīsa)는 바라문 가문에 태어나서 베다에 능통한 자였다. 본 상윳따(S8)에서 보듯이 그는 영감과 시작에 능통했다. 그래서 『앙굿따라 니까야』 「하나의 모음」(S1:14:3-4)에서 세존께서는 그를 "영감을 가진 자(paṭibhānavanta)들 가운데 으뜸"이라고 하셨다. 존자가 세존과 인연이 된 이야기와 그의 깨달음에 대해서는 아래 「왕기사 경」(S8:12) §2의 주해를 참조할 것.
한편 왕기사 존자(āyasmā Vaṅgīsa)가 지은 게송은 『장로게』(Thag) {1209~1279}에 모아져서 전승되어 온다. 본 상윳따의 {707~757}은 『장로게』{1209~1262}와 동일하다. 판본에 많이 차이가 나는 부분은 {753~757}에 해당하는 부분이다. 역자는 보디 스님의 제안과 노만(K.R. Norman)의 번역을 많이 의지하였다.

738) '탑묘'는 cetiya를 옮긴 것인데 베다 시대부터 있었던 신성한 곳이었다. cetiya(Sk. caitya)는 √ci(*to heap up*)에서 파생된 명사로서 돌이나 흙, 벽돌 등을 쌓아서 만든 '기념물, 분묘'를 지칭하는 것이 일차적인 의미이다. 탑묘에 대해서는 본서 제6권 「탑묘 경」(S51:10) §3의 주해를 참조할 것.
본경에 해당하는 주석서는 이렇게 설명한다.
"부처님들이 출현하시기 전에 악갈라와(Aggāḷava)나 고따마까(Gotamaka) 같은 탑묘는 약카(야차)들이나 나가(용)들의 의지처였다. 부처님들이 출현하시자 사람들은 이들을 몰아내고 그 자리에다 승원을 지었다."(SA.i.268)
『디가 니까야 주석서』(DA.ii.555) 등에서도 탑묘는 약카(yakkha, 야차)를 섬기는 곳이었다는 설명이 나타난다.

2. 그 무렵 왕기사 존자는 출가한 지 얼마 되지 않은 신참으로서 승원을 지키는 자로 남아있었다. 그때 많은 여인들이 치장을 하고 승원을 구경하기 위해서 승원으로 왔다. 그 여인들을 보자 왕기사 존자에게는 [출가생활에 대한] 싫증739)이 생겼고 애욕이 그의 마음을 물들였다.

3. 그러자 왕기사 존자에게 이런 생각이 들었다.

'나에게 [출가생활에 대한] 싫증이 생겼고 애욕이 나의 마음을 물들였으니 이거 참 나쁜 일이로구나. 내게 득이 되지 않는구나. 이제 나에게는 크게 나쁜 일이 생겼구나. 내게 아무 득이 되지 못하게 생겼구나. 어찌 다른 사람이 나의 [출가생활에 대한] 싫증을 씻어버리고 기쁨을 일으킬 수 있겠는가? 그러니 참으로 나는 내 스스로가 [출가생활에 대한] 싫증을 씻어버리고 기쁨을 일으켜야겠다.'

4. 그러자 왕기사 존자는 자기 스스로 자기 자신의 [출가생활에 대한] 싫증을 씻어버리고 기쁨을 일으킨 뒤 이 사실에 대해서 이 게송들을 읊었다.

---

739) '[출가생활에 대한] 싫증'은 anabhirati를 옮긴 것이다. 이 단어에서 부정접두어 an-을 떼어낸 abhirati가 반대말로 본경에 나타나는데 '[출가생활을] 기뻐함'으로 옮겼다.
anabhirati와 비슷한 술어로 arati(싫어함, 따분함, 본서 「따분함 경」(S8:2) {712}와 D33 §2.2(17) 등 참조)가 있다. arati는 외딴 거처나 수행이나 교법에 대한 불만족이나 지겨움이나 싫어함 등을 뜻하는 단어로 경에 자주 나타난다.
anabhirati와 같은 어원에서 생긴 단어로 anabhirata(기뻐하지 않음, 과거분사)가 있다. 이 단어는 거의 대부분 sabbaloke anabhirata-saññā(온 세상에 대해 기쁨이 없다는 인식, 『앙굿따라 니까야』 「인식 경」 1(A10:56) §2 등 참조)의 문맥에서 나타나고 있는데 anabhirati와는 달리 긍정적인 의미로 쓰이고 있다.

"참으로 나는 이미 출가를 하여
집을 나와 집 없이 되었었건만
어두움에서[740] 생겨난 이런
뻔뻔한 생각들이 치달리도다. {707}

잘 훈련된 뛰어난 궁수 천명
힘센 장정으로서 강한 활 가져
도망칠 줄 모르는 이 사람들이
사방에서 나를 에워쌀 때에[741] {708}

그렇지만 여기로 이보다 많은
아름다운 여인들 온다고 하자.
이들 나를 괴롭게 하지 못하니
나는 법에 잘 확립되었기 때문이로다.[742] {709} [186]

태양의 후예이신 세존 부처님
그분의 면전에서 열반 가는 길
그것을 나는 직접 들었나니
나의 마음 그것을 기뻐한다네.[743] {710}

---

740) "'어두움에서(kaṇhato)'란 어두움의 도당으로부터(kaṇha-pakkhato), 마라의 도당으로부터(Māra-pakkhato)라는 말이다."(SA.i.268)

741) 본 게송에 대한 논의는 보디 스님 455~456쪽 488번 주해를 참조할 것.

742) 주석서는 이 게송의 의미를 이렇게 풀이하고 있다.
"비록 천명의 궁수(issāsa)가 사방에서 화살(sara)을 쏘더라도 잘 훈련된(sikkhita) 사람은 지팡이를 가지고 날아오는 화살이 그의 몸에 닿기 전에 모두 다 쳐내어서 그의 발아래 떨어뜨릴 수 있다. 한 사람의 궁수는 한 번에 화살 한 개씩 밖에 쏠 수 없지만 이러한 여인들은 한 번에 형색, 소리, 냄새, 맛, 감촉이라는 대상(ārammaṇa)을 통해서 다섯 개의 화살을 쏜다. 이렇게 수천 개의 화살을 쏘더라도 이것이 나를 흔들 수는 없다는 뜻이다."(SA.i.269)

이와 같이 머무는 나에게
빠삐만인 그대가 다가온다면
파멸을 만드는 자 그대 내 길을
결코 보지 못하게[744] 만들 것이라." {711}

따분함 경(S8:2)

Arati-sutta

1. 이와 같이 나는 들었다. 한때 왕기사 존자는 알라위에서 은사인 니그로다깝빠 존자와 함께 악갈라와 탑묘에 머물렀다.

2. 그 무렵 니그로다깝빠 존자는 공양을 마치고 걸식에서 돌아와서 승원으로 들어가면 저녁에 나오거나 다음날에 나왔다. 그 무렵 왕기사 존자에게는 [출가생활에 대한] 싫증이 생겼고 애욕이 그의 마음을 물들였다.

3. 그러자 왕기사 존자에게 이런 생각이 들었다.

'나에게 [출가생활에 대한] 싫증이 생겼고 애욕이 나의 마음을 물

---

743) "'열반으로 가는 길(nibbāna-gamanaṁ maggaṁ)'이란 위빳사나를 두고 한 말이다. 위빳사나가 열반에 선행하는 길(pubbabhāga-magga)이기 때문이다. 그의 마음은 얕은 위빳사나(taruṇa-vipassanā)라 불리는 '열반으로 가는 길'에 기뻐한다는 말이다."(SA.i.269)
얕은 위빳사나에 대해서는 본서 제2권 「기반 경」(S12:23) §4의 주해를 참조할 것.

744) "'그대가 나의 길을 보지 못하도록(na me maggampi dakkhasi)'이라는 것은 존재의 영역과 태어난 모태(bhava-yoni) 등에서 내가 간 길(gata-magga)을 그대가 보지 못하도록 그렇게 만들 것이라는 말이다."
여기에 대해서는 본서 「사밋디 경」(S1:20) {49} = 「있는 것이 아님 경」(S1:34) {105}와 「발우 경」(S4:16) {479}와 「고디까 경」(S4:23) {494}를 참조할 것.

들였으니 이거 참 나쁜 일이로구나. 내게 득이 되지 않는구나. 이제 나에게는 크게 나쁜 일이 생겼구나. 내게 아무 득이 되지 못하게 생겼구나. 어찌 다른 사람이 나의 [출가생활에 대한] 싫증을 씻어버리고 기쁨을 일으킬 수 있겠는가? 그러니 참으로 나는 내 스스로가 [출가생활에 대한] 싫증을 씻어버리고 기쁨을 일으켜야겠다.'

4. 그러자 왕기사 존자는 자기 스스로 자기 자신의 [출가생활에 대한] 싫증을 씻어버리고 기쁨을 일으킨 뒤 이 사실에 대해서 이 게송들을 읊었다.

"따분함과 기뻐함745)을 버리고
세속에 의지한 생각도 모두 버리고
결코 갈망746)을 내어서는 안되나니
갈망이 없고 기뻐함이 없어야747)
그가 바로 비구이기 때문이로다. {712}

여기 땅에 있건 허공에 있건
형색을 가졌고 세상에 속하는 것은

---

745) "'따분함과 기뻐함(aratiñ ca ratiñ ca)'이란 교법(sāsana)에 대한 따분함과 감각적 욕망(kāma-guṇa)에 대한 기뻐함이다."(SA.i.269)
"교법에 대한 따분함이란 계를 구족(sīla-paripūraṇa)하고 사마타와 위빳사나를 수행하는 것(samatha-vipassanā-bhāvanā)을 싫어함을 말한다."(SAṬ.i.248)

746) 여기서 '갈망'과 '갈망 없음'은 각각 vanatha와 nibbanatha(nis+vanatha)를 의역하여 옮긴 것이다. 이 두 단어의 원 의미는 각각 나무(숲)와 나무 없음(숲 없음)을 뜻한다. 주석서는 이 둘을 각각 오염원이라는 큰 숲(kilesa-mahāvana)과 오염원이라는 숲이 없음(nikkilesa-vana)으로 설명하고 있다.(SA.i.269) 본서 「나와깜미까 경」(S7:17) {696}의 주해도 참조할 것.

747) '기뻐함이 없음'은 arata를 옮긴 것이다. 주석서는 "갈애에 기인한 기뻐함이 없음(taṇhārati-rahita)"(SA.i.269)으로 설명하고 있다.

그것이 무엇이든 모두 무상하여 쇠퇴하나니748)
현자들은 이와 같이 간파하여 지내도다. {713}

사람들은 재생의 근거749)에 묶이고
본 것, 들은 것, 부딪힌 것, 감지한 것750)에 묶여 있나니
여기에 대한 욕구를 제거하여 흔들림 없고
거기에 물들지 않는 자, 그를 성자라 부르도다. {714} [187]

60가지 자신들의 생각에만 사로잡혀 있고751)

---

748) "이것이 장로의 큰 위빳사나(mahā-vipassanā)라고 그들은 말한다."(SA.i.270) 큰 위빳사나 혹은 중요한 위빳사나는 『청정도론』 XX.90~92에서 18가지로 정리되어 나타나므로 참조할 것.

749) 재생의 근거(upadhi)는 본서 「기뻐함 경」(S1:12) {22}의 주해에서 보듯이 감각적 욕망이라는 재생의 근거(kāma-upadhi), 무더기[蘊]라는 재생의 근거(khandha-upadhi), 오염원이라는 재생의 근거(kilesa-upadhi), 업형성이라는 재생의 근거(abhisaṅkhāra-upadhi)의 넷을 말한다. 주석서는 본 게송에서의 재생의 근거에서 감각적 욕망을 빼고 있다.

750) '본 것, 들은 것, 부딪힌 것, 감지한 것'은 각각 diṭṭha, suta, paṭigha, muta를 옮긴 것이다. 주석서는 본 것에 형색을, 들은 것에 소리를, 부딪힌 것에 냄새와 맛을, 감지한 것에 감촉을 배대하고 있다.(SA.i.270) 여기에 대해서는 본서 제3권 「바람 경」(S24:1) §6과 제4권 「말룽꺄뿟따 경」(S35:95) §§12~13의 주해도 참조할 것. 그러나 같은 게송에 대해서 『장로게 주석서』(ThagA.iii.190)는 부딪힌 것(paṭigha)에 감촉(phoṭṭhabba)을 배대하여 설명하고 있다.
비슷한 표현이 본서 제3권 「바람 경」(S24:1) §6과 제4권 「말룽꺄뿟따 경」(S35:95) §§12~13 등에 '본 것, 들은 것, 감지한 것, 안 것(diṭṭha suta muta viññāta)'으로 더 빈번히 나타나고 있다.

751) 여기서 60가지가 구체적으로 무엇인지 주석서는 밝히지 않고 있다. 주석서는 "'60가지 생각에 사로잡혀 있고(saṭṭhinissitā savitakkā)'란 여섯 가지 대상(ārammaṇa)에 의지하여 범부는 법답지 못한 생각(adhamma-vitakkā)을 한다는 뜻이다."(SA.i.270)라고 설명하고 있는데 본문의 60가지를 6가지 대상에 의해서 일어난 법답지 못한 생각이라고만 설명할 뿐이다.
같은 게송에 대해서 『장로게 주석서』(ThagA.iii.190)는 『디가 니까야』 「범망경」(D1)에 상세히 설명되어 있는 62견을 말한다고 적고 있다.

비법에 자리 잡고 있는 자들 아주 많도다.
그러나 어디서도 파벌에 가담하지752) 않고
추악한 말을 내뱉지 않는 자753), 그가 바로 비구로다. {715}

숙달되고 오래도록 삼매를 닦고
속이지 않고 분별력 있고 원하는 것이 없는 성자는
평화로운 경지를 마침내 증득하나니
이처럼 완전한 평화 얻어 시간을 기다리도다."754) {716}

---

752) '파벌에 가담하는'은 vaggagatassa를 옮긴 것인데 vaggagato assa로 끊어 읽어야 한다. 파벌에 가담하지 않는다는 것은 오염원이라는 파벌(kilesa-vagga)에 가담하지 않는 것으로 주석서는 이해하고 있다.(SA.i.270)
『숫따니빠따』(Sn.65) {371}에는 vaggagatesu na vaggasāri dhīro(파벌지어 있는 사람들 가운데 있더라도 현자는 파벌을 따르지 않는다.)라는 구절이 나타난다. 『숫따니빠따 주석서』(SnA.ii.365)는 이 구절을 설명하면서 62견을 들고 있고 이런 측면에서 본 게송과 연결짓고 있다.

753) "'추악한 말을 내뱉는 자(duṭṭhullabhāṇī)'란 감각적 욕망과 연결된 말을 하는 자(kāma-paṭisaṁyutta-kathā)이다."(SAṬ.i248)
같은 단어가 『장로게』(Thag) {1217}에는 duṭṭhulla-gāhī(추악한 것을 쥐고 있는 자)로 나타나는데 여기에 해당하는 주석서는 이것을 추악한 견해(diṭṭhi)를 쥐고 있는 것으로 설명하고 있다. 즉 62견에 사로잡힌 자로 해석하고 있다.

754) "'평화로운 경지(santaṁ padaṁ)'란 열반을 뜻한다. '완전한 평화를 얻어 시간을 기다린다(parinibbuto kaṅkhati kālaṁ).'는 것은 그는 오염원으로부터의 완전한 열반(kilesa-parinibbāna)을 통해서 완전한 평화를 얻어(parinibbuta) 반열반할 시간(parinibbāna-kāla)을 기다린다는 말이다."(SA.i.270)
"여기서 반열반할 시간이란 취착이 없는 열반[無餘涅槃, anupādisesa-nibbāna]에 들 시간을 말한다."(SAṬ.i248)
즉 '완전한 평화를 얻어 시간을 기다린다.'에서 처음의 '완전한 평화를 얻음(parinibbuta)'은 오염원으로부터 완전히 풀려난 경지를 말하고, 뒤의 '시간(kāla)'은 무여열반 즉 아라한의 마지막 죽음을 뜻한다고 주석서와 복주서는 설명하고 있다.

온후함 경(S8:3)

Pesala-sutta

1. 이와 같이 나는 들었다. 한때 왕기사 존자는 알라위에서 은사인 니그로다깝빠 존자와 함께 악갈라와 탑묘에 머물렀다.

2. 그 무렵 왕기사 존자는 자신의 재능 때문에 다른 온후한 비구들에게 거만을 떨었다. 그러자 왕기사 존자에게 이런 생각이 들었다.

'내가 자신의 재능 때문에 다른 온후한 비구들에게 거만을 떨었으니 이거 참 나쁜 일이로구나. 내게 득이 되지 않는구나. 이제 나에게는 크게 나쁜 일이 생겼구나. 내게 아무 득이 되지 못하게 생겼구나.'

3. 그러자 왕기사 존자는 자기 스스로 자책감을 일으킨 뒤 이 사실에 대해서 이 게송들을 읊었다.

"고따마여,[755] 자만을 버려라.
자만의 길[756]도 남김없이 버려라.
자만의 길에서 방황하면서
그대 오랜 세월 자책해왔도다. {717}

경멸로 얼룩진 사람들과
자만에 빠진 자들 지옥에 떨어지나니

755) "그는 고따마 부처님의 제자이기 때문에(Gotama-buddha-sāvakattā) 자신을 '고따마여'라 부른 것이다."(SA.i.271)
그는 아래 「아난다 경」(S8:4) {721}에서 아난다 존자를 '고따마여'라 부르고 있다. 아난다 존자는 부처님의 사촌으로 고따마 종족에 속하기 때문이다. 그런데 비구가 자신이 고따마 부처님의 제자라고 해서 자신을 고따마라 지칭하는 경우는 보기 드문 경우이다.

756) "'자만의 길(māna-patha)'이란 자만의 대상(ārammaṇa)과 자만과 함께 일어난(sahabhū) 법들을 말한다."(SA.i.271)
자만(māna)에 대해서는 본서 「사밋디 경」(S1:20) §11 주해를 참조할 것.

자만에 빠져 지옥에 떨어져서는
오랜 세월 슬퍼하느니라. {718}

길을 알고757) 바르게 도닦는 비구
어디서도 결코 슬퍼하지 않나니
명성과 행복을 누리는 그를
참으로 법을 즐기는 자라 부르도다. {719} [188]

그러므로 여기서 삭막함 여읜758)
굳세게 노력하는 수행자들은
장애들을 제거하여 청정하나니
자만을 남김없이 제거하여서
명지로 [오염원의] 끝을 만들고759)
마침내 고요함을 얻게 되노라."760) {720}

---

757) '길을 알고'는 magga-jina를 옮긴 것이다. 주석서는 "도(길, magga)에 의해서 오염원을 정복한(jita-kilesa)"(SA.i.271)으로 설명하고 있다.
그러나 노만(K.R. Norman)은 이것을 maggaññū(Sk. mārgajña)의 하나의 변형이라고 보고 있다. 보디 스님도 이를 따르고 있고 역자도 이를 따랐다.

758) "'삭막함을 여읜(akhila)'은 다섯 가지 마음의 삭막함을 여읜 것(pañca-ceto-khila-rahita)이다."(ThagA.iii.191)
다섯 가지 마음의 삭막함은 불·법·승·계를 회의하고 의심하는 것과 동료 수행자에게 화내고 기뻐하지 않고 불쾌하게 여기는 것이다.(『디가 니까야』 제3권 「합송경」(D33) §2.1과 『맛지마 니까야』 「마음의 삭막함 경」(M16) §§3~6과 『앙굿따라 니까야』 제3권 「삭막함 경」(A5:205) 등을 참조할 것.)
본서 「회합 경」(S1:37) {123}에서는 그곳의 문맥에 따라 khila를 '대못'으로 옮겼는데 그곳의 주석서는 이 khila를 탐욕·성냄·어리석음(탐·진·치)으로 설명하였는데 본경에 해당하는 주석서에서 다섯 가지로 설명하는 것이 더 바람직하다.

759) "'명지로 끝을 만들고(vijjāyantakara)'라는 것은 명지로 오염원(kilesa)들의 끝을 만든다는 말이다."(SA.i.271)

아난다 경(S8:4)

Ānanda-sutta

1. 이와 같이 나는 들었다. 한때 아난다 존자는 사왓티에서 제따 숲의 아나타삔디까의 원림(급고독원)에 머물렀다.

2. 그때 아난다 존자는 오전에 옷매무새를 가다듬고 발우와 가사를 수하고 왕기사 존자를 뒤따르게 하면서 걸식을 위해서 사왓티로 들어갔다. 그 무렵 왕기사 존자에게 [출가생활에 대한] 싫증이 생겼고 애욕이 그의 마음을 물들였다.761)

3. 그러자 왕기사 존자는 아난다 존자에게 게송으로 말했다.

"저는 감각적 욕망으로 불타고 있습니다.
저의 마음은 불붙어 있습니다.
완전히 끄는 것762)을 일러주소서.

---

760) 본 게송은 점진적인 수행을 설하고 있다. 즉, 먼저 다섯 가지 마음의 삭막함을 여의고 다음에 굳센 정진을 감행하여 다섯 가지 장애(오개)를 없애서 삼매를 증득하여 마음의 청정을 얻는다. 그리고 이것을 토대로 하여 무아에 대한 통찰을 하여서 자만을 뿌리 뽑는다. 이렇게 하여 통찰지(혹은 명지)에 의해서 모든 오염원을 박멸하여 괴로움을 끝장내고 열반의 고요함에 머무는 것이다.

761) 주석서에 의하면 아난다 존자는 궁중의 여인들에게 법을 설해달라는 청을 받고 그때 아직 출가한 지 얼마 되지 않은(nava-pabbajita) 왕기사 존자를 대동하고 궁중으로 갔다고 한다. 왕기사 존자는 장신구로 예쁘게 치장한 궁중의 여인들을 보고 애욕이 생겨서 이를 아난다 존자에게 털어놓았다고 한다.(SA.i.271)
같은 게송이 순서는 다르지만 『청정도론』 I.103에도 나타나는데 이곳에서는 왕기사 존자가 걸식을 나가서 여인을 보고 애욕이 생겼다고 적고 있다.

762) '완전히 끄는 것'은 nibbāpana를 옮긴 것이다. 이 단어는 nis+√vā(*to blow*)의 사역을 취한 명사이다. 이 동사에서 파생된 것이 열반(nibbāna)이다.(PED) 그러므로 그는 이 단어로서 [마음의] 불을 끔과 열반의 실현을 함

고따마여, 연민하는 마음 내어주소서." {721}

4. [아난다 존자]

"인식이 전도[763]되었기 때문에
그대의 마음은 불붙었다오.
애욕을 유발시키는
아름다운 표상을 제거하시오. {722}[764]

형성된 것들을 남이라 보고
괴로움이라고 보고 자아가 아니라고 보시오.
큰 애욕의 불을 완전히 꺼버리시오.
다시는 거듭 불타게 하지 마시오.[765] {723}

께 질문하고 있는 것이다.
한편 『위방가 주석서』 등에서는 열반을 nis+vāna로 해석하는데, 여기서 vāna는 갈애(taṇhā)라고 설명되고 있다. 그래서 열반에는 갈애가 없기 때문에 열반이라고 한다(vānaṁ vuccati taṇhā, sā tattha natthīti nibbānaṁ – VbhA.314)고 설명하고 있다.

763) '인식의 전도(saññāya vipariyesā)'에는 네 가지가 있다. 『청정도론』은 이렇게 설명한다.
"무상하고, 괴로움이고, 무아고, 부정한 대상에 대해서 영원하고, 행복하고, 자아고, 깨끗하다고[常·樂·我·淨] 여기면서 일어나기 때문에 전도(顚倒)라 한다."(Vis. XXII.53)
여기에 대해서는 『앙굿따라 니까야』 「전도 경」(A4:49)도 참조할 것. 본 경에서 전도는 vipariyesā로 나타나지만 다른 곳에서 전도는 대부분 vipallāsa로 나타나고 있다.

764) 여기서 보듯이 {722}, {724}, {725}의 세 게송은 아난다 존자의 게송이지만 왕기사 존자의 게송을 담고 있는 『장로게』(Thag) {1209~1279}에 {1224~1226}으로 포함되어 나타난다.

765) {723}은 『장로게』(Thag)에는 나타나지 않는다. 그러나 『장로게 주석서』(ThagA)에는 별다른 설명 없이 본 게송이 왕기사 존자의 게송에 포함되어 나타난다. 처음 두 구는 『장로게』의 마하목갈라나 존자의 게송인 {1160~1161}에 나타나고 있다.

한끝으로 잘 집중되어
부정[상][766]을 통해 마음을 닦으시오.
몸에 대한 마음챙김[767]을 닦고
염오에 많이 몰입하시오.[768] {724}

표상 없음을 닦고[769]
자만의 잠재성향을 버리시오.
그래서 자만을 관통하면
평화롭게 되어 유행할 것이오." {725}

금언 경(S8:5)[770]

Subhāsitā-sutta

1. <사왓티의 아나타삔디까 원림(급고독원)에서>

---

766) '부정(不淨, asubha)' 혹은 부정상(不淨想, asubha-saññā)은 본서 제6권 「분석 경」(S51:20) §7의 몸의 32가지 부위에 대한 혐오와 「해골 경」 등(S46:57~61)의 공동묘지의 관찰을 뜻한다. 상세한 것은 『청정도론』 VI장의 부정(不淨)의 명상주제(asubha-kammaṭṭhāna)를 참조할 것.

767) '몸에 대한 마음챙김(sati kāyagatā)'은 『맛지마 니까야』 「염신경」(念身經, 몸에 대한 마음챙김 경, M119)을 참조할 것. 「염신경」은 초기불전연구원에서 출판한 『들숨날숨에 마음챙기는 공부』(대림 스님 옮김, 2008, 개정판 3쇄)에 부록으로 포함시켜 번역하였다.

768) 본 게송과 다음 게송은 『숫따니빠따』(Sn2:11/59)에서 {340~342}으로 세존께서 라훌라 존자에게 설하신 것으로도 나타나는데, 본경의 {724}ab는 그곳의 {340}cd와, {724}cd는 {341}cd와 같고, {725}은 그곳의 {342}과 일치한다.

769) "'표상 없음(animitta)'이라는 것은 항상함(nicca) 등의 표상들을 제거하였기 때문에(ugghāṭitattā) 위빳사나(vipassanā)가 바로 표상 없음이다."(SA.i.272)

770) 본경 전체는 『숫따니빠따』(Sn3:3/78~79)에도 나타나고 있다.

2. 그곳에서 세존께서는 "비구들이여."라고 비구들을 부르셨다. "세존이시여."라고 비구들은 세존께 응답했다. 세존께서는 이렇게 말씀하셨다.

3. "비구들이여, 네 가지 요소를 갖춘 말은 좋은 말[金言]이어서 잘못 말한 것이 아니고 비난받을 일이 없고 지자들에게 비난받지 않는다. 무엇이 넷인가?"

비구들이여, 여기 비구는 좋은 말만 말하고 나쁜 말은 하지 않는다. 법만을 말하고 비법은 말하지 않는다. [189] 사랑스런 말만 하고 사랑스럽지 않은 말은 하지 않는다. 진실만 말하고 거짓은 말하지 않는다. 비구들이여, 이러한 네 가지 요소를 갖춘 말은 좋은 말[金言]이어서 잘못 말한 것이 아니고 비난받을 일이 없고 지자들에게 비난받지 않는다."771)

4. 세존께서는 이렇게 말씀하셨다. 선서이신 스승께서는 이렇게 말씀하신 뒤 다시 [게송으로] 이와 같이 설하셨다.

"참된 자들은 말하나니 좋은 말씀이야말로 첫 번째요
법을 말하고 비법은 말하지 않는 것이 두 번째며
사랑으로 말하고 사랑 없이 말하지 않는 것이 세 번째요
진실을 말하고 거짓은 말하지 않는 것이 네 번째로다." {726}

5. 그때 왕기사 존자가 자리에서 일어나서 한쪽 어깨가 드러나게 윗옷을 입고 땅에 오른쪽 무릎을 꿇은 뒤 세존을 향해 합장하고

771) 한편 『앙굿따라 니까야』 「말(語) 경」(A5:198/iii.243~244)에서는 바른 시기에 하는 말, 진실한 말, 온화한 말, 이익을 주는 말, 자애로운 마음으로 하는 말의 다섯 가지 요소를 갖춘 말을 좋은 말[金言]이라고 설하고 있다.

이렇게 말씀드렸다.

"제게 영감이 떠올랐습니다,[772] 세존이시여. 제게 영감이 떠올랐습니다, 선서시여."

"왕기사여, 그 영감을 드러내보라."고 세존께서는 말씀하셨다.

6. 그러자 왕기사 존자는 세존의 면전에서 거기에 어울리는 게송들로 칭송을 하였다.

"자신을 괴롭히지 않고
남을 해치지 않는
그런 말을 해야 하나니
그런 말이 진정한 좋은 말씀이로다. {727}

그 말을 들으면 기쁨이 생기고
사악함을 가져오지 않으며
남들에게 말하면 사랑스러운
그런 사랑스런 말을 해야 하도다. {728}

진실이란 참으로 불사의 말씀[773]
이것이야말로 진정한 오래된 법
진실 안에 이로움과 법이 확립되어 있다[774]고

772) '영감이 떠오르다(paṭibhāti).'에 대해서는 본서 「다섯 왕 경」(S3:12) §7의 주해를 참조할 것.

773) "'진실이란 참으로 불사의 말씀(saccaṁ ve amatā vācā)'이라고 했다. [진실한 부처님의 말씀은] 좋은 말씀이기 때문에(sādhu-bhāvena) 불사와 같다(amata-sadisā). 혹은 열반이라는 불사의 조건이 되기 때문에(nibbāna-amata-paccayattā) [진실한 말씀은] 불사이다."(SA.i.275)

774) "진실에 확립될 때(sacce patiṭṭhitattāva) 자신과 남들의 이로움에 확립되고 이로움에 확립될 때 법에 확립된다고 알아야 한다. 혹은 진실은 형용사(visesana)여서 [진실한 이로움과 진실한 법]으로 이해해도 된다."(SA.i.

참된 사람들은 말하도다. {729}

부처님께서 하신 안은한 말씀
그것이야말로 말씀들 가운데서 으뜸이니775)
열반을 증득하고 괴로움을 끝내기 위해서
그분 그것을 설하셨기 때문이로다." {730}

사리뿟따 경(S8:6)

Sāriputta-sutta

1. 이와 같이 나는 들었다. 한때 사리뿟따 존자는 사왓티에서 제따 숲의 아나타삔디까 원림(급고독원)에 머물렀다.

2. 그 무렵 사리뿟따 존자는 예의바르고 명확하고 흠이 없고 뜻을 바르게 전달하는 언변을 구족하여 비구들에게 법을 설하여 격려하고 분발하게 하고 기쁘게 하였다. 그리고 비구들은 그것을 깊이 새기고 마음에 잡도리하고 온 마음을 다하여 몰두하여 귀를 기울이고

---

275)
이처럼 주석서는 sacce atthe ca dhamme ca로 나타나는 진실과 이로움과 법을 모두 처소격(*Locative*)로 설명하고 있다.
그런데 노만(K.R. Norman)은 atthe(이로움)와 dhamme(법)를 동부 방언에서는 주격으로 쓰인 것이라고 설명하고 있다. 이것이 빠알리어로 옮겨지면서 주격으로 표시가 되지 않은 것이라고 말한다. 역자는 노만의 입장을 반영하여 옮겼다.

775) "주석서는 두 가지로 설명을 한다. '안은(khema)'이란 두려움이 없고 재난이 없음을 말한다. 그것은 열반을 얻게 하고 괴로움을 종식시키기 때문이다. 즉 부처님의 안은한 말씀은 오염원들을 모두 가라앉게 하고, 윤회의 괴로움을 멈추게 하기 때문이다. 혹은 열반을 얻고 괴로움을 가라앉힌다는 두 가지 열반의 요소를 위해 부처님은 안은의 길을 드러내시기 때문에 안은한 말씀을 하신다. 그러므로 그 말씀은 모든 말씀 가운데 으뜸이라는 뜻이다."(SA.i.275)

듣고 있었다.

3. 그때 왕기사 존자에게 이런 생각이 들었다. [190]

'사리뿟따 존자는 예의바르고 명확하고 흠이 없고 뜻을 바르게 전달하는 언변을 구족하여 비구들에게 법을 설하여 격려하고 분발하게 하고 기쁘게 한다. 그리고 비구들은 그것을 깊이 새기고 마음에 잡도리하고 온 마음을 다하여 몰두하여 귀를 기울이고 듣고 있다. 그러니 나는 사리뿟따 존자의 면전에서 여기에 어울리는 게송들로 칭송을 해야겠다.'

4. 그러자 왕기사 존자는 자리에서 일어나서 한쪽 어깨가 드러나게 윗옷을 입고 땅에 오른쪽 무릎을 꿇은 뒤 사리뿟따 존자를 향해 합장하고 이렇게 말씀드렸다.

"제게 영감이 떠올랐습니다, 도반 사리뿟따여. 제게 영감이 떠올랐습니다, 도반 사리뿟따여."

"도반 왕기사여, 그 영감을 드러내보십시오."

5. 그러자 왕기사 존자는 사리뿟따 존자의 면전에서 거기에 어울리는 게송들로 칭송을 하였다.

"심오한 통찰지를 가졌으며
슬기롭고 도와 도 아님에 능숙한
큰 통찰지를 가진 사리뿟따께서
비구들에게 법을 설하시도다. {731}

때로는 간략하게
때로는 자세하게 말씀하시어776)

---

776) "'간략하게(saṅkhittena)'란 사성제 등을 간략하게 설한 것을 말하고 '상세

마치 구관조의 음성처럼
영감을 쏟아내도다.777) {732}

경쾌하고 낭랑하고
듣기에 즐거운 음성으로
그분이 [가르침을] 설할 때
감미로운 목소리를 듣고
비구들은 마음이 고무되어
함께 기뻐하면서 귀 기울이도다." {733}

자자(自恣) **경**(S8:7)
Pavāraṇā-sutta

1. 이와 같이 나는 들었다. 한때 세존께서는 모두가 아라한인 500명의 고귀한 비구 승가와 함께 사왓티에서 동쪽 원림[東園林]에 있는 미가라마따(녹자모) 강당에 머무셨다.

2. 그 무렵 세존께서는 보름 포살일의 보름밤에 자자(自恣)를 하기 위해서 비구 승가에 둘러싸여서 노지에 앉아 계셨다.778) 그때

하게(vitthārena)'란 사성제 등을 상세하게 설한 것을 뜻한다."(SA.i.276)

777) "사리뿟따 장로가 법을 설하는 감미로운 목소리는 마치 구관조(sālikā)가 잘 익은 달콤한 망고를 맛보고 양 날개를 퍼덕이며 바람을 일으키고 감미로운 소리를 내는 것과 같다는 뜻이다."(SA.i.276)

778) '포살일(布薩日)' 혹은 줄여서 포살은 uposatha의 음역이며 불교의 계율 준수 일을 말한다. 주석서는 이렇게 설명한다.
"이 날에 준수한다(upavasati)고 해서 포살이라 한다. 준수한다는 것은 계(sīla)나 금식(anasana)을 지키면서 머문다는 뜻이다. 이 포살일(uposatha-divasa)은 8일, 14일, 15일의 세 가지가 있기 때문에 여기서는 다른 두 가지를 제외한다는 뜻으로 '보름 포살일'이라고 하였다."(SA.i.276)
일반적으로 포살은 음력 초하루와 보름에 거행되며 이날에 비구들은 함께

세존께서는 침묵하고 있던 비구 승가를 둘러보신 뒤 비구들을 불러 말씀하셨다.

3. "비구들이여, 이제 나는 그대들에게 정성을 다하여 청하노라. 혹시 내가 몸이나 말로써 행한 것들 가운데 그대들이 책망해야 할 것은 없는가?"

4. 이렇게 말씀하시자 사리뿟따 존자가 자리에서 일어나서 한쪽 어깨가 드러나게 윗옷을 입고 땅에 오른쪽 무릎을 꿇은 뒤 세존을 향해 합장하고 이렇게 여쭈었다.

"세존이시여, 세존께서 몸이나 말로써 행한 것들 가운데 저희들이 책망해야 할 것은 아무 것도 없습니다. [191] 세존께서는 아직 일어나지 않은 도를 일으켰고[779] 아직 생기지 않은 도를 생기게 했고 아직 설해지지 않은 도를 설했고 도를 알고 도를 발견했고 도에 정통한 분입니다. 그리고 지금의 제자들은 그 도를 쫓아서 머물고 나중에 그것을 구족하게 됩니다.[780]

모여서 『비구 빠띠목카』를 암송한다. 이러한 포살 가운데서 안거가 끝나는 마지막 보름밤에 모여서 행하는 의식을 '자자(自恣, pavāraṇā)'라고 한다. 그래서 주석서도 "안거를 마치는 자자(vassaṁ-vuṭṭha-pavāraṇā)"(SA.i. 276)라고 설명하고 있다. 자자는 연장자부터 자신의 잘못을 발로참회하고, 본경에서처럼 혹시 자신이 모르는 가운데 지은 잘못이 있는가를 대중들에게 묻고 대중들의 책망을 기꺼이 받아들이는 의식이다. 포살과 자자는 지금 한국 승가의 대중처소에서도 잘 지켜지고 있다.

한편 우뽀사타(Sk. upavasatha)는 『제의서』(祭儀書, Brāhmaṇa) 등의 베딕 문헌에서도 제사를 지내기 전에 지키는 금식일로 나타나고 있으며, 자이나교 등의 다른 사문·바라문 전통에서도 이미 준수하던 것이었다. 그래서 자연스럽게 일찍부터 불교교단에 채용되었다.

779) 여기에 대해서는 본서 제3권 「정등각자 경」(S22:58) §5를 참조할 것.

780) "장로는 계 등 세존의 모든 공덕(guṇā)은 오직 아라한도를 의지하여 나왔기 때문에 오직 아라한도를 의지하여 공덕을 설명하고 있다. 그것으로 모든 공

세존이시여, 이제 저도 세존께 정성을 다하여 청합니다. 혹시 제가 몸이나 말로써 행한 것들 가운데 세존께서 책망하셔야 할 것은 없습니까?"

5. "사리뿟따여, 그대가 몸이나 말로써 행한 것들 가운데 내가 책망해야 할 것은 없다.

사리뿟따여, 그대는 현명하다. 사리뿟따여, 그대는 큰 통찰지를 가졌다. 사리뿟따여, 그대는 광활한 통찰지를 가졌다. 사리뿟따여, 그대는 미소짓는 통찰지를 가졌다. 사리뿟따여, 그대는 전광석화와 같은 통찰지를 가졌다. 사리뿟따여, 그대는 예리한 통찰지를 가졌다. 사리뿟따여, 그대는 꿰뚫는 통찰지를 가졌다.

사리뿟따여, 예를 들면 전륜성왕의 큰 아들(태자)이 아버지가 굴렸던 바퀴를 정의로움으로 굴리는 것과 같다. 그와 같이 그대는 나의 위없는 법의 바퀴[法輪]를 정의로움으로 굴린다."781)

6. "세존이시여, 만일 제가 몸이나 말로써 행한 것들 가운데 세존께서 책망하셔야 할 것이 없다면, 이들 오백 명의 비구들이 몸이나 말로써 행한 것들 가운데 세존께서 책망하셔야 할 것은 없습니까?"

"사리뿟따여, 이들 오백 명의 비구들이 몸이나 말로써 행한 것들 가운데 내가 책망해야 할 것은 없다. 비구들이여, 이들 오백 명의 비구들 가운데 60명의 비구들은 삼명을 갖추었고, 60명의 비구들은 육신통을 갖추었고, 60명의 비구들은 양면으로 해탈하였고, 나머지는 통찰지를 통한 해탈[慧解脫]을 하였다."782)

덕을 설명한 것이 된다."(SA.i.277)

781) 사리뿟따에 대한 칭송은 본서 「수시마 경」(S2:29) §§3~5와 주해를 참조할 것. 전륜성왕이 가진 특질에 대해서는 『디가 니까야』 제3권 「전륜성왕 사자후경」(D26/iii.59~63)을 참조할 것.

7. 그때 왕기사 존자가 자리에서 일어나서 한쪽 어깨가 드러나게 윗옷을 입고 땅에 오른쪽 무릎을 꿇은 뒤 세존을 향해 합장하고 이렇게 말씀드렸다.

"제게 영감이 떠올랐습니다, 세존이시여. 제게 영감이 떠올랐습니다, 선서시여."

"왕기사여, 그 영감을 드러내보라."고 세존께서는 말씀하셨다.

8. 그러자 왕기사 존자는 세존의 면전에서 거기에 어울리는 게송들로 칭송을 하였다.

"오늘은 보름일, 청정을 위해
오백 명의 비구들이 모여 있도다.
족쇄와 속박 끊고 근심 없으니
재생(再生)을 잘라버린 선인들이라. {734} [192]

마치 전륜성왕이 신하들에 에워싸여
큰 바다와 맞닿은 전 대지를 순시하듯 {735}

삼명 구족하고 죽음 제거한 제자들이
전쟁의 승리자요 대상(隊商)의 우두머리인
위없는 분을 섬기옵니다.[783] {736}

---

782) 삼명과 육신통은 본서 「어떤 범천 경」(S6:5) {582}의 주해를 참조할 것. '양면으로 해탈한 자(ubhato bhāgavimutta)'는 무색계 삼매(공무변처부터 비상비비상처까지)와 더불어 아라한과를 증득한 자를 뜻하고, '통찰지로 해탈한 자(paññāvimutta)'는 무색계 삼매 없이 아라한과를 증득한 자를 말한다. '양면해탈(ubhatobhāga-vimutti)'과 '통찰지를 통한 해탈[慧解脫, paññā-vimutti]'에 대한 더 자세한 설명은 본서 제2권 「선(禪)과 최상의 지혜 경」(S16:9) §17의 주해와 『앙굿따라 니까야』 「양면해탈 경」(A9:45)의 주해와 『디가 니까야』 제2권 「대인연경」(D15) §36의 주해와 『아비담마 길라잡이』 제9장 §1의 해설 등을 참조할 것.

모두가 세존의 아들들, 여기에 쭉정이란 없습니다.
갈애의 쇠살을 부수어버린 태양의 후예께 예배하옵니다.” {737}

천 명이 넘음 경(S8:8)
Parosahassa-sutta

1. 이와 같이 나는 들었다. 한때 세존께서는 천이백오십 명의 고귀한 비구 승가와 함께784) 사왓티에서 제따 숲의 아나타삔디까의 원림(급고독원)에 머무셨다.

2. 그 무렵 세존께서는 비구들에게 열반에 관계된 법을 설하시어 격려하고 분발하게 하고 기쁘게 하셨다. 그리고 비구들은 그것을 깊이 새기고 마음에 잡도리하고 온 마음을 다하여 귀를 기울이고 듣고 있었다.

3. 그때 왕기사 존자에게 이런 생각이 들었다.

---

783) “‘전쟁의 승리자(vijita-saṅgāma)’란 탐욕, 성냄, 어리석음의 전쟁에서 승리한 자란 말이며, 마라의 군대(māra-bala)에게 승리하였기 때문이기도 하다. ‘대상(隊商)의 우두머리(sattha-vāha)’란 팔정도의 마차(aṭṭhaṅgika-magga-ratha)에 올라서서 대상을 인도하여 윤회의 황무지(saṁsāra-kantāra)를 건너게 하기 때문에 세존이 바로 대상의 우두머리이시다.”(SA.i.278)

784) ‘천이백오십 명의 고귀한 비구 승가와 함께’는 mahatā bhikkhusaṅghena saddhiṁ aḍḍhatelasehi bhikkhusatehi를 옮긴 것이다. 여기서 ‘1250 명의 비구’는 aḍḍhatelasehi satehi를 옮긴 것인데 직역하면 반(aḍḍha)이 [모자라는(ūṇa)] 13(telasa) 비구(bhikkhu) 백 명(sata)이다. 다시 말하면 13-0.5=12.5에다 100을 곱하여 1250이 되는 것이다. 이것은 범어 일반에서 널리 쓰이는 셈법이다.
주석서에 의하면 이 1250명의 비구들 가운데 범부나 예류자나 일래자나 불환자는 단 한 명도 없었으며, 모두 육신통을 구족한 아라한들이었다고 한다. (MA.iii.209) 그래서 이들을 ‘고귀한(mahā) 비구 승가’라 부르는 것이다.

'세존께서는 비구들에게 열반에 관계된 법을 설하시어 격려하고 분발하게 하고 기쁘게 하신다. 그리고 비구들은 그것을 깊이 새기고 마음에 잡도리하고 온 마음을 다하여 몰두하여 귀를 기울이고 듣고 있다. 그러니 나는 세존의 면전에서 여기에 어울리는 게송들로 칭송을 해야겠다.'

4. 그러자 왕기사 존자는 자리에서 일어나서 한쪽 어깨가 드러나게 윗옷을 입고 땅에 오른쪽 무릎을 꿇은 뒤 세존을 향해 합장하고 이렇게 말씀드렸다.

"제게 영감이 떠올랐습니다, 세존이시여. 제게 영감이 떠올랐습니다, 선서시여."

"왕기사여, 그 영감을 드러내보라."고 세존께서는 말씀하셨다.

5. 그러자 왕기사 존자는 세존의 면전에서 여기에 어울리는 게송들로 칭송을 하였다.

"어디서도 두려움이 없는 열반785)과
욕망을 여읜 법을 가르치는 선서를
천 명 넘는 비구들은 성심으로 섬기도다. {738}

정등각자께서 설하신
때가 없는 법을 그들은 듣나니

---

785) "'어디서도 두려움 없음(akuto-bhaya)'이라 했다. 열반에는(nibbāne) 그 어디에도(kutoci) 두려움이 없고, 혹은 열반을 증득한 자에게는(nibbāna-ppattassa) 그 어디에도 두려움이 없기 때문에 '어디에서도 두려움 없는 열반(nibbāna akutobhaya)'이라고 한다."(SA.i.278)
어디에서도 두려움 없음(akuto-bhaya)은 부처님이나 아라한을 지칭하는 전문술어로 초기불전에 많이 나타난다. 물론 본 게송에서도 '어디에서도 두려움 없는 자와 열반에 대해서 가르치시는'으로 해석해도 무방하지만 주석서를 따라서 '어디에서도 두려움 없는 열반'으로 옮겼다.

비구 승가의 존경을 받는
완전하게 깨달은 분은 빛나도다. {739}

용786)이라 불리시는 그분 세존 부처님은
선인(仙人)들 중 으뜸가는 선인787)이시오니
큰 구름 모여들어 단비를 내리듯이
제자들에게 [법의] 비를 내리시도다. {740} [193]

낮 동안의 머묾에서 나와
스승을 친견하고픈 마음에
대영웅이시여, 제자 왕기사는
당신의 두 발에 예배드리옵니다." {741}

6. "왕기사여, 그런데 이 게송들은 그대가 전에 생각해둔 것인가, 아니면 즉각적으로 영감이 떠오른 것인가?"788)

---

786) '용(나가, nāga)'에 대해서는 본서 「회합 경」(S1:37) {123}의 주해를 참조할 것.

787) '선인(仙人)들 중 으뜸가는 선인'은 isīnaṁ isi-sattamo를 옮긴 것이다. 주석서는 "위빳시 [부처님]으로부터 시작해서(vipassito paṭṭhāya) 선인들 가운데 일곱 번째가 되는(sattamako) 선인"이라고 설명하고 있다.
즉 석가모니 부처님은 위빳시불부터 시작해서 일곱 번째 부처님이라는 뜻이다. 칠불에 대해서는 『디가 니까야』 「대전기경」(D14) §§1.4~1.12를 참조할 것.
그런데 복주서는 이 해석에다 다른 하나의 해석을 더 붙이고 있다.
"혹은 그는 벽지불과 제자들과 외도들이라는 선인들 가운데서(pacceka-buddha-sāvaka-bāhiraka-isīnaṁ) 으뜸가고(sattamo) 높고(uttaro) 최상(seṭṭho)이라는 뜻이다."(SAṬ.i.255)
즉 sattama를 일곱 번째로 이해하는 것이 아니라 santa(존재하는, √as(*to be*)의 현재분사)의 최상급(*superative*)으로 이해한 것이다. 산스끄리뜨 일반에서 -tara를 붙이면 비교급이 되고 -tama를 붙이면 최상급이 된다. 보디 스님과 노만도 복주서의 이 해석을 지지하고 있다. 역자도 이에 따라서 '선인들 중 으뜸가는 선인'으로 옮겼다.

"세존이시여, 이 게송들은 제가 전에 생각해둔 것이 아니라 즉각적으로 영감이 떠오른 것입니다."

"왕기사여, 그렇다면 그대가 전에 생각해두지 않은 게송들을 좀 더 떠올려보라."

7. "그렇게 하겠습니다, 세존이시여."라고 왕기사 존자는 세존께 대답한 뒤 전에 생각해두지 않은 게송들을 좀 더 떠올려서 세존을 칭송하였다.

> "마라의 비정상적인 길789)을 정복하고
> [마음의] 삭막함790)을 부수고 유행하시니
> 속박에서 벗어났으며 집착이 없고
> 부분들로 해체해서791) [설하시는] 그분을 보라. {742}

---

788) 주석서에 의하면 부처님께서는 승가 가운데서 '왕기사 장로는 아주 느슨하게 산다. 영감이 떠올라서(paṭibhāna-sampatti) 즉시에 게송을 읊는 것이 아니고 공부짓지 않고 수행을 게을리 하면서 이리저리 다른 게송들을 묶어서 인용이나 하면서 다닌다.'라는 비판이 일어나는 것을 아시고 '비구들이 왕기사의 영감을 알지 못하니 나는 그들이 왕기사의 시적 재능을 알게 해야겠다.'고 생각하셔서 이렇게 물으신 것이라고 한다.(SA.i.278~279)

789) "'마라의 비정상적인 길(ummaggapathaṁ mārassa)'이란 수백 가지 오염원을 생기게(kiles-ummujjana)하기 때문이며, 윤회로 인도하는 길이기 때문에(vaṭṭa-pathattā) 이렇게 부른다."(SA.i.279)

790) '마음의 삭막함(khila)'에 대해서는 본서 「온후함 경」(S8:3) {720}의 주해를 참조할 것.

791) "'부분들로 해체해서(bhāgaso pavibhajjaṁ)'란 마음챙김의 확립 등의 부분(koṭṭhāsa)으로 법을 해체하는 것(dhammaṁ vibhajantaṁ)이라는 말이다. 혹은 철저하게 해체하는 것(pavibhajjāti)으로도 읽을 수 있는데, 여러 가지 구성요소들과 부분들(aṅga-paccaṅga-koṭṭhāsa)로 해체하고(vibhajitvā) 해체해서라는 뜻이다."(SA.i.279)
여기서 pavibhajjaṁ은 목적격으로도 볼 수 있고 절대분사 pavibhajja에 어미 -ṁ을 붙인 것으로도 이해할 수 있다. 주석서는 이 두 가지 다를 인정하고 있으며, 노만은 후자로 간주하고 있다.

폭류 건너 [저 언덕에 도달하게] 하시려고
여러 가지 바른 도를 설하셨나니
법을 보신 당신은 자신이 설한
불사의 저 경지에 부동이로다. {743}

대광명 만드신 분은 철저하게 꿰뚫으셨고
모든 경지 넘어섬을 바르게 보셨나니792)
그것 알고 그것을 실현하신 뒤에는

부분들로 해체한다는 것은 빠알리 삼장과 주석서와 복주서 전통을 고스란히 간직하고 있는 상좌부 불교를 위밧자와딘(Vibhajjavādin) 즉 해체를 설하는 [상좌부], 혹은 분별[상좌부]라 부르는 『율장 주석서』(VinA.i.61 = KvA.7)와 『청정도론』(XVII.25) 등의 입장과 그대로 일치하는 표현이다. 그래서 일본에서는 남방불교 혹은 상좌부불교를 '분별 상좌부'라 부르기도 한다.

물론 이러한 분석과 해체의 궁극적 지향점은 개념(paññatti)의 해체이다. 개념적 존재를 해체할 때 온·처·계·근·제·연 등으로 설해지는 법(dhamma)의 무상·고·무아가 극명하게 드러나며, 이러한 무상이나 고나 무아를 통찰함으로 해서 염오하고 탐욕이 빛바래고 그래서 해탈·열반·깨달음을 실현한다는 것이 초기불전의 도처에서 강조되고 있다. 특히 본서 제3권 「무더기 상윳따」(S22)의 많은 경들은 이것을 강조하고 있다. 여기에 대해서는 본서 제3권 「무상 경」(S22:12) §3의 주해 등을 참조할 것. 상좌부 불교가 스스로를 해체를 설하는 상좌부로 부른 데는 부처님 가르침의 핵심을 해체라고 파악한 장로들의 혜안이 고스란히 들어 있는 것이다.

792) "'모든 경지를 넘어선 것을 보셨다(sabbaṭṭhitīnaṁ atikkamaṁ addasa).'는 것은 모든 확정적인 견해(diṭṭhi-ṭṭhāna)와 알음알이의 거주처(viññāṇa-ṭṭhiti)를 넘어선 열반을 보셨다는 뜻이다."(SA.i.279)

'알음알이의 거주처'는 물질, 느낌, 인식, 심리현상들의 4온을 뜻한다.(SA.ii.272) 알음알이는 여기서 일어나고 여기에 머물기 때문이다.

『맛지마 니까야』 「뱀의 비유 경」(M22/i.135~136) §15는 6가지 확정적인 견해를 들고 있으며 『무애해도』는 확정적인 견해가 생기는 원인과 조건으로 "오온, 무명, 감각접촉, 인식, 일으킨 생각, 지혜 없이 마음에 잡도리함[非如理作意], 나쁜 도반, 남의 말"(Ps.i.138; DA.i.108)의 여덟 가지를 들고 있다. 일곱 가지 알음알이의 거주처에 대해서는 『앙굿따라 니까야』 제4권 「거주처 경」(A7:41)을 참조할 것.

다섯 분(오비구) 그분들께 으뜸 [법을] 설하셨도다. {744}

이와 같이 세존의 법 잘 설해졌나니
법을 아는 자들이 어찌 방일하겠는가?
그러므로 그분 세존 교법에서 예배하면서
방일함 몰아내고 공부지어야 하리." {745}

꼰단냐 경(S8:9)

Koṇḍañña-sutta

1. 이와 같이 나는 들었다. 한때 세존께서는 라자가하에서 대나무 숲의 다람쥐 보호구역에 머무셨다.

2. 그때 안냐 꼰단냐 존자[793]가 아주 오랜만에 세존께 다가갔

---

793) '안냐'는 Be, Ee1: Aññāsi 대신에 Se, Ee2: Aññā(구경의 지혜)로 읽은 것이다. 이것은 꼰단냐 존자(āyasmā Koṇḍañña)의 이름이다. 그는 부처님의 첫 번째 제자들인 오비구 가운데 한 분이며 가장 먼저 부처님의 가르침을 이해한 분이다. 그래서 구경의 지혜를 뜻하는 안냐(Aññā)라는 이름을 가지게 된 것이다. 여기에 대해서는 본서 제6권 「초전법륜 경」(S56:11) §15와 §20을 참조할 것.
안냐 꼰단냐(Aññā-Koṇḍañña) 존자는 까삘라왓투 근처에 있는 도나왓투(Doṇavatthu)라는 곳의 부유한 바라문 가문에 태어났다. 그는 고따마 싯닷타 태자(세존)가 태어났을 때 관상을 보기 위해서 온 8명의 바라문 가운데 한 명이었다고 한다. 관상학의 대가였던 그는 태자가 깨달은 분이 될 것을 예견하고 출가하기를 기다렸다가 다른 네 명과 함께 출가하였으며 그래서 이들은 오비구(五比丘, Pañcavaggiyā bhikkhū)로 우리에게 잘 알려져 있다.(ThagA.iii.2) 그는 인간들 가운데서는 제일 먼저 법에 눈을 뜬 사람이며 그래서 부처님께서는 그 기쁨을 "꼰단냐는 완전하게 알았다(aññasi vata bho Koṇḍañño)."(Vin.i.12 등)라고 두 번이나 외치셨다. 그래서 그는 안냐 꼰단냐(완전하게 안 꼰단냐)로 불리게 되었다. 그런지 5일 뒤에 그는 본서 제3권 「무아의 특징 경」(無我相經, S22:59/iii.66f)을 듣고 아라한이 되었다.(Vin.i.13~14.)
그는 "ehi, bhikkhu(오라, 비구여.)" 정형구로 구족계를 받은 첫 번째 비구이며 전체 비구 가운데서도 첫 번째로 구족계를 받은 분이다. 그래서 그는

다.794) 가서는 세존의 두 발에 머리를 대고 엎드려서 세존의 발에 입을 맞추고 손으로 어루만지면서 "세존이시여, 저는 꼰단냐입니다. 선서시여, 저는 꼰단냐입니다."라고 [자신의] 이름을 알려드렸다.

3. 그때 왕기사 존자에게 이런 생각이 들었다.

'안냐 꼰단냐 존자는 아주 오랜만에 세존께 다가가서 세존의 두 발에 머리를 대고 엎드려서 세존의 발에 입을 맞추고 [194] 손으로 어루만지면서 "세존이시여, 저는 꼰단냐입니다. 선서시여, 저는 꼰단냐입니다."라고 [자신의] 이름을 알려드리는구나. 그러니 나는 세존의 면전에서 여기에 어울리는 게송들로 안냐 꼰단냐 존자를 칭송해야겠다.'

4. 그러자 왕기사 존자는 자리에서 일어나서 한쪽 어깨가 드러나게 윗옷을 입고 땅에 오른쪽 무릎을 꿇은 뒤 세존을 향해 합장하고 이렇게 말씀드렸다.

"제게 영감이 떠올랐습니다, 세존이시여. 제게 영감이 떠올랐습니다, 선서시여."

"왕기사여, 그 영감을 드러내보라."라고 세존께서는 말씀하셨다.

5. 그러자 왕기사 존자는 세존의 면전에서 여기에 어울리는 게송들로 안냐꼰단냐 존자를 칭송하였다.

"부처님을 따라 깨달은 그분

『앙굿따라 니까야』 「하나의 모음」(A1:14:1-1)에서 "구참(久參, rattaññu) 비구 제자들 가운데서 으뜸"으로 불리고 있다.

794) 주석서에 의하면 존자는 12년 만에 세존을 뵌 것이라고 한다. 이 기간 동안 그는 히말라야의 찻단따 숲(Chaddanta-bhavana)에 있는 만다끼니 호수(Mandākini-pokkharaṇi)의 언덕에서 머물렀다고 한다. 이곳은 예전부터 벽지불(paccekabuddha)들이 머물렀던 곳이라 하며, 꼰단냐 존자는 혼자 한거하기를 좋아하여 대중처소에는 아주 드물게 나타났다고 한다.

장로 꼰단냐는 굳세게 정진하여
행복하게 머묾과
한결같이 멀리 여읨을 얻었도다.795) {746}

스승의 교법을 실천하는 제자가
방일 않고 공부지어
얻어야 하는 그 모두를
바로 그분 꼰단냐가 증득했도다. {747}

큰 위력과 삼명을 두루 갖췄으며
[남의] 마음 아는 데도 능숙한 그분은
꼰단냐라 불리는 부처님의 제자이니
스승의 두 발에 그가 이제 예배하네."796) {748}

---

795) "'부처님을 따라 깨달은(buddha-anubuddha)'이란 처음에는 스승께서 사성제를 깨달으셨고 그 뒤에 장로가 깨달았다는 말이다."(SA.i.283)
'행복하게 머묾(sukha-vihāra)'은 금생에 행복하게 머묾(diṭṭhadhamma-sukhavihārā)을 말하는데 네 가지 禪과 네 가지 무색계 삼매의 증득 등을 뜻한다.(『맛지마 니까야』 「말소 경」(M8) §§4~11 등)
'멀리 여읨(viveka)'은 세 가지인데 마음으로 멀리 여읨(citta-viveka), 몸으로 멀리 여읨(kāya-viveka), 재생의 근거를 멀리 여읨(upadhi-viveka)이다. 한적한 곳에 머묾 등이 몸으로 멀리 여읨이고 禪에 드는 것이 마음으로 멀리 여읨이고 열반이 재생의 근거를 멀리 여읨이다.(DAṬ.ii.274)

796) 본 게송에서는 네 가지 신통지만 언급 되었지만 그는 여섯 가지 신통지(육신통)를 모두 다 갖추었다고 주석서는 밝히고 있다. 계속해서 주석서는 이렇게 말하고 있다. 요약하여 옮긴다.
꼰단냐 존자는 그의 반열반이 가까웠음을 알고 부처님께 하직 인사를 드리기 위해서 온 것이다. 그는 세존께 인사를 드리고 히말라야로 돌아가서 그의 숲속 거처에서 임종을 하였다. 코끼리들이 그의 임종을 슬퍼하였으며 그의 유체를 에워싸고 히말라야에서 행진을 하였다. 그러자 신들이 관을 만들어서 여러 천상에 다니면서 신들과 범천들이 예배하게 하였으며 그 뒤에 지상에서 화장을 하였다. 그의 유골은 죽림정사(Veḷuvana-vihāra)의 세존께 보내졌으며 세존께서는 탑(cetiya)을 조성하셨다. 지금도 그 탑은 존재한다고 한다.(SA.i.283~284)

목갈라나 경(S8:10)

Moggallana-sutta

1. 이와 같이 나는 들었다. 한때 세존께서는 모두가 아라한인 500명의 고귀한 비구 승가와 함께 라자가하에서 이시길리 산비탈의 검은 바위에 머무셨다.

2. 그때 마하목갈라나 존자는 자신의 마음으로 그들의 마음을 찾아보았는데 [그들은] 모두 해탈하였으며 재생의 근거가 남아있지 않았음을 [보았다.]

3. 그때 왕기사 존자에게 이런 생각이 들었다.

'세존께서는 모두가 아라한인 500명의 고귀한 비구 승가와 함께 라자가하에서 이시길리의 검은 바위산에 머물고 계신다. 그런데 마하목갈라나 존자가 자신의 마음으로 그들의 마음을 찾아보았는데 [그들은] 모두 해탈하였으며 재생의 근거가 남아있지 않았음을 [보았다.] 그러니 나는 세존의 면전에서 여기에 어울리는 게송들로 목갈라나 존자를 칭송해야겠다.' [195]

그러자 왕기사 존자는 자리에서 일어나서 한쪽 어깨가 드러나게 윗옷을 입고 땅에 오른쪽 무릎을 꿇은 뒤 세존을 향해 합장하고 이렇게 말씀드렸다.

"제게 영감이 떠올랐습니다, 세존이시여. 제게 영감이 떠올랐습니다, 선서시여."

"왕기사여, 그 영감을 드러내보라."라고 세존께서는 말씀하셨다.

4. 그러자 왕기사 존자는 세존의 면전에서 여기에 어울리는 게송들로 마하목갈라나 존자를 칭송하였다.

"산허리에 앉아계신 부처님은 성자시니
괴로움의 저 언덕에 도달하신 분이로다.
삼명을 구족하고 죽음마저 제거한
제자들이 이런 그분 섬기고 있도다. {749}

큰 신통력 구족한 목갈라나가 있어
마음으로 그들을 그때에 에워싸서
그들의 마음을 꿰뚫어서 살펴보니
그들은 해탈하여 재생의 근거 없었도다. {750}

그들은 이와 같이 모든 요소 갖췄으며
괴로움의 저 언덕에 도달한 성자요
여러 가지 구족한 고따마님을 섬기도다."797) {751}

각가라 경(S8:11)

Gaggarā-sutta

1. 이와 같이 나는 들었다. 한때 세존께서는 모두가 아라한인 오백 명의 고귀한 비구 승가와 칠백 명의 청신사들과 칠백 명의 청신녀들과 수천 명의 신들과 함께 짬빠에서 각가라 호수의 언덕에 머무

797) '모든 요소를 갖추었으며(sabbaṅgasampannaṁ)'와 '여러 가지를 구족한(anekākārasampannaṁ)'은 모든 판본에서 모두 목적격으로 나타나는 성자(muniṁ)와 고따마(Gotamaṁ)를 수식하는 것으로 똑 같이 목적격으로 나타난다. 그러나 보디 스님은 어떻게 모든 요소를 완성한 부처님이라고 언급하고 나서 다시 그런 부처님께 대해서 모든 것이 아닌 단지 여러 가지를 갖춘이라는 수식어를 사용할 수 있는가라고 문제제기를 한 뒤, '여러 가지를 구족한'을 '그들(te = 비구들)'을 수식하는 것으로 간주하여 '여러 가지를 구족한 그 비구들은 모든 요소를 갖춘 성자인 고따마를 섬긴다.'로 해석하고 있다. 보디 스님 466쪽 527번 주해를 참조할 것.

셨다.

2. 그때 세존께서는 그 멋진 모습과 영광으로 빛을 발하고 계셨다.

그때 왕기사 존자에게 이런 생각이 들었다.

'세존께서는 모두가 아라한인 오백 명의 고귀한 비구 승가와 칠백 명의 청신사들과 칠백 명의 청신녀들과 수천 명의 신들과 함께 짬빠에서 각가라 호수의 언덕에 머물고 계신다. 그리고 세존께서는 그 멋진 모습과 영광으로 빛을 발하고 계신다. 그러니 나는 세존의 면전에서 여기에 어울리는 게송들로 세존을 칭송해야겠다.'

그러자 왕기사 존자는 자리에서 일어나서 한쪽 어깨가 드러나게 윗옷을 입고 땅에 오른쪽 무릎을 꿇은 뒤 세존을 향해 합장하고 이렇게 말씀드렸다.

"제게 영감이 떠올랐습니다, 세존이시여. 제게 영감이 떠올랐습니다, 선서시여."

"왕기사여, 그 영감을 드러내보라."라고 세존께서는 말씀하셨다.

3. 그러자 왕기사 존자는 세존의 면전에서 여기에 어울리는 게송들로 세존을 칭송하였다. [196]

"구름 없는 하늘에서 저 달이 빛나듯이
얼룩 없는 저 태양도 그곳에서 빛나듯이
앙기라사798)여, 대성인이여, 당신도 그와 같아서
명성으로 모든 세상 밝게 비추십니다." {752}

---

798) '앙기라사(aṅgīrasa)'에 대해서는 본서 「다섯 왕 경」(S3:12) §8 {401}의 주해를 참조할 것.

왕기사 경(S8:12)

Vaṅgīsa-sutta

1. <사왓티의 아나타삔디까 원림(급고독원)에서>

2. 그 무렵 왕기사 존자가 아라한과를 증득한 지 얼마되지 않았을 때[799] 해탈의 행복을 누리면서 이 사실에 대해서 이 게송들을 읊었다.[800]

"시상(詩想)에 취해[801] 전에 나는 방랑했나니
마을에서 마을로 도시에서 도시로.
그때 나는 완전하게 깨달은 분 뵈었고

---

799) 주석서는 왕기사 존자가 어떻게 세존과 인연이 되었는가를 적고 있는데 이것은 『법구경 주석서』(DhpA.iv.226~228)에도 나타나고 있다. 요약하면 이러하다.
왕기사 존자는 방랑하는 바라문이었는데 그는 가는 곳마다 죽은 사람의 해골(matānaṁ sīsa)을 손가락으로 두드려서 그가 임종하여 어디에 태어났는가를 말해 주는 것으로 생계를 연명하였다고 한다. 그가 부처님을 만났을 때 부처님께서는 아라한의 해골을 포함한 여러 해골들을 그에게 주시면서 알아맞혀보라고 하셨다. 그는 다른 해골을 통해서는 그들이 재생한 곳을 잘 알아맞혔지만 아라한의 해골을 두드려보고는 아무것도 알 수 없어서 당황하였다. 그는 아라한이 재생하는 곳을 알기 위해서 출가하였다. 그는 세존께 그 기술을 전수해달라고 하였고 세존께서는 32가지 형태의 명상주제(dvattiṁs-ākāra-kammaṭṭhāna, 몸의 32가지 부위에 대한 혐오를 말하는 듯. 본서 제6권 「분석 경」(S51:20) §7과 『디가 니까야』 「대념처경」(D22) §5를 참조할 것.)를 말씀해 주셨다. 그는 그것을 순으로 역으로 마음에 잡도리하여 위빳사나를 증장시켜 순차적으로 아라한과를 증득하였다.(SA.i.285~286)

800) 아래에 나타나는 {753}~{757}의 다섯 게송은 『장로게』(Thag) {1253~1267}의 15개의 게송이 압축된 것이다. 이 둘의 비교는 Ireland, Vangisa pp. 7~8을 참조할 것.

801) '시상(詩想)에 취해(kāveyya-mattā)'는 본서 「돌조각 경」(S4:13) {470}a에도 나타난다.

그분께 대한 깊은 믿음 생겼도다. {753}

그분은 그런 내게 법을 설하셨으니
[5]온과 [12]처와 [18]계에 관한 것이었도다.
그분 설한 이러한 법을 듣고 나는
마침내 출가하여 집 없는 자 되었도다. {754}

참으로 많은 사람의 이익을 위하고
정해진 행로를 체득한802)
비구들과 비구니들을 위하여803)
그분 성자께선 깨달음을 실현하셨도다. {755}

내가 출가하여 부처님 곁에 머문 것
그것은 참으로 잘 온 것이었으니
세 가지 명지[三明]를 나는 증득하였고
부처님의 교법대로 수행 실천하였도다. {756}

---

802) "'정해진 행로를 체득했다(ye niyāma-gata-ddasā).'는 것은 정해진 행로에 도달한 자들(niyāma-gatā)과 정해진 행로를 본 자들(niyāma-dassā)을 뜻한다."(SA.i.287)

"부처님의 성스러운 제자인 비구와 비구니들이 과에 머물 때(phalaṭṭha) 정해진 행로에 도달한 것이고, 도에 머물 때(maggaṭṭha) 정해진 행로를 본 것이다. '정해진 행로(niyāma)'란 올바른 정해진 행로(sammatta-niyāma)를 말한다."(SAṬ.i.259) 『청정도론』 등에서는 sammatta-niyāma를 올바름과 확실함으로 옮겼는데 본서에서는 올바른 정해진 행로로 통일해서 옮기고 있다.

"올바른 정해진 행로는 성스러운 도(팔정도)를 가리킨다. 팔정도의 바른 견해(正見) 등은 바른 것이고 또 물러남이 없어서 확실하기 때문이다."(Pm.697)

'올바른 정해진 행로(sammatta-niyāma)'에 대해서는 본서 제3권 「눈[眼] 경」(S25:1)의 §4와 주해와 「형색 경」 등(S25:2~10) §4도 참조할 것.

803) 본 게송에는 출가 대중인 비구와 비구니만이 언급되고 있지만 본 게송과 상응하는 『장로게』 {1256~1257}에는 사부대중이 다 언급되고 있다.

[나 자신의] 전생의 삶 알게 되었고
신성한 눈 청정해졌나니
삼명 얻고 여러 신통 구족한 나는
[남의] 마음 아는 데도 능숙하게 되었도다."804) {757}

왕기사 장로 상윳따(S8)가 끝났다.

여기에 포함된 경들의 목록은 다음과 같다.

① 출가 ② 따분함 ③ 온후함
④ 아난다 ⑤ 금언 ⑥ 사리뿟따
⑦ 자자 ⑧ 천 명이 넘음 ⑨ 꼰단냐
⑩ 목갈라나 ⑪ 각가라 ⑫ 왕기사이다.

---

804) "본 게송에는 천이통(dibba-sota)이 언급되지 않았지만 여기에 포함되어야 한다. 이렇게 해서 그는 육신통을 구족한 위대한 제자였다고 알아야 한다." (SA.i.287)

제9주제

숲 상욷따(S9)

제9주제(S9)

숲 상윳따

Vana-saṁyutta

한거 경(S9:1)

Viveka-sutta

1. 이와 같이 [197] 나는 들었다. 한때 어떤 비구가 꼬살라에서 어떤 밀림805)에 머물렀다.

2. 그 무렵 그 비구는 낮 동안의 머묾에 들어가서는 사악하고 해로우며 세속에 대한806) 생각을 하고 있었다. 그러자 그 비구를 연민하고 그의 이익을 원하는 밀림에 사는 신807)이 비구에게 절박감을 일으키기 위해 그에게 다가갔다. 가서는 그 비구에게 게송들로 말했다.

3. "한거를 위해서 그대는 숲에 들어왔지만
그대 마음 밖으로 흔들리고 있다오.

---

805) '숲'은 vana를, '밀림'은 vana-saṇḍa를 옮긴 것이다. 여기서 saṇḍa는 더미, 밀집, 무더기를 뜻하기 때문에 이렇게 옮겼다.

806) '세속에 대한'으로 옮긴 원어는 geha-nissita이다. geha는 집을 뜻하며 '세속적인'의 뜻으로 주로 사용되는데 오염원(kilesa)을 뜻한다고 주석서는 설명하고 있다.(AA.iii.16)

807) '밀림에 사는 신'은 vanasaṇḍe adhivatthā devatā를 직역한 것이다. 본서 「천신 상윳따」(S1)에서는 devatā를 모두 '천신'으로 통일해서 옮겼다. 그러나 여기서는 천상에 거주하는 신들이 아니라 밀림에 사는 신들을 뜻하기 때문에 그냥 '신'으로 옮겼다. devatā에 대해서는 본서 「폭류 경」(S1:1) §1의 주해를 참조할 것.

사람이여, 사람에 대한 욕망을 제거하시오.
그러면 욕망 건너 행복하게 될 것이오. {758}

따분함 없애고 그대는 마음챙기시오.
참된 사람들 삶의 방식 내가 상기시켜 주리다.808)
바닥없는 구렁텅이의 먼지는 건너기 힘드나니
욕망의 먼지가 그대 끌어내리지 못하게 하시오. {759}

마치 흙먼지에 뒤덮인 새가
달라붙은 먼지를 흔들어서 털어내듯
정진과 마음챙김을 두루 갖춘 비구도
달라붙은 먼지를 흔들어서 털어낸다오." {760}

4. 그러자 그 비구는 천신의 자극을 받아서 절박감이 생겼다.

일깨움 경(S9:2)
Upaṭṭhāna-sutta

1. 이와 같이 나는 들었다. 한때 어떤 비구가 꼬살라에서 어떤 밀림에 머물렀다. [198]

---

808) '내가 참된 사람들의 삶의 방식을 상기시켜 주리다.'로 옮긴 원문은 bhavāsi sataṁ taṁ sārayāmase이다. 주석서는 bhavāsi를 bhava(√bhū, *to be*의 명령형)로 이해하고 있는데 일종의 가정법 동사로 보인다. sārayāma-se는 sarati(√smṛ, *to remember*)의 사역형 가정법 동사로 상기시키다(*to remind*)는 의미이다. 이것은 해석하기에 까다로운 문장이라 할 수 있는데 주석서는 sataṁ taṁ sārayāmase를 두 가지로 해석하고 있다. 첫째는 '[세속적인 생각들이 일어날 때마다 그대가 이들을 없애도록] 마음챙기는 현명한 사람들을 그대에게 상기시켜 주리라.'이고, 둘째는 '[오염원들을 제거하기 위해서] 그대에게 선한 사람들의 법을 상기시켜 주리라.'이다. [ ] 안은 복주서의 첨언을 옮긴 것이다.

2. 그 무렵 그 비구는 낮 동안의 머묾에 들어가서는 잠에 들어 있었다.809) 그러자 그 비구를 연민하고 그의 이익을 원하는 밀림에 사는 신이 비구에게 절박감을 일으키기 위해 그에게 다가갔다. 가서는 그 비구에게 게송들로 말했다.

3. "일어나시오, 비구여. 왜 누워 있소?
그대 잠에 빠져 어쩌겠다는 거요?
쇠살 맞아 덧나고 병이 생긴 자에게
잠이 도대체 웬 말이오? {761}

믿음으로 출가하여
집에서 나와 집 없이 되었으니
바로 그 믿음을 잘 기르시오.
졸음의 지배를 받지 마시오." {762}

4. [비구]810)
"욕망이란 무상하고 견고하지 못한 것
그러나 우둔한 사람 그것에 사로잡혀 있도다.
속박에서 풀려나서 집착하지 않는 출가자를
그것이 어떻게 괴롭히겠는가? {763}

---

809) 주석서에 의하면 이 비구는 아라한이었다고 한다. 그는 멀리 걸식을 갔다 왔기 때문에 피곤하여 누워서 쉬고 있었으며 실제로 잠(nidda)에 빠지지는 않았다고 한다. 그러나 천신은 그의 몸의 둔감함(kāya-daratha)을 제거하기 위해서(vinodanattha) 와서 게송을 읊은 것이라 한다.(SA.i.288~289)

810) 주석서는 {763}~{766}의 네 게송을 천신이 말한 것으로도 보고 비구가 말한 것으로도 보고 있다. 역자는 이 네 게송에서 마지막 연에 반복해서 나타나고 있는 kasmā pabbajitaṁ tape를 보디 스님의 제안을 받아들여 비구가 천신에게 대꾸하는 것으로 이해하였다. 그래서 '그것이 어떻게 출가자를 괴롭히겠는가?'로 옮기면서 이 네 게송을 비구가 읊은 것으로 번역하였다.

욕탐과 애욕을 길들이고
무명을 건넜기 때문에
지혜[811]가 깨끗하게 된 출가자를
그것이 어떻게 괴롭히겠는가? {764}

명지로 무명을 자르고
번뇌를 멸진하였기 때문에
슬픔 없고 절망 없는 출가자를
그것이 어떻게 괴롭히겠는가? {765}

열심히 정진하고
스스로 독려하고 항상 분발하며
열반을 소망하는[812] 출가자를
그것이 어떻게 괴롭히겠는가?" {766}

깟사빠곳따 경(S9:3)

Kassapagotta-sutta

1. 이와 같이 나는 들었다. 한때 깟사빠곳따 존자[813]는 꼬살라

---

811) "'그 지혜(taṁ ñāṇaṁ)'란 사성제에 대한 지혜(catu-sacca-ñāṇa)이다." (SA.i.289)

812) 앞의 두 게송은 분명히 번뇌 다한 아라한을 묘사하는 게송인데 본 게송은 이처럼 '열반을 소망하는(nibbānaṁ abhikaṅkhantaṁ)'이란 표현을 사용하고 있으니 유학(sekha)에 대한 묘사로 보인다.

813) 주석서와 복주서는 깟사빠곳따 존자(āyasmā Kassapagotta)에 대한 설명을 하지 않는다. 깟사빠 족성(gotta)을 가진 어떤 비구였을 것인데 깟사빠는 지금도 북인도의 유력한 바라문 족성이다. DPPN에 의하면 빠알리 문헌에 나타나는 깟사빠라는 이름을 가진 사람은 30명 가까이가 된다. 그래서 그들을 구분하기 위해서 각각 다른 명칭과 함께 부르고 있다. 예를 들면, 가장 유명한 부처님의 직계 제자인 깟사빠 존자는 마하깟사빠(대가섭)라 불렀고 우

에서 어떤 밀림에 머물렀다.

2. 그 무렵 깟사빠곳따 존자는 낮 동안의 머묾에 들어가서 어떤 사냥꾼을 훈계하였다.814) 그러자 깟사빠곳따 존자를 연민하고 그의 이익을 원하는 밀림에 사는 신이 깟사빠곳따 존자에게 절박감을 일으키기 위해 깟사빠곳따 존자에게 다가갔다. 가서는 깟사빠곳따 존자에게 게송들로 말했다.

3. "울퉁불퉁한 산길을 다니는 사냥꾼은
아둔하고 제 정신마저 아닌데
바르지 못한 때에 비구가 교계하니
내가 보기에 멍청한 자 같습니다. {767}

듣지만 이해하지 못하고
보지만 알아보지 못하니
법을 설하더라도
어리석은 자 그 뜻을 깨닫지 못합니다. {768} [199]

루웰라에서 천 명의 제자와 함께 부처님께 귀의한 가섭 3형제 가운데 맏형은 우루웰라 깟사빠(Uruvela Kassapa)라 불렀다. 본경에 등장하는 존자는 깟사빠 족성을 가진 어떤 비구였을 것이다. 이것은 마하깟짜나 존자와 구분하기 위해서 깟짜나곳따 존자(본서 제2권 「깟짜나곳따 경」(S12:15) 참조)라 부르는 것과 같은 방법이라 하겠다.
『앙굿따라 니까야』 「빵까다 경」(A3:90)과 『율장』(Vin.i.312*ff*)에도 깟사빠곳따 존자가 나타나고 있는데 그곳의 주석서와 복주서에도 아무런 언급이 없다. 그래서 본경의 깟사빠곳따 존자와 같은지도 알 수가 없다. DPPN도 명확하게 설명하지 않고 있다.

814) 주석서에 의하면 이 '사냥꾼(cheta)'은 사슴 사냥꾼(miga-luddaka)이었다고 한다. 사냥꾼은 붉은 사슴(rohita-miga)을 쫓다가 장로가 참선하고 있는 숲에 들어갔다. 장로는 사냥꾼에게 불살생에 관한 법을 설하였다. 그는 눈으로는 장로를 쳐다보고 귀로는 듣는 것처럼 하였지만 마음으로는 계속 사슴을 쫓아가고 있었다고 한다. 그래서 천신이 와서 아래 게송을 읊은 것이다. (SA.i.289~290)

깟사빠여, 비록 그대
[열 손가락에] 열 개의 횃불을 들더라도
그는 형색을 보지 못하리니
그에게는 그런 눈이 없기 때문입니다." {769}

4. 그러자 깟사빠곳따 존자는 천신의 자극을 받아서 절박감이 생겼다.

많음 경(S9:4)
Sambahulā-sutta

1. 이와 같이 나는 들었다. 한때 많은 비구들이 꼬살라에서 어떤 밀림에 머물렀다.

2. 그 무렵 그 비구들은 석 달 동안의 안거를 마치고 유행을 떠났다. 그러자 그 밀림에 사는 신이 비구들을 보지 못하게 되자 탄식하면서 이 사실에 대해서 이 게송을 읊었다.

3. "많은 자리가 비어 있는 것을 보니
오늘 내게 따분함이 생기네.
많이 배워서 여러 가지를 설하시던
고따마의 제자들은 어디로 가셨을까?"815) {770}

4. 이렇게 말하자 다른 신이 그에게 게송으로 대답했다.

"마가다로도 가셨고 꼬살라로도 가셨고

815) 가이거(Geiger)는 독일어 역에서 이 천신은 비구들이 혹시 환속한 것이 아닐까 하고 걱정하여 이 게송을 읊은 것으로 주를 달았다고 한다.(보디 스님 470쪽 539번 주해 참조)

어떤 분들은 왓지 땅으로도 가셨도다.
마치 줄에서 풀려난 사슴들처럼
비구들은 집이 없이 머문다오."[816] {771}

아난다 경(S9:5)

Ānanda-sutta

1. 이와 같이 나는 들었다. 한때 많은 비구들이 꼬살라에서 어떤 밀림에 머물렀다.

2. 그 무렵 아난다 존자는 재가자들을 가르치는데 너무 많은 시간을 할애하고 있었다.[817] 그러자 아난다 존자를 연민하고 아난다 존자의 이익을 원하는 밀림에 사는 신이 아난다 존자에게 절박감을

---

816) "사슴은 산록이나 밀림에서 이리저리 다니다가 좋은 초지나 위험이 없는 곳이면 어디든지 간다. 그들은 이것은 부모에게서 대대로 물려받은(paveṇi-āgata) 재산이라고 집착하지 않는다. 그와 같이 집이 없는 비구들도 이것은 우리 스승과 은사(ācariy-upajjhāya)들로부터 대대로 물려받은 재산이라고 집착하지 않으면서 정해진 곳이 없이 적당한 기후나 적당한 음식이나 적당한 동료나 적당한 거처나 적당한 법의 가르침을 쉽게 얻을 수 있는 곳이면 어디든 가서 그곳에 머문다."(SA.i.291)

817) 주석서에 의하면 본경은 세존께서 반열반에 드신 지 얼마 되지 않았을 때의 일화를 담고 있다고 한다. 세존의 다비식을 마치고 마하깟사빠 존자가 발의하여 하안거에 부처님의 가르침을 합송하기로 결의하여 오백 명의 비구들을 선임하였으며 아난다 존자도 그 가운데 포함되었다. 마하깟사빠 존자는 아난다 존자에게 숲에 들어가서 더 높은 세 가지 도(uparimagga-ttaya, 일래도부터 아라한도까지)를 얻도록 정진하라고 당부한다. 아난다 존자는 그때까지 예류과를 얻었을 뿐이다.
아난다 존자는 본경에서 보듯이 꼬살라 지방의 숲에 들어와서 정진을 하려 하였지만 매일 신도들이 찾아와서 세존의 입멸을 슬퍼하자 그들에게 무상의 가르침을 설하기에 바빴다. 그러자 이 천신은 아난다 존자가 아라한이 되어 일차합송에 참석해야 경의 결집이 가능함을 알고 아난다 존자가 절박감이 생겨 정진하도록 하기 위해서 본경의 게송을 읊은 것이다.(SA.i.292)

일으키기 위해 아난다 존자에게 게송으로 말했다.

3. "밀림의 깊숙이 나무 아래 들어가서
그대는 열반을 가슴에 간직하고[818] [200]
고따마여, 참선을 하소서. 방일하지 마소서.
이렇게 떠들썩해서 그대 무엇을 할 것이요?"[819] {772}

4. 그러자 아난다 존자는 천신의 자극을 받아서 절박감이 생겼다.

아누룻다 경(S9:6)

Anuruddha-sutta

1. 이와 같이 나는 들었다. 한때 아누룻다 존자는 꼬살라에서 어떤 밀림에 머물렀다.

2. 그때 잘리니[820]라는 삼십삼천의 무리에 속하는 어떤 천신이 있었는데 그는 아누룻다 존자의 전생의 아내였다. 그가 아누룻다 존

---

818) "'열반을 가슴에 간직하고(hadayasmiṁ opiya)'라고 했다. 역할(kicca, 작용)의 측면과 대상(ārammaṇa)의 측면으로 가슴에 놓는다는 뜻이다. 즉 '열반을 증득하리라.'라고 정진(vīriya)할 때 역할로써 열반을 가슴에 간직하는 것이고, 열반을 대상으로 해서(nibbānārammaṇa) 증득[等至, samāpatti]에 들어서(즉 과의 증득(phala-samāpatti)을 말함) 좌정할 때 대상으로써 열반을 가슴에 간직하는 것이다. 이 두 가지 측면에서 말하고 있다."(SA.i.292)

819) 본 게송은 『장로게』(Thag) {119}로도 나타나는데 거기서는 왓지뿟따까(Vajjiputtaka) 장로가 읊은 것으로 나타난다. 『장로게』의 아난다 존자의 게송에는 본 게송이 나타나지 않고 있다.

820) 잘리니(Jālinī)는 문자적으로 '그물에 거는 여자'라는 뜻이다. 본서 「잠 경」(S4:7) {460}에서 taṇhā(갈애)의 동의어로 나타나고 있다. 이 단어는 『앙굿따라 니까야』 「갈애 경」(A4:199/ii.211) §1에도 갈애를 설명하는 것으로 나타나고 있다. 주석서에 의하면 그녀는 바로 앞의 전생에 아누룻다 존자가 삼십삼천의 천신이었을 때 그의 아내였다고 한다.(SA.i.293)

자에게 다가갔다. 가서는 아누룻다 존자에게 게송으로 말했다.

3. "그대가 예전에 머물던 곳으로 마음을 향하십시오.
모든 감각적 욕망들이 충족되는 삼십삼천에서
천상의 여인들에 에워싸여 존경받으며
그대는 빛날 것입니다." {773}

4. [아누룻다 존자]
"자기 존재 있음[有身]821)에 확고한
천상의 여인들은 불행하도다.822)
천상의 여인들에 빠진823)
그 중생들도 역시 불쌍하도다." {774}

---

821) '자기 존재 있음[有身, sakkāya]'이란 취착의 [대상이 되는] 다섯 가지 무더기(오취온)로 이루어진 것을 말한다. 이것은 무상하고 괴로운 것이다. 주석서에 의하면 천신들은 8가지로 자기 존재에 확고하다. 그것은 탐욕(rāga), 성냄(dosa), 어리석음(moha), 자만(māna), 견해(diṭṭhi), 잠재성향(anusaya), 의심(vicikicchā), 들뜸(uddhacca)이다. 본서 「사밋디 경」(S1:20) {46}의 주해를 참조할 것. 역자는 본서에서 sakkāya를 문맥에 따라 '자기 존재 있음'과 '자기 존재'로 옮기고 있다.
자기 존재(sakkāya)에 대해서는 본서 제3권 「자기 존재 경」(S22:105)을 참조할 것. 신들과 자기 존재에 대해서는 본서 제3권 「사자 경」(S22:78)을 참조할 것.

822) "'불행한(duggatā)'이라고 했지만 그들이 머무는 곳이 불행한 곳(악도)이라서(gati-duggatiyā) 불행하다고 한 것이 아니다. 그들은 좋은 곳(선처, sugati)에 머물면서 번영(sampatti)을 누리기 때문이다. 도닦음의 측면에서 보자면 그들은 불행하기 때문에(paṭipatti-duggatiyā) 불행하다고 한 것이다. 그들은 거기서 떨어져서 지옥(niraya)에도 태어날 수 있기 때문에 불행하다."(SA.i.293)

823) '천상의 여인들에 빠진'은 Be, Se, Ee2의 devakaññāhi patthitā(천상의 여인들이 원하는)과 Ee1의 deva-kañña-abhipattikā 대신에 보디 스님이 제안한 SS의 deva-kañña-abhisattikā로 읽어서 옮긴 것이다.

5. [잘리니]

"남성 천신들의 거주처이고
영광스러운 삼십삼천의
난다나 정원을 보지 못한 자들은
행복이 뭔지 모릅니다." {775}

6. [아누룻다 존자] "어리석은 자여, 그대는 아라한들의 이런 금언도 모르는가?

'형성된 것들[諸行]은 참으로 무상하여
일어났다가는 사라지는 법이라네.
일어났다가는 소멸하나니
이들의 가라앉음 진정한 행복일세.' {776}

잘리니여, 이제 내가 천상의 무리에
다시 거주함은 없을 것이로다.
태어남의 윤회는 이것으로 끝났으니
이제 다시 태어남은 없을 것이로다." {777}

나가닷따 경(S9:7)

Nāgadatta-sutta

1. 이와 같이 나는 들었다. 한때 나가닷따 존자[824]는 꼬살라에서 어떤 밀림에 머물렀다.

2. 그 무렵 나가닷따 존자는 너무 일찍 마을에 들어갔다가 너무

---

824) 주석서는 나가닷따 존자(āyasmā Nāgadatta)에 대한 아무 설명을 하지 않는다. DPPN도 본경 말고는 다른 언급을 하지 않는다.

늦게 돌아왔다. 그러자 나가닷따 존자를 연민하고 나가닷따 존자의 이익을 원하는 밀림에 사는 신이 나가닷따 존자에게 절박감을 일으키기 위해서 나가닷따 존자에게 다가갔다. [201] 가서는 나가닷따 존자에게 게송으로 말했다.825)

3. "나가닷따여, 너무 일찍 들어갔다 너무 늦게 돌아오면서826)
그들(재가자들)의 즐거움과 괴로움을 나누어 가지니827)
그대는 재가자들과 너무 오랜 시간 가까이 지냅니다. {778}

넉살좋은 나가닷따가 신도 집에 발 묶이는 것을
내가 이제 크게 걱정하나니
막강한 죽음의 왕, 저 종말을 만드는 자
그대 그의 손아귀에 들어가지 마시오." {779}

집안 안주인 경(S9:8)

Kulagharaṇī-sutta

1. 이와 같이 나는 들었다. 한때 어떤 비구가 꼬살라에서 어떤 밀림에 머물렀다.

---

825) 다음 두 개의 게송은 보디 스님이 Alsdorf의 교정본을 참조하여 옮긴 것을 참조하였다. 보디 스님 471~472쪽 546번 주해를 참조할 것.

826) 『앙굿따라 니까야』 「유학 경」 2(A5:90/iii.116~117) §§4~5는 '재가자들과 섞여 지내고 부적절하게 재가자들과 교제하며 지내는 것'과 '너무 일찍 마을에 들어가고 정오를 지나 돌아오는 것'을 유학인 비구를 망가지게 하는 세 번째와 네 번째 법으로 들고 있다.

827) '즐거움과 괴로움을 나누어 가짐'은 samāna-sukha-dukkha를 옮긴 것이다. 이것은 본서 「할릿디까니 경」 1(S22:3) §7에서 풀어서 설명되어 나타난다. 이 합성어는 『디가 니까야』 제3권 「교계 싱갈라 경」(D31/iii.187) §21과 §23에서 즐거우나 괴로우나 한결같은 친구라는 긍정적인 문맥에서 나타나기도 한다.

2. 그 무렵 그 비구는 어떤 신도 집과 지나치게 친밀하게 지냈다.[828] 그때 그 비구를 연민하고 그의 이익을 원하는 밀림에 사는 신이 그 비구에게 절박감을 일으키기 위해서 그 집안의 안주인 모습을 나툰 뒤 그 비구에게 다가갔다. 가서는 그 비구에게 게송으로 말했다.

3. "강의 언덕에서도 휴게실에서도
집회소에서도 길에서도
사람들은 함께 모여 수군덕거리네요.
그대와 나 사이에 무슨 일이 있냐고요." {780}

4. [비구]
"귀에 거슬리는 많은 소리들이 있으니
고행자는 그것을 견뎌야 한다네.
그러나 그로 인해 기죽을 필요까진 없나니
그 때문에 오염되는 것이 아니기 때문이라네. {781}

바람소리에 놀라는 숲 속의 사슴[829]처럼

---

828) 주석서에 의하면 이 비구는 세존으로부터 명상주제(kamma-ṭṭhāna)를 받고 이 밀림에 와서 수행을 시작했다고 한다. 다음날 걸식을 나갔을 때 어떤 신도 집에서 그의 반듯한 행동거지(iriyāpatha)에 큰 신뢰가 생겨서 오체투지(pañca-patiṭṭhita)로 탁발음식을 공양하면서 항상 자기 집에 와서 걸식을 하라고 요청하였다. 장로는 그렇게 하기로 하고 그들의 후원으로 열심히 정진하여 아라한과를 얻었다. 그리고는 그들이 고마워서 계속해서 같은 곳에 머물면서 과의 증득의 행복(phala-samāpatti-sukha)을 누리고 있었다. 그때 어떤 천신(여신)이 장로가 아라한과를 얻은 줄을 알지 못하고 그가 그 집안의 안주인과 너무 가깝게 지낸다고 생각하여 장로를 비난하기 위해 와서 게송을 읊었다고 한다.(SA.i.294~295)

829) 여기서 '사슴'은 vāta-miga를 옮긴 것인데 문자적으로는 '바람-사슴'이라는 의미이다. 이 사슴은 『자따까』(J14)의 주제이기도 하다.

그런 소리에 놀란다면
그를 두고 마음이 가벼운 자라 하리니
그의 서원 어디서도 성취되지 못하리라."[830] {782}

왓지 출신 경(S9:9)[831]

Vajjiputta-sutta

1. 이와 같이 나는 들었다. 한때 어떤 왓지 출신 비구[832]가 웨살리에서 어떤 밀림에 머물렀다.

2. 그 무렵 웨살리에는 밤새도록 축제가 벌어지고 있었다. [202] 그때 그 비구는 웨살리에서 악기와 징과 음악으로 왁자지껄한 소리[833]를 듣고 탄식하면서 이 사실에 대해서 이 게송을 읊었다.

3. "숲속에 버려진 나무토막처럼
우리는 밀림에서 혼자 머물고 있는데
이와 같은 밤에
우리보다 더 불쌍한 자 누가 있을까?" {783}

---

830) "마치 숲 속의 사슴이 나뭇잎을 스치는 바람소리에 놀라듯이 사람도 [소문으로 들리는] 소리(sadda)에 놀라게 된다. 마음이 가벼워(lahu-citta) 촐랑대는 사람의 서원(vata)은 성취되지 못한다. 그러나 이 장로는 이미 아라한과를 얻었기 때문에 서원을 성취하였다."(SA.i.295)

831) 본경은 『법구경 주석서』(DhpA.iii.460~462)에 확장되어서 나타나고 있다.

832) "왓지 출신 비구(Vajjiputtaka bhikkhu)는 왓지국(vajji-raṭṭha)의 왕자(rāja-putta)였는데 왕궁의 일산(chatta)을 버리고 출가하였다."(SA.i.295)

833) 복주서에 의하면 '악기와 징과 음악으로 왁자지껄한 소리(turiya-tāḷita-vādita-nighosa-sadda)'에서 악기소리는 북과 소라 고동과 심벌즈와 류트 등의 소리이고, 징소리는 리듬에 맞추어서 두드리는 소리이며, 음악소리는 류트와 피리와 뿔피리 등을 뜻한다고 한다.(SAṬ.i.265)
본서 「위자야 경」(S5:4) {528}의 주해도 참조할 것.

4. 그러자 그 비구를 연민하고 그의 이익을 원하는 밀림에 사는 신이 그 비구에게 절박감을 일으키기 위해서 그에게 다가갔다. 가서는 그 비구에게 게송으로 말했다.

"숲속에 버려진 나무토막처럼
그대는 밀림에서 혼자 머물고 있지만
많은 사람들이 오히려 그대 부러워하나니834)
지옥 중생들이 천상 가는 자들835)을 부러워하듯이." {784}

5. 그러자 그 비구는 천신의 자극을 받아서 절박감이 생겼다.

암송 경(S9:10)

Sajjhāya-sutta

1. 이와 같이 나는 들었다. 한때 어떤 비구가 꼬살라에서 어떤 밀림에 머물렀다.

2. 그 무렵 그 비구는 처음에는 지나치게 암송을 많이 하며 머물다가 나중에는 무관심해져서 침묵하며 편히 지내고 있었다.836) 그

834) "장로는 숲에 머무는 수행을 하는 자(āraññika)요, 분소의를 입는 수행을 하는 자(paṁsukūlika)요, 탁발음식만 수용하는 수행을 하는 자(piṇḍa-pātika)요, 차례대로 탁발하는 수행을 하는 자(sapadānacārika)요, 바라는 것이 적고(소욕, appiccha), 만족하는 자(지족, santuṭṭha)라고 많은 사람들이 당신을 부러워한다는 말이다."(SA.i.296)

835) "'천상에 가는 자들(sagga-gaminaṁ)'이란 천상으로 가고 있는 자들(gac-chantā)과 이미 천상에 간 자들(gatā)을 말한다."(SA.i.296)

836) '무관심해져서 침묵하며 편히 지내고 있었다.'는 appossukko tuṇhībhūto saṅkasāyati를 옮긴 것이다. 본서 제2권 「신참 경」(S21:4)과 제4권 「거북이 비유 경」(S35:240) §3을 참조할 것. 본서 「큰 재산 경」(S1:28) {72}에서는 ussuka를 게걸스러운 자로 옮겼다. 이곳의 주해를 참조할 것.

때 그 밀림에 사는 신이 그 비구로부터 더 이상 법을 듣지 못하게 되자 비구에게 다가갔다. 가서는 비구에게 게송으로 말했다.

3. "비구여, 왜 그대는 비구들과 함께 살면서
법의 구절들을 암송하지 않습니까?
법을 들으면 청정한 믿음 내게 되고
[암송자는] 지금 · 여기에서 칭송을 받습니다." {785}

4. [비구]
"탐욕의 빛바램을 성취하기 전까지는837)
이전에 법의 구절들 좋아하였노라. [203]
탐욕의 빛바램을 성취한 이후로는
보고 듣고 생각한 것 잘 알아
그것을 버릴 것을 참 사람들은 말씀하신다오." {786}

주석서에 의하면 그는 열심히 독송을 했고, 사라진 소리에 대해 부서짐이라고 명상하여 차츰 파생된 물질, 근본 물질, 정신과 물질 등 오온에 대해 위빳사나를 증장시켜 아라한과를 얻었다고 한다. 그런 뒤에 '내 목적을 성취하기 위해 독송을 했는데 이제 그 목적(attha)을 성취하였다. 그러니 이제 내가 더 독송하는 것(sajjhāya)이 무슨 소용이 있겠는가?'라고 생각하여 독송하기를 그만두고 과의 증득의 행복(phala-samāpatti-sukh)에 머물면서 시간을 보냈다고 한다.(SA.i.296)

837) Ee1&2; Be 등에는 yāva virāgena samāgamimha로 'na'가 없이 인쇄되어 있지만 samāgamimha 대신에 na samāgamimha로 읽어야 뜻이 드러난다. Ee1&2의 각주에는 na samāgamimha가 나타나고 있다. 주석서는 여기서 '탐욕의 빛바램(virāga)'은 성스러운 도(ariya-magga)를 뜻한다고 설명하고 있다.(SA.i.297)

지혜롭지 못함 경(S9:11)

Ayoniso-sutta

1. 이와 같이 나는 들었다. 한때 어떤 비구가 꼬살라에서 어떤 밀림에 머물렀다.

2. 그 무렵 그 비구는 낮 동안의 머묾에 들어가서는 사악하고 해로우며 오염원에서 비롯된 생각을 하고 있었는데 그것은 감각적 욕망에 대한 생각과 악의에 대한 생각과 해코지에 대한 생각이었다. 그때 그 비구를 연민하고 그의 이익을 원하는 밀림에 사는 신이 그 비구에게 절박감을 일으키기 위해서 그 비구에게 다가갔다. 가서는 그 비구에게 게송들로 말했다.

3. "존자여, 지혜 없이 마음에 잡도리함[838] 때문에
그대는 [자신의] 생각에 먹혀버렸다오.[839]
지혜롭지 못함을 이제 쓸어버리고
그대 지혜롭게 판단해야 하오. {787}

스승과 법과 승가와
자신의 계를 토대로 해서
그대는 의심할 여지없이

---

838) 전통적으로 지혜 없이 마음에 잡도리함(ayoniso manasikāra)은 사물을 항상하고 즐겁고 자아이고 깨끗한 것으로[常·樂·我·淨] 보는 것을 뜻하고(DA.iii.777 등) 지혜롭게 마음에 잡도리함(yoniso manasikāra)은 무상하고 괴롭고 무아이고 부정한 것으로[無常·苦·無我·不淨] 보는 것을 뜻한다.(DAṬ.iii.307 등)
여기에 대해서는 본서 제5권 「몸 경」(S46:2) §11의 주해를 참조할 것.

839) '먹혀버렸다'는 Ee1의 majjasi(취했다) 대신에 Be, Se, Ee2의 khajjasi(먹혔다)로 읽어서 옮긴 것이다.

환희와 희열과 행복을 얻게 되고
환희가 가득할 때
그대는 괴로움을 끝낼 것이라오."{788}

4. 그러자 그 비구는 천신의 자극을 받아서 절박감이 생겼다.

대낮 경(S9:12)
Majjhantika-sutta

1. 이와 같이 나는 들었다. 한때 어떤 비구가 꼬살라에서 어떤 밀림에 머물렀다.

2. 그때 그 밀림에 사는 신이 그 비구에게 다가갔다. 가서는 그 비구의 곁에서 이 게송을 읊었다.

3. "정오에 이르자
새들마저 조용히 쉬고 있는데
광활한 숲 스치는 소리가 있어
저에게는 두려움이 생겨납니다." {789}

4. [비구]
"정오에 이르자,
새들마저 조용히 쉬고 있는데
광활한 숲 스치는 소리가 있어
나에게는 즐거움이 생겨나도다."840) {790}

---

840) 본경의 두 게송은 본서 「스치는 소리 경」(S1:15) {28~29}로도 나타나고 있다.

감각기능이 제어되지 않음 경(S9:13)

Pākatindriya-sutta

1. 이와 같이 나는 들었다. 한때 많은 비구들이 꼬살라에서 어떤 밀림에 머물렀다.

2. 그들은 경솔하고 거들먹거리고 촐랑대고 수다스럽고 [204] 산만하게 말하고 마음챙김을 놓아버리고 분명히 알아차림[正知]이 없고 삼매에 들지 못하고 마음이 산란하고 감각기능이 제어되어 있지 않았다.

그러자 그 비구들을 연민하고 그들의 이익을 원하는 밀림에 사는 신이 그 비구들에게 절박감을 일으키기 위해서 그들에게 다가갔다.

가서는 그 비구들에게 게송들로 말했다.

3. "예전에 고따마의 제자인 비구들은
행복하게 삶을 영위하였습니다.
바라는 것 전혀 없이 탁발음식 구하였고
바라는 것 전혀 없이 침상과 좌구 사용했습니다.
그들은 세상에서 무상함을 알아
괴로움을 종식시켰습니다. {791}

그러나 지금은 시골의 촌장처럼
스스로의 부양조차 힘들게 되었으며
계속해서 먹어댄 뒤 드러누워 버리나니
남의 집에 혹하였기 때문입니다. {792}

저는 승가에 합장하여 예배드리고
여기 저는 어떤 분들에 대해 말합니다.

그들은 버려졌고 주인이 없나니
[공동묘지에 버려진] 시체와도 같습니다. {793}

저의 말은 방일하여 머무는 분들을 두고 한 것이며
방일하지 않고 머무는 분들에게 저는 귀의하옵니다."841) {794}

4. 그러자 그 비구들은 천신의 자극을 받아서 절박감이 생겼다.

향기 도둑 경(S9:14)
Gandhatthena-sutta

1. 이와 같이 나는 들었다. 한때 어떤 비구가 꼬살라에서 어떤 밀림에 머물렀다.

2. 그 무렵 그 비구는 걸식하여 공양을 마치고 걸식에서 돌아와서 연못으로 들어가서 연꽃의 냄새를 맡았다. 그러자 그 비구를 연민하고 그의 이익을 원하는 밀림에 사는 신이 그 비구에게 절박감을 일으키기 위해서 그에게 다가갔다.842) 가서는 그 비구에게 게송으로 말했다.

---

841) 이 게송들은 본서 「잔뚜 경」(S2:25) {353~356}으로도 나타나고 있다.

842) "이 천신은 그 비구가 줄기를 잡고 연꽃의 향기를 맡는(siṅghamāna) 것을 보고 '이 비구는 스승으로부터 명상주제를 받고 사문의 법(samaṇa-dhamma)을 행하기 위해 숲에 들어와서는 향기를 대상(gandhārammaṇa)으로 명상을 하는구나(upanijjhāyati). 오늘 냄새를 맡고 내일도 냄새를 맡으면 그 향기에 대한 갈애(gandha-taṇhā)가 증장하여 금생과 내생(diṭṭha-dhammika-samparāyika)의 이로움(attha)을 잃어버릴 것이다. 그러니 내가 가까이 가서 그를 경책해야겠다.'라고 하면서 그에게 다가가서 게송을 읊은 것이다."(SA.i.297~298)
게송을 포함한 본경의 내용은 『자따까』(J392/iii.307~310)에도 나타난다. 『자따까』의 보살이 여기서는 비구의 역할로 나타나고 있다.

3. “그대에게 주지도 않은
물에 핀 연꽃 향기를 맡는 것은
존자여, 일종의 도둑질과 같으니
그대는 향기의 도둑입니다.” {795}

4. [비구]
“나는 갖지도 않고 꺾지도 않고
다만 물에 핀 연꽃의 향기만 맡았을 뿐이네.
그런데 무슨 이유 때문에[843)]
그대는 나를 향기의 도둑이라 말합니까? {796}

줄기를 파내는 자들과
꽃들을 꺾는 자들도 있거늘
이러한 거친 행위를 하는 자[844)]에 대해서는
왜 말하지 않습니까?” {797} [205]

5. [천신]
“보모의 젖은 앞치마처럼
사람이 잡다하고 흉포하다면
그에게는 아무 말도 필요 없지만

---

843) 여기서 ‘이유 때문에’로 옮긴 원어는 vaṇṇena(색깔, 외모, 아름다움 등의 뜻)인데 주석서는 karaṇena(이유 때문에)로 설명하고 있어서(SA.i.298) 이렇게 옮겼다. PED에도 이 뜻이 수록되어 있다.

844) ‘거친 행위를 하는 자’로 옮긴 원어는 여러 판본의 ākiṇṇa-kammanto 대신에 노만(K.R. Norman)과 보디 스님의 제안에 따라 akhīṇa-kammanto로 읽어서 옮긴 것이다. 주석서는 ākiṇṇa-kammanto를 청정하지 못한 행위를 하는 자(aparisuddha-kammanto)로 설명하고 있으며, akhīṇa-kammanto로 읽어도 된다고 하면서 이것은 kakkhaḷa-kammanto(거친 행위를 하는 자)를 뜻한다고 설명하고 있기도 하다.(SA.i.298)

그대에게는 말을 해야 합니다. {798}

흠이 없는 사람은 항상 청정함을 추구해야 하나니
단지 머리털만한 죄악도 구름만큼 [크게] 여겨집니다." {799}

6. [비구]
"정령이여, 분명 그대는
나를 알고 나를 연민합니다.
정령이여, 그대가 이런 것을 볼 때 마다
다시 내게 말해 주시오." {800}

7. [천신]
"나는 그대의 후원을 받아 살지 않고
그대의 일꾼[845]도 아닙니다.
비구여, 선처로 가는 길은
그대 스스로가 알아야 합니다."[846] {801}

8. 그러자 그 비구는 천신의 자극을 받아서 절박감이 생겼다.

---

845) '일꾼'은 Ee1의 katakammase 대신에 Be, Se, Ee2의 bhatākamhase로 읽어서 옮긴 것이다.

846) "천신은 '이 비구는 자신의 이로움을 바라는(hita-kāmā) 천신이 있어서 자신을 경책해 주고 인도해 줄 것이라고 생각하면서 방일(pamāda)하게 될 것이다. 그러므로 나는 그의 제안을 거절해야겠다.'라고 생각하여 이렇게 말한 것이다."(SA.i.298~299)

숲 상윳따(S9)가 끝났다.

여기에 포함된 경들의 목록은 다음과 같다.

① 한거 ② 일깨움 ③ 깟사빠곳따 ④ 많음
⑤ 아난다 ⑥ 아누룻다 ⑦ 나가닷따 ⑧ 집안 안주인
⑨ 왓지 출신 ⑩ 암송 ⑪ 지혜롭지 못함 ⑫ 대낮
⑬ 감각기능이 제어되지 않음 ⑭ 향기 도둑이다.

제10주제

약카 상윳따(S10)

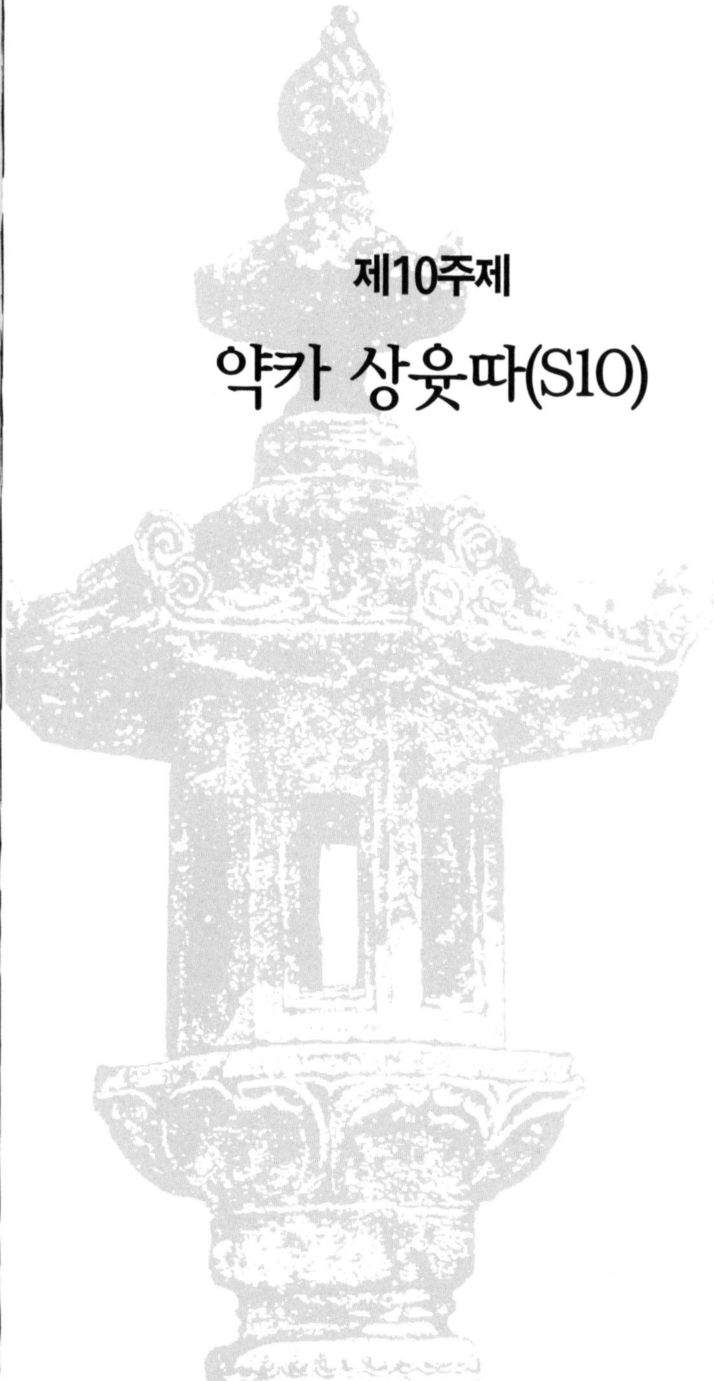

제10주제(S10)

약카 상윳따

Yakkha-saṁyutta

인다까 경(S10:1)

Indaka-sutta

1. 이와 같이 [206] 나는 들었다. 한때 세존께서는 라자가하에서 인다 산봉우리의 인다까847) 약카848)의 처소에 머무셨다.

---

847) "인다까 약카(Indaka yakkha)는 인다 산봉우리(Inda-kūṭa)에 사는 약카이다. 이 약카 때문에 이 봉우리(kūṭa)가 [인다 산봉우리로] 불리기도 하고 이 봉우리 때문에 약카가 [인다까 약카라고] 불리기도 한다."(SA.i.300)

848) '약카(yakkha, Sk. yakṣa)'는 중국에서 야차(夜叉)로 한역되었다. 이 단어는 √yakṣ(*to move quickly*)에서 파생된 명사인데 문자적으로는 '재빨리 움직이는 존재'를 뜻한다. 그러나 빠알리 주석서에서는 √yaj(*to sacrifice*)에서 파생된 명사로 간주하여 "그에게 제사 지낸다. 그에게 제사음식을 가져간다고 해서 약카라 한다."(VvA.224) 혹은 "예배를 받을만한 자라고 해서 약카라 한다."(VvA.333)고 풀이하고 있다.
『디가 니까야』 제2권 「빠야시 경」(D23) §23에서 보듯이 약카는 일반적으로 비인간(amanussa)으로 묘사되고 있다. 본경에서 세존께서는 천신을 이처럼 약카로 부르고 있다. 주석서에 의하면 그들은 아귀(peta)들보다 높은 존재로 묘사되고 있으며 선한 아귀들을 약카로 부르는 경우도 있다.(PvA. 45; 55) 그들은 많은 계통이 있는데 후대 문헌으로 올수록 우리말의 정령, 귀신, 요정, 유령, 도깨비 등 나쁜 비인간인 존재들을 모두 일컫는 말로 정착이 되고 있다. 이런 의미에서 힌두 문헌의 삐샤짜(Piśāca, 도깨비, 유령, 악귀, 본서 「요정 경」(S1:46) §2와 「삐양까라 경」(S10:6) §3에도 pisāca로 나타남)와 거의 같은 존재를 나타낸다 할 수 있다.
일반적으로 약카는 힘이 아주 센 비인간을 뜻한다. 그래서 『디가 니까야』 제1권 「암밧타 경」(D3)에는 금강수 약카(Vajirapāṇi)가 금강저(벼락)를 손에 들고 부처님 곁에 있는 것으로 묘사되기도 한다. 그래서 신들의 왕인 삭까(Sakka, Indra)도 약카로 표현되기도 하며(M37/i.252; J.iv.4), 본서 「삭까 상윳따」(S11)의 「삭까의 예배 경」 2(S11:19)에서 삭까의 마부(수

2. 그때 인다까 약카가 세존께 다가갔다. 가서는 세존께 게송으로 여쭈었다.

"물질은 생명이 아니라고 부처님들 말씀하네.
그렇다면 이 몸은 어떻게 해서 생겨났고
뼈나 간 등 살점 덩이는 어디서 온 것이며
어떻게 그것들이 모태에 안착합니까?"849) {802}

3. [세존]
"맨 처음 [모태에서] 깔랄라가 있고850)

행원) 마딸리는 부처님도 약카로 지칭하고 있으며 『맛지마 니까야』 「우빨리 경」(M56/i.386) §29의 부처님을 찬탄하는 게송에서 우빨리 장자도 부처님을 약카로 부르고 있다. 자이나교에서도 약카는 신성한 존재로 숭배되고 있는데 이러한 영향이 아닌가 한다.
육도윤회의 입장에서 보면 약카는 사대왕천의 북쪽에 거주하며 꾸웨라(Kuvera, 웻사와나(Vessavaṇa)라고도 함. 『아비담마 길라잡이』 제5장 §5의 [해설] 참조.)가 그들의 왕이라고 한다.(『디가 니까야』 제3권 「아따나띠야 경」(D32) §7 참조) 『마하바라따』(Mahābhārata) 등의 힌두 문헌에도 약카(Sk. Yakṣa)는 꾸웨라의 부하들로 묘사되고 있다.

849) "이 약카는 개아가 존재한다는 이론을 가진 자(puggala-vādī)였다고 한다. 그는 '한꺼번에 중생은 [완성된 형태로] 모태에 든다(eka-ppahāreneva satto mātu-kucchismiṁ nibbattati).'는 생각을 가지고 있었다. 그래서 모태에 든 중생(gabbha-seyyaka-satta)의 어머니가 생선이나 고기를 먹으면 그 모든 것은 하룻밤에 다 소화가 되어서 [그 태아에게] 거품처럼 스며든다(pheṇaṁ viya vilīyanti)고 여겼다. 그런데 만약 물질이 중생이 아니라고 하면 이처럼 모두 녹아버릴 것이라는 강한 신념을 가지고 이렇게 말했다. 그래서 세존께서는 중생이란 한꺼번에 [완성된 형태로] 모태에 태어나는 것이 아니라, 점차적으로(anupubbena) 성장하는(vaḍḍhati) 것이라는 것을 보여주기 위해서 다음 게송을 설하신 것이다."(SA.i.300)

850) "여기서 '처음에(paṭhamaṁ)'라고 하였다. 처음 재생연결식(paṭisandhi-viññāṇa)과 더불어 바로 띳사라든지 풋사라든지 하는 사람 이름이 존재하는 것이 아니라 오히려 처음에는 세 가닥의 털로 만든 실오라기 끝에(tīhi jāti-uṇṇaṁsūhi kata-suttagge) 놓인 기름방울만한 크기의(saṇṭhita-

깔랄라로부터는 압부다가 있네.851)
압부다에서 뻬시가 생기고852)
뻬시가 성장하여 가나가 되네.853)
가나에서 다시 돌출부 생겨854)
머리털, 몸털, 발톱 생겨나도다.855) {803}

어머니가 먹었던 그때의 음식
마시고 먹은 것은 무엇이든지
모태에 든 존재는 모태 속에서
그것으로 거기서 살아가도다." {804}

---

tela-bindu-ppamāṇa) '깔랄라(kalala)'가 있을 뿐이다."(SA.i.300)

851) "이 깔랄라로부터 칠일이 지나서(sattāha-ccayena) 살코기를 씻은 물의 색깔을 가진(maṁsa-dhovana-udaka-vaṇṇa) '압부다(abbuda)'가 있게 된다. 그러면 깔랄라라는 이름은 사라진다(nāmaṁ antaradhāyati)."(SA.i.301)

852) "이 압부다로부터 다시 칠일이 지나면 녹은 주석과 같은(vilīna-tipu-sadisā) '뻬시(pesi)'가 생긴다. [이것은 형태로 그렇다는 말이고 색깔은 분홍색이다. – SAṬ] 이것은 고추 가루(marica-phāṇita)로 설명할 수 있다. 시골의 여자 아이가 잘 익은(supakka) 고추들을 자루 안에 넣어 그것을 부순 뒤에(pīḷetvā) 잘 부수어진 더껑이(maṇḍa)를 항아리에 넣어서 햇볕에 놓아두면 그것은 잘 말라서 모든 부분들이 흩어져 있게 될 것이다. 이와 같은 뻬시가 되면 압부다라는 이름은 사라진다."(SA.i.301)

853) "이 뻬시로부터 다시 칠일이 지나면 달걀 모양(kukkuṭaṇḍa-saṇṭhāna)의 '가나(ghana)'라는 고깃덩이(maṁsa-piṇḍa)가 된다. 그러면 뻬시라는 이름은 사라진다."(SA.i.301)

854) "'돌출부가 생긴다(pasākhā jāyanti).'는 것은 다섯 번째 칠일에 두 개씩의 손과 발(hattha-pāda)과 머리(sīsa)가 되기 위한 다섯 가지 돌기(pīḷaka)들이 생긴다."(SA.i.301)

855) "그 후에 여섯 번째 칠일 등의 칠일이 지나서는 말씀을 생략하신 뒤 42번째 칠일에 출산하는 시기(pariṇata-kāla)까지를 취해서 머리털 등을 설하신 것이다. 머리털, 몸털, 발톱은 42번째 칠일이 되어야 생긴다."(SA.i.301)

삭까나마까 경(S10:2)

Sakkanāmaka-sutta

1. 이와 같이 나는 들었다. 한때 세존께서는 라자가하에서 독수리봉 산에 머무셨다.

2. 그때 삭까라는 이름의 약카가 세존께 다가갔다. 가서는 세존께 게송으로 말씀드렸다.

"모든 매듭 제거하여 해탈한 당신
그런 사문이 다른 사람 교계하는 것
결코 좋은 일이 아니랍니다."856) {805}

3. [세존]
"이런저런 이유로 이런 저런 자들과857)
삭까여, 친근함이 생긴다면
지혜로운 자는 그에 대한 연민으로
마음이 동요해선 안됩니다. {806}

그러나 만일 깨끗한 마음으로

---

856) 주석서에 의하면 이 약카는 마라의 편에 속하는(Māra-pakkhika) 약카라고 한다.(SA.i.302) 이 약카의 게송은 본서 「어울리는 일 경」(S4:14) {474}의 마라의 게송과 궤를 같이하고, 아래 부처님의 게송은 {475}의 부처님의 대답과 같다.

857) '이런저런 이유로 이런저런 자들과'는 yena kenaci vaṇṇena를 풀어서 옮긴 것이다. 여기서 vaṇṇena는 이유 때문에(kāraṇena)라는 뜻이라고 주석서는 밝히고 있다.(SA.i.302) 본서 「향기 도둑 경」(S9:14) {796}의 주해도 참조할 것.
그리고 복주서는 '이런 저런(yena kenaci)'을 재가자나 출가자와 함께(gahaṭṭhena vā pabbajitena vā)라고 설명하고 있다.(SAṬ.i.270) 그래서 이와 같이 풀어서 옮겼다.

그가 남을 교계한다면
그 때문에 속박되는 일 없으리니
그것은 연민과 동정이기 때문이로다."[858] {807} [207]

수찔로마 경(S10:3)[859]

Suciloma-sutta

1. 이와 같이 나는 들었다. 한때 세존께서는 가야[860]에서 땅끼 따만짜의 수찔로마 약카[861]의 거처에 머무셨다.

2. 그 무렵 카라 약카와 수찔로마 약카가 세존으로부터 멀지 않은 곳을 지나고 있었다. 그때 카라 약카가 수찔로마 약카에게 이렇게 말했다.

---

858) "지혜로운 자의 연민(anukampā)과 동정(anuddayā)은 세속적인 애정(sineha) 때문에 오염되는 성질의 것이 아니기 때문에(asaṁkiliṭṭha-sabhāvattā) [얼마든지 남들을 교계해도 된다고 말씀하고 계신다.]"(SAṬ.i.270)

859) 본경은 『숫따니빠따』(Sn2:5/47~49)에도 나타나고 있으며 『숫따니빠따 주석서』(SnA.ii.301~305)에서 설명되고 있다.

860) 가야(Gayā)에 대해서는 본서 제4권 「불타오름 경」(S35:28) §1의 주해를 참조할 것.

861) 문자적으로 수찔로마(Suciloma)는 침(針, suci)으로 된 털(loma)을 가진 자라는 뜻이다. 그의 몸이 온통 침과 같은 털로 덮여 있기 때문에 붙여진 이름이라고 한다. 주석서에 의하면 그는 깟사빠 부처님 시대에 출가하여 비구가 되었지만 어떤 특별함(visesa)도 증득하지 못하고 죽었다고 한다. 그는 죽어서 이곳 가야 마을(Gayā-gāma)의 입구에 있는 쓰레기 더미에 약카로 태어났다고 하며 온몸에 침과 같은 털이 생겼다고 한다. 부처님께서는 그가 예류과를 증득할 인연이 있음을 아시고 그에게 법을 설하기 위해 그가 사는 땅끼따만짜(mañca는 침상이라는 뜻임)로 가신 것이다. 땅끼따만짜는 석판(pāsāṇa)으로 된 것인데 네 개의 다른 석판 위에 놓인 것이라고 한다.(SA.i.302)

"저 자는 사문이구나."

"저 자는 사문이 아니라 가짜 사문이라네. 저 자가 사문인지 가짜 사문인지 곧 알게 될 걸세."862)

3. 그때 수찔로마 약카가 세존께 다가갔다. 가서는 세존의 위로 몸을 굽혔다. 그러자 세존께서는 몸을 뒤로 젖히셨다.

그러자 수찔로마 약카는 세존께 이렇게 여쭈었다.

"사문이여, 나를 두려워하시오?"

"도반이여, 나는 그대를 두려워하지 않노라. 다만 그대와 닿는 것은 나쁜 것이라네."863)

"사문이여, 그대에게 질문을 할 것이오. 만일 제대로 설명하지 못하면 그대의 마음을 돌게 만들거나 그대의 심장을 찢어버리거나 그대의 발을 잡고 강가 강 저 너머로 던져버릴 것이오."

"도반이여, 나는 신과 마라와 범천을 포함한 세상에서, 사문·바라문과 신과 사람을 포함한 무리 가운데에서, 나의 마음을 돌게 만들거나 나의 심장을 찢거나 나의 발을 잡고 강가 강 저 너머로 던질 자를 결코 보지 못한다. 그렇지만 그대가 원하는 것은 무엇이든지 물어보라."

4. [수찔로마 약카]

"애욕과 성냄은 어디서 근원하오?

---

862) "그는 '나를 보고 놀라고 도망가는 자는 가짜 사문(samaṇaka)이다. 나를 보고 놀라지 않고 도망가지 않는 자야말로 [진짜] 사문(samaṇa)이다. 이 자는 나를 보고 도망갈 것이다.'라고 생각하여 이렇게 말한 것이다."(SA.i.303)

863) "약카는 무서운 모습(bherava-rūpa)을 만든 뒤 큰 입을 벌리고 침으로 된 온몸의 털을 곤두세우고 몸을 굽혔다. 이런 그는 마치 똥과 같고 불과 같고 맹독을 가진 독사와도 같아서 피해야 하는 존재이다. 황금과 같은 피부를 가진(suvaṇṇa-vaṇṇa) [세존의] 몸에 닿아서는 안된다. 그것은 '나쁜 것(pāpaka)'이다. 약카는 자신과 닿는 것이 나쁜 것이라는 말을 듣고 화가 났다. 그래서 아래와 같이 말하는 것이다."(SA.i.303)

따분함과 기뻐함과 공포는 어디서 생기오?
마음속 생각들은 어디서 일어나서
아이들이 [묶어 날려 보낸] 까마귀처럼 날아가오?864) {808}

5. [세존]
"애욕과 성냄은 여기에서 근원하노라.865)
따분함과 기뻐함과 공포는 여기에서 생기노라.
마음속 생각은 여기에서 일어나서
아이들이 [묶어 날려 보낸] 까마귀처럼 날아가노라. {809}

---

864) "아이들이 까마귀를 잡아서 그것의 다리에 긴 실(dīgha-suttaka)을 묶어서 그 다른 끝을 자신들의 손가락에 묶은 뒤에 까마귀(kāka = dhaṅka)를 날려 보낸다. 그러면 까마귀는 어느 정도까지 날아가다가 다시 그 아이들의 발 아래 떨어지고 만다."(SA.i.304)
즉 이렇게 하여 까마귀를 날려 보내면 까마귀는 그 실의 근원이 되는 아이들의 손가락에서 벗어나지 못하듯이, '애욕(rāga)', '성냄(dosa)', '따분함(arati)', '기뻐함(rati)', '공포(lomahaṁsa)' 등의 '마음속 생각들(mano-vitakkā)'은 어디에 묶여 있기 때문에 그것을 벗어나지 못하는지를 세존께 여쭙는 것이다. 여기에 대해서 세존께서는 그 모든 생각은 바로 '애정(sneha)'에 묶여 있고 '자기 자신(atta)'에 묶여 있기 때문이라고 말씀하신 뒤 이러한 근원을 없애버리면 '폭류(ogha)'로 비유되는 생사의 흐름을 건너게 된다고 가르치시는 것이다.
그리고 이 까마귀 비유의 판본에 대한 고찰은 보디 스님 475~476쪽 566번 주해를 참조할 것.

865) "'여기에서 근원한다(ito-nidānā).'고 하는 것은 이 자기 존재(atta-bhāva)가 바로 근원(nidāna)이라는 말이다. 마치 긴 실로 아이들의 손가락에 묶인 까마귀처럼, 삿된 생각들(pāpa-vitakkā)은 이러한 자기 존재에서 생겨나서 마음을 뒤흔드는(ossajanti) 것이다."(SA.i.304)
한편 복주서는 까마귀의 비유를 이렇게 적용시키고 있다.
"삿된 생각들(micchā-vitakkā)은 놀고 있는 아이들과 같다고 봐야 한다. 자기 존재라는 세상(atta-bhāva-loka)은 그들이 놀고 있는 장소와 같다. 마음(citta)은 그들이 날려 보낸 까마귀와 같다. 굳게 묶여 있는(dūra-anubandha) [10가지] 족쇄(saṁyojana)는 까마귀의 다리에 묶여 있는 긴 실과 같다. 이렇게 비유를 적용시켜 이해해야 한다."(SAṬ.i.271)

참으로 그것은 애정에서 생겨나고
자기 자신에게서 발원하여 생기나니
니그로다 나무의 몸통에서 생겨나
[아래로 뻗어가는 뿌리와도] 같도다.866)
욕망에 집착하는 것 참으로 다양하여
말루와 넝쿨이 온 숲에 퍼지는 것 같도다.867) {810} [208]

이런 근원 꿰뚫어 아는 사람들은
그것을 남김없이 일소해버리노라.868)
약카여, 들어라. 건너기 어렵고
이전에는 건너본 적 없는 폭류를
그들은 건너서 다시 태어나지 않도다."869) {811}

---

866) '니그로다 나무의 몸통에서 생긴 [뿌리와] 같다(nigrodhasseva khandha-jā).'는 것은 니그로다 나무의 줄기에서 뿌리가 나서 그것이 아래로 자라 땅에 닿으면 기둥과 같은 굳은 뿌리 혹은 새로운 줄기가 되는 것을 말한다. 인도를 가 본 분들은 알겠지만 이렇게 하여 니그로다 나무는 지속적으로 새로운 뿌리와 줄기를 만들면서 확장되어 가는데 인도 꼴까따(Kolkata, 캘커타)에는 한 그루의 니그로다 나무가 이렇게 하여 축구장보다 더 넓은 것도 있다고 한다.

867) "'말루와 넝쿨이 온 숲에 퍼지는 것과 같다(māluvāva vitatā vane).'는 것은 마치 말루와 넝쿨이 어떤 나무를 의지해서 자라서는 그 나무를 뿌리부터 나무 끝까지 그리고 끝으로부터 뿌리까지 에워싸고 둘러싸는 것과 같다는 말이다. 그와 같이 오염원인 여러 가지 감각적 욕망들(kilesa-kāmā)은 감각적 욕망의 대상들(vatthu-kāmā)을 에워싸고 있다. 혹은 여러 중생들은 이러한 오염원인 감각적 욕망들로 감각적 욕망의 대상들을 에워싸고 있다는 뜻이다."(SA.i.304)
말루와 넝쿨이 온 숲에 퍼지듯이 중생들의 감각적 욕망은 이 대상과 저 대상으로, 온 대상으로 퍼져나간다는 뜻이다.

868) "'이런 근원(yato-nidāna)'이란 자기 존재attabhāva의 근원을 말한다. 이와 같이 자기 존재라 불리는 괴로움의 진리(고성제, dukkha-sacca)의 근원이 되는 일어남의 진리(집성제, samudaya-sacca = 갈애)를 도성제(magga-sacca, 팔정도)로 일소해버린다(vinodenti)는 말이다."(SA.i.304)

마니밧다 경(S10:4)

Maṇibhadda-sutta

1. 이와 같이 나는 들었다. 한때 세존께서는 마가다에서 마니말라까 탑묘의 마니밧다 약카의 거처에 머무셨다.

2. 그때 마니밧다 약카가 세존께 다가갔다. 가서는 세존의 곁에서 이 게송을 읊었다.

"마음챙기는 자는 항상 행운이 함께하고
마음챙기는 자는 행복을 얻습니다.
마음챙기는 자는 매일매일 더 나아지고870)
아울러 그는 증오로부터 벗어납니다." {812}

3. [세존]
"마음챙기는 자는 항상 행운이 함께하고

---

869) "'건너기 어려운(duttara)'이라고 하였다. 그들은 집성제(samudaya-sacca = 갈애)를 제거하여(nīharantā) 이 건너기 어려운 오염원의 폭류(kiles-ogha)를 건넌다는 뜻이다. '전에 건너본 적이 없는(atiṇṇa-pubba)'이란 그 시작을 알지 못하는 윤회에서(anamatagge saṁsāre) 꿈에서라도(supin-ante pi) 전에 건넌 적이 없었다는 뜻이다. '다시는 태어나지 않는다(apuna-bbhavāya).'는 것은 다시 태어나지 않음이라 불리는 멸성제(nirodha-sacca = 열반)를 말한다. 이처럼 본 게송은 사성제를 밝히면서 아라한과를 정점(arahatta-nikūṭa)으로 하여 가르침을 완결하셨다.
이 설법을 통해서 수찔로마는 그 자리에 서서 가르침을 억념하여 지혜를 일으켜서 예류과(sotāpatti-phala)를 증득하였다. 예류과를 얻은 자는 망가진 몸(kiliṭṭh-attabhāva)으로 살지 않기 때문에 그가 예류과를 얻는 것과 더불어 그의 몸에 난 침과 같은 털은 모두 떨어져버렸다. 그리고 그는 지신(地神)의 외모(bhumma-devatā-parihāra)를 얻게 되었다."(SA.i.304~305)

870) '매일매일 더 나아지고'는 suve seyyo를 옮긴 것인데 '내일에 더 낫다'로 직역할 수 있다. 주석서에서 "내일에, 내일에 더 낫다, 항상 낫다는 뜻이다."(SA.i.305)라고 설명하고 있어서 이렇게 옮겼다.

마음챙기는 자는 행복을 얻도다.
마음챙기는 자는 매일매일 더 나아지지만
결코 증오에서 벗어나지 못하도다.871) {813}

낮이든 밤이든 언제나 그의 마음
항상 해코지 않음872)을 기뻐하고
모든 존재에 자애를 가진 자는873)
누구에 대해서건 증오 품지 않도다." {814}

---

871) "마음챙김의 성취(satimantatā-siddhi)를 통해 증오에서 벗어나는 것은 궁극적인 것이 아니고, 또한 철천지원수인 타인에게는 버려지지 않았기 때문에 세존께서는 그것을 부인하기 위해 증오에서 벗어나지 못한다고 말씀하셨다. 그리고 나서 증오에서 완전히 벗어나는 방법을 보여주시기 위해서 다음 게송을 설하신 것이다."(SAṬ.i.272~273)

872) "'해코지 않음(ahiṁsā)'이란 연민[悲, karuṇā]과 초보단계의 연민(karuṇā-pubbabhāga)을 말한다."(SA.i.305)
"여기서 '연민'이란 본삼매를 증득한(appanā-ppattā) 연민을 뜻하고, '초보단계의 연민'이란 연민을 닦기 위해서 일으킨 초선의 근접삼매(uppādita-paṭhamajjhān-ūpacāra)를 뜻한다."(SAṬ.i.273)

873) '자애를 가진 자'는 mettaṁ so(혹은 mettaṁso)를 옮긴 것이다. 주석서는 두 가지로 해석한다. 첫째는 mettaṁ so로 읽어서 '그는 자애와 초보단계의 자애를 닦는다.'로 해석한다. 둘째는 mettaṁso로 읽어서 이것을 metta+aṁso로 분석하였다. 그래서 aṁso를 부분(koṭṭhāso)으로 이해하여 자애를 자신의 한 부분으로 가진 자(mettā aṁso etassāti)로 소유복합어[有財釋, bahuvriihi]로 풀이하였다. 이 둘을 고려하여 이렇게 옮겼다.
한편 복주서는 자애와 연민의 중요성을 이렇게 설명하고 있다.
"번뇌 다한 아라한이 자애와 연민을 닦지 않고(mettā-karuṇā-bhāvanā-rahita) 아라한이 되었다면 어떤 사람이 자신의 분노하는 마음(citta-dosa) 때문에 그 아라한에게도 증오(vera)를 품을 수 있다. 그러나 어느 누구도 자애와 연민을 통한 마음의 해탈을 구족한 자(mettā-karuṇā-cetovimutti-samannāgata)에게 증오를 품지 않는다. 이처럼 거룩한 마음가짐[四梵住 = 사무량심]을 닦음(brahma-vihāra-bhāvanā)은 큰 위력을 가졌음(mah-iddhikā)을 보여주고 있다."(SAṬ.i.273)

사누 경(S10:5)

Sānu-sutta

1. <사왓티의 아나타삔디까 원림(급고독원)에서>

2. 그 무렵 사누라는 어떤 청신녀의 아들이 약카에 씌었다.[874] 그때 그 청신녀는 탄식하면서 이 사실에 대해서 이 게송들을 읊었다.[875]

[876]"열나흘 날과 보름날, 보름의 여덟째 날
혹은 그 외의 특별한 기간에[877] [209]

---

874) 주석서를 요약하면 다음과 같다.
사누(Sānu)는 이 청신녀의 외아들이었다. 그는 어린 나이에 사미로 출가하여 계행과 서계를 잘 지키었는데 구족계를 받을 나이가 되어서는 출가생활에 만족하지 못하여 환속을 하려고 어머니 집으로 왔다. 그의 어머니는 그에게 다시 한 번 생각해볼 것을 권하고 음식을 준비하러 갔다. 그 사이에 전생에 그의 어머니였던 여자 약카(yakkhinī)가 그의 환속을 막기 위해서 그를 사로잡아 땅에 내팽개쳐버렸다. 그리고는 사지를 떨고 눈동자를 굴리고 입에 거품을 물게 하였다. 그의 현생의 어머니가 돌아와서 이 모습을 보고 아래의 게송을 읊었다.(SA.i.305~307)
주석서의 이 이야기는 『법구경 주석서』(DhpA.iv.18~25)에도 본경의 게송과 함께 나타나고 있다.

875) 역자는 다음 게송들을 Be에 준해서 옮겼다. 이것은 『법구경 주석서』(DhpA)에 나타나는 것과도 일치하며 Se와도 yā ca 대신에 yā va가 나타나는 것만 빼고는 일치하고 있다. 뜻이 통하게 옮기다보니 빠알리 게송 번호와 한글 번역 사이에 순서상의 불일치가 있음을 밝힌다.

876) 본 게송의 앞에 Ee1&2에는 다음 게송이 나타나며 Ee2는 {815}로 이 게송의 번호를 매기고 있다.

sā hūti me arahataṁ iti me arahataṁ sutaṁ
sā dāni ajja passāmi yakkhā kīḷanti sānunā ti {815}
"그녀는 아라한에 대해서 말한다고 아라한들로부터 나는 들었도다.
그런 내가 이제 오늘 약카가 사누를 농락하는 것을 보는구나." {815}

이 게송은 보디스님의 지적처럼 필사할 때 생긴 오류가 분명하다. 전혀 문맥에 맞지 않기 때문이다. 그래서 보디스님은 옮기지 않았다. 역자는 이렇게 주해에 넣어서 옮기고 있다.

여덟 가지 구성요소 원만하게 잘 갖춘
[팔관재계 실천하는] 포살[878]을 준수하고 {816}

청정범행 잘 닦는 그러한 자들을
어느 약카도 농락하지 못한다고
아라한들로부터 나는 들었습니다.
그런 내가 이제 오늘 사누를 농락하는

---

877) "'특별한 기간에(pāṭihāriya-pakkhaṁ)'라는 것은 8일째의 포살보다 빠르거나(paccuggamana) 늦은 것(anuggamana)으로 7일째와 9일째에도 포살의 구성요소를 받아 지니는 것을 말한다. 그리고 열나흗날이나 보름날의 포살보다 빠르거나 늦은 것도 여기에 포함된다. 그리고 자자일(Pavāraṇā) 뒤에도 포살의 의무를 계속해서 보름마다 지킨다. [즉 하현의 그믐을 말한다. – SAṬ]"(SA.i.307)
'특별한 기간에 [행하는 포살]'에 대한 다른 설명이 『앙굿따라 니까야 주석서』(AA.ii.234)와 『숫따니빠따 주석서』(SnA.ii.378)에 나타나고 있다.
예를 들면, 이 단어는 『앙굿따라 니까야』 「사대천왕 경」 2(A3:37) §1 이하에도 나타나는데 그 경에 해당하는 주석서는 이렇게 설명하고 있다.
"안거 중에 석 달 동안 매일 포살을 하는 것을 '특별한 기간에 [행하는 포살]'이라 한다. 이것이 불가능한 자는 두 자자(自恣)의 중간에 한 달 동안 매일 포살을 하는 것이다. 이것도 불가능한 자는 첫 번째 자자로부터 시작해서 보름 동안 하는 것을 '특별한 기간에 행하는 포살'이라 한다."(AA.ii.234)
이런 설명을 살려서 「사대천왕 경」 2(A3:37)에서는 '연속적으로 행하는 포살'이라 옮겼다.

878) '포살/포살일(uposatha)'에 대해서는 본서 「자자(自恣) 경」(S8:7) §2의 주해를 참조할 것. 요즘 포살은 초하루와 보름에만 실행되고 있다. 그러나 본 게송에서처럼 초하루와 보름으로부터 8일째 되는 날에도 가벼운 포살을 하였다고 한다.
여덟 가지 구성요소를 잘 갖춘 포살(aṭṭhaṅga-susamāgata uposatha)이란 포살일에 재가자들은 평소에 지키는 오계 보다 더 엄격한 8계를 지키기 때문에 이런 표현을 하고 있다. 포살일에 지키는 8계는 『앙굿따라 니까야』 「팔관재계 경」(A3:70) §§9~16과 「간략하게 경」(A8:41) §§3~10 등에 나타나고 있다. 요약하면 다음의 여덟 가지이다.
① 살생을 엄격히 금함 ② 도둑질을 엄격히 금함 ③ 성관계를 엄격히 금함 ④ 거짓말을 엄격히 금함 ⑤ 술과 중독성 물질을 엄격히 금함 ⑥ 하루 한 끼만 먹음 ⑦ 공연 관람과 화장을 엄격히 금함 ⑧ 좋은 잠자리를 엄격히 금함.

험상궂은 약카를 보게 되었습니다." {817}

3. [약카]

"열나흘 날과 보름날, 보름의 여덟째 날
혹은 그 외의 특별한 기간에
여덟 가지 구성요소 원만하게 잘 갖춘
[팔관재계 실천하는] 포살을 준수하고 {818}

청정범행 잘 닦는 그러한 자들을
어느 약카도 농락하지 못한다고
아라한들로부터 그대가 들었다니
그런 그대 참으로 기특하고 장하도다. {819}

사누가 깨어나면 약카들의 다음 말을 전해 주라.
'드러나건 드러나지 않건 사악한 업 짓지 말라. {820}

사악한 업 지으려고 하거나 짓고 있다면
그대가 아무리 위로 날아 도망친다 하더라도
괴로움으로부터 벗어나지 못하리라.'"879) {821}

4. [사누]880)

"어머니, 사람들은 죽은 자나
혹은 살아있어도 그를 볼 수 없을 때 웁니다.
어머니, 그런데 살아있는 저를 보면서

---

879) "'아무리 위로 날아 도망친다 하더라도(uppaccāpi palāyato)'란, 만일 그대가 새(sakuṇa)처럼 위로 날아서 도망간다 하더라도(uppatitvā palāyasi) 거기서도 그대에게 벗어남(mokkha)은 없다고 말하는 것이다."(SA.i.307)

880) "약카는 앞의 게송을 말하고 사미(sāmaṇera)를 놓아주었다. 사미가 눈을 떴을 때 그의 어머니는 머리칼을 흩트리며 울고 있었다. 사미는 자신에게 약카가 씐 것을 알지 못했다. 그래서 이렇게 말하고 있는 것이다."(SA.i.307)

당신은 왜 저 때문에 울고 계십니까?" {822}

5. [사누의 어머니]
"아들이여, 사람들은 죽은 자나
살아있어도 그를 볼 수 없을 때 울지만
감각적 욕망 버려 [출가를 하고 나서]
다시 여기 환속한 자를 보고 사람들은 우나니
그는 살아 있지만 죽은 것과 다름없기 때문이네.[881] {823}

사랑스런 자여, 그대 뜨거운 불더미[882]에서 뛰쳐나와서는
다시 뜨거운 불더미로 뛰어들기를 원하고
혹독한 지옥에서 뛰쳐나와서는
다시 그대 지옥에 빠지기를 원하는구려. {824}

계속해서 달리시오. 행운은 그대의 것.
누구에게 우리 슬픔 하소연한단 말이오?[883]
불로부터 물건을 건져내었는데도

---

881) 본서 제2권 「고양이 경」(S20:10) §5에는 "비구들이여, 성자의 율에서 공부지음을 버리고 낮은 [재가자의] 삶으로 되돌아가는 것은 바로 죽음이다."라고 나타난다.

882) "이제 재가에 머무는 것(gharāvāsa)의 위험함(ādīnava)을 보여주기 위해서 '뜨거운 불더미(kukkuḷā)' 등을 말한 것이다. 재가에 머무는 것은 뜨겁다는 뜻에서(uṇhaṭṭhena) 뜨거운 불더미라 부른다."(SA.i.308)
뜨거운 불더미는 본서 제3권 「뜨거운 불더미 경」(S22:136) §3에도 나타나고 있다.

883) "'누구에게 우리가 슬픔을 하소연한단 말이오(kassa ujjhāpayāmase)'라는 것은, 그대가 환속하려 하다가(vibbhamitu-kāma) 약카에게 붙들리게 되면 이런 모욕(vippakāra)을 우리가 누구에게 하소연하고 호소하고 아뢴단(ujjhāpayāma nijjhāpayāma ārocayāma) 말인가라고 말하는 것이다."(SA.i.308)

그대 다시 불타기를 원하고 있구려."[884] {825}

삐양까라 경(S10:6)

Piyaṅkara-sutta

1. 이와 같이 나는 들었다. 한때 아누룻다 존자는 사왓티에서 제따 숲의 아나타삔디까 원림(급고독원)에 머물렀다.

2. 그 무렵 아누룻다 존자는 밤이 지나고 새벽이 되었을 때 일어나서 법의 구절들을 외웠다.

3. 그때 삐양까라의 어머니 약카가 아들을 조용하게 하였다.[885]

"삐양까라야, 소리를 내지마라.
비구가 법의 구절들을 외우시는구나.
법의 구절들을 잘 이해하면
우리도 이로움을 위해 도닦을 수 있단다. {826}

---

884) "그대는 마치 불로부터 재물을 끄집어낸 것(nīhaṭa-bhaṇḍa)처럼 부처님 교법(buddha-sāsana)으로 출가하였다가 다시 대화재(mahā-ḍāha)와 같은 재가의 삶(gharāvāsa) 속에서 불타기를 원하는구나라는 뜻이다."(SA.i.308)
주석서에 의하면 약카의 개입과 어머니의 설득으로 사누 사미는 환속할 생각을 접고 구족계를 받았다고 한다. 그는 구족계를 받은 뒤 오래 되지 않아서 아라한과를 얻었고 뛰어난 설법가(mahā-dhamma-kathika)가 되었으며 120살까지 살았다고 한다.(SA.i.308)

885) 주석서에 의하면 이 약카는 아들을 엉덩이에 얹고 제따 숲 뒤에서 음식을 찾고 있다가 장로가 독송하는 것을 들었다고 한다. 그 소리는 그녀의 가슴에 파고들어서 그녀는 그 자리에서 꼼짝하지 않고 귀를 기울여 법을 들었으며 배고픔이 사라져 버렸다고 한다. 그러나 아들 삐양까라는 너무 어려서 법을 들을 수 없었다. 그래서 배가 고파서 어머니에게 칭얼대자 약카는 이렇게 말하고 다음 게송을 읊은 것이라고 한다.(SA.i.309)

생명들을 [죽이는 것] 삼가고
고의적으로 거짓말 하지 않고
우리 스스로 계행을 잘 닦으면
우리는 이 유령의 모태[886]로부터 벗어날 수 있단다." {827}

뿌납비수 경(S10:7)

Punabbasu-sutta

1. <사왓티의 아나타삔디까 원림(급고독원)에서> [210]

2. 그 무렵 세존께서는 비구들에게 열반에 관한 법을 설하시어 격려하고 분발하게 하고 기쁘게 하셨다. 그리고 비구들은 그것을 깊이 새기고 마음에 잡도리하고 온 마음을 다하여 귀를 기울이고 듣고 있었다.

3. 그때 뿌납비수의 어머니 약카가 아이들을 조용하게 하였다.[887]

"조용히 해라, 웃따리까야.
조용히 해라, 뿌납비수야.
스승이시고 으뜸이신 부처님
그분의 법을 나는 듣고자 한단다. {828}

886) '유령의 모태(pisāca-yoni)'는 유령이라는 약카의 모태(pisāca-yakkha-yoni)를 뜻한다고 주석서는 설명하고 있으며(SA.i.309), 복주서는 다시 "아귀계와 비슷한 약카의 모태(petti-visaya-sadisa-yakkha-yoni)"(SAṬ.i.275)라고 풀이하고 있다. 본서 「인다까 경」(S10:1) §1의 약카(yakkha)에 대한 주해도 참조할 것.

887) 그녀는 딸 웃따리까(Uttarikā)를 엉덩이에 업고 아들 뿌납비수(Punabbasu)를 손에 잡고 가고 있었다. 그녀는 그 자리에서 꼼짝하지 않고 세존이 법을 설하시는 것을 들었지만 아이들은 배고픔에 칭얼대었다고 한다.(SA.i.310)

모든 매듭을 풀어버린 열반을
세존께서 말씀하고 계시니
이런 법에 대한 깊은 사랑이
내게 생겨났단다. {829}

세상에서 아들은 사랑스럽고
세상에서 남편도 사랑스럽지만
내게는 이런 법을 추구하는 것이
이보다 더 사랑스럽단다. {830}

아들이나 남편은 사랑스럽기는 하지만
괴로움으로부터 해탈하지는 못하기 때문이니
정법을 들어야 생명 가진 자들은
괴로움에서 벗어나게 된단다. {831}

참으로 이 세상은 괴로움에 흠뻑 젖고
늙음과 죽음에 세게 묶여 있지만
[부처님은] 완전하게 법을 깨달으셨나니888)
늙음과 죽음에서 벗어나기 위해
나는 바로 그 법을 듣고자 한단다.
그러니 뿌납바수야, 조용히 하거라." {832}

---

888) '[부처님은] 완전하게 법을 깨달으셨나니'는 Ee1, Se의 yaṁ dhammam abhisambuddhaṁ과 Be, Ee2의 yaṁ dhammam abhisambudhaṁ 대신에 보디 스님이 제안한 yaṁ dhammam abhisambudhā로 읽어서 옮긴 것이다. 여기서 abhisambudhā는 아오리스트(*Aorist*) 과거형인데 dhammaṁ이라는 목적격은 능동태 동사를 필요로 하기 때문이다. 보디 스님 481쪽 582번 주해를 참조할 것.

4. [뿌납바수]

"엄마, 저는 아무 말도 하지 않아요.
웃따라도 곁에서 조용히 있어요.
그러니 오직 법만을 경청하세요.
정법을 듣는 것은 행복이랍니다.
정법을 전혀 알지 못하기 때문에
우리는 이처럼 괴롭게 산답니다. {833}

미혹에 빠져 있는 신과 인간들에게
광명을 주시는 분, 눈을 가지신 분
마지막 몸 받으신 그분 세존 정등각
그분 부처님께서 법을 설하십니다. {834}

5. [뿌납바수의 어머니]

"내가 낳아 내 가슴에서 자라난
나의 아들 현명하니 참으로 장하구나.
내 아들은 으뜸이신 부처님의 청정한 법
그런 법을 사랑하니 크게 경이롭구나. {835}

뿌납바수야, 행복하라.
오늘 나는 마침내 솟아올랐나니[889)]
성스러운 진리를 보았단다.
웃따라야, 너도 내 말을 들어라."[890)] {836}

---

889) "'솟아오른(samuggatā)'이라는 것은 윤회로부터(vaṭṭato) 빠져나왔다, 솟아올랐다(uggatā samuggatā)는 뜻도 되고 교법 안으로(sāsane) 솟아올랐다, 빠져들었다(uggatā samuggatā)는 뜻도 된다."(SA.i.311)

890) 부처님의 설법을 듣고 이 약카와 그의 아들 뿌납바수는 천상에 태어남(dibba-sampatti)을 얻었으며 딸 웃따라(웃따리까)도 조건은 되었지만 법을 이해

수닷따 경(S10:8)

Sudatta-sutta

1. 이와 같이 나는 들었다. 한때 세존께서는 라자가하에서 차가운 숲에 머무셨다.

2. 그 무렵 아나타삔디까(급고독) 장자가 어떤 일 때문에 라자가하에 당도하였다. 아나타삔디까 장자는 '부처님이 세상에 출현하셨다.'라고 들었다. 그래서 세존을 친견하러 가고자 하였다.891) [211]

3. 그러자 아나타삔디까 장자에게 이런 생각이 들었다. '오늘은 세존을 친견하러 갈 적당한 시간이 아니다. 내일 이맘 때 쯤에 세존을 친견하러 가리라.' 그는 부처님을 향해서 마음챙김을 두고 누웠지만 새벽이 다 된 줄 알고 밤에 세 번이나 일어났다.892)

하기에는 너무 어렸다고 한다.(SA.i.311)

891) 아나타삔디까(급고독) 장자(Anāthapiṇḍika gahapati)가 처음 세존을 친견한 일화는 『율장』(Vin.ii.154~159)에 아주 상세하게 묘사되어 나타난다. 『율장』에 따르면 본경에 나타나는 급고독 장자가 세존을 처음 뵌 것은 세존께서 성도하신 다음 해에 그가 사업상 라자가하를 방문했을 때라고 한다.(Vin.ii.154) 그의 원래 이름은 수닷따(Sudatta)였으며 아나타삔디까(Anāthapiṇḍika)는 애칭으로 '무의탁자들에게 음식을 베푸는 자'라는 뜻이다. 그는 사왓티의 금융업자(seṭṭhi, 혹은 상인)였으며, 수마나 상인(Sumana-seṭṭhi)의 아들이다. 우리에게 수보리 존자로 잘 알려진 수부띠 존자(āyasmā Subhūti)는 아나타삔디까 장자의 동생이다.
그리고 이 급고독 장자가 제따 왕자와 함께 제따 숲(Jetavāna)에 지어서 승단에 기증한 사원의 이름이 바로 초기불전에 너무 많이 등장하는 아나타삔디까 원림(Anāthapiṇḍikassa ārāma) 즉 급고독원(給孤獨園)이다. 이 제따와나의 아나타삔디까 원림은 우리나라에서 기원정사(祇園精舍)로 알려진 곳이고, 세존께서 말년 19년 동안을 여기서 보내셨다고 한다.(DhA.i.3; Bu A.3; AA.i.314)

892) "그는 밤의 초경이 지날 무렵 잠에서 깨어 부처님을 계속해서 생각하자(Buddhaṁ anussari) 강한 청정한 믿음(balava-ppasāda)이 생겼고 희열

그래서 아나타삔디까 장자는 공동묘지의 문이 있는 곳으로 갔는데 비인간이 문을 열어주었다. 그때 아나타삔디까 장자가 도시를 나가자 빛이 사라지고 어둠이 드러났다. 그는 두려움과 공포와 털끝이 곤두섬을 느껴서 다시 되돌아가고자 하였다.893)

4. 그러자 시와까 약카가 모습을 감춘 채 소리를 내었다.

"십만의 코끼리와 십만의 말과
십만의 노새가 끄는 수레와
보석과 귀고리로 치장을 한 십만의 처녀도894)
여기서 한 발짝 내딛는 발자국에 비하면
16분의 1에도 미치지 못하도다.
장자여, 앞으로 나아가시오.
장자여, 앞으로 나아가시오.
앞으로 나아가는 것이 더 낫고

의 빛(pīti-āloka)이 생겨 모든 어둠(sabba-tama)이 사라졌다. 그것은 마치 천 개의 등불을 켠 것과 같았고 태양이 떠오른 것과 같았다. 그래서 그는 이미 새벽이 되어 해가 뜬 줄 알고 승원으로 떠날 채비를 한 것이다. 밖에 나와서 달을 보고는 단지 초경이 지났음을 알았다. 2경과 3경에도 마찬가지였다."(SA.i.313)

893) 본경에서 보듯이 차가운 숲(Sītavana) 근처에는 공동묘지(sīvathika)가 있었다. 주석서에 의하면 장자는 이 때문에 두려워하였다고 한다. 빛(āloka)과 어둠(andhakāra)의 교차는 장자 내면의 믿음과 두려움을 보여주는 것이라고 한다.(SA.i.313~314)

894) 게송에는 sataṁ kaññāsahassāni(100×1000=십만의 처녀들)로 천(sahassa)이 처녀들의 수식어로만 나타나고 나머지는 모두 백의 코끼리(sataṁ hatthī) 등으로 백(sata)만이 적용되어 나타난다. 그러나 주석서는 처녀들의 수식어로 나타나는 '천'이라는 숫자는 모든 곳에 다 적용시켜야 한다고 설명하고 있어서(SA.i.314) 백의 코끼리 등 대신에 십만의 코끼리 등으로 옮겼다.

뒤로 물러서는 것은 좋지 않다오." {837}

그러자 아나타삔디까 장자에게 어둠은 사라지고 빛이 드러났고 그가 느꼈던 두려움과 공포와 털끝이 곤두섬은 누그러졌다.

5. 두 번째로 …895) 세 번째로 아나타삔디까 장자가 도시를 나가자 빛이 사라지고 어둠이 드러났다. 그는 두려움과 공포와 털끝이 곤두섬을 느껴서 다시 되돌아가고자 하였다.

그러자 세 번째로 시와까 약카가 모습을 감춘 채 소리를 내었다.

"십만의 코끼리와 십만의 말과
십만의 노새가 끄는 수레와
보석과 귀고리로 치장을 한 십만의 처녀도
여기서 한 발짝 내딛는 발자국에 비하면
16분의 1에도 미치지 못하도다.
장자여, 앞으로 나아가시오.
장자여, 앞으로 나아가시오.
앞으로 나아가는 것이 더 낫고
뒤로 물러서는 것은 좋지 않다오." {839}

그러자 아나타삔디까 장자에게 [212] 어둠은 사라지고 빛이 드러났고 그가 느꼈던 두려움과 공포와 털끝이 곤두섬은 누그러졌다.

6. 그때 아나타삔디까 장자는 차가운 숲으로 세존께 다가갔다. 그 무렵 세존께서는 밤이 지나고 새벽이 되었을 때 자리에서 일어나셔서 노지에서 포행을 하고 계셨다. 세존께서는 아나타삔디까 장자

---

895) 위 {837}도 이 두 번째의 생략된 부분에 포함되어야 하는데 그 게송의 번호가 {838}이 된다.

가 멀리서 오는 것을 보셨다. 보시고는 포행단에서 내려오셔서 마련된 자리에 앉으신 뒤 아나타삔디까 장자에게 이렇게 말씀하셨다.

"오라, 수닷따여."896)

7. 그러자 아나타삔디까 장자는 '세존께서 내 이름을 불러주시는구나.'라고 [모골이 송연하고 감격하여]897) 거기서 세존의 두 발에 머리를 대고 엎드려서 세존께 이렇게 여쭈었다.

"세존이시여, 세존께서는 편히 잘 주무셨습니까?"

8. [세존]

"모든 오염원이 가라앉은 진정한 바라문
감각적 욕망에 흔들리지 않고
청량하고 재생의 근거 놓아버린 자
그런 그는 아주 편히 자노라. {840}

모든 갈애를 끊고
마음의 근심 잠재우고
마음을 고요함으로 향하게 한 뒤
그는 평온하게 잘 자노라."898) {841}

---

896) "장자는 가면서 '내가 어떻게 스승이 깨달은 분(buddha-bhāva)인지를 알 수 있을까?'라고 생각하였다. 그러자 그는 '많은 사람들은 [급고독이라는] 나의 덕(guṇa)에서 생긴 이름만을 알고 있다. 그러나 가문에서 지어준 이름인 [수닷따]는 아무도 모른다. 만일 그분이 부처님(buddha)이시라면 나를 가문에서 지어준 이름(kula-dattika-nāma)으로 불러주실 것이다.'라고 생각하였다. 세존께서는 그의 마음을 아시고 이렇게 [수닷따라고] 부르신 것이다."(SA.i.315)

897) '[모골이 송연하고 감격하여]'는 haṭṭo udaggo를 옮긴 것인데 Be에만 나타나고 있다. 그래서 [ ] 안에 넣어서 옮겼다.

898) 본 게송은 『앙굿따라 니까야』 「알라와까 경」(A3:34)에도 나타나고 있다.

숙까 경1(S10:9)

Sukkā-sutta

1. 이와 같이 나는 들었다. 한때 세존께서는 라자가하에서 대나무 숲의 다람쥐 보호구역에 머무셨다.

2. 그 무렵 숙까 비구니[899]가 많은 회중에 둘러싸여 법을 설하고 있었다.

그때 숙까 비구니에게 청정한 믿음을 가진 약카가 라자가하에서 이 거리 저 거리로 이 광장 저 광장으로 다니더니 그때 이 게송들을 읊었다.

3. "라자가하 사람들에게 무슨 일이 생겼는가?
마치 그들은 술을 마신 듯이 잠들어 있고[900]
불사의 길 설하는 숙까를 섬기지 않는구나. {842}[901]

---

899) 『장로니게 주석서』(ThigA)에 의하면 숙까 비구니(Sukkā bhikkhunī)는 라자가하의 큰 장자집안(gahapati-mahāsāla-kula) 출신이다. 세존께서 라자가하에 오셔서 설법하는 것을 듣고 청신녀가 되었으며, 뒤에 담마딘나(Dhammadinnā, A1:14:5-5에서 세존께서 '법을 설하는 자들 가운데서 으뜸'이라고 칭찬하신 비구니임) 비구니가 설법하는 것을 듣고 그녀의 곁으로 출가하여 오래지 않아서 무애해를 갖춘 아라한이 되었다고 한다. 그녀는 아라한이 된 뒤에 오백 명의 비구들에 싸여서 법을 설하였다고 한다. 본경에서 보듯이 그녀의 설법을 들은 약카가 환희심이 나서 여러 곳을 다니면서 게송을 읊고 있다.(ThigA.57~60)
그녀의 게송이 『장로니게』(Thig) {54~56}으로 전해 온다.

900) '술을 마신 듯이 잠들어 있다'는 Se, Ee2의 madhupītā va seyyare와 Be의 madhupītā va seyare와 Ee1, Thig {54}의 madhupītā va acchare를 옮긴 것이다. 주석서는 "그들은 마치 꿀 술(Be: gandhamadhupāna, Se: gaṇḍhamadhupāna)을 마신 것처럼 잠들었다. 왜냐하면 이것을 마신 자는 머리를 들지 못하고 그 자리에서 정신을 잃어버리기 때문이다."(SA.i.316)라고 설명하고 있다. 복주서에 의하면 간다마두(Gandhamadhu)는 꿀의 일종인데 아주 달고 취하게 하는 것이라고 설명하고 있다.(SAṬ.i.278)

그러나 그 [법은] 거부할 수 없고902)
감로수903)요 자양분을 두루 갖추었으니
지혜로운 자 그것을 마실 수밖에 없으리니
마치 나그네가 구름을 마시듯이."904) {843}

숙까 경2(S10:10)

1. 이와 같이 나는 들었다. 한때 세존께서는 라자가하에서 대나무 숲의 다람쥐 보호구역에 머무셨다. [213]

2. 그 무렵 어떤 재가자가 숙까 비구니에게 음식을 보시하였다.

그때 숙까 비구니에게 청정한 믿음을 가진 약카가 라자가하에서 이 거리 저 거리로 이 광장 저 광장으로 다니더니 그때 이 게송들을

---

901) {842~843}은 『장로니게』(Thig) {54~55}로도 나타나고 있다.

902) "'거부할 수 없고(appaṭivānīyaṁ)'란, 거부할 수 없는 법(dhamma)을 설한다는 말이다. 보통의 음식은 아무리 맛이 있더라도 계속해서 먹으면 물리지만 이 법은 그렇지 않다. 지혜로운 자는 백년이나 천년을 들어도 물리지(titti) 않는다는 말이다."(SA.i.316)

903) '감로수'로 옮긴 원어는 asecanaka이다. 주석서는 anāsittaka(섞이지 않은 것)으로 설명하고 있다. 주석서는 이 단어가 √siñc(*to sprinkle*)에서 파생된 단어로 설명하지만 학자들은 다른 예를 들면서 이 단어가 √sek(*to satiate*)에서 파생된 것으로 간주한다. 역자는 후자를 따르고 보디 스님의 제안을 받아들여서 감로수로 의역을 하였다.
주석서는 법이 감로수이고 자양분을 갖춘 이유를 이렇게 설명한다.
"먹는 음식은 다른 양념들을 뿌려야(āsittāni) 맛이 나지만 법은 그 법의 성품(dhammatā)에 의해서 본래 달콤하고 영양분이 가득하기 때문에 다른 것을 가미할(upasitta) 필요가 없다."(SA.i.316)

904) "'마치 나그네가 구름을 마시듯이(valāhakam eva panthagū)'란, 열기에 타들어가는(ghamma-abhitattā) 여행자들(pathikā)이 구름이 내리는 물(udaka)을 마시는 것과 같다는 말이다."(SA.i.316)

읊었다.

3. "모든 매듭으로부터 풀려난
숙까에게 음식을 보시하여
참으로 그는 많은 공덕 쌓았나니
그 청신사 참으로 지혜로운 자로다."905) {844}

찌라 경(S10:11)
Cīrā-sutta

1. 이와 같이 나는 들었다. 한때 세존께서는 라자가하에서 대나무 숲의 다람쥐 보호구역에 머무셨다.

2. 그 무렵 어떤 재가자가 찌라 비구니에게 옷을 보시하였다. 그때 찌라 비구니에게 청정한 믿음을 가진 약카가 라자가하에서 이 거리 저 거리로 이 광장 저 광장으로 다니더니 그때 이 게송들을 읊었다.

3. "모든 속박으로부터 풀려난
찌라에게 옷을 보시하여
참으로 그는 많은 공덕을 쌓았나니
그 청신사 참으로 지혜로운 자로다." {845}

---

905) 본 게송과 다음 게송은 『장로니게』(Thig) {111}과 비슷하다.

알라와까 경(S10:12)906)

Āḷavaka-sutta

1. 이와 같이 나는 들었다. 한때 세존께서는 알라위에서 알라와까 약카의 거처에 머무셨다.907)

2. 그때 알라와까 약카가 세존께 이렇게 말씀드렸다.

"사문이여, 나가시오."

세존께서는 "알았노라, 도반이여."라고 하면서 나가셨다.

"사문이여, 들어오시오."

세존께서는 "알았노라, 도반이여."라고 하면서 들어가셨다.

3. 두 번째로 … [214] 세 번째로 알라와까 약카가 세존께 이렇게 말씀드렸다.

---

906) 본경은 『숫따니빠따』(Sn1:10/31~33)에도 나타나고 있으며 스리랑카에서는 Maha Pirit Pota(대 보호주를 모은 책)에 포함되어 독송되고 있다.

907) 주석서는 본경에 얽힌 긴 일화를 담고 있다.(SA.i.316 이하) 중요 부분만 요약하면 다음과 같다.
어느 날 알라위(Āḷavī)의 알라와까(Āḷavaka) 왕이 사냥을 나갔다가 약카에게 잡혔다. 약카는 왕을 먹어버리겠다고 위협하였고 왕은 매일 한 사람씩을 그의 먹이로 보내겠다고 약속하고 풀려났다. 왕은 매일 죄수들을 보내었는데 마침내 죄수들이 다 보내지자 각 가정에서 아이를 한명씩 차례대로 보내라고 명령하였다. 그러자 아이를 가진 사람들이 모두 다른 지방으로 도망을 가 버렸고 왕은 마침내 자신의 아들(알라와까 왕자)을 약카의 먹이로 보내게 되었다. 이 사실을 아신 부처님이 약카의 사악함을 되돌리기 위해서 왕자가 보내지기 전날에 그의 동굴로 찾아가셨다. 약카는 히말라야에서 열리는 약카들의 회합에 참석하러 갔었고 세존께서는 약카의 동굴에 들어가서 약카의 왕좌에 앉으셔서 약카의 궁녀들에게 법을 설하셨다. 이 소식을 들은 약카는 화가 나서 알라위로 돌아와서 본경에서처럼 자신의 왕좌에서 일어나서 나가라고 부처님께 요구하는 것이다.
알라위(Āḷavī)에 대해서는 본서 제2권 「외아들 경」(S17:23) §3의 주해를 참조할 것.

"사문이여, 나가시오."

세존께서는 "알았노라, 도반이여."라고 하면서 나가셨다.

"사문이여, 들어오시오."

세존께서는 "알았노라, 도반이여."라고 하면서 들어가셨다.

4. 네 번째로 알라와까 약카가 세존께 이렇게 말씀드렸다.

"사문이여, 나가시오."

"도반이여, 나는 나가지 않을 것이다. 그러니 그대가 하고 싶은 대로 하라."908)

"사문이여, 그대에게 질문을 할 것이오. 만일 제대로 설명하지 못하면 그대의 마음을 돌게 만들거나 그대의 심장을 찢어버리거나 그대의 발을 잡고 강가 강 저 너머로 던져버릴 것이오."909)

"도반이여, 나는 신과 마라와 범천을 포함한 세상에서, 사문·바라문과 신과 사람을 포함한 무리 가운데에서, 나의 마음을 돌게 만들거나 나의 심장을 찢어버리거나 나의 발을 잡고 강가 강 저 너머로 던질만한 자를 결코 보지 못한다. 그렇지만 그대가 원하는 것은 무엇이든지 물어보라."910)

---

908) 부처님께서는 거친 약카의 마음을 누그러뜨려 설법을 받아들일 수 있는 그릇(dhamma-kathāya bhājana)으로 만들기 위해서 그가 시키는 대로 순응하셨지만 약카가 밤새도록 이렇게 하려는 것을 알고 네 번째에는 이렇게 말씀하신 것이라고 주석서는 어머니와 우는 아이의 비유 등을 들면서 설명하고 있다.(SA.i.326)

909) "이 약카가 어렸을 때 약카의 부모는 깟사빠(Kassapa) 부처님을 친견하고 배웠던 여덟 가지 질문과 답을 이 약카에게 가르쳤다고 한다. 약카는 그 답은 잊어버렸지만 질문은 황금 두루마리(suvaṇṇa-paṭṭha)에 주홍색(jāti-hiṅgulaka) 글씨로 써둔 것이 그의 동굴에 있었다."(SA.i.327)

910) "'그대가 원하는 것은 무엇이든지 물어보라.'는 것은 그에게 일체지자의 권유로 권유한 것이다(sabbaññu-pavāraṇaṁ pavāresi). 이런 권유는 벽지불이나 상수제자나 큰 제자(paccekabuddha-aggasāvaka-mahāsāvaka)

5. [알라와까]
"무엇이 인간의 으뜸가는 재화이며
무엇을 잘 닦아야 행복 가져옵니까?
무엇이 참으로 가장 뛰어난 맛이며
어떻게 살아야 으뜸가는 삶이라 부릅니까?" {846}

6. [세존]
"믿음이 인간의 으뜸가는 재화이며
법을 잘 닦아야 행복 가져오느니라.
진리가 참으로 가장 뛰어난 맛이며
통찰지로 살아야 으뜸가는 삶이라 부르노라."911) {847}

들은 갖추지 못한다. 오직 일체지자인 부처님만이 하실 수 있는 말씀이다." (SA.i.327)

911) "'믿음이 으뜸가는 재화(saddhīdha vittaṁ)'라는 것은 믿음은 세간적이거나 출세간적인 행복을 가져다주고 태어나고 늙는 괴로움을 완화시켜주며 깨달음의 구성요소라는 보배를 얻는 수단 등이 되기 때문이다.
여기서 '법(dhamma)'이란 열 가지 유익한 법[十善法, dasa-kusala-dhamma], 혹은 보시와 지계와 수행(dāna-sīla-bhāvanā-dhamma)을 말한다.(복주서는 후자의 의미를 강조하고 있다. — SAṬ.i.281) '행복을 가져온다(sukham āvahati).'는 것은 이 법을 닦으면 인간의 행복(manussa-sukha = 금생의 행복)과 천상의 행복(dibba-sukha = 내생의 행복)과 궁극적으로는(pariyosāne) 열반의 행복(nibbāna-sukha = 궁극적인 행복)을 가져온다는 뜻이다.
'진리(sacca)'에는 여러 가지 의미가 있는데 여기서는 궁극적 진리(승의제, 勝義諦, paramattha-sacca)인 열반과 [거짓말을] 멀리 여읜 진리(virati-sacca)를 포함한 바른 말로서의 진리(vācā-sacca)를 뜻한다. 이것이 '가장 뛰어난 맛(sādutaraṁ rasānaṁ)'이라고 한 것은, 보통 음식의 맛은 오염된 행복을 가져다주지만 진리의 맛은 사마타와 위빳사나 등으로 마음을 고양시켜 오염되지 않은(asaṁkilesika) 행복을 가져다주기 때문이다.
'통찰지를 [구족하여] 살아야 으뜸가는 삶(paññājīviṁjīvitaṁ seṭṭhaṁ)'이라고 했다. 재가자는 바른 직업을 가지고 삼귀의를 하고 보시와 공양을 하고 계를 구족하고 포살을 실천하는(kammantānuṭṭhāna-saraṇagamana-

7. [알라와까]

"어떻게 폭류를 건너고
어떻게 험난한 바다를 건넙니까?
어떻게 괴로움을 극복하고
어떻게 청정하게 됩니까?" {848}

8. [세존]

"믿음으로 폭류를 건너고
불방일로 험난한 바다를 건너노라.
정진으로 괴로움을 극복하고
통찰지로 청정하게 되도다."912) {849}

---

dānasaṁvibhāga-sīlasamādān-uposathakamma) 재가의 도닦음을 실천한다. 출가자는 이를 넘어서서 후회하지 않음을 행하는 계행이라 불리고(avippaṭisārakara-sīla-saṅkhāta) 마음을 청정하게 함(citta-visuddhi) 등으로 구분되는 출가자의 도닦음을 닦아서 통찰지를 갖추어서 삶을 영위한다. 이런 뜻을 알아야 한다."(SA.i.328~330)
그리고 이상의 두 게송은 본서 「재화 경」(S1:73) {227~228}과 같다.

912) 주석서는 네 가지 폭류(ogha)를 본 게송의 각각의 구에 적용시켜서 설명하고 있다. 본서 제4권 「폭류 경」(S38:11)이나 제5권 「폭류 경」(S45:171) 등에 의하면 네 가지 폭류가 있다. 그것은 감각적 욕망의 폭류, 존재의 폭류, 견해의 폭류, 무명의 폭류이다.
'믿음(saddhā)'은 예류자의 네 가지 구성요소의 토대(본서 제6권 「전륜성왕 경」(S55:1) §8 참조)이기 때문에 첫 번째 구는 견해의 폭류를 건넌 예류도와 예류과를 보여주는 것이다. 둘째 구는 '불방일(appamāda)'로 존재의 폭류를 건넌 일래도와 일래과를, 세 번째 구는 '괴로움(dukkha)' 덩어리인 감각적 욕망의 폭류를 극복한 불환도와 불환과를, 네 번째 구는 '통찰지를 통해서 완전히 청정하게 되어(paññāya parisujjhati)' 무명의 폭류를 건넌 아라한도와 아라한과를 드러내고 있다고 주석서는 설명하고 있다.(SA.i.330~331) 이렇게 해서 약카는 그의 부모로부터 들었던 8가지 질문을 드렸고 세존께서는 모두 대답을 하셨다.
"이러한 아라한과를 정점으로 하는(arahatta-nikūṭa) 가르침을 담은 게송이 끝나자 약카는 예류과에 확립되었다."(SA.i.331)

9. [알라와까]

"어떻게 통찰지를 얻고[913]
어떻게 재물을 획득합니까?
어떻게 명성을 얻고
어떻게 친구를 내 편으로 만듭니까?
이 세상에서 저 세상으로 갈 때
어떻게 슬퍼하지 않습니까?" {850}

10. [세존]

"열반을 증득하기 위해서
아라한들의 법에 믿음을 가지고
방일하지 않고 주도면밀한 자는
배우고자 함을 통해[914] 통찰지를 얻느니라.[915] {851}

---

913) "부처님께서 '통찰지를 통해서 완전히 청정하게 된다.'고 말씀하시자 약카는 통찰지라는 구절(paññā-pada)을 취해서 자신의 영감(paṭibhāna)으로 세간적인 것과 출세간적인 것이 섞인(lokiya-lokuttara-missaka) 질문을 드리는 것이다."(SA.i.331)

914) Be의 sussūsaṁ 대신에 Se, Ee1&2의 sussūsā로 읽어서 옮겼다.

915) "이제 여기서 세존께서는 통찰지를 얻기 위한 네 가지 원인(kāraṇa)을 말씀하고 계신다. 아라한들, 즉 부처님과 벽지불과 제자들은 예비 단계에서는 몸으로 짓는 좋은 행위 등(kāya-sucaritādi)과 다음 단계에서는 37가지 보리분(조도품, bodhi-pakkhiya)의 법으로 열반을 증득하는데, 먼저 그는 그 아라한들의 법들에 '믿음을 가짐(saddhahāna)'으로 해서 열반을 얻기 위한 세간적이고 출세간적인 통찰지(lokiya-lokuttara-paññā)를 얻는다. 그러나 그것은 단지 믿음만으로 얻어지는 것은 아니다.
믿음이 생긴 자는 [스승을] 친견하고(upasaṅkamati), 친견하면 섬기게 되고(payirupāsati), 섬기면 귀를 기울이고(sotaṁ odahati), 귀를 기울이면 법을 듣는다(dhammaṁ suṇāti). 그러므로 그는 친견하기 때문에 법을 듣고 그래서 '배우고자 함(sussūsa)'이 생긴다. 이렇게 하여 귀를 기울이고 배우려고 할 때 통찰지가 생긴다. 그리고 그는 마음챙김을 놓아버리지 않아서(sati-avippavāsa) '방일하지 않고(appamatta)', 좋은 말씀과 나쁜 말을

적절한 것 행하고 충실하고
진취적인[916] 사람은 재물을 획득하고 [215]
진실로써 명성을 얻고
보시로써 깊은 우정을 맺나니
이렇게 하면 이 세상에서 저 세상으로 갈 때
슬퍼하지 않느니라. {852}

진실, 길들임, 확고부동함, 베풂
이런 네 가지 법 갖춘 믿음 있는 재가자는
이 세상에서 저 세상으로 갈 때 슬퍼하지 않느니라. {853}

오라, 다른 여러 사문에게 물어보고
바라문들에게도 역시 물어보라.
진실, 길들임, 베풂, 인내보다

구분할 줄 아는 '주도면밀함(vicakkhaṇ)'을 얻어 지녀야 한다.
이와 같이 '믿음'을 통해서 통찰지를 얻게 되는 도닦음을 수행하게 된다(paṭipadaṁ paṭipajjati). '배우고자 함'을 통해서 통찰지를 얻는 수단(paññādhigam-ūpāya)을 듣게 된다. '방일하지 않음'을 통해서 배운 것을 잊지 않고(na pamussati) [마음챙기게] 된다. '주도면밀함'을 통해서 모자라지도 않고 넘치지도 않고(anūna-adhika) 전도됨이 없이(aviparīta) 자신이 배운 것을 확장(vitthārika)하게 된다.
혹은 '배우고자 함'을 통해서 귀를 기울여 통찰지를 증득하는 원인(paññā-paṭilābha-hetu)이 되는 법을 듣는다. '방일하지 않음'을 통해서 배운 법을 호지한다(dhāreti). '주도면밀함'을 통해서 호지한 법들의 뜻을 숙고한다(upaparikkhati). 그러면 순차적으로 궁극적 진리(승의제, paramattha-sacca)를 실현하게 된다. 그래서 세존께서는 약카가 '어떻게 통찰지를 얻습니까?'라고 질문 드리자 이렇게 네 가지 원인을 보여주시면서 이 게송을 말씀하신 것이다."(SA.i.331~332)

916) "'충실한(dhuravā)'이란 정신적인 노력(cetasika-vīriya)을 통해서 자신의 의무를 게을리 하지 않음(anikkhitta-dhura)을 말한다. '진취적인(uṭṭhātā)'이란 육체적인 노력(kāyika-vīrīya)을 통해서 진취적이고 느슨하지 않고 애쓰는 것(asithila-parakkama)을 뜻한다."(SA.i.332)

뛰어난 것이 이 세상에 있는지를."917) {854}

11. [알라와까]
"왜 제가 여러 사문과 바라문들에게 물어보겠습니까?
오늘 저는 미래의 이익918)을 꿰뚫어 알았습니다. {855}

부처님께서는 저의 이익 위해서
이곳 알라위에 와서 머무십니다.
어디에 보시하면 큰 결실이 있는지를
저는 오늘 여기서 꿰뚫어 알았습니다. {856}

그런 저는 완전하게 깨달으신 부처님과
수승한 그분 법에 귀의하고 예배하며
마을에서 마을로 그리고
이 성에서 저 성으로 다닐 것입니다."919) {857}

---

917) {853}과 {854}에 나타나는 네 쌍의 술어는 서로 다르다. 그리고 이 술어들은 {851}과 {852}에 나타나는 네 쌍의 술어들과도 다르다. 보디 스님은 주석서와 복주서를 면밀히 검토하고 판본들을 검토한 뒤 다음과 같은 결론을 도출하고 있다.
(1) {852}: 진실(sacca) = {853~854}: 진실(sacca)
(2) {851}: 통찰지(paññā) = {853}: 법(dhamma) = {854}: 길들임(damā)
(3) {852}: 보시(dāna) = {853~854}: 베풂(cāga)
(4) {852}: 충실함과 진취적임(dhuravā uṭṭhātā) = {853}: 확고부동함(dhiti) = {854}: 인내(khanti)

918) '미래의 이익'은 attho samparāyiko를 옮긴 것이다. samparāyika(미래에 속하는 것)가 attha(이익)를 수식하는 것으로 이해한 것이다.
주석서는 여기서 attha를 금생의(diṭṭha-dhammika) 이익으로 해석하고 samparāyika를 미래의 이익으로 이해하고 있다.(SA.i.334) 그런데 병렬접속사 ca가 나타나지 않기 때문에 역자는 미래의 이익으로 옮겼다.

919) 주석서는 이 이후의 일화를 계속해서 적고 있다. 요약하면 다음과 같다.
약카가 이 게송을 말씀드렸을 때는 이미 태양이 떠올랐고 왕의 사람들이 아기 왕자를 희생의 재물로 약카에게 데려와서 약카에게 건네주었다. 약카는 약카 상윳따(S10)가 끝났다.

여기에 포함된 경들의 목록은 다음과 같다.

① 인다까 ② 삭까나마까 ③ 수찔로마
④ 마니밧다 ⑤ 사누 ⑥ 삐양까라 ⑦ 뿌납바수
⑧ 수닷따, 두 가지 ⑨~⑩ 숙까
⑪ 찌라 ⑫ 알라와까이다.

그 어린애를 세존께 드렸으며 세존께서는 축복의 게송을 읊으신 후 왕의 사람들에게 다시 되돌려주었다. 왕자는 장성하여 핫타까 알라와까(Hatthaka Āḷavaka)로 알려졌는데 그는 이 사람의 손(핫타까, hattha)에서 저 사람의 손으로 건네졌기 때문에 가진 이름이라고 한다.
그는 재가에 있으면서 불환과를 증득하였으며 부처님의 으뜸가는 재가제자 가운데 한 사람으로 유명하다. 그는 본서 제2권 「외아들 경」(S17:23) §3에서 재가자의 모범으로 간주되고 있으며, 『앙굿따라 니까야』 「하나의 모음」(A1:14:6-4)에서는 사섭법을 갖춘 자들 가운데서 으뜸으로 칭송되고 있고, 앙굿따라 니까야 「발원 경」 3(A2:12:3)과 「포부 경」(A4:176) §3에서는 본받아야 할 대표적인 남자 신도로 거명되고 있으며, 「핫타까 경」 1/2(A8:23; 24)에서도 칭송되고 있다.

제11주제

삭까 상윳따(S11)

제11주제(S11)

삭까 상윳따

Sakka-saṁyutta

제1장 첫 번째 품

Paṭhama-vagga

수위라 경(S11:1)

Suvīra-sutta

1. 이와 같이 [216] 나는 들었다. 한때 세존께서는 사왓티에서 제따 숲의 아나타삔디까 원림(급고독원)에 머무셨다.

2. 거기서 세존께서는 "비구들이여."라고 비구들을 부르셨다. "세존이시여."라고 비구들은 세존께 응답했다. 세존께서는 이렇게 말씀하셨다.

3. "비구들이여, 옛날에 아수라들이 신들과 전쟁을 했다. 비구들이여, 그때 신들의 왕 삭까[920]가 신의 아들 수위라를 불러서 말했다.[921]

---

920) 삭까(Sakka, Sk. Śakra)는 중국에서 제석(帝釋) 혹은 석제(釋提)로 음역되었고 천주(天主)로 번역되기도 한 신이며, 인도의 베다에서부터 등장하는 인도의 유력한 신인 인드라(Indra)를 말한다. 본 상윳따의 「삭까의 이름 경」(S11:12)에는 그의 이름 7가지를 열거하는데 그 가운데 세 번째에서 그는 인간으로 있을 때 철저하게 보시를 베풀었다(sakkaccam dānam adāsi)고 해서 삭까(Sakka)라 한다고 설명하고 있다. 그러나 Sakka의 산스끄리뜨 Śakra는 √śak(*to be able*)에서 파생된 단어로 베다에서부터 '힘센, 막강한'이라는 형용사로도 쓰였고 인도 서사시 『마하바라따』에서부터 인드라

'얘야 수위라야, 이수라들이 신들과 전쟁을 하러 온다. 수위라야, 그대는 아수라들과 대적하라.'

의 이름으로 정착이 된 것으로 보인다. 초기불전들에서는 또 하나의 Sakka라는 표기가 나타나는데 석가족을 뜻한다. 그러나 이 단어는 산스끄리뜨 샤꺄(Śākya)의 빠알리 표기이지 인드라를 뜻하는 산스끄리뜨 Śakra가 Sakka로 표기된 본 단어와는 전혀 다른 것이다.

베다에서 이미 인드라는 끄샤뜨리야의 신으로 자리매김이 되었다. 베다의 후기 시대부터 인도의 모든 신들에게도 사성(四姓)계급이 부여되는데 아그니(Agni, 불의 신)는 바라문 계급의 신으로, 인드라는 끄샤뜨리야의 신으로 베딕 문헌에 나타난다. 베다 문헌들에서 신들은 자주 '인드라를 비롯한 신들(Indraśreṣṭāḥ devāḥ)'로 표현되어 나타난다. 이를 받아들여서 본경뿐만 아니라 본 상윳따에 포함되어 있는 25개의 모든 경들에서도 "신들의 왕 삭까(Sakko devānam indo)"로 나타나고 있으며 다른 상윳따에도 이렇게 나타난다. 그리고 이 표현은 『디가 니까야』「께왓다 경」(D11) §70 등과 『맛지마 니까야』「짧은 갈애를 부숨 경」(M37/i.252) 등과 『앙굿따라 니까야』「사대천왕 경」2(A3:37) 등으로 니까야의 여러 곳에 나타나고 있다. 삭까는 구체적으로는 삼십삼천의 신들의 왕이며 그래서 삼십삼천은 제석천이라고도 부른다. 본서「삭까의 예배 경」1/2(S11:18) 등에 의하면 인드라는 삼십삼천의 웨자얀따(Vejayanta) 궁전에 거주한다. 초기불전에서 인드라가 부처님께 와서 설법을 듣고 가는 것을 묘사한 경전이 몇몇 있으며, 목갈라나 존자가 이 궁전을 손가락으로 진동시켜 신들에게 무상의 법칙을 일깨웠다는 경전도 나타난다.(M37 §11)『디가 니까야』제2권「제석문경」(D21)은 이런 신들의 왕 삭까가 세존과의 문답을 통해서 예류자가 되는 것을 기술하고 있다. 불교에서는 초기불교에서부터 불교를 보호하는 신[護法善神]으로 일찍부터 받아들여졌다.

921) 본품의 경들은 삼십삼천의 신들과 아수라들 간의 지속적인 전쟁을 묘사하고 있다. 신들은 광명과 평화와 화합의 힘을 대표하고 아수라들은 폭력과 분쟁과 불화의 힘을 나타낸다 할 수 있다. 본서 제4권「보릿단 경」(S35:248) §7을 참조할 것.

주석서에 의하면 신들은 다섯 무리의 전선(戰線)에 의해서 방어된다고 한다. 그 다섯은 나가(nāga, 용)들과 수빤나(supaṇṇa, 가루다)들과 꿈반다(kum-bhaṇḍa)들과 약카(yakkha)들과 사대천왕(cattu-mahārāja)들이다. 아수라들이 이 다섯 전선을 돌파하면 사대천왕들은 신들의 왕인 삭까(인드라)에게 이 사실을 보고한다고 한다. 그러면 삭까가 직접 마차를 타고 전선으로 가거나 그의 아들들 가운데 한 명에게 임무를 맡긴다. 본경에서 삭까는 그의 아들 수위라(Suvīra)를 보내려고 하고 있다.(SA.i.338~340)

'알겠습니다, 경이로운 분이시여.'라고 신의 아들 수위라는 신들의 왕 삭까에게 대답하였지만 그는 방일에 빠졌다."922)

4. "두 번째로 … 세 번째로 신들의 왕 삭까가 신의 아들 수위라를 불러서 말했다.

'얘야 수위라야, 아수라들이 신들과 전쟁을 하러 온다. 수위라야, 그대는 아수라들과 대적하라.'

'알겠습니다, 경이로운 분이시여.'라고 신의 아들 수위라는 신들의 왕 삭까에게 대답하였지만 그는 방일에 빠졌다." [217]

5. "비구들이여, 그때 신들의 왕 삭까는 신의 아들 수위라에게 게송으로 말했다.

'분발하지 않고도 노력하지 않고도
행복을 얻을 수 있는 곳이 있다면
수위라여, 그대 그곳으로 가라.
그리고 나도 제발 그곳으로 데려 가다오.' {858}

6. [수위라]
'게으른 자가 분발하지 않고
아무 일도 하지 않는데도
모든 감각적 욕망을 성취할 수 있다면
삭까여, 그런 은총 제게 주소서.'923) {859}

---

922) 주석서에 의하면 그는 요정들의 무리에 둘러싸여(accharā-saṅgha-parivuta) 60요자나가 넘는 황금으로 만들어진 대로(suvaṇṇa-mahāvīthi)에 들어가서 난다나 정원 등에서 별자리 놀이를 하며(nakkhattaṁ kīḷanta) 소일했다고 한다.(SA.i.340)

923) '삭까여, 그런 은총 제게 주소서.'로 옮긴 원어는 taṁ me sakka varaṁ disa이다. 주석서는 이렇게 설명하고 있다.

7. [삭까]

'게으른 자가 분발하지 않고도
끝없는 행복 얻는 곳이 있다면
수위라여, 그대 그곳으로 가라.
그리고 나도 제발 그곳으로 데려 가다오.' {860}

8. [수위라]

'최고의 신이여, 일하지 않고도
행복을 얻을 수 있는 [은총이 있다면]
삭까여, 슬픔 없고 절망 없는
그런 은총 제게 주소서.' {861}

9. [삭까]

'일하지 않고도 쇠퇴하지 않는
어떤 곳이 어느 곳에든 있다고 한다면
그것은 바로 열반의 길이리니[924]
수위라여, 그대 그곳으로 가라.
그리고 나도 제발 그곳으로 데려 가다오.'" {862}

"으뜸가는 신인 삭까여, 그러한 축복받은 최상의 경지나 기회를 주시고 일러주시고 말해 주십시오(sakka devaseṭṭha, taṁ me varaṁ uttamaṁ ṭhānaṁ okāsaṁ disa ācikkha kathehi)."(SA.i.340)
역자는 보디스님의 제안을 받아들여 varaṁ을 은총(*boon*)을 뜻하는 명사로 이해해서 이렇게 옮겼다.

924) "'열반의 길(nibbānassa maggo)'이라는 것은 일을 하지 않고(혹은 업을 짓지 않고, kammaṁ akatvā) 살 수 있는 곳(jīvita-ṭṭhāna)이 열반의 길이라는 말이다."(SA.i.340)
"여기서 '열반의 길'이란 열반을 증득하는 수단(adhigamupāya-bhūta)의 길을 말한다."(SAṬ.i.290)

10. "비구들이여, 이처럼 참으로 신들의 왕 삭까는 자신의 공덕의 결실로 삶을 영위하면서 삼십삼천의 신들에 대한 통치권을 가져 지배력을 행사하지만, 그런 그도 분발하고 노력하는 것을 칭송하고 있다. 비구들이여, 그러므로 그대들은 이처럼 잘 설해진 법과 율에 출가하여 얻지 못한 것을 얻고 증득하지 못한 것을 증득하고 실현하지 못한 것을 실현하기 위해 분발하고 분투하고 애를 써야 하나니, 이보다 더 그대들에게 어울리는 것이 어디에 있겠는가?"925)

수시마 경(S11:2)

Susīma-sutta

<본경은 '신의 아들 수위라' 대신에 '신의 아들 수시마'가 언급되는 것만 제외하고 바로 앞의 「수위라 경」(S11:1)과 꼭 같다.>926) [218]

깃발 경(S11:3)

Dhajagga-sutta927)

---

925) '이보다 더 그대들에게 어울리는 것이 어디에 있겠는가?'는 taṁ sobhetha를 풀어서 의역한 것이다. 여기서 동사 sobetha는 √subh(*to shine*)의 아뜨마네빠다 3인칭 단수 원망법으로 쓰였다. 이 문장을 직역하면 '이것이 그대들을 빛나게 할 것이다.'가 된다.

926) 본경에 포함된 게송의 번호는 {858}~{862}가 되는데 이는 앞 경의 {863}~{867}과 같다.

927) 본경은 스리랑카에서 Maha Pirit Pota(대 보호주를 모은 책)에 포함되어 보호주(paritta)로 널리 독송되고 있다. 북방불교에서도 중국과 티벳에서 번역되었으며 산스끄리뜨로 된 경의 단편이 발견되었다. Skilling, Mahā Sūtras ii.441~467에서 본경에 대한 여러 판본들이 논의되고 있으니 참조할 것.
한편 보호주 혹은 호주(護呪, paritta)는 질병이나 악령의 해코지나 다른 여러 위험 등으로부터 보호하는 주문을 뜻한다. 『밀린다빤하』에는 「보경」(寶經, Ratana Sutta, Sn {222~238}), 온호주(蘊護呪, Khandha-pari-

2. 거기서 세존께서는 "비구들이여."라고 비구들을 부르셨다. "세존이시여."라고 비구들은 세존께 응답했다. 세존께서는 이렇게 말씀하셨다.

3. "비구들이여, 옛날에 신과 아수라들 간에 전쟁이 있었다. 비구들이여, 그때 신들의 왕 삭까가 삼십삼천의 신들을 불러서 말했다.

'존자들이여, 신과 아수라들 간에 전쟁이 발발했을 때 [219] 두려움과 공포와 털끝이 곤두섬을 느끼게 되면 그때는 나의 깃발928)을 올려다보시오. 그대들이 나의 깃발을 올려다보면 두려움과 공포와 털끝이 곤두섬이 없어질 것이오.929)

---

tta), 공작호주(孔雀護呪, Mora-paritta, J.ii.33에 포함되어 있음), 깃발 호주(Dhajagga-paritta, 본경), 아따나띠야 호주(Āṭanāṭiya-paritta, D32), 앙굴리말라 호주(Aṅgulimāla-paritta, 「앙굴리말라 경」(M86)을 뜻하는 듯)를 들고 있다. 그리고 상좌부에서는 우리에게 잘 알려진 『숫따니빠따』의 「길상경」(Maṅgala Sutta, Sn {258~269})과 「자애경」(Metta Sutta, Sn {143~152})도 여기에 넣고 있다. 「길상경」, 「자애경」, 「앙굴리말라 경」과 본경인 「깃발 경」 등은 최고층(最古層)에 속하는 경들이라 할 수 있다.

빠릿따라는 술어가 처음 나타나는 곳은 『율장』의 『소품』(Cūḷavagga)이라고 하는데 여기서 세존께서는 온호주(蘊護呪, Kandha-paritta)를 비구 개인과 비구 승가의 보호를 위해서 읊을 것을 허락하셨다고 한다.(Vin.ii.110) 지금도 남방에서는 여러 보호주들이 많이 독송되고 있는데 「길상경」과 「자애경」은 매일 독송되고 있으며 그 외에도 경우에 따라 여러 보호주들이 독송되고 있다. 초기불전에 나타나는 이런 보호주들은 대승에서도 발전해왔는데 우리나라에서 널리 독송되는 천수대비주와 능엄주는 모두 이런 보호주에 속한다 할 수 있다.

928) 여기서 '깃발'은 dhajagga를 옮긴 것이다. 이것은 dhaja(S. dhvaja)+agga로 분석되는데 왕이나 부대나 특정 집단을 상징하는 문장(紋章)이나 꼭대기 장식물이나 상징물 등을 뜻한다. 여기에 대한 논의는 보디스님 490~491쪽 611번 주해를 참조할 것.

929) 주석서에 의하면 신들의 왕 삭까의 깃발(문장)은 그의 마차에 250요자나 높이로 올려져 있었다고 한다. 그것이 바람에 휘날리면 다섯 가지 악기의

만일 나의 깃발을 올려다볼 수 없으면 신의 왕 빠자빠띠의 깃발을 올려다보시오. 그대들이 신의 왕 빠자빠띠의 깃발을 올려다보면 두려움과 공포와 털끝이 곤두섬이 없어질 것이오.

만일 신의 왕 빠자빠띠의 깃발을 올려다볼 수 없으면 신의 왕 와루나의 깃발을 올려다보시오. 그대들이 신의 왕 와루나의 깃발을 올려다보면 두려움과 공포와 털끝이 곤두섬이 없어질 것이오.

만일 신의 왕 와루나의 깃발을 올려다볼 수 없으면 신의 왕 이사나의 깃발을 올려다보시오. 그대들이 신의 왕 이사나의 깃발을 올려다보면 두려움과 공포와 털끝이 곤두섬이 없어질 것이오.'"930)

4. "비구들이여, 그러나 신의 왕 삭까의 깃발을 올려다보거나 신의 왕 빠자빠띠의 깃발을 올려다보거나 신의 왕 와루나의 깃발을 올려다보거나 신의 왕 이사나의 깃발을 올려다보면 두려움과 공포와 털끝이 곤두섬이 없어지기도 하고 없어지지 않기도 할 것이다.

그것은 무슨 이유 때문인가? 비구들이여, 신의 왕 삭까는 탐욕을 제거하지 못했고 성냄을 제거하지 못했고 어리석음을 제거하지 못했

(pañcaṅgika-tūriya) 음악소리가 났다 한다. 신들은 그것을 올려다보면서 '우리 왕이 오셔서 자신의 군대 곁에 깊이 박힌 튼튼한 기둥처럼 서계신다. 그러니 우리가 누구를 두려워한단 말인가?'라고 생각하여 두려움이 사라졌다고 한다.(SA.i.341)

930) 주석서에 의하면 여기서 언급되는 세 신들 가운데 빠자빠띠(Pajāpati)는 그 외모나 수명이 삭까와 비슷하였으며 두 번째 자리에 위치하고 있었다고 한다. 와루나(Varuṇa)와 이사나(Īsāna)는 각각 세 번째와 네 번째 자리에 위치하고 있었다고 한다.(SA.i.341) MW에 의하면 원래 빠자빠띠(Sk. Prajā-pati)는 창조의 신이었으며 베다의 신들 가운데 으뜸이었다. 와루나(Varuṇa)는 이법(理法)의 신이었으며 역시 가장 오래된 베다의 신들 가운데 하나였다. 이사나(Īsāna, Sk. Īśāna)는 우리에게 쉬바(Śiva) 신으로 알려진 시와루드라(Śiva-Rudra)의 오래된 이름 가운데 하나였다. Īśāna는 중국에서 大自在天으로 옮겨지기도 했다.

고, 두려워하고 공포를 느끼고 떨면서 도망갈 수 있기 때문이다."

5. "비구들이여, 그러나 나는 이렇게 말한다. 비구들이여, 만일 그대들이 숲으로 가거나 나무 아래로 가거나 빈집으로 가서 두려움과 공포와 털끝이 곤두섬을 느낀다면 그때는 '이런 [이유로] 그분 세존께서는 아라한[應供]이시며, 완전히 깨달은 분[正等覺]이시며, 명지와 실천이 구족한 분[明行足]이시며, 피안으로 잘 가신 분[善逝]이시며, 세간을 잘 알고 계신 분[世間解]이시며, 가장 높은 분[無上士]이시며, 사람을 잘 길들이는 분[調御丈夫]이시며, 하늘과 인간의 스승[天人師]이시며, 깨달은 분[佛]이시며, 세존(世尊)이시다.'라고 오직 나를 계속해서 생각하라.

비구들이여, 그대들이 나를 계속해서 생각하면 두려움과 공포와 털끝이 곤두섬이 없어질 것이기 때문이다." [220]

6. "만일 나를 계속해서 생각할 수 없다면 '법은 세존에 의해서 잘 설해졌고, 스스로 보아 알 수 있고, 시간이 걸리지 않고, 와서 보라는 것이고, 향상으로 인도하고, 지자들이 각자 알아야 하는 것이다.'라고 법을 계속해서 생각하라.

비구들이여, 그대들이 법을 계속해서 생각하면 두려움과 공포와 털끝이 곤두섬이 없어질 것이기 때문이다."

7. "만일 법을 계속해서 생각할 수 없다면 '세존의 제자들의 승가는 잘 도를 닦고, 세존의 제자들의 승가는 바르게 도를 닦고, 세존의 제자들의 승가는 참되게 도를 닦고, 세존의 제자들의 승가는 합당하게 도를 닦으니, 곧 네 쌍의 인간들이요[四雙] 여덟 단계에 있는 사람들[八輩]이시다. 이러한 세존의 제자들의 승가는 공양받아 마땅하고, 선사받아 마땅하고, 보시받아 마땅하고, 합장받아 마땅하며, 세상

의 위없는 복밭[福田]이시다.'라고 승가를 계속해서 생각하라.

비구들이여, 그대들이 승가를 계속해서 생각하면 두려움과 공포와 털끝이 곤두섬이 없어질 것이기 때문이다."

8. "그것은 무슨 이유 때문인가? 비구들이여, 여래·아라한·정등각자는 탐욕을 제거했고 성냄을 제거했고 어리석음을 제거했고, 두려워하지 않고 공포를 느끼지 않고 떨지 않고 도망가지 않기 때문이다."

9. 세존께서는 이렇게 말씀하셨다. 스승이신 선서께서는 이렇게 말씀하신 뒤 다시 [게송으로] 이와 같이 설하셨다.

"숲에서나 나무 아래서나 빈집에서나 비구들은
완전하게 깨달은 분을 계속해서 생각해야 하나니
그러면 그대들에게 두려움은 없을 것이로다. {868}

세상의 으뜸이요 인간들 가운데 황소인
부처님을 계속해서 생각할 수 없으면
벗어남으로 인도하고 잘 설해진 법을
그대들은 계속해서 생각해야 하노라. {869}

벗어남으로 인도하고 잘 설해진 법을 만일
계속해서 그대들이 생각할 수 없으면
무상복전 승가를 계속해서 생각하라. {870}

이와 같이 비구들이 부처와 법과
승가를 계속해서 생각한다면
두려움과 공포와 털끝이 곤두섬이
어느 곳 어느 때도 일어나지 않으리라." {871}

웨빠찟띠 경(S11:4)

Vepacitti-sutta

2. 세존께서는 이렇게 말씀하셨다. [221]

3. "비구들이여, 옛날에 신과 아수라들 간에 전쟁이 있었다. 그때 아수라의 왕 웨빠찟띠[931]는 아수라들을 불러서 말했다.

'존자들이여, 만일 신과 아수라들 간에 전쟁이 발발하여 아수라들이 이기고 신들이 패하면 신들의 왕 삭까의 사지와 목을 밧줄로 묶어서 아수라들의 도시에 있는 내 곁으로 데려오시오.'

비구들이여, 신들의 왕 삭까도 삼십삼천의 신들을 불러서 말했다.

'존자들이여, 만일 신과 아수라들 간에 전쟁이 발발하여 신들이 이기고 아수라들이 패하면 아수라의 왕 웨빠찟띠의 사지와 목을 밧줄로 묶어서 수담마 의회[932]에 있는 내 곁으로 데려오시오.'"

4. "비구들이여, 그 전쟁에서 신들이 이기고 아수라들이 패했다. 비구들이여, 그러자 삼십삼천의 신들은 아수라의 왕 웨빠찟띠의 사지와 목을 밧줄로 묶어서 수담마 의회에 있는 신들의 왕 삭까의 곁

---

931) 아수라의 왕 웨빠찟띠(Vepacitti asurinda)에 대해서는 본서 「짠디마 경」(S2:9) §4의 주해를 참조할 것. 주석서에 의하면 그는 아수라들 가운데 가장 연장자(sabba-jeṭṭhaka)였다고 한다.(SA.i.342) 웨빠찟띠라는 그의 이름에 대한 유래는 본서 「바다의 선인 경」(S11:10) §7의 주해를 참조할 것.

932) '수담마 의회'는 Sudhammā sabhā를 옮긴 것이다. sudhamma는 '좋은 법'이란 뜻이며 sabhā는 현재 인도에서도 국회를 뜻하는 용어로 쓰이듯이 '의회, 회의, 회합' 등을 뜻한다. 신들이 모여서 회합을 가지는 삼십삼천의 집회소가 바로 수담마 의회(Sudhammā sabhā)이다. 수담마 의회에 모여서 회합을 가지는 삼십삼천의 모습에 대해서는 『디가 니까야』 제2권 「마하수닷사나 경」(D18) §12와 「자나와사바 경」(D19) §2이하와 『맛지마 니까야』 「마라를 꾸짖음 경」(M50) §29와 「마카데와 경」(M83) §13 이하와 『앙굿따라 니까야』 「사대천왕 경」1(A3:36) §2 등을 참조할 것.

으로 데리고 갔다.[933] 비구들이여, 참으로 거기서 신들의 왕 삭까가 수담마 의회에 들어오고 나갈 때 마다 아수라의 왕 웨빠찟띠는 사지와 목이 밧줄로 묶인 채로 오만불손하고 거친 말로 신들의 왕 삭까를 욕하고 비난하였다."

5. 비구들이여, 그러자 마부 마딸리가 신들의 왕 삭까에게 게송으로 말했다.

"웨빠찟띠와 대면하여 그의 거친 말 듣는데도
두려움과 겁약함 때문에 참으십니까, 마가완[934]이여." {872}

6. [삭까]
"웨빠찟띠를 참는 것은 두려움과 겁약함 때문이 아니다.
나와 같은 지혜로운 자가 어리석은 자와 전쟁할까?" {873}

7. [마딸리]
"제어하는 자 아무도 없으면
어리석은 자 더욱 더 화를 내기마련
그러므로 엄하고 혹독한 벌로
현자는 어리석은 자를 다스려야 합니다."[935] {874}

---

933) 비슷한 상황이 본서 제4권 「보릿단 경」(S35:248/iv.201~202) §5에도 나타나고 있다.

934) '마가완(Maghavan)'에 대해서는 본서 「삭까의 이름 경」(S11:12) §3의 주해를 참조할 것.

935) 삭까의 측신 마딸리(Mātali)와 신들의 왕 삭까의 대화에서 우리는 각각 전제정치와 덕치의 전형을 엿볼 수 있다. 마딸리의 주장은 아수라들의 통치이념이라 할 수 있다. 그래서 그런지 본경의 마딸리의 게송은 다음 「금언의 승리 경」(S11:5)에서 웨빠찟띠 아수라왕의 주장으로 나타나고 있다.

8. [삭까]

"나의 적이 성난 것을 알면
마음챙기고 고요함을 유지하는 것이
어리석은 자를 다스리는 것이라고
나는 그렇게 생각하노라." {875}

9. [마딸리]

"와사와여, 인내하는 것에 대해
저는 이런 허물을 봅니다.
'두려움 때문에 나를 견디는구나.'라고
어리석은 자가 일단 이렇게 생각하면
멍청한 그 자는 더욱 날뛰옵니다.
도망치는 자에게 소가 더욱 그러하듯." {876} [222]

10. [삭까]

"'두려움 때문에 나를 견디는구나.'라고
그가 생각하든 아니든
자기의 최상의 이익들 가운데서936)
인욕보다 뛰어난 것 어디에도 없도다. {877}

힘 있는 자가 힘없는 자에 대해서
감내하고 참는 것
그것이 최상의 인욕이라 말하나니

936) '자신의 최상의 이익들 가운데서'는 sadatthaparamā atthā를 옮긴 것이다. 주석서는 "자신의 궁극적인 이익들 가운데서(tesu sakātthaparamesu atthesu) 인욕보다 더 높은 다른 이익은 존재하지 않는다(khantito uttaritaro añño attho na vijjati)."(SA.i.343)라고 설명하고 있어서 이렇게 옮겼다.

힘없는 자는 항상 인욕해야 하도다.937) {878}

어리석은 자의 힘은
힘이 아니라고 말하도다.
정의로움(법)을 보호하는938) 힘 있는 자는
아무에게도 비난받지 않도다. {879}
화내는 자에게 다시 화를 내면
그 때문에 그가 사악해지지만
화내는 자에게 다시 화내지 않는 것은
이기기 어려운 전쟁에서 이기는 것이로다. {880}

남이 성난 것 알면 마음챙기고 고요함을 유지하는 것이
자신과 남 둘 다의 이익을 실천하는 것이라네. {881}

자신과 남 둘 다를 치유하는 것을 두고
바른 법에 능숙하지 못한 사람들은
어리석다고 생각하도다." {882}

11. "비구들이여, 이처럼 참으로 신들의 왕 삭까는 자신의 공덕

---

937) '힘없는 자는 항상 인욕해야 하도다.'는 niccam khamati dubbalo를 직역한 것이다. 냐나몰리 1962의 지적처럼 이 게송은 이해하기가 쉽지 않다. 힘 있는 자가 힘없는 자를 감내하는 것이야말로 진정한 인욕이지만 힘없는 자는 당연히 힘 있는 자에 대해서 감내하고 견뎌내고 참아내고 인욕해야 하는 것이라고 이해하는 것이 가장 합리적인 해석이 아닌가 여겨진다. 미얀마어 번역본에도 이렇게 번역되어 있다고 한다. C.Rh.D가 KS1:285에서 '*A weak person must always be tolerated*'라고 옮긴 것은 의미는 통할지 모르나 원문의 의미를 반대로 전달하고 있다.

938) "'정의로움(법)을 보호하는(dhamma-guttassa)'이란 '정의로움(법)에 의해서 보호되는, 혹은 정의로움(법)을 보호하는(dhammena rakkhitassa, dhammaṁ vā rakkhantassa)'으로 해석된다."(SA.i.343)
역자는 dhamma를 '정의로움'이라 옮겼으며, 후자의 뜻으로 해석했다.

의 결실로 삶을 영위하면서 삼십삼천의 신들에 대한 통치권을 가져 지배력을 행사하지만, 그런 그도 인욕과 온화함을 칭송하고 있다.

비구들이여, 그러므로 그대들은 이처럼 잘 설해진 법과 율에 출가하여 인욕을 닦아야 하고 온화함을 닦아야 하나니, 이보다 더 그대들에게 어울리는 것이 어디에 있겠는가?"

금언의 승리 경(S11:5)

Subhāsitajaya-sutta

2. 세존께서는 이렇게 말씀하셨다.

3. "비구들이여, 옛날에 신과 아수라들 간에 전쟁이 있었다. 그때 아수라의 왕 웨빠찟띠는 신들의 왕 삭까에게 이렇게 말했다.

'신들의 왕이여, 금언으로 승리를 결정합시다.'

[신들의 왕 삭까는 대답했다.]

'웨빠찟띠여, 금언으로 승리를 결정합시다.'

비구들이여, 그러자 '이들이 금언인지 나쁜 말인지를 확인할 것이다.'라고 하면서 그들은 신들과 아수라들을 배심원으로 정하였다."

4. "비구들이여, 그때 아수라 왕 웨빠찟띠는 신들의 왕 삭까에게 이렇게 말했다.

'신들의 왕이여, 게송을 읊으시오.'

비구들이여, 이렇게 말하자 신들의 왕 삭까는 아수라 왕 웨빠찟띠에게 이렇게 말했다.

'웨빠찟띠여, 그대가 여기서 연장자인 신입니다. 웨빠찟띠여, 먼저 게송을 읊으시오.'939) [223]

---

939) "'연장자인 신(pubba-devā)'이라는 것은, 그는 신의 세상에 오래 거주한 연

5. 비구들이여, 이렇게 말하자 아수라 왕 웨빠찟띠는 이 게송을 읊었다.940)

> '제어하는 자 아무도 없으면
> 어리석은 자 더욱 더 화를 내기마련
> 그러므로 현자는 엄하고 혹독한 벌로
> 어리석은 자를 다스려야 하노라.' {883}

비구들이여, 아수라 왕 웨빠찟띠가 게송을 읊자 아수라들은 따라 기뻐하였고 신들은 침묵하였다.

비구들이여, 그때 아수라 왕 웨빠찟띠는 신들의 왕 삭까에게 이렇게 말했다.

'신들의 왕이여, 게송을 읊으시오.'"

6. "비구들이여, 이렇게 말하자 신들의 왕 삭까는 이 게송을 읊었다.

> '남이 성난 것을 알면
> 마음챙기고 고요함을 유지하는 것이

장자이니(devaloke cira-nivāsino pubba-sāmikā) 그대에게 전승되어 온 것(paveṇi-āgata)을 먼저 말하라는 뜻이다."(SA.i.344)
"그는 삭까를 비롯한 신들의 회중보다 세상에 더 먼저 태어났기 때문이다(loke pubbeva uppannattā). 존칭의 뜻(gāravaṭṭha)으로 'pubbadevā'라고 복수를 사용했다(bahuvacana-payoga)."(SAṬ.i.292)
『법구경 주석서』(DhpA.i.272~273)에 의하면 삭까가 자신의 회중들과 삼십삼천에 태어나기 전에 삼십삼천에는 아수라들이 살고 있었는데 삭까가 전쟁을 벌여서 이런 오래된 신들 혹은 아수라들을 쫓아내었다고 한다.

940) 다음에 나타나는 웨빠찟띠의 {883} 게송은 앞 경에서 삭까의 마부인 마딸리가 읊은 {874}와 같고 삭까가 읊는 {884}는 앞 경에서 삭까가 읊은 {875}와 같다.

어리석은 자를 다스리는 것이라고
나는 그렇게 생각하노라.' {884}

비구들이여, 신들의 왕 삭까가 게송을 읊자 신들은 따라 기뻐하였고 아수라들은 침묵하였다.

비구들이여, 그때 신들의 왕 삭까는 아수라 왕 웨빠찟띠에게 이렇게 말했다.

'웨빠찟띠여, 게송을 읊으시오.'"

7. 비구들이여, 이렇게 말하자 아수라 왕 웨빠찟띠는 이 게송을 읊었다.

"와사와여, 인내하는 것에 대해
저는 이런 허물을 봅니다.
'두려움 때문에 나를 견디는구나.'라고
어리석은 자가 일단 이렇게 생각하면
멍청한 그 자는 더욱 날뛰옵니다.
도망치는 자에게 소가 더욱 그러하듯." {885}

비구들이여, 아수라 왕 웨빠찟띠가 게송을 읊자 아수라들은 따라 기뻐하였고 신들은 침묵하였다.

비구들이여, 그때 아수라 왕 웨빠찟띠는 신들의 왕 삭까에게 이렇게 말했다.

'신들의 왕이여, 게송을 읊으시오.'"

8. "비구들이여, 이렇게 말하자 신들의 왕 삭까는 이 게송을 읊었다.

'두려움 때문에 나를 견디는구나.'라고

그가 생각하든 아니든
자기의 최상의 이익들 가운데서
인욕보다 뛰어난 것 어디에도 없도다. {886}

… …

남이 성난 것 알면 마음챙기고 고요함을 유지하는 것이
자신과 남 둘 다의 이익을 실천하는 것이라네. {890} [224]

자신과 남 둘 다를 치유하는 것을 두고
바른 법에 능숙하지 못한 사람들은
어리석다고 생각하도다.'941) {891}

비구들이여, 신들의 왕 삭까가 게송을 읊자 신들은 따라 기뻐하였고 아수라들은 침묵하였다."

9. "비구들이여, 그때 신들과 아수라들로 구성된 배심원들은 이렇게 말했다.

'아수라 왕 웨빠찟띠가 게송으로 말한 것은 폭력을 수반하고 무력을 수반한 것이어서 불화를 일으키고 분쟁을 일으키고 싸움을 일으킵니다. 그러나 신들의 왕 삭까가 게송으로 말한 것은 폭력을 수반하지 않고 무력을 수반하지 않은 것이어서 불화를 일으키지 않고 분쟁을 일으키지 않고 싸움을 일으키지 않습니다. 신들의 왕 삭까가 금언으로 승리하였습니다.'

비구들이여, 이처럼 신들의 왕 삭까가 금언으로 승리하였다."

---

941) 이상은 앞 경의 {877~882}와 같다.

새의 보금자리 경(S11:6)

Kulāvaka-sutta

2. 세존께서는 이렇게 말씀하셨다.

"비구들이여, 옛날에 신과 아수라들 간에 전쟁이 있었다. 그 전쟁에서 아수라들이 승리하고 신들이 패배했다. 비구들이여, 패배한 신들은 북쪽으로 퇴각했고 아수라들은 그들을 추격했다."

3. "비구들이여, 그때 신들의 왕 삭까는 마부 마딸리에게 게송으로 말했다.

'마딸리여, 심발리 나무에 있는 새의 보금자리에
수레의 체가 닿지 않도록 하라.
차라리 아수라들에게 우리의 목숨을 버릴지언정
이 새들이 보금자리를 잃게 하지는 말자.'942) {892}

비구들이여, '알겠습니다, 존자시여.'라고 마부 마딸리는 신들의 왕 삭까에게 대답한 뒤 천 마리의 준마를 맨 마차를 되돌렸다.

4. "비구들이여, 그러자 아수라들에게 이런 생각이 들었다.

'방금 신들의 왕 삭까가 천 마리의 준마를 맨 마차를 되돌렸다. [225] 두 번째로 신들은 아수라들과 전쟁을 할 것이다.'

---

942) 같은 일화가 『법구경 주석서』(DhpA.i.279)와 『자따까』(J31/i.202~203)에서는 조금 다른 문맥에서 나타나고 있다.
주석서에 의하면 그들은 케이폭(*silk-cotton tree*) 숲(simbali-vana)을 향하고 있었는데 그들의 마차와 말과 깃발에서 나는 소리는 마치 천둥소리와도 같았다고 한다. 힘이 센 수빤나 새들(balava-supaṇṇā)은 허공으로 날아서 도망갔지만 늙고 병들고 어린 새들은 두려움에 떨면서 비명을 질렀다고 한다. 삭까가 마딸리를 통해서 이 사실을 알고 연민에 사로잡혀 이 게송을 읊었다고 한다.(SA.i.344)

이처럼 두려움이 생긴 아수라들은 아수라의 도시로 들어가 버렸다.”

5. “비구들이여, 이렇게 하여 신들의 왕 삭까는 정의로움(법)943) 에 의해서 승리를 하였다.”

해치지 않음 경(S11:7)

Nadubbhiya-sutta

2. “비구들이여, 옛날에 신들의 왕 삭까가 한적한 곳에 가서 홀로 앉아있는 중에 문득 이런 생각이 마음에 떠올랐다.

‘설령 누군가가 나의 적이라 할지라도 나는 결코 그를 해치지 않으리라.’”

3. “비구들이여, 그러자 아수라 왕 웨빠찟띠가 마음으로 신들의 왕 삭까의 마음에 일으킨 생각을 알고서 신들의 왕 삭까에게 다가갔다.

비구들이여, 신들의 왕 삭까는 아수라 왕 웨빠찟띠가 멀리서 오는 것을 보았다. 보고서는 아수라 왕 웨빠찟띠에게 이렇게 말했다.

‘서시오, 웨빠찟띠여. 그대는 붙잡혔소.’944)

‘존자여, 그대가 방금 생각했던 것을 버리지 마시오.’945)

‘웨빠찟띠여, 그대도 나를 해치지 않겠다고 맹세하시오.’”

---

943) 여기서 ‘정의로움(법)’으로 옮긴 원어는 dhamma이다.

944) “삭까가 이렇게 말하자마자 웨빠찟띠는 사지와 목이 밧줄(bandhana)로 묶인 것처럼 되었다.”(SA.i.345)

945) ‘버리지 마시오.’는 Be의 tadeva tvam mā pajahāsi로 읽어서 옮겼다. Ee1의 ‘… mā jhāsi’도 같은 뜻이다. 그러나 Se, Ee2의 ‘… mārisa pahāsi’는 반대의 뜻이 되어버린다.

4. [웨빠찟띠]

'거짓말 하는 자에게 닥칠 불운
성자를 비방하는 자에게 닥칠 불운
친구를 배반하는 자에게 닥칠 불운
은혜를 모르는 자에게 닥칠 불운946)
수자의 남편947)이여, 그대를 해치는 자에게도
이와 꼭 같은 불운이 닥칠 것이오.' {893}

아수라 왕 웨로짜나 경(S11:8)

Verocanāsurinda-sutta

2. 그 무렵 세존께서는 낮 동안의 머묾에 들어가셔서 홀로 앉아 계셨다. 그때 신들의 왕 삭까와 아수라 왕 웨로짜나948)가 세존께 다

---

946) 주석서는 이 네 가지는 현겁에서(imasmiṁ kappe) 저지른 네 가지 큰 불운(mahā-pāpāni)을 말하는 것이라고 하면서 다음과 같이 설명하고 있다.
"(1) '거짓말 하는 자에게 닥칠 불운(musābhaṇato pāpaṁ)'이란 현겁의 첫 번째 거짓말쟁이인 쩨띠 왕(Ceti Jātaka, J422)의 불운을 두고 말한 것이다.
(2) '성자를 욕하는 자에게 닥칠 불운(ariyūpavādino pāpaṁ)'이란 꼬깔리까에게 닥친 불운 같은 것을 두고 말한 것이다.(본서 「꼬깔리까 경」 2(S6:10)를 참조할 것)
(3) '친구를 배반하는 자에게 닥칠 불운(mittadduno pāpaṁ)'이란 「마하까삐 자따까」(J560)에서 큰 존재(mahā-satta)를 배반한 자에게 닥친 불울을 말한다.
(4) '은혜를 모르는 자에게 닥칠 불운(akataññuno pāpaṁ)'이란 데와닷따 같은 배은망덕한(akataññu)자에게 닥친 불운을 말한다."(SA.i.345)

947) '수자의 남편(Sujampati)'에 대해서는 본서 「삭까의 이름 경」(S11:12) §3의 주해를 참조할 것.

948) 주석서와 복주서는 아수라 왕 웨로짜나(Verocana asurinda)가 누군지 설명을 하지 않고 있다. 그런데 『디가 니까야』 「대회경」(大會經, D20) §12에 "모두 웨로짜라는 이름을 가진 100명의 발리의 아들들"이라는 구절이 나타나며 『디가 니까야 주석서』(DA.ii.689)는 "이들은 모두 그들의 삼촌인

가갔다. 가서는 각각 다른 문기둥에 섰다.

3. 그러자 아수라 왕 웨로짜나가 세존의 곁에서 이 게송을 읊었다.

“목표를 성취할 때까지
사람은 노력해야 하나니
목표는 성취될 때 빛나는 것
이것이 웨로짜나의 말이로다.” {894} [226]

4. [삭까]
“목표를 성취할 때까지
사람은 노력을 해야 하나니
목표는 성취될 때 빛나지만
인욕보다 뛰어난 것은 어디에도 없도다.”949) {895}

5. [웨로짜나]
“중생들은 모두 다 여기저기 치달리며
자신의 목표를 성취하려 몰두하지만950)

라후(Rāhu)의 이름을 가지고 있다.”고 설명한다. 그러므로 라후와 웨로짜 혹은 웨로짜나는 동일인이라고 추측해볼 수 있다. 라후는 일식과 관계된 아수라이다.(본서 「수리야 경」(S2:10) 참조) 그리고 웨로짜(veroca) 혹은 웨로짜나(verocaṇa)의 산스끄리뜨는 와이로짜나(vairocana)인데 우리에게 비로자나(毘盧舍那)로 음역되어 익숙한 단어이다. 이것은 vi+√ruc(*to shine*)에서 파생된 것으로 비로자나를 대일(大日)이라 번역하였듯이 태양과 관련이 있는 단어이다. 이렇게 본다면 아수라 왕 웨로짜나는 아수라 왕 라후와 관계가 있는 것이 분명해 보인다.

949) ‘목표는 성취될 때 빛나지만 인욕보다 뛰어난 것은 어디에도 없다.’로 옮긴 원어는 nippannasobhino atthā khantyā bhiyyo na vijjati이다. 역자는 “성취되었을 때 빛이 나는 목표들 가운데서(atthesu) 인욕보다 더 뛰어난 목표는(khantito uttaritaro attho) 없다는 뜻이다.”(SA.i.345)라는 주석서의 설명을 참조하여 이렇게 옮겼다.

서로 간에 나누는 친밀한 교제야말로
모든 생명 추구하는 즐거움 가운데 으뜸951)
목표는 성취될 때 빛나는 것
이것이 웨로짜나의 말이로다." {896}

6. [삭까]
"중생들은 모두 다 여기저기 치달리며
자신의 목표를 성취하려 몰두하지만
서로 간에 나누는 친밀한 교제야말로
모든 생명 추구하는 즐거움 가운데 으뜸
목표는 성취될 때 빛나지만
인욕보다 뛰어난 것은 어디에도 없도다." {897}

숲의 선인 경(S11:9)

Araññāyatanaisi-sutta

2. "비구들이여, 옛날에 계행을 구족하고 선한 성품을 가진 많은 선인(仙人)들이 숲속에서 나뭇잎으로 만든 초막에서 지내고 있었다. 비구들이여, 그때 신들의 왕 삭까와 아수라 왕 웨빠찟띠가 계행

---

950) "'자신의 목표를 성취하려 몰두한다(attha-jātā).'는 것은 일에 몰두한다(kicca-jātā)는 말이다. 개나 자칼까지도 포함해서 일에 몰두하지 않는(akicca-jāta) 유정은 없기 때문이다. 이리저리 돌아다니는 것도 일에 몰두하는 것이다."(SA.i.345)

951) '친밀한 교제야말로 모든 생명들의 즐거움 가운데 으뜸'은 saṁyogaparamā tveva sambhogā sabbapāṇinaṁ을 옮긴 것이다. 여기서 sambhogā는 '즐거움'으로 saṁyoga는 '친밀한 교제'로 옮겼다. saṁyoga는 주로 속박, 얽매임으로 번역되지만 『앙굿따라 니까야』 「속박 경」(A7:48) §2에서처럼 여인과 접촉하고 교제하는 것도 saṁyoga라고 언급되고 있다. 이런 점을 감안하여 '친밀한 교제'로 옮겼다.

을 구족하고 선한 성품을 가진 선인들에게 다가갔다."

3. "비구들이여, 그때 아수라 왕 웨빠찟띠는 장화를 신고 칼을 차고 일산을 높이 쓰고 정문으로 아쉬람에 들어가서 계행을 구족하고 선한 성품을 가진 선인들을 왼쪽으로 돌아서952) 저 멀리 가서 섰다.

비구들이여, 그러나 신들의 왕 삭까는 장화를 벗고 칼을 다른 사람에게 맡기고 일산을 접고 [일반] 문으로 아쉬람에 들어가서 계행을 구족하고 선한 성품을 가진 선인들을 오른쪽으로 돌아서 합장하여 인사드리고 섰다."

4. "비구들이여, 그때 계행을 구족하고 선한 성품을 가진 선인들은 신들의 왕 삭까에게 게송으로 말했다.

'오랫동안 서계 지킨953) 선인들의 냄새954)가

---

952) '왼쪽으로 돌아서'는 apabyāmato karitvā 혹은 apavyāmato karitvā를 옮긴 것이다. 주석서는 단지 "byāmato akatvā"라고 설명하고 있을 뿐이다.(byāma 혹은 vyāma는 한 길 정도의 도량 단위임) CPD는 apabyāma가 apasavya의 다른 표기라고 제안하고 있는데 『맛지마 니까야 복주서』는 apasavya를 왼쪽이라고 설명하고 있다(vāmato ti apasabyato – MAṬ.ii.46).

그리고 『자설경 주석서』(UdA.292)는 이것을 성자들에게 왼쪽으로 도는 것이라고 설명하고 있으며(attano apasabyaṁ apadakkhiṇaṁ katvā gato) 이것은 무례를 범하는 것이라고 설명하고 있다. 성자들이나 성소는 오른쪽으로 도는 것(padakkhiṇa)이 공경을 표하는 것이다. 지금 인도나 남방불교권에서는 잘 통용되고 있는 상식이다. 이를 참고하여 역자는 이렇게 옮겼다.

그런데 PED와 BDD와 DPL은 apasavya/apasabya를 오른쪽이라고 설명하고 있다. BSD는 오른쪽으로와 왼쪽으로 둘 다의 뜻이 가능하다고 적고 있다. 그러나 apasavyī-karoti는 *keeps on the left, to show disrespect*의 뜻이라고 분명히 적고 있다. 본경에서도 아수라 왕이 무례를 범하는 것이고 그래서 왼쪽으로 도는 것을 뜻하는 것이 분명하다.

953) '오랫동안 서계 지킨'은 cira-dikkhitānaṁ을 옮긴 것이다. 주석서는 "오랫동안 받아 지닌 서계를 가진 자(cira-samādiṇṇa-vatānaṁ)"(SA.i.346)으

몸에서 배어나와 바람을 타고가나니
천 개의 눈 가진 자여,955) 여기서 돌아가시오.
신들의 왕이여, 선인들의 냄새는 깨끗하지 못하다오.' {898}

5\. [삭까]
'오랫동안 서계를 지킨 선인들의 냄새가
머리에 놓여 있는 아주 멋진 화환처럼
몸에서 배어나와 바람을 타고가나니 [227]
그 향기는 우리가 동경하는 것입니다.
존자들이여, 신들은 이런 것을 좋아하여
혐오하는 인식은 가지지 않습니다.'"956) {899}

로 설명하고 있어서 이렇게 옮겼다.
dikkhita의 Sk.는 dīkṣita인데 바라문들이 8살부터 12년 동안 베다를 배우고 실을 어깨에 두르는 성화의식을 마친 것을 뜻한다. 이런 의식을 마친 자를 진정한 바라문이라 부른다. 바라문교의 입장에서 보면 선인들은 모두 이런 의식을 거친 자들이다.

954) 신들의 입장에서 보면 인간의 몸은 역겨운 냄새가 나는 것이다. 특히 목욕을 자주하지 않는 선인들에게서는 더 그럴 것이다. 아래 「삭까의 예배 경」 3 (S11:20)에서 마딸리가 읊은 {932}를 참조할 것.

955) '천 개의 눈을 가진 자'는 sahassa-netta를 옮긴 것으로 삭까의 별명이다. 본서 「삭까의 이름 경」 (S11:12) §3의 해당 주해를 참조할 것.
한편 『리그베다』 제10장 90번째 찬미가(RV.x.90)에 의하면 뿌루샤(Puruṣa, 原人)라 불리는 신은 천의 머리와 천의 눈과 천의 손발을 가졌다고 묘사된다.(sahasraśīrṣā puruṣaḥ sahasrākṣaḥ sahasrapāt. – RV.x.90) 이런 묘사가 자연스럽게 대승불교의 보살사상에 받아들여져서 천수천안관자재보살 등으로 이해되었을 것이다.

956) "신들은 이처럼 계를 지키는 사람들의 향기를 혐오하는 인식(paṭikkūla-saññi)을 가지지 않는다. 원하고 사랑스럽고 마음에 드는 인식을 가진다(iṭṭha-kanta-manāpa-saññi)."(SA.i.346)
삭까의 이런 대답은 '계의 향기는 모든 향기 가운데 으뜸이며(sīlagandho anuttaro) … 신들의 세상에 퍼져나간다(vāti devesu uttamo).'는 요지로 된 『법구경』 (Dhp) {54~56}의 가르침과 궤를 같이하는 것이다.

바다의 선인 경(S11:10)

Samuddaka-sutta

2. "비구들이여, 옛날에 계행을 구족하고 선한 성품을 가진 많은 선인들이 해안가 언덕에서 나뭇잎으로 만든 초막에서 지내고 있었다.

비구들이여, 그 무렵 신과 아수라들의 전투가 막 시작되었다. 비구들이여, 그러자 그들 계행을 구족하고 선한 성품을 가진 많은 선인들에게 이런 생각이 들었다.

'신들은 법답고 아수라들은 법답지 못하다. 우리에게는 아수라의 위험이 닥칠지도 모른다. 그러니 우리는 아수라 왕 삼바라[957]에게 가서 안전보장을 요구해야겠다.'[958]

비구들이여, 그러자 그들 계행을 구족하고 선한 성품을 가진 많은 선인들은 마치 힘센 사람이 구부렸던 팔을 펴고 폈던 팔을 구부리는 것처럼 해안가 언덕에서 사라져서 아수라 왕 삼바라 앞에 나타났다."

3. "비구들이여, 그때 그들 계행을 구족하고 선한 성품을 가진

---

957) 아수라 왕 삼바라(Sambara asurinda)는 아수라 왕 웨빠찟띠와 동일인이라고 주석서는 설명한다.(SA.i.347. 본경 §7의 주해 참조) 그러나 C.Rh.D는 본서 「요술 경」(S11:23)을 예로 들면서 다른 인물이라고 지적하고 있다. 삼바라는 웨빠찟띠 이전에 아수라들의 왕을 지낸 자라고 복주서는 적고 있다. 아래 「요술 경」(S11:23) {943}과 주해를 참조할 것.

958) 주석서에 의하면 신들과 아수라들의 전쟁은 대부분 바다 저편에서 발발한다고 한다. 전쟁에서 아수라들이 자주 패하는데 아수라들은 패해서 도망가면서 해안가에 있는 선인들의 거처를 파괴해버린다고 한다. 그들은 선인들이 삭까의 편을 들고 그의 자문역할(manta)을 하였기 때문에 자기들이 전쟁에서 패했다고 생각하기 때문이다. 선인들은 일단 거처가 파괴되면 복구하는 일이 힘들기 때문에 그들은 이처럼 아수라들에게 가서 '안전보장(abhaya-dakkhiṇa)'을 요구한다고 한다.(SA.i.346)

많은 선인들은 아수라 왕 삼바라에게 게송으로 말했다.

'선인들이 삼바라에게 와서
안전보장을 요청하나니
위험이든 안전이든 원하는 대로
그대는 줄 수 있기 때문이라오.'959) {900}

4. [삼바라]
'삭까를 섬기는 싫어하는 선인들에게
안전보장이란 없나니
안전을 요청하는 그대들에게
우리는 위험을 줄 것이로다.' {901}

5. [선인들]
'우리가 안전을 요청하는데
그대는 우리에게 위험을 주도다.
우리는 그대가 준 이것을 섭수하노니
그대에게 끊임없는 위험이 되리로다. {902}

씨앗을 뿌리는 대로 열매 맺나니
선을 행하는 자에게는 선이 있으며
악을 행하는 자에게는 악이 있으리.
그대 이제 씨앗을 뿌렸으니
그대 오직 그 열매를 경험하리라.'" {903}

---

959) '그대는 원하는 대로 줄 수 있기 때문이오.'는 Ee1의 kāmaṁ karohi te dātuṁ 대신에 Be, Ee2의 kāmaṅkaro hi te dātuṁ으로 읽었다. 주석서는 kāmaṅkāra를 icchitakāra(원하는 것을 주는 자)로 설명하면서 "만일 그대가 안전을 주고자 하면 그대는 안전을 줄 수 있고 만일 그대가 위험을 주고자 하면 그대는 위험을 줄 수 있다."(SA.i.347)라고 해석하고 있다.

6. "비구들이여, 그러자 그들 계행을 구족하고 선한 성품을 가진 많은 선인들은 마치 힘센 사람이 구부렸던 팔을 펴고 폈던 팔을 구부리는 것처럼 아수라 왕 삼바라 앞에서 사라져서 해안가 언덕에 나타났다." [228]

7. "비구들이여, 그때 아수라 왕 삼바라는 그들 계행을 구족하고 선한 성품을 가진 많은 선인들의 저주를 받아서 밤에 세 번이나 공포에 사로잡혔다."960)

제1장 첫 번째 품이 끝났다.

첫 번째 품에 포함된 경들의 목록은 다음과 같다.

① 수위라 ② 수시마 ③ 깃발
④ 웨빠찟띠 ⑤ 금언의 승리 ⑥ 새의 보금자리
⑦ 해치지 않음 ⑧ 아수라 왕 웨로짜나
⑨ 숲의 선인 ⑩ 바다의 선인이다.

---

960) "그는 잠에 들자마자 마치 백대의 창에 찔린 것처럼 비명을 지르며 깨어났다. 그러자 다른 아수라들이 달려와서 그의 안부를 묻고 새벽까지 그를 위로하였다. 그때부터 그의 마음은 아프고 떨렸다(cittaṁ vepati). 그래서 그에게 또 다른 이름인 웨빠찟띠(Vepacitti)가 생겼다."(SA.i.347)
PED에는 vepati라는 동사가 나타나지 않지만 Sk. vepati는 √vip/vep(*to tremble*)에서 파생된 동사이다.(MW, WTN 등) 복주서는 vepati를 kam-pati, pavedhati로 설명하고 있다. 이 두 단어는 모두 '떨다, 동요하다'는 뜻이다. 이렇게 주석서는 삼바라를 웨빠찟띠와 동일시하고 있다.

제2장 두 번째 품(서계의 조목 품)

Dutiya-vagga

서계의 조목 경(S11:11)

Vatapada-sutta

2. 세존께서는 이렇게 말씀하셨다.

3. "비구들이여, 신들의 왕 삭까가 전에 인간961)이었을 때 그는 일곱 가지 서계의 조목을 완전하게 받아서 지켰다. 이것을 지켰기 때

---

961) 본경을 비롯한 본서 전반에서 '인간'은 대부분 manussa를 옮긴 것이다. 인도신화에서 manuśa는 '마누(Manu)의 후손'이라 는 의미이다. 인도신화에서는 마누를 최초의 인간이라 설명하고 있다. 성서의 노아의 방주처럼 이 땅에 큰 홍수가 났을 때 마누가 배로써 그 홍수를 이겨내고 그래서 다시 후손들을 땅 위에 번창하게 했다는 이야기가 바라문교 『제의서』의 하나인 『샤따빠타 브라흐마나』 2장에 나타나고 있다. 그래서 불교의 주석서 문헌에서도 "마누의 후손이라고 해서 마눗사라 한다(manuno apaccāti manussā)."(SnA.ii.8)고 설명한다.
그러나 불교에서는 "마음이 탐·진·치와 불탐·부진·불치로 넘쳐흐르기 때문에 마눗사라 한다(lobhādīhi alobhādīhi ca sahitassa manassa ussannatāya manussa)."(DAṬ.iii.130 등)는 설명을 더 선호한다. 인간에게는 다른 어떤 중생들보다도 마음의 기능이 더 발달되어 있기 때문에 유익함[善]과 해로움[不善]의 가치를 더 잘 판단할 수 있다는 의미이다. 그러므로 다른 어느 존재들보다 선업을 지을 가능성도 더 크고 반대로 악업을 지을 가능성도 더 큰 존재가 인간이라는 것이다. 그러므로 인간은 부처님의 영역까지도 도달할 수 있으며 어머니를 살해하고 아버지를 살해하는 극악무도한 행위도 할 수 있는 존재인 것이다.
인간의 세계에는 고통과 즐거움이 섞여 있다. 그러나 고통이나 즐거움이 영원하지 않고 항상 덧없이 바뀌기 때문에 무상하고[無常], 무상하기 때문에 괴로움이고[苦], 그러므로 어느 것도 자아라고 할 만한 것이 없다[無我]는 이런 사실을 꿰뚫으면 거룩한 깨달음을 실현할 수 있는 세계이므로 선처에 포함된다.

문에 그는 지금의 삭까의 지위를 얻게 되었다.

그러면 어떤 것이 일곱 가지 서계의 조목인가?

살아있는 한 나는 부모를 봉양할 것이다.

살아있는 한 나는 가문의 연장자를 공경할 것이다.

살아있는 한 나는 부드러운 말을 할 것이다.

살아있는 한 나는 중상모략을 하지 않을 것이다.

살아있는 한 인색함의 때가 없는 마음으로 재가에 살고, 아낌없이 보시하고, 손은 깨끗하고, 주는 것을 좋아하고, 다른 사람의 요구에 반드시 부응하고,[962] 보시하고 나누어 가지는 것을 좋아할 것이다.

살아있는 한 나는 진실을 말할 것이다.

살아있는 한 나는 분노하지 않을 것이고 만일 내게서 분노가 일어나면 즉시에 그것을 없앨 것이다.

비구들이여, 신들의 왕 삭까가 전에 인간이었을 때 그는 이러한 일곱 가지 서계의 조목을 완전하게 받아서 지켰다. 이것을 지켰기 때문에 그는 지금의 삭까의 지위를 얻게 되었다."

4. "부모를 봉양하고
가문의 연장자를 공경하며

---

962) '다른 사람의 요구에 반드시 부응함'은 yāca-yoga를 풀어서 옮긴 것이다. 『청정도론』은 이렇게 설명하고 있기 때문이다.
"요구하는 자가 원하는 것을 보시하기 때문에 구하는 것에 부응한다는 뜻이다. 독송할 때는 야자요가(yāja-yoga)라고도 한다. 헌공(yajana)이라 불리는 공양에 부응한다는 뜻이다."(Vis.VII.112)
청정도론의 이런 설명을 바탕으로 보디스님은 이 단어의 원래 형태는 yāja-yoga였을 것이라고 간주하고 있다. yāja는 √yaj(*to offer*)에서 파생된 명사로 베딕 문헌에서 제사나 헌공을 뜻하는 술어이며 제사나 헌공의 주인(제주, 祭主)을 yajamāna라 부르는데(D5 §15; A4:39; S3:9 {396} 등) 이것이 불교에도 받아들여져서 yajamāna는 보시자 혹은 보시의 주인을 뜻하기도 한다.(본서 「데와히따 경」(S7:13) {676} 등 참조)

부드럽고 예의 바른 말을 하고
중상모략을 하지 않는 사람 {904}

인색함을 제거하고 진실을 말하고
분노를 정복한 사람
그를 삼십삼천의 신들은
참된 사람이라 부르느니라." {905} [229]

삭까의 이름 경(S11:12)

Sakkanāma-sutta

2. 거기서 세존께서는 비구들에게 이렇게 말씀하셨다.

3. "비구들이여, 신들의 왕 삭까가 전에 인간이었을 때 그는 마가라는 바라문 학도였다. 그래서 그는 마가완이라 불린다.963)

비구들이여, 신들의 왕 삭까가 전에 인간이었을 때 그는 이 도시 저 도시에서 보시를 베풀었다. 그래서 그는 뿌린다다라 불린다.964)

---

963) 주석서에 의하면 삭까는 옛날에 마가(Magha)라는 바라문학도였다. 그는 33명의 친구들의 우두머리였는데 함께 공덕행을 지었다고 한다. 그는 앞의 「서계의 조목 경」(S11:11)에 나타나는 일곱 가지 서계의 조목(vata-pada)을 실천하여 죽은 뒤 33명의 친구들과 함께 삼십삼천에 태어났다고 한다. 그래서 삼십삼천이라는 이름이 생겼다고 한다.(SA.i.348 = S11:13에 대한 주석)
같은 이야기가 『법구경 주석서』(DhpA.i.269~270)와 『자따까』(J30)에 나타나는데 여기서는 보살(석가모니 부처님의 전신)이 마가의 역할을 하여 삭까가 되어서 삼십삼천에 태어난 것으로 나타나고 있다.

964) '그는 이 도시 저 도시에서 보시를 베풀었다. 그래서 그는 뿌린다다라 불린다.'는 Se, Ee1&2의 pure pure dānam adāsi tasmā Purindado ti vuccati를 옮긴 것이다. MW 혹은 베딕 신화에 의하면 뿌란다(Puraṇda) 혹은 뿌란다라(Puraṁdara)는 인드라(삭까)의 이름이다. 이 두 단어의 뜻은 요새(pura)의 파괴자(dara, √dṛ, *to split*)라는 뜻이다. 이것이 불교 신화에서는 pure(도시에) dada(보시를 베푸는 자(√dā, dadati, *to give*)로 재

비구들이여, 신들의 왕 삭까가 전에 인간이었을 때 그는 존중하면서 보시를 베풀었다. 그래서 그는 삭까라 불린다.965)

비구들이여, 신들의 왕 삭까가 전에 인간이었을 때 그는 휴게소를 보시하였다. 그래서 그는 와사와라 불린다.966)

비구들이여, 신들의 왕 삭까는 한 순간에 천 가지 의미에 대해서 생각한다. 그래서 그는 사핫삭카(천의 눈을 가진 자)라 불린다.967)

비구들이여, 신들의 왕 삭까의 아내는 빠자빠띠라는 아수라 처녀였다. 그래서 그는 수자의 남편(수잠빠띠)968)이라 불린다.

비구들이여, 신들의 왕 삭까는 삼십삼천의 신들에 대한 통치권을

해석 된 것이다.

965) '그는 존중하면서 보시를 베풀었다. 그래서 그는 삭까라 불린다.'는 sakkaccam dānam adāsi tasmā Sakko ti vuccati를 옮긴 것이다. 여기서는 삭까(Sakka)를 sakkacca(존중하는)와 연결지어서 설명하고 있다.

966) 여기서는 삭까의 이름 와사와(Vāsava)를 '휴게소(āvasatha)'와 연결지어 설명하고 있다. 삭까와 휴게소(āvasatha)에 얽힌 이야기는 『법구경 주석서』(DhpA.i.269 ~270; BL 1:317~318)에 나타난다.

967) '한 순간에 천 가지 의미에 대해서 생각한다. 그래서 그는 사핫삭카(천의 눈을 가진 자)라 불린다.'는 sahassam pi atthānam muhuttena cinteti tasmā sahassakkho ti vuccati를 옮긴 것이다. 인드라가 왜 천의 눈을 가진 자(사핫사-악카, sahassa-akkha, 본서 「숲의 선인 경」(S11:9) {898} 주해 참조)인가 하는 것을 이렇게 설명하고 있다. 주석서는 이렇게 해석한다.
"여기서 '의미(attha)'란 이유(kāraṇa)를 뜻한다. '천 가지 의미에 대해서(sahassampi atthānaṁ)'란, 천 명의 사람(jana-sahassa)에게 혹은 천 가지 말(vacana-sahassa)을 하면서 [각각의] 단어에 대해(eka-pade) '이 사람에게는 이런 뜻이고 저 사람에게는 저런 뜻이다.'라고 분별하는(vinicchinati) 것을 말한다."(SA.i.348)
"그러므로 [천 의 눈을 가진 자란] 천 개의 통찰지의 눈들(paññā-akkhīni)을 가진 자라는 뜻이다."(SAṬ.i.295)

968) 삭까가 어떻게 해서 아수라 왕 웨빠찟띠의 딸인 수자(Sujā)의 남편이 되었는가 하는 것은 『법구경 주석서』(DhpA.i.278~279; BL 1:323)와 『자따까』(J.i.206)에 나타나고 있다.

가져 지배력을 행사한다. 그래서 그는 신들의 왕이라 불린다."

4. "비구들이여, 신들의 왕 삭까가 전에 인간이었을 때 그는 일곱 가지 서계의 조목을 완전하게 받아서 지켰다. 이것을 지켰기 때문에 그는 지금의 삭까의 지위를 얻게 되었다. 그러면 어떤 것이 일곱 가지 서계의 조목인가?

살아있는 한 나는 부모를 봉양할 것이다. …969)

비구들이여, 신들의 왕 삭까가 전에 인간이었을 때 그는 이러한 일곱 가지 서계의 조목을 완전하게 받아서 지켰다. 이것을 지켰기 때문에 그는 지금의 삭까의 지위를 얻게 되었다." [230]

5. "부모를 봉양하고
가문의 연장자를 공경하며
부드럽고 예의 바른 말을 하고
중상모략을 하지 않는 사람 {906}

인색함을 제거하고 진실을 말하고
분노를 정복한 사람
그를 삼십삼천의 신들은
참된 사람이라 부르느니라." {907}

마할리 경(S11:13)
Mahāli-sutta

1. 이와 같이 나는 들었다. 한때 세존께서는 웨살리에서 큰 숲[大林]의 중각강당에 머무셨다.

---

969) 생략한 부분은 바로 앞 경의 §3 이하의 해당부분과 같음.

2. 그때 릿차위의 마할리[970]가 세존께 다가갔다. 가서는 세존께 절을 올리고 한 곁에 앉았다. 한 곁에 앉은 릿차위의 마할리는 세존께 이렇게 여쭈었다.

3. "세존이시여, 세존께서는 신들의 왕 삭까를 본 적이 있습니까?"

"마할리여, 나는 신들의 왕 삭까를 본 적이 있다."

"세존이시여, 참으로 그는 삭까와 닮은 자였을 것입니다. 세존이시여, 참으로 신들의 왕 삭까는 보기 어렵기 때문입니다."

"마할리여, 나는 삭까를 안다. 그리고 삭까가 어떤 법들을 수지하였기 때문에 삭까의 지위를 얻게 되었는지, 지금의 삭까를 있게 한 그 법들도 나는 꿰뚫어 안다.

4. "마할리여, 신들의 왕 삭까가 전에 인간이었을 때 그는 마가라는 바라문 학도였다. 그래서 그는 마가완이라 불린다.

… … [231]

5. "마할리여, 신들의 왕 삭까가 전에 인간이었을 때 그는 일곱 가지 서계의 조목을 완전하게 받아서 지켰다. 이것을 지켰기 때문에 그는 지금의 삭까의 지위를 얻게 되었다. 그러면 어떤 것이 일곱 가지 서계의 조목인가?

살아있는 한 나는 부모를 봉양할 것이다. …

비구들이여, 신들의 왕 삭까가 전에 인간이었을 때 그는 이러한 일곱 가지 서계의 조목을 완전하게 받아서 지켰다. 이것을 지켰기 때문에 그는 지금의 삭까의 지위를 얻게 되었다."

---

970) 릿차위의 마할리(Mahāli Licchavi)에 대해서는 본서 제3권 「마할리 경」(S22:60) §2의 주해를 참조할 것.

6. "부모를 봉양하고
가문의 연장자를 공경하며
부드럽고 예의 바른 말을 하고
중상모략을 하지 않는 사람 {908}

인색함을 제거하고 진실을 말하고
분노를 정복한 사람
그를 삼십삼천의 신들은
참된 사람이라 부르느니라." {909}

가난한 자 경(S11:14)

Dalidda-sutta

1. 이와 같이 나는 들었다. 한때 세존께서는 라자가하에서 대나무 숲의 다람쥐 보호구역에 머무셨다.

2. 그곳에서 세존께서는 "비구들이여."라고 비구들을 부르셨다. "세존이시여."라고 비구들은 세존께 응답했다. 세존께서는 이렇게 말씀하셨다.

3. "비구들이여, 전에 이 라자가하에 어떤 가난하고 가련한 거지가 있었다. 그는 세존께서 설하신 법과 율을 믿고 계를 받아 지니고 가르침을 배우고 베풂을 실천하고 통찰지를 갖추었다.[971]

971) 주석서에 의하면 이 거지는 나병환자였던 숩빠붓다(Suppabuddha)였다고 하는데 숩빠붓다에 대한 이야기는 『자설경』(Ud.48~50)에 나타나고 있다. 주석서에 의하면 옛날에 그는 바라나시(Bārāṇasi)의 왕이었는데 나이든 벽지불(paccekabuddha)에게 악의로 가득한 욕설을 퍼부었다고 한다. 그 업의 과보로 그는 지옥에 태어났으며 그 나쁜 업의 과보가 아직 남아있어서 인간으로 태어나서도 라자가하의 지지리도 가난한 곳에 태어나서 문둥병에 걸

그는 세존께서 설하신 법과 율을 믿고 계를 받아 지니고 가르침을 배우고 베풂을 실천하고 통찰지를 갖춘 뒤에는 몸이 무너져 죽은 뒤에 [232] 선처, 천상세계에 태어나서 삼십삼천의 신들의 동료가 되었는데 그는 용모와 명성으로 다른 신들을 능가하였다."

4. "비구들이여, 그러자 거기 삼십삼천의 신들은 흠을 잡고 불평하고 푸념하면서 말했다.

'존자들이여, 참으로 경이롭습니다. 존자들이여, 참으로 놀랍습니다. 이 신의 아들은 전에 인간이었을 때 가난하고 가련한 거지였습니다. 그는 몸이 무너져 죽은 뒤에 선처, 천상세계에 태어나서 이처럼 삼십삼천의 신들의 동료가 되었는데 그는 용모와 명성으로 다른 신들을 능가하게 되었습니다.'"

5. "비구들이여, 그때 신들의 왕 삭까는 삼십삼천의 신들을 불러서 말했다.

'존자들이여, 그대들은 이 신의 아들에 대해서 불평하지 마시오. 존자들이여, 이 신의 아들은 전에 인간이었을 때 세존께서 설하신 법과 율을 믿고 계를 받아 지니고 가르침을 배우고 베풂을 실천하고 통찰지를 갖추었습니다. 그는 세존께서 설하신 법과 율을 믿고 계를 받아 지니고 가르침을 배우고 베풂을 실천하고 통찰지를 갖춘 뒤에는 몸이 무너져 죽은 뒤에 선처, 천상세계에 태어나서 이처럼 삼십삼천의 신들의 동료가 되었는데 그는 용모와 명성으로 다른 신들을 능가합니다.'"

린 거지가 되었다. 어느 날 그는 구걸을 하다가 부처님께서 설법하시는 것을 듣고 예류과를 얻었다고 한다. 그런 후 얼마 되지 않아서 그는 사나운 소에 받혀서 죽었으며 그래서 본경에서처럼 삼십삼천에 태어난 것이다.(SA.i.349~350)

6. "비구들이여, 그때 신들의 왕 삭까는 삼십삼천의 신들을 가르치면서 이 사실에 대해서 이 게송들을 읊었다.

'여래께 움직이지 않고 잘 확립된 믿음을 가지고
선하고 성자들이 좋아하고 칭송하는 계를 지니고[972] {910}

승가에 청정한 믿음이 있고 올곧은 자를 보는 자
그는 가난하지 않다 일컬어지나니
그의 삶은 조금도 헛되지 않도다. {911}

그러므로 슬기로운 자는 부처님들의 교법을 억념하면서
믿음과 계와 청정한 믿음과 법을 봄에 몰두할지라.'"[973] {912}

아름다운 곳 경(S11:15)

Rāmaṇeyyaka-sutta

1. <사왓티의 아나타삔디까 원림(급고독원)에서>

2. 그때 신들의 왕 삭까가 세존께 다가갔다. 가서는 세존께 절을 올린 뒤 한 곁에 섰다. 한 곁에 선 신들의 왕 삭까는 세존께 이렇게 여쭈었다.

---

972) "여기서 '믿음(saddhā)'이란 도에 의해서 생긴 믿음(maggena āgata-saddhā)이다. 여기서 '선한 계(sīlaṁ kalyāṇaṁ)'란 성스러운 제자(ariya-sāvaka)에게 있는 성자가 좋아하는 계(ariya-kanta-sīla)를 말한다."(SA.i.350)
즉 삼십삼천에 새로 태어난 이 신은 본서 제6권 「전륜성왕 경」(S55:1)에서 보듯이 이것으로 예류과의 네 가지 구성요소(불·법·승·계)를 다 갖춘 것이 된다고 삭까는 말하고 있는 것이다.

973) 본 게송은 『앙굿따라 니까야』 「공덕이 넘쳐흐름 경」 2(A4:52) §2와 「재물 경」(A5:47) §7의 게송과 같다.

"세존이시여, 어떤 것이 아름다운 곳입니까?" [233]

3. [세존]

"원림의 탑묘, 숲속의 탑묘,
잘 꾸며진 연못은
아름다운 인간에게 비하면
16분의 1에도 미치지 못하도다. {913}

마을에서건 밀림에서건
골짜기에서건 평지에서건
아라한들이 머무는 곳이야말로
진정 아름다운 곳이로다." {914}

공양하는 자 경(S11:16)

Yajamāna-sutta

1. 이와 같이 나는 들었다. 한때 세존께서는 라자가하에서 독수리봉 산에 머무셨다.

2. 그때 신들의 왕 삭까가 세존께 다가갔다. 가서는 세존께 절을 올린 뒤 한 곁에 섰다. 한 곁에 선 신들의 왕 삭까는 세존께 게송으로 여쭈었다.974)

"공양을 올리는 사람들 가운데서
공덕을 바라는 생명체들 가운데서

---

974) 주석서에 의하면 매년 앙가(Aṅga)와 마가다(Magadha) 사람들은 함께 모여서 대범천(Mahābrahmā)에게 큰 제사(yañña)를 지냈다고 한다. 이를 연민한 삭까가 대범천으로 변장을 하고 그들 앞에 나타나서 그들을 데리고 부처님께로 가서 본경에서처럼 가장 큰 결실을 가져오는 제사에 대해서 여쭙는 것이라고 한다.(SA.i.351)

재생을 가져오는 공덕975)을 지으려면
어디에 보시해야 큰 결실이 있습니까?" {915}

3. [세존]
"네 가지 도를 닦는 자들과
네 가지 과에 머무는 자들976)
이러한 승가는 올곧으며
통찰지와 계를 구족하였노라.977) {916}

공양 올려 공덕 찾는 생명체들이
재생을 가져오는 공덕 지으려
이런 승가에 보시하면 큰 결실이 있노라."978) {917}

부처님을 찬양함 경(S11:17)

Buddhavandanā-sutta

1. <사왓티의 아나타삔디까 원림(급고독원)에서>

---

975) '재생을 가져오는 공덕'은 opadhikaṁ puññaṁ을 옮긴 것이다. 주석서는 이것을 upadhi-vipākaṁ puññaṁ 즉 "재생의 과보를 가져오는 공덕"(SA.i.352)으로 설명하고 있어서 이렇게 옮겼다.
한편 『맛지마 니까야』 「위대한 40가지 경」(M117) §6 등에는 puññā-bhāgiya upadhivepakkā(공덕의 편이며 재생의 과보를 가져오는 [바른 견해 등])이 언급되고 있다.

976) '네 가지 도를 닦는 자들(cattāro paṭipannā)'은 예류도와 일래도와 불환도와 아라한도를 닦는 자들을 말하고, '네 가지 과에 머무는 자들(cattāro phale ṭhitā)'은 예류과와 일래과와 불환과와 아라한과에 머무는 자들이다.

977) '계를 구족함(sīla-samāhita)'에 대해서는 본서 「까마다 경」(S2:6) {265}의 주해를 참조할 것.

978) 이것은 『앙굿따라 니까야』 「여덟 사람 경」 1/2(A8:59~60) §3의 게송과 같다.

2. 그 무렵 세존께서는 한적한 곳에 가서 홀로 앉아계셨다. 그 때 신들의 왕 삭까와 사함빠띠 범천이 세존께 다가갔다. 가서는 각각 다른 문기둥에 섰다.

3. 그러자 신들의 왕 삭까가 세존의 곁에서 이 게송을 읊었다.

"일어서소서, 영웅이시여
전쟁에서 승리하신 분이시여
대상의 우두머리시여, 짐을 내려놓은 분이시여979)
세상에서 유행하소서.
당신의 마음은 완전히 해탈했으니
보름밤의 달과도 같으십니다." {918} [234]

4. [사함빠띠 범천이 말했다.] "신들의 왕이여, 여래를 그렇게 찬양해서는 안됩니다. 신들의 왕이여, 여래는 이렇게 찬양해야 합니다.

'일어서소서, 영웅이시여
전쟁에서 승리하신 분이시여
대상의 우두머리시여, 짐을 내려놓은 분이시여
세상에서 유행하소서.
세존께서는 법을 설하소서.
구경의 지혜를 가진 자들이 생길 것입니다.'"980) {919}

---

979) "'전쟁에서 승리하신 분(vijita-saṅgāma)'이란 12요자나에 이르는 탐욕 등 마라의 군대를 이겼기 때문에 세존을 이렇게 지칭하는 것이다. '짐을 내려놓은 분(panna-bhāra)'이란 무더기[蘊, khandha]와 오염원(kilesa)과 업형성(abhisaṅkhāra)의 짐(bhāra)을 내려놓은(oropita) 분이라는 뜻이다." (SA.i.352)
"'짐을 내려놓은 분'이란 짐이 떨어진 분(pātita-bhāra)이란 말이며, 짐을 밑으로 내려놓은 분(nikkhepitabbato bhāra)이란 뜻이다."(SAṬ.i.298)

삭까의 예배 경1(S11:18)[981]

Sakkanamassana-sutta

2. 세존께서는 이렇게 말씀하셨다.

3. "비구들이여, 전에 신들의 왕 삭까가 마부 마딸리를 불러서 말했다.

'착한 마딸리여, 천 마리의 준마를 맨 마차를 대령하라. 좋은 경관을 구경하러 공원으로 나들이를 해야겠다.'

비구들이여, '그렇게 하겠습니다, 존자시여.'라고 마부 마딸리는 신들의 왕 삭까에게 대답한 뒤 천 마리의 준마를 마차에 매고 신들의 왕 삭까에게 말했다.

'존자시여, 천 마리의 준마를 맨 마차를 대령하였습니다. 적당하다고 생각하시면 지금 가십시오.'

그때 신들의 왕 삭까는 웨자얀따 궁전에서 내려와서 합장하고 각각의 방위를 향하여 예배하였다."

4. "그러자 마부 마딸리는 신들의 왕 삭까에게 게송으로 말했다.

---

980) 본 게송은 본서 「권청 경」(S6:1) {560}과 같으며 사함빠띠 범천이 「권청 경」(S6:1)과 『맛지마 니까야』 「성구경」(M26) §20 등에서 부처님께서 법을 설해 주시기를 권청하는 게송의 마지막 부분과 같다.
주석서도 복주서도 왜 사함빠띠 범천이 신들의 왕 삭까의 게송을 이와 같이 바로 잡았는지에 대해서는 설명을 하지 않고 있다. 아마 삭까는 부처님의 해탈만을 칭송하였지 부처님께서 법을 설하여 중생들을 해탈·열반의 길로 인도하는 스승으로서의 역할을 해 주실 것을 권청하지 않았기 때문이 아닌가 생각된다.

981) Be에는 Gahaṭṭhavandanā(재가자에 대한 예배)-sutta로 나타난다.

'삼 베다에 통달한 자들[982]과
땅을 다스리는 끄샤뜨리야들과
사대천왕들과 명성을 가진 삼십삼천의 신들이
모두 당신에게 예배합니다.
삭까여, 그런데 당신이 예배하는
그 약카는 누구입니까?' {920}

5. [삭까]
'삼 베다에 통달한 자들과
땅을 다스리는 끄샤뜨리야들과
사대천왕들과 명성을 가진 삼십삼천의 신들이
모두 나에게 예배하지만 {921}

나는 계를 구족하고 오래 삼매를 닦고
청정범행을 구경의 경지로 삼는[983]
바르게 출가한 분들을 예배하노라. {922}

공덕을 짓고 계를 갖추고
법답게 아내를 부양하는
재가의 신자들에게도
나는 예배하노라, 마딸리여.' {923}

---

982) 바라문(brāhmaṇa)들을 말한다.

983) '청정범행을 구경의 경지로 삼는'은 brahmacariya-parāyane'를 옮긴 것이다. 주석서와 복주서는 이 의미에 대해서 설명하지 않는다. 그런데 본서 제5권 「운나바 바라문 경」(S48:42/v.218) §8에 "청정범행을 닦는 것은 열반으로 귀결되고 열반으로 완성되고 열반으로 완결되기 때문이다(brahmacariyaṁ vussati nibbāna-parāyanaṁ nibbāna-pariyosānaṁ)."라는 말씀이 나타난다. 그러므로 본 게송의 이 구절도 '청정범행을 통한 열반을 구경의 경지로 삼는'으로 해석할 수 있다.

6\. [마딸리]

'삭까여, 당신이 예배하는 자들은
세상에서 뛰어난 분들이시니
당신이 예배하는 그런 분들을
와사와여, 저도 또한 예배드리옵니다.'" {924}

7\. [세존]

"신들의 왕이면서 수자의 남편
마가완은 이렇게 말하였나니
그 수장은 사방에 예배올린 뒤
다시 그의 마차에 올라탔도다." {925} [235]

삭까의 예배 경2(S11:19)[984]

Sakkanamassana-sutta

2\. 세존께서는 이렇게 말씀하셨다.

3\. "비구들이여, 전에 신들의 왕 삭까가 마부 마딸리를 불러서 말했다.

… …

그때 신들의 왕 삭까는 웨자얀따 궁전에서 내려와서 합장하고 세존에게 예배하였다."

4\. "그러자 마부 마딸리는 신들의 왕 삭까에게 게송으로 말했다.

'와사와여, 신들과 인간들은

984) Be의 경제목은 Satthāravandanā(스승에 대한 예배)-sutta이다.

모두 당신에게 예배합니다.
삭까여, 그런데 당신이 예배하는
그 약카는 누구입니까?' {926}

5. [삭까]
'신들을 포함한 여기 이 세상에서
그분은 바르게 깨달은 자이시니
휘지 않는 [곧은] 이름 가지신985) 스승님
그분께 마딸리여, 나는 예배하노라. {927}

탐욕과 성냄과 무명이 빛바래고
번뇌까지 모두 다한 아라한들 계시니
그분들께 마딸리여, 나는 예배하노라. {928}

탐욕 성냄 길들이고 무명 극복 위해서986)
방일을 몰아내고 공부를 지으며
[윤회를] 허물어나가기를 좋아하는987) 유학들

---

985) "'휘지 않는 [곧은] 이름을 가진(anoma-nāmaṁ)'이란 모든 뛰어난 덕(guṇa)들에 관한 한 모자람(omaka-bhāva)이 전혀 없기 때문에 모든 뛰어난 덕을 암시하는(sabba-guṇa-nemittaka) 이름들을 가졌다는 뜻이다." (SA.i.353)
즉 여래십호로 정리되는 부처님의 이름 자체가 수승한 덕을 암시하는 이름이라는 말이다. 여래십호 각각에 대한 자세한 설명은 『청정도론』 VII.2~67을 참조할 것.

986) '탐욕과 성냄을 길들이고 무명을 극복하기 위해서'는 ye rāgadosavinayā avijjāsamatikkamā를 옮긴 것이다. 이것은 본서 「일깨움 경」(S9:2) {764}에서 chandarāgassa vinayā avijjāsamatikkamā로 나타났다. 그러나 그 게송은 아라한에 해당하는 것이었기 때문에 '욕탐과 애욕을 길들이고 무명을 건넜기 때문에'라고 옮겼다. 본 게송은 유학(sekha)에 해당하는 것이기 때문에 이와 같이 여격(*Dative*)으로 옮겼다.

987) "'[윤회를] 허물어나가기를 좋아하는(apacay-ārāmā)'이란 윤회를 부수는

그분들께 마딸리여, 나는 예배하노라.' {929}

6. [마딸리]
'삭까여, 당신이 예배하는 자들은
세상에서 뛰어난 분들이시니
당신이 예배하는 그런 분들을
와사와여, 저도 또한 예배드리옵니다.'" {930}

7. [세존]
"신들의 왕이면서 수자의 남편
마가완은 이렇게 말하였나니
그 수장은 사방에 예배올린 뒤
다시 그의 마차에 올라탔도다." {931}

삭까의 예배 경3(S11:20)988)

Sakkanamassana-sutta

2. 세존께서는 이렇게 말씀하셨다.

3. "비구들이여, 전에 신들의 왕 삭까가 마부 마딸리를 불러서 말했다.

…… [236]

그때 신들의 왕 삭까는 웨자얀따 궁전에서 내려와서 합장하고 비

것을 좋아함(vaṭṭa-viddhaṁsane ratā)을 말한다."(SA.i.353)
한편 본서 제3권 「삼켜버림 경」(S22:79) §12에서도 유학인 성스러운 제자는 오온을 허물어나가지 쌓아올리지 않는다(apacināti no ācināti)고 표현하고 있으며, §14에서 아라한은 오온을 허문 채로 머문다(apacinitvā ṭhito)고 표현하고 있다.

988) Be의 경제목은 Saṅghavandanā(승가에 대한 예배)-sutta이다.

구 승가에 예배하였다.”

4. “그러자 마부 마딸리는 신들의 왕 삭까에게 게송으로 말했다.

‘악취가 나는 몸에 드러누웠고[989]
시체의 내부 속에 빠져 있었으며[990]
굶주림·목마름에 괴로워하는
이런 자들 당신께 예배합니다. {932}

와사와여, 그런데 존자께서는
집 없는 [비구]들 왜 부럽습니까?
선인들의 품행을 말해 주소서.
우리는 당신 말씀 듣겠나이다.’ {933}

5. [삭까]
‘마딸리여, 이런 이유 때문에 나는
집 없는 [비구]들을 부러워하느니라.
그들은 떠나온 마을에 대해서는
무관심한 채 유행하며 나아가노라. {934}[991]

---

989) “‘악취가 나는 몸에 드러누웠고(pūti-deha-sayā)’란 [태아 때] 악취 나는 어머니의 몸(mātu-sarīra)에 드러누웠다는 뜻도 되고 자신의 몸이 그곳에 머물렀기 때문에 이렇게 말한 것이다.”(SA.i.353)

990) “‘시체의 내부 속에 빠져 있으며(nimuggā kuṇapamhete)’란 열 달 동안 어머니의 자궁(mātu-kucchi)이라 불리는 시체 안에(kuṇapasmiṁ) 빠져 있었다는 말이다.”(SA.i.353)
주석서의 설명처럼 볼 수도 있지만 지금 살아있는 자신의 몸을 뜻하는 것으로 받아들이는 것도 좋다.

991) {934～935}는 『장로니게』(Thig) {282～283}과 부분적으로 일치한다.

그들은 창고든 항아리든 상자든
그 어디도 무엇을 저장하지 않으며
남들이 마련해둔 것을 찾아서[992]
그것으로 생활하고 서계 굳게 지키며
좋은 말을 들려주고[993] 지혜로우며
침묵하며 바르게 지내느니라.[994] {935}

마딸리여, 신들도 아수라들과 싸우고
범부들도 서로서로 싸우고 있지만
그들은 싸우는 자들 가운데서 싸우지 않고
폭력 휘두르는 자들 가운데서 평화로우며
거머쥐고 있는 자들 가운데서 거머쥐지 않으니
그분들께 마딸리여 나는 예배하노라.' {936}

6. [마딸리]
'삭까여, 당신이 예배하는 자들은
세상에서 뛰어난 분들이시니
당신이 예배하는 그런 분들을

---

992) "'남들이 마련해둔 것을 찾아서(paraniṭṭhitam esānā)'란 남들이 마련해두고 남들의 집에서 요리해 둔 것을 걸식을 나가서 찾고 구한다는 뜻이다." (SA.i.353)

993) "'좋은 말을 들려주고(sumanta-mantino)'란 '우리는 법을 암송할 것이고, 두타행을 받들어 행할 것이고, 불사(不死)를 즐길 것이고, 사문의 법을 행할 것입니다.'라고 이러한 좋은 말씀[金言, subhāsita]을 말한다는 뜻이다." (SA.i.353)

994) "'침묵하며 바르게 지낸다(tuṇhībhūtā samañcarā).'고 했다. 그들은 천둥과 같은 소리(asani-ghosa)로 밤새 법을 설하는데도 침묵하며 바르게 지낸다고 한다. 무슨 까닭인가? 쓸데없는 말을 하지 않기 때문(niratthaka-vacanassa abhāvā)이다."(SA.i.353~354)

와사와여, 저도 또한 예배드리옵니다.'" {937}

7. [세존]

"신들의 왕이면서 수자의 남편
마가완은 이렇게 말하였나니
그 수장은 사방에 예배올린 뒤
다시 그의 마차에 올라탔도다." {938}

제2장 두 번째 품이 끝났다.

두 번째 품에 포함된 경들의 목록은 다음과 같다.

① 서계의 조목 ② 삭까의 이름 ③ 마할리
④ 가난한 자 ⑤ 아름다운 곳
⑥ 공양하는 자 ⑦ 부처님을 찬양함
세 가지 ⑧~⑩ 삭까의 예배이다.

제3장 세 번째 품

Tatiya-vagga

끊음 경(S11:21)

Chetvā-sutta

2. 그때 [237] 신들의 왕 삭까가 세존께 다가갔다. 가서는 세존께 절을 올리고 한 곁에 섰다. 한 곁에 선 신들의 왕 삭까는 세존께 게송으로 여쭈었다.995)

"무엇을 끊은 뒤에 깊이 잠들고
무엇을 끊고 나면 슬퍼하지 않습니까?
어떤 하나의 법 죽이는 것을
당신은 허락하십니까, 고따마시여?" {939}

3. [세존]
"분노를 끊은 뒤에 깊이 잠들고
분노를 끊고 나면 슬퍼하지 않노라.
바라문이여, 분노는 뿌리에는 독이 있고
꼭대기에 꿀이 듬뿍 들어 있어서
이런 분노 죽이는 것 성자들은 칭송하니
이것을 끊고 나면 슬퍼 않기 때문이니라." {940}

---

995) 본경의 게송들은 본서 「끊음 경」(S1:71) {223~224}와 「마가 경」(S2:3) {257~258}과 「다난자니 경」(S7:1) {613~614}으로도 나타나고 있다.

못생김 경(S11:22)

Dubbaṇṇiya-sutta

2. 거기서 세존께서는 비구들에게 이렇게 말씀하셨다.

3. "비구들이여, 옛날에 어떤 못생기고 기형인 약카가 신들의 왕 삭까의 자리에 앉아있었다.[996] 비구들이여, 그러자 거기서 삼십삼천의 신들은 흠을 잡고 불평하고 푸념하면서 말했다.

'존자들이여, 참으로 경이롭습니다. 존자들이여, 참으로 놀랍습니다. 이 못생기고 기형인 약카가 신들의 왕 삭까의 자리에 앉아있습니다.'"

4. "비구들이여, 그런데 삼십삼천의 신들이 흠을 잡고 불평하고 푸념하면 할수록 그 약카는 점점 더 멋있고 더 잘 생기고 더 깨끗하게 되었다. 비구들이여, 그러자 삼십삼천의 신들은 신들의 왕 삭까에게 다가갔다. 가서는 신들의 왕 삭까에게 이렇게 말했다.

'존자시여, 여기 어떤 못생기고 기형인 약카가 당신의 자리에 앉아있었습니다. 그때 거기 삼십삼천의 신들이 '존자들이여, 참으로 경이롭습니다. 존자들이여, 참으로 놀랍습니다. 이 못생기고 기형인 약카가 [238] 신들의 왕 삭까의 자리에 앉아있습니다.'라고 흠을 잡고 불평하고 푸념하였습니다. 그런데 삼십삼천의 신들이 흠을 잡고 불평하고 푸념하면 할수록 그 약카는 점점 더 멋있고 더 잘 생기고 더 깨끗해졌습니다. 존자시여, 그러니 분명히 저 약카는 분노를 먹는 약카일 것입니다.'"

---

996) "그는 난장이(lakuṇḍaka)였는데 타다 만 나무 그루터기 같은 색깔을 한 배불뚝이(mahodara)였다. 그는 삭까의 황색 돌로 만든 옥좌(silā)에 앉아있었다. 그런데 실제로 그는 색계에서 온 범천(rūpāvacara-brahmā)이었다. 그는 삭까가 인욕의 힘(khanti-bala)을 갖추었다는 말을 듣고 그것을 시험하러 온 것이다. 악의를 가진 약카들이 그처럼 잘 지키고 있는 [삭까의 궁전에] 들어간다는 것은 있을 수 없기 때문이다."(SA.i.354)

5. "비구들이여, 그러자 신들의 왕 삭카는 그 분노를 먹는 약카에게 다가갔다.997) 가서는 한쪽 어깨가 드러나게 윗옷을 입고 오른쪽 무릎을 땅에 대고 분노를 먹는 약카를 향해 합장하여 인사를 올리고 세 번 이름을 아뢰었다.

'존자여, 저는 신들의 왕 삭까입니다. 존자여, 저는 신들의 왕 삭까입니다.'

비구들이여, 그런데 신들의 왕 삭까가 이름을 아뢸수록 그 약카는 더 못생기게 되고 더 기형으로 변하였다. 그는 더 못생기고 더 기형이 되어서 그곳에서 사라졌다."

6. "비구들이여, 그러자 신들의 왕 삭까는 자신의 자리에 앉아서 삼십삼천의 신들을 가르치면서 이 사실에 대해서 이 게송들을 읊었다.

'나는 마음 망가진 자 아니며998)
[분노의] 회오리에 쉽게 휩쓸리지 않노라.
나는 오랫동안 분노하지 않았나니
분노가 내 안에 자리 잡지 못하도다.999) {941}
분노하여 거친 말을 하지 않고

997) "삭까는 신들로부터 이 자는 거친 방법(pharusa)으로는 꼼짝도 하지(cāletuṁ) 않습니다. 겸손한 태도(nīca-vutti)로 인욕(khanti)에 확고해야만이 그를 물러가게 할(palāpetuṁ) 수 있다고 들었다. 그래서 그는 그를 물러가게 하기 위해서 다가가서 [아래와 같은 방책을 쓴 것이다.]"(SA.i.354)

998) "인욕과 자애와 연민(khanti-mettā-anuddayā)이라는 성품(sabbhāva)을 가졌기 때문에 나는 남에게 대해서 마음이 완전히 망가지지 않았다(na upahatacitto 'mhi)고 삭까는 자신의 성품을 말하고 있다."(SAṬ.i.300)

999) 세 번째와 네 번째 구는 본서 「서계의 조목 경」(S11:11) §3에 나타난 삭까의 일곱 번째 서계를 드러내고 있다.

[내 안의] 법다움[1000]을 칭송하지 않노라.
나 자신의 이익을 내가 보기 때문에
내 스스로 나 자신을 잘 제어하노라.'" {942}

요술 경(S11:23)
Māyā-sutta

2. 세존께서는 이렇게 말씀하셨다.

3. "비구들이여, 옛날에 아수라의 왕 웨빠찟띠가 중병에 걸려 아픔과 고통에 시달리고 있었다.[1001] 비구들이여, 그때 신들의 왕 삭까가 아수라 왕 웨빠찟띠에게 병문안을 갔다. 비구들이여, 아수라 왕 웨빠찟띠는 신들의 왕 삭까가 멀리서 오는 것을 보고 신들의 왕 삭까에게 이렇게 말했다.

'신들의 왕이여, 나를 치료해 주시오.' [239]

'웨빠찟띠여, 나에게 삼바리 요술[1002]을 가르쳐 주시오.'

1000) '[내 안에 있는] 법다움'은 dhammāni(중성명사 복수)를 옮긴 것이다. 법(dhamma)은 대부분 남성명사로 나타나지만 여기서처럼 드물게 중성명사로도 쓰인다. 여기서 dhamma가 구체적으로 무엇을 뜻하는지 주석서와 복주서는 설명하지 않고 있다. 그런데 비슷한 용례가 『자따까』(J.v.172)에 santañ ca dhammāni sukittitāni(착한 사람들의 법다움을 칭송하였다)로 나타난다. 이 경우의 dhamma는 부처님 가르침으로서의 법(Dhamma)이 아니라 개인적인 자질을 뜻하는 것이라고 이해해야 한다. 그래서 이렇게 풀어서 옮겼다.

1001) "그는 선인들로부터 저주를 받았을 때(abhisapa-kāle) 생긴 병으로 중병에 걸리게(ābādhika) 되었다."(SA.i.355)
여기에 대해서는 본서 「바다의 선인 경」(S11:10) {902~903}을 참조할 것.

1002) '삼바리 요술(Sambari-māyā)'은 삼바라(Sambara)라는 아수라 왕이 만든 요술이다. 아래 게송에서도 보듯이 그는 이 요술을 사용했다가 100년간 지옥에 떨어졌다고 한다. 복주서는 다음과 같이 간단하게 설명하고 있다.
"'삼바리 요술(Sambari-māyā)'에서, 삼바라는 아수라들의 요술에 관한 한

'존자여, 나는 아수라들에게 물어보겠습니다.'

비구들이여, 그러자 아수라 왕 웨빠찟띠는 아수라들에게 물었다.

'존자들이여, 내가 신들의 왕 삭까에게 삼바리 요술을 가르쳐줘도 되겠습니까?'

'존자여, 당신은 신들의 왕 삭까에게 삼바리 요술을 가르쳐주지 마십시오.'"1003)

4. "비구들이여, 그러자 아수라 왕 웨빠찟띠는 신들의 왕 삭까에게 게송으로 대답했다.

> '마가완이여, 신들의 왕이여.
> 삭까여, 수자의 남편이여.
> 요술을 부리는 자 무시무시한 지옥으로 간다오.
> 마치 삼바라가 백년을 그랬듯이.'"1004) {943}

잘못 경(S11:24)

Accaya-sutta

2. 그 무렵 두 비구가 말다툼을 하였는데 그 중 한 비구가 잘못

최초의 사람(ādipurisa)이며 가장 오래된 아수라의 왕이다."(SAṬ.i.301)

1003) "아수라들은 '그는 삼바리 요술이 없이도 우리를 괴롭힐 것입니다. 그런데 만일 그가 그것을 알게 되면 우리는 파멸할 것입니다. 그러니 당신 혼자의 이익을 위해서(attano ekassa atthāya) 우리 전체를 파멸하게 하지 마십시오.'라고 하면서 그를 말렸다."(SA.i.355)

1004) C.Rh.D가 지적했듯이(KS1:305, n.4) 웨빠찟띠(Vepacitti)는 본 게송을 통해서 자신과 삼바라(Sambara)를 다른 아수라로 구분하고 있다. 주석서는 이 둘을 동일인으로 간주하고 있다.(본서 「바다의 선인 경」(S11:10) §7의 주해 참조.) 그러나 복주서는 "삼바라는 이전의 아수라 왕이었는데 그는 삼바라 요술을 만든 자(ādi-purisa)이다."(SAṬ.i.301)라고 적고 있는데 이 둘을 다른 아수라로 여기고 있다 할 수 있다.

을 범하였다. 그러자 다른 비구는 그 비구에게 잘못을 잘못이라고 지적을 하였고 그 비구는 그것을 인정하지 않았다.1005)

그러자 많은 비구들이 세존께 다가갔다. 가서는 세존께 절을 올리고 한 곁에 앉았다. 한 곁에 앉은 비구들은 세존께 이렇게 말씀드렸다.

3. "세존이시여, 여기 두 비구가 말다툼을 하였는데 그 중 한 비구가 잘못을 범하였습니다. 그러자 다른 비구는 그 비구에게 잘못을 잘못이라고 지적을 하였고 그 비구는 그것을 인정하지 않습니다."

"비구들이여, 두 종류의 어리석은 사람들이 있다. 잘못을 잘못으로 보지 못하는 자와 잘못을 지적하는 자를 법답게 섭수하지 못하는 자이다. 비구들이여, 이러한 두 종류의 어리석은 사람들이 있다.

비구들이여, 두 종류의 현명한 사람들이 있다. 잘못을 잘못으로 보는 자와 잘못을 지적하는 자를 법답게 섭수하는 자이다. 비구들이여, 이러한 두 종류의 현명한 사람들이 있다."

4. "비구들이여, 옛날에 신들의 왕 삭까는 수담마 의회에서 삼십삼천의 신들을 가르치면서 이 사실에 대해서 이 게송을 읊었다. [240]

'분노를 제어하시오.
그대들의 우정에 금이 가게 하지 마시오.
결백한 자를 비난하지 마시오.
중상모략하는 말을 하지 마시오.
분노는 사악한 사람들을 짓누르나니
마치 산사태가 난 것처럼.'" {944}

1005) 『율장』(Vin.i.54)에 의하면 한 비구가 다른 비구에게 잘못을 범하면 그 비구는 그에게 참회를 해야 하고 다른 비구는 그 참회를 받아들여야 한다.

분노하지 않음 경(S11:25)

Akodha-sutta

2. 세존께서는 이렇게 말씀하셨다.

3. "비구들이여, 옛날에 신들의 왕 삭까는 수담마 의회에서 삼십삼천의 신들을 가르치면서 이 사실에 대해서 이 게송을 읊었다.

'분노가 그대들을 제압하게 하지 말고
분노하는 자에게 분노하지 마시오.
분노하지 않음과 해코지 않음은1006)
언제나 성자들의 [가슴속]에 머문다오.
사악한 사람들을 분노는 짓누르니
산사태가 [마을을 짓누르는] 것처럼.'" {945}

제3장 세 번째 품이 끝났다.

세 번째 품에 포함된 경들의 목록은 다음과 같다.

① 자름 ② 못생김 ③ 요술
④ 잘못 ⑤ 분노하지 않음의 다섯 가지이다.

삭까 상윳따(S11)가 끝났다.

1006) "'분노하지 않음(akkodha)'이란 자애(mettā)와 초보단계의 자애(mettā-pubbabhāga)를 뜻한다. '해코지 않음(avihiṁsā)'이란 연민(karuṇa)과 초보단계의 연민을 뜻한다."(SA.i.356)
"자애는 본삼매를 증득한(appanā-ppattā) 자애이고 그것의 근접(tad-upa-cāra)이 초보단계의 자애이다."(SAṬ.i.302) 복주서는 연민도 같은 방법으로 설명하고 있다. 여기에 대해서는 본서 「마니밧다 경」(S10:4) {814}의 주해들도 참조할 것.

제1권 게송을 포함한 가르침에 포함된 상윳따들의 목록은 다음과 같다.

① 천신 ② 신의 아들 ③ 왕
④ 마라 ⑤ 비구니
⑥ 범천 ⑦ 바라문 ⑧ 왕기사 장로
⑨ 숲 ⑩ 약카 ⑪ 삭까이다.

제1권 게송을 포함한 가르침이 끝났다.

십력(十力)의 바위산에서 생겨
열반의 대해를 목적지로 하여
팔정도를 물로 삼아 [흘러가는]
승자의 말씀에 대한 이 감격 오래 전해지기를!

dasabalaselappabhavā
nibbānamahāsamuddapariyantā
aṭṭhaṅgamaggasalilā
jinavacananadī ciraṁ vahatu

지은이 · 각묵스님

1957년 밀양 생. 1979년 화엄사 도광 스님을 은사로 사미계 수지. 1982년 범어사에서 자운 스님을 계사로 비구계 수지. 7년간 제방 선원에서 안거 후 인도로 유학, 인도 뿌나 대학교(Pune University)에서 10여 년간 산스끄리뜨, 빠알리, 쁘라끄리뜨 수학. 현재 실상사 한주, 초기불전연구원 지도법사

역·저서로 『금강경 역해』(2001, 12쇄 2023), 『아비담마 길라잡이』(전 2권, 대림 스님과 공역, 2002, 12쇄 2016, 전정판 4쇄 2021), 『네 가지 마음챙기는 공부』(2003, 개정판 9쇄 2022), 『디가 니까야』(전 3권, 2006, 8쇄 2022), 『니까야 강독』(I/II, 2013, 6쇄 2023), 『담마상가니』(전 2권, 2016), 『초기불교 입문』(2017, 4쇄 2023), 『위방가』(전 2권, 2018), 『이띠웃따까』(2020), 『우다나』(2021)

상윳따니까야
Saṁyutta Nikāya
주제별로 모은 경

제1권 게송을 포함한 가르침

2009년 11월 5일 초판1쇄발행
2025년 6월 10일 초판8쇄발행

옮긴 이 | 각묵 스님
펴낸 이 | 대림 스님
펴낸 곳 | **초기불전연구원**
경남 김해시 관동로 27번길 5-79
전화 (055)321-8579
홈페이지 | http://tipitaka.or.kr
http://cafe.daum.net/chobul
이 메 일 | chobulwon@gmail.com
등록번호 | 제13-790호(2002.10.9)
계좌번호 | 국민은행 604801-04-141966 차명희
하나은행 205-890015-90404 (구.외환 147-22-00676-4) 차명희
농협 053-12-113756 차명희
우체국 010579-02-062911 차명희

ISBN 978-89-91743-15-1
ISBN 978-89-91743-14-4(전6권)

값 | 30,000원